Eugen Biser
Einweisung ins Christentum

Eugen Biser

Einweisung ins Christentum

Patmos

Der Katholischen Akademie in Bayern
und Herrn Dr. Franz Henrich
in dankbarer Verbundenheit

Bibliographische Information der Deutschen Bibliothek
Die Deutsche Bibliothek verzeichnet diese Publikation
in der Deutschen Nationalbibliographie;
detaillierte bibliographische Daten sind im Internet
über http://dnb.ddb.de abrufbar.

Umschlaggestaltung: butenschoendesign, Lüneburg
Umschlagmotiv: Christus und der Hauptmann
von Kapernaum, Perikopenbuch des Erzbischofs Egbert,
Stadtbibliothek Trier. Foto: Thomassin
Printed in Germany
ISBN 3-491-69406-X
www.patmos.de

INHALT

EINFÜHRUNG

Der krisenhafte Zustand, dem das Christentum nach vielen Anzeichen verfallen ist, hat seine auffälligste Ursache darin, daß die Peripherie zur vermeintlichen Mitte erhoben wurde, während die tatsächliche Mitte aus dem Blickfeld geriet. So sehr Krisenerscheinungen ihrer Natur nach schmerzen und deshalb die Aufmerksamkeit auf sich ziehen, besteht ein Symptom der Krise doch schon darin, daß sie, gemäß dem Grundsatz, daß nur die Sensationen und Katastrophen Nachrichtenwert besitzen, weit mehr Beachtung findet als das, was sie überwinden hilft. So werden die Geisteswissenschaften systematisch beiseite geschoben und an den Rand gedrängt, obwohl sich der »Zusammenprall der Zivilisationen« (HUNTINGTON) längst schon als der zentrale, über die Zukunft entscheidende Vorgang herausstellte. Ebenso werden die Fragen der wirtschaftlichen Prosperität in den Anschein gebracht, allein über das Wohl und Wehe der Menschen zu entscheiden, obwohl die Lektion des Jahrhunderts in der Einschärfung des Herrenwortes bestand, daß der Mensch nicht vom Brot allein zu leben vermag. Im Verhältnis der Religionen und Konfessionen herrscht trotz hoffnungsvoller Ansätze, aufs Ganze gesehen, immer noch die Stimmung »bewaffneter Neutralität« (KIERKEGAARD), obwohl überdeutliche Alarmzeichen auf die Notwendigkeit des Dialogs, der Kooperation und des Zusammenschlusses hinweisen. Im Kirchenraum selbst trat eine Verhärtung der ekklesialen Strukturen ein, obwohl es inzwischen überdeutlich wurde, daß die Zukunft nur im Rückgriff auf das christologische Fundament zu gewinnen ist. So wurde auch hier die Peripherie zur Mitte erklärt, während die wirkliche Mitte, wie es paradigmatisch mit der Auferstehung Jesu in der neuesten theologischen Diskussion geschah, marginalisiert und an den Rand des Glaubensbewußtseins gedrängt wurde. Dem entsprach sogar der Mensch, der in der Optik DAVID RIESMANS aufgrund seiner defizitären Selbstbestimmung als der vorwiegend »außengelenkte« erscheint.

Dieser Eindruck wird durch das Zeitbild vollauf bestätigt. Das Antlitz der Zeit gleicht einer zerklüfteten Felsenlandschaft, in der wenige Massive im Licht stehen, während weite Gebiete im Dunkel und Nebel liegen. Entscheidend ist dieses Gesicht durch die stürmisch fortschreitenden Naturwissenschaften im Bund mit einer Technik geprägt, die sich in ihren Spitzenleistungen von ihrer traditionellen Zweckbestimmung, der Daseinserleichterung, abkoppelte und der Realisierung von Menschheitsträumen verschrieb (FREUD). Indem sie die Distanz von Möglichkeit und Wirklichkeit zunehmend verringert, erweist sie sich zugleich als praktizierte Metaphysik, die als solche das Fundament der Philosophie in Frage stellt. Mit dem unaufhaltsamen Siegeszug der Medientechnik signalisiert sie zugleich das Ende der Schriftkultur und damit den bevorstehenden Zusammenbruch des traditionellen Bildungswesens, nach Anzeichen im Feld der Literatur, Kunst und Musik zu schließen, sogar der bisherigen Kultur. Am Ende des Jahrhunderts drängt sich somit dasselbe Bild noch einmal auf, das sich nach dessen blutigem Beginn MAX WEBER aufgedrängt hatte, dem nur noch »riesige Schuttmassen«, gebildet aus zertrümmerten Götter- und Götzenbildern, vor Augen standen, während sich der »Strom des unermeßlichen Geschehens« endlos dahinwälzte. Die Trümmer blieben zurück von einem evakuierten Olymp, dem Himmel der geborstenen Ideale und der verschwundenen Leitgestalten. Dieser Eindruck hat sich seitdem extrem verdichtet. In allen Bereichen fehlen die großen Orientierungsfiguren, über die das Jahrhundert noch weit über seine Mitte hinaus verfügte. Mit ihrem Verschwinden fielen freilich auch die Tyrannen, die den gesamten eurasischen Kontinent in ein Meer von Blut und Tränen gestürzt hatten. Mit einer seiner hellsichtigen Prognosen sah Weber aber auch die Folgen der Evakuierung des Olymp voraus:

> *Die alten vielen Götter, entzaubert und daher in Gestalt unpersönlicher Mächte, entsteigen ihren Gräbern, streben nach Gewalt über unser Leben und beginnen untereinander wieder ihren ewigen Kampf.*

Es sind zwei aus der Reihe der nachgeordneten Göttergestalten, auf die diese Prognose zutrifft: der von PLATON als Erfinder der Schrift bezeichnete Halbgott Theut, dem der Götterbote Hermes in Gestalt der elektronischen Medienszene in den Rücken fällt, und dies mit dem jetzt schon absehbaren Erfolg, daß die Schriftkultur unaufhaltsam auf den Standard einer prälogischen Bildkultur zurückgeworfen wird.

Der Vorgang ist von einer eminent kulturpolitischen Bedeutung, sofern er im Sinn von Webers Prognose der Wiederkunft der kaum erst überwundenen Diktaturen gleichkommt (POSTMAN). Blieb den Opfern der terroristischen Diktaturen unter dem auf ihnen lastenden Leidensdruck immer noch die Möglichkeit des Widerspruchs, im Grenzfall sogar der »großen Weigerung« in Form des aktiven Widerstands (MARCUSE), so bringen die neuen Medien ihre – anästhetisierten – Rezipienten dazu, sich ihren Insinuationen lustvoll zu unterwerfen, ohne der dabei erlittenen Demontage ihrer Persönlichkeit auch nur gewahr zu werden.

Demgegenüber besteht die theologische Konsequenz in einer extremen Zuspitzung des von LESSING angesprochenen Glaubensproblems. Weil er in einem Jahrhundert lebte, in dem es keine Wunder mehr gab und sich dadurch die Hoffnung auf die Wiederkunft Christi verlor, sah er sich vor den »garstigen breiten Graben« des wachsenden Zeitenabstands gestellt, den er, nur auf Nachrichten gestützt, nicht zu überspringen vermochte. Doch hatte er dabei immer noch die Zuversicht, daß er im Fall des geglückten Sprungs auf den festen Boden der tragenden Wirklichkeit gelangt wäre. Das ist im Aktionsbereich der elektronischen Medien nicht mehr möglich; denn sie bieten an Stelle von inhaltsgetreuen Nachrichten nur noch Reproduktionen und versetzen den Rezipienten zudem in die Traumwelt einer »virtual reality«. Doch so wird für ihn die Mitte definitiv zur Peripherie.

Im Hinblick darauf verstärkt sich der Eindruck, daß sich die gegenwärtige Glaubens- und Kirchenkrise aus der mangelnden Konzentration auf die Mitte erklärt und demgemäß in erster Linie als eine Identitätskrise zu gelten hat. Eine ganze Reihe von Symptomen weisen in diese Richtung. So der Anschein, daß LUTHER mit seiner Befürchtung recht behält, daß man aus Jesus »ein Mosen« und aus dem Evangelium »ein Gesetzbuch« machen werde. Oder die Tendenz, diesem Gesetzbuch durch die Berufung auf den drohenden Richtergott Nachdruck zu verleihen. Oder die nicht weniger auffällige Tendenz, die Tradition zum Selbstzweck zu erheben und damit einen Wall gegen die Impulse des fortwirkenden Ursprungs aufzuwerfen. Oder die sich zusehends verfestigende Absicht, Hand in Hand mit der Zurücknahme der konziliaren Errungenschaften den religiösen Sprachraum einzugrenzen und ihn im Sinn des einseitigen Kommunikationstransfers zu kanalisieren. Nicht weniger aber auch die damit eng verbundene Absicht, das vorkonziliare Gehorsamsmodell des Glaubens wiederherzustellen, wenn nicht gar auf seine Ideologisierung hinzuarbeiten. Im Raum der Theologie entsprechen dem die Bemühungen, der obsolet gewordenen Satisfaktionslehre im Rückgriff auf die Girardsche Sozialisierungsthese zu neuer Geltung zu verhelfen, aber auch die Bemühungen, an der – nach ROHRMOSER von niemand mehr verstandenen – Rechtfertigungslehre festzuhalten, obwohl diese längst schon von ALBERT SCHWEITZER als ein »Nebenkrater« im Ganzen der paulinischen Heilsbotschaft erwiesen worden war.

Wenn die Zukunft der Menschheit tatsächlich im Zeichen des Zusammenpralls der Zivilisationen und damit auch der Weltreligionen steht, wird das Christentum in der Auseinandersetzung mit ihnen solange hoffnungslos unterlegen sein, als es nicht zum Vollbewußtsein seiner Identität gelangt ist. Im Zusammenhang damit gewinnt dann aber die klassische Frage nach dem »Wesen des Christentums« eine geradezu dramatische Zuspitzung. Anders als in der bisherigen Fragestellung zielt sie nicht mehr auf seine doktrinale und soziale Konstitution und auch nicht mehr auf die zentralen Elemente seiner Lehre, sondern auf das Prinzip, dem es sein Eigenprofil und seine Unterscheidungsfähigkeit von anderen Religionen, insbesondere von den ihm als Offenbarungsreligionen »stammverwandten«, also von Judentum und Islam, verdankt. Von einer Zuspitzung muß vor allem aber deswegen die Rede sein, weil es deutlichen Anzeichen zufolge um sein Identitätsbewußtsein prekär bestellt ist. Eine verbreitete Tendenz zielt darauf ab, gerade das Verhältnis zu den beiden anderen Abrahamsreligionen in einer Weise einzuebnen, daß das Eigenprofil des Christentums in der Gemengelage mit ihnen verloren geht.

Hier setzen die folgenden Überlegungen ein. Sie überprüfen zunächst die bisherige Fragestellung nach dem Wesen des Christentums und die Ergebnisse, zu der sie seit FEUERBACH führte, um auf dieser Basis dann die grundlegenden Differenzen herauszuarbeiten und die Frage schließlich an den zurückzugeben, der die einzig kompetente Antwort zu geben vermag und der sie in seiner zentralen Lebensleistung tatsächlich gab. Mit dem Bemühen, zu diesem Kristallisationskern des Christentums vorzustoßen, verbindet sie die Hoffnung, dabei seiner Selbstorganisation auf die Spur zu kommen und bis dorthin zu gelangen, wo seine Identität als Frucht der Identifikation des Stifters sowohl mit den Seinen als insbesondere auch mit sich selbst ersichtlich wird. Das ist zweifellos nur auf dem Weg eines Methodenwandels zu erzielen. Bewegt sich die Abhandlung in ihrem Hauptteil auf den Bahnen einer Christologie, so gegen Ende auf denen einer Denkweise, die in den altchristlichen Ignatiusbriefen als »Christomathie« bezeichnet wurde. Es geht somit um die Gewinnung eines Verständnisses der Sache Jesu, das letztlich in seine Selbstverständigung ausmündet. Daß das allenfalls in Form einer ersten Annäherung zu erreichen ist, braucht nur am Rande erwähnt zu werden.

Nach dem Verfall der wissenschaftlichen Epoche, der sich in dem raschen Übergang vom Idealismus zur Existenzphilosophie, vom Existentialismus zum kritischem Rationalismus und von der marxistischer Gesellschaftskritik zur analytischen Philosophie und Sprachanalyse ankündigte und schließlich ins Flachland postmoderner Beliebigkeit führte, drängt ein neues Zeitalter herauf, das unter der Erblast des Vorangegangenen zwischen Skepsis und Weisheit eine schwankende Mitte hält. Insofern erinnert die gegenwärtige Situation an die Krisenstunde, die Israel durchlebte, als es sich nach dem Versiegen des Prophetismus in einem schmerzlichen Lernprozeß dazu durchrang, die Heils- und Unheilserfahrungen der Vorzeit im Spiegel der Weisheitsidee zu reflektieren, um dadurch Wegweisungen für die Zukunft zu gewinnen. Bewegenden Ausdruck schaffte sich dieses resignativ-kreative Zeitgefühl in der Klage des 74. Psalms:

Weisende Zeichen sehen wir nicht,
prophetische Stimmen hören wir nicht;
und keiner von uns weiß, wie lange noch (74,9).

Indessen trifft das alttestamentliche Modell auf die heutige Situation nur bedingt zu. Denn ein wegweisendes Zeichen ist der Gegenwart sehr wohl gegeben, sofern sie nur einen Sinn für die Zeichenhaftigkeit des freiheitlichen Aufbruchs (1989) und des Einsturzes des Eisernen Vorhangs aufbringt. Daß dies noch kaum gelingt, ist offensichtlich die Folge davon, daß noch immer das prophetisch-deutende Wort fehlt, obwohl es durch das Gewicht des Ereignisses aufs dringlichste von den dazu Berufenen, also von Philosophen, Theologen und Literaten eingefordert worden war. Denn die im Unterschied zu allen anderen »sanfte« Revolution von noch unabsehbarer Fern- und Tiefenwirkung, die Unzähligen die jahrzehntelang vorenthaltene Freiheit, der Welt das Ende des alle

Energien blockierenden Ost-West-Konflikts und den Deutschen die kaum noch erhoffte Wiedervereinigung brachte, schreit geradezu nach einer angemessenen Sinndeutung. Daß auch die Kirchen dieses deutende Wort bis zur Stunde schuldig blieben, läßt darauf schließen, daß ihnen das Zeitgeschehen – bei aller Eloquenz – die Sprache verschlug, vielleicht sogar darauf, daß sie auf ihrem Passionsweg durch die Geschichte jene Stelle erreichten, an der ihr »Wegbereiter« (Hebr 12,2) und Stifter, vor den kaiserlichen Richterstuhl gestellt, in ein vielsagendes Schweigen verfiel, um von da an die über ihn verhängte Tortur stumm über sich ergehen zu lassen.

Optisch ausgedrückt ist dies die Stunde des Zwielichts. Denn die Schatten der Gottes- und Weltfinsternis liegen heute, wie selten einmal, im Kampf mit dem Aufdämmern eines Lichts, das einen neuen Morgen verheißt. Doch verdüstert dieses Dunkel nicht nur die gegenwärtige Lebens- und Glaubenswelt; vielmehr fraß es sich, wie es Gerhard von Rad an der Gestalt des Propheten Jeremia beobachtete, auch in die Seelen hinein, so daß die Betroffenen die orientierenden Zeichen und Markierungen nicht mehr wahrzunehmen vermochten. Da diese Schatten gleichzeitig auf die Kirchen fallen, ist eine umfassende Orientierungslosigkeit und Verunsicherung die Folge. Eine tiefgreifende Entfremdung spaltet die Basis von der Spitze ab; ein Entfremdungsprozeß, der mit einer wachsenden Sprach- und Kommunikationskrise einhergeht, greift zunehmend um sich. Unbeeindruckt von der Sensibilität seiner Adressaten, redet das Lehramt vornehmlich in einer Sprache der Instruktionen und Imperative, die in den Ohren der durch die Hölle der Diktaturen hindurchgegangenen Menschen jedoch so fremd klingt, daß für sie die Wahrheit des Gesagten darin förmlich untergeht. Umgekehrt blieben die, mangels organischer Formen der Artikulation oft abrupt und unkonziliant vorgetragenen Anfragen und Einwände der Basis der Kirchenspitze weitgehend unverständlich, weil sie darin nur Äußerungen des Ungehorsams, der Aufsässigkeit und Obstruktion zu erkennen vermochte. Wiederholt entstand so der Eindruck, daß sich die Kirchenspitze, unbekümmert um die an sie herangetragenen Wünsche und Einwände, in sich zurückzieht, um dann ihre Botschaft nur um so dezidierter an die Basis ergehen zu lassen. Dabei unterscheidet sich dieses Verfahren im Raum der einzelnen Konfessionen lediglich in gradueller, nicht jedoch in prinzipieller Hinsicht.

Nicht weniger irritierend als die Befremdung durch Sprache und Stil ist jedoch die durch den Inhalt. Seit langem wollen die Klagen von protestantischen Kirchenbesuchern nicht verstummen, daß sie anstelle der erhofften Auslegung des Gotteswortes Belehrungen über die sozialen Unrechtverhältnisse im eigenen Land und insbesondere in den außereuropäischen Konflikt- und Notstandsgebieten über sich ergehen lassen müssen. Dem entspricht das wachsende Unbehagen eines Großteils des katholischen Kirchenvolkes angesichts der ihm mit zunehmendem Nachdruck eingeschärften sexualethischen Normen, zumal damit in den letzten Lehräußerungen eine dezidierte Absage an die moderne Lebenswelt verbunden ist. Hier wie dort entsteht so ein tiefgreifender Dissens, der vielfach den Eindruck aufkommen läßt, als antworte die Kirche auf Fragen, die niemand stellt, während sie die Antwort auf Fragen schuldig bleibt, die in den Herzen der meisten brennen und auf Auskunft drängen. Doch worauf beziehen sich diese?

Die Antwort darauf kann nur auf dem Umweg über die Vorfrage nach dem kirchlichen Menschenbild gegeben werden. Denn offensichtlich herrscht im Kirchenraum trotz aller von der modernen Anthropologie erhobenen Gegenvorstellungen noch immer eine längst obsolet gewordene Einschätzung des Menschen. Sie sieht ihn von einem unbändigen Lebenswillen getragen und von ungezügelten Leidenschaften umgetrieben, so daß er im Interesse seiner höheren Vermenschlichung an die Zügel genommen und auf die vom göttlichen und kirchlichen Gesetz umschriebenen Normen verpflichtet werden muß. Doch in diesem Bild kann sich der unter den Bedingungen der gegenwärtigen Lebenswelt existierende Zeitgenosse schwerlich wiedererkennen. Denn die Gegenwart ist nach so kompetenten Diagnostikern wie Karl Jaspers und Jean Baudrillard das Zeitalter der Angst. Und dieser verfiel der heutige Mensch, weil er an dem schon von Kierkegaard nachgewiesenen Selbstzerwürfnis leidet, weil sein Lebenswille geschwächt, seine Initiativkraft gelähmt und weil er zudem von Selbstzweifeln angefochten ist. Da ihm zwar noch viel an Besitz und Position, nicht mehr aber an sich selbst gelegen ist, empfindet er sein Dasein nicht mehr als fraglose Vergünstigung, sondern eher als Last, wenn nicht gar als Zumutung. Deshalb erblickt er die sich ihm stellenden Aufgaben und die von ihm zu bestehenden Konflikte in oft grotesker Vergrößerung, während er gleichzeitig seine Vergünstigungen und Chancen kaum wahrzunehmen vermag. Ihm müßte zunächst zu sich selbst verhol-

ÜBERLEITUNG

Der Wächterengel

Beim Durchschreiten einer Tür befällt den Eintretenden meist eine Beklemmung, die sich mitunter zu einer Drohgestalt verdichtet, wie sie schon von dem Cherub der biblischen Urgeschichte her bekannt ist, der mit seinem Flammenschwert den Zugang zu dem verlorenen Paradies verwehrt. In DANTES ›Göttlicher Komödie‹ ist es der Wächterengel, der den Büßern vor Betreten des Läuterungsberges das vielsagende Mahnwort mit auf den Weg gibt: »wer rückwärts schaut, muß rückwärts gehen«. Bei NIKOLAUS VON KUES ist es der »tiefgründigste Denk-Geist«, der besiegt werden muß, wenn sich der Zugang zu dem von der Mauer der zusammenfallenden Widersprüche umgebenen Wohnort Gottes öffnen soll. Und in KAFKAS Parabel ›Vor dem Gesetz‹ ist es die furchterregende Figur des Türhüters, der den Mann vom Lande vor dem Eintritt durch das – allein ihm zubestimmte – Tor zurückschrecken läßt[1].

Nach ihrer gegenwärtigen Verfassung zu schließen, hat die dem dritten Jahrtausend entgegengehende Christenheit eine ähnliche Drohgestalt vor Augen, in der sich ihre von ganz unterschiedlichen Motiven stimulierte Schwellenangst verkörpert. Es sind dies zunächst äußere Tendenzkräfte wie die zusehends auf den innerkirchlichen Raum durchschlagende Aufklärung und der trotz seiner offenkundigen Krise immer noch fortschreitende Säkularisierungsprozeß, aber auch der schon wiederholt angesprochene »Zusammenprall der Zivilisationen«, der nach Ansicht SAMUEL HUNTINGTONS mehr als alle ökonomischen und politischen Konflikte über das zukünftige Schicksal der Welt entscheidet[2]. Sie befragen das Christentum mit wachsender Eindringlichkeit nach seinem Selbstverständnis, das von der Aufklärung und dem Säkularismus angefochten, durch seine Konfrontation mit anderen Religionen und Weltanschauungen aber gleichzeitig aufs äußerste herausgefordert wird. Wie problematisch muß es doch um seine Kompetenz angesichts der Tatsache bestellt sein, daß ihm ständig weitere Besitzstände gesellschaftlicher und ideeller Art entrissen werden und daß ihm im

Disput der Gegenwart ausgesprochene Zerrbilder seiner selbst als die im Vergleich zu ihm erfolgreicheren Konkurrenten entgegengehalten werden!

Unmöglich könnten sich diese konkurrierenden Positionen zu einer derart massiven Herausforderung steigern, wenn ihnen nicht eine innere Anfälligkeit entspräche. Sie wird zunächst in einem resignativen Gefühl der Unterlegenheit zu suchen sein, bisweilen wohl auch in dem Zweifel, im gegenwärtigen Zeitgericht bestehen zu können. Es ist der Zweifel an der Durchschlagskraft der eigenen Botschaft, an der Legitimität des Missionsauftrags, ja sogar an der dem Christentum zustehenden Rolle. Muß diese tatsächlich neu definiert werden, nachdem sich einerseits die Ansicht durchsetzte, daß sich das Christentum auf die ihm schon von KANT zugewiesene Rolle einer moralischen Institution zurückziehen mußte, um für den Menschen der Gegenwart akzeptierbar zu sein, und nachdem ihm eine noch weitergehende Meinung überhaupt keine spezifische Differenz gegenüber anderen Weltreligionen zugestehen möchte?

Indessen hat die Anfälligkeit zweifellos noch einen viel tieferen Grund, der mit einer verstörenden Abblendung gegenüber seinem eigenen Prinzip zusammenhängt. Obwohl sich dafür die Begriffe »unglückliches Bewußtsein« und »Selbstentfremdung« aus der Denkwelt HEGELS, zumindest nach dem Verständnis GEORG HAYMS anbieten, läßt sich dieser Notstand noch zutreffender durch das gnostische *Evangelium veritatis* verdeutlichen, das in seinen Eingangssätzen die Unkenntnis des väterlichen Angesichts Gottes beklagt, die allenthalben Furcht und Schrecken erregt habe. Diese aber hätten sich zu einer Art Nebel verdichtet, »aus dem niemand heraussehen« konnte[3]. In bestürzender Gleichsinnigkeit gesteht der von den Schrecknissen in Natur und Geschichte bestürzte REINHOLD SCHNEIDER, daß auch ihm das Antlitz des Vaters »ganz unfaßbar« geworden sei[4]. Kaum braucht dem hinzugefügt zu werden, daß auch die von der gnostischen Schrift registrierte Stimmung – »Furcht und Schrecken« – dem heutigen Lebensgefühl entspricht, nachdem KARL JASPERS schon vor Jahrzehnten den modernen Menschen von einer »so noch nie gewesenen Lebensangst« befallen sah[5].

Doch nimmt die Drohgestalt, zu der sich die Schwellenangst der Christenheit verdichtet, noch deutlichere Konturen an, die sich mit dem von NIETZSCHE als seinem schlimmsten Widersacher beschworenen »Geist der Schwere« bestimmen lassen. Ihm legt er in seinem ›Zarathustra‹ die ganze Kette der den Menschen niederzwingenden Faktoren zur Last: »Zwang, Satzung, Not und Folge und Zweck und Wille und Gut und Böse«[6]. Die Entsprechungen in der religiösen Lebenswelt springen in die Augen: die Zurücknahme der kaum erst gewonnenen Freiheiten, die Unterwerfung der Lebensvollzüge unter ein System von Normen, die Vertauschung des Dialogs mit einer Sprache der Dekrete, die Funktionalisierung des Heilsgeschehens, die Verwechslung des religiösen Aktes mit einer Gott geschuldeten Leistung, der Schwund der Spontaneität, das Versanden der Hoffnungsimpulse und nicht zuletzt die Meinung, daß das dem Menschen schwer Ankommende gottgewollt und deshalb besonders verdienstlich sei. Mit derartigen Einflüsterungen bewirkt dieser Ungeist die in dem – als Raum des Aufatmens gedachten – Kirchenraum vorherrschende depressive und resignative Stimmung, die sich lähmend auf alle Initiativen und Impulse niederschlägt.

Deutlicher als alle äußeren Beeinträchtigungen spricht diese innere Irritation dafür, daß das Christentum von einer tiefgreifenden Identitätskrise, vermutlich der tiefsten seiner bisherigen Geschichte, ergriffen ist und daß die Frage seines Überlebens im kommenden Jahrtausend entscheidend von deren Überwindung abhängt. Symptomatisch dafür ist die Tatsache, daß sich in dem geradezu verzweifelten Ringen christlicher und jüdischer Theologen um eine Auflichtung des Auschwitz-Komplexes sowohl die Frage nach dem christlichen Menschenbild wie die nach dem Verständnis Gottes in bisher nicht gekannter Schärfe stellte. Während eine jüdische Anfrage zu bedenken gab, ob der Glaube an einen gewaltsam Hingerichteten nicht auf ein gewaltverhaftetes Menschenbild schließen lasse (Friedmann), plädiert die christliche Gegenwartstheologie in profilierten Vertretern dafür, daß dem »angepaßten« Gott der nachkonziliaren Verkündigung der »unpassende« (Metz) und »unheile« (Görg) Gott der Bibel entgegengehalten werden müsse[7].

Doch damit werden Fragen aufgerissen, die sich der Christenheit schon in ihrer ersten Stunde gestellt hatten: so in dem Dialog des Märtyrerphilosophen Justin »mit dem Juden Tryphon«, dessen Gesprächspartner nicht begreifen kann, daß die Christen ihre Hoffnung auf einen »gekreuzigten Menschen« setzen, und so, ungleich radikaler noch, im Blick auf die Lebenskrise Jesu, auf die Martin Buber in seiner Streitschrift ›Zwei Glaubensweisen‹ (1950) einging. Danach verdunkelte sich ihm in der Stunde der Schicksalswende, die mit dem vom Johannesevangelium überlieferten Massenabfall (Joh 6,60-71) über ihn hereinbrach, der Sinn seiner Sendung und, in einer letzten Steigerung, der seiner selbst so sehr, daß er sich mit der Frage »für wen haltet ihr mich – wer bin ich?« an die Jünger wenden muß. Von außen dringt dann dieselbe Frage nochmals auf ihn ein, wenn der Hohepriester auf dem dramatischen Höhepunkt der nächtlichen Sitzung Auskunft über seine Identität verlangt. Und selbst aus dem »Warum?« des Gekreuzigten hört Buber die – jetzt von diesem an den schweigenden Gott gerichtete – Identitätsfrage heraus.

Damit fördert die Rückblende eine erstaunliche Erkenntnis zutage; denn offensichtlich untersteht das Christentum nicht erst aufgrund moderner Pressionen, sondern schon von seinem Ursprung her der Identitätsfrage. Wenn sich sogar schon sein Stifter nach seiner Identität fragte und befragen lassen mußte, kann es nicht verwundern, wenn es sich im Zug seiner theologischen Selbstreflexion schon von sich aus auf sein »Wesen« besinnt. Und nicht weniger erstaunlich ist die Entdeckung der Schicksalsgemeinschaft, die den heutigen Menschen mit dem Christentum verbindet. In schmerzlicher Betroffenheit erkennt er, daß ihm die Identitätskrise, von der er befallen ist, auch im Bild der gegenwärtigen Christenheit entgegentritt. Wie ihm ist auch ihr die inspirierende Sinnmitte verdunkelt. Dann aber schlägt der bestürzende Eindruck unversehens in sein Gegenteil um. Denn die wahrgenommene Schicksalsgemeinschaft verbindet sich mit der Hoffnung, daß dem Menschen in dem Maße zur Sinn- und Identitätsfindung verholfen wird, wie es dem Christentum gelingt, aus der gegenwärtigen Schattenzone herauszutreten und zum Wissen um seine Identitätsmitte zu gelangen. Damit ist der Gang der folgenden Überlegungen vorgezeichnet.

I. KAPITEL:
DIE FRAGE NACH DEM ›WESEN‹

1. Die problematische Kategorie

Mit dem revolutionären Bruch, den Reformation, Humanismus und Subjektivismus herbeiführten, hörte das Christentum schrittweise auf, eine religiöse und gesellschaftliche Selbstverständlichkeit zu sein. Denn mit der Reformation entbrannte ein innerchristlicher Legitimitätsstreit, da jede der entstandenen Konfessionen beanspruchte, die authentische Stiftung Jesu zu repräsentieren. Der Aufbruch des humanistischen Lebensgefühls zog, nicht zuletzt im Zusammenhang mit dem Siegeszug des kopernikanischen Weltbildes, einen Säkularisierungsschub nach sich, der das auf das Jenseits gerichtete Interesse an die diesseitige Lebenswelt zurückverwies. Und mit der kartesianischen Neubegründung der Philosophie auf das denkende Subjekt stieg diese, mit der bekannten Metapher des BERNHARD VON CHARTRES gesprochen, von den Schultern der Riesen Autorität und Tradition herab, um sich definitiv auf die eigenen Füße zu stellen[1]. Im Gefolge dessen mußte sich das Christentum über sein Existenzrecht ausweisen und über seinen Anspruch auf Deutung und Gestaltung der menschlichen Verhältnisse Rechenschaft geben.

Daß sich dieser Sinndruck zu einer Existenzfrage zuspitzte, war die Folge der Aufklärung, die im Zug ihrer zunehmenden Radikalisierung zunächst die Tatsache und Relevanz einer Gottesoffenbarung und schließlich sogar Sinn und Zweck einer darauf gegründeten Religion bestritt. Wie HANS KÜNG, gestützt auf Spezialuntersuchungen, nachwies, reagierte der Pietismus auf diese Herausforderung sensibler als die Großkirchen. Danach ist schon bei dem pietistischen Pastor JOACHIM BETKE vom »Wesen des Christentums« die Rede, nachdem der französische Pietist PIERRE YVON die Frage nach der »Essentia religionis christianae« gestellt hatte[2].

Daß sich in der Folge die wissenschaftliche Theologie des Motivs annahm und mit gedanklicher Strenge nach dem »Wesen« des Christentums fragte, lag im Zug des philosophischen Denkansatzes, dem sie seit ihrer Konstituierung durch die alexandrinische

Schule mit ORIGENES an ihrer Spitze trotz aller Umbrüche und Korrekturen verpflichtet blieb. Er weist zurück auf Platon, wird bestätigt durch Augustin, präzisiert durch Thomas von Aquin und erfährt seine Apotheose durch Kant, während er bei Hegel bereits ins Schwerefeld der romantischen Denkwende gerät und bei ROSENZWEIG aufs schärfste mit der biblischen Denkform konfrontiert wird.

Am Leitfaden des Denk- und Lebenswegs seines Meisters SOKRATES entdeckte PLATON die über der Region des Zufälligen thronende Idee, die auf dem aus dem Höhlendunkel des Scheins zu ihr emporführenden Freiheitsweg gesichtet wird. Sie verschmilzt in der aristotelischen Rezeption mit dem auf dem Abstraktionsweg, also durch Ausgrenzung des empirisch Vorgefundenen erfaßte »Wesen« der Dinge, das am Ziel des Erkenntnisaktes vom Begriff umschrieben wird. Das unterbaut AUGUSTIN durch die Unterscheidung einer *cognitio matutina*, die dem Sinn des Seienden im Horizont der ewigen Weisheit nachgeht, von einer *cognitio vespertina*, die das Wesen der Dinge im Abendlicht der philosophischen Wahrheit zu ergründen sucht. Getreu seiner aristotelischen Grundorientierung präzisiert das THOMAS VON AQUIN durch seine Unterscheidung von Materie und Form, die als die den Dingen zugrundeliegende Wesenheit durch den Abstraktionsakt aus der sinnlich erfaßten Erscheinung herausgearbeitet wird. Seine Apotheose erreicht dieser Ansatz, wie bereits angedeutet, schließlich bei KANT, sofern er ihn in letzter Konsequenz auf den denkenden Menschen zurückbezieht. Das ist der Sinn des luziden Durchblicks, in welchem er die drei Grundfragen des Menschengeistes – »was kann ich wissen, was darf ich hoffen, was soll ich tun?« – in seinen Vorlesungen über Logik auf die anthropologische Frage »was ist der Mensch?« zurückführt und damit dessen »Wesen« zum Inbegriff alles Forschens, Hoffens und Handelns erklärt[3]. Demgegenüber verkörpert HEGEL die Wende dieses Denkweges, sofern ihm dessen retrospektiver Zug und dessen Konsequenz vor Augen steht. Für ihn ist das Wesen stets das aus der lebendigen Gegenwart Gewichene, das »Gewesene«. Demgemäß sieht er das Verfahren der Philosophie, mit der berühmten Wendung aus seinen ›Grundlinien der Philosophie des Rechts‹ (1821) gesprochen, als eine Grisaillemalerei, der es zwar gegeben ist, die alt gewordenen Gestalten des Daseins nachzubilden, nicht jedoch, sie mit jungem Leben zu erfüllen[4].

Die sich darin ankündigende Denkwende steigerte sich bei FRANZ ROSENZWEIG zu einem radikalen »Umbruch des Denkens«

(STEINBÜCHEL); denn er griff in seinem nachgelassenen ›Büchlein vom gesunden und kranken Menschenverstand‹ (1964) den idealistischen Ansatz von seiner Wurzel her an, als er seine Herkunft aus dem philosophischen Staunen darüber, daß überhaupt Seiendes ist, »und nicht vielmehr Nichts« (HEIDEGGER), einer kritischen Revision unterzog[5]. Ausgehend von der sprichwörtlichen Redewendung des »Starrseins vor Staunen«, entdeckt er im klassischen Initiationsakt des Staunens ein Moment der Fixierung, das im philosophischen Erkenntnisakt zur Ausgliederung des Sachverhalts aus dem lebendigen Gang des Geschehens und zu dessen Festlegung zu Gegenständen des definierenden Begreifens führt. Das aber steht, so Rosenzweig in Übereinstimmung mit den Vertretern des »dialogischen Prinzips«, in entschiedenem Gegensatz zum biblischen Denken, das, als ein Denken in Namen, die Dinge aus dem Strom des Geschehens zur Selbstvergegenwärtigung hervorruft und sich der Erreichung dieses Ziels im Erlebnis der »Geistesgegenwart« des Erkennenden bewußt wird. Doch damit zeigt sich am Ziel dieses Durchblicks durch die Geschichte des Wesensdenkens, daß die aus unvor-denklicher Tradition an das Christentum herangetragene Kategorie ihr Ziel schon im Blick auf die bibelfremde Art ihres Zugriffs verfehlen muß. Auch wenn es in letzter Zeit um die Enthellenisierungsdebatte, für diese nur CLAUDE TRESMONTANT genannt sei, still geworden ist, spricht sie doch dafür, daß der von Rosenzweig geübten Kategorienkritik eine offensichtlich an erkenntnis- und wissenstheoretische Grundentscheidungen rührende Bedeutung zukommt[6]. Zweifellos kommen dabei auch Erfahrungen dieses Jahrhunderts ins Spiel, die am Ende der Zeit der Rationalität den einschneidenden »Umbruch des Denkens« herbeiführten.

2. Die Grenzen der Fragestellung

Wenn die Inkonzinnität der Fragestellung vollends deutlich werden soll, bedarf es eines hinreichenden Vorverständnisses vom Christentum, das im Optimalfall dann erreicht wäre, wenn es im Zusammenhang mit einer Überprüfung der Fragestellung gewonnen würde. Dieser Fall ist in der Reaktion ERNST TROELTSCHS auf die stark beachtete Vorlesungsreihe gegeben, aus der ADOLF VON HARNACKS Schrift über ›Das Wesen des Christentums‹ (1911) hervorging. Für Troeltsch ist das Werk ein Ergebnis der historischen Kritik, genauer noch das eines historischen Abstraktionsbegriffs, der »das Wesentliche und Bleibende« des Christentums in den ihm im Lauf der Geschichte zugewachsenen Erscheinungsformen freizulegen sucht[7]. Das dafür erforderliche diakritische Prinzip ist in der den urkirchlichen Dogmen und Institutionen zugrundeliegenden »Jesus-Predigt« gegeben, die lediglich aus den Evangelien rekonstruiert zu werden braucht, wenn das gesuchte »Wesen des Christentums« zum Vorschein kommen soll. Der abstrahierende Rückgriff darauf ist unerläßlich, weil die von den einzelnen Kirchen gebotenen Aspekte noch nicht einmal zusammengenommen das angezielte »Wesen« ergeben[8].

Doch diesem Vorhaben sind, so Troeltsch, sowohl von der Sache wie von der Fragestellung her Grenzen gezogen. Von dieser, weil die Wesenfrage von der Voraussetzung ausgeht, daß sich das Christentum vergegenständlichen und auf ein Prinzip, wenn nicht gar auf eine satzhaft umschriebene Lehre zurückführen lasse. Aber auch von der Sache her, weil dieser Annahme schon die unbestreitbare Tatsache der eschatologischen Denkweise Jesu entgegensteht, kaum weniger aber auch die von Troeltsch selbst vertretene, daß das Christentum aus der die Fülle seiner Erscheinungen hervorbringenden Idee begriffen werden müsse. Dazu verhilft aber nicht die »der Historie eigentümliche Abstraktion«, sondern die »Kunst der das Ganze zusammenschauenden Divination«, verstanden als das Sensorium der das Ganze vorantreibenden und entfaltenden Idee[9]. Für Troeltsch ist der »Wesensbegriff somit ein Idealbegriff«, von dem sich Linien über die Gegenwart hinweg in die Zukunft ziehen, um in seinem eschatologischen Fernziel zu konvergieren. Denn das »Evangelium bleibt immer in aller Schärfe eine Erlösungsverheißung, die von Welt, Natur und Sünde, von Weltbild und Weltirrung zu Gott führt, und in diesem Leben nicht das letzte Wort Gottes gesprochen finden kann«[10].

So gesehen verstrickt sich das Verfahren Harnacks in eine Aporie, da Leben und Lehre Jesu nur unter der Voraussetzung der unbedingten Autorität des Schriftwortes rekonstruiert werden können, während die – von Harnack mitvollzogene – Beseitigung dieser Autorität alles dem Treibsand einer nur historischen Gewißheit preisgibt[11]. Aus diesem Engpaß führt nur die Überhöhung des Wesensbegriffs zum Idealbegriff heraus, der dem Gesagten zufolge die Fülle der Erscheinungsformen des Christentums aus dem Antrieb der ihm innewohnenden Idee zu begreifen sucht[12]. Zwar scheint in diesen Bestimmungen noch immer das Wissen um die eschatologische Zielsetzung des Christentums, wenngleich in idealistisch-romantischer Brechung, durch. Doch gibt das brechende Medium dem Ganzen eine säkularistische Wendung, wenn es heißt, daß sich der Wesensbegriff »ganz von selbst« zum Idealbegriff entwickle[13]. Denn diese Wendung läßt eher an eine Entwicklung im Sinn der neuzeitlichen Fortschrittsidee als an die neutestamentliche Vorstellung von einem Heranreifen zur Vollgestalt (Eph 4,13) denken. Als das beiden Konzepten Gemeinsame könnte allenfalls der von Troeltsch entwickelte Gedanke gelten, daß die Christentumsgeschichte das Ziel verfolge, daß Fehlsteuerungen und Wucherungen als solche durchschaut und in Stunden des glaubensgeschichtlichen Kairos zugunsten sachgerechter Paradigmen abgeworfen werden.

Troeltsch ist sich freilich auch darüber im klaren, daß er mit dieser Umsetzung des »Wesens« in ein anzuzielendes und erst noch zu verwirklichendes »Ideal« den Wesensbegriff einer »logisch überaus komplizierten« Prozedur unterwirft, die sich daraus ergibt, daß in ihm die historische Abstraktion mit der divinatorischen, auf »Weiterentfaltung der Grundgedanken« drängenden »vorausschauenden Phantasie« ins Gehege kommt[14]. Die noch größere Komplikation nimmt er jedoch dadurch auf sich, daß er dem seiner Herkunft nach retrospektiven Wesensbegriff eine prospektive Wendung gibt. Damit wird er zwar dem eschatologischen Grundzug des Christentums gerecht, dies aber um den Preis, daß er sein Ziel mit Hilfe einer gegen sich selbst gewendeten Kategorie anstrebt, sosehr es ihm angelegen ist, das »Rein-Historische der Vergangenheit«, wie es dem Wesensbegriff entspricht, mit dem »Normativen der Zukunft«, die es heraufzuführen gilt, in einem »Gegenwartsurteil« zu verknüpfen[15].

Freilich gelingt ihm das nur vordergründig, da er gleichzeitig betont, daß das mit dem »Wesen« gemeinte »Objektive« nicht nach Art einer Vorgegebenheit bereitliege, sondern durch Akte persönlicher »Fortbildung und Umgestaltung« stets »neugeschaffen werden« müsse. Dabei gesteht er sich ein, daß darin der »eigentliche Knotenpunkt des ganzen Problems« liege[16]. Den damit angesprochenen Subjektivismusverdacht sucht er abschließend durch die Wiederaufnahme der von ihm schon in der Abhandlung ›Die Absolutheit des Christentums und die Religionsgeschichte‹ (1902) vertretenen These zu entkräften, in der er das Christentum die »stärkste und gesammeltste Offenbarung der personalistischen Religion« genannt hatte[17]. Beweiskräftig ist diese These freilich nur, wenn sie sich auf jenen lebendigen Grund (1Kor 3,11) bezieht, aus dem das Christentum hervorging und lebt. Zweifellos ist es auch, besonders in seiner mystischen Komponente, die zentrale Quelle des neuzeitlichen Subjektivismus. Der Verdacht, daß es dadurch der subjektivistischen Beliebigkeit verfalle, wird aber bereits durch die Tatsache widerlegt, daß sich der personalistische Einschlag primär auf die Person seines Stifters und auf sein Fortleben in ihm und erst in zweiter Linie auf das Erwachen seiner Anhänger zu personalem Selbstbewußtsein bezieht. Zwar rührt Troeltsch durchaus an diesem Tatbestand, wenn er betont, daß der Ursprung des Christentums »im Urchristentum und hinter dem Urchristentum in Person und Predigt Jesu« liege und daß es mehr als jede andere Religion »aus der Berührung mit dem Stifter« lebe; doch besteht die Tragik seiner Ableitung darin, daß diese grundlegende Einsicht für seine Beantwortung der thematischen Frage nicht formbestimmend wird[18].

Erst damit ist das volle Vorverständnis von Christentum erreicht und gleichzeitig verdeutlicht, daß sich die auf sein vermutetes »Wesen« gerichtete Wasfrage – analog der ihr Ziel verfehlenden Frage »was ist der Mensch?« – an ihm vergreift[19]. Denn sie gehört mit Wilhelm Windelband gesprochen, der Ordnung der »nomothetischen« Denkweise, nicht aber, wie es einzig angemessen wäre, der »idiographischen« an[20]. Läßt sich diese kritische Ausleuchtung der Kategorie aber auch angesichts der Werke aufrecht erhalten, die sich der Frage nach dem »Wesen« des Christentums ausdrücklich stellten?

3. Die Fatalität der Deutungen

Nach dem »Wesen des Christentums« fragte aber nicht erst, wie nach Troeltsch angenommen werden könnte, Adolf von Harnack in der diesem Thema gewidmeten Vorlesungsfolge (1899/1900), sondern ein gutes Menschenalter zuvor schon der als Initiator der »Hegelschen Linken« geltende Ludwig Feuerbach in seiner titelgleichen Schrift (1841), die er ursprünglich als »Kritik der reinen Unvernunft« anonym herausbringen wollte[21]. Über seine Intention gibt der im Zusammenhang damit vorgesehene Untertitel

»Die Religion in ihrem Widerspruch mit dem Wesen des Menschen« unzweideutigen Aufschluß. Gleichwohl dürfte KARL LÖWITH mit seiner Ansicht recht behalten, daß die Schrift im Unterschied zu den religionskritischen Publikationen in ihrem Umfeld nicht destruktiv, sondern reduktiv gemeint ist[22]. So entspricht es auch der Vorbemerkung Feuerbachs, wonach es ihm bei seiner Untersuchung darum gegangen sei, von dem »belletristischen, koketten, epikureischen Christentum der modernen Welt« abzurücken und sich in jene Zeiten zurückzuversetzen,

> *wo die Braut Christi noch eine keusche, unbefleckte Jungfrau war, wo sie noch nicht in die Dornenkrone ihres himmlischen Bräutigams die Rosen und Myrten der heidnischen Venus einflocht, um über dem Anblick des leidenden Gottes nicht in Ohnmacht zu versinken; wo sie zwar arm war an irdischen Schätzen, aber überreich und überglücklich im Genusse der Geheimnisse einer übernatürlichen Liebe*[23].

Der aggressive Grundton bricht dann allerdings durch, wenn er in seiner Selbstrechtfertigung mit dem Titel ›Luther als Schiedsrichter zwischen Strauß und Feuerbach‹ die spekulierenden Theologen auffordert:

> *Macht Euch frei von den Begriffen und Vorurteilen der bisherigen spekulativen Philosophie, wenn Ihr anders zu den Dingen, wie sie sind ..., kommen wollt. Und es gibt keinen anderen Weg für Euch zur Wahrheit und Freiheit als durch den Feuerbach. Der Feuerbach ist das Purgatorium der Gegenwart*[24].

Diese Freiheit wird erreicht, wenn es gelingt, die Selbstentfremdung, der der religiöse Mensch verfallen ist, aufzuheben. Daher gilt es zu begreifen, daß der Glaube den Menschen vom Menschen scheidet und an die Stelle der naturbegründeten Einheit eine übernatürliche setzt; daß der als gesondertes und selbständiges Wesen vorgestellte Gott in Wahrheit das Wesen des Menschen ist und daß die nach der Beseitigung Gottes verbliebenen Prädikate vom Menschen zurückgewonnen werden müssen. Denn Gott ist, wie NIETZSCHE diesen Ansatz radikalisiert, eine Selbstprojektion des Menschen, durch die er seine Attribute dem Jenseits übereignete. Nachdem sich nun aber Gott als Illusion erwies, gilt es, diese Selbstverschwendung rückgängig zu machen und den Menschen mit Hilfe der freigewordenen Attribute zum »Übermenschen« zu steigern.

Während sich Feuerbach die erhoffte Metamorphose von der Durchschlagskraft seiner Idee versprach, setzte der revolutionäre Flügel der Hegelschen Linken mit KARL MARX an der Spitze auf die politische Praxis, die auf dem Weg der Diktatur des Proletariats den als Gattungswesen definierten Menschen anzielte. In kategorienkritischer Hinsicht brachte sich damit die Qualität des Wesensbegriffs als Allgemeinbegriff auf denkbar drastische Weise zur Geltung. Deutlicher konnte sich freilich auch nicht zeigen, wie sehr der im Bann des Wesensbegriffs denkende Feuerbach das von ihm in der Vorrede anvisierte Ziel, vom Armutszeugnis des modernen Christentums auf das an Erfahrungen der übernatürlichen Liebe überreiche des Ursprungs zurückzuführen, verfehlt. Gleichwohl tritt sein Ansatz, strukturell gesehen, in eine bemerkenswerte Konstellation mit der von der Gegenwartstheologie vollzogenen »anthropologischen Wende«, der zufolge in jedem Satz über Gott der Mensch mitgesagt ist, weil das Innerste Gottes, wie der Hermeneutiker ERNST FUCHS versicherte, das Menschliche ist[25]. Ungeachtet der prinzipiellen Gegensätzlichkeit deckt sich das nahezu mit dem Schlüsselsatz Feuerbachs, wonach das »Geheimnis der Theologie die Anthropologie« ist. Nicht umsonst war die anthropologische Wende unüberhörbar in den aus der mystischen Versunkenheit des »Et incarnatus est« förmlich hervorbrechenden »Et homo factus est« in BEETHOVENS Missa solemnis vorweggenommen worden. Nicht auszudenken, wie sich die Reaktion auf Feuerbachs kritischen Vorstoß gestaltet hätte, wenn diese Antizipation von der zeitgenössischen Theologie und Verkündigung aufgenommen und dem allgemeinen Glaubensbewußtsein eingeschrieben worden wäre[26].

Versucht man, die Antriebe auszumachen, die Feuerbach bei seinem Vorstoß bestimmten, so zeichnet sich als erster sein Eindruck ab, daß sich der Mensch durch das Christentum an Gott verliere. Weil er diese Gefahr im System HEGELS zum Exzeß getrieben sah, suchte er diesem durch seine Christentumskritik den Boden zu entziehen. Dabei dürfte er sein kritisches Potential dem durch LESSINGS Wolfenbüttler Fragmente bekannt gewordenen Angriff des Orientalisten HERMANN SAMUEL REIMARUS entnommen haben, der nach dem »Zwecke Jesu und seiner Jünger« gefragt und dabei Jesus als Illusionisten, die Jünger dagegen als Betrüger hingestellt hatte[27]. Um das Recht des Menschen gegenüber dem ihn in seiner undurchschaubaren Übermacht erdrückenden Gott zu retten, zielte Feuerbach vor allem darauf ab, die Widersprüche in der Existenz, dem Wesen und der Offenbarung Gottes aufzudecken[28]. Seltsam nur, daß er dabei allenfalls tangential an den fundamentalen Kontrast von Faszination und Schrecken im traditionellen Gottesbild rührte, auf das gerade auch die philosophisch-theologische Reflexion der Neuzeit zurückgefallen war[29]. Vermutlich erklärt es sich daraus auch, daß er sich der schiefen Optik nicht bewußt wurde, in welche die Christentumskritik durch die Zweckfrage des Reimarus geraten war. Sie bewegte sich freilich im Schwerefeld der unvordenklichen Tradition, die den als Gipfel seines Erlösungswerkes begriffenen Tod Jesu durch das Sühnemotiv einer Zweckbestimmung unterworfen und dadurch, wie sich an Reimarus zeigt, sogar die Kritik in ihren Bann geschlagen hatte.

Wie ein Bleigewicht lastete diese unbewältigte Hypothek auch auf den in Johann Adam Möhlers Jugendschrift ›Die Einheit in der Kirche‹ (1821) vorweggenommenen Versuchen, die Wesensfrage aus christlicher Sicht zu beantworten[30]. Das gilt in erster Linie von der von Troeltsch diskutierten Vorlesungsreihe Adolf von Harnacks mit dem durch sie klassisch gewordenem Titel ›Das Wesen des Christentums‹ (1900), aber auch von Karl Adams triumphalistischer Replik auf Guardinis Ruf vom »Erwachen der Kirche in den Seelen« in seinem Buch ›Das Wesen des Katholizismus‹ (1924) und selbst von dem von Michael Schmaus verfaßten ›Wesen des Christentums‹ (1947)[31].

Es dürfte sich aus der angesprochenen Belastung erklären, daß die Abhandlung Harnacks, in ihrem Kontext überblickt, einer sich selbst durchkreuzenden Spur folgt. Sie beginnt mit der zum Aufhorchen nötigenden These, daß es an der Zeit sei, die Menschheit aufs neue daran zu erinnern, daß einmal »ein Mann namens Jesus Christus in ihrer Mitte gestanden« habe, zumal der »öffentliche Unterricht« kein zulängliches Bild von ihm vermittle, andererseits aber extrem gegensätzliche Ansichten über ihn im Umlauf seien, die ihn sowohl in die Nähe Buddhas wie Tolstois und Nietzsches rückten und so die Verwirrung auf die Spitze trieben. Und sie schließt mit dem fragwürdigen Versuch, den Sohn zugunsten des Vaters aus dem Evangelium auszublenden, um so die »zeitlosen«

Elemente in ihm freilegen zu können[32]. Unverkennbar wirkt dabei Reimarus nach, der das goldene Zeitalter der Humanität und Aufklärung gekommen sah und daraus folgerte, daß die dem unmündigen Menschen mit »Furcht vor der Hölle« aufgezwungenen Lehren über Bord geworfen werden müßten, zumal sie sich in den richtig verstandenen Lehren Jesu gar nicht nachweisen ließen. Nach den »Jahrhunderten der Barbarei und Verfinsterung«, während derer die Sache der Religion aufs schlimmste zur Unterdrückung der Menschen mißbraucht worden sei, müsse nun endlich das Wesentliche des Christentums ans Licht gebracht werden[33].

Um das »Evangelium im Evangelium« ist es auch dem auf der Wesenssuche begriffenen Harnack zu tun, nur daß er sich der methodologischen Schwierigkeiten bewußter ist, die sich diesem Vorhaben entgegenstellen. So verbleibt er, bildlich gesprochen, diesseits des »garstigen breiten Grabens«, vor den sich der Reimarus-Herausgeber Lessing gestellt sah. Da die Geschichte immer nur zeigen könne, »wie es gewesen ist«, ließen sich auf ihrem Boden keine »absoluten Werturteile« fällen. Deshalb könne auch die Frage »was ist das Christentum?« lediglich »im historischen Sinn« beantwortet werden, und das besage, »mit den Mitteln der geschichtlichen Wissenschaft und mit der Lebenserfahrung, die aus erlebter Geschichte erworben ist«[34]. Immerhin sei es aber dem Historiker gegeben, im Wechsel der Umgestaltungen »das Wertvolle und Bleibende« festzustellen und so »das Wesentliche« zu ermitteln[35].

Da er sich ohnehin auf Fichte bezieht, hätte ihm an dieser Stelle dessen Warnruf in den Ohren klingen müssen, wonach das Historische nicht selig, sondern nur »verständig« macht[36]. Wenn es ihm darum gegangen wäre, den »seligmachenden« Charakter des Christentums zu ermitteln, hätte er somit alles daran setzen müssen, den Lessingschen Graben zu überspringen. Da er es unterließ, verflüchtigte sich ihm das gesuchte »Wesen«, und das in einem buchstäblichen Sinn; denn ihm widerfuhr genau das, was Albert Schweitzer gleichzeitig vom Schicksal der Leben-Jesu-Forschung gesagt hatte: Zwar gelang es ihr, die Gestalt Jesu vom Felsen der Kirchenlehre loszuketten und Leben in sie zu bringen; und ihre höchste Genugtuung bestand darin, daß sie den von ihr erschlossenen Jesus tatsächlich auf sich zukommen sah:

> *Aber er blieb nicht stehen, sondern ging an unserer Zeit vorüber und kehrte in die seinige zurück*[37].

Die von Harnack entwickelte Gedankenfolge bestätigt tatsächlich fast notengetreu diese Beschreibung. Typisch für sein Verfahren ist die durchgängige Bemühung, die Gestalt Jesu von der Kirchenlehre abzulösen und für sich selbst sprechen zu lassen. Hochaktuell, wenngleich im kritischen Sinn, ist dabei sein energischer Einspruch gegen die »verzweifelte Annahme«, daß die Botschaft Jesu durch Kreuz und Auferstehung erst zu ihrer vollgültigen Bedeutung gelangt sei, zumal er bereits mit aller Entschiedenheit die Tendenz »von Christus zurück zu Jesus« erkennen läßt[38]. So ist es nur konsequent, daß er im unmittelbaren Anschluß daran die These formuliert, die immer schon als der Schlüsselsatz seiner Abhandlung empfunden wurde:

> *Nicht der Sohn, sondern allein der Vater gehört in das Evangelium, wie es Jesus verkündet hat, hinein*[39].

Insbesondere aber entspricht es Schweitzers Diagnose, daß Harnack in seltsamem Widerspruch zu diesem Grundsatz die Gestalt Jesu auf einfühlsame Weise zu beleben sucht. Dabei geht er zunächst von dem durch Jesus persönlich erweckten Eindruck und insbesondere von dem seiner Sprachwelt aus, die »die ganze Stufenleiter der Affekte« zum Ausdruck brachte, gleichzeitig jedoch von einer »stillen, gleichmäßigen Sammlung« bestimmt gewesen sei, die sich auf ein einziges Ziel, nämlich die Verkündigung des Gottesreiches, gerichtet habe. Die Gleichnisrede, deren er sich dabei vorzugsweise bediente, gebrauchte er mit einer Kunst, »wie sie kein Prophet vor ihm besessen habe«[40]. Trauer und Weinen, Hunger und Durst, Kinderspiel und Politik, Herberge und Heimkehr, Hochzeit und Todestrauer spiegeln sich in ihrer Vielfalt darin ebenso wie die Nähe Gottes, in dessen Hand er sich geborgen wußte. So kommt es, daß ihm das Erschütterndste wie selbstverständlich vorkommt und daß er es wie eine Selbstverständlichkeit aufnimmt, wenn er zu letzten Entscheidungen ruft[41].

Ungeachtet dieser eindrucksvollen Würdigung Jesu trifft auf ihn dann aber die abschließende Bemerkung Schweitzers zu: der von ihm Vergegenwärtigte ließ sich nicht festhalten, sondern kehrte in seine eigene Zeit zurück. Zwar gelingen dem Kenner der Dogmengeschichte luzide, wenngleich bisweilen verzerrende Durchblikke, so die aufschlußreiche Feststellung, daß im Christentum des zweiten Jahrhunderts die Furcht einen »größeren Spielraum« als in der Urverkündigung Jesu gewann und daß dadurch die »Ethik unfreier, gesetzlicher und rigoristischer« geworden sei[42]. Indessen stößt er auch an dieser bemerkenswerten Stelle nicht zu dem Rückschluß vor, durch den er die Gegenwartsnähe Jesu hätte sichern können: zum Schluß auf seine angstüberwindende Lebensleistung. Zwar ist dem nicht unbedenklichen Satz, daß die »rechte Lehre von und über Christus« in den Mittelpunkt gerückt sei und »die Majestät und Schlichtheit des Evangeliums« verdeckt habe, ein relativer Wahrheitswert nicht abzusprechen; doch vermißt man bei dem großen Kenner der Dogmengeschichte die gegensinnige Feststellung, daß der zum Gegenstand Erhobene im Gang der Glaubensgeschichte immer wieder aus dem Schrein der Vergegenständlichungen hervortrat, um seine helfende Macht und seine lebendige Gegenwart zu beweisen. Statt dessen versinkt er bei Harnack, zurückgestuft auf die Rolle des bloßen Botschafters, in seiner Vergangenheit.

Von einer »Fatalität« kann im Blick auf die Werke von MÖHLER, ADAM und SCHMAUS gewiß nicht die Rede sein, wohl aber von einer ihnen anhaftenden Problematik, obwohl diese erst durch die Äußerungen des Zweiten Vatikanums ans Licht trat. Unter dem Eindruck des schon von JUSTIN und IRENÄUS vorweggenommenen CYPRIAN-Satzes »extra ecclesiam nulla salus«, wohl aber auch der in ihnen nachwirkenden Vorstellungen der Romantik erblickten sie das von ihnen gesuchte »Wesen« in der Kirche, wenn nicht gar, wie FRANZ ANTON STAUDENMAIER ihren Ansatz zuspitzte, im »Wesen der katholischen Kirche«[43]. Denn die Romantik hatte den Bruch mit der idealistischen Vorzeit nicht zuletzt in der Form vollzogen, daß sie den subjektiven Denkansatz in die gesellschaftliche und religiöse Gemeinschaft integrierte und diese zum genuinen Ort der Wahrheitsfindung erklärte. Übereinstimmend mit einem von SCHILLER aufgenommenen Gedanken GOETHES, wonach die Natur in ihrer Größe nur »von der Summe aller Individuen gefaßt werden« könne, versichert Möhler in seiner Einheitsschrift:

> *Denn das ist das Geheimnis unserer Erkenntnis Gottes: nur vom Ganzen kann der, der das Ganze schuf, erkannt werden, weil er sich nur im Ganzen ganz offenbarte; wie soll ihn der Einzelne erkennen?*[44]

Das ist insofern die Schlüsselstelle der ganzen Schrift, als Möhlers Antwort auf die von ihm gestellte Frage den abschließenden Grundgedanken vorwegnimmt: Obwohl er das Ganze nicht sei, könne es der Einzelne doch mit »großem Gemüte«, also mit Liebe, umfassen und so in sich hineinnehmen; denn:

In der Liebe erweitern wir uns, die Einzelwesen, zum Ganzen. Die Liebe erfasset Gott.

Von daher steuert er die »Idee« der Kirche durch die Alternative zweier Gegensätze an, die sich wie *Skylla* und *Charybdis* gegenüberstehen: daß ein jeder nur er selbst oder daß einer alles zu sein versuche. Im zweiten Falle werde alles Leben erstickt, im ersten falle alles auseinander. Daher gilt für ihn:

Alle können nur alle sein, und die Einheit aller nur ein Ganzes. Das ist die Idee der katholischen Kirche[45].

Das aber ist, wie Möhler im Anschluß an Basilius sagt, die Wirkung des Gottesgeistes, der den Glaubenden »wie das Ganze in den Teilen« einwohnt[46]. Seinem Wirken entspricht auf Seiten des Menschen ein Leben aus dem Geist der Liebe, da sie erst die »Form mit Leben erfüllt«, das vielfach unbewußt Geschehende »mit Bewußtsein erfüllt und dadurch den abstrakten Lehrbegriff der Kirche zum Leben erweckt«[47].

Während die Schrift Karl Adams auf die These des Ersten Vatikanums abgestimmt ist, welche die Kirche selbst zum Glaubwürdigkeitsgrund der von ihr verkündeten Botschaft erklärte, greift Michael Schmaus auf Möhler zurück, sofern er sein Verständnis vom Wesen des Christentums mit dem Satz umschreibt:

Wenn der Heilige Geist Seele und Herz der Kirche ist, dann ist ihr innerstes Wesen die Liebe. Sie ist also eine Liebesgemeinschaft. Denn der Heilige Geist ist die innergöttliche Offenbarung der Liebe[48].

Kurz zuvor faßte er das Ergebnis seiner Untersuchung in die als Wesensbestimmung gemeinten Worte zusammen: »Mitte, Sinn und Zweck der Kirche ist der verklärte Christus«[49]. In der Schlußwendung, die sich gleichfalls ausdrücklich auf den »verklärten Christus« bezieht, bietet er sodann den Schlüssel zu seiner dezidiert christologischen Wesensbestimmung. Denn durch seine verklärende

Erhöhung (Phil 2,9) wurde der Lehrer zur Lehre, der Führer zum Weg und der Botschafter zur Botschaft. Im Blick auf diese Vergegenständlichung konnte tatsächlich nach dem Prinzip, der Idee und dem »Wesen« des Christentums gefragt werden. Doch worin besteht die vom Zweiten Vatikanum vorgenommene Korrektur des Cyprianischen Axioms?

Nach WALTER KERN, der dem Axiom mit hoher Sensibilität auf den Grund ging, dadurch, daß er den Begriff aus seiner exklusiven, auf den katholischen Lebensraum eingegrenzten Fassung herauslöste und ihm eine wahrhaft universale, selbst die Atheisten einbeziehende Bedeutung verlieh[50]. Wenn diese Aussage mit dem vom Konzil gleichzeitig vertretenen Satz von der Heilsnotwendigkeit der »pilgernden Kirche« bruchlos zusammengehen soll, dann nur unter der Voraussetzung, daß der einzige Heilsmittler in seiner Stiftung existentiell fortlebt, da die Heilsvermittlung ausschließlich von einer Person, niemals jedoch von einer Institution ausgehen kann. Beides, die universale Weite und die gleichzeitige Bindung an das Institut Kirche kann somit nur gelten, sofern es gelingt, Person und Institution zusammenzudenken. Das aber ist vom Frageansatz, ja sogar von dem ihm zugrundeliegenden Wahrheitskonzept her unmöglich. Denn diese Wahrheit wird, wie bereits vermerkt, in der Rückschau auf die Ordnung der Gegebenheiten, genauer noch, auf dem Weg der Abstraktion von diesen, gesichtet, während die Wahrheit, die zur Vereinbarung verhilft, sich zeigen, also sich sehen lassen müßte. Von eben dieser spricht aber der divinatorisch denkende Möhler, wenn er sie eine »durch sich selbst wirkende Weisheit« nennt[51].

Das zwingt zu dem Schluß, daß das Urteil über die Heilszuwendung ausschließlich dem »einzigen Mittler zwischen Gott und den Menschen« (1Tim 2,5) zusteht, während alle menschlichen Urteile offensichtlich Gefahr laufen, den gerade dem religiösen Denken naheliegenden Ausgrenzungsstrategien zu verfallen. Unverkennbar weist diese Alternative auf eine Differenz in der zugrundeliegenden Gottesvorstellung zurück. Während der »einzige Mittler« nur einen Gott ans Licht hebt, der seiner Signatur als bedingungslos Liebender entspricht, geht die Ausgrenzungsstrategie offensichtlich von einem dazu konträren Gottesbild aus: von einem trotz seiner Erbarmung zu fürchtenden Gott, der in seiner Strenge sogar die Gewalt gegen die als seine Gegner Geltenden rechtfertigt. Während in seinem Namen Urteile über die Heilszugehörigkeit einzelner oder ganzer Gruppen und Religionen gefällt werden können, bleibt diese Beurteilung bei dem Gott der »durch sich selbst wirkenden Weisheit» einzig diesem selbst überlassen. Mit der Heilszugehörigkeit verhält es sich somit letztlich wie mit dem Glauben, der vorkonziliar rezeptiv, als die gehorsame Annahme der Gottesoffenbarung, interpretiert wurde, der jetzt aber immer klarer als ein Synergismus von Glaubendem und Geglaubtem begriffen wird, so daß das Urteil über sein Zustandekommen und seine Qualifikation zuletzt nur diesem zusteht und ihm dann auch in jedem Entscheidungsfall überlassen werden muß. Auch wenn es um die von KARL RAHNER in diesem Zusammenhang in die Debatte geworfene Vokabel vom »anonymen Christen« inzwischen still geworden ist, signalisiert sie doch weiterhin die Tatsache, daß die Kriterien der äußeren Kirchenzugehörigkeit keinen verläßlichen Aufschluß über die Heilszugehörigkeit eines Menschen geben. Daß das Heil von Gott kommt und, entgegen allen menschlichen Eingrenzungsversuchen, allen Menschen, unabhängig von Ort und Zeit ihres Daseins, zugedacht ist, unterstrich bereits die altchristliche Theologie mit ihrem Theorem von dem über die ganze Welt verstreuten *logos spermaticos*, das Rahners Rede vom anonymen Christen geradezu spiegelbildlich vorwegnahm[52].

Im Horizont des neuverstandenen Cyprian-Axioms muß dem die Zusatzfrage angefügt werden, ob sich dasselbe Problem nicht auch hinsichtlich der von TROELTSCH diskutierten These von der »Absolutheit des Christentums« stellt[53]. Obwohl er den Begriff der Apologetik entnimmt, wird im Gang seiner Ausführungen doch deutlich, daß er sich ihm letztlich durch HEGEL aufgedrängt hatte, der jedoch im Christentum nur eine »Vorstufe« zur absoluten Religion erblickte, da für ihn diese erst mit dem in seiner Absolutheit begriffenen Gott der philosophischen Spekulation erreicht war[54]. Gleichzeitig wendet sich Troeltsch gegen den auf der Linie der Apologetik liegenden Versuch, den suggestiven Begriff auf das Christentum zu beziehen und dieses mit HARNACK als »die Religion selbst« zu erweisen. Dem hält er entgegen, daß so der Absolutheitsanspruch des Christentums nur auf dem Nebel einer unzulänglichen Geschichtsauffassung aufrecht erhalten werden könne. Die dabei angewandte Methode sei schon deshalb unhaltbar, weil sie sich in das »Entweder – Oder von Relativismus und Absolutismus« verfange[55]. Doch nicht diese Alternative sei das Problem der Geschichte, sondern die »Mischung von beidem«, die er als ein »Herauswachsen« auf absolute Ziele hin beschreibt. Die weiterführende

Kategorie ist somit die der Entwicklung. In ihrem Licht erscheint das Christentum gleicherweise als »Höhepunkt aller bisherigen Religionen« wie als »Boden und Voraussetzung jeder kräftigen und klaren Religiosität der Zukunft«, obwohl nichts für seine Überschreitung spricht, da seine gegenwärtige Gestalt sowohl dem Historisch-Relativen als auch dem Bedürfnis nach Heilssicherheit genügt[56]. Die Begründung dieser letztlich unentschiedenen Position entnimmt er einem Gedanken von DAVID FRIEDRICH STRAUSS. Danach liebt es die Idee nicht, »ihre ganze Fülle in ein einziges Exemplar auszuschütten«, wohl aber, ihren Reichtum in eine Mannigfaltigkeit sich gegenseitig ergänzender Exemplare auszubreiten[57].

Dem muß mit WERNER LÖSER der von BALTHASAR entwickelte Begriff des »universale concretum» entgegengehalten werden[58]. Im Blick auf das Mysterium der Menschwerdung ergibt sich daraus, daß das allumfassende göttliche Sein seine Fülle eben doch in ein einziges »Exemplar« ergossen hat. Dadurch können vom Absoluten tatsächlich, wie Troeltsch vermutete, relative Aussagen gemacht werden, ohne daß dadurch seine Absolutheit angetastet wird. Wohl aber »verliert« es dadurch seine Ausschließlichkeit. Es wird bei aller Abgeschiedenheit zugleich offen und kommunikativ. Das gilt ebenso vom Sohnesbewußtsein Jesu, das bei aller Exklusivität dahin tendiert, diejenigen, die ihn aufnehmen (Joh 1,6), in sein Glück aufzunehmen und sie in den Rang der Gotteskindschaft zu erheben. Das gilt dann aber auch von der Sicht der daraus aufbauenden Religion, die jetzt nicht mehr wie bei Hegel als »Vorstufe« eingeschätzt zu werden braucht, weil sie umgekehrt aus der Selbstmitteilung des Absoluten hervorging. Das gilt nicht zuletzt auch von der zwischenmenschlichen und interreligiösen Praxis dieser sich einbehaltenden Offenheit, der Toleranz. Entgegen einem tief eingewurzelten Mißverständnis ist diese keine Kompromißhaltung, sondern ein Kraftakt, der darauf abzielt, die Andersheit des anderen auf sich zu nehmen, ohne sich ihr schwächlich anzupassen, aber auch ohne daran tragisch zu zerbrechen.

Demgegenüber betrifft die Berührung mit RAHNER den über TROELTSCH und HARNACK auf FEUERBACH zurückweisenden anthropologischen Ansatz. In einem höchst sublimen Sinn ist auch für Rahner die theologische Explikation des Glaubens Anthropologie[59] Denn der Mensch ist in seiner Selbstgegebenheit auf das hin offen, um das er auf anonyme und unthematische Weise weiß, weil er sich ihm in seiner Gegebenheit verdankt: also auf das hin, was Rahner auf der Stufe seiner Grundkurstheologie das »heilige Geheimnis« nennt[60]. Alle Konkretisierungen dieser Hinordnung in Schöpfung, Erlösung und Vollendung sind Folgen der offenbarenden Entgegenkunft dieses »heilig öffentlichen« Geheimnisses, das geschichtlich in Leben, Werk, Passion und Auferstehung Jesu in Erscheinung tritt. Auf die sich zum Selbstbewußtsein klärende »Selbsttat« angelegt, ist der Mensch der göttlichen Entgegenkunft gegenüber frei, so daß er sich ihr auch verweigern und dem Krampf einer dämonischen Selbstsetzung verfallen kann[61]. So entsteht heute, in einer zu solcher Verweigerung tendierenden Welt, der Eindruck, daß eher Gott sich zu rechtfertigen habe, als daß der Mensch durch Gottes Gnade gerechtfertigt werden müsse[62]. Aus dieser Selbstverschließung ruft ihn das in der Botschaft Jesu an ihn ergehende Offenbarungswort heraus, das ihn sich als das Ereignis der »vergebenden Selbstmitteilung« Gottes begreifen und zur »Annahme seiner selbst« gelangen läßt[63]. Das Christentum aber, in dessen »Begriff« der Grundkurs einzuführen sucht, ist eben dieser religionsgeschichtlich konkretisierte Begriff der mit der Weltgeschichte »koextensiven« Offenbarungsgeschichte, verstanden als das auf einer – gegenüber seinem Vulgärverständnis – zweiten Reflexionsstufe glückenden Zu-sich-Kommen des Glaubenden in dem auf seine Sinnfrage antwortenden Offenbarungsgeschehen[64].

Schwerlich könnte KIERKEGAARD diesem weitgespannten Systementwurf vorwerfen, daß darin – wie er es an den idealistischen Systembauten bemängelte – kein Wohnraum für den Menschen vorgesehen wurde. Eher schon hätte er an diesem Entwurf vermißt, daß sein Schöpfer den Leidenston in den Worten Jesu nicht vernahm, und daß er, weil er die Chiffrenhaftigkeit seines Offenbarertums nicht genügend berücksichtigte, nicht zu dessen Mitte vorgedrungen sei. Tatsächlich zögert Rahner, dem von ihm lediglich als Reformer eingeschätzten Jesus die Qualifikation des Revolutionärs zuzuerkennen und seine revolutionäre Lebensleistung mit der Entdeckung und Verkündigung des bedingungslos liebenden Vatergottes gleichzusetzen[65]. Zwar ist sein Jesusbild der paradigmatische Fall einer »Christologie von unten«, doch ist es gleichzeitig so stark von deduktiven Tendenzen durchsetzt, daß der auf die Begriffsbestimmung des Christentums zielende Grundzug das Eigenleben des Faktischen überstrahlt[66]. Dieser Eindruck stellt vor die Frage, ob nicht ein gangbarerer Weg zum gleichen Ziel über die bei Rahner nicht hinreichend berücksichtigten Fakten der Lebens- und Wirkungsgeschichte Jesu führt. Auf die Erkundung dieses Weges sind folgende Gedankenschritte ausgerichtet. Dabei geht es nicht nur um die durch diese Fakten gebildeten Markierungen, sondern ebenso sehr um den Verlauf des Weges, der sich im Maße seines Fortgangs nicht mehr als der der Christologie, sondern als der einer – mit IGNATIUS VON ANTIOCHIEN gesprochen – »Christomathie« herausstellt.

Mit Rahners prospektiv-systematischem Entwurf verglichen, wirkt der bisher letzte Beitrag zur Beantwortung der klassischen Frage nach dem Wesen des Christentums wie ein Epilog auf diese Fragestellung. Denn HANS KÜNGS ungemein fakten- und perspektivenreiches Werk ›Das Christentum. Wesen und Geschichte‹ (1994) dekretiert schon zu Beginn:

> *Des Christentums wirkliches Wesen ereignet sich im Un-Wesen*[67].

Und er mildert diese These nur unwesentlich ab, wenn er sie abschließend mit dem Satz nochmals aufnimmt, daß das Wesen des Christentums in dessen Geschichte »trotz allen Unwesens immer wieder durchbricht«[68]. Dieses eher pessimistisch als divinatorisch klingende Gesamturteil entspricht nicht so sehr der Komplexität der letztlich unvereinbaren »Paradigmen«, in die sich Küngs Gesamtbild auffächert, als vielmehr der Konsequenz, auf die seine Darstellung der Wirkungsgeschichte Jesu hinausläuft. Es ist eine Konsequenz, die, auch in der Form der Anbahnung, unwillkürlich an Harnacks Ableitung erinnert. Zunächst hatte er die Wesensfrage im Sinn GUARDINIS auf den Satz zurückgeführt, das Spezifische des Christentums sei nicht »ein Prinzip, sondern eine lebendige Gestalt«, die er in der Folge als die des »gekreuzigten und doch lebendigen Christus« bestimmt[69]. Und er verleiht dieser »Gestaltbestimmung« im Zug seiner Würdigung der Christologie SCHLEIERMACHERS noch zusätzlich Farbe und Kontur[70]. Danach ist Christus Erlöser sowohl als »Urbild des Gottesbewußtseins, das die Menschen ergreift und formt«, als insbesondere dadurch, daß er sie in seine Lebensgemeinschaft aufnimmt und ihnen so zur »Wiedergeburt« verhilft. Dann aber scheint sich das »Unwesen« dieser Wirkungsgeschichte so sehr bemächtigt zu haben, daß deren Aktualität nur noch in der Konstituierung eines allgemein verbindlichen und alle verbindenden Weltethos besteht[71]. Damit nähert sich Küng der Ansicht von Wolfgang Trillhaas an, daß das Christentum in sein moralisches Stadium eingetreten sei und deshalb dem heutigen Menschen nur noch als Ethik vermittelt werden könne, damit dann aber auch einer Ansicht, durch die das »Wesen« bis zur Unkenntlichkeit verdunkelt würde.

Indessen lichtet Küng dieses Dunkel überraschend durch sein Schlußkapitel über das »Geheimnis des Christentums« auf, das für ihn zentral darin besteht, daß sich »der Geist des Nazareners« trotz versagender Personen und Institutionen immer wieder durchsetzte und »Jesus Christus und seine Sache« zum Orientierungsmodell für den einzelnen wie für die Gesellschaft werden ließ: ein für ihn durchschlagender Beweis dafür, daß sich das verdunkelte Wesen nicht verlor, sondern trotz aller Überlagerungen in allen Deformationen durchhielt[72]. Deshalb dulde sein Buch keinen Epilog, sondern allenfalls ein »Vor-Wort für das Künftige«[73]. Dieses Desiderat gilt es einzulösen.

4. Die Selbstkorrektur

Wenn der Durchgang durch die unterschiedlichen Wesensbestimmungen etwas lehrte, dann gewiß die Einsicht in die Problematik der Fragestellung. Mit ihr verhält es sich nicht anders als mit der anthropologischen Grundfrage »was ist der Mensch?«, die unter dem Druck der extremen Belastungen, denen der Mensch dieses Jahrhunderts ausgesetzt war, auf eine ursprünglichere, nämlich die biblische Urfrage »wo bist du?« zurückgenommen werden muß[74]. Freilich hat die Frageproblematik im Fall der Suche nach dem Wesen des Christentums einen völlig entgegengesetzten Grund. Denn dieser besteht nicht in einer Unheils- sondern einer Heilserfahrung, die, wie sich immer deutlicher zeigt, auf die gegenwärtige Glaubenswende hinwirkt[75]. Obwohl der Wandel in der Glaubenserwartung, der Glaubensbegründung und im Glaubensverständnis auch zeitgeschichtlich bedingt ist, hat er seinen innersten Grund doch in der Inversion, die sich im Zentrum des glaubensgeschichtlichen Prozesses ereignet. Bestand dieses Zentrum bisher darin, daß der Lehrende zur Lehre, der Botschafter zur Botschaft und der zum Glauben Rufende zum Geglaubten wurde, so besteht es heute immer fühlbarer darin, daß er aus dem Schrein der doktrinalen, kultischen und ethischen Vergegenständlichungen hervortritt, um ähnlich wie in der ersten Stunde seines Wirkens, die Initiative im Vollzug des Glaubens, des Kults und der Lebensgestaltung zu übernehmen. Aufs neue ruft und bewegt er zum Glauben, aufs neue beginnt er – durch die Stimme des inwendigen Lehrers – zu lehren, und er bekräftigt es dadurch, daß er vom Podest des Herrentums, zu dem er erhoben worden war, herabsteigt, um den Seinen »ebenerdig«, als Bruder, Helfer und Freund entgegenzutreten. Zweifellos ist davon auch die Frage nach seiner Stiftung betroffen. Daß sich die Fragestellung ändert, ist somit nicht so sehr das Ergebnis einer sorgfältigeren Analyse als vielmehr einer vom »Gegenstand« ausgehenden Selbstkorrektur, mit der sich das glaubensgeschichtliche Zentralgeschehen seinen theoretischen Ausdruck schafft.

Erstaunlich, daß gerade Romano Guardini in seiner Schrift ›Vom Wesen des Christentums‹ (1929) zu ihrem Sprecher wurde, da er mit dieser dem Vorwort zufolge die »gültige Kategorie« für sein Jesus-Buch ›Der Herr‹ (1937) zu entwickeln suchte. Denn in seinem Buch hatte er Jesus nach Ausweis des höchst symptomatischen Titels und des Grundtenors seiner Darstellung in die Position des »Herrentums« entrückt und damit jenem Prozeß zur Anschaulichkeit verholfen, durch den der »Wegbereiter des Glaubens« (Hebr 12,2) zu dessen Gegenstand geworden war. Erstaunlich ist dieser Umstand insbesondere deshalb, weil die von Guardini entwickelte Kategorie dazu quersteht und auf die Aufhebung der vergegenständlichenden Sicht hinausläuft, die sein Jesusbuch bestimmt. In diesem Sinn antwortet er auf die Titelfrage nach dem »Wesen« des Christentums, nachdem er zunächst die in »Form abstrakter Definitionen« gebotenen Deutungen verworfen hatte:

> *Es gibt keine abstrakte Bestimmung dieses Wesens. Es gibt keine Lehre, kein Grundgefüge sittlicher Werte, keine religiöse Haltung und Lebensform, die von der Person Christi abgelöst und von denen gesagt werden könnte, sie seien das Christliche. Das Christliche ist er selbst: das, was durch ihn zum Menschen kommt und das Verhältnis, das der Mensch durch ihn zu Gott haben kann*[76].

Bezeichnend für den Stellenwert dieser Bestimmung ist es, daß Guardini sie bereits in seinem Pascal-Buch mit den Worten vorweggenommen hatte:

Das Wesen des Christentums ist Er. Das, was er ist; das, woraus er kommt und wohin er geht; das, was in ihm und um ihn her lebt – lebendig vernommen aus seinem Munde, abgelesen von seinem Antlitz[77].

Alles drängt in diesem Wort auf den Entwurf einer »Christologie von innen« hin, die ihren Drehpunkt in der Rückverwandlung des Geglaubten in den Glaubenden – das Wort in seinem Doppelsinn genommen – hätte; einer Christologie somit, die nicht auf Jesus hin, sondern von ihm her entwickelt würde und insofern genauer mit dem altchristlichen Ausdruck »Christomathie« bezeichnet werden könnte. Bis auf einige eher systemfremd wirkende Ansätze, die sich auf das Fortleben Christi im Leben und in der Gemeinschaft der Glaubenden beziehen, geht Guardini jedoch auf die durch seine Kategorie erschlossene Sehweise nicht ein. Zwar trifft ihn der von Küng erhobene Vorwurf nicht, daß er, ebenso wie Adam und Schmaus, das Wesen des Christentums mit dem des Katholizismus gleichgesetzt habe; wohl aber ist seine Christologie insofern von einer Inkonsequenz belastet, als er sie im – traditionellen – Gegensinn zu der von ihm erarbeiteten Denkform entwarf.

Bei aller Eigenständigkeit nimmt sich die ›Einführung in das Christentum‹ von Joseph Ratzinger, die er in einem Nachbericht als Verwirklichung von »lang Geträumtem« bezeichnete, wie eine kritische Fortführung – und Synthese – von Guardinis disparaten Ansätzen aus[78]. Wenn er sich von den Kritikern seines Werkes vorhalten lassen mußte, daß seiner Deutung der Höllenfahrt, Auferstehung, Himmelfahrt und Wiederkunft Christi »keine Entmythologisierungstheologie auch nur im geringsten« nachstehe (Kasper), beweist das im Grunde nur seine konsequente Berücksichtigung und eigenständige Verarbeitung der damals dominierenden Exegese. Vor allem aber wirkt sein Werk wie eine nachträgliche Rechtfertigung von Guardinis eher intuitiv gewonnener Bestimmung des Christentums; denn auch für ihn gilt die Untrennbarkeit von Person und Werk, Geber und Gabe, wie sie schon Kierkegaard mit seiner Gleichsetzung von Helfer und Hilfe vorweggenommen hatte. In diesem Sinn betont er, daß es im Falle Jesu unmöglich ist, zwischen »Amt und Person zu unterscheiden«; denn

diese Differenz wird ihm gegenüber einfach gegenstandslos: Die Person ***ist*** *das Amt, das Amt* ***ist*** *die Person ..; hier ist kein* *von seinem Werk abgetrenntes Ich – das Ich ist das Werk, und das Werk ist das Ich*[79].

Von da aus erschließt sich für Ratzinger der Kern der Christologie:

Die entscheidende Aussage des Glaubens über Jesus liegt in der untrennbaren Einheit der zwei Worte »Jesus Christus«, in der sich die Erfahrung der Identität von Existenz und Sendung verbirgt. In diesem Sinn darf man in der Tat von einer »funktionalen Christologie« sprechen: Das ganze Sein Jesu ist Funktion des »Für uns«, aber auch die Funktion ist – eben darum – ganz Sein[80].

Zog er darin mit Guardini gleich, so überschreitet er ihn, wenn er auf dem Höhepunkt des Werkes von den von ihm erarbeiteten »Bauformeln der christlichen Existenz« – dem Prinzip Einzelner, dem Prinzip Für, dem Prinzip Endgültigkeit und dem Prinzip Positivität – auf die »einzige, einfache Mitte des Christlichen« zurückschließt und diese in dem »einen Prinzip Liebe« entdeckt[81].

Zuletzt aber, nach dem Durchgang durch die einzelnen Mysterien, überschreitet er zur Verblüffung seiner Kritiker auch diese Wesensbestimmung, wenn er sich zu der endzeitlich verwirklichten Utopie des Glaubens mit Worten bekennt, die alle Ausgrenzungsstrategien hinter sich lassen:

Wer glaubt, weiß, daß es »vorwärts« geht, nicht im Kreis. Wer glaubt, weiß, daß die Geschichte nicht ... immer neu gewoben wird, um immer von neuem aufgetrennt zu werden. Vielleicht werden auch den Christen die Alpträume der Furcht vor der Vergeblichkeit überfallen, aus denen heraus die vorchristliche Welt ... Bilder der Angst vor der Fruchtlosigkeit menschlichen Tuns geschaffen hat. Aber in seinen Alptraum hinein dringt rettend und verwandelnd die Stimme der Wirklichkeit: »Habt Mut, ich habe die Welt überwunden« (Joh 16,33). Die neue Welt, mit deren Darstellung im Bild des endgültigen Jerusalem die Bibel schließt, ist keine Utopie, sondern Gewißheit, der wir im Glauben entgegengehen. Es gibt eine Erlösung der Welt – das ist die Zuversicht, die den Christen trägt und die es ihm auch heute noch lohnend macht, ein Christ zu sein[82].

Die in diesen Worten ausklingende Interpretation der Mysterien ist kein Zugeständnis an die entmythologisierende Denkweise, sondern eine intuitive Erschließung ihrer Innensicht und, glaubensgeschichtlich gesehen, die Vermittlung des konziliaren Erbes an jene Generation von Jesusbüchern, welche die christologische Summe aus dem spirituellen Aufbruch zog[83]. Dem hatte Ratzinger durch eine Sicht der Kirche vorgearbeitet, die man als die heimliche Mitte seines Werkes bezeichnen könnte. Im Blick auf das von TEILHARD DE CHARDIN entworfene Zielbild der »Seinsbewegung« spricht er von der endzeitlichen Integration des subjektiven Selbst in ein Über-Ich, das es »nicht auslöscht, aber umgreift«[84]. Wenn auch in einem »manchmal gar zu biologistischen Vokabular« werde damit doch »die Richtung der paulinischen Christologie erfaßt« und auf neue Weise verstehbar gemacht: Jesus, gesehen als der Inbegriff des »nächsten Evolutionsprungs« der Menschheitsentwicklung, als der leibhaftige Durchbruch zu jenem Ziel, »in dem Personalisation und Sozialisation sich nicht mehr ausschließen, sondern bestätigen« und die Menschheit ihre definitive Zukunft erreicht. Den paulinischen Bezugspunkt zu dieser These aber erblickt Ratzinger in dem Motiv »Leib Christi« und, deutlicher noch ausgeprägt, in dem Satz: »Ihr seid ein einziger in Christus« (Gal 3,28). Kaum etwas spricht so sehr für die Annahme, daß an dieser Stelle der Herzschlag des Werkes zu verspüren ist, wie die Tatsache, daß es nirgendwo seine Entstehungszeit so weit überschreitet und in die gegenwärtige Glaubensreflexion vorausweist. Denn heute konzentriert sich der Glaubensfortschritt tatsächlich auf die Gewinnung jener Innensicht, der Paulus mit der Formel »in Christus« Bahn brach[85].

II. KAPITEL:
DIE BESTIMMUNG DES BEGRIFFS

1. Die Identitätskrise

Jetzt schon zeichnet sich die Tatsache ab, daß das Christentum bis zur Stunde noch immer nicht zum Vollbegriff seiner Identität gelangt ist. Weniger deutlich wurde die Ursache dessen, sofern diese in der noch unzulänglich erfaßten Lebensleistung Jesu besteht. Und kaum erst trat die Tatsache zutage, daß es dabei letztlich um seine Gottesverkündigung geht. Umso mehr stellt sich dann aber die Frage nach den zeitgeschichtlichen Bedingungen dieser Insuffizienz, die zweifellos in der verbreiteten Identitätsnot des heutigen Menschen zu suchen ist. Doch woher kommt und worin besteht diese?

Konnte man nach dem Verebben des neomarxistischen Einbruchs kurzfristig den Eindruck gewinnen, als behelfe sich der Zeitgeist mit einer Besinnung auf die rationalistische Grundorientierung der Epoche, wie es sich durch das Aufkommen des kritischen Rationalismus, der Sprachanalyse und der Rückkehr zu KANT, HEGEL und FICHTE zu bestätigen schien, so zeigt sich neuerdings immer deutlicher, daß die Gegenwart das Profil einer radikalisierten Romantik aufweist. Unübersehbare Symptome dessen sind die Wiederkehr der Religion, wenn zumeist auch in einer diffusen, an den etablierten Kirchen vorbeidriftenden Form, die Zuwendung zu prä- und transrationalen Denkformen, die nahezu die gesamte Kunst- und Musikszene beherrschende Hinwendung zum Irrationalen und nicht zuletzt das sich breiträumig durchsetzende Zentralproblem der Romantik: die Identitätskrise[1].

Sie war, als sie in der Dichtung KLEISTS und des noch immer nicht eindeutig identifizierten Verfassers der ›Nachtwachen des Bonaventura‹, in der Musik von SCHUBERT und HUGO WOLF und in den anthropologischen Reflexionen KIERKEGAARDS erstmals in Erscheinung trat, hauptsächlich das Problem des »Einzelnen«, als den sich gerade Kierkegaard, am deutlichsten in der von ihm vorgesehenen Grabschrift »Jener Einzelne« bezeichnet hatte. Ohne daß sie aufgehört hätte, auch heute noch die Einzelpersönlichkeit in Mitleidenschaft zu ziehen, ist sie inzwischen jedoch vornehmlich das Problem von Völkern, Institutionen, Parteien und nicht zuletzt von Kirchen geworden. Und in dieser Form steht sie hier zur Rede.

Was die drei Offenbarungsreligionen betrifft, so ist von ihr, trotz seiner inneren Konflikte, der Islam zweifellos am wenigsten betroffen. Umso mehr jedoch das Judentum, dem auch die Gründung des Staates Israel nicht zu der davon erhofften Identitätsfindung verhalf[2]. Im Gegenzug dazu kam es zu dem geradezu verzweifelten Versuch, der zum »Holocaust« stilisierten *Schoah* das Prinzip eines – kompensatorischen – Identitätsgewinns abzuringen. Der inzwischen wieder aufgegebene Versuch ist insofern von allgemeiner Bedeutung, als in seinem Zusammenhang die Frage des »Gottesbegriffs nach Auschwitz« in aller Form gestellt und von Hans Jonas mit dessen partieller Preisgabe beantwortet wurde. Denn nachdem der industrialisierte Mord an Gottes auserwähltem Volk in Szene gesetzt und mit der Perfektion einer infernalischen Todesmaschinerie ausgeführt wurde, stehen nach Jonas

> *Gerechtigkeit, Barmherzigkeit und Verstehbarkeit Gottes in einem solchen Verhältnis zueinander, daß das eine von ihnen immer nur unter Ausschluß der beiden übrigen aufrechterhalten werden kann*[3].

Wichtig ist diese Aussage für das Identitätsproblem der Religion insbesondere deshalb, weil sie dessen Lösung vom Gottesbegriff abhängig macht. Tatsächlich erhellt gerade aus dem Verhältnis der drei Abrahamsreligionen, daß sie ihre Identität aus ihrem jeweiligen Gottesbegriff herleiten. Das Judentum aus der ersten religionsgeschichtlichen Revolution, die den Polytheismus der antiken Völker durch den Glauben an den einen, personalen, seiner Schöpfung als Herr und Richter gegenüberstehenden Gott überwand; das Christentum aus der mit Jesu Entdeckung des bedingungslos liebenden Vaters in Gang gesetzten zweiten religionsgeschichtlichen Großtat; der Islam, sofern Mohammed den trinitarischen Pluralismus der christlichen Gottesvorstellung durch den ihm geoffenbarten Gott der absoluten Einzigkeit zu überwinden suchte. Das jüdische Paradigma zeigt aber auch, daß die bisherige Identitätsgewißheit in eine neuerliche Identitätsnot umschlug, von der die beiden »Anschlußreligionen« wie zum Beweis ihrer Zusammengehörigkeit gleichfalls betroffen sind. Sie zeigt sich im Fall des

Islam in Gestalt des auswuchernden Fundamentalismus, dessen Aggressivität und Intoleranz sich weithin als Kompensation einer verlorenen Identität erklären dürfte. Was das Christentum anbelangt, so handelt es sich jedoch um ein komplexeres Identitätsproblem, das sich gleicherweise auf die innere Konsistenz der Kirche, auf das Zentralgeheimnis ihres Glaubens wie auf ihren Gottesbegriff erstreckt.

Auf ihre Konsistenz, weil die verbreitete Identitätskrise in der Form auf sie durchschlug, daß sich die Basis des Kirchenvolkes der Leitungsinstanz entfremdete, so daß die Gefahr eines »vertikalen Schismas« heraufdroht[4]. In auffälliger Entsprechung zur Entfremdung von der Leitungsinstanz zeichnet sich aber auch eine zunehmende Verunsicherung hinsichtlich des zentralen Glaubensartikels – der Auferstehung Jesu – ab, die sich schon in der demoskopisch erhärteten Tatsache bekundet, daß ein Drittel der Christen beider Konfessionen dazu neigt, den Auferstehungsglauben gegen die asiatische Reinkarnationsvorstellung auszutauschen. Da sich in diese Inklination, wie neuere Analysen zeigen, allzu menschliche Interessen einmischten, die mit der wachsenden Furcht vor einem einmaligen und durch den Tod unwiderruflich beendeten Leben zu tun haben, ist der theologischen Verunsicherung hinsichtlich des Auferstehungsglaubens ein besonderer Stellenwert zuzumessen. Sie bekundet sich in der wachsenden Tendenz zu einer Marginalisierung der Auferstehung, der im Vergleich zur Botschaft des historischen Jesus keine innovatorische Bedeutung zukomme. Das aber schlägt sich unvermeidlich auf das Verständnis von Jesu religionsgeschichtlicher Bedeutung und seines Gottesbegriffs nieder, so daß sich Verzerrungen und Schieflagen ergeben, denen nunmehr genauer nachzugehen ist.

2. Verzerrungen und Schieflagen

Wenn sich das, was der Durchblick durch die unterschiedlichen Formen der Identitätskrise lehrte, auf einen einheitlichen Nenner bringen läßt, dann auf den einer wachsenden Entfremdung vom Zentrum, unter dem dann ebenso die zentrale Leitungsinstanz wie die essentielle Lebensleistung Jesu und der aus ihr erhobene Gottesbegriff zu verstehen ist. Es handelt sich somit, strukturell gesehen, um eine durchgängige Krisenerscheinung, die formal als die »Krise der Einheit« bestimmt werden kann. Denn offensichtlich hat die Konsolidierung einer Gemeinschaft, wie sich hier schon zeigt, mit der Stringenz des Gottesgedankens zu tun, da der religiöse Akt, wie gleichfalls hier schon deutlich wird, seine Festigkeit dem in seiner Einheit begriffenen Gott verdankt. An dieser sensiblen Stelle besteht ein tiefgreifender Dissens zwischen Islam und Christentum, da dieses bei jenem im Verdacht steht, die Einheit Gottes und damit den letzten Identitätsgrund jeder monotheistischen Religion durch das Trinitätsdogma in Frage gestellt zu haben, ein Verdacht, der sowohl im Interesse der Unterscheidung wie der Verständigung überprüft werden muß.

Zuvor aber gilt es zuzusehen, wie es mit dem innerchristlichen Wissen um die eigene Identität bestellt ist. Daß es damit nicht zum besten steht, erhellt schon daraus, daß das identitätsstiftende Ereignis, dem das Christentum seine doktrinale wie seine hierarchische und soziale Gestalt verdankt, ins Zwielicht geriet, und dies nicht nur bei den zur Reinkarnationsvorstellung neigenden Kreisen des Kirchenvolkes, sondern auch bei einflußreichen Theologen beider Konfessionen. Hier bildete sich ein übergreifender Negativkonsens aus, der, wie angedeutet, auf eine Marginalisierung der Auferstehung hinausläuft. Unter Berufung auf Ernst Fuchs wurde sie von Gerd Lüdemann in den plakativen Satz gefaßt:

> *Vor Ostern war bereits all das vorhanden, was nach Ostern endgültig erkannt wurde*[5].

Zwar gibt sich Jesus in den johanneischen Ostergeschichten als der mit sich identische dadurch zu erkennen, daß er den Zeugen der Erscheinungen seine Wunden vorweist. Insofern behält Ernst Fuchs recht, wenn er sowohl in dem Historischen wie dem Auferstandenen keinen anderen als »Jesus selbst« zu erkennen vermag. Indessen erkennt er ihn nun »anders«, und dies auch in dem Sinn, daß er ohne die Auferstehung um den geschichtlich Existierenden gar nicht wüßte. Wie die Flucht der Jünger ins heimatliche Galiläa beweist, hatte sie der Kreuzestod ihres Meisters, durch den er ebenso gescheitert wie von Gott verworfen schien, mit niederschmetternder Wucht getroffen, so daß sie der Erinnerung an ihn allenfalls noch nostalgisch nachhingen (Lk 24,19ff). Daß sich diese Nostalgie in Kreativität verwandelte und die Erinnerung durch Recherchen vertieft und schließlich in Form von Evangelienschriften dokumentiert wurde, war ausschließlich die Folge der Tatsache, daß Anhänger Jesu mit der ungeheuerlichen Behauptung auftraten: »Ich habe den Herrn gesehen!« (Joh 20,18.25; 1Kor 9,1). Wenn sich dieses Zeugnis in der Thomasperikope dann zu dem Bekenntnis »mein Herr und mein Gott!« (Joh 20,28) steigert, bestätigt das, daß Jesus mitsamt der in seinen Kreuzestod ausmündenden Lebensgeschichte in eine neue Beleuchtung getreten war, die seine Auferstehung geradezu als die göttliche Interpretation dieser Lebensgeschichte erscheinen läßt[6]. Durch sie und ihre Resonanz in der Glaubensreflexion der Urgemeinde wurde, wie bereits angesprochen, der Botschafter des Gottesreiches zum Zentrum der Botschaft, der zum Glauben Führende zu dessen Gegenstand und der Lehrer zum Inbegriff der Lehre. Damit gewann das Christentum seine doktrinale Identität und Gestalt.

Daß die Auferstehung aber auch die Sozialstruktur der Jesusgemeinde begründete, folgt aus der Tatsache, daß die in den ältesten Berichten namentlich genannten Osterzeugen – Petrus, Jakobus und Paulus – die Spitzenpositionen in der Urgemeinde einnahmen: Petrus, sofern es ihm gelang, die verstörte Jüngergruppe neu zu konsolidieren und nach Jerusalem zurückzuführen; Jakobus, sofern er nach dem Weggang des Petrus die Führung der jerusalemitischen Urgemeinde übernahm, und Paulus, sofern er sich als »Vater« der von ihm begründeten Missionsgemeinden bezeichnet, der sich für ihre Förderung und Ordnung verantwortlich fühlt (1Kor 4,15). Insofern wirken die Ostererscheinungen kirchenkonstitutiv. Auf dem »Boden« der ersten und als solchen wichtigsten Zeugen wächst die junge Kirche in ihre hierarchisch strukturierte Gestalt hinein. Und mit ihrem Einfluß hängt es auch zusammen, daß sie gleichzeitig zum Subjekt der mit ihrer Konstituierung in Gang gekommenen Entwicklungen wird.

Da die Marginalisierung einen Keil in diesen Prozeß treibt, sofern sie ihm den tragenden Beweggrund entzieht, muß hier in einem geradezu dramatischen Sinn von einer Verzerrung gesprochen werden, die an den Entstehungsgrund des Christentums rührt und diesen nach Art einer Diastase gefährdet. Weit weniger dramatisch, aber nicht weniger invasiv ist im Vergleich dazu die Tendenz, den von Lessing als glaubenstheoretisches Fundamentalproblem erwiesenen Grabenbruch zwischen den Schülern erster und zweiter Hand (Kierkegaard), also zwischen den Zeugen des Heilsgeschehens und den Hörern ihrer Botschaft, zu nivellieren. Im Bewußtsein, damit eine Aporie erster Ordnung »aufgerissen« zu haben, hatte LESSING in seiner Flugschrift ›Über den Beweis des Geistes und der Kraft‹ (1777) den berühmten Notschrei ausgestoßen:

> *Das, das ist der garstige breite Graben, über den ich nicht kommen kann, sooft und ernstlich ich auch den Sprung versucht habe. Kann mir jemand hinüberhelfen, der tu' es; ich bitte ihn, ich beschwöre ihn. Er verdienet ein Gotteslohn an mir.*

Wie die Kunde von Gottes Tod nach NIETZSCHE lange brauchte, um zu den Ohren der Menschen zu dringen, so dauerte es über ein Menschenleben lang, bis dieser Notschrei das Ohr eines Helfers erreichte. Es war KIERKEGAARD, der sich mit seiner ganzen Geistes- und Glaubenskraft der Herausforderung Lessings stellte: zunächst spekulativ in seinen ›Philosophischen Brocken‹ (1844) und dann hochtheologisch in seiner ›Einübung im Christentum‹ (1850). Die spekulative Lösung der ›Philosophischen Brocken‹ besteht, wie GUARDINI deutlich machte, in Kierkegaards kritischer Rezeption des anselmischen Gottesbeweises, der sich vom Bedenken des in letzter Strenge – als das unüberdenklich Größte – gefaßten Gottesbegriffs die Vergewisserung des göttlichen Daseins verspricht. In dem Kapitel über das »Absolute Paradox« deutet Kierkegaard dieses als die paradoxe Leidenschaft des Verstandes, seinen eigenen Untergang zu wollen. Denn solange er mit ANSELM darauf besteht, durch Ausräumung seiner Möglichkeiten die ihm durch die Gotteswirklichkeit gesetzte Grenze zu erreichen und sich durch diese Grenzerfahrung der Existenz des Erreichten zu vergewissern, bleibt er innerhalb seiner begrifflichen Entwürfe. Läßt er jedoch von seinem argumentativen Vorhaben ab, so stellt sich das gesuchte Dasein wie von selbst ein. Somit wird dessen Aufgang durch den Untergang des beweisenden Verstandes erreicht. Der entscheidende Vorgang besteht dabei, mit Guardini gesprochen, in einem, »Sich-Loslassen in den Untergang«[7].

Dazu bedarf es freilich eines Anstoßes, auf den Kierkegaard zunächst nur mit dem Halbsatz »und wenn es ihm verkündet wird« hinweist[8]. Denn alles bliebe in der durchschnittlichen Entscheidungslogik, wenn nicht Gott selbst auf den Plan träte, und das in der sich steigernden Weise, daß er selbst zum »Lehrer« – gerade auch hinsichtlich des um den Beweis bemühten Menschengeistes – wird und schließlich sogar »Knechtsgestalt« annimmt, um sich so selbst auf die Seite des Suchenden zu stellen. Insofern gilt von der Einwilligung in das Paradox das von Kierkegaard sogar deutsch zitierte Goethe-Wort »halb zog sie ihn, halb sank er hin«. Hier spielt die Argumentation der ›Philosophischen Brocken‹ bereits in die des krönenden Folgewerks, der ›Einübung im Christentum‹, hinüber. Denn Lessing geht in seiner Flugschrift davon aus, daß die von Machtbeweisen begleitete Erscheinung des Auferstandenen den Graben zwischen deren Zeugen und den Nachgeborenen aufriß, so daß die Schüler »erster Hand«, verstanden als die Augen- und Ohrenzeugen (Lk 1,2), den nachgeborenen Schülern »zweiter Hand« uneinholbar überlegen waren. Das aber trifft auf die Gotteserscheinung in der Selbstverhüllung der Knechtsgestalt keineswegs zu. Mit ihr verbarg sich vielmehr die absolute Gotteswahrheit in das Gewand einer »zufälligen Geschichtswahrheit«, so daß die Augenzeugen nicht weniger vor die Paradoxie des Glaubens gestellt waren als die Nachgeborenen.

Der mit der Folgeschrift erzielte Gedankenfortschritt besteht vor allem in der erstaunlichen Vertiefung des christologischen Ansatzes, zuvor aber schon in der Einführung der Kategorie der Zeit. Denn inzwischen hatte sich der zeitgeschichtliche Abstand nicht nur ungeheuer vergrößert; vielmehr war auch ein qualitativer Unterschied eingetreten, sofern sich der auch hier als Anreger gewählte Lessing als Zeitgenosse eines Jahrhunderts begriff, »in welchem es keine Wunder mehr gibt«. In diesen Abstand, bildlich gesprochen in den von Lessing beklagten »Graben«, warf sich Christus durch seine Menschwerdung hinein, und dies mit der Folge, daß »seine Gegenwart hier auf Erden niemals Vergangenheit werden kann, sofern er nur Glauben findet«. Denn der Glaubende lebt in derselben Gleichzeitigkeit mit Jesus wie die Augenzeugen seines Erdenlebens. Somit ist die Gleichzeitigkeit die Bedingung des Glaubens; ja, genauer noch bestimmt, »ist sie der Glaube selbst«[9].

Anknüpfend an die große Einladung an die Bedrückten und Beladenen (Mt 11,28) bekräftigt Kierkegaard diese These durch eine Analyse der Selbstvergegenwärtigung Jesu, die, zusammen mit dem System der Denkformen auch die Anschauungsformen von Raum und Zeit aus den Angeln hebt. Denn Jesus wendet sich seiner Deutung zufolge einem jeden so zu, als gäbe es für ihn nur diesen Einen in aller Welt, und er entläßt keinen, dem er sich einmal zugewendet hatte, je wieder aus seiner liebenden Umarmung. Das bringt seine Liebe freilich in den Anschein der Despotie, so daß er seiner Wirkung selbst in den Weg tritt und dort, wo er dankbare Gegenliebe erwarten durfte, auf Haß und Ablehnung stößt. Deshalb muß sich der Glaube an ihn durch die Schattenzone des Ärgernisses hindurcharbeiten und damit ein Leiden auf sich nehmen, das von dem Geglaubten selbst in unvorstellbar höherem Grad durchlitten worden ist. Denn über der Teilnahme an seiner äußeren Passion übersah die Christenheit bis zur Stunde das »geheime Leiden« Jesu, dem, nachdem er alle menschlichen Qualen ausgekostet hatte, der Leidenskelch noch einmal, und jetzt aufs schmerzlichste, gereicht wird, weil er wußte, daß er gerade durch seine Erniedrigung – die Erscheinungsform seiner Hingabe – bei vielen Anstoß erregen und Anlaß zum Abfall von ihm geben würde. Wer aber dieser Versuchung widersteht, gerät in das glühende Zentrum des Glaubens, dessen Leidenschaft den Zeitenabstand zum Verschwinden bringt, weil im Maß der Annäherung an dieses Zentrum deutlich wird, daß nicht die Lehre, sondern der sich in alledem bekundende Lehrer der »Gegenstand des Glaubens« ist[10].

Um so befremdlicher muß es wirken, daß das Lessing-Problem von maßgeblichen Theologen abgewiegelt, wenn nicht gar in Abrede gestellt wird. Zwei Positionen stehen sich dabei gegenüber, die entweder den von Lessing beklagten Notstand bestreiten oder dem Problem durch die Marginalisierung der Auferstehung den Boden entziehen. Nach Ansicht Hans Kesslers, des Vertreters der ersten Position, irrte sich Lessing, wenn er meint, daß die von den Jüngern Jesu erfahrenen Beweise des Geistes und der Kraft (1Kor 2,4), insbesondere in Gestalt der Ostererscheinungen, in Lessings eigener als Aufklärung gedeuteter Spätzeit »gänzlich weggefallen« oder doch zu bloßen »Nachrichten« herabgesunken seien, so daß den Nachgeborenen nur eine von den Augenzeugen »geborgte« Evidenz bleibe[11]. Vielmehr werde die Gegenwart des Auferstandenen nach wie vor »unmittelbar« in seiner pneumatischen Präsenz, in seinem unscheinbaren Hinzutreten zum Leben und Handeln der Glaubenden, bisweilen sogar in mystischen Erlebnissen erfahren. Abgesehen von der mit dieser These, wenngleich unbeabsichtigt einhergehenden Nivellierung der Differenz von Sehen und Glauben scheitert sie doch, so richtig sie in ihrer Zielsetzung erscheint, an der Unerweisbarkeit der von ihr genannten Erfahrungsformen. Denn sie unterstellt dem eine spirituelle Spontaneität im Sinn echter Selbstpräsentation, der für das herrschende Glaubensbewußtsein vom Botschafter zur Botschaft, vom Lehrer zur Lehre und vom Wegbereiter des Glaubens (Hebr 12,2) zu dessen Gegenstand geworden war.

Indessen leidet diese Argumentation nicht so sehr an einer unbewiesenen Behauptung als vielmehr daran, daß die Bedingungen dafür nicht, genauer gesagt, noch nicht gegeben sind. Beweiskräftig wäre sie nur unter der Voraussetzung, daß der gegenwärtige durch die Vergegenständlichung Jesu gekennzeichnete Status des Glaubensbewußtseins überschritten würde und die Inversion des Prozesses bereits in Gang gekommen wäre, der zu seinem Ergebnis führte. Doch dafür bedürfte es der Erschließung der »Innensicht« der Ostererscheinungen, zu der nur der »antwortende Osterzeuge« Paulus verhelfen könnte[12]. Er aber wird, bei aller Berücksichtigung seiner Äußerungen, in der gegenwärtigen Auferstehungsdiskussion fast nur als Referent der Außensicht in Anspruch genommen. Auch darin besteht eine der bedenklichen Schieflagen, die den Zugang zur Mitte des Evangeliums erschweren und mit dieser Mitte zusammen die Identität des Christentums verdunkeln.

Daß auch die heftig umstrittene Ostertheorie GERD LÜDEMANNS in diesen Kontext gehört, wurde von INGO BROER herausgestellt, der sich auch dadurch vom allgemeinen Diskussionsstand abhebt, daß er als einziger die Auferstehung Jesu als letzte Konsequenz und Bestätigung seiner Gottesverkündigung begreift[13]. Danach zielt die von Lüdemann und seinen Befürwortern geübte Radikalkritik an Lessing darauf ab, der Auferstehung, ob sie nun erfolgte oder nicht, schon dadurch jede Relevanz abzusprechen, daß der Christenglaube nicht auf sie als letzte Verifikation des Lebenswerkes Jesu, sondern ausschließlich auf den aus den Texten entgegentretenden historischen Jesus gegründet wird[14]. Doch damit setzt sich diese Position der für sie tödlichen Frage aus, wie es überhaupt zum Wissen um den zur Glaubensentscheidung nötigenden Jesus hätte kommen können, wenn seine Lebensgeschichte in die totale – menschliche wie religiöse – Desavouierung durch den Kreuzestod ausgemündet wäre. Was hätte nach dem Zusammenbruch aller in ihn gesetzten Hoffnungen (Lk 24,21) dann noch zur Rückbesinnung auf ihn, zur Überlieferung seiner Worte und Taten und zur Verkündigung seiner Botschaft Anlaß gegeben?

Nicht unerwähnt bleibe in diesem Zusammenhang, daß das von Lessing aufgeworfene Problem am ursprünglichen Schluß des Johannesevangeliums bereits in aller Form vorweggenommen ist

(Joh 20,24-29). Nur in Form einer exzeptionellen Vergünstigung wird dem Zweifler die Erfüllung seines Ansinnens gewährt. Mit seiner Seligpreisung derer, die »nicht sehen und doch glauben«, gibt ihm der Auferstandene jedoch zu verstehen, daß die Zeit des Sehens vorüber und die des Glaubens auf das Wort der Zeugen hin gekommen ist. Indem er sich mit dieser Replik auf die Seite der Glaubenden, also jenseits des »garstigen Grabens« stellt, macht er gleichzeitig deutlich, daß der mit dem Zeitenabstand entstandene Grabenbruch keine Minderung bedeutet, weil er selbst für dessen Überbrückung einsteht. Das gilt freilich nicht von ihm, sofern er zum Gegenstand des Glaubens und kritischer Recherchen nach seiner Historizität wurde, sondern nur, sofern er im Zug der glaubensgeschichtlichen Inversion aus dem Schrein der Vergegenständlichung hervortritt, um die Glaubenden auf neue Weise seiner inspirierenden, motivierenden und identitätstiftenden Gegenwart zu versichern.

Wie bereits angesprochen, bezieht sich die Rede von den »Schieflagen« aber insbesondere auf Fehleinschätzungen, die den Blick auf den Identitätsgrund verstellen. Das gilt schon allgemein für eine Pastoral, die im Sinne einer unvordenklichen Tradition das Heilsverlangen der Menschen durch Angstmotive zu stimulieren versucht. Daß diese Strategie von allen christlichen Konfessionen, wenngleich mit unterschiedlicher Intensität, verfolgt wurde, wies der Theologe und Psychoanalytiker Oskar Pfister in seiner Untersuchung ›Das Christentum und die Angst‹ (1944) nach, ohne daß daraus seitens der Kirchen erkennbare Konsequenzen gezogen worden wären. Die Ursache dürfte in der Verknüpfung der Angst mit dem Sündenbewußtsein zu suchen sein. Denn damit wurde die jenseitige Hölle, höchst wirkungsvoll, ins Innere des Menschen verlegt. Aufschlußreich ist dafür das von Kierkegaard, dem Verfasser der ersten philosophischen Abhandlung über die Angst, in seiner ›Einübung im Christentum‹ (1850) nachträglich eingefügte und dann wieder eliminierte Textstück »Die Moral«, in dem er auf die Frage, was einen Menschen veranlassen könne, »etwas so Erschreckendes und Grauenvolles« wie das Christentum anzunehmen, antwortet:

> *Ganz einfach, und wenn du auch dies noch hören willst, ganz lutherisch: allein das Bewußtsein der Sünde kann, wenn ich so sagen darf, den Menschen in dieses Grauen hineinzwingen*[15].

Spätestens bei der Durchsicht der erweiterten und für die Veröffentlichung unter dem Pseudonym ANTICLIMACUS vorgesehenen Fassung muß Kierkegaard deutlich geworden sein, daß der Einschub auf den Grundtext des Werkes wie die Faust aufs Auge paßte, so daß er sich dazu entschloß, ihn als systemfremde Interpolation wieder zu streichen[16]. Denn nach der Konzeption des Werkes wird der »garstige breite Graben«, der im Interesse der Gleichzeitigkeit mit Christus überwunden werden muß, nicht durch den von der Sündenangst getriebenen Menschen übersprungen, sondern durch die Selbstübereignung Christi aufgehoben. In dieser Selbstkorrektur präsentiert sich Kierkegaard als Protagonist eines Vorgangs, der das Christentum seither unterschwellig bewegt und, wenn nicht alle Anzeichen trügen, zur Preisgabe seiner bisherigen, auf das Motiv der Sündenangst setzenden Pädagogik veranlassen wird. Denn der Gott Jesu Christi erwartet in erster Linie nicht den sich ihm in die Arme werfenden Sünder, sondern – wie im Gleichnis vom Verlorenen Sohn – den von der Erinnerung an seine Liebe zur Heimkehr Bewogenen.

Indessen entspricht der pastoralen Schieflage eine noch bedenklichere, die sich in einer überraschenden Wiederaufnahme der bereits in den Hintergrund getretenen Satisfaktionstheorie äußert. Gestützt auf ein pessimistisches, von einer Primäraggressivität ausgehendes Menschenbild, sieht sie in Jesus den im Sinn der altisraelitischen Sündenbockvorstellung mit der Menschheitsschuld beladenen und stellvertretend sühnenden Versöhner[17]. Verstärkt wurde diese Sicht durch die gleichfalls neuerlich an Boden gewinnende These, wonach der Opfergedanke als die eigentliche Mitte christlicher Religion und Theologie zu gelten hat[18]. So verstand schon ANSELM VON CANTERBURY den Sinn des Erlösungswerkes in seiner bis heute nachwirkenden Schrift ›Cur Deus homo‹, der JOSEPH RATZINGER den gewichtigen Einwand entgegenhielt, daß sie im gläubigen Vulgärbewußtsein eine durch das Moment der »unnachsichtigen Gerechtigkeit« gekennzeichnete Gottesvorstellung aufkommen ließ, »deren finsterer Zorn die Botschaft von der Liebe unglaubwürdig« mache[19]. Zwar entspreche dies in keiner Weise der biblischen Kreuzestheologie, die sich gegenüber den außerchristlichen Sühne- und Erlösungsvorstellungen geradezu revolutionär ausnehme, doch sei nicht zu leugnen, »daß im späteren christlichen Bewußtsein diese Revolution weitgehend wieder neutralisiert und selten in ihrer Tragweite erkannt worden ist«[20]. Diese Zusatzbemerkung greift weit über jede Kritik der anselmischen Erlösungslehre hinaus. Denn mit ihr ist, ebenso behutsam wie treffsicher, angedeutet, daß sich das christliche Glaubensbewußtsein, und dies keineswegs nur in seiner Vulgärform, nicht auf der Höhe der Heilsbotschaft Jesu zu halten vermochte, sondern auf fremde, teilweise sogar außerreligiöse Vorstellungen zurückfiel. Angedeutet ist sogar der umgekehrte und vom ersten nicht adäquat abzuhebende Fall, daß sich die christliche Verkündigung solcher Vorstellungen bediente, um ihrer Botschaft zusätzlichen Nachdruck zu verleihen. Das schlägt den Bogen zurück zur Frage nach dem pessimistischen Menschenbild, das der Aktualisierung der Satisfaktionslehre zugrunde liegt und eine um so höhere Plausibilität erlangte, als es den zunehmenden Gewaltexzessen im Zeitgeschehen entspricht. Es ist das Bild des von seinem Ursprung her der Gewalt verfallenen Menschen, der sogar seine Sozialisation einem praktisch und kultisch nachgeahmten »Gründungslynchmord« (GIRARD) verdankt. Als solcher neigt er zur Sünde in ihrer aggressiv-zerstörerischen Form, die nach einer ihr gemäßen Sühne schreit und diese, christlich gesehen, in dem als »Sühne nicht nur für unsere Sünden, sondern die Sünden der ganzen Welt« (1Joh 2,2) Geopferten findet[21].

Wenn man diesem, dem »radikal Bösen« (KANT) verfallenen Menschen zugute hält, daß er, ungeachtet seiner Primärinklination, auch das für sein Überleben in der Gruppe unerläßliche Verlangen nach Solidarität aufweist, führt von da schon ein relativ kleiner Schritt zu dem von einem verzweifelten Willen zum Selbstsein und dem nicht minder verzweifelten Widerwillen dagegen zerrissenen Menschen, wie ihn KIERKEGAARD zu Beginn seiner ›Krankheit zum Tode‹ (1849) beschrieb. Es ist dies, anders ausgedrückt, der zwischen Zustimmung und Verweigerung, Selbstliebe und Selbsthaß schwankende Mensch, in dem der Schlüssel zu der im Grunde unbegreiflichen Konzession des Christentums an jene vorchristlichen Gottes- und Heilsvorstellungen zu suchen ist, die zu seinem Rückfall hinter die Gottesbotschaft Jesu führte. Ursache dessen war somit letztlich die Anpassung der Botschaft an diesen in sich zerrissenen Menschen, dem ein zwischen Güte und Zorn schwankender »Allwettergott« ungleich mehr entgegenkam als der ihn zur Selbstüberbietung herausfordernde Gott der bedingungslosen Liebe, zumal jener ambivalente Gott sein Glück ebenso zu erklären schien wie sein Unglück, das eine als den von ihm zu erhoffenden »Lohn« für sein Wohlverhalten, das andere als die jederzeit zu fürchtende Strafe für seine Verfehlungen. Sowohl bei der auf Angstmotive setzenden Pastoral als auch bei der mit dem Kreuzestod Jesu verknüpften Sühnevorstellung handelt es sich somit um ausgesprochene Schieflagen, da sich beide Konzepte im Maß ihrer Annäherung an die von ihnen vermutete Verfassung des Menschen von der Gottesverkündigung Jesu entfernen. Auch wenn der von ihm entdeckte neue Gott an dieser Stelle des Gedankengangs nur anvisiert, nicht jedoch schon begründet werden kann, lassen sich doch jetzt schon Gründe ausfindig machen, die zu seiner Verdunkelung führten und das Christentum in seine gegenwärtige Identitätskrise stürzt.

3. Die verdunkelte Mitte

Die identitätgefährdende Krise, die von der verdunkelten Mitte ausgeht, ist in erster Linie darin begründet, daß die theologische Erkenntnislehre mit dem Offenbarungsverständnis der Christenheit noch immer nicht gleichgezogen hat. Zwar findet die vom Zweiten Vatikanum erreichte Klärung des Offenbarungsbegriffs allgemeine Zustimmung, die den Mensch gewordenen Gottessohn als die leibhaftige Selbstdarstellung des sich mitteilenden Gottes begreift. Doch stößt die von PASCAL lange zuvor schon daraus gezogene Konsequenz auf keine gleichsinnige Beachtung. Für ihn steht jedoch fest:

> *Nicht nur Gott kennen wir allein durch Jesus Christus, auch uns selbst kennen wir nur durch Jesus Christus, Leben und Tod kennen wir allein durch Jesus Christus. Ohne Jesus Christus wissen wir weder, was unser Leben, noch was unser Tod, noch was Gott ist, noch was wir selber sind*[22].

Nach EWALD WASMUTH ist das »der Glaubenssatz Pascals«, Frucht der Überwindung der Krise, in die ihn das Bedenken der Endlichkeit gestürzt hatte, und hergeleitet aus der Überzeugung, wonach wahre Juden und wahre Christen darin übereinkommen, daß sie einen Messias verehren, der sie befähigt, Gott zu lieben[23]. Doch dazu kann dieser nur unter der Voraussetzung bewegen, daß Gott tatsächlich liebenswert ist und den Menschen nicht vielmehr im Zweifel darüber beläßt, ob er mehr gefürchtet als geliebt werden müsse. Angesichts der zwischen Glück und Leid zerrissenen Lebenswelt, angesichts einer Welt also, in der sich Glück und Unglück auf eine unkalkulierbare Weise vermischen, spitzte sich dieser Zweifel schließlich in die Frage zu, ob Gott am Ende nicht auch im Unglück geliebt werden könne, so daß dieses nicht unbedingt, wie in der Regel angenommen wird, für einen Gott der Strenge und des Zornes spricht. Das ist die Frage von SIMONE WEIL, der hier schon deswegen das Wort erteilt werden muß, weil sie mit äußerster Konsequenz den Pascalschen Ansatz von der ausschließlichen Vermittlung der Gottes- und Welterkenntnis durch Jesus Christus vertritt.

In ihrem unter dem Titel ›Das Unglück und die Gottesliebe‹ posthum veröffentlichten Briefband (1950) gesteht sie in einer an GERHARD VON RADS Bemerkung über den Propheten Jeremia erinnernden Wendung, daß sie das Erlebnis des Unglücks einer kleinen Dorfgemeinde geradezu »zerstückelt« habe und daß es ihr »förmlich in Fleisch und Seele eingedrungen« sei[24]. Doch erfährt sie das Unglück gleichzeitig als das Medium »einer Liebe gleich jener, die man im Lächeln eines geliebten Antlitzes liest«[25]. So ist es zuletzt »das Unglück selbst, in dem die Barmherzigkeit Gottes erstrahlt«. Das begründet und erläutert sie mit den Worten:

> *Fällt man, in der Liebe bleibend, bis zu dem Punkt, wo man den Schrei: »Mein Gott, warum hast du mich verlassen?« nicht mehr zurückhalten kann; und verharrt man dann an diesem Punkt, ohne zu lieben aufzuhören, so berührt man am Ende etwas, das nicht mehr Unglück, aber auch nicht Freude, sondern das reine, übersinnliche, Freude und Leid gemeinsame, innerste, wesentlichste Wesen ist und das die Liebe Gottes selber ist*[26].

Damit ist von vornherein dem immer wieder vorgebrachten Einwand die Spitze abgebrochen, daß eine Welt voller Tränen, Blut und Leid mit dem Begriff eines liebenden Gottes unvereinbar sei. Dabei bringt Simone Weil nur das zum stärksten Ausdruck, was der pseudodionysischen These zugrunde liegt, wonach das Gottesgeheimnis mehr noch durch Leiden als durch Forschen erschlossen wird[27]. Sofern in dieser These auch die Erinnerung an die Passion Christi nachklingt, ist sie, rückbezüglich gelesen, von hoher christologischer Bedeutung. Denn auf das Passionsgeschehen bezogen, macht sie die Vereinbarkeit von Liebe und Unglück auf eine geradezu exzessive Weise denkbar.

Es gehört in das Erscheinungsbild der defizienten Christologie der Gegenwart, daß sie vor dieser Konsequenz zurückschreckte oder sie doch längst nicht mit der notwendigen Entschiedenheit zog. Eher noch war sie mit HANS JONAS bereit, angesichts der mit dem Symbolwort Auschwitz angesprochenen Exzesse der Unmenschlichkeit und des namenlosen, meist über Unschuldige hereingebrochenen Unglücks das Attribut der Barmherzigkeit aufzugeben, als umgekehrt, dieses alle Dimensionen sprengende Unglück mit der Liebe Gottes zusammenzudenken. So blieb es, auch innertheologisch, bei dem bis auf die frühesten Spuren der Religiosität zurückzuverfolgenden Gottesbild, das dem nur selten vom Glück verwöhnten, umso öfter jedoch vom Unglück heimgesuchten Menschen entsprach. Im Panorama ihres Götterhimmels, der ebenso hilfreiche wie bedrohliche Qualitäten, und dies nicht selten in einer einzigen Gestalt, verkörperte, schuf sich die Menschheit bei allem Wissen um das Eigensein dieser Numina, zugleich ein Spiegelbild ihrer selbst und ihrer zwiespältigen Lebenserfahrung. Darin besteht der Wahrheitswert des FEUERBACH-Satzes:

> *Das Bewußtsein Gottes ist das Selbstbewußtsein des Menschen, die Erkenntnis Gottes die Selbsterkenntnis des Menschen*[28].

Religionsgeschichtlich entspricht dem die in allen Glaubenswelten begegnende Ambivalenz des Göttlichen, wie sie von MIRCEA ELIADE durch den »Symbolismus der Polarität und des Wechsels« und das »paradoxe Zusammenfallen des Heiligen und des Profanen« hervorgehoben und, entschiedener noch, durch RUDOLF OTTOS Bestimmung des Heiligen als einer Koinzidenz von *Mysterium tremendum* und *Mysterium fascinosum* auf den Begriff gebracht wurde[29]. Das wurde freilich lange zuvor schon, ungleich dramatischer, von AUGUSTIN in die Frage gefaßt:

> *Was ist das, das mich so durchstrahlt, ohne mich zu verletzen? Ich erschauere und ich erglühe: ich erschauere, weil ich ihm unähnlich bin; ich erglühe, weil ich ihm ähnlich bin*[30].

Wenn die Unähnlichkeit im Anschluß daran auf das »Dunkel« des Fragestellers und die »Last der Strafen«, also auf seine Sündhaftigkeit, bezogen wird, ist klar, daß sie sich auf einen Gott bezieht, der den Menschen mit seiner strafenden Strenge und seinem Zorn bedroht, ebenso wie die Ähnlichkeit in der erbarmenden Liebe Gottes ihr transzendentes Gegenüber hat. Dieser eher spekulativ gedeuteten Ambivalenz entspricht das für das Christentum grundlegende alttestamentliche Gottesbild, das aufgrund einer primär personalgeschichtlichen Erfahrungsweise in Gott den zärtlich liebenden Vater seines Bundesvolkes, gleichzeitig aber auch den mit ihm unerbittlich ins Gericht gehenden Rächer seiner Untreue erblickt. So sieht ihn noch Martin Buber, wenn er am Ende seiner ›Reden über das Judentum‹ im Blick auf künftige Heils- und Unheilserfahrungen versichert:

> *In solchem Stande harren wir seiner Stimme, komme sie aus dem Sturm oder aus der Stille, die darauf folgt. Mag seine künftige Erscheinung keiner früheren gleichen. Wir werden unsern grausamen und gütigen Herrn wiedererkennen*[31].

Grundlegend ist diese Vorstellung für eine die Identität des Christentums konstituierende Gottesverkündigung Jesu, sofern diese ihr Profil erst in der Abgrenzung vom Gottesbegriff seines Volkes gewinnt. Die Identitätsfrage aber entscheidet sich daran, weil jede Religion ihr Eigenleben und Eigenrecht in letzter Hinsicht der von ihr gewonnenen Einsicht in das göttliche Geheimnis verdankt. So gewann Israel seine religiöse Identität im Maß, wie es der Personalität, der Weltüberlegenheit und der transzendenten Einheit seines Bundesgottes bewußt wurde. Darin vollzog sich die zweite, die »monotheistische« Revolution der Religionsgeschichte, der eine erste, polytheistische in der Form vorangegangen war, die zur gestalthaften Veranschaulichung und vielfältigen Differenzierung des numinosen Weltgrundes geführt hatte. Diesen Klärungsprozeß krönte Jesus mit der dritten religionsgeschichtlichen Revolution, die in der Überwindung der traditionellen Ambivalenz des Göttlichen zugunsten seiner – Gott ebenso wie die zu ihm aufblickende Menschheit – »erlösenden« Eindeutigkeit bestand. Denn der Gott Jesu Christi ist nach einem neutestamentlichen Wort »Licht«, und die »Finsternis« des Angst- und Schreckenerregenden ist nicht in ihm (1Joh 1,5). Ihn bringt Paulus auf den Begriff, wenn er ihn in seiner Korrespondenz mit Korinth den »Vater der Erbarmungen und Gott allen Trostes« nennt (2Kor 1,3) und wenn er die mit Christus angebrochene Heilszeit mit dem Wort begrüßt:

Jetzt ist sie da, die Zeit des Heils; jetzt ist er da, der Tag der Gnade (2Kor 6,2).

In der Folge muß es dann aber im Denken des Apostels – wie später auch in dem AUGUSTINS und LUTHERS – zu einem schweren Einbruch gekommen sein, so daß er im Römerbrief, kontrastiv zu dem triumphalen Korintherwort, erklären kann:

Jetzt enthüllt sich Gottes Zorn vom Himmel her über die Gottlosigkeit und Ungerechtigkeit der Menschen, die schuldbar die Wahrheit Gottes niederhalten (Röm 1,18).

Nur mühsam erhebt er sich von diesem düsteren Urteil im weiteren Verlauf des Briefs zu der von JOHANN SEBASTIAN BACH in seiner Motette ›Jesu meine Freude‹ (1723) eindringlich bekräftigten Gewißheit:

Nun gibt es keine Verwerfung mehr für die, die in Christus Jesus sind (Röm 8,1)[32].

Im weiteren Kontext steigert er sich von dieser Intonation sogar zu einer hymnischen Rühmung, wenn er den Gedankengang in sein ekstatisches »Lob der Liebe« ausklingen läßt, in welchem er sich allen Lebens und Todesgewalten überhoben weiß. Faßte er im Ausgang dazu die Sache des Menschen in die exklamatorische Frage »wer wird mich von diesem todverfallenen Leib befreien?« (Röm 7,24), so fragt er jetzt nicht minder emphatisch »Wer wird uns trennen von der Liebe Christi« (8,35)[33].

Eingespannt in diese Antithese von Todesangst und Lebenszuversicht, fiel die sich in der Folge konstituierende Christenheit aus nur zu begreiflichen Gründen auf die von Jesus überwundene Ambivalenz zurück. Aus einem innerchristlichen Grund zunächst; denn in dem Bestreben, eine Erklärung für das unfaßliche Geschehen des Kreuzestodes Jesu zu finden, griff sie den jüdischen Opfer- und Sühnegedanken auf, der ihr aus unterschiedlichen Quellen, nicht zuletzt durch die zu ihr gestoßene »Menge von Priestern« (Apg 6,7) zugeflossen war. Mit der Vorstellung von einer durch den Tod Jesu erbrachten Sühneleistung schien tatsächlich das ihn überlagernde Dunkel gelichtet. Indem sie mit ihm diesen Zweck verband, verbaute sie sich jedoch die Möglichkeit, ihn im Sinne

SIMONE WEILS als den Exzeß einer im Medium des äußersten Unglücks aufscheinenden Liebe zu begreifen. Dazu kam als allgemein menschlicher Grund die Erfahrung der jungen Christengemeinde, daß sie durch ihren Glauben keineswegs vor Leid und Unglück bewahrt, sondern eher noch mehr als ihre Umwelt Prüfungen und Schicksalsschlägen ausgesetzt war. Nur zu nahe lag dann die Neigung, diese im alttestamentlichen Sinn als Anzeichen dafür zu werten, daß das Gottesgericht bereits »im eigenen Haus« (1Petr 4,17) begonnen hatte, so daß sich seine Bewohner mit einem ebenso gütigen wie unnachsichtigen Hausherrn konfrontiert sahen.

Dieser Eindruck verfestigte sich noch in der Folgezeit, nachdem AUGUSTIN in seiner ›Civitas Dei‹ das Gottesreich auf die eschatologische Neuordnung aller Dinge bezogen und das Diesseits zum Schauplatz seines Kampfes mit der teuflischen *Civitas terrestris* erklärt und nachdem sich das Gottesbild im Mittelalter aus unterschiedlichen, theologischen wie kirchen- und zeitgeschichtlichen Gründen, zusehends verdüstert hatte. Was die Motive anbelangt, so zeichnete DANTE im Kontext der Begegnungsszene mit Beatrice das denkbar trostloseste Bild von einer vergewaltigten und zerrütteten Kirche und dies, obschon die schlimmsten Erfahrungen ihr noch bevorstanden[34]. Dazu kam die Verelendung der Landbevölkerung und die furchtbare Ernte, die der »schwarze Tod« in wiederholten Pestepidemien hielt. Indessen spielte in diese Verdüsterung nicht unwesentlich auch der Einfluß der »negativen Theologie« herein, die das Gottesgeheimnis der menschlichen Denk- und Nennkraft so sehr entrückte, daß jede Bestimmung im Dunkel einer noch größeren Unbestimmbarkeit unterging. Jetzt erschien auf Andachtsbildern der von Jesus entdeckte Vatergott verfremdet zu einem der Menschheit feindlichen Tyrannen, dem der Erlöser nur mit Mühe in den drohend ausgestreckten Arm zu fallen suchte. Und schließlich stellte MICHELANGELO diesen seinerseits in der Geste des unerbittlichen Richters dar, der die von ihm Verworfenen in den Abgrund ewiger Verlorenheit schleuderte. Bei LUTHER überwog die Wucht der bekümmerten Frage »wie bekomme ich einen gnädigen Gott?« bei weitem die von ihm in Form des Fiduzialglaubens gefundene Antwort. Bei DESCARTES wurde Gott definitiv zum Inbegriff einer undurchschaubaren, den Menschen in jeder Hinsicht verendlichenden Übermacht (KRÜGER)[35]. Und bei KANT versinkt Gott selbst im Abgrund seiner Unausdenklichkeit, wenn er sich im Bewußtsein seiner Allursächlichkeit schließlich die Frage nach seiner eigenen Herkunft stellt:

Man kann sich des Gedankens nicht erwehren, man kann ihn aber auch nicht ertragen: daß ein Wesen, welches wir uns als das höchste unter allen vorstellen, gleichsam zu sich selber sage: Ich bin von Ewigkeit zu Ewigkeit, außer mir ist nichts, ohne das, was bloß durch meinen Willen etwas ist; aber woher bin ich denn?[36]

Es konnte nicht ausbleiben, daß sich diese Gottesverdüsterung auch auf die Theologie niederschlug, die schließlich sogar mit deren äußerster Eskalation in Form von NIETZSCHES Proklamation des Gottestodes gleichzog, als sie sich auf den Nebenweg der Radical Theology zum Entwurf einer »Theologie nach dem Tode Gottes« verstieg[37]. Wie aber steht es um das Hauptfeld der heutigen Theologie, das jene Abirrung längst hinter sich ließ? Hat sich in ihm das Wissen um die genuine Gottesverkündigung Jesu durchgesetzt oder gilt auch hier das Wort von der verdunkelten Mitte? So sehr der christologische Aufbruch im Gefolge des Zweiten Vatikanums vermuten läßt, daß sich das erfragte Wissen Bahn brach, sprechen doch gewichtige Anzeichen dafür, daß die Frage aufs Ganze gesehen bejaht werden muß. Deshalb setzt sie sich in die nach den Gründen der immer noch andauernden Verunklärung fort.

4. Die Abblendungen

Was die Gegenwartstheologie trotz wachsender Einsicht in die Verkündigung und Lebensleistung Jesu an der vollen Wahrnehmung seiner identitätsstiftenden Gottesverkündigung hindert, sind Abblendungen, die auf unvordenkliche hermeneutische und pädagogische Traditionen zurückgehen und, gerade auch angesichts gegensinniger Tendenzen, ein überaus zähes Eigenleben führen. So hat sich in der kirchlichen Pastoral der Eindruck verfestigt, als sei Theologen und Laien durch das Zweite Vatikanum ein zu großer Freiraum eröffnet und durch das Stichwort von der »Mündigkeit« zudem ein überzogenes Selbstbewußtsein insinuiert worden, so daß nunmehr im Interesse einer strengeren Disziplinierung die Verpflichtung zum Gehorsam neu eingeschärft, das Bildungswesen an die oberste Lehrautorität zurückgebunden und die Zentren des emanzipatorischen Denkens – theologische Fakultäten und Akademien –

intensiver reglementiert, wenn nicht gar abgebaut werden müßten. Das dabei eingesetzte Instrumentarium ist, unumwunden eingestanden, die Weckung der Existenzangst der von diesen Maßnahmen Betroffenen.

Unschwer ist in dieser Tendenz immer noch jene Strategie zu erkennen, mit der nach dem von OSKAR PFISTER in seinem Alterswerk ›Das Christentum und die Angst‹ (1944) subtil geführten Nachweis die christlichen Kirchen ihre Gläubigen immer noch an sich zu binden suchten[38]. Obwohl er dem Katholizismus im Vergleich zum Calvinismus eine insgesamt mildere Verfahrensweise zubilligt, setzt er doch auf ihn sein psychoanalytisches Instrumentarium besonders zielbewußt an, wenn er ihm eine kompensatorische Beschwichtigung der von ihm durch religiöse Schreckensbilder und neurotisierende Triebunterdrückung erzeugten Ängste zur Last legt und schließlich sogar seine Existenz von der Aufrechterhaltung der »Angstbasis« abhängig sieht[39]. Bedenklich stimmen im Zug seiner Analyse vor allem die von ihm beobachteten »zwangsneurotischen Züge der Gottesvorstellung«, die den Vatergott Jesu in der Verzerrung eines unnachsichtigen Ahnders selbst geringster Abweichungen von der Glaubens- und Sittennorm und, schlimmer noch, Jesus selbst als einen nur »ungenügenden« und deshalb den Einsatz zusätzlicher Heilsmittel erfordernden Mittler erscheinen lassen[40]. Mit Recht verweist er die Beantwortung der damit aufgeworfenen Fragen mit einer an das Schlußwort von KIERKEGAARDS Studie über den ›Begriff Angst‹ (1844) erinnernden Wendung in den Aufgabenbereich des Historikers und Dogmatikers[41].

Im Schlußwort, in dem er dann selbst die Rolle des Dogmatikers – und Psychologen – übernimmt, richtet er an die gesamte Christenheit den Vorwurf, daß sich in ihrem Raum die von Jesus entdeckte und mit dem Einsatz seiner ganzen Lebenskraft verkündete bedingungslose Gottesliebe »niemals auf die Dauer in ihrer vollen Frische und Kraft behaupten konnte«, weil sie die Liebe dem Glauben und der Gerechtigkeit untergeordnet und dadurch die Herzmitte der Botschaft verdunkelt habe; denn:

> *Herrlicheres kann ein Mensch auf Erden und im Himmel nicht erfahren, als Liebe. In ihr verschmelzen sich höchste Autorität und höchste Freiheit, völlige Angstüberwindung und Ersatz der Angst durch Freude zur Einheit. Gottes Forderung ist Geschenk, Liebesspende*[42].

Der darin eher unausdrücklich erhobene Vorwurf, daß die Kirchen trotz der durch die traditionelle Angststrategie ihren Gläubigen zugefügten menschlichen Beschädigungen noch immer auf das alte Erziehungskonzept, wenngleich in subtileren Formen setzen, trifft, wie nur mit schmerzlichem Erstaunen vermerkt werden kann, immer noch in vollem Umfang zu. Dabei bezieht sich das Erstaunen auf das vielfach registrierte, aber von der pädagogischen Theorie und Praxis noch längst nicht hinreichend berücksichtigte Phänomen des zusehends schwindenden Sündenbewußtseins. Was Heinrich Heine mit dem von Dolf Sternberger in Erinnerung gerufenen Programm der »Abschaffung der Sünde« anzielte, ist längst zu einer allgemeinen Zeiterscheinung geworden, gegen die alle Appelle zur »Wiederentdeckung der Sünde« nicht aufkommen[43]. So aber bestätigt sich auch in diesem Zusammenhang der Eindruck, daß die gestörte Kommunikation zwischen Kirchenspitze und Basis auf eine Verkennung des Adressaten und seiner tatsächlichen Befindlichkeit zurückgeht.

Das aber hat seinen letzten und innersten Grund in der Verdunkelung der Mitte, die in der Gottesverkündigung Jesu besteht. Denn in seinem Gott ist, um den Grundsatz der anthropologischen Wende aufzunehmen, der Mensch in dieser Weltzeit und insbesondere in der gegenwärtigen *conditio humana* mitgesagt; wenn aber der Mensch verfehlt wird, ist daraus zu schließen, daß diese Verkennung des Menschen auf eine Irritation im Gottesbild zurückgeht, die dann allerdings nicht etwa die Folge einer erst neuerdings einsetzenden Verunklärung ist, sondern die einer bis in die Anfänge zurückreichenden Fehlleistung. Denn so leuchtend der Gott der bedingungslosen Liebe aus der Verkündigung Jesu hervorgeht, ist dem Verfechter dieser Überzeugung – Oskar Pfister – doch auch darin zuzustimmen, daß sich schon in der paulinischen »Begriffswelt« ein Rückgriff, um nicht zu sagen, ein Rückfall auf das »vorjesuanische« Gottesbild abzeichnet[44]. Ursache dessen war in erster Linie die quälende Frage, vor die sich die Jüngergemeinde durch den Kreuzestod ihres Meisters gestellt sah, da dieser ebenso in menschlicher wie in ideeller, einem Wort des Galaterbriefs (3,13) zufolge sogar in religiöser Hinsicht gescheitert zu sein schien, die Frage: »wer war das? was war das?« (Nietzsche)[45].

In diese bohrende Frage, die in den Jüngern (nach Lk 24,19) zunächst nur Enttäuschung und Resignation hinterließ, brachte die »Menge von Priestern«, die sich (nach Apg 6,7) der Urgemeinde anschloß, mit Hilfe ihrer Opfervorstellung Licht[46]. Getragen von einem »tiefen Sündenbewußtsein« (SCHENKE), wußte sie sich ganz an Gottes Barmherzigkeit verwiesen, die sie durch den Opferdienst im Tempel auf das schuldig gewordene Gottesvolk herabzurufen suchte[47]. Die Übertragung drängte sich geradezu auf: was die täglichen Opfer im Tempel nicht vermochten, das leistete dieser Auffassung zufolge der – nunmehr als Sühneopfer gedeutete – »Opfertod« Jesu am Kreuz. Als Interpretament dürfte darauf das jesajanische Lied vom stellvertretend leidenden Gottesknecht (Jes 53,4f) eingewirkt haben, so daß nun sogar von einer stellvertretend erbrachten Sühneleistung gesprochen werden konnte[48]. In diesem Sinn dürfte sich aber auch die Vorstellung von dem zugleich stellvertretend und richterlich vor dem Throne Gottes stehenden Menschensohn ausgewirkt haben, wie sie nachösterlich auf Jesus übertragen wurde (VÖGTLE). Nach dem Schlüsselwort dieser Vorstellung (Lk 12,8f) verband sich mit dieser sogar der spezifische Vergeltungsgedanke; denn:

> *Jeder, der sich zu mir vor den Menschen bekennt, zu dem wird sich auch der Menschensohn vor den Engeln Gottes bekennen. Und wer mich vor den Menschen verleugnet, den wird auch der Menschensohn vor den Engeln Gottes verleugnen*[49].

Nach ANTON VÖGTLE, dem die subtilste Erörterung des »Menschensohnproblems« zu danken ist, wurde Jesus von der nachösterlichen Gemeinde in dieser Doppelfunktion als Retter und Richter mit ihrem sehnsüchtigen »Maranatha« herbeigerufen. Dann aber wird begreiflich, daß in den neutestamentlichen Spätschriften die Gottesvorstellung dialektisch auseinanderbrach, so daß dem Gott der bedingungslosen Liebe, in dem (nach 1Joh 1,5; 4,8.16) keine Finsternis ist, der Gott des verzehrenden Feuers (Hebr 12,29) gegenübertrat, von dem es heißt: »es ist furchtbar, in die Hände des lebendigen Gottes zu fallen« (Hebr 10,31). Daß das auch für den »Erstgeborenen« Gottes (Hebr 1,5f) galt, wird in dem auf den Opfergedanken konzentrierten Hebräerbrief zwar nicht ausgesprochen, wohl aber bei der Entwicklung des Motivs ständig vorausgesetzt. Als Hohepriester des Neuen Bundes mußte er sein eigenes Blut vergießen, um für alle zum »Urheber des ewigen Heils« zu werden (Hebr 5,8).

Diese Beantwortung des quälenden »Warum« war, ungeachtet ihrer Problematik, auch für die Nachgeborenen von so hoher

Plausibilität, daß sich alternative Deutungen wie die von IRENÄUS VON LYON entwickelte Rekapitulationstheorie nicht durchzusetzen vermochten, und daß sich sogar THOMAS VON AQUIN in der Frage nach dem Motiv der Menschwerdung Christi für die im österlichen Hymnus ›Exsultet‹ vorweggenommene Antwort entschied, die Adams Schuld selig pries, weil sie der Welt einen so großen und wunderbaren Erlöser »verdient« habe. Nach vertiefenden Deutungen in der Väterzeit, vor allem durch ATHANASIUS und AUGUSTIN, erhielt das Konzept den entscheidenden Auftrieb durch seine spekulativ-juridische Fassung in ANSELM VON CANTERBURYS Schrift ›Cur Deus homo?‹[50]. Sie ist freilich als Schrift eines Theologen bedenklich belastet durch sein Vorhaben, das Motiv der Menschwerdung Gottes im Interesse der Verständigung mit ungläubigen Lesern so zu begründen, als ob es keinen Gott gebe (*etsi Deus non daretur*) und, schlimmer noch, als ob Christus beiseite gelassen werden könne – *remoto Christo* –, nicht zuletzt aber auch durch den von ihr erweckten Eindruck, als schiebe sich in ihr der begründende Ordo-Gedanke »wie eine Hypostase zwischen Gott und den Menschen« (KESSLER) und als setze sie einen Gott voraus, »dessen unnachsichtige Gerechtigkeit ein Menschenopfer, das Opfer seines eigenen Sohnes verlangt habe« (RATZINGER)[51]. Dabei wird freilich übersehen, daß die Schrift in eine geradezu mystisch motivierte Selbstkorrektur ausmündet. Denn in dem abschließenden Zwiegespräch, in welchem sie gipfelt, stößt Anselm die Argumentationsleiter, auf der er die Höhe dieses Zwiegesprächs erstiegen hatte, zurück, wenn er Gott zum Sünder sagen läßt: »nimm meinen Eingeborenen und gib ihn statt deiner«, und wenn sich dieser dann selbst in das Gespräch mit der Aufforderung einmischt: »nimm mich hin und erlöse dich selbst!«[52]

Für den zeitgenössischen Erneuerer der Satisfaktionslehre HANS URS VON BALTHASAR ist es, wie RAIMUND SCHWAGER zeigte, bezeichnend, daß er mit allem Nachdruck von einem »Doppelabgrund« im Gottesgeheimnis, dem »Blutabgrund des göttlichen Zornes« und dem »Blutabgrund der göttlichen Liebe«, also vom ambivalenten Gott der Religionsgeschichte ausgeht, so daß er sich allen Ernstes fragen kann, ob sich über den am Ölberg Ringenden und schließlich Gekreuzigten nicht der Zorn Gottes entladen habe[53]. Was er hier noch zu bedenken gibt, wird ihm schließlich zur Gewißheit, wenn er die Weltsünde derart vom Gotteswillen absorbiert sieht, daß dieser, zum Zorn gewandelt, den einen anstelle der Unzähligen derart trifft, daß er ihn wie ein Blitzstrahl »in die Unzähligen hinein« zerspaltet[54]. Selten blitzt freilich in einer offenkundigen Fehldeutung eine so erstaunliche Wahrheit auf wie in dieser Wendung. Wo sich Gott im Dunkel eines Selbstwiderspruchs zu verlieren schien, bricht sich die Einsicht Bahn, daß sich Jesus sterbend in die »vielen« auf- und hingab, daß also sein Ende am Kreuze als Anfang seines Fortlebens in den Seinen zu verstehen ist.

Kaum einmal dürften die barthianischen Prämissen in Balthasars »theodramatischer« Beschwörung des Heilswerks deutlicher freigelegt worden sein als in der von Schwager gebotenen Darstellung. Trotz aller dialektischen Einschränkungen und systemfremden Rückgriffe auf hauptsächlich patristische Modelle läuft das aber auf eine fatale Fehlinterpretation hinaus, die freilich Balthasars »hermeneutischem Fundamentalismus« nur allzu naheliegt[55]. Denn so, wie er sich aufgrund spiritueller Voreingenommenheit weigerte, selbst evidente Ergebnisse der historischen Kritik anzuerkennen, verbot er es sich auch, die Differenz zwischen der genuinen Botschaft Jesu und ihren Überformungen und Umgestaltungen im Sinn urchristlicher Deutungsmodelle und Interessen zur Kenntnis zu nehmen. Aus diesem Grund entging ihm die tiefgreifende Divergenz zwischen der Gottesverkündigung Jesu und dem Gottesbild ihrer späteren Verarbeitung. Bei Berücksichtigung dieser Unterschiede wird aber klar, daß Jesus keineswegs den Gotteszorn über sich ausgegossen fühlte, auch nicht in den schwärzesten Augenblicken seiner Passion, die er in vielsagendem und sich schließlich in seinem Todesschrei entladenden Schweigen über sich ergehen ließ. Wenn irgendwo, liegt hier dann auch der Schlüssel zu Balthasars ökumenischem Defizit, das letztlich nur aus einer Verunsicherung hinsichtlich der Identitätsbestimmung des Christentums zu erklären ist. Zwar plädierte er in einer Frühschrift für die »Schleifung der Bastionen« und führte er mit Buber seine »einsame Zwiesprache«; doch folgte aus dem vielbeachteten Programmwort kein interreligiöser Dialog, so wenig wie das Gespräch mit dem jüdischen Partner zu einer wirklichen Begegnung führte[56].

Balthasar mußte schon deshalb als Erneuerer der Satisfaktionsvorstellung genannt werden, weil sich unter seinem Einfluß eine Tendenz etablierte, die im Gegenzug zur vorherrschenden Jesusforschung dasselbe Ziel verfolgt, wenn freilich aufgrund einer eher entgegengesetzten Motivation. War es bei ihm das letztlich wohl aus ästhetisch-dramaturgischem Interesse entworfene Gottesbild und damit ein theologischer Pessimismus, so jetzt eine angesichts der in diesem Jahrhundert aufgehäuften Exzesse der Unmenschlichkeit nur zu begreifliche pessimistische Einschätzung des Menschen, wie ihr mit erheblicher Resonanz René Girard das Wort geredet hatte[57]. Danach ist der Mensch von Haus aus – und das bis in seine auf einen »Gründungslynchmord« zurückgehende Sozialisation hinein – gewalttätig, ja, wie Walter Burkert diese Bestimmung zuspitzte, das auf Töten angelegte Wesen, der *homo necans*[58]. Obwohl von diesem Ansatz her nicht einsichtig zu machen ist, wie es zum Überleben dieser mörderischen Spezies und zum erfolgreichen Fortgang des Sozialisationsprozesses kommen konnte, entsprach er doch so sehr den Erfahrungen dieser gewalttätigen Zeit, daß er schließlich sogar in den dafür sensibilisierten Bereich der Gegenwartstheologie eindrang und dort, vermutlich aufgrund von Fernwirkungen Barths und Balthasars, zu einer Bekräftigung der anselmischen Satisfaktionslehre führte[59].

Indessen liegt der Satisfaktionsgedanke nicht nur auf der Linie der Erfahrungen mit dem Menschen dieser Zeit; er entspricht auch dessen Selbsteinschätzung, sofern das extreme Todeserlebnis, besonders im Zusammenhang der beiden Weltkriege, auf sein Selbstbewußtsein durchschlug, so daß sich dieses zunehmend vom Wissen um seine Todverfallenheit her aufbaute. Deshalb ist seine Grundstimmung resignativ und eine »vielleicht so noch nie gewesene Lebensangst« zu seinem »unheimlichen Begleiter« geworden[60]. Zu religiösen Konsequenzen führte jedoch in erster Linie das Erlebnis einer Zeit, die als eine Epoche unerhörter Verbrechen und Gewaltakte ein kollektives Verlangen nach Vergeltung aufkommen ließ, das sich aber auf den religiösen Menschen, der sich dieses Rachebedürfnis nicht eingestehen durfte, in der Form auswirkte, daß er sich, kontrastiv zum signifikanten Schwund des Sündenbewußtseins, selbst als mitschuldig und der Entsühnung bedürftig fühlte. Theologische Reaktionen auf das mit dem Symbolnamen Auschwitz belegte entsetzlichste Geschehen dieser Zeit, das sich zunächst einer religiösen Deutung zu entziehen, ja sie als Interpretationsmodell sogar zu vernichten schien, weisen eindeutig in diese Richtung[61].

Doch die Wiederaufnahme des bereits partiell aufgegebenen Satisfaktionsgedankens verfolgte außerdem einen weithin unerkannten und uneingestandenen Immunisierungszweck. Denn die extremen Unheilserfahrungen der Epoche ließen, quer durch alle Reflexionsstufen des Glaubens, die Frage aufkommen, wie ein Gott, dem die Glaubensverkündigung vornehmlich die Züge der Allmacht, der Weisheit und der Güte zugelegt hatte, derartige Exzesse der Bosheit und Barbarei zulassen konnte. Darauf gab der Satisfaktionsgedanke zwar keine unmittelbare Antwort; doch setzte er ganz offenkundig einen Gott voraus, der seiner Welt nicht nur mit Erweisen seiner Güte, sondern ebenso mit Ausbrüchen seines Zornes begegnete, der sie also, anders gewendet, ebenso an sich zog wie von sich zurückstieß. Von diesem Gott aber durfte man ebenso Erweise seiner Güte erwarten, wie man auf das von ihm verhängte Unheil gefaßt sein mußte. Und damit gab er auch schon, wie es schien, die plausibelste Antwort auf die quälenden Fragen der Zeit. An dieser Konstellation vermochten auch die subtilen Zusatzhypothesen nichts zu ändern, zu denen mit unterschiedlicher Begründung Barth und Balthasar ihre Zuflucht genommen hatten. Danach wurde vom Zorn des ewigen Richters in erster Linie nicht die Menschheit, sondern der Mittler zwischen ihr und ihm getroffen. Er nahm dieser Deutung zufolge stellvertretend die Last des göttlichen Unwillens auf sich, um ihn sterbend durch sein Todesleiden aufzuarbeiten. Doch dadurch wird die »lineare« Lösung nicht etwa durch eine Zwischenstufe aufgelichtet, sondern erst recht durch die unabweisliche Frage verdunkelt, warum der stellvertretend erlittene Sühnetod die Welt nicht vor dem Absturz in ungeahnte, in der Gegenwart aber tatsächlich erreichte Tiefen der Unmenschlichkeit bewahren konnte. Zwar ging mit der Zusatzhypothese unbestreitbar eine Vermenschlichung des Gottesverhältnisses einher, sofern der stellvertretend Sühnende auch dem tiefsitzenden Verlangen des – todverfallenen und angstgepeitschten – Menschen nach Sühneleistung und Selbstbestrafung entgegenkam. Dafür geriet jedoch das Theodizee-Problem nur in umso schwerere Aporien.

Die schwerste betrifft noch nicht einmal das Verhältnis des Menschen zu Gott, sondern dasjenige Gottes zu Gott, verstanden als das Verhältnis zwischen dem vom Satisfaktionsgedanken vorausgesetzten Gott der Koinzidenz von Erbarmung und Strafgerechtigkeit zu dem »Gott Jesu Christi« (Pascal). Nun läßt aber der neutestamentliche Grundgedanke von dem bedingungslos liebenden Gott in dem keine Finsternis, am wenigsten die der Drohung und des Schreckens ist, keinen Zweifel daran, daß es sich hier um ein eklatantes Mißverhältnis handelt, insbesondere dann, wenn man unter dieser Liebe in neutestamentlichem Sinn das Prinzip der

Erhebung des Menschen und der Verwandlung der Welt versteht. Der drohende Gott läßt, auch wenn die dunkle Wolke seines Zornes bisweilen durch Erweise seiner Erbarmung aufgehellt wird, im Grunde alles beim alten; denn es gehört nun einmal zu den Grunderkenntnissen aller Pädagogik, daß der Mensch durch Einschüchterungen zwar partiell domestiziert, niemals aber wirklich gebessert, geschweige denn verwandelt werden kann. Wenn es nun im Sinn des zentralen Interesses der Jesusbotschaft zu seiner Erhebung und Verwandlung kommen soll, dann nur mit Hilfe eines Impulses, der ihn seiner dürftigen Verankerung in den Strukturen der todverfallenen Welt überhebt und ihm das Bewußtsein eines definitiven Angenommenseins verleiht: des Impulses der Liebe. Das aber zwingt zu dem die Christenheit an ihren Fundamenten angreifenden Schluß, daß sie im Verlangen nach einem Gottesbild, das gleicherweise ihrer aktuellen Geschichtserfahrung wie der Selbsteinschätzung des Menschen entsprach, von der Gottesverkündigung Jesu auf den ambivalenten Gott der Religionsgeschichte zurückfiel und dadurch einem kaum erst wahrgenommenen, geschweige denn aufgearbeiteten Selbstwiderspruch verfiel. In denselben Widerspruch war sie aber bereits durch ihre Pastoral geraten, sofern sie die Gläubigen mit Hilfe von Angstmotiven zur Annahme ihres Heilsangebotes zu bewegen suchte. Hier wie dort triumphierte ein nur zu begreiflicher Zweck über die Sache, der aber nur wirklich gedient werden konnte, wenn sie zweckfrei zur Geltung gebracht wurde. Doch dieser trotz vielfältiger Warnungen bis heute durchgehaltene Selbstwiderspruch hatte einen unerträglich hohen Preis: den Verlust der Identität. Denn jede Weltreligion gewinnt ihr Profil und ihre Dignität aus dem je eigenen Einblick ins Gottesgeheimnis, den sie im Regelfall dem Genius ihres Stifters verdankt. So klar sich Judentum und Islam darüber ausweisen können, ist sich die Religion des Christentums in dieser Hinsicht, wie die noch immer unbeantwortete Frage nach seinem »Wesen« bestätigt, darin bis zur Stunde im unklaren. Dies aber nicht etwa deshalb, weil es sein Stifter an eindeutigen Auskünften fehlen ließ, sondern aufgrund einer unvordenklichen Verklammerung seiner Botschaft mit pädagogischen und kerygmatischen Interessen. Es sind somit diese Abblendungen, die den Blick auf die Mitte verstellen; und es ist die verdunkelte Mitte, die das Christentum nicht zum Bewußtsein seiner selbst, seiner Identität und damit seines Rangs als Weltreligion eigenen Rechtes gelangen läßt[62].

III. KAPITEL:
DIE SUCHE NACH DEM SINN

1. Die anthropologische Wende

Die Suche nach der Identität des Christentums verläuft in eigentümlicher Synchronie wie die nach dem Sinn des Menschseins; und die Synchronie endet in einer nicht minder erstaunlichen Konvergenz, die beide, die Identität des Christentums und die des Menschen in einer geradezu spiegelbildlichen Entsprechung erscheinen läßt. FEUERBACH war somit schon auf einer richtigen Spur, als er die »Erkenntnis Gottes die Selbsterkenntnis des Menschen« nannte[1]. Indessen hätte es keineswegs zu seiner antichristlichen Wendung des Gedankens zu kommen brauchen, wenn dessen machtvolle Intonation im Credo von BEETHOVENS ›Missa solemnis‹ beachtet worden wäre. Nachdem das »Et incarnatus est« das Mysterium der Inkarnation durch den Einsatz von Kirchentonarten und der es wie mit einem tönenden Filigranwerk umhüllenden Instrumente in eine geradezu mystische Sphäre entrückt hatte, kehrt das Bekenntnis im staunend aufjubelnden »Et, et homo factus est« des Tenorsolos mit größtem Nachdruck auf den die Menschenwelt symbolisierenden »Boden« der Tonika zurück[2]. Hier regiert tatsächlich, mit THRASYBULOS GEORGIADES zu reden, »die Vorstellung, daß die Rede in unserer Gegenwart neu entsteht, daß damit der Sprechende seine eigene Wirklichkeit entdeckt«, nicht als Folge einer vorgegebenen Tradition, sondern als die »Tat seiner freien Entscheidung«[3]. Konnte noch deutlicher ausgedrückt werden, daß in jedem Satz des christlichen Glaubensbekenntnisses der Mensch mitgesagt ist? Wenn das gehört worden wäre, hätte der Gedanke wohl nie seine antichristliche Zuspitzung erfahren, die es ihrerseits verhinderte, daß er rechtzeitig gegen die sich im Lauf des folgenden Jahrhunderts zusammenballende Unmenschlichkeit ausgespielt werden konnte. So aber blieb er in Form der Feuerbachschen Zuspitzung im Fleisch der Theologie stecken, die ihn erst nach der letzten Jahrhundertmitte für ihre Reflexion fruchtbar zu machen lernte, und dies in jener Neuorientierung, für die sich der Begriff der »anthropologischen Wende« einbürgerte[4].

Im Grund müßte eher von einer »Kehre« im Sinn von Rückkehr als von einer Wende gesprochen werden, da die Theologie dadurch lediglich auf ihren Ursprung im Mysterium der Menschwerdung Gottes zurückverwiesen wurde. Daß das erst nach nahezu zweitausendjähriger Inkubationszeit gelang, läßt die Höhe der Barriere ermessen, die dabei überwunden werden mußte. Sie läßt sich aber auch daran ersehen, daß das Motiv in der durch Feuerbach verkörperten Endphase der Aufklärung in den Anschein geraten war, daß es nur auf dem Weg einer polemischen »Aufhebung« des Christentums zum Zug gebracht werden konnte. Die Vorentscheidung dafür war schon zu Beginn der Epoche gefallen, als DESCARTES von dem den Menschen radikal verendlichenden Gott der absoluten Übermacht redete (KRÜGER). Spiegelbildlich zu der von Feuerbach geforderten Aufhebung des Christentums erschien hier der christliche Gott als die den Menschen aufhebende Absolutheit, veranschaulicht in jenem »Herrentum«, dem aller menschliche Eigenwert »geopfert« werden mußte[5].

Differenzierter gesehen erschien Religion, gerade auch in ihrer christlichen Theorie und Praxis, als das System einer dreifachen Reduktion, die als anthropologische den Menschen in seiner personalen Dignität bedrohte, als kosmologische ihn seiner Welt zu berauben und als theologische ihn schließlich in den Abgrund hineinzureißen schien, vor den sich Gott in der von KANT angenommenen Selbstreflexion selbst gestellt sah[6]. Ihr volles Profil gewinnt diese reduktive Tendenz aber erst im Blick auf die Gegenstrategien, durch die sich der neuzeitliche Mensch ihrer zu erwehren suchte: im Blick auf den Humanismus, der ein autarkes Menschsein in Auflehnung gegen die religiösen Traditionen, Autoritäten und Praktiken zu behaupten suchte; im Blick auf die sich machtvoll etablierende Naturwissenschaft und Technik, der es darum ging, die in Frage gestellte Welt zu erkunden und in menschliche Verfügung zu bringen, und im Blick auf die idealistische Philosophie, der es, vor allem im Hegelschen System, umgekehrt darum ging, die Religion in Spekulation aufgehen zu lassen. Jetzt erschien diese als ein System der Erniedrigung und Entmündigung des Menschen, aus dem sich dieser auf dem als »Ausgang aus seiner selbstverschuldeten Unmündigkeit« begriffenen Weg der Aufklärung herausarbeiten mußte, um sich in seiner wahren Würde und Kompetenz kennenzulernen. Jetzt war es darum zu tun, die Reichtümer der vom

Christentum zum »Jammertal« erklärten Welt zu entdecken und dem Menschen als seinen Besitz zu erschließen. Und jetzt stand dieser zugleich vor der Aufgabe, sich in der als seine Projektion entlarvten Gottesidee selbst wahrzunehmen, die an Gott abgetretenen Attribute, wie NIETZSCHE es gefordert hatte, wieder an sich zu reißen und sich selbst, so ERNST BLOCH, in das »ehedem mit Gott Bezeichnete« einzusetzen[7].

Gegen welche Widerstände die Theologie ankämpfen mußte, um sich durch diese mächtige Barriere zum Grundgedanken der »Menschenfreundlichkeit« (Tit 3,4) und Menschlichkeit Gottes vorzuarbeiten, zeigt das Schicksal des Protagonisten der anthropologischen Wende, MAURICE BLONDEL, und seiner Immanenzapologetik, mit der er die menschliche Selbsterfahrung in den Dienst der Glaubensbegründung gestellt und damit in ihr methodologisches Recht eingesetzt hatte[8]. Unter dem Eindruck der gegen ihn entfesselten Polemik verfiel er jedoch in jahrzehntelanges Schweigen, aus dem der inzwischen Erblindete derart geschwächt hervorging, daß er die immer noch hochaktuelle Position nicht mehr effektiv zu verteidigen vermochte. Was er offenließ, griff von weitabliegenden Ansätzen her dann RUDOLF BULTMANN auf, der im Versuch, seine vielfach mißverstandene Entmythologisierungsthese mit dem Begriff der »existentialen Interpretation« zu verdeutlichen, die anthropologische Rückbezüglichkeit des Schriftwortes aus seiner Sicht unterstrich[9]. Von dorther setzte sich die Idee der anthropologischen Rückbezüglichkeit der Glaubensmysterien um so rascher im Gesamtfeld der Gegenwartstheologie durch, als ihr inzwischen auch KARL RAHNER mit seinem Postulat des »anthropologischen Existentials« als dem von ihm in Anschlag gebrachten Schlüssel zum religiösen Mysterium Bahn gebrochen hatte[10]. Doch mit welchem Recht verfuhr dieser hermeneutische Entwurf? Verfiel er nicht, wie aufgrund einer späten Rache des akademisch ausgegrenzten FEUERBACH vermutet werden könnte, in eine Denkweise, die sich Gott nach dem Bild des Menschen zurechtgelegt hatte, um dann ganz unbeschwert »das Menschlich-Allzumenschliche« als Interpretament an das Gotteswort herantragen zu können? Oder entsprach dem eine göttliche Vorgabe, womöglich sogar eine Entgegenkunft jenseits von allem, was von seiten des Menschen erhofft oder auch nur ersehnt werden konnte? Das ist die Frage nach der Bedeutung der Offenbarung für die menschliche Sinnfindung.

2. Offenbarung und Sinnfindung

Zunächst spricht nichts für den vermuteten und von den Vertretern einer »Immanenzmethode« ausdrücklich angenommenen Zusammenhang. Denn in bedeutungsgeschichtlicher Hinsicht driften die beiden Fragestellungen eher auseinander. Während die Offenbarungstheorie eine konzentrative Tendenz aufweist, läuft der Sinnbegriff auf eine offene Aporie hinaus. Das wird deutlich, sobald man zu seiner philosophischen Reflexion die literarischen Zeugnisse hinzunimmt. Was jene anlangt, so schwebte dem Erkunder des Sinnproblems, MILAN MACHOVEC, in dem aus seiner agnostischen Phase stammenden Werk ›Vom Sinn des menschlichen Lebens‹ (1957) etwas vor,

> *das auf die gleiche Weise wie die Religion das gesamte Leben integral und intensiv durchtränkt, ihm Einheit verleiht und dem Menschen eine gewisse Kraft und Stärke vermittelt, die Unbilden des Lebens und Schicksalsschläge zu ertragen*[11].

Die sich in diesem Text bekundende Verdrängung der religiösen Möglichkeit bringt den utopischen Charakter des postulierten Surrogats nur zu deutlich zum Vorschein. Deshalb endet die Sinnsuche auch in den im Schatten Nietzsches entstandenen literarischen Zeugnissen in Aporien. Indessen klärt sich in ihnen zugleich ein Zweifaches: einmal, daß es dem von ORTEGA Y GASSET als »utopisches«, also in die Ortlosigkeit seines Daseins verschlagenen Menschen bei der Sinnsuche um den Ort seiner definitiven Zugehörigkeit, Bestätigung und Geborgenheit geht, die sich zum zweiten in dem letztlich unauflöslichen Geflecht unterschiedlicher Rollenzuweisungen darstellt[12]. In MAX FRISCHS Romanen ›Stiller‹ (1955) und ›Homo faber‹ (1957) verunklärt sich das Ziel der Identitätssuche unter dem Druck mitmenschlicher und gesellschaftlicher Irritationen so sehr, daß schließlich in ›Mein Name sei Gantenbein‹ (1964) nur noch im Optativ davon gesprochen werden kann. Bei HANS ERICH NOSSACK verbindet es sich überdies mit der Figur des als Selbst-Desiderat verstandenen Engels, der als solcher nur dazu angetan ist, das finale Scheitern wie in ›Der jüngere Bruder‹ (1958) noch schmerzlicher zu Bewußtsein zu bringen und die danach eintretende Öde – so in dem Bericht ›Nach dem letzten Aufstand‹ (1961) – noch peinigender in Szene zu setzen[13].

Das könnte den Eindruck erwecken, als habe sich der mit der Sinnsuche befaßte Mensch in ein utopisches Ziel verrannt und als sei die Sinnfrage, wie GERHARD SAUTER aus theologischen Gründen vermutet, im Grunde eine »Götzenfrage« da ihre Beantwortung ausschließlich die Sache Gottes sei, während es dem Menschen lediglich zustehe, sich um seine »Rechtfertigung« zu bemühen[14]. Doch das Bedürfnis nach Rechtfertigung ist, abgesehen von seiner Verstrickung in die Satisfaktionsproblematik, zusammen mit dem Sündenbewußtsein, im Schwinden begriffen, während sich die Sinnfrage immer deutlicher als das Kardinalproblem des von stiller Verzweiflung und offener Lebensangst angefochtenen Menschen dieser Zeit herausstellt. Deshalb ist im Gegenzug zu der von MACHOVEC abgewiesenen religiösen Möglichkeit eben doch nach ihrem Zusammenhang mit dem Offenbarungsgedanken zu fragen, dies jedoch in dem Bestreben, eine möglichst breite Basis zu gewinnen, und dies nicht nur im Blick auf das christliche, sondern auch auf das jüdische und islamische Offenbarungsverständnis. Denn am »Ende der Neuzeit« (GUARDINI), die sich als die Epoche der Emanzipation von der Autorität der Gottesoffenbarung verstand, kann nicht dankbar genug vermerkt werden, daß die Offenbarungsidee auch von den beiden anderen Abrahamsreligionen vertreten wird, die wie im Fall des Judentums mit seinem Welt und Geschichte säkularisierenden Denken die Aufklärung schon hinter sich haben oder, wie im Fall des Islam, sich ihr gegenüber als resistent erwiesen. Doch in die Entdeckung dieser Übereinkunft mischt sich unverzüglich die Erinnerung an die Divergenzen im jeweiligen Offenbarungsbegriff der verwandten Religionen ein. Denn für das Judentum ist Offenbarung von ihrem Ursprung in der Berufung des Mose am brennenden Dornbusch (Ex 3,14) her wesenhaft Wortoffenbarung, durch die der von Gott inspirierte Prophet zum Sprecher seiner Botschaft wird. Dagegen hat sie im Islam, wie dies die eindrucksvolle Szene von der Übergabe des himmlischen Koran durch Engelhand an den Offenbarungsempfänger Mohammed illustriert, die Gestalt eines heiligen Textes, der den Leser mit den Gedanken und Willensdekreten Allahs bekannt macht.

Von ewigen »Willensdekreten« sprach auch das Erste Vatikanum in seiner Konstitution ›Dei Filius‹, um sein Offenbarungsverständnis zu präzisieren[15]. Welch gewaltiger Erkenntnisfortschritt in der Folgezeit erzielt wurde, läßt die Bestimmung des Zweiten Vatikanums erkennen, die das Offenbarungsereignis mit der Menschwerdung des Gottessohnes gleichsetzt[16]. Danach ist Jesus Christus in seiner Person, in seiner Lebensgeschichte und seiner vielfältigen Selbstdarstellung das lebendige Medium der Gottesoffenbarung, in seinem Reden und Schweigen ebenso wie in seinem Handeln und Leiden, zumal aber in seinem Kreuz und seiner Auferstehung[17]. Daß es zu dieser Klärung kommen konnte, hatte die in langer Begriffsentwicklung gereifte Erkenntnis zur Voraussetzung, daß Gott, wenn das Unausdenkliche geschieht, daß er aus dem Dunkel seiner Verborgenheit hervortritt und, wie IGNATIUS VON ANTIOCHIEN formulierte, sein ewiges Schweigen bricht, er nicht im Sinn der Vulgärerwartung Auskünfte über den Vorgang der Schöpfung oder den Termin des Weltuntergangs gibt, sondern Einblick in sein göttliches Lebensgeheimnis gewährt[18]. Offenbarung ist deshalb im Sinne dieser Erkenntnis wesenhaft Selbstoffenbarung Gottes[19]. Doch was hat das mit der anthropologischen Wende und der bereits vermerkten Synchronie mit der Entwicklung der Sinnproblematik zu tun?

Darauf antworten die unter dem gegenwärtigen Leidensdruck entstandenen literarischen und künstlerischen Bezeugungen der Identitätsnot, die, exemplarisch verdeutlicht in den Porträts von DIX, PICASSO und BACON, darin übereinkommen, daß die Sache des Menschen im Grunde nur noch exklamatorisch, als ein in die Weltennacht hinausgeschrieenes »De profundis«, zur Sprache gebracht werden kann[20]. In Hinblick darauf ergibt sich eine Konstellation, die sich kaum dramatischer und bewegender gestalten könnte. Denn auf den nach Ansicht seiner Rufer zum leeren Himmel aufsteigenden Notschrei antwortet Gott mit dem Akt seiner Selbstoffenbarung, also mit der Preisgabe seines personalen Lebensgeheimnisses. Dem hat das Befehlswort, das im Koran an den Muslim ergeht, nichts Gleichsinniges entgegenzusetzen, da der islamische Offenbarungsbegriff auf die moralische Orientierung und gehorsame Unterwerfung, nicht aber auf die Selbstwerdung des Offenbarungsempfängers abzielt. Anders der Offenbarungsgott Israels, der mit seinem Zuspruch »ich habe dich beim Namen gerufen; du bist mein!« (Jes 43,1) eine ausgesprochen dialogische Beziehung mit seinem menschlichen Partner aufnimmt und der sich nach GERHARD VON RADS Deutung der Szene am brennenden Dornbusch (Ex 3,14) förmlich in die Hand des Offenbarungsempfängers legt. Doch bleibt dieses Verhältnis dadurch verschattet, daß er sich jederzeit daraus zurückziehen und dem von ihm Angerufenen als unerbittlicher Richter entgegentreten kann.

Dieser Freiheit hat sich der Offenbarer nach christlichem Verständnis begeben. Er gibt, um es mit der Kierkegaardschen Christologie zu sagen, keinen mehr auf, dessen er sich einmal angenommen hat, und er hält seine (nach Röm 11,29) unwiderrufliche Selbstzusage aufrecht, weil er, selbst wenn wir untreu werden, sich selber treu bleibt (2Tim 2,13). Diese liebende Selbstfestlegung ist jedoch die Bedingung dafür, daß er wie kein anderer auf seinen Partner eingehen und ihn an sich ziehen kann. Und darin besteht auch schon die Antwort auf die noch offene Frage, was eine göttliche Selbstmitteilung für den auf vergeblicher Selbst-Suche begriffenen Menschen besagt. Mit ihrer zentralen Tendenz wendet sie sich an die schon von den Kirchenvätern registrierte und von der neuzeitlichen Erkundung des Menschen vielfach bestätigte Paradoxie des Menschseins, das sich ungeachtet seiner allseitigen Bedingtheit ins Unbedingte übersteigt, so daß die Sinnmitte dieses radikal exzentrischen Wesens im Zielgrund seiner Selbsttranszendenz zu suchen ist. Das aber heißt, daß nur eine göttliche Selbstoffenbarung die vollgültige Antwort auf die menschliche Sinnfrage zu geben vermag. Medium dieser Antwort aber ist wiederum der, in dessen Person und Lebensgeschichte sich Gott dem Menschen eröffnete und der als solcher nun auch als die lebendige Vermittlung der menschlichen Sinn- und Identitätsfindung begriffen werden muß. Kronzeuge dessen ist Paulus, der im Anschluß an den im Galaterbrief erstatteten »Urbericht« von seiner Damaskusvision (1,16) versichert: »Ich lebe, doch nicht ich – Christus lebt in mir« (2,20) und sich damit als Initiator und Paradigma der christlichen Mystik erweist[21]. Doch was wirft das für die Frage nach der Identität des Christentums ab? Kann von der individuellen Sinnproblematik überhaupt auf die Ausgangsfrage zurückgeschlossen werden? Wenn darauf eine positive Antwort gefunden werden soll, muß zunächst die Möglichkeit der Übertragung des individuellen Befunds auf das Phänomen der Religion im ganzen überprüft und, konkreter gesprochen, der mögliche Rückschluß vom religiösen Individuum auf die es umgreifende Glaubensgemeinschaft gesichert werden.

3. *Vom Einzelnen zum Ganzen*

Für die Vermutung, daß eine solche Übertragung möglich und statthaft ist, sprechen durchschlagende Gründe, die im Fall des Christentums besonders klar zutage treten. Bezeichnend dafür ist schon der Umstand, daß die Benennung der Christusgläubigen, die nach dem Bericht der Apostelgeschichte in Antiochien aufkam (Apg 11,26), im Plural und nicht, wie man vermuten könnte, zur Charakterisierung von Einzelpersönlichkeiten erfolgte[22]. Die Frage aber gehört in jene Ordnung, für die in erster Linie der Stifter zuständig ist. Und an ihn zurückverwiesen, drängt sich dem Versuch der Beantwortung geradezu die Tatsache auf, daß sich Jesus als Botschafter des Gottesreichs verstand und sein gesamtes Wirken diesem Gedanken unterstellte. Nicht als der private Heilbringer, sondern – sosehr ihm das Schicksal einzelner zu Herzen geht – als Protagonist einer neuen Lebensgemeinschaft ging er in die Religionsgeschichte ein. Dem entspricht das Gesetz seines Wirkens. Wo immer er spricht, entstehen fluktuierende Gemeinschaften, die das vorausbilden, was dann später »Kirche«, verstanden als die Versammlung der »Herausgerufenen« (*kahal*) heißt[23]. Daß es ihm dabei um die Stiftung einer konsolidierten Gemeinschaft geht, macht er durch die Berufung der Zwölfergruppe deutlich, mit der er Anspruch auf das Zwölf-Stämme-Volk Israel erhebt[24]. Dabei ruht sein Augenmerk mit gleicher Intensität auf jedem einzelnen, den er ebenso für den Glauben an seine Sache zu gewinnen wie zum Bewußtsein seiner selbst erwecken will.

Dem entspricht das Verhalten seines größten Interpreten, des Apostels Paulus, der ungeachtet der Tatsache, daß das subjektive Interesse bei ihm noch stärker vorherrscht, auf die Gründung von Gemeinden ausgeht, an die er dann auch fast ausnahmslos seine Briefe richtet[25]. Zwar kann er in seinem Schutzbrief für den entlaufenen Sklaven Onesimus versichern, daß er diesem in seinen Ketten zum Vater geworden sei (Phlm 1,10); doch gilt die damit angesprochene Beziehung in erster Linie von seinem Verhältnis zu den Gemeinden, denen er sich väterlich, bisweilen sogar mütterlich verbunden fühlt (1Thess 2,7.12)[26]. In der Konsequenz dessen schafft er, komplementär zur Rede Jesu vom kommenden und sowohl in seiner Person wie in seinem Wirken bereits anbrechenden Gottesreich, den Begriff des mystischen Herrenleibs (Röm 12,4f; 1Kor

12,12-27), mit dem er der christlichen Lebensgemeinschaft die tiefste, bis heute noch nicht ausgeschöpfte Deutung gibt[27]. In diesem Rahmen bietet er dann auch grundlegende Verhältnisbestimmungen zwischen den Einzelnen und der Gemeinschaft, die zu dieser in einer Beziehung wie die Glieder zu einem Körper stehen. Von einer Funktionalisierung des »Gliedes«, wie sie dann THOMAS VON AQUIN bei seiner Begründung der Todesstrafe betreibt, kann bei Paulus allerdings nicht die Rede sein[28]. Dafür macht er von den Gliedern viel zu spezifische Aussagen. Sie leiden und freuen sich (1Kor 12,26); sie dürfen nicht entwürdigt und erniedrigt werden (1Kor 6,15ff); denn das verbietet der hohe Grad ihrer Integration in das Christus-Haupt, das als das Lebensprinzip des Ganzen, wie es dann die Paulusschule erläutert, alles durchseelt, erfüllt und zusammenhält. Doch auch im Blick auf dieses Integral gilt: wenn einer leidet, leiden alle mit; wenn einer sich freut, freuen sich alle mit. Deswegen kann der Apostel durch das, was er in seinem Opferdienst erleidet, das Leidensmaß Christi ergänzen (Kol 1,24); deshalb läßt sich aber auch die »Kraft Christi« auf ihn nieder (2Kor 12,9). Entscheidend ist bei alledem, daß es zwischen Haupt und Gliedern bei aller Distanz und Abhängigkeit nahezu zu einem Idiomen- und Funktionsaustausch kommt. Weil ihr Leben »in Christus verborgen« ist (Kol 3,3), können sie so wie Christus »gesinnt« sein (Phil 2,5), kann der Friede Gottes in ihren Herzen triumphieren (Kol 3,15) und sie »in Christus Jesus bewahren« (Phil 4,7), kann die Liebe Christi sie drängen (2Kor 5,14), kann Christus ihre Hoffnung (Kol 1,27) und ihre »Stärke« (Phil 4,13) werden. Das hebt ihr Denken, Fühlen und Wollen über das Maß individueller Akte, Emotionen und Initiativen hinaus, so daß der Beitrag des einzelnen nicht nur allen zugute kommt, sondern sich das, was die einzelnen leisten und leiden, zu einer spirituellen Symbiose integriert, die im Maß, wie sie in das Haupt hineinwächst, zum »Vollalter Christi« heranreift (Eph 4,13): das spirituelle Äquivalent zum Konzept des mystischen Leibes[29]. Ähnlich stellt sich der Zusammenhang aus johanneischer Sicht dar. Hier wie dort steht der einzelne, sei es vermittelt durch das »Haupt« oder durch den »Geist«, in einem integralen Zusammenhang mit dem Ganzen, so daß eine Übertragung der in der Individualanalyse gewonnenen Einsichten auf jenes nicht nur statthaft, sondern im Interesse einer Gesamtbestimmung geradezu geboten ist.

Doch die Frage der Übertragbarkeit hat auch eine erkenntnistheoretische Dimension, die sich auf die nach dem adäquaten Subjekt der Gotteserkenntnis bezieht. Als sei dies eine Selbstverständlichkeit, wird dies so gut wie allgemein im Einzelsubjekt angenommen. Doch dagegen erhebt schon der nachpaulinische Epheserbrief Einspruch, wenn er den Sinn der kirchlichen Dienstleistungen darin erblickt, die Gläubigen zu einer transpersonalen, zum Vollalter Christi heranreifenden Glaubensgemeinschaft heranzubilden, die im Maß ihres Wachstums zur »vollen Erkenntnis des Gottessohnes« gelangt (4,13), wobei im Sinn der paulinischen Geistmystik anzunehmen ist, daß sie diese Erkenntnis einem vorgängigen Erkanntsein verdankt. Subjekt dieses christologischen »Vollbegriffs« ist dann aber nicht mehr der einzelne, sondern die sich aus den vielen Einzelsubjekten konstituierende Glaubensgemeinschaft, die es mit sich bringt, daß Vergessenes wiederentdeckt, Geahntes klar erkannt, inkohärent Erscheinendes in seinem Zusammenhang begriffen und Altbekanntes in neuer Beleuchtung gesehen wird, und die in letzter Hinsicht davon lebt, daß das Ganze mehr als die Summe seiner Teile ist.

Den Schritt von der Sohnes- zur Gotteserkenntnis vollzog, kennzeichnend für die Beschwerlichkeit des zurückzulegenden Weges, erst Johann Adam Möhler in der schon eingangs mitgeteilten Stelle aus seinem Frühwerk ›Die Einheit in der Kirche‹, die das »Ganze« zu dem einzig kompetenten Subjekt der Gotteserkenntnis erklärt. Entscheidend trug zur Ermöglichung dieser Aussage zweifellos die romantische Bewußtseinswende bei, die im Bruch mit dem kartesianischen Individualismus betont vom »Gemeingeist« und »Allbewußtsein« sprach. Wenn Möhler zur Verdeutlichung seines kollektivistischen Ansatzes Gott seinerseits denjenigen nennt, »der das Ganze schuf«, legt er damit für die ideengeschichtliche Rekonstruktion seines Gedankens eine Fährte aus, die in Schillers Briefwechsel mit Goethe auf eine verblüffende, wenn freilich auf die Naturerkenntnis bezogene Entsprechung stößt:

> *»In Ihrem Briefe frappierte mich der Gedanke, daß die Natur, obgleich sie von keinem einzelnen gefaßt, von der Summe aller Individuen gefaßt werden könnte ... Überhaupt ist mir das Verhältnis der allgemeinen Begriffe und der auf diesen erbauten Sprache zu den Sachen und Fällen und Intuitionen*

ein Abgrund, in den ich nicht ohne Schwindeln schauen kann. Das wirkliche Leben zeigt in jeder Minute die Möglichkeit einer solchen Mitteilung des Besonderen und Besondersten durch ein allgemeines Medium, und der Verstand, als solcher, muß sich beinahe die Unmöglichkeit beweisen[30]*.«*

Wenn Schiller die eingangs angesprochene »Summe aller Individuen« gegen Ende der Briefstelle als ein »allgemeines Medium« qualifiziert, gibt er seinem Gedanken nicht nur eine Wendung ins Erkenntnistheoretische; vielmehr greift er damit auch auf die Vorstellung eines intellektuellen Synergismus zurück, die dem Subjektivismus voranging und ihn auch nach seinem Siegeszug schattenhaft begleitete. Sie hat ihre Spitze in der Überzeugung, daß auf den subjektiven Erkenntnisakt nicht nur vorgegebene Denkformen und Denkinhalte Einfluß nehmen, sondern daß er im Maß seiner Annäherung an das höchste Erkenntnisziel ins Schwerefeld der göttlichen Selbsterkenntnis gerät. Das bringt der paulinische Hymnus auf die Liebe mit dem Satz zum Ausdruck:

Dann werde ich ganz erkennen, so wie ich ganz erkannt bin, (1Kor 13,12)[31]*.*

Diesen Vorgriff auf die mystische Inversion unterstreicht der Apostel mit der grundsätzlichen Feststellung:

Jetzt aber erkennt ihr Gott; oder vielmehr: ihr seid von Gott erkannt (Gal 4,9)[32]*.*

Das nimmt Irenäus von Lyon mit der bis in die kirchliche Auseinandersetzung mit Lamennais fortwirkenden These auf, daß Gott nicht ohne Gott erkannt werden könne, auch wenn dabei in erster Linie an das Zustandekommen der Gotteserkenntnis aufgrund seiner Selbstoffenbarung gedacht ist[33]. Doch gerade diese Wendung führt wieder, wenngleich auf höherer Ebene, auf die Frage des Sinngewinns durch Offenbarung und damit auf den Ausgangspunkt zurück. Was zunächst als subjektive Vergünstigung erschien, stellt sich jetzt als kollektive Möglichkeit, konkreter gesprochen, als Weg zur Identitätsfindung von Kirche und Christentum dar. Dabei handelt es sich ebenfalls um den Weg in die

– verdunkelte – Mitte, doch jetzt, unter dem Gesichtspunkt der Iden-titätsfindung, verstanden als der Weg der Christenheit zu sich selbst.

4. Das Recht der Innensicht

Vor dem Hintergrund dieses erkenntnistheoretischen Befunds tritt die krisenhafte Verfassung der religiösen und kirchlichen Verhältnisse noch deutlicher als bisher zutage. Während im Zug der Konzilsverhandlungen etwas nach Art jener spontanen Übereinkunft aufkam, die der orthodoxe Sprachgebrauch als »Sobornost« bezeichnet, so daß KARL RAHNER wie in einer späten Erinnerung an die Einsicht MÖHLERS in seinem Fragment »Über die kollektive Findung der Wahrheit« (1964) davon sprechen konnte, daß das alle umfassende Geheimnis nur im offenen Gespräch der vielen erkundet werden könne, kann heute nur noch der Verfall dieses übergreifenden Bewußtseins registriert und daraus auf den Zustand einer allgemeinen Desintegration geschlossen werden[34]. Er äußert sich in der Tendenz der Selbstabschließung der Glaubenden, die zwar noch zur religiösen Gemeinschaft gehören, davon aber möglichst niemand wissen lassen möchten; und er führt im Bereich der Theologie, korrespondierend dazu, zu einem unübersehbaren Erlöschen der Kooperations- und Gesprächsbereitschaft, nicht zuletzt auch im Gefolge der rigiden Maßnahmen, mit denen die Kirchenspitze die letzte Gesamtaktion in Gestalt der »Kölner Erklärung« beantwortete und angesichts der Skepsis, mit der sie dem »Kirchenvolksbegehren« begegnete[35]. Gegen diese Sachlage kommt auch die Tatsache nicht auf, daß sich sowohl im Raum des Glaubensbewußtseins wie in dessen theologischer Reflexion Tendenzen zur Überwindung dieser privatistischen Verengung und Aufsplitterung zu verzeichnen sind.

Welchen Grad diese Desintegration erreichte, zeigt ihr Umschlagen in neue Formen der Pseudoreligiosität, unter denen diejenigen den stärksten Zuspruch finden, die ihren Anhängern wie die New-Age-Bewegung ein kosmisches Hochgefühl, oder wie die Reinkarnationswelle eine iterierende Fortsetzung des lebensgeschichtlichen Rollenspiels oder aber wie die schier unaufhaltsam ausufernden Angebote okkulter und parapsychischer Art den Zugang zu einem Geheimwissen, zumindest aber einer Bewußtseinserweiterung oder doch eine gesteigerte »Lebensqualität« versprechen[36]. Vom »lichtvollen Weg zu deinem Engel« führen dann nur wenige Schritte zum »Schutzgeist«, der besonders Berufenen die Tür zu »Neuoffenbarungen« erschließt. Die Wiederkehr der Engel manifestiert dann aber auch, zusammen mit dem – schon von Faust empfundenen – Verlangen nach Offenbarung, den ausgesprochen kompensatorischen Charakter dieser irrlichternden Traumwelt.

Sie entspringt, wie ihr intellektuelles Pendant in Gestalt der postmodernen Denkweise zeigt, nicht nur den von GOYA beschworenen »Schlaf der Vernunft«, sondern dem frustrierenden Eindruck eines spirituellen Defizits in der Selbstdarstellung und Verkündigung der Kirchen. Insofern hat die beängstigend aufschäumende Esoterikwelle den Charakter eines Notschreis, der den Kirchen die Rückkehr zu ihrem spirituellen Zentrum und die Veröffentlichung ihrer mystischen Reichtümer abverlangt. Eingefordert ist dabei gleichzeitig eine Selbstkorrektur im Sinn einer Beseitigung der moralischen Kopflastigkeit in den Äußerungen des kirchlichen Lehramts und der Konzentration auf jene Mittel, die ebenso zur Identitätsbestimmung des Christentums wie zur Identifikation mit ihm verhelfen.

Nach einer Reihe von Anzeichen zu schließen, kam die geforderte Selbstkorrektur aber bereits in Gang, und dies gerade in jenen Feldern, von denen die großen Innovationen noch immer ausgegangen sind: im Glaubensbewußtsein und in der es spiegelnden Theologie. Was jenes betrifft, so ist es in einem dreifachen Umschichtungsprozeß begriffen, der kaum zutreffender als mit der Rede von der glaubensgeschichtlichen Wende charakterisiert werden kann, also im Übergang

vom Autoritäts- und Gehorsamsglauben zum Verstehensglauben,
vom Satz- und Bekenntnisglauben zum Erfahrungsglauben
und vom Leistungs- zum Verantwortungsglauben.

Während bei dieser Umschichtung eine Akzentverlagerung von der Haltung des unwissenden Knechts zu der des (nach Joh 15,15) mitwissenden Freundes, von der des Für-wahr-Haltens zur Aneignung des satzhaft akzeptierten Inhalts und von der subjektiven Leistung zu solidarischer Mitverantwortung zu verzeichnen ist, geht es im Feld der Theologie um die Rückholung der im Zug ihrer wissenschaftlichen Ausgestaltung abgestoßenen Bereiche: der Dimension des Heilens durch den Entwurf einer therapeutischen Theologie, der Dimension der Bilder durch das Konzept einer ästhetischen Theologie, und der Dimension des Sozialen durch das Postulat einer politischen Theologie[37].

Auf den Drehpunkt dieser Wende führt jedoch erst die »konzentrative Bewegung« hin, in der die Gegenwartstheologie einer Beobachtung WALTER KERNS zufolge seit ihrem Eintritt in das Stadium der Selbstkorrektur begriffen ist[38]. Konkret bewegt sich diese Achsendrehung um das glaubensgeschichtliche Zentralereignis, die als wichtigste und kostbarste Frucht des Konzils anzusehende Neuentdeckung Jesu[39]. Sie wirkte sich, strukturell besehen, geradezu dialektisch auf die von ihr angestoßene theologische Reflexion aus. Dabei lassen sich drei Phasen unterscheiden. Eine erste, die im Gefolge der dialektischen Theologie zum Übergang von der Theozentrik zur Christozentrik führte. Eine zweite, die im Gefolge des Zweiten Vatikanums den prägenden Einfluß Jesu auf die Glaubensgemeinschaft und die Ausgestaltung der Lehre in Erinnerung rief. Und eine dritte, die ihn im Gegenzug zu den gegenwärtigen Reduktionen und Verhärtungstendenzen als den bewegenden und inspirierenden Identitätsgrund der Christenheit erwies.

Was die Achsendrehung für die Christologie selbst besagt, bringen signifikante Titel der im Zug der Neuentdeckung entstandenen Jesusbücher zum Ausdruck. Danach stieg der »Herr«, zu dem GUARDINI aufgeblickt hatte, vom Podest seines Herrentums herab, um den Seinen als »Bruder« und »Helfer« entgegenzutreten und sie schließlich in ein »Freundschaftsverhältnis« mit sich zu ziehen[40]. Demgemäß wandelte sich die Christologie der Autorität zu einer der Solidarität und zuletzt der Identität. Es ist dies jene christologische Innensicht, der die im Spannungsfeld der »Christologie von oben« und der dazu gegensinnigen »Christologie von unten« entworfene »Christologie von innen« entspricht[41]. Sie geht, gestützt auf die in den Schlüsselsatz »der Helfer ist die Hilfe« eingebettete Erkenntnis KIERKEGAARDS von der Selbstvergegenwärtigung Jesu in seinen Wirkungen aus und unterläuft so den vergegenständlichenden Grundzug der satzhaft-begrifflichen Darstellung der Botschaft. Tendenziell führt sie damit von der lehrhaften Außensicht auf die erfahrbare Innensicht zurück. Doch worin besteht das erfragte »Recht« dieser Innensicht?

Grundsätzlich gesprochen in ihrer Tatsächlichkeit. Denn hinter das Faktum eines Sehens kann weder begründend noch rechtfertigend zurückgegangen werden[41]. Dies spricht, im entschiedensten

Sinn des Ausdrucks, für sich. Indessen kann dieser Ausdruck auch im Sinn eines Plädoyers verstanden werden. Und im Interesse dieser »Befürwortung« ist – schon hier – an die weithin übersehene Tatsache zu erinnern, daß Paulus seine Botschaft vor dem Hintergrund einer ausgesprochenen, nach WIKENHAUSER im Gedankenkreis des »in Christus« zentrierten, Christusmystik entwirft. Zugrunde liegt dabei dasselbe gegensinnige Modell, wie es seine esoterische Eschatologie bestimmt, die (nach 1Kor 15,28) ihr Ziel in einem wechselseitigen Unterwerfungsakt – der Welt- und Todesgewalten unter die Herrschaft des Gottessohnes und dessen Unterwerfung unter den ihn verherrlichenden Gott – erreicht. Im selben Sinn weiß sich Paulus bis zum mystischen Herzenstausch von Christus erfüllt und ergriffen, gleichzeitig aber auch in ihn wie in eine übergreifende Lebenssphäre eingetaucht, aus der er seine Inspiration, Tröstung, Bestärkung und Ermutigung empfängt. So umfängt ihn sein Innerstes, während das Umgreifende ihn gleichzeitig durchglüht und zu sich selber bringt[43].

Sosehr Paulus auf diesem Wechselverhältnis besteht, legt er doch, nach der ungleich höheren Anzahl von Belegstellen zu schließen, den Hauptakzent auf das »in Christus«, mit dem er die für ihn zentrale Sicht – eine ausgesprochene Innensicht – des Christentums bezeichnet. Sie der Vergessenheit zu entreißen und ihr den ihr von Paulus zugemessenen Stellenwert im heutigen Glaubensbewußtsein einzuräumen, muß ein Hauptziel der auf die Identität des Christentums ausgehenden Überlegungen sein. Diese Zielsetzung hat aber nicht nur wegweisenden, sondern auch diakritischen Sinn. Deshalb muß das Christentum aufgrund des gewonnenen Vorverständnisses zunächst gegenüber alten und neuen Fehldeutungen abgegrenzt und von Verlagerungen freigeräumt werden, auch wenn diese über eine noch so große Plausibilität zu verfügen scheinen. Das aber entspricht, wie jetzt schon angedeutet werden kann, in methodologischer Hinsicht dem Kampf, den Jesus selbst bei der Ausrichtung seiner Botschaft gegen das Mißverständnis seiner Freunde und Gegner zu bestehen hatte. Und es entspricht, tiefer noch gesehen, zuletzt auch dem Kampf, den er gegen den Widerstand des schweigenden und unbegreiflich gewordenen Gottes führte. Vor diesem Hintergrund gewinnt die Abgrenzung über ihre Sachqualität hinaus an Dringlichkeit und Dramatik.

ZWEITER TEIL:
DIE ABGRENZUNG

ÜBERLEITUNG

Angesichts der gegenwärtigen Krise des Christentums muß mit besonderem Nachdruck vermerkt werden, daß es sich bei seiner Identitätsbestimmung ähnlich wie mit der des Menschen verhält. Sofern sie auf der Stufe des Allgemein-Religiösen vorgenommen wird, erfolgt sie auf dem Weg der Abgrenzung und Unterscheidung. Der Mensch sagt den von BUBER herausgestellten Grundworten zufolge zum Mitmenschen »du«, um »ich« sagen zu können. Und er sagt im Blick auf seine Lebenswelt »es«, um gleichfalls »ich« sagen zu können[1]. Demgemäß gilt auch für das Christentum, daß es im unterscheidenden Vergleich mit andern, mehr oder minder verwandten Religionen zu seinem identifizierenden Selbstbegriff gelangt. Im Maß, wie ihm dies gelingt, kommt es auch seinen Anhängern bei ihrem Versuch entgegen, sich mit ihm zu identifizieren. Wenn es heute viele nur zu der nachgerade zum Schlagwort gewordenen Teilidentifikation mit ihm bringen, dürfte das somit nicht der Lässigkeit der Menschen zur Last zu legen, sondern auch darauf zurückzuführen sein, daß sich die Christenheit gegenwärtig in einem ausgesprochenen Identitätsnotstand befindet.

Was den Stil der anzustrebenden Identifikation der Gläubigen mit ihrer Religion betrifft, so wird er zunächst gleichfalls die Form der Abgrenzung aufweisen, die sich von konkurrierenden Heilsangeboten zum Christentum vortastet und dann in dessen Binnenraum von Vor- und Fehlformen zu seiner Mitte vorzudringen sucht. Doch von dieser Mitte ist jetzt schon zu sagen: sie lebt. Das bringt es mit sich, daß sie mit ihrem Lebens- und Strukturgesetz auf die ihr Entgegenstrebenden übergreift und auch ihr Identifikationsverhalten in ihrem Sinn überfordert. Das aber besagt, daß die Suchenden ihr Ziel dadurch erreichen, daß sie sich nicht so sehr mit der immer mehr in Christus gefundenen Mitte des Christentums identifizieren, als vielmehr umgekehrt in dessen Selbstidentifikation einbezogen werden. Sie aber hat einen dem ihren diametral entgegengesetzten Stil. An die Stelle des Weges der Abgrenzung tritt hier, wie es sich aus dem Identifikationsverhalten Jesu ergibt, der Weg der Hingabe und Übereignung. Das schlägt sich dann auch auf den Fortgang des beschrittenen Gedankenwegs nieder. Auf weiten Strecken hat auch er den Charakter der Abgrenzung und Unterscheidung, weil nur so die Mitte zu erreichen ist. An sein Ziel gelangt er jedoch nur dadurch, daß er sich abschließend dem christomatischen Identifikationsgang angleicht und dem Ereignis entgegendenkt, daß sich Christus in den Seinen erkennt und liebt.

Bei der religionstheoretischen Abgrenzung ist aus geschichtlichen wie situativen Gründen in erster Linie an die dem Christentum trotz aller Konflikte besonders nahestehenden Abrahamsreligionen zu denken, mit denen es in der Annahme einer Gottesoffenbarung übereinstimmt. Demgegenüber verzeichnete GUARDINI eine besondere Nähe zum Buddhismus, und dies in einem Grad, daß er die nächste Epoche der Glaubensgeschichte im Zeichen der Auseinandersetzung mit diesem stehen sah[2]. Dabei sah er den entscheidenden Differenzpunkt im gegenseitigen Verhältnis der beiden Stifter zum Dasein. Wie Jesus habe auch Buddha die Hand an die Wurzeln der Dinge gelegt, um das Dasein aus den Angeln zu heben, dies jedoch im Gegensatz zu Jesus, dem es um die Rettung des Lebens gegangen sei, in der Tendenz, es durch die Auslöschung des Lebenswillens zum Erliegen zu bringen. Damit ist eine erste Abgrenzung erreicht; denn im Unterschied zum Buddhismus ist das Christentum keine asketische, sondern eine auf die Heilung und Erhebung des Menschen ausgehende Religion.

Im Vergleich zu den beiden prophetischen, also zusammen mit dem Christentum auf eine Gottesoffenbarung bezogenen Religionen, ergibt sich eine zweite Differenz. Denn diese gehen ihrer innersten Zielsetzung zufolge auf die sittliche Unterweisung und damit auf die Erziehung ihrer Anhänger aus. Es war aber ein Mißverständnis, als LESSING in seinem Spätwerk ›Die Erziehung des Menschengeschlechts‹ (1777) darin auch den Hauptzweck der christlich gedeuteten Offenbarung vermutete. Zwar hat auch das Christentum eine Moral; doch ist es, anders als die beiden Vergleichsreligionen, keine moralische Religion. Die dazu kontrastive Bestimmung ergibt sich, wenn man spiegelbildlich das Verhältnis der drei Abrahamsreligionen zu der für sie jeweils bedeutsamen Mystik ins Auge faßt. Dann zeigt sich, daß das Judentum ebenso wie der Islam zwar eine Mystik haben, das Christentum dagegen vom Heilswillen Jesu und seiner neutestamentlichen Selbstdarstellung her eine mystische Religion ist[3].

Mit dem Islam »verbindet« das Christentum jedoch noch eine weitere Differenz, die sich auf die Dokumentation der Gottesoffenbarung bezieht. Im Fall des Offenbarungsempfangs durch Mohammed erfolgt er in Form eines göttlichen Diktats, das den Empfänger zur willenlosen Entgegennahme des himmlischen Textes und dessen geradezu zwanghafter Niederschrift nötigt. Dagegen hat Jesus keine schriftliche Aufzeichnung hinterlassen und auch niemanden beauftragt, seine Lehren und Taten zu dokumentieren, um sie der Nachwelt zu überliefern. Daß dies trotzdem geschah, war zunächst die Folge der rapiden Ausdehnung, die nur noch auf dem Weg schriftlicher Kommunikation überbrückt werden konnte, vor allem aber des als Parusieverzögerung empfundenen wachsenden Zeitabstands, der die Gefahr des Vergessens und der Verfälschung heraufbeschwor und im Hinblick darauf eine schriftliche Dokumentation erforderlich machte. Demgemäß ist der Islam das Paradigma einer primären, das Christentum jedoch das einer sekundären Schriftreligion mit allen sich daraus ergebenden Konsequenzen. Somit läßt sich das Ergebnis dieser vorläufigen Abgrenzung in drei Sätzen zusammenfassen:

Das Christentum ist keine asketische, sondern eine therapeutische Religion;

Das Christentum ist keine moralische, sondern eine mystische Religion;

das Christentum ist keine primäre, sondern eine sekundäre Schriftreligion.

1. KAPITEL:
DIE ASKETISCHE SICHT

1. Die Herkunft des Asketismus

Nach einer tiefeingewurzelten Auffassung ist das Christentum von seinem Ursprung, womöglich sogar vom »Offenbarungsgut« her (WULF) eine asketische und demgemäß auf den Opfergedanken gegründete Religion[1]. Zwar stamme der Begriff, wie zugestanden wird, aus der vorchristlichen Antike, insbesondere aus der sokratischen und stoischen Tugendlehre und, in religiöser Sinnbestimmung, aus der philonischen Aufstiegsmystik, welche die Ablösung von welthaften Begierden und Leidenschaften als Bedingung der Gottschau fordert. Doch gerade in diesem Interesse komme doch die christliche Spiritualität weitgehend mit diesen Vorgegebenheiten überein.

Kritisch beurteilt diese Ansicht dann allerdings jene Formen der Askese, die sich aus einem dualistischen Welt- und Gottesbild herleiten. So zunächst den gnostischen Asketismus, der, vergleichbar dem Parsismus, von einem pessimistischen Weltbegriff ausgeht, dem der sich in einem Zustand heilloser Selbstentfremdung vorfindende Mensch nur durch die Rückkehr zu seinem göttlich-guten Ursprung entgehen kann. Dies freilich nicht wie in anderen dualistischen Systemen auf dem Weg selbstquälerischer Kasteiung, sondern auf dem der je größeren Erkenntnis des »Vaters«. Sie war nach dem in Nag Hammadi gefundenen *Evangelium veritatis* wie durch einen angst- und schreckenerregenden Nebel behindert, den niemand zu durchschauen vermochte, bis der Vater dieser Vergessenheit durch die lichtbringende Sendung des Sohnes ein Ende setzte[2]. So antwortet die Gnosis auf die von radikaler Ratlosigkeit eingegebenen Urfragen der Menschen:

> *Wer sind wir? Wohin gehen wir? Wo waren wir? Wohin wurden wir geworfen?*[3].

Während für die Gnosis Ursprung und Ziel des Menschen im Licht stehen und die zu überwindende Finsternis dem Kosmos mit seinen Verstrickungen entstammt, ist in der älteren Wurzel des

Asketismus das Moment der Bedrohung und des Schreckens noch – wie dann wieder im expliziten Gottesbegriff – ein Wesenszug des Numinosen, dem der Mensch, und dies schon in den ältesten Zeugnissen religiöser Art, nur durch Opfer und Kasteiung begegnen zu können glaubt. Eine pessimistische Einschätzung der Leiblichkeit bringt es mit sich, daß die Askese in diesem durch die antiken Mysterienkulte und den indischen Jainismus repräsentierten Bereich vielfach Formen qualvoller und blutiger Selbstbeschädigung annimmt[4]. Wo dagegen der Kosmos als das große Hindernis auf dem Erlösungsweg angesehen wird, nimmt die Askese unterschiedliche Formen der Weltflucht an, wie sie nicht zuletzt auch im christlichen Anachoreten- und Mönchstum geübt wurden[5].

Im Zeichen härtester Askese standen auch die Anfänge Buddhas, bis er schließlich die Vergeblichkeit dieser Bemühungen erkannte und, zur Normalität des Lebens zurückgekehrt, in die Stufen der Versenkung eintrat[6]. Im Licht der darauf folgenden großen Erleuchtung durchschaute er die Leidensverflechtung allen Seins, die sich ihm zu dem Eindruck verdichtete, daß das ganze Weltenhaus in Flammen stehe; so erkannte er den leidenschaffenden Kreislauf allen Seins; denn:

> *Geburt ist Leiden, Alter ist Leiden, Krankheit ist Leiden, Sterben ist Leiden, Gram und Verzweiflung sind Leiden, kurz: die fünf Elemente des Seinszusammenhangs sind Leiden*[7].

In der Bestimmung des Befreiungsweges aus dieser Leidverhaftung kommt der Buddhismus der Gnosis erstaunlich nah. Denn der achtteilige Pfad, auf den er seine Anhänger verweist, ist im Grunde ein Erkenntnisweg, gekennzeichnet durch »rechte Einsicht, rechte Gesinnung, rechtes Reden, rechtes Handeln, rechtes Streben, rechtes Denken, rechtes Sichversenken«. Sofern das auch an die acht Seligkeiten der Bergpredigt erinnert, erklärt sich daraus etwas von der wachsenden Faszination, die der Buddhismus, insbesondere in seinen neobuddhistischen Erscheinungsformen, gerade auf Christen ausübt. Liegt dem eine vergleichbare Askese zugrunde? Wenn das angenommen werden darf, muß der Leitsatz, wonach das Christentum keine asketische Religion ist, um den Zusatzgedanken vervollständigt werden, daß es im Verlauf seiner Geschichte im Sinn einer asketischen Religion strukturiert wurde. Damit stellt sich dann aber die Frage, wie es dazu kommen konnte.

2. Der Einbruch ins Christentum

Die Wegscheide wird durch das Herrenwort markiert, mit welchem Jesus die an ihn gerichtete Fastenfrage zurückweist:

> *Können denn die Hochzeitsgäste fasten, während der Bräutigam bei ihnen ist? Solange sie den Bräutigam bei sich haben, können sie doch nicht fasten! Doch werden Tage kommen, da ihnen der Bräutigam entrissen wird; an jenem Tag werden sie fasten (Mk 2,19f)*[8].

Das Wort überbrückt, in seiner überlieferten Fassung genommen, einen Abgrund; denn es spricht zunächst von der mit Jesus angebrochenen Heilszeit, die kein asketisches Verhalten duldet, blickt dann aber im Nachsatz auf die Folgezeit, die offensichtlich als die der Parusieverzögerung und, im Widerspruch zu Jesu Zusicherung seines Bleibens unter den Seinen, als die Zeit seiner Abwesenheit und der entbehrenden Trauer empfunden wird. Doch damit war asketischen Denk- und Verhaltensweisen, wie sie der Urgemeinde durch ihr religiöses Umfeld, insbesondere durch die Anhänger des Täufers, durch die Pharisäersekte und die Gemeinde von Qumran nahegebracht wurden, Tür und Tor geöffnet.

Dennoch ging dieser Einbruchstelle eine frühere voraus, die auf Paulus und seine weltkritische Denkweise zurückzuführen ist. Kam es für die Gnosis darauf an, die Menschen der Welt zu entreißen, so war diese für Paulus aus der Sicht seiner Naherwartung zwar Gottes Schöpfung, jedoch ein Gotteswerk auf Abruf, das (nach Röm 8,15) schon von sich aus auf sein Ende ausging. Deshalb lohnt es sich für ihn nicht mehr, sich auf sie einzulassen oder sich gar in ihr einzurichten; vielmehr gilt es, sich zu freuen, als freue man sich nicht, zu kaufen, als besäße man nicht, und sich die Welt in einer Weise zunutze zu machen, als gebrauche man sie nicht; denn: »die Gestalt dieser Welt vergeht« (1Kor 7,31)[9]. Ganz im Stil der antiken Askese sieht sich Paulus, bei dem an dieser Stelle noch die – ebenso von HOMER und THUKYDIDES wie von PLATON und ARISTOTELES bezeugte – Grundbedeutung von *askesis* durchschlägt, in der Positur eines Wettkämpfers, der, anstatt sich in schauspielerischen Luftstreichen zu gefallen, seinen eigenen Leib züchtigt, um nicht, nachdem er andere an das Ziel verwies, als Abgeschlagener dazustehen (1Kor 9,27)[10]. Noch deutlicher wird der Erste Johannesbrief, wenn er seine an die Kinder, Jünglinge und Väter gerichteten Ermahnungen mit dem Satz begründet:

> *Denn alles, was in der Welt ist, Fleischeslust, Augenlust, Hoffart des Lebens, stammt nicht vom Vater, sondern von der Welt. Doch die Welt vergeht mit ihrer Lust; wer aber Gottes Willen tut, der bleibt in Ewigkeit (1Joh 2,16)*[11].

So aber entsprach es nicht nur der christlichen Naherwartung, sondern auch der resignativ-weltkritischen Stimmung der Spätantike, auf die sich die junge Kirche schließlich, nicht zuletzt unter dem Eindruck einer feindseligen und repressiven Umwelt, mit dem Leitsatz einstimmte: »Es komme die Gnade, und es vergehe die Welt!«[12]. Indessen wurde der Einbruch des Asketismus überdies durch eine innerkirchliche Bewegung begünstigt, die in der Gegenwartstheologie zunehmende Beachtung findet. Angesprochen sind damit die charismatischen Wandermissionare, die, gekennzeichnet durch einen Lebensstil äußerster Bedürfnislosigkeit, das Land durchzogen, um die Gemeinden in der Naherwartung zu festigen und in ihnen gleichzeitig die Erinnerung an die Worte und Taten Jesu wachzuhalten. Dabei verstanden sie sich nicht nur als Tradenten, sondern als Propheten, durch die der Erhöhte zu den Gemeinden sprach, so daß sie auch als eine Hauptquelle der nachgestalteten Herrenworte und Redestücke des Evangeliums zu gelten haben[13]. Dabei lebten sie im Gefühl einer sich ständig verkürzenden und deshalb zu Entscheidungen drängenden Zeit, in welcher der von Jesus ausgehende Initialstoß neu zur Geltung gebracht werden mußte. Das bedingte ihren radikalen, bisweilen freilich auch, wie der unterschiedlich überlieferte Wortlaut (Mk 6,8ff versus Lk 9,3; 10,4) des Aussendespruchs deutlich macht, modifizierten Lebensstil:

> *Seht, ich sende euch wie Schafe mitten unter Wölfe. Nehmt weder Geld noch Beutel noch Sandalen noch einen Stab mit und grüßt niemand unterwegs. Wenn ihr in ein Haus kommt, sagt zuerst: Friede diesem Haus! Wenn dort ein Sohn des Frie-*

dens wohnt, soll euer Friede auf ihn herabkommen; wenn nicht, soll euer Friede zu euch zurückkehren[14].

Es war ebenso der dringende Auftrag dessen, der sich vor eine übergroße »Ernte« gestellt sah (Lk 10,2), wie der Sog, der von seiner vorgefühlten Parusie ausging, was die Wandermissionare zu dieser Atemlosigkeit ihres Wirkens anstiftete und ihren auch aus dem Rahmen der damaligen Normalität herausfallenden Lebensstil prägte. Dennoch bildeten sie, wie gegen CARL FRIEDRICH VON WEIZSÄCKER und GERD THEISSEN festzuhalten ist, keinen »Bettelorden«, da ihre Bedürfnislosigkeit ausschließlich aus ihrer Aufgabe erwuchs und in keiner Weise Selbstzweck war[15]. Sie übten somit keine Askese, sondern dienten, wenngleich mit spektakulärer Kompromißlosigkeit, der sie, wie es auch Paulus empfunden hatte (2Kor 5,14), »bedrängenden Sache«.

Unter dem Druck der in unmittelbarer Nähe zur Urgemeinde, besonders in der Täuferbewegung und der in Qumran gelebten Askese schwand jedoch der Sinn für diese Differenz, so daß nun auch asketische Tendenzen, Vorstellungen und Verhaltensweisen in die urchristliche Glaubens- und Lebenswelt eindrangen. Jetzt wurde diese ständig sich verlängernde Wartezeit als die Zeit des »entrissenen Bräutigams« empfunden, in der als Ausdruck der Trauer gefastet werden mußte. Jetzt wuchs die Bereitschaft, die im Gebet gesuchte Erhebung zu Gott auf dem philonischen Reinigungsweg anzustreben. Und jetzt gewann unter dem Eindruck radikaler Asketengestalten wie insbesondere der des Täufers die Meinung an Boden, daß Gott durch Bußübungen geehrt und durch Verzicht auf Lebensqualität zu Erweisen seiner Hilfe oder doch zur Zurückdämmung seines Unwillens umgestimmt werden könne.

3. Er ißt und trinkt!

Nach Darstellung der Evangelien war Jesus am unmittelbarsten durch Johannes den Täufer mit dem Asketismus konfrontiert. Schon die Gestaltzeichnung schildert diesen als die Verkörperung härtester Askese (Mk 1,6); dem entspricht die Gewalt seiner Botschaft:

Ihr Schlangenbrut! Wer hat euch gelehrt, dem kommenden Zorn zu entgehen? Schon ist die Axt an die Wurzel der Bäume gelegt: jeder Baum, der keine guten Früchte bringt, wird umgehauen und ins Feuer geworfen! (Mt 3,7.10)

Verstärkt durch den Hintergrund der rigorosen Qumran-Ideologie trat Jesus in dieser Prophetengestalt die ganze Wucht eines bedrängenden, durch den Grundzug des »unnachgiebigen Zornes« (GNILKA) gekennzeichneten Gottesbildes entgegen, das er aufgrund seines eigenen Selbst- und Sendungsbewußtseins als seine extremste Herausforderung empfinden mußte[16]. Nach der Zeit eines schwierigen Ablösungsprozesses, der von anfänglicher Gemeinsamkeit, wie ihn der Empfang der Taufe durch Johannes und eine gemeinsame Tauftätigkeit (Joh 3,22; 4,1ff) dokumentieren, bis zu tiefer Entfremdung (Mt 11,3ff) führt, bietet das gewaltsame Ende des Täufers Jesus die Möglichkeit, zu seiner eigenen Verkündigung anzutreten:

Als Johannes ins Gefängnis geworfen worden war, durchzog Jesus das galiläische Land und sprach: die Zeit ist erfüllt und das Reich Gottes nahegekommen. Kehrt um und glaubt an die Heilsbotschaft! (Mk 1,14)[17]

Während Johannes vom drohenden Zorngericht sprach, stellt Jesus das Hoffnungsmotiv des kommenden und – in ihm – bereits anbrechenden Gottesreichs ins Zentrum seiner Botschaft. Getragen ist diese vom Bruch mit der Gerichtspredigt des Täufers, von der sich Jesus ebenso wie von der Denkwelt der Qumrangemeinde mit dem Hinweis auf das ihm von dem »Vater der Erbarmungen und Gott allen Trostes«, wie es Paulus (2Kor 1,3) ausdrücken wird, aufgetragene Heilshandeln distanziert:

Geht hin und berichtet dem Johannes, was ihr gesehen und gehört habt: Blinde sehen, Lahme gehen, Aussätzige werden rein, Taube hören, Tote stehen auf, und den Armen wird die Heilsbotschaft verkündet. Und selig ist, wer daran keinen Anstoß nimmt (Mt 11,3ff)[18].

Im Grund dieses Herrenwortes bahnt sich ein Konflikt in der letzten Prinzipienfrage an, der das jeweilige Gottesbild betrifft. Johannes spricht im Namen des Gottes, für den der Engel der Apokalypse versichert, daß »keine Zeit mehr ist« (Apk 10,6), weil sein Gericht unmittelbar bevorsteht. Der Gott Jesu gewährt dagegen eine

Zeit der Erbarmung und einen Tag des Heils (2Kor 6,2), also eine Gnadenfrist, der, wie mit Betonung gesagt werden muß, kein Ende gesetzt ist, so daß die von ihm eröffnete Gnadenzeit letztlich auf ihn selbst zurückfällt und sein Bild – denkbar kontrastiv zum Gottesbild des Täufers – bestimmt. Er ist der Gott, der sich seiner Welt und insbesondere der Leidbetroffenen in ihr auf väterliche Weise annimmt, so daß sein Geheimnis am deutlichsten in den von Jesus geöffneten Augen und Ohren und den von ihm geheilten Wunden aufscheint. Jetzt wird klar, daß die zweite Satzhälfte des Hochzeitspruchs ein späterer, von dem inzwischen eingebrochenen Asketismus eingegebener Zusatz ist, so daß das Herrenwort in seiner – chiastisch gestalteten – Urgestalt lautet:

> *Können denn die Hochzeitsgäste fasten, wenn der Bräutigam bei ihnen ist? Solange sie den Bräutigam bei sich haben, können sie doch nicht fasten! (Mk 2,18ff)*[19].

Das lenkt den Blick auf einen ähnlichen, von vielen alten Textzeugen hinzugefügten Zusatz zur Antwort Jesu auf die Frage der Jünger nach dem Grund ihres Versagens bei einer versuchten Dämonenaustreibung:

> *Diese Art kann durch nichts ausgetrieben werden als durch Gebet (Mk 9,29).*

Auch hier geht der Zusatz »und Fasten« eindeutig auf das Konto der asketischen Umgestaltung der ursprünglichen Jesusbotschaft, so daß als Wortlaut wiederum nur ein Bekenntnis zur Heilkraft eines Glaubens bleibt, der sich ganz der vertrauensvollen Hingabe an Gott verdankt: an jenen Gott, der mit der Sendung seines Sohnes das Hochzeitsfest mit der Welt eröffnet hat und zur Weckung der Festfreude, wiederum mit einem apokalyptischen Bildwort gesprochen, die Tränen von den Augen der Armen, Behinderten und Leidtragenden abwischt (Apk 21,4). Radikaler als mit der Proklamation dieses Gottes der grenzenlosen Erbarmung und Liebe konnte sich Jesus schwerlich von der Gerichtspredigt des Täufers abgrenzen. Es blieb nur noch, das auch im Lebensstil zu dokumentieren, so wie Johannes seiner Botschaft durch sein asketisches Auftreten Nachdruck verliehen hatte. Davon spricht das an das Gleichnis von den spielenden Kindern (Lk 7,31f) angeschlossene Wort:

Johannes kam; er aß nicht und trank nicht, und da sagt ihr: er hat einen Dämon. Der Menschensohn ist gekommen, er ißt und trinkt, und da sagt ihr: seht, den Schlemmer und Säufer, den Freund der Zöllner und Sünder! (Lk 7,32f)[20].

Dem fügte die Tradition den etwas kryptisch klingenden Zusatz an: »Doch die Weisheit wurde in allen ihren Kindern gerechtfertigt« (Lk 7,35), der Jesus zum Repräsentanten der Weisheit erklärt und seinen Lebensstil auf ihr Walten zurückführt: ein Gedanke, den Paulus in die These zuspitzt, daß die Gottesweisheit den Ungläubigen als Torheit erscheint, daß aber ihre Weltweisheit von der göttlichen Torheit in den Schatten gestellt werde (1Kor 1,25)[21].

Mit dem Weisheitsmotiv wird in der Frage nach Jesu Stellung zum Asketismus seiner Umwelt eine wichtige Spur aufgenommen. Denn in seiner Identifizierung mit ihm erhielt sich eine Erinnerung daran, daß er von seinem Denkansatz her in einem diametralen Gegensatz zur asketischen Denkweise steht, die im Grunde dialektisch verfährt, die also polarisiert und mit schroffen Antithesen wie Licht und Finsternis, Oben und Unten, Rein und Unrein argumentiert. Dabei steht auch die in Jesus verkörperte Weisheit im Gegensatz zu Fehlformen ihrer selbst wie der von Paulus denunzierten »Weltweisheit« und zumal zum Komplex der »Torheit«[22]. Demgegenüber wirkt die Weisheit von ihrem Ansatz her übergreifend, verbindend und sammelnd. Als das vor dem Antlitz des Schöpfers spielende Weltenkind bedingt sie ein affirmatives Verhältnis zur Weltwirklichkeit. Als Spiegel des Gotteswirkens enthüllt sie den Sinn im »Gewebe des Unsinns« der Geschichte (GOETHE), und als Inbegriff der göttlichen Güte motiviert sie die »große Einladung« Jesu, in der KIERKEGAARD das Zentrum des Evangeliums entdeckte:

Her zu mir, ihr Bedrückten und Beladenen; ich will euch Ruhe schenken. Nehmt mein Joch auf euch und lernt von mir; denn ich bin gütig und demütig von Herzen: so werdet ihr Ruhe finden für eure Seelen; denn mein Joch ist sanft und meine Last ist leicht (Mt 11,28ff)[23].

Zwar muß Jesus denen, die seiner Einladung folgen, um mit ihm zusammen das Gottesreich aufzubauen, Lasten aufbürden; doch sind diese gegenüber den Lasten in Form der gesellschaftlichen Normen und Zwänge, aber auch des pharisäisch interpretierten Gesetzes dadurch »erleichtert«, daß er sich ebenfalls unter das von ihm auferlegte Joch stellt, um es gemeinsam mit den Seinen zu tragen. Selbst zum Schwersten, der Feindesliebe, werden sie dann befähigt sein, weil er mit und in ihnen liebt.

So entspricht es der Hochstimmung, von der die Ausgangsphase des Wirkens Jesu trotz des sich schon früh bekundenden Mißverständnisses und Widerstandes getragen war. Unter dem Eindruck des Massenabfalls gerät seine Verkündigung dann aber in eine wachsende Spannung, die seine Forderung verschärft, seine Warnung vor Abkehr und Abfall mit Drohungen verbindet und sich schließlich in der Ankündigung des Zeitgerichts über das sich ihm verweigernde Israel entlädt. Während er anfangs nur dazu auffordert, das Herz nicht an die über kurz oder lang von »Rost und Motten« verzehrten Reichtümer zu hängen, sondern einen unzerstörbaren Schatz im Himmel zu suchen (Mt 6,19), fordert er jetzt die Preisgabe des gesamten Besitzes, da »eher noch ein Kamel durch ein Nadelöhr als ein Reicher durch die Himmelstür« zu bringen ist (Mk 10,25). Jetzt spricht er sogar vom Eheverzicht um des Himmelreiches willen (Mt 19,12). Doch meint dieses ebenso umstrittene wie folgenreiche Herrenwort ihn selbst, sofern es sich nicht wie das vom Güterverzicht aufgrund späterer Fortschreibung auf den Lebensstil der Wandercharismatiker bezieht[24]. Ungeachtet der wachsenden Spannung hält sich aber auch in dieser Phase der Verdüsterung die Grundeinstellung Jesu durch, die Paulus mit dazu veranlaßt haben dürfte, ihn das von Gott zu seinen Verheißungen gesprochene »reine Ja« zu nennen (2Kor 1,19), auch wenn der innerste Grund dieser Kennzeichnung im Wissen um die Alternativelosigkeit der Gottesbotschaft Jesu zu vermuten ist[25]. So entspricht es dann aber auch dem sich wandelnden Verhalten der Urgemeinde: Getragen vom Initialstoß der Auferstehung Jesu hatte sie ihre Gedächtnismähler anfänglich unter dem Eindruck der Anwesenheit des Erhöhten in ihrer Mitte und gespannt auf seine in Bälde erwartete Wiederkunft in »eschatologischem Jubel« gefeiert. Infolge der Parusieverzögerung und des zunehmend auf ihr lastenden Leidensdrucks war sie dann aber zunehmend zur Einhaltung asketischer Lebensformen, in erster Linie einer Fastenordnung, übergegangen[26].

Den Testfall bildet jedoch, wie mit dem Stichwort »Leidensdruck« bereits angedeutet ist, die Einstellung Jesu zu dem mit wachsender Unausweichlichkeit auf ihn eindringenden Leiden, das ihn keineswegs, wie die traditionelle Darstellung will, erst mit Eintritt in die Passion »überfiel«, sondern sich frühzeitig und vielfältig vorausschattete. Der von den neutestamentlichen Schriften vielfach, wenngleich keineswegs durchgängig bezeugten Auffassung zufolge, nahm er dieses Leiden als die ihm von seinem Gott abverlangte Sühneleistung, also in streng asketischer Intention, auf sich. Wenn sich Jesus aber als Protagonist der Heils- und Freudenzeit verstand und als solcher den Asketismus seiner Umwelt für sich und die Seinen ablehnte, ist die Frage unumgänglich, was ihn dazu veranlaßt haben könnte, sich im Fall seiner Passion gegensinnig dazu zu verhalten. Dabei weckt die Beobachtung, daß die Schlüsselstelle von den frohgestimmten Hochzeitsgästen unter dem Eindruck der Parusieverzögerung asketisch fortgeschrieben wurde, den Verdacht, daß es sich bei den satisfaktorischen Passionsaussagen ähnlich verhalten haben könnte. Bestärkt wird dieser Verdacht durch die Tatsache, daß Jesus in keiner seiner Aussagen die Heraufkunft des Gottesreiches mit der Bedingung seines Leidens verknüpfte, und daß die sicherste Äußerung über sein Leiden zwar von dessen Überwindung und der Fortführung der Mahlgemeinschaft mit seinen Jüngern im Gottesreich, jedoch von keinerlei Sühneleistung sprach:

> *Wahrlich, ich sage euch, von nun an werde ich von dieser Frucht des Weinstocks nicht mehr trinken, bis ich davon aufs neue trinke im Reiche Gottes (Mk 14,25)*[27].

Sofern in diesem Wort von einer »Folge« des – unmittelbar bevorstehenden – Todes Jesu die Rede ist, besteht diese im Anbruch des Gottesreichs. Danach geht dieses aus dem Tiefpunkt der Erniedrigung Jesu hervor, ohne daß ein Kausalzusammenhang mit dieser ersichtlich wird. Das lenkt den Blick zurück auf einen Zug der Verkündigung Jesu, der in seinem Lebensstil eine auffällige Parallele hat und seine antiasketische Haltung aufs neue bestätigt. Wie das Gottesreich in der Darstellung seiner Gleichnisse im Kleinen und Unscheinbaren »kommt«, unterscheidet er sich sowohl vom asketischen Rigorismus des Täufers als auch von den spektakulären Auftritten des Frühgnostikers Simon Magus durch sein Leben der unauffälligen Normalität. Deshalb begegnet ihm im heimatlichen Nazaret der Vorwurf:

> *Woher will er das alles haben? Ist das nicht der Zimmermann, der Sohn der Maria und Bruder des Jakobus und Joses und*

Judas und Simon? Und leben nicht seine Schwestern hier bei uns? (Mk 6,2f)[28].

Hier erscheint die von Jesus gegenüber der Askese gewahrte Distanz geradezu als Folge seiner Unauffälligkeit. Spektakuläre Aktionen sind für ihn kein Kriterium göttlicher Sendung. Deshalb sollen auch seine Wundertaten im Verborgenen bleiben. Was er zu sagen hat und was sich demgemäß auch in seinem Lebensstil ausdrückt, ist das Menschliche, wenngleich mit der unausdenklichen Konnotation: das Menschliche Gottes. Was MARTIN BUBER lebensgeschichtlich zustieß, als er unter dem Eindruck eines religiös motivierten Versagens die enthusiastische Spiritualität seiner Jugend, wie er sie in seinen ›Ekstatischen Konfessionen‹ (1909) dokumentiert hatte, aufgab, um Gott nur noch in der Alltäglichkeit zu suchen, entspricht der von Jesus von Anfang an eingenommenen Lebensform[29]. Sein Gott kommt nicht in Feuer und Sturm, sondern im Wehen der Stille; jener Stille jedoch, in der die großen Entscheidungen reifen und die Verwandlung des Daseins ihren Anfang nimmt. Deshalb liegen ihm Askese und Ekstase gleicherweise fern.

4. Folgen und Formen der Überlagerung

In der ihm eigenen Hellsichtigkeit sah NIETZSCHE im Asketismus einen der das Christentum überlagernden Faktoren, wie es stichwortartig eine Nachlaßnotiz zum Ausdruck bringt:

Über das Christentum Herr geworden: der Judaismus (Paulus), der Platonismus (Augustin), die Mysterienkulte (Erlösungslehre, Sinnbild des Kreuzes), der Asketismus (– Feindschaft gegen die »Natur«, »Vernunft«, »Sinne«, – Orient ...)[30].

Darin sah er zumindest richtiger als die gängige Einschätzung des Christentums als einer genuin asketischen Religion; doch täuschte er sich, wenn sich bei ihm damit die Meinung verband, daß der Asketismus so wie die kulturgeschichtliche Überschriftung des »schrecklichen Grundtextes homo natura« nach Art einer »Übermalung« von der »Urschrift« abgetragen werden könne[31]. Denn dafür drangen asketische Denk- und Verhaltensweisen, wie sie insbesondere von den zur Urkirche übergetretenen Priestern (Apg 6,7) und den Anhängern von Qumran eingebracht wurden, viel zu tief in die komplexen Strukturen des frühen Christentums ein. Dafür boten sich auch viel zu signifikante Affinitäten an, die noch vor den Rezeptionsformen angesprochen werden müssen.

Zweifellos setzte dem anfänglichen Enthusiasmus vor allem die Parusieverzögerung ein Ende, die nach dem dafür aufschlußreichen Gleichnis von den Ungleichen Jungfrauen (Mt 25,1-13) als eine Zeit des Schlafens und Hindämmerns empfunden wurde. Während im Hinblick auf die damit einhergehende resignative Stimmung von einer bloßen Anfälligkeit gesprochen werden kann, bot Paulus eher schon aktive Anknüpfungspunkte, sofern seinem Athletentum ein selbstquälerischer Zug zugrunde liegt (1Kor 9,26f), und sofern er sich nicht nur mit Christus »gekreuzigt« fühlt (Gal 2,20), sondern das »Leidensmaß Christi« durch seine Passion zu »ergänzen« sucht (Kol 1,24)[32]. Im großen Stil wurde das dann zur Leidensideologie der von Repressionen und Verfolgungen betroffenen jungen Kirche, die diese als eine von Gott verfügte Prüfung zum Ziel ihrer Läuterung und Reifung wertete. Angesichts dieser Konstellation war es dann nur eine Frage der Zeit, bis sich aus der anfänglichen Bereitschaft asketisch betonte Lebensformen entwickelten. Sie standen jedoch dem therapeutischen Grundzug des Christentums diametral entgegen. Wie es dort darum ging, die Verwundung des Menschen zu heilen und die ihn beschwerenden Leiden zu lindern, so hier um eine Mehrung des Leidenspotentials, dem ein eigener Frömmigkeitswert zuzukommen schien. Hier wurde die Grenze zwischen bereitwillig hingenommenen, geduldig ertragenen und bewußt gesuchten Leiden freilich fließend, da jenes aufgrund der Ambivalenz der menschlichen Psyche nicht selten in dieses umzuschlagen drohte, wie es sich in dem bekannten Gebetswort ausdrückt:

> *Herr, hier brenne, hier schneide; doch schone meiner in der Ewigkeit!*

So artikuliert sich eine Frömmigkeit, die sich einreden ließ, daß das Gott wohlgefällig sei, was dem Menschen schwerfällt und wehtut, und die sich theoretisch auf die Meinung stützt, daß das Christentum in erster Linie als eine »Religion des Opfers« zu gelten habe[33]. Der Umschlag kündete sich wiederum schon bei Paulus an, bei dem in diesem Zusammenhang der Missionar vom Pädagogen zu unterscheiden ist[34]. Als der von der Liebe Christi »gedrängte« Botschafter hatte er, wie seine autobiographische »Narrenrede« bekundet, ein übermenschliches Maß an Anfeindungen, Verfolgungen und lebensbedrohenden Torturen zu ertragen (2Kor 11,23-33); als Pädagoge stilisierte er sich bisweilen betont zur Vorbildgestalt, so daß ihn GREGOR VON NAZIANZ den »edelsten unter den Kämpfern« nennen konnte. Dabei kommt er der Grenze zur Selbstunterdrückung und Selbstkasteiung wiederholt bedenklich nahe. Zweifellos ist es auch seiner Bevorzugung der – bei ihm allerdings missionarisch motivierten – Ehelosigkeit zuzuschreiben, daß das dunkle Wort von dem »Eunuchen um des Himmelreiches willen« (Mt 19,12) in der Folge als »evangelischer Rat« und als Benennung einer privilegierten Form der Nachfolge Christi verstanden wurde. Gleichwohl liegen die tieferen Wurzeln ausgeprägt asketischer Lebensformen nicht bei ihm, sondern im Feld weltflüchtig-dualistischer Vorstellungen und Verhaltensweisen[35]. Mit diesen kam das Christentum in um so engere Berührung, je weiter sich sein Aktionsradius ausdehnte. Einen rigoros-asketischen Lebensstil forcierten vor allem MARKION und die Montanisten unter ihren Anhängern. Obwohl sich die Großkirche diesen Radikalismus nie zu eigen machte, suchten doch auch in ihrem Raum die nach besonderer Vollkommenheit Strebenden zunehmend die Einsamkeit unwegsamer Gebirgs- und Wüstengegenden auf, um als Anachoreten ihr Heil zu erwirken. Überragende Leitgestalt dieser »Wüstenväter« war der von ATHANASIUS in einer »stark stilisierten« Vita gewürdigte ANTONIUS DER EINSIEDLER (LIETZMANN)[36]. Den Übergang zum zönobitischen Gemeinschaftsleben vollzog PACHOMIUS mit der Begründung, daß für viele das Leben in der Einsamkeit nicht durchzuhalten sei, während die Gemeinschaft Gelegenheit zu Liebeswerken und gegenseitiger Förderung biete. Zum wichtigsten Theoretiker dieser Bewegung wurde EVAGRIUS PONTICUS, der in seinen ›Gnostischen Centurien‹ das aktive Leben vom kontemplativen und gnostischen unterschied und durch seine Deutung des Gebets als »Erhebung des Geistes zu Gott« der spirituell- kontemplativen Lebensform zu ihrem vorrangigen Stellenwert verhalf[37].

Prägende Gestalt des abendländischen Mönchtums ist demgegenüber BENEDIKT VON NURSIA, dessen ausgewogene Regel allmählich die anderen Entwürfe verdrängte oder doch überformte, und dessen Gründung, nach Einbeziehung geistiger Arbeit in den Pflichtenkreis seiner Mönche durch CASSIODOR, die immense Aufgabe zufiel, das geistige Erbe der Antike durch die Wirren der Völkerwanderungszeit hindurchzuretten und der Nachwelt zu überliefern. Wie ohne den Beitrag seines Ordens die mittelalterliche Kultur nicht zustande gekommen wäre, waren es die auf der Höhe der Folgezeit aufkommenden Bettelorden, die durch das Ideal der freiwillig geübten Armut den Ausbruch einer revolutionären Katastrophe, bedingt durch die Folgen des destruktiven Fehdewesens und der sich ins Unerträgliche steigernden sozialen Gegensätze, verhinderten und so den Erhalt der abendländischen Kultur sicherten. So ging der Asketismus geradezu konstituierend in die Lebenswelt der Folgezeit ein. Diese Beobachtung nötigt zu einer noch tieferen Würdigung, der zufolge der Asketismus als der gelebte Protest des Christentums gegen eine Gesellschaft zu gelten hat, die bis zur Stunde noch keine überzeugenden Anzeichen der Annäherung an das von Jesu angezielte Gottesreich erkennen läßt.

Mit dem Hinweis auf das antike Geisteserbe kommt, insbesondere im Blick auf dessen Spitzenleistung in Gestalt der platonisch-aristotelischen Philosophie, eine weitere, wenngleich indirekte Folge des Asketismus in den Blick, die sich auf die doktrinale Selbstdarstellung des Christentums bezieht. Denn sicher war es kein Zufall, daß die von KARL RAHNER in seinem auf MARCEL VILLER gestützten Werk über ›Aszese und Mystik in der Väterzeit‹ (1939) hervorgehobenen Lehrer der alexandrinischen Theologenschule, KLEMENS und ORIGENES, gleicherweise Sprecher des asketischen Lebensstils und Protagonisten der »gelehrten Frömmigkeit« waren, die entscheidend zur Interpretation des Evangeliums mit dem Instrumentarium der metaphysischen Begrifflichkeit beitrugen[38]. Dies vorausgesetzt, stellt sich die Frage nach einem möglichen Zusammenhang von Asketismus und Systemtheologie. Daß sich die Frage auf einer ergiebigen Spur bewegt, bestätigt KIERKEGAARD, der dem Systemdenker als »einschneidenden Einwand« entgegenhält, er gleiche dem Architekten eines großen hochgewölbten Palastes, der aber, anstatt selbst darin zu leben, nebenan, »in einem Schuppen oder einer Hundehütte« hause[39].

Danach ist das System das Werk der zurückgenommenen Persönlichkeit, mit einem Schlüsselwort der asketischen Sprache ausgedrückt, die Frucht intellektueller Selbstverleugnung. Und es ist zugleich ein Werk der *cognitio vespertina*, der abendlichen Rückschau, die sich, anstatt in den denkerischen Vorgegebenheiten, in den im Abendlicht des Seinsbegriffs aufdämmernden Wesensgestalten festzumachen sucht. Aus dieser – gebrochenen – Fixierungstendenz erklärt sich dann auch die Bevorzugung der Distinktion und Induktion, also der unterscheidenden und begründenden Denkformen, die ihrerseits der resignativ-tutioristischen Einstellung des Asketismus entsprechen: resignativ, sofern er das seiner Zielsetzung Entgegenstehende ausgrenzt und dadurch alternative Kategorien aus seinem Blickfeld verdrängt; tutioristisch, sofern er stets den Weg der vermeintlich größeren Sicherheit einschlägt. Diese Tendenz erreicht ihren Höhepunkt in dem dem anselmischen Argument zugrundeliegenden Gottesbegriff des »Unüberdenklich-Größten«, der definitionsgemäß von der Ausgrenzung jedes minder großen Ansatzes, selbst des nur formal und nicht auch existent gedachten »Größten« lebt. Ins Optische übersetzt entspricht dem das seit der Barockikonographie etablierte Gottessymbol des – meist in ein trinitätsimaginierendes Dreieck eingefaßten – allsehenden Gottesauges, von dessen erschreckend-einschüchternder Wirkung, stellvertretend für viele, JOSEPH BERNHART in einer autobiographischen Notiz berichtet[40]. Damit zog die religiöse Vorstellungswelt des Christentums definitiv mit der allgemein-religiösen gleich, sofern diese auf den religions- und konfessionsübergreifenden Grundsatz zurückgeführt werden kann: Gott sieht dich! Dich in deinen heimlichen Sehnsüchten und Aufschwüngen ebenso wie in deinen verheimlichten Begehrlichkeiten und Lastern.

Auch in ANSELMS folgenschwerer Beantwortung der Frage ›Cur Deus homo?‹ tritt der asketische Grundzug zutage, sofern er die Sendung Christi aus dem Satisfaktionsbedürfnis eines Gottes der unnachsichtigen, selbst den »eigenen Sohn« nicht verschonenden Strafgerechtigkeit herleitet. Die retrovertierte Ableitung geht dabei Hand in Hand mit dem allgemeinen Verlangen nach Sühne und, wurzelhafter noch, nach Selbstbestrafung, das, zusammen mit dem Begriff eines sich in seine Unausdenklichkeit entziehenden Gottes, die Hauptwurzel der Argumentation bilden dürfte.

In ›Cur Deus homo?‹ wird überdies deutlich, daß die ganze im anselmischen Argument gipfelnde Theologie vom Paradigma der Inkarnation ausgeht. Sie denkt in einem auf Christus bezogenen Sinn protologisch, also vom menschgewordenen Logos her, der in seinem vorchristlichen Verständnis »zugleich Einer und viele« war und jetzt, schon in JUSTINS Deutung, vor allem aber in der ATHANASIUS-Schrift ›De incarnatione‹ so sehr zur Vereinbarung von göttlicher Güte und Gerechtigkeit, ja geradezu zur Einheit von göttlicher Unverweslichkeit und menschlicher Verweslichkeit wird, daß der Verfasser – Athanasius – in den Verdacht geriet, den Glauben durch dessen Preisgabe an das Absurde »gerettet« zu haben (HARNACK)[41]. Tatsächlich gilt ihm nach KARLMANN BEYSCHLAG die Menschwerdung des Logos nicht etwa als Sinnziel des Emporstrebens der Kreatur zu Gott, sondern als Inbegriff der Erniedrigung Gottes zur Kreatur. Und er verfolgt diese Linie »mit so zwingender theologischer Gewalt«, daß das Verhältnis von Protologie zu Eschatologie wie von selbst in die vertikale Beziehung von menschlicher Vergänglichkeit zu göttlicher Unvergänglichkeit umschlägt[42]. Doch damit versinkt das menschlich Begreifliche im Göttlich-Unausdenklichen. Gott wird zum unüberdenklich Größten, zu dem es keine Verhältnisbeziehung gibt, die nicht von einer noch größeren Unähnlichkeit übergriffen würde. Als der Deus semper maior, wie ihn die spätere Spiritualität verehrt, entzieht er sich ins Geheimnisdunkel seiner Unerforschlichkeit mit der Folge, daß er dem Menschen schließlich, mit GERHARD KRÜGER gesprochen, als niederzwingende Übermacht entgegentritt[43]. Es ist dies der dem Menschen entfremdete Gott, von dessen Blick sich NIETZSCHE in den ›Dionysos-Dithyramben‹ tödlich getroffen fühlt und dessen Transzendenz FRANZ KAFKA, so WIEBRECHT RIES, »als Terror« empfindet[44]. Auf dieses verdüsterte Gottesbild färbte zweifellos der Asketismus jener Richtung ab, deren Prototyp Athanasius den Zeitgenossen in seiner ›Vita Antonii‹ vor Augen stellte, und dies umso mehr, als Athanasius nach Beyschlag eine geradezu archaische Form des Christentums von einer für das Zeitalter »erschreckenden Fremdheit« verkörperte[45].

Abgeblockt wurde durch diese Denkweise, die sich bis in die Gegenwart hinein durchhielt, die prospektive Gegenrichtung, die, getragen von platonischen und mystischen Impulsen, in BONAVENTURA den theologischen Erkenntnisweg im Rückgriff auf die plotinische Aufstiegsmystik als eine »Pilgerfahrt des Geistes zu Gott« beschrieb, und damit ein Denken, das sich im Maß der Annäherung vom Gottesgeheimnis angezogen wußte. Kaum braucht betont zu werden, daß sich darin ein Element der enthusiastischen Spiritualität der Urkirche, und, prinzipieller noch gesehen, der paulinischen Kreuzesmystik erhielt. Ausgeblendet wurde dadurch vor allem aber, wie bereits vermerkt, der therapeutische Grundzug der christlichen Botschaft, dessen anfängliche Dominanz fast im selben Maß zurücktrat, wie sich die asketischen Denk- und Verhaltensweisen durchsetzten. Es entsprach aber dem Selbstverständnis Jesu, wie es sich in seiner therapeutischen Tätigkeit und den darauf bezogenen Logien (Mk 2,17;

Lk 4,18) bekundet, daß Prädikationen des ASKLEPIOS auf ihn übertragen und er als der »alleinige Arzt« angerufen und in dem Ignatiusbrief an die Epheser mit der Strophe gerühmt wurde:

Einer ist der Arzt,
der Fleisch ist und Geist,
im Tod wahrhaftiges Leben,
sowohl aus Maria als aus Gott,
erst leidensfähig, dann leidentrückt,
unser Herr Jesus Christus (7,2)[46].

Selbst bei ATHANASIUS wird die als Vergottung beschriebene Erlösung des Menschen, wie HARNACK betont, als »pharmakologischer Prozeß« verstanden[47]. Zweifellos wirkte dabei noch die antike Vorstellung von einem therapeutischen Priestertum nach, aber nicht weniger auch das alttestamentliche Friedensverständnis, welches das gottgewirkte Heil – im Sinn der Grundbedeutung von *schalom* – als Inbegriff eines den Menschen auch in seiner Leiblichkeit umgreifenden Heilseins verstand. Demgemäß kennt auch Paulus, wie schon der invasive Zugriff seiner Verkündigung vermuten läßt, keinen Unterschied von Christologie und Soteriologie, da auch für ihn das durch Christus gewirkte Heil den Menschen den Todesgewalten entreißt und jetzt schon zum Bürger der himmlischen Lebensgemeinschaft werden läßt (Phil 3,20f). In der Folge verselbständigte sich dann allerdings die soteriologische Sicht, nicht zuletzt unter dem Eindruck gnostischer Heilssysteme, so daß dem spontan erfahrenen oder diakonisch vermittelten Heil ein ausgesprochener Lehrbegriff entgegentrat, der schließlich zur Ausarbeitung einer ganzen »Heilslehre« führte. Damit wurde die therapeutische Dimension des Christentums schrittweise dem Systemgedanken unterworfen, während die therapeutische Praxis bis auf wenige Restbestände in der Sakramentenverwaltung aus der Gesamtkonzeption des Christentums herausfiel. Im Zug dieser Entwicklung gewann die Systemtheologie zwar an Geschlossenheit und gedanklicher Stringenz, dies jedoch auf Kosten des leidenden Menschen, dem die Heilszusage Jesu in erster Linie galt.

Das setzte einen folgenschweren Prozeß in Gang. Während sich das System im szientifischen Sinn perfektionierte, ging das von ihm nur noch theoretisch, also in Gestalt der Soteriologie, gewahrte Heil in die Kompetenz der Medizin über, die jedoch aufgrund der auch für sie bedenklichen Diastase dem Menschen, den sie zum »Fall« denaturieren mußte, um ihre Methoden erfolgreich auf ihn anwenden zu können, nur partiell gerecht zu werden vermochte. Kein Wunder, daß sich in beiden Feldern gegensinnige Tendenzen geltend machten: in der Medizin in Gestalt von ganzheitlichen Behandlungsmethoden; in der Theologie durch den Entwurf eines therapeutischen Konzepts, das bewußt auf die spontane Heilszuwendung zurückgreift, gleichzeitig aber dem Recht des faktisch erreichten Differenzierungsstandes Rechnung trägt. Ohne in die Zuständigkeit der modernen Medizin einzugreifen, richtet sich ihr therapeutisches Interesse deshalb auf die mit wissenschaftlichen Methoden nicht zu fassenden Beschädigungen des Menschen, die ihn in seiner Identität und personalen Integrität beeinträchtigen[48].

Das ist zwar kaum mehr als ein Ansatz und erster Schritt zur Wiedergewinnung der abgestoßenen Dimension; doch liegt seine Bedeutung vermutlich eher in dem, was er mittelbar, im Interesse der Identitätsfindung des Christentums leistet, als in seinem unmittelbaren Erträgnis. Außerdem bestätigt sich damit das Recht der auf die Erschließung des Christentums angesetzten Methode. Denn der Wahl des Schlüssels in Gestalt des modalanthropologischen Interpretaments entspricht, wie im Fall der Unauffälligkeit Jesu, das Ergebnis: Wie dort das Menschliche in Gott zum Vorschein kam, so hier die auf die Heilung des Menschen gerichtete Fundamentalintention des Christentums. Entgegen einem alteingewurzelten Mißverständnis will es den Menschen nicht, wie es in seiner asketischen Sicht den Anschein hat, um Gottes willen sich selbst entfremden, sondern ihn »mit und durch Gott«, wie BLONDEL formulierte, zu sich selber bringen[49]. Und wie könnte es sich ihm glaubhafter empfehlen?

II. KAPITEL:
DIE MORALISCHE SICHT

1. Religion und Moral

Nach dem Jakobusbrief besteht die »reine und makellose Frömmigkeit vor Gott dem Vater« darin, »sich der Waisen und Witwen in ihrer Not anzunehmen und sich unbefleckt von der Welt zu bewahren« (1,27). Dieses Grundwort eines »defensiven Heiligkeitsstrebens« (BERGER) nennt bei seiner Bestimmung der Religion noch vor der asketischen Komponente die moralische[1]. Von da aus zieht sich die – noch in KANTS Vorordnung der praktischen vor der reinen Vernunft widerscheinende – Tendenz, im Christentum mehr die Orthopraxis als die Orthodoxie zu betonen, durch seine ganze Geschichte hindurch. Nach dem bereits angeführten TERTULLIAN-Wort hingen die Christen nach Ansicht der Heiden zwar auch einem »verschrobenen Aberglauben« an; das auffälligste und ihren Spott herausfordernde Merkmal war jedoch ihre Liebestätigkeit, so wie umgekehrt die Christen ihre vordringlichste Aufgabe in der Zuwendung zu den Waisen, Witwen, Kranken, Armen, Gefangenen und Fremdlingen erblickten (JUSTIN). Selbst für JULIAN APOSTATA erklärte sich die vom Christentum ausgehende Faszination aus seiner »Menschlichkeit gegenüber Fremden und seiner Sorge für die Bestattung der Toten«[2]. Das veranlaßte ADELBERT HAMMAN zu der Feststellung:

In der Flut orientalischer Philosophien und Kulte bringt das Christentum weder ein neues Lehrsystem noch eine wirklich neue Religion. Es ist, nach einem Wort des Laktanz, für die Welt ein »Geschenk der Menschlichkeit«, das darin besteht, andere zu lieben, ihnen zu helfen und sie zu schützen. Das Evangelium von Christus knüpft neue Bande zwischen den Menschen, es verwirrt und schafft neu, es handelt und verwandelt, denn es ist eine Herausforderung zur Tat[3].

Tatsächlich sitzt das Herrenwort »an ihren Früchten sollt ihr sie erkennen« (Mt 7,20) im Verbund mit der Mahnung des johanneischen Christus »daran werden alle erkennen, daß ihr meine Jünger seid, wenn ihr einander liebt« (Joh 13,35) wie ein Stachel im Fleisch des christlichen Gewissens. Deshalb hält der Jakobusbrief mit leicht antipaulinischem Zungenschlag der These vom »Glauben ohne Werke« als seine Antithese entgegen: »so will ich dir meinen Glauben aus den Werken zeigen« (Jak 2,18). Ist also das Christentum in erster Linie eine Religion der Praxis oder – schärfer formuliert – eine moralische Religion?

Wenn man den judenchristlichen Unterton aus der Argumentation des Jakobusbriefs berücksichtigt, ist das in erster Linie eine Rückfrage an das Judentum, dem sich diese Frage in aller Form in Hermann Cohens posthum veröffentlichtem Hauptwerk ›Religion der Vernunft aus den Quellen des Judentums‹ (1928) stellte. Darin setzt er seiner Ausgangsthese, wonach die heidnische Heiligkeit auch dort Sinnenlust bleibe, »wo sie Enthaltung von ihr fordert«, seine Auffassung vom Judentum als einer genuin moralischen Religion entgegen[4]. So wie die heidnische stets im Zusammenhang mit dem »Sinnlichen des Menschen« stehe, so die jüdische mit seiner Sittlichkeit. Denn der Geist, auf den sie sich primär bezieht, gelange – und hier schlägt unübersehbar die Kantsche Präferenz der praktischen Vernunft in seiner Ableitung durch – als Sittlichkeit »zur Erzeugung«. Im Polytheismus fehle »jede Norm zur Korrektur der Religion durch Sittlichkeit«. Denn jede Gottheit besitze dort ihr ethisches Eigenrecht, das sich aber nicht in eine göttlich sanktionierte Gesamtordnung integrieren lasse, weil die Götter einander als Individuen entgegenstehen. Darauf baut seine über das Judentum hinausgreifende Grundthese auf:

> *Der Monotheismus schafft mit der einen Gottheit auch die eine Sittlichkeit*[5].

Denn der Begriff des einzigen Gottes ist ein »genauer, eindeutiger Begriff der religiösen Erkenntnis«, der alles Sinnliche ausschließt und als der »Fels der Ganzheit« die gesamte jüdische Religiosität trägt[6]. Er verweigert sich jeder Symbolik, so daß der mit Symbolen operierende Atheismus und Pantheismus an ihm wirkungslos abgleitet. Die einzige Ausnahme bildet die »Symbolik des Messias«, die aber nur für die »Durchführung des Gedankens vom einzigen Gotte« steht[7]. Niemals und nirgends wird jedoch die Einzigkeit und Unvergleichlichkeit des göttlichen Seins in Zweifel gezogen. Sie bildet den Felsengrund der jüdischen Wahrhaftigkeit, die ihrerseits »Freiheit von aller Erotik« besagt und dadurch ununterscheidbar mit der Ethik verschmilzt. Denn die »Wahrhaftigkeit ist die Grundtugend in allen menschlichen Angelegenheiten«, zumal in Wissenschaft, Forschung und Politik. So entspricht es dem »Höre Israel«, diesem Losungswort des einzigen Gottes, auf den Jesus bei seiner Überbietung des Ethischen zurückgreift (Mk 12,29f; Dt 6,4ff); und so entspricht es seiner Verkündigung des Gottesreiches, das nach der Deutung HELMUT MERKLEINS in einer semantischen Korrelation zum Begriff der Einzigkeit Gottes steht und als solches die Überlegenheit des Bundesgottes Israels über die Götter der Nachbarvölker und deren Entmachtung zur Geltung bringt[8].

Das bestätigt VERENA LENZEN in Anspielung auf die »dichterisch-hymnische Stelle« in FRANZ ROSENZWEIGS ›Stern der Erlösung‹, nach der sich Gott selbst von der Vielfalt seiner offenbarenden Namen an dem Tag erlöst, »an dem er endgültig Einer sein wird und sein Name: Einer«[9]. Und sie sieht mit ELIE MUNK in dem »Höre Israel« die »Grundlegung der jüdischen Ethik, ihre prinzipielle Fundierung und ihr praktisches Ziel«[10]. Dann aber dringt sie, zweifellos unter der Last der von ihr aufgetürmten Zeugnisse jüdischen Sterbens, mit RUDOLF OTTO und SCHLEIERMACHER in den aller Ethik und Rationalität vorgeordneten »Bannkreis des Heiligen« vor, in welchem dieses als die »Kontrastharmonie«, kusanisch ausgedrückt, als die «Koinzidenz« von *tremendum* und *fascinosum* erfahren wird und den davon Ergriffenen mit AUGUSTIN zugleich erschauern und erglühen läßt[11]. Der Ungeheuerlichkeit der von ihr in Erinnerung gerufenen Geschehnisse ist es wohl auch zuzuschreiben, daß sie ihrerseits der Faszination durch RENÉ GIRARDS gewaltspezifische Herleitung des Heiligen verfällt und sogar dessen Überbietung der Spannungseinheit von Schrecken und Beseligung zu einer Symbiose von Gut und Böse lexikographisch zu rechtfertigen sucht[12]. Und sie geht, sosehr sie die »verbreitete Karikatur eines rachsüchtigen, jähzornigen Gottes im Alten Testament« verabscheut, sogar so weit, das »Furchtbarsein« Gottes als Grund der ihm geschuldeten Ehrfurcht und des von ihm geforderten Gehorsams in Anschlag zu bringen[13].

Für den Zusammenhang von Religion und Moral ist ihre Ableitung insofern wichtig, als sie von dieser Position aus im aufgeklärten Judentum eine »ethische Engführung« des Heiligkeitsprogramms registriert, die bei COHEN dazu geführt habe, »im Kielwasser des deutschen Idealismus« den »Akzent der Religion auf das Ethische« zu verlegen[14]. Obwohl Cohen in seinem nachgelassenen

Hauptwerk von Lenzens Idealismusverdacht nicht mehr getroffen wird, rührt ihre Kritik doch an einen zentralen Differenzpunkt, der vom Judentum nur unter dem Gesichtspunkt »Religion und Moral«, nicht aber unter dem auf den Islam zutreffenden »Religion als Moral« zu sprechen erlaubt. Das wird im Blick auf den von ihr nur unvollständig in Anspruch genommenen MARTIN BUBER und dessen Auslegung des zur Nachahmung Gottes aufrufenden Schriftwortes »seid heilig, denn ich, der Herr, euer Gott, bin heilig« (Lev 19,2) deutlich; denn Lenzen folgt Buber nur bis zu dessen Einsetzung des Wortes als »zentrale Paradoxie des Judentums«, die das Unmögliche, die Nachahmung des Unfaßlichen-Gestaltlosen verlange, nicht jedoch bis zu seiner Würdigung des Postulats im Licht der Bergpredigt[15]. Denn dort verwandelt Jesus seiner Feststellung zufolge das begründende »denn« in das vergleichende »wie«. So ist dem »um den Sinai versammelten Israel« nur die von der göttlichen Heiligkeit »wesensverschiedene« menschliche abverlangt, während Jesus im Vorgefühl des anbrechenden Gottesreiches die »an das Göttliche rührende« Vollkommenheit fordert[16]. Das aber ist für Buber, der den als seinen »Bruder« erfahrenen Jesus konsequent in das Judentum zurücknimmt, eine diesem selbst eröffnete, also innerjüdische, wenngleich eschatologische Möglichkeit[17]. Zwar ist damit keiner Suspendierung des Ethischen das Wort geredet, wie sie KIERKEGAARD im Blick auf das Opfer Abrahams – und seine biographische Involvierung in diese Szene – vor Augen stand, wohl aber die Angrenzung an eine Dimension, die, mit GUARDINI gesprochen, die ethische überragt und die es deshalb verbietet, die Religion »aus den Quellen des Judentums« uneingeschränkt mit einer Moral gleichzusetzen[18]. Sie ist eine zur Moral verpflichtende, aber keine spezifisch moralische Religion.

2. *Religion als Moral*

Im Verhältnis des Islam zur Moral läßt schon die erste – wegen ihrer Anfangsposition die »eröffnende« genannte – Sure keinen Zweifel, da in ihr die Huldigung an den Allerbarmer unmittelbar in die Bitte um Führung auf den rechten Weg übergeht:

Lob und Preis sei Allah, dem Herrn aller Weltbewohner, dem gnädigen Allerbarmer, dem Beherrscher des Tages des Ge-

richts. Dir allein wollen wir dienen und zu dir allein flehen wir um Beistand. Führe uns auf den rechten Weg, den Weg derer, die sich deiner Gnade erfreuen, über die kein Zorn verhängt ist und die nicht in die Irre gehe.

Es ist nur eine theoretische Umsetzung dieser Anrufung, wenn der Islamkenner GEORGE C. ANAWATI den Muslim als einen Menschen kennzeichnet, der sich total der Oberherrschaft Gottes unterwirft, sich in seinem gesamten Verhalten bis hinein in die Anstandsregeln vom Bewußtsein der Gegenwart Gottes leiten läßt und demgemäß »beständig unter den Blicken Gottes« lebt, und wenn ein ägyptischer Anhänger der Muslimbruderschaft diesen Gedanken dahin verschärft, daß der Islam den Muslim in allem, seinem öffentlichen wie seinem geheimen Verhalten bestimme, ob er sich nun bewegt oder ruht, ob er steht oder sitzt, schläft oder wacht, ißt oder trinkt, sich freut oder trauert, seine wirtschaftlichen und politischen Verhaltensweisen eingeschlossen. Wer also meine, der Islam sei nur ein Glaube und nicht auch eine den Menschen in seiner Totalität beanspruchende Lebensordnung, habe von ihm nichts begriffen[19]. Die zugespitzte Aussage erinnert, bis in einzelne Wendungen hinein, an den die religiöse Grunderfahrung spiegelnden Anfang des 139. Psalms:

Herr, du erforschst mich und kennst mich,
ob ich sitze oder stehe, du weißt um mich.
Von ferne kennst zu meine Gedanken;
ob ich gehe oder ruhe, es ist dir bekannt.
Du kennst alle meine Wege.
Noch liegt mir das Wort nicht auf der Zunge,
da ist es dir, Herr, schon bewußt.
Von allen Seiten umschließt du mich
und legst deine Hand auf mich.
Gar wunderbar ist dieses Wissen für mich,
zu hoch, nicht zu begreifen (139, 1-5)[20].

Das löst in dem Beter zunächst eine – hilflose – Fluchtbewegung aus, hilflos; denn er weiß sich von dem allwissenden Gott auch am fernsten Horizont und im tiefsten Abgrund umgriffen (139, 7-12). Deshalb flüchtet er sich schließlich in den ihn überall hin verfolgenden göttlichen Blick hinein, der ihn schon seit seiner Entstehung umhüllte (139, 13-19). Nach einem ganz unmotiviert erscheinenden Ausbruch des Hasses gegen die ihn bedrängenden Gottesfeinde (139, 19-22) schließt der Beter mit der Bitte:

> *Sieh her, ob ich auf dem Weg bin, der dich kränkt,*
> *und leite mich auf dem altbewährten Pfade! (139, 24).*

Diese »ethische Wende« ist für den Islam konstitutiv, und das in einem Grad, daß in seinem Fall tatsächlich von einer »Religion als Moral« gesprochen werden muß. Denn er bleibt nicht wie der Psalm beim Gedanken einer Führung durch Gottes Willen und Gesetz stehen; vielmehr führt er ihn zur Vorstellung von einer theandrischen Interaktion fort. Gottes Wille geschieht im Handeln des Muslim, sofern Gott selbst das Gesetz des Handelns übernommen hat und durch ihn tätig wird. Das steigert sich bei dem persischen Dichterphilosophen MUHAMMAD IQBAL zum Gedanken eines förmlichen Synergismus zwischen Gott und Mensch, der diesen zu den Worten hinreißt:

> *Du schufst die Nacht, doch ich der Lampe Glanz,*
> *Du schufst den Ton, ich den Pokal zum Tanz,*
> *Du schufst die Wüsten, Steppen, Berge ganz –*
> *Ich die Alleen und der Gärten Kranz*[21].

Mit dieser an Wendungen MEISTER ECKHARTS erinnernden Vorstellung ist die Schwelle zur islamischen Mystik erreicht. Gleichzeitig stellt sich aber die Frage, wie der Islam diese Höhe gewinnt. Im Blick auf die jüdische Entsprechung antwortet MANFRED GÖRG darauf mit dem Hinweis auf die »Gewalt des Einen«[22]. Dabei steht ihm freilich nicht die zur Einung nötigende Macht, sondern – jedoch nicht weniger beweiskräftig – die von dem Extrembegriff des Göttlich-Einen ausgehende Tendenz zur Ausgrenzung, Intoleranz und Gewalt vor Augen, wie er vor allem von der deuteronomischen Deutung der Geschichte Israels ausgearbeitet wurde. Es steht aber außer Zweifel, daß das Judentum, und in gesteigerter Form der Islam, seinen Zugriff auf die jeweilige Anhängerschaft dem Begriff eines in strenger Identität mit sich gedachten Gottes verdankt: einem Gott, der sich ebenso wie über die Götter des Polytheismus über alle Bilder und Analogien erhebt und der in seiner exklusiven Einzigkeit ebenso für sich einsteht, wie er den ihn Denkenden und zu ihm Betenden an sich reißt. Das eine geht von diesem Gottesbegriff aus, sofern er im Sinn der anselmischen Argumentationsfigur als das unüberdenklich Eine gedacht wird, und sich im Maß, wie dies gelingt, als Inbegriff aller Wirklichkeit erweist. Das andere ist die Folge der Faszination, die dieser Begriff auf das von der Vielheit und Vergänglichkeit des konkret Gegebenen irritierte Bewußtsein ausübt.

Im Unterschied dazu trifft die von GÖRG durchgezogene Linie auf eine der schwärzesten Seiten des Islam: auf den ihm wurzelhaft eingestifteten und geschichtlich wiederholt, insbesondere auch in der Gegenwart virulent gewordenen Fundamentalismus[23]. Doch sosehr dieser primär auf die Gleichsetzung von Religion und Politik und, früher noch, auf die des Koran mit dem göttlichen Offenbarungswort zurückgeht, hat er seine Wurzel doch kaum weniger auch in dem mit sich absolut identisch und daher als unentrinnbare Übermacht gedachten Gott, der als solcher beansprucht, jederzeit und überall, auch mit den Mitteln der Gewalt, zur Geltung gebracht zu werden. Aus der einen, der offenbarungstheoretischen Wurzel erklärt sich die bisweilen großzügig geübte Toleranz gegenüber den Schriftbesitzern, die dazu führte, daß der als letzter Kirchenvater des Ostens geltende JOHANNES VON DAMASKUS im Schutz des islamischen Kalifen seiner Arbeit nachgehen konnte, aus der zweiten, gewaltspezifischen Wurzel die schonungslose Verfolgung derer, die sich der von ihnen geforderten Bekehrung verweigerten oder vom Islam abfielen, und sei es auch nur in der von SALMAN RUSHDIE vertretenen Form, daß sie die Entstehung des Koran ohne menschliches Zutun verneinten.

In die Gegenrichtung der von Görg gezogenen Linie führt, wie bereits deutlich wurde, die sich aus dem theandrischen Synergismus ergebende Mystik. Für eine mögliche Erklärung der Tatsache, daß gerade der Islam zur Entstehung einer Mystik führte, gab HANS WALDENFELS einen einleuchtenden Fingerzeig, sofern er den Islam als die »Religion der Wüste« bezeichnete[24]. Das ist der Islam nicht nur von seiner Entstehung, sondern schon von seiner Berufung auf den, zusammen mit seiner Mutter Hagar (nach Gen 21,9-21), in die Wüste verstoßenen Abrahamssohn Ismael her. Und er ist es im übertragenen Sinn durch seine »Abseitsstellung« in Gestalt der Gastarbeiterexistenz vieler seiner Anhänger bis heute geblieben. Doch in der Einsamkeit der Wüste, auch in Gestalt der multikulturellen Massengesellschaft, wächst die Faszination des Übersinnlichen und insbesondere des in strenger Analogielosigkeit gedachten Gottes. Mehr noch: die Leere der Wüste wird, in Erinnerung an ein Wort GERTRUD VON LE FORTS gesprochen, zum Bild der »nackenden Wüste der Gottheit«, die für die Dichterin zugleich der Inbegriff einer exzessiven Mystik ist. Es ist, wie es in der Novelle ›Die Abberufung der Jungfrau von Barby‹ (1940) heißt, die Mystik der »sterbenden Minne«, die, des eingestifteten Gottesbildes beraubt, von ihrem Geliebten losgerissen und so gezwungen wird, den »Kelch der Gottverlassenheit« zu trinken[25].

Das entspricht, religionsgeschichtlich gesehen, allerdings mehr noch der jüdischen als der islamischen Mystik. Nicht umsonst wirkt es wie eine literarische Überhöhung der Zäsur, die MARTIN BUBERS Auffassung von Mystik durch die bereits erwähnte lebensgeschichtliche Erfahrung erlitt und ihn von der anfänglich vertretenen ekstatischen Mystik des Chassidismus abbrachte. Unter dem Titel ›Eine Bekehrung‹ berichtet er in seinen autobiographischen Fragmenten, daß ihm unter dem Eindruck eines »mystisch« motivierten Versagens das Religiöse, das sich als Ausnahme, Heraustritt und Ekstase darstellt, abhanden gekommen sei und daß es sich für ihn seither nur noch im Alltag ereigne »wo sich alles begibt, wie es sich begibt«[26]. In dieser Übereinkunft besteht jedoch eine letzte Differenz, da die Mystikerin der »sterbenden Minne« auch in ihrer Konformität mit den Gottlosen, anders als Buber, noch in der Dimension des Mystischen verbleibt, eine Differenz, die letztlich darauf zurückgeht, daß das Judentum eine Mystik hat, während das Christentum eine genuin mystische Religion ist.

Das zeigt sich noch deutlicher in seinem Verhältnis zum Islam, der als die Religion der Wüste (WALDENFELS) in einer genealogischen Affinität zur Ordnung des Gestalt- und Bildlosen, positiv ausgedrückt, zur Dimension des Mystischen steht[27]. Wie die paraislamischen Bewegungen des Tariqa-Islam und des Sufismus erkennen lassen, ist die Mystik eher ein Epiphänomen als eine Elementarerscheinung des Islam, die sich wohl am besten aus der kompensatorischen Reaktion auf einen Gottesbegriff erklärt, der als Selbstbekundung einer göttlichen Übermacht alle menschliche Eigeninitiative absorbiert, dafür aber dem diesem Gott ergebenen Gläubigen die Tür zur Selbstfindung durch Selbstentäußerung öffnet. Das ist die Alternative zu der im Prinzip schon von KIERKEGAARD entdeckten Selbstfindung Jesu, die durch Akte der Selbstübereignung zur Identität gelangt und im Unterschied zu dieser ein primär asketisches Gepräge aufweist[28]. Sie wird eindrucksvoll dokumentiert durch einen von Martin Buber in seinen ›Ekstatischen Konfessionen‹ mitgeteilten Text des islamischen Mystikers FARID ED-DIN ATTAR aus dessen ›Gespräch der Vögel‹, das den Weg durch die sieben Täler der mystischen Versenkung beschreibt und zuletzt aus dem Tal der Reinheit in das der Bestürzung und von da aus in das der Auflösung und Vernichtung führt[29]. Schon im Tal der Erkenntnis kann der Mystiker nichts mehr, einschließlich seiner selbst, erblicken, da er nichts mehr wahrnimmt außer seinem göttlichen Freund. Im Tal der Einheit verschwindet der Erdboden unter seinen Füßen. Im Tal der Bestürzung verläßt ihn das Bewußtsein seiner selbst.Und im Tal der Vernichtung gelangt er schließlich durch den Mantel des Nichts in das Reich der Aufhebung, das ihm das Gefühl vermittelt, wie ein Wassertropfen in den Ozean des Mysteriums zurückzukehren, in dem er schließlich selbst diesen Wassertropfen nicht mehr zu finden vermag:

> *Als ich die Strahlen der Sonne sah, bin ich nicht gesondert geblieben: der Wassertropfen ist ins Meer zurückgekehrt. Ob ich auch in meinem Spiele zuweilen gewonnen und zuweilen verloren habe, zuletzt warf ich alles in das schwarze Wasser. Ich bin ausgewischt worden, ich bin verschwunden; nichts ist von mir geblieben. Ich war nur noch ein Schatten, kein kleinstes Stäubchen war von mir da. Ich war ein Tropfen, im Ozean des Mysteriums verloren, und jetzt finde ich auch diesen Tropfen nicht mehr*[30].

Im Blick auf die – atheistisch belastete – Sprachtheorie FRITZ MAUTHNERS, die der Interpret Bubers, MENDES-FLOHR, mit diesem in Zusammenhang brachte, kann man sich fragen, ob die gleicherweise im Gottes- wie im Selbstbegriff verankerte Normalsprache in der Lage ist, die Erfahrungswelt der islamischen und ebenso der asiatischen Mystik angemessen zum Ausdruck zu bringen[31]. Wie stark aber auch Buber selbst dem in der Subjektivität gründenden und immer wieder in diese zurückschwingenden Sprachmodell verhaftet war, zeigt seine Äußerung, daß der Ekstatiker es nicht wage, das von ihm Erlebte seinem armen Ich aufzubürden und daß er es deswegen an seinen Gott hänge[32]. Erst recht bestätigt das seine Kontroverse mit ERNST TROELTSCH, der auf dem Ersten Deutschen Soziologentag (1910) das Mystische als eine »soziologische Kategorie« bezeichnet hatte. Wenn Buber in seiner Replik darauf bestand, daß

Mystik »als religiöser Solipsismus« bezeichnet werden müsse, verfiel er damit nicht nur in die subjektivistische Kopflastigkeit der Normalsprache; vielmehr hob er damit auch auf den zu aller Enthebungs- und Entwerdungsmystik gegenläufigen Grundzug der abendländischen Mystik ab[33].

Damit ist auch schon der entscheidende Differenzpunkt zwischen der islamischen und der christlichen Mystik erreicht, der im Anschluß an die gegensinnige Bestimmung des Verhältnisses zur Moral in den Satz gefaßt werden kann, daß der Islam ähnlich wie das Judentum eine Mystik hat, während das Christentum von seinem Ursprung her eine Mystik ist. Das ergibt sich wurzelhaft daraus, daß es ihm im Unterschied zu den moralischen Religionen nicht um die Leitung und Erziehung, sondern um die Erhebung des Menschen zu tun ist. Beide Thesen stoßen allerdings auf eine nur schwer zu überwindende Bewußtseinssperre. Die erste auf die im strengen Sinne »bodenlose« Erörterung der Frage, ob der Weg der Mystik allen offen stehe oder ob er nicht an eine exzeptionelle Berufung gebunden sei. Die zweite auf die im Grunde defizitäre Meinung, daß die Aufgabe des Christentums in der sittlichen Orientierung und Korrektur der Menschen bestehe, weil es primär als staatstragende »Ordnungsmacht« zu gelten habe[34]. Trotz ihrer lange Zeit fast unwidersprochenen Akzeptanz ist das jedoch eine unerträgliche Verkürzung des Heilswillens Jesu, der sich in seiner sozialen Zielsetzung auf die Überholung aller gesellschaftlich definierten Ordnungsformen im Sinn des von ihm heraufgeführten Gottesreiches richtet und damit auf ein Konzept, das im innerweltlichen Sinn nur soweit stabilisierend wirkt, als es interimistischer Regulative bedarf, solange das Gottesreich noch immer seiner Erfüllungsgestalt entgegenharrt.

Doch der christliche Gegenbegriff zur Politik ist nicht, wie man meinen könnte, die eskapistisch gemeinte und gelebte Innerlichkeit, sondern – wie es schon in der These Troeltschs anklang – die gegen ihren esoterischen Anschein begriffene Mystik. Denn diese bricht zwar in der Versenkungsphase mit der Außenwelt; in der Identifikationsphase gewinnt sie jedoch die aufgegebenen Beziehungen intensiver als je zurück. Ursache dessen ist die sich im Zentrum des mystischen Aktes ereignende Inversion, die, auf ihren Grund zurückverfolgt, zwei Aspekte aufweist: zunächst den des Umschlags von Spontaneität zu Rezeptivität, so daß sich das Denken auf ein vorgängiges Gedachtsein und die Liebe auf ein zuvorkommendes Geliebtsein zurückbeziehen; sodann und entscheidend aber den der rezeptiven Identitätsfindung, in die die polarisierend-abgrenzende umschlägt. Ging sie zuvor auf Akte der Selbstunterscheidung zurück, so jetzt in intimer Jesusnachfolge auf Akte der Selbstübereignung. Damit gewinnt der Mitmensch und durch ihn hindurch die Gesellschaft für den Mystiker eine ihm nie zugetraute Relevanz. Der Mitmensch zunächst; denn in der Glut der altchristlichen Askese schmolz bisweilen, wie PETER BROWN in seinem Werk ›The Body and Society‹ (1988) deutlich machte, die Trennwand zwischen den Individuen weg, so daß sich das Gefühl einer gegenseitigen Besitzergreifung nach dem Motto »denn du hast meine inneren Teile besessen« einstellte, wie es dann ein halbes Jahrtausend später ein mittelalterlicher Kommentator des CLAUDIANUS MAMERTUS in die Worte faßte:

> *Du bist mir gegenwärtig, und ich bin dir gegenwärtig in deinem Gebet. Sei nicht erstaunt, daß ich von Gegenwart rede; denn wenn du mich liebst und darum liebst, weil du in mir das Bild Gottes erblickst, das du liebst, so bin ich dir ebenso gegenwärtig, wie du dir selbst. Wenn du dich also siehst, siehst du mich, der ich nicht etwas anderes bin als du; und wenn du das Bild Gottes liebst, so liebst du mich, sofern ich Bild Gottes bin; und wenn ich meinerseits Gott liebe, so liebe ich dich. So sind wir, das Gleiche suchend und zum Gleichen hinstrebend, einander immerdar gegenwärtig in Gott, in dem wir uns lieben*[35].

Wie auf einen Kristallisationskern beziehen sich diese Zeugnisse immer wieder auf das Wort der Apostelgeschichte zurück, wonach »die Menge der Gläubigen ein Herz und eine Seele« war (Apg 4,32). Das führt bei JOHANNES CASSIAN zur Vorstellung von dem Zusammenwohnen der Freunde in dem von der Übereinstimmung des gemeinsamen Strebens und Wollens gebildeten Haus, bei AUGUSTIN zum Bild des Verschmelzens der Freundesseelen zu einer einzigen, und bei BUBER, in später Extrapolation dieser Ansätze, zur Vorstellung vom »Zwischenmenschen«, der aus dem wesentlich geführten Dialog als übergreifende Resultante hervorgeht und das Denken wie das Streben und Fühlen der Partner an sich zieht[36]. Von da aus führt bei Buber schon ein kleiner Schritt zur Politik, der zutiefst darin begründet ist, daß dem Mystiker aufgrund seiner im Erlebnis des »Zwischenmenschlichen« gipfelnden Verbundenheit die Problematik des gleicherweise auf Annahme und Verweigerung und damit auf Liebe und Angst gründenden Sozialkonstrukts durchsichtig wird und dies mit der Folge, daß er sich zur Korrektur der bestehenden Verhältnisse veranlaßt fühlt. Nicht umsonst geht bei den drei Modellgestalten jüdisch-christlicher Gesellschaftskritik, also bei Johannes dem Täufer, bei Jesus und bei Paulus, der öffentlichen Tätigkeit jeweils eine Zeit der verinnerlichenden Abgeschiedenheit voraus, beim Täufer der vermutliche Qumran-Aufenthalt, bei Jesus und Paulus der Rückzug in die Wüste, dem bei dem modernen Sozialrevolutionären dessen Äquivalent in Form der äußeren oder inneren Emigration entspricht. Dabei entschied sich bei den Gesellschaftskritikern und Sozialrevolutionären die Frage, ob die auf diese Inkubationszeit folgende Aktivität zum Segen oder Fluch der Menschheit ausschlug, zweifellos daran, ob und in welchem Grad sich bei den Akteuren der Sinn für das »Zwischenmenschliche« ausgebildet hatte[37].

Es genügt, das Gesagte auf Paulus, den Initiator und bahnbrechenden Theoretiker der christlichen Mystik zurückzubeziehen, um es von ihm als höchste Autorität bestätigt zu wissen. In dieser Funktion sah ihn schon ALBERT SCHWEITZER in seinem grundlegenden Werk ›Die Mystik des Apostels Paulus‹ (1930), das in dem Satz gipfelt, daß uns Paulus dadurch die Pforte zum Ewigen aufstößt, daß er uns das Erlebnis des Sterbens und Auferstehens mit Christus vermittelt, und daß er es nicht bei der bloßen Darstellung beläßt, sondern uns mit der Gewalt seines Denkens »in die Bahn gleichen Erlebens« hineinreißt[38]. Tatsächlich trifft auf ihn der Grundsatz MARTIN BUBERS zu:

Ich habe keine Lehre; ich führe ein Gespräch[39].

Denn Paulus ist der »antwortende Osterzeuge«, der darauf brennt, sein von Christus ergriffenes Herz den von ihm Angesprochenen zu öffnen, um sie in das Glück seiner mystischen Selbstfindung hineinzuziehen[40]. Er ist das schon deshalb, weil er, ungeachtet seiner Schulung durch die Gemeinden von Damaskus und Antiochien, die Substanz seiner Verkündigung, wie er mit größtem Nachdruck versichert, nicht fremder Belehrung, sondern dem Inspirationserlebnis seiner Begegnung mit dem Auferstandenen, also seiner »Damaskusvision« entnimmt, und weil er aufgrund seines Kommunikationskonzepts darum weiß, daß eine erfolgreiche Verkündigung an die Bedingung geknüpft ist, mit den Adressaten einen Erfahrungsaustausch aufzunehmen. Demgemäß sind die zentralen Bezeugungen seines Ostererlebnisses stets mit Erfahrungsdaten – Befreiung (1Kor 9,1), Offenbarung (Gal 1,16), Erleuchtung (2Kor 4,6), Überwältigung (Phil 3,12) – verbunden. Sie konvergieren allesamt in jener Grunderfahrung, die sich auf seinen christozentrischen Identifikationsakt bezieht und die er in den Schlüsselsatz seiner Kreuzesmystik faßt:

> *Mit Christus bin ich gekreuzigt; ich lebe, doch nicht ich – Christus lebt in mir. Sofern ich noch im Fleische lebe, lebe ich im Glauben an den Gottessohn, der mich geliebt und sich für mich hingegeben hat (Gal 2,20)*[41].

Der Gottessohn, der ihm (nach Gal 1,16) ins Herz gesprochen wurde, wird hier zur Kristallisationsmitte neuer Identitätsfindung. Stand diese für Paulus zuvor im Zeichen polemischer Abgrenzung, so jetzt in dem extremer Selbstentäußerung, aus der das neue in der Liebesgemeinschaft mit dem Liebenden und Geliebten gewonnene Selbst hervorgeht. Es ist, als stoße dieser mystische Identifikationsakt bei Paulus die Tür zu seinen Adressaten auf. Sie sind im Extremfall der Gemeinden von Korinth und Philippi seine vielgeliebten Kinder, die er in seinem Herzen trägt (Phil 1,7), ihnen verbunden im Leben wie im Sterben (2Kor 7,3). Denn er ist, wie er begründend versichert, »allen alles geworden, um wenigstens einige zu retten« (1Kor 9,20). So ist seine Christusmystik, schon im Gefolge seines Missionswillens, erst recht aber aufgrund seiner Vorstellung von der Lebensgemeinschaft im mystischen Herrenleibe, zugleich Sozialmystik.

Für Schweitzer erklärt es sich daraus, daß Paulus als einziger Denker der Christenheit »nur Christusmystik und daneben nicht auch Gottesmystik kennt«[42]. Wie sich für Pascal die Frage des erkenntnistheoretischen Zugangs zum Gottesgeheimnis so sehr auf Jesus konzentriert, daß wir ohne ihn weder wissen, »was unser Leben, noch was unser Tod, noch was Gott ist, noch was wir selber sind«, so bindet Paulus die ganze Sache der Religion, denkerisch wie spirituell, an Christus, weil er ihn als die Sinnmitte aller Beziehungen, einschließlich derjenigen zu sich selbst, gefunden hatte. Doch damit ist die Ausgangsfrage nach dem Verhältnis des Christentums zur Mystik auch schon geklärt. Zumindest für Paulus gilt: anders als Judentum und Islam hat das Christentum nicht nur eine Mystik; vielmehr ist es von seiner Mitte her die durch Mystik geprägte und zur Mystik führende Religion. Es fragt sich nur, ob es sich dabei, wie Schweitzer vermutet, um eine nachträgliche Interpretation der von Jesus verkündigten Gotteskindschaft oder um das genuine Ausgangsdatum des Christentums handelt. Das wird sich erst im Gefolge weiterer Überlegungen klären lassen.

3. Der Einspruch Nietzsches

In seinem mit dem Passionswort ›Ecce homo‹ überschriebenen Lebensrückblick meinte NIETZSCHE, daß er nach Vollendung des mit seinem ›Zarathustra‹ abgeschlossenen »ja-sagenden Teils« seiner Lebensaufgabe sich nunmehr deren »neintuenden Hälfte« zugewandt habe, bei der es ihm in erster Linie um die »Umwertung der bisherigen Werte« zu tun gewesen sei[43]. Als »antichristliche Bergpredigt« (LÖWITH) war jedoch der ›Zarathustra‹ nicht weniger ein Werk der Kritik, obwohl diese, wie zugestanden werden muß, erst in der Untersuchung ›Zur Genealogie der Moral‹ ihren – analytischen – Höhepunkt erreichte[44]. Nach dem noch zaghaften Ausbruchsversuch aus dem allumfassenden »Ring«, zu dem sich schon der Achtzehnjährige bewogen sah, steigerte sich Nietzsche zunehmend in die Figur des Feuerbrandes hinein, von dem er in der ›Fröhlichen Wissenschaft‹ dichtete:

Licht wird alles, was ich fasse,
Kohle alles, was ich lasse,
Flamme bin ich sicherlich.

Der Feuerbrand seiner Kritik griff buchstäblich auf alles über, was er zu fassen bekam und seinem Programm, den unvollständigen Nihilismus seiner Zeit in den »vollkommenen« zu überführen, entgegenstand[45]. Dabei machte er keinen Unterschied zwischen Institutionen und Personen, zumal er sich dieser, wie er im späten Lebensrückblick sagt, immer »nur wie eines starken Vergrößerungsglases« bediente, um allgemeine, aber wenig greifbare Notstände sichtbar zu machen[46]. So richtete sich seine kritische Energie wechselweise auf den Bildungsbetrieb seiner Zeit, auf die imperialistische Politik des Wilhelminischen Reiches, auf den alternden DAVID FRIEDRICH

Strauß und den anfänglich glühend verehrten Wagner, bis sie schließlich im Christentum und dessen Moral ihr definitives Angriffsziel gefunden hatte.

Es ist freilich nicht die Moral an sich, die der als Immoralist getarnte Moralist Nietzsche bekämpft, sondern das vor allem durch Kant zur Moral reduzierte Christentum. Denn nach seinem Untergang »als Dogma«, den Nietzsche mit dem Verlust der Glaubenseinheit im Gefolge der Reformation gleichsetzt, habe das Christentum interimistisch »als Moral« überlebt, und dies in jener zurückgenommenen Form, die Kant als die »Religion innerhalb der Grenzen der bloßen Vernunft« zuließ. Jetzt aber sei im Zug seiner Verfallsgeschichte der Zeitpunkt erreicht, wo es gleich allen großen Dingen »durch sich selbst« zugrunde gehe und zwar »an seiner eigenen Moral«:

> *Nachdem die christliche Wahrhaftigkeit einen Schluß nach dem andern gezogen hat, zieht sie am Ende ihren stärksten Schluß, ihren Schluß gegen sich selbst; dies aber geschieht, wenn sie die Frage stellt »was bedeutet aller Wille zur Wahrheit?« ... An diesem Sich-bewußt-werden des Willens zur Wahrheit geht von nun an – daran ist kein Zweifel – die Moral zugrunde; jenes große Schauspiel in hundert Akten, das den nächsten zwei Jahrhunderten Europas aufgespart bleibt. Das furchtbarste, fragwürdigste und vielleicht auch hoffnungsreichste aller Schauspiele ...*[47]

Vorausgesetzt ist in dieser furiosen Prognose, daß das im Sinne Kants auf die Grenzen der bloßen Vernunft zurückgenommene Christentum wesenhaft eine Morallehre sei oder doch, wie Wolfgang Trillhaas meinte, in sein ethisches Endstadium eingetreten sei, so daß es gerade dem neuzeitlichen Menschen nur noch als Ethik vermittelt werden könne. Unverkennbar schlägt in dieser These die Vorentscheidung durch, die Kant mit der Vorordnung der praktischen Vernunft vor der theoretischen getroffen und seiner reduktiven Deutung von Religion und Christentum zugrundegelegt hatte. Demgemäß ist für ihn der Endzweck aller Dinge die Erlangung des höchsten Guts, das für ihn als Inbegriff der Moral zur Religion führt, weil nur so das heteronom-theologische Moment aus dieser ferngehalten und sie als die »Autonomie der reinen praktischen Vernunft« begriffen werden könne[48]. Leitender Mittelbegriff ist dabei, wie Alfred

HABICHLER in subtiler Ableitung nachwies, das, zusammen mit »Religion« auf den Horizont der bloßen Vernunft zurückgenommene »Reich Gottes«, aus welchem deshalb ebenso der als bloßes »Nachsagen unbegreiflicher Dinge« abqualifizierte Kirchen- und Faktenglaube wie das höchstens als »Mittel zu wiederholter Belebung« religiöser Gefühle eingeschätzte Gebet ausgegrenzt bleiben[49].

In KANTS Rezeption dieses Grund- und Schlüsselgedankens der Botschaft Jesu spiegelt sich geradezu paradigmatisch die von ihm betriebene Unterwerfung des Seinsbegriffs unter die Kategorie des Wertes, aufgrund deren sich für ihn die klassische Frage nach dem »Wesen« des Seins und dem, was es mit ihm auf sich hat, zu der, »wofür es gut ist« verschiebt. Während er »Reich Gottes« in den Frühschriften noch mit dem Ideenreich des *mundus intelligibilis* und dem »Reich der Geister« gleichsetzt, nennt er es später den Inbegriff der »moralischen Welt« und das »System der sich selbst lohnenden Moral« und schließlich, zur Verdeutlichung der in ihm waltenden Autonomie und im Blick auf die Forderung, den Menschen stets als Selbstzweck zu achten, das »Reich der Zwecke«[50]. Indessen entzweite sich dieser Gedankenzug an seinem Ende, also in der Religionsschrift, sofern Kant die vom kategorischen Imperativ bestimmte Idee der im Gottesreich zu erreichenden individuellen Vervollkommnung nicht mit dem in seiner Geschichtsphilosophie verfolgten Ziel einer Optimierung des Menschen als »Gattung« in Einklang zu bringen vermochte – ein Defizit, in das dann KARL MARX umso vehementer hineinstieß[51].

In diese Kerbe stößt vor allem aber NIETZSCHE, und er sogar zweifach, sowohl grundsätzlich als auch thematisch, hinein. Grundsätzlich, sofern er, mit EUGEN FINK gesprochen, den kantischen Ansatz durch einen »transzendentalen Werteentwurf« unterläuft, indem er den Mechanismus des wertesetzenden und Werte-Tafeln errichtenden Lebens aufdeckt[52]. Vor allem aber thematisch, indem er sein kritisches Ingenium mit wachsender Intensität auf das Motiv des Gottesreiches richtet. Seiner Bezichtigung, das Christentum sei eine Ideologie der Lebensfeindlichkeit, entstammt es, wenn er in der »Götzen-Dämmerung« dekretiert:

Das Leben ist zu Ende, wo das »Reich Gottes« anfängt ...[53]

Das steigert sich im ›Antichrist‹ zu der Behauptung, daß die Lehre vom kommenden Gottesreich und seiner Jenseitigkeit »die

Faust auf dem Auge« dessen sei, was der »große Symbolist«, der als Wahrheiten immer nur »innere Realitäten« anerkannte, darunter verstanden habe; denn:

> *das Reich Gottes ist nichts, das man erwartet; es hat kein Gestern und kein Übermorgen, es kommt nicht in »tausend Jahren« – es ist eine Erfahrung an einem Herzen; es ist überall da, es ist nirgends da ...*[54]

Und es erreicht seine Gipfelhöhe in dem polemisch-einfühlsamen Satz, in dem sich Nietzsches »Theologeninstinkt« der bis heute noch nicht voll eingeholten Spitzenaussage des Evangeliums und seiner patristischen Auslegung annähert: daß das Gottesreich in seiner Herkunft aus dem Leben und Sterben seines Künders begriffen werden müsse; denn:

> *Das Evangelium war doch gerade das Dasein, das Erfülltsein, die Wirklichkeit dieses »Reichs« gewesen. Gerade ein solcher Tod war eben dieses »Reich Gottes«*[55].

So hätte Nietzsche schwerlich sprechen können, wenn ihn nicht eine dunkle Erinnerung an ORIGENES dazu bewogen hätte, der zwar nicht den Tod, wohl aber dessen Überwinder als das Gottesreich »in Person« bezeichnet hatte[56]. Bei alledem verbleibt Nietzsche im Horizont der »Umwertung aller Werte«. Wie in seiner Gotteskritik überschreitet er diese dann aber nicht durch Zusatzhypothesen, sondern durch den Sprung in eine andere Ebene, insbesondere durch einen Wandel des Stils. Jetzt erstrebt er den »Gipfel der Betrachtung« durch die Versöhnung von Sein und Werden; jetzt spricht er vom »Willen zur Macht« als dem Prinzip, das die fortwährende Selbstentzweiung des Lebendigen zu je neuen Synthesen zusammenzwingt; und jetzt bestimmt er diesen Willen zur Macht »als Kunst«[57].

Negativ gesehen entzieht er sich damit dem Vorwurf, daß er mit dem Programm der Umwertung letztlich doch dem überkommenen Wertesystem und seiner metaphysischen Verankerung verhaftet geblieben sei. Ungleich bedeutsamer aber ist die Art, wie er selbst die von ihm angesprochene »Kunst«, verstanden als die Konkretisierung des Stilwandels, betreibt. Dazu gibt das vieldiskutierte Problem seines geplanten Hauptwerks einen bedeutsamen Hinweis. Da ihm die Ausführung des in wiederholten Anläufen angezielten

Vorhabens versagt blieb, seine literarische Produktion mit einer systematischen Zusammenfassung zu krönen, verfiel er, dem bereits erwähnten Gedanken GIORGIO COLLIS zufolge, auf den ingeniösen Gedanken, seine bereits veröffentlichten Schriften einer Neulektüre zu unterziehen und sich dabei der eigenen Person als Lesehilfe zu bedienen[58]. Das an die augustinischen Retraktationen erinnernde Ergebnis präsentiert er schließlich im Mittelstück seiner mit ›Ecce homo‹ überschriebenen Selbstbekenntnisse unter dem vielsagenden Leitwort »Warum ich so gute Bücher schreibe«. Dem entspricht die von ihm zur Vollendung der Umwertung eingesetzte Kunst, über die der Schluß der Rückschau beredtesten Aufschluß gibt, wenn sich Nietzsche im Widerspruch zu dem kurz zuvor gegebenen Hinweis, daß er seine »neinsagende, neintuende« Aufgabe in Angriff genommen habe, zu der Behauptung steigert:

> *Ich widerspreche, wie nie widersprochen worden ist, und bin trotzdem der Gegensatz eines neinsagenden Geistes. Ich bin ein froher Botschafter, wie es keinen gab, ich kenne Aufgaben von einer Höhe, daß der Begriff dafür bisher gefehlt hat; erst von mir an gibt es wieder Hoffnungen*[59].

So, wie er gelegentlich in der Rolle von Zarathustra und Dionysos redet, übernimmt er hier, wie die biblischen Anklänge erkennen lassen, die Rolle des »frohen Botschafters«, den der Kolosserbrief »die Hoffnung auf die Herrlichkeit« (1,27) nennt. Doch unmittelbar nach dieser punktuellen Annäherung bricht die alte Gegnerschaft mit neuer Heftigkeit durch. Jetzt begründet Nietzsche seinen Anspruch, »ein Schicksal« zu sein, mit dem Hinweis, daß er durch seine »Entdeckung der christlichen Moral«, dieser »eigentlichen Circe der Menschheit«, deren Geschichte »in zwei Stücke« gebrochen habe; und er beschließt das Ganze mit der Frage:

> *Hat man mich verstanden? – Dionysos gegen den Gekreuzigten ...*[60]

Wenn man den Zusammenhang bis an diesen Endpunkt der radikalen Konfrontation verfolgt, zeigt sich, daß Nietzsches Kampf gegen das mit seiner Moral gleichgesetzte Christentum der Strategie der »Umwertung« und »Umkehrung« folgt. So, wie er das Christentum einen »Platonismus für das Volk« und damit die Vulgarisierung eines Systems genannt hatte, das die Wirklichkeit »umdrehte«, so sieht er jetzt in einem Daseinsentwurf, der von der Erwählung der Schwachen und ins Abseits Gedrängten spricht und der nach seiner Ansicht zudem das Schwergewicht der Dinge ins Jenseits verlegt, eine »Herden- und Sklavenmoral«, die gerade das diffamiert, was in starken Kulturen »oben« stand und so dem nach Macht und Herrschaft strebenden Grundimpuls allen Lebens diente. In diese, gemessen an seiner eigenen Verfassung kompensatorische Gegenthese verbiß er sich mit zunehmender Vehemenz, die sich im definitiven Untertitel des ›Antichrist‹ sogar zu einem förmlichen »Fluch auf das Christentum« steigerte, einem Vernichtungsschlag, den allerdings die tiefsinnige Deutung des Gekreuzigten in eben diesem Werk entscheidend milderte. Im Ergebnis wirkt das wie das unfreiwillige Eingeständnis, daß die Gleichsetzung des Christentums mit einer Moral nicht gelingen kann, weil es seine Identität der Person seines Stifters und nicht einer von ihm verkündeten oder auf ihn bezogenen Werteskala verdankt. So bestätigt sich definitiv, daß das Christentum zwar eine Moral vertritt, im Unterschied zu Judentum und Islam aber nicht so sehr auf die Erziehung, als vielmehr auf die Heilung und Erhebung des Menschen ausgeht.

4. Die christliche Replik

Nietzsches Vermutung, daß das Christentum an seiner eigenen Moral zugrunde gehen werde, weil deren Herleitung aus dem klassischen Wahrheitsbegriff durch seine Rückfrage nach dem Wert der Wahrheit hinfällig geworden sei, liegt eine zweifach Fehldeutung zugrunde. Zunächst schon die von ihm aus der Denkwelt Kants geschöpfte Meinung, daß das Christentum in seinem Wesensbestand eine Moral sei; sodann – und entscheidend – die Verwischung des Unterschieds zwischen dem platonischen und christlichen Wahrheitsbegriff, wie sie schon in seiner Rede vom »Platonismus für das Volk« zum Ausdruck kommt.

Auf seinen Anfang in der ›Fröhlichen Wissenschaft‹ zurückverfolgt, setzt dieses Mißverständnis mit Nietzsches Geständnis ein, daß er das Feuer seiner Erkenntnis noch immer »von dem Brande nehme, den ein jahrtausendealter Glaube entzündet hat, jener Christenglaube, der auch der Glaube Platos war, daß Gott die Wahrheit ist, daß die Wahrheit göttlich ist ...«[61] Was hier noch in der Schwebe bleibt, wird in der ›Götzen-Dämmerung‹ zugunsten einer höchst fragwürdigen Identifikation entschieden. Die als geistesgeschichtlicher Durchblick angelegte Gedankenskizze ›Wie die »wahre Welt« endlich zur Fabel wurde‹, die ursprünglich den ›Willen zur Macht‹ eröffnen sollte, zieht schon in der ersten These den als »die wahre Welt« angesprochenen *mundus intelligibilis* auf die Linie des jüdisch-christlichen Wahrheitsverständnisses hinüber, wenn sie erklärt:

> *Die wahre Welt, erreichbar für den Weisen, den Frommen, den Tugendhaften – er lebt in ihr, er ist sie. (Älteste Form der Idee, relativ klug, simpel, überzeugend. Umschreibung des Satzes »Ich, Plato, bin die Wahrheit«)*

Wie sehr Nietzsche in dieser folgenschweren Verwechslung befangen war, zeigt die Wiederholung der gleichsetzenden Stelle aus der ›Fröhlichen Wissenschaft‹ in seiner ›Genealogie der Moral‹ und zuvor schon das Zarathustra-Wort, das dem »Fürsprecher der kleinen Leute« vorwarf, »keinen kleinen Irrtum« gelehrt zu haben, als er behauptete, »ich – bin die Wahrheit«[62]. Doch gleichviel, wie es zu dieser Verwechslung kam, gilt in dieser Frage das, was vor jedem christlichen Einwand mit letzter Schärfe schon FRANZ ROSENZWEIG in seinem ›Stern der Erlösung‹ mit der Frage unterstrich:

> *Was aber hat neben dem einen All als der voll-endeten Wirklichkeit noch Platz als – die Wahrheit. Denn die Wahrheit ist das einzige, was mit der Wirklichkeit ganz eins und in ihr nicht mehr scheidend, sich gleichwohl noch von ihr als Ganzem scheidet. Wahrheit thront über der Wirklichkeit. Und so wäre denn die Wahrheit – – Gott? Nein. Hier betreten wir den Gipfel, von dem aus der ganze zurückgelegte Weg zu unseren Füßen liegt. Die Wahrheit ist nicht Gott, Gott ist die Wahrheit*[63].

Der Satz zieht die sublimste Konsequenz aus der vom jüdischen Prophetismus vorgetragenen und in der Botschaft Jesu gipfelnden Institutionskritik, sofern er diese auf das letzte Prinzip aller Geltungen, den Wahrheitsbegriff, zurückbezieht. Und dies mit denkbar höchstem Recht, sofern die Wahrheit nur originär, als das Ereignis intelligibler Entbergung, begriffen wird. Denn in dieser Sicht besteht ihre eröffnende Ereignung in dem, was nach dem Verständnis der drei prophetischen Religionen »Offenbarung« besagt, verstanden als die Tatsache, daß der ewig verborgene Gott aus seinem Geheimnisdunkel hervortritt, daß der ewig verschwiegene Gott sein undurchdringliches Schweigen bricht, und daß der welttranszendente Gott sich in dieser Welt vergegenwärtigt. Er gibt sich, so der Islam, auf eine sogar lesbare Weise zu erkennen, in dem von ihm herabgesandten heiligen Buch, dem Koran; er läßt sich, so das Judentum, vernehmen, und dies in dem von ihm eingegebenen Wort der Propheten; und er wird, so das Christentum, innerweltlich anwesend durch die Menschwerdung seines Sohnes.

Die Unterscheidung mußte bis zu dieser Höhe emporgetrieben werden, weil sich erst hier der Fehlgriff NIETZSCHES in voller Schärfe abzeichnet. Was er trotz punktueller Annäherung an die Gestalt des »frohen Botschafters« verkannte, war das, was KIERKEGAARD ins Zentrum seiner Christologie gestellt hatte: das Fortleben Jesu in seiner Stiftung, seine Präsenz in seinem Werk und seinen Gewährungen, und insbesondere die schon von ORIGENES hervorgehobene Rückbindung der Reich-Gottes-Botschaft an seine Person. Schon im Hinblick darauf wird klar, daß Nietzsche den Schlüsselbegriff ebenso sehr verfehlte wie traf. Er traf, wenngleich ohne zulängliches Verständnis, in seine Mitte, als er das Reich Gottes eine »Erfahrung an einem Herzen« nannte und es zudem in einen Zusammenhang mit dem Tode Jesu brachte. Und er verfehlte diese Mitte zugleich, als er das Reich Gottes zum Gegenbegriff von »Leben« erklärte. Indessen betrifft die Hauptdifferenz den Wahrheitsbegriff. Denn die Wahrheit des Gottesreiches entspringt keineswegs dem »Irrtum« dessen, der sich selbst »die Wahrheit« nannte. Und diese Gleichsetzung entspricht auch keineswegs dem Wahrheitsentwurf Platons, dem die »freien Geister« mit Nietzsche an ihrer Spitze den Feuerbrand ihres Denkens entnahmen. Denn die platonische Wahrheit verfaßt sich zum Ideenreich des Höhlengleichnisses, während die Offenbarungswahrheit, auf die die Reich-Gottes-Botschaft Jesu bezogen ist, dem Denkenden nach AUGUSTIN ihr »Antlitz« zuwendet und deshalb in Akten schauender Wahrnehmung erkannt wird[64]. Sie ist somit letztlich eine Wahrheit der personalen Mitteilung, nicht der ergründenden Forschung.

Noch ungleich deutlicher wird dies, wenn man die gewonnene Sicht durch die anthropologische Rückfrage, also die Frage nach dem jeweils vorausgesetzten Menschen, vertieft. Dann zeigt sich, wieweit sich der von der Reich-Gottes-Botschaft Jesu vorausgesetzte

Mensch von demjenigen Nietzsches und seiner Epigonen unterscheidet. Hier der heroisch aufgerauhte, »rechtwinklig an Leib und Seele« gebaute Mensch, der »lachende Löwe«, wie er im Rückblick auf die zu Beginn des ›Zarathustra‹ entwickelte Lehre von den »drei Verwandlungen« genannt wird[65]. Dort der »plastische«, noch auf dem Weg zu sich selbst begriffene Mensch, dem sich das Gottesreich als Zielraum seiner definitiven Selbstwerdung darbietet[66].

Die Differenz kommt noch schärfer zum Vorschein, wenn man sie auf Eric Robertson Dodds – zweifellos auf Nietzsche zurückweisende – Unterscheidung von Scham- und Schuldkultur bezieht[67]. Denn in der Perspektive des Reich-Gottes-Gedankens ist der Mensch im zweifachen Sinne »schuldig«. Einmal im Sinn des von Kierkegaard in ihm entdeckten Selbstzerwürfnisses, das ihn in die existentielle Verzweiflung, von da in die Angst und durch sie in die Sünde treibt[68]. Sodann, und radikaler noch, sofern er sich und anderen sich selbst und das, was er sein könnte, immerfort schuldig bleibt. In dieses Defizit stößt die Reich-Gottes-Botschaft Jesu hinein, sofern sich mit ihr – nach Albert Schweitzer sogar von ihrer Mitte her – das Motiv der Gotteskindschaft verbindet. Denn dem Christentum geht es, wie hier in Abwehr seiner moralischen Fehldeutung erneut betont werden muß, nicht so sehr um die Erziehung, als vielmehr um die – mit dem Zielbild der Gotteskindschaft gemeinte – Erhebung des Menschen.

Anders der Mensch im Schwerefeld der Schamkultur, die als einzige Schuld den Prestigeverlust kennt, den der gegen die gesellschaftlichen Normen und Verhaltensregeln Verstoßende erleidet. Wie seine von Nietzsche ironisierte »Gewissenhaftigkeit« beweist, ist er der völlig angepaßte und in diesem Sinne »letzte« Mensch, der geradezu darauf angelegt ist, dem Diktat der »Herren der Erde« und in ihrem Gefolge der persuasiven Diktatur der Medien unterworfen zu werden. Aufgrund seiner wiederholten Affinität zu dem von ihm bekämpften Christentum und insbesondere zu der – nach Jaspers letztlich von seinem Angriff ausgenommenen – Gestalt Jesu weiß auch Nietzsche um die Notwendigkeit, daß der Mensch »überwunden« werden muß[69]. Und er beschreibt diesen Überwindungsprozeß eindrucksvoll in seiner Lehre von den drei Verwandlungen, ja, er begegnet sich sogar im Zielbild des Kindseins mit dem christlichen Zentralmotiv der Gotteskindschaft. Doch geht er gleichzeitig dazu auf schärfste Distanz, sofern er das Zielbild mit dem in sich ruhenden und sich selbst genügenden »Weltenkind« definiert[70].

Da sich Nietzsche keiner Täuschung darüber hingibt, daß dieser dem denkbar höchsten Ziel menschlicher Werdemöglichkeit entgegengeworfene »Schleuderstein« aufgrund seiner Schwerkraft auf ihn, den Werfer, wieder zurückfällt, bleibt nur noch zu zeigen, warum der Wurf Jesu diesem Schicksal entgeht. Denn auch in seinem Fall verbinden sich mit der Zielvorgabe Forderungen, die das Menschenmögliche – wie insbesondere die Feindesliebe – zu überfordern scheinen. Wenn er, wie zur Beschwichtigung dieses Eindrucks versichert, sein Joch sei sanft und seine Bürde leicht (Mt 11,28), dann nur, weil er sich, wie KIERKEGAARD erkannte, mit seinen Gaben selber gibt und sich demgemäß selbst unter die Last der von ihm erhobenen Forderungen stellt. Das aber hat zur Voraussetzung, daß der Glaube an ihn, mit Kierkegaard gesehen, die Gleichzeitigkeit mit ihm und, paulinisch aufgefaßt, die Lebenseinheit mit ihm bewirkt. So gesehen geht es bei der Replik auf Nietzsche letztlich um die Frage, ob das Christentum als eine moralische oder als mystische Religion zu gelten hat. Da Nietzsche trotz aller Angrenzungen auf dem Standpunkt KANTS verharrt, behält die christliche Position gegen ihn unter der Voraussetzung recht, daß sie als eine genuin mystische erwiesen wird.

Mit der von Dodds aufgewiesenen Differenz von Scham- und Schuldkultur hat das insofern zu tun, als die moralistische Deutung des Christentums tatsächlich in dessen von Nietzsche vorhergesagte Selbstaufhebung hineinzutreiben scheint. Warnendes Indiz dieses Vorgangs ist der unübersehbare Schwund des Sündenbewußtseins, auf den ebenso der Verfall der Pädagogik der Angst wie die Verlagerung der individuellen auf die strukturelle Sünde hinwirkten und dessen Vorstufe mit der Verdrängung der Schuldkultur durch eine Gewissensform erreicht war, die sich anstatt an der subjektiven Entscheidungsinstanz, dem selbstverantwortlichen Subjekt, an dem gesellschaftlichen und kirchlichen Über-Ich orientierte[71]. Diese Entwicklung muß schon deshalb als extrem bedrohlich eingeschätzt werden, weil sie der persuasiven Diktatur der Medien in die Hand arbeitet, die den systematischen Abbau der persönlichen Entscheidungsfreiheit, mit DAVID RIESMAN gesprochen, die Verdrängung des »innengeleiteten« Menschen durch den »außengelenkten« betreibt[72]. Die von KARL RAHNER angesagte Stunde der Mystik ist somit schon deshalb gekommen, weil die christliche Mystik, anders als die islamische und asiatische, auf die Integration des Subjekts ausgeht. Deshalb muß die mystische Innensicht des Christentums auch im

Interesse der Wiederherstellung der Schuldkultur erschlossen werden. Dies freilich nur im Sinn einer ersten Korrektur. Eine zweite und ungleich wichtigere ergibt sich mit der Frage, ob die von Dodds ans Licht gehobene Schamkultur nicht eine verschüttete Tiefendimension aufweist, die der gesuchten Identität des Christentums entspricht und in deren Interesse wiederentdeckt werden muß.

III. KAPITEL:
DIE MEDIALE SICHT

1. Die Differenz der Schriftreligionen

Schon von Natur aus und nicht erst aufgrund eines fortgeschrittenen Kulturzustandes ist der Mensch das medienschaffende Wesen[1]. Wenn HERDER seine Abhandlung ›Über den Ursprung der Sprache‹ (1772) mit dem provokanten Satz »Schon als Tier, hat der Mensch Sprache« eröffnet, bekennt er sich im Grunde zur selben Überzeugung[2]. Dabei legt er auch schon den Grund für die Unterscheidung von naturalen Medien, die ihm, wie Sprechen und Schweigen, Singen und Tanzen von Natur aus gegeben sind, und den eine bestimmte Entwicklungshöhe voraussetzenden technischen Medien wie Schrift und Druck und deren moderne Konkurrenten in Gestalt der audiovisuellen Medien.

Wenn es zusätzlicher Beweise für die Menschlichkeit der Religion bedürfte, würde ein besonders gewichtiges Argument durch ihre Affinität zur Schriftlichkeit erbracht. Sosehr diese im Interesse ihrer Selbstdarstellung liegt, fördert sie durch ihre Dokumentation, wie der ungeheuere Einfluß der Bibel auf Sprache und Literatur des abendländischen Kulturkreises zeigt, doch zugleich die Kommunikationsfähigkeit und Weltoffenheit des Menschen. Für den engen Zusammenhang der beiden Interessensphären spricht die Tatsache, daß die in Mesopotamien entstandene Schrift nicht nur für die synchrone Informationsvermittlung und für die konservierende Aufzeichnung von Ordnungsregeln und geschichtlichen Erinnerungen, sondern auch für die Kommunikation mit den Göttern verwendet wurde[3]. Damit stellt sich dann aber die Grundsatzfrage, wie die für die Festschreibung von Sozialisationsregeln und für die zwischenmenschliche Kommunikation entwickelte Schrift in die religiöse Sphäre und insbesondere in die der Offenbarungsreligionen Einzug gehalten hat.

Über die Bedeutung der konservierenden Funktion der Literalität berichtet am eindrucksvollsten der von PLATON im ›Phaidros‹ wiedergegebene Mythos vom Halbgott Theut, der dem ägyptischen Großkönig seine Erfindung der Schrift mit der Begründung empfiehlt, daß sie die Gedächtnisleistung der Menschen fördern werde. Doch der Großkönig hält ihm in feierlicher Rede entgegen, daß das Urteil über den Wert und Sinn einer Erfindung für das Volk nicht dem Erfinder, sondern anderen Instanzen zustehe. Seiner Überzeugung nach aber stärke die Schrift nicht die Gedächtniskraft, sondern beeinträchtige und schwäche sie[4].

Die Geschichte der Medientechnik gab beiden, wenngleich auf zwiespältige Weise recht. Zuerst dem Großkönig; denn mit dem Siegeszug der Printmedien ging ein Verfall der Gedächtniskultur einher. Und erst recht bestätigt das die audiovisuelle Medienszene, die den Standard des für die Teilnahme am kulturellen Disput unerläßlichen Wissenspotentials auf einen solchen Tiefstand sinken ließ, daß es im Vergleich zum obligatorischen Bildungsgut der Vorzeit kaum noch Behaltenswertes aus den Bereichen der Philosophie, der Literatur und der Geschichte zu geben scheint. In der zwischen dem Schrifterfinder und dem Großkönig kontrovers diskutierten Frage, ob die Medien dem Gedächtnis zugutekommen oder nicht, trat dann allerdings durch die Computer-Technik inzwischen eine dramatische Änderung ein, da der Computer jetzt schon den Zugriff auf weltweit gespeichertes Wissen erlaubt und eine mögliche Vernetzung von menschlichem Gehirn und elektronischer Speicherung absehbar geworden ist.

Für die Religionen stellte sich, mit Jack Goody gesprochen, die Doppelaufgabe, das durch die Kommunikation mit der Gottheit gewonnene Wissen »für den künftigen Gebrauch« zu konservieren[5]. Dadurch wurde für sie der Übergang von der Mündlichkeit zur Literalität unumgänglich. Was aus göttlicher Mitteilung hervorgegangen war, mußte aufgezeichnet werden, um es insbesondere vor der Erosion durch die menschliche Vergeßlichkeit zu bewahren, kaum weniger aber auch zu dem Zweck, durch seine Dokumentation der Gefahr des »Zerredens«, aber auch der Verfälschung durch »häretische« Fehlinterpretation zu begegnen. Dabei stellte sich für sie freilich ein schwieriges Zusatzproblem, das sich aus dem sprachlichen Gefälle im Fall einer Offenbarungsrede ergibt. Es wurde, bezeichnend für seinen heimlichen Anspruch, die Prinzipien seiner Philosophie einem sinnerschließenden Enthusiasmus, also göttlicher Eingebung, zu verdanken, von Platon in seinem Siebten Brief zum Ausdruck gebracht. Was Hauptgegenstand des philosophischen Diskurses sei, könne seiner Überzeugung nach niemals schriftlich protokolliert werden:

Das läßt sich nicht in Worte fassen wie Inhalte anderer Wissenschaften. Vielmehr entsteht im beständigen Ringen mit dem Problem und im Zusammenleben plötzlich so etwas wie ein von einem überspringenden Funken entfachtes Licht in der Seele, das dann weiter um sich greift (341d)[6].

Wenn Platon wiederholt betont, daß es von ihm keine Schrift über das gäbe, worauf sich seine philosophische Bemühung konzentriert, widersetzt er sich damit nicht nur dem Tyrannen DIONYSIOS, der sich angemaßt hatte, gerade darüber eine Schrift herauszubringen; vielmehr kommt darin wohl auch ein prinzipielles Mißtrauen gegenüber der Mitteilungsfähigkeit der Literalität zum Tragen. Was sich ihm im Funkensprung klärte, müßte, mit GOETHE gesprochen, schon in der Feder »sterben«, wenn es niedergeschrieben würde. Was das für die Offenbarungsreligionen besagt, brachte JACOB GRIMM in seiner Akademieabhandlung (1851) zum Ausdruck, die in Anspielung auf die johanneische Szene, in der das Volk die an Jesus ergangene Himmelsstimme für ein Donnergeräusch hält, die Unerweisbarkeit eines göttlichen Wortes an die Welt mit dem Satz begründet:

Seine Verlautbarung würde keiner Menschensprache nahekommen, sondern eine Harmonie der Sphären sein[7].

Aus diesem Sprachgefälle erklärt es sich, daß die Umsetzung des Gotteswortes in die Menschensprache in den Offenbarungsreligionen, die ungeachtet des Grimmschen Einwands von einer wenn nicht verbalen, so doch verbalisierbaren Gottesoffenbarung ausgehen, eine ebenso charakteristische wie sie zugleich charakterisierende Ausprägung erfährt. Drei Szenen ragen in diesem Zusammenhang heraus: die Beschriftung der steinernen Tafeln durch Mose, die Eingangsvision der Apokalypse und die legendarische Erzählung vom Offenbarungsempfang Mohammeds. Dazu kommt der Bericht von der Passion der Buchrolle auf einem Höhepunkt des Buches des Propheten Jeremia.

Die erste Szene ist in Gestalt von THOMAS MANNS Erzählung ›Das Gesetz‹ (1944) auch in die Literatur eingegangen. Sie akzentuiert zunächst den ungeheuren Einfall ihres Helden, das Auszusagende »in der Sprache des Vatergeblütes« und dazu noch mit Hilfe weniger Lautzeichen festzuhalten:

Ein Gotteseinfall, eine Idee mit Hörnern. Sie sah demjenigen ähnlich, von dem sie kam, dem Unsichtbaren und Geistigen, dessen die Welt war, und der, obgleich er sich das Blut dort unten besonders erlesen, der Herr auf Erden war allenthalben. Sie war auch höchst angemessen ihrem nächsten und dringendsten Zweck, für den und aus dem sie geboren war: dem Text der Tafeln, den bündig-bindenden. Denn wohl war dieser zunächst gemünzt auf das Blut, das Mose aus Ägypten geführt, weil Gott und er gemeinsam Lust an ihm hatten; wie aber mit der Handvoll Zeichen notfalls die Worte aller Sprachen der Völker geschrieben werden konnten, und wie Jahwe der Gott der Welt war allenthalben, so war auch, was Mose zu schreiben gedachte, das Kurzgefaßte, von solcher Art, daß es als Grundweisung und Fels des Menschenanstandes dienen mochte unter den Völkern der Erde – allenthalben[8].

Dann aber erreicht die Erzählung ihren zweiten Höhepunkt bei der Schilderung der Zerstörung der mühsam beschrifteten Tafeln durch den über den Abfall des Volkes erbitterten Gestalter, der, im Blick auf die entsprechende Stelle aus SCHÖNBERGS Oper ›Moses und Aron‹ gesehen, die innere Krise des Offenbarungsträgers erleidet. Ihm ist buchstäblich, mit Faust zu reden, das Wort unter seinem Meißel gestorben, so daß die Zertrümmerung der Tafeln nur noch das freilegt, was er mit dem Schlußsatz im auskomponierten Teil der Oper beklagt:

0 Wort, du Wort, das mir fehlt[9].

Während die literarische Paraphrasierung des biblischen Berichts nur die Mühe der Verschriftung hervorhebt, geben die Konfessionen des Propheten Jeremia genaueren Aufschluß über die Sprachnot des Offenbarungsempfängers. Stammelnd, als sei er auf die Stufe eines lallenden Kindes zurückgeworfen, antwortet der Prophet auf den göttlichen Anruf, um ihn dann mit der Begründung abzuwehren: »Ach, Herr Jahwe, ich kann nicht sprechen, ich bin doch noch zu jung« (Jer 1,6). Doch der Rufer bleibt bei seinem Auftrag:

Sag nicht: ich bin zu jung, sondern geh, wohin ich dich sende, und rede, was immer ich dir auftrage ... Hiermit lege ich mei-

ne Worte in deinen Mund, und sieh, ich gebe dir heute Vollmacht über die Völker und Königreiche, um auszureißen und zu zerbrechen, um zu zerstören und zu verderben, um aufzuerbauen und einzupflanzen (1,7-10)[10].

Doch das ist nur das Vorspiel eines alle Seligkeiten und Höllen des Prophetentums durchmessenden Dramas, das sich bis zu der Anklage erhebt:

Du hast mich verführt, Jahwe, und ich habe mich verführen lassen. Zu stark bist du mir geworden und hast mich überwältigt. So bin ich zum Gespött geworden den ganzen Tag; jedermann verhöhnt mich ... Dachte ich aber: ich will nichts mehr von ihm wissen und nicht mehr in seinem Namen reden, da war's in meinem Herzen wie ein brennendes Feuer, verhalten in meinen Gebeinen. Ich mühte mich, es auszuhalten; doch vermochte ich es nicht (20,7ff)[11].

Doch der Lohn für diese Heimsuchung ist von epochaler Größe. Denn hier gab erstmals ein Gott dem durch ihn Überwältigten zu sagen, was er leidet. Bei aller Würdigung der altägyptischen Ansätze wie in der »Zwiesprache eines Lebensmüden mit seiner Seele« ist dies doch eindeutig die Geburtsstunde der Subjektsprache, hervorgegangen aus dem Versuch, die ursprünglich zur Beschreibung der Außenwelt entwickelte Sprache als Ausdrucksmittel für die subjektive Erlebniswelt einzusetzen. Daß das mit dem Erwachen des personalen Ich zu sich selbst Hand in Hand ging, wird von jedem Wort der Klage aufs eindringlichste bestätigt[12].

Gleichzeitig klärt sich hier, in welchem Sinn die jüdische Religion Offenbarungsreligion ist. Unverkennbar ist sie dies im prophetischen Verständnis dieses Begriffs. In seiner Großzeit ist Israel, meist sogar gegen seinen Willen, mit Männern und Frauen beschenkt, die im Sinne der Grundbedeutung von »Prophet« anstelle und im Namen seines Bundesgottes die Selbstkundgabe dieses liebenden, eifersüchtigen, drohenden und strafenden Gottes auszurichten haben. Das gewaltsame Ende fast aller Propheten beweist, auf welchen Widerstand sie bei der Wahrnehmung dieser Aufgabe stießen. Zu spät gehen den Adressaten die Augen auf, als sie nach dem Versiegen des Prophetismus begreifen, welch unvergleichliche Gunst ihnen durch den prophetischen Zuspruch erwiesen worden war. Jetzt bricht der 74. Psalm in die an den Notschrei des Mose erinnernde Klage aus:

> *Weisende Zeichen sehen wir nicht, prophetische Stimmen hören wir nicht, und keiner von uns weiß, wie lange noch (74,9)*[13].

Im Unterschied dazu steht der Offenbarungsbegriff des Islam sowohl hinsichtlich seines Inhalts wie seines Zustandekommens im Zeichen strenger Einsinnigkeit. Es entsprach der schattenlosen Identität Allahs, daß sich auch die Mitteilung des Korans in Form einer unausweichlichen Übermächtigung, heftiger noch als die je von einem jüdischen Propheten erfahrene, vollzog. Nach einer islamischen Legende, die sich wie eine Paraphrase der 96. Sure ausnimmt, erscheint eines Nachts der Engel Gabriel dem Offenbarungsträger Mohammed mit einem – mit dem Text des himmlischen Korans beschriebenen – Seidentuch in der Hand, das er ihm mit der Aufforderung, die Schrift zu lesen, auf das Gesicht drückt. Da sich Mohammed als Analphabet dazu außerstande erklärt, drückt der Engel noch heftiger, indem er denselben Befehl wiederholt. Als sich Mohammed in wachsender Angst abermals für unfähig erklärt, drückt ihm der Engel das Tuch zum dritten Mal so heftig auf das Gesicht, daß er zu sterben glaubt. Doch als der Engel ihm jetzt nochmals im Namen des allmächtigen und barmherzigen Gottes zu lesen befiehlt, kann er den Text tatsächlich lesen, und so entsteht, zwar nicht der faktischen Entstehungsgeschichte, wohl aber der religiösen Tiefensicht nach, das heilige Buch des Islam, der Koran. In diesem Zusammenhang erinnert der Religionswissenschaftler Günter Lanczkowski an die Beziehung, in welcher die drei Weltreligionen insofern miteinander stehen, als sie nach Heinrich Frick jeweils um eine heilige Nacht wissen, aus der sie hervorgingen: der Buddhismus aus der Nacht, in welcher Buddha seine Erleuchtung erfuhr, das Christentum aus der Nacht der Geburt Christi und der Islam aus der Nacht der göttlichen Vollmacht, von der es in der 97. Sure heißt:

> *Wir sandten ihn – den Koran – herab in der Nacht der Macht.*
> *Weißt du, was das ist, die Nacht der Macht?*
> *Die Nacht der Macht ist mehr, als was in tausend Monden wird vollbracht.*
> *Heil ist sie ganz und Friede, bis der Tag erwacht*[14].

Eine Krise, wie sie aufgrund des Exodusberichts von THOMAS MANN und SCHÖNBERG nachgezeichnet wurde, ist in diesem Vorstellungskreis undenkbar. Der Krise des Offenbarungsempfängers Mose entspricht jedoch eine Krise, genauer noch eine Passion des Buches. Auch sie ging in Gestalt von FRANZ WERFELS Jeremia-Roman ›Höret die Stimme‹ (1937) in die Weltliteratur ein, wenngleich auch nur in Form einer leichten Paraphrasierung des wuchtigeren biblischen Berichts. Danach versucht der Prophet der drohenden Eroberung Jerusalems durch Nebukadnezar durch eine Umstimmung des uneinsichtigen Königs Jojakim zuvorzukommen. Zu diesem Zweck diktiert er seinem Schreiber Baruch eine Zusammenfassung seiner im Stil von Strafandrohungen gehaltenen Völkerorakel und beauftragt ihn, den gesamten Text dem im Tempel versammelten Volk vorzutragen (Jer 36,1-32)[15]. Der in seinem Winterpalais residierende König läßt die »hochverräterische« Buchrolle beschlagnahmen und sie sich, während er vor einer offenen Feuerstelle sitzt, Spalte um Spalte vorlesen. Nach jedem Abschnitt schneidet er die vorgelesene Kolumne mit einem Federmesser ab und wirft sie ins Feuer. Den Propheten und seinen Schreiber, die sich noch rechtzeitig in Sicherheit bringen konnten, versucht er verhaften zu lassen. Doch an den Propheten ergeht der Auftrag, die Drohbotschaften in erweiterter Form aufs neue schreiben zu lassen, um so ihren unzerstörbaren Wahrheitswert gegen den Widerstand einer kurzsichtig-selbstzerstörerischen Politik aufrechtzuerhalten. Schwer zu begreifen, daß der »verbrannte Dichter« Werfel, von dem mehrere Werke bei der berüchtigten Bücherverbrennung (vom 10. Mai 1933) in Flammen aufgegangen waren, die makabre Szene weder im Roman selbst noch in der in aktualisierender Absicht entworfenen Rahmenhandlung als symbolhaftes Vorspiel aller späteren Büchervernichtungen – angefangen von der in der Apostelgeschichte berichteten Verbrennung von Zauberbüchern (19,19) bis hin zu der von den Inquisitionsgerichten christlicher und antichristlicher Provenienz verfügten Verbrennung systemkritischer Literatur – empfunden zu haben scheint, obwohl ihm nur zu deutlich war, daß mit den Werken Geist und Person der betroffenen Autoren beseitigt werden sollten[16].

Von der Entstehung der neutestamentlichen Schriften sind keine derartig visionären Initiationsberichte zu erwarten, da keine von ihnen, die als letzte hinzugekommene Apokalypse ausgenommen, den Anspruch erhebt, die Niederschrift eines Offenbarungsaktes zu sein. So entspricht es der bereits hervorgehobenen Tatsache, daß der historische Jesus weder geschrieben noch den Auftrag zur Niederschrift seiner Botschaft erteilt hat, und daß es, wie LUTHER pointierte, erst die »Not« in Gestalt des wachsenden Zeitenabstands und der räumlichen Ausdehnung erzwang, daß überhaupt Bücher geschrieben wurden. Insofern sind die neutestamentlichen Schriften Dokumentationen einer ursprünglich mündlichen Verkündigung, die ihren Rang erst dem gelegentlich (wie 2Petr 1,21 und 2Tim 3,16) erhobenen Inspirationsanspruch und der – mit der Reaktion auf MARKION einsetzenden – Kanonbildung verdanken[17].

Zweifellos spielte in diesen Prozeß auch die Verlagerung des spirituellen Interesses vom historischen auf den erhöhten Christus hinein. Nach allen Anzeichen zu schließen, galt dieses Interesse gerade nicht, wie die Befürworter einer Frühdatierung der Evangelien postulieren, in erster Linie dem geschichtlichen, sondern dem auferstandenen und in den Seinen fortlebenden Christus[18]. Ganz unterschiedliche Motive dürften auf diese Verlagerung hingewirkt haben. In erster Linie – und entscheidend – die Erscheinungen des Auferstandenen, auch wenn mit diesen, wie ANTON VÖGTLE betont, keine verbalen Äußerungen einhergingen[19]. Sodann das die junge Gemeinde zunehmend befallende Gefühl der Weltentfremdung, das die Naherwartung des historischen Jesus aufs neue durchschlagen und zum beherrschenden Element ihrer Gefühlswelt werden ließ. War es also dieses Gefühl der Heimatlosigkeit, das der Brief an DIOGNET mit dem Satz beschwor:

> *Sie leben in ihren eigenen Ländern, aber als Fremde; sie erfüllen ihre Pflichten wie Bürger, erleiden aber alle Machtlosigkeit eines Fremden. Jedes fremde Land ist ihr Vaterland, und jedes Land ist ihnen fremd?*[20]

Doch gleichviel: auf jeden Fall tritt jetzt schon gegenüber dem historischen der erhöhte Herr als das zur Gemeinde redende Subjekt in den Vordergrund, vermittelt durch das Wort jener – keineswegs »ominösen« (BERGER) – nachösterlichen Propheten, auf die (nach Eph 2,20) mit den Aposteln zusammen die Kirche gegründet ist[21]. Durch ihren Mund kommt er zu Wort, sofern er seine Mitteilung nicht sogar wie in der Eingangsvision der Apokalypse in aller Form diktiert. Das ergibt die geradezu paradoxe Situation, daß die Botschaft des historischen Jesus nur indirekt, auf dem Umweg über ihre Dokumentation in den Quellenschriften und Traditionen, die in die Evangelien einflossen, erhalten blieb, während die Worte des Erhöhten, zumindest dem Selbstverständnis des Verfassers der Apokalypse zufolge, unmittelbar in die von ihm eingegebenen, im genannten Fall sogar von ihm diktierten Schreiben eingeht. Ein bezeichnendes Licht wirft auf diese Komplikation die Tatsache, daß die vielfach angenommene Selbstidentifikation des historischen Jesus mit der Himmelsgestalt des »Menschensohns« nach Ansicht prominenter Exegeten schon deshalb ausscheidet, weil sie in sein Selbstbewußtsein »pathologische Züge« eintrage[22]. Für sie führt demnach keine Brücke von da zu den emphatischen Ich-bin-Worten, in denen die Reden des johanneischen Jesus gipfeln[23]. Doch ungeachtet dieser zu offensichtlichen Engführung sind die Hoheitsworte nur als Aussagen des Erhöhten denkbar, der sich durch den Mund der in seinem Namen redenden Propheten der nachösterlichen Gemeinde kundtut. Auch wenn am Rang dieser Worte als tragende Glaubensaussagen nicht zu zweifeln ist, muß doch ihre medientheoretische Konsequenz in Frage gestellt werden. Denn sie ziehen das Christentum tendenziell auf die Linie der primären Schriftreligionen. Das ist vor allem die Tendenz der Apokalypse, sofern sie den Anspruch erhebt, das krönende und abschließende Wort der Jesusbotschaft zu sprechen. Ihn erhebt insbesondere die Eingangsvision, die sich in der Überfülle der in ihr verschmolzenen Bildmotive wie ein Kompendium aller christologischen Attribute ausnimmt und die bildhafte Dimension schließlich dadurch überschreitet, daß sie den in göttlicher Sinn- und Machtfülle Erscheinenden reden und den Seher mit der Niederschrift des Geschauten und Vernommenen beauftragen läßt:

> *Ich wurde am Herrentag vom Geist ergriffen und hörte hinter mir eine laute Stimme, die wie eine Posaune klang und sprach: Was du siehst, das schreibe in ein Buch und schicke es an die sieben Gemeinden (Apk 1,10f)*[24].

Die Stoßwelle, die von der wortgewaltigen Verkündigung des historischen Jesus ausging und im Gefolge seiner Auferstehung medial aufgefangen und dokumentiert wurde, wird hier von seinem himmlischen Über-Ich überholt und in eine Sequenz apokalyptischer Bilder verwandelt. In ihrer furiosen Dynamik spiegeln sie immerhin etwas von der Sprachgewalt wider, die die Hörer der ersten Stunde (nach Mk 1,27) ebenso erschreckte wie faszinierte. Gleichzeitig ereignet sich hier jedoch eine einschneidende Transformation: das Wort gerinnt zum Bild und in dessen letzter Konsequenz zum Text. Insofern nimmt hier jene Entwicklung ihren Anfang, die vom Christentum zum Islam und, innerchristlich, zum Mormonentum führte, das als die »jüngste Buchreligion der Welt« (LANCZKOWSKI), um nicht zu sagen: als eine islamische Variante des Christentums zu gelten hat[25]. Bis hierher mußte die in der Apokalypse beginnende Linie durchgezogen werden, um zu verdeutlichen, daß das genuine Christentum im Unterschied zum Islam als eine sekundäre Schriftreligion zu qualifizieren ist. Um so dringlicher stellt sich dann aber die Frage nach dem Verhältnis seiner Botschaft zum Medium.

2. Botschaft und Medium

Die Frage muß im zweifachen Sinn, zunächst als die nach der Affinität der Botschaft zu seiner Dokumentation, sodann aber auch als die nach dem Einfluß des Mediums auf die Botschaft gestellt werden[26]. Was die Affinität anbelangt, so deutet das Fehlen jeden Auftrags zu schriftlicher Dokumentation darauf hin, daß die Verkündigung ursprünglich ganz im Zeichen der Mündlichkeit stand, zumal der historische Jesus seine Wirkung in diese – und in die sie als eine Art Tatkommentar begleitende Wundertätigkeit – setzte. Diesem prophetischen Künder des hereinbrechenden Gottesreiches eine mnemotechnische Unterweisung der Jünger mit der Folge zu unterstellen, daß sich diese womöglich sogar »Notizen machten«, ist zwar eine neuerdings erfolgreich vorgetragene, jedoch Jesus auf den Status eines indoktrinierenden Dozenten herabstufende These, die ins Reich der Fabel verwiesen werden muß[27].

Einzig zureichender Grund für die Tradierung, Sammlung und literarische Dokumentation der Jesusbotschaft war und ist demgegenüber die Auferstehung des Gekreuzigten, die den scheinbar Gescheiterten und von Gott Verworfenen ins Licht höchster religiöser Bedeutsamkeit rückte und seine weltweite Verkündigung ins Werk setzte. Erste Träger dieser Promulgation waren nach heutiger Erkenntnis die Wandercharismatiker, die die Erinnerung an den historischen Jesus wachhielten und zugleich im Namen des Erhöhten sprachen[28]. Aus ihrem Wirken könnte die als Logienquelle bezeichnete Spruchsammlung hervorgegangen sein, von der das aus einhundertvierzehn aneinandergereihten Aussprüchen bestehende Thomasevangelium ein Bild vermittelt[29]. In dieser Kollektion bekundet sich bereits das Interesse am Besitz eines festverfügbaren Fundus von Jesusworten, auf den bei der Verkündigung und in der Folge dann auch bei der Ausarbeitung von Evangelienschriften zurückgegriffen werden konnte. Deren Entstehung hatte zweifellos in erster Linie kerygmatische und didaktische Gründe. Doch ist zu fragen, ob dabei nicht auch das Bedürfnis nach einem narrativen Gegenstück zu den Paulusbriefen mitspielte, da diese kein Bild der Lebens- und Leidensgeschichte Jesu boten.

Auf die schwierige Frage nach der Affinität der Botschaft zu deren literarischer Dokumentation wird man zunächst an die von Jesus erhobenen Forderungen zu denken haben, die sich, zusammen mit den von Ernst Käsemann erschlossenen Sätzen heiligen Rechts schon aufgrund ihrer prägnanten Formulierung zur Verschriftung anboten[30]. Kaum weniger trifft das auf die aus der mündlichen Überlieferung überkommenen Mahnworte, Seligpreisungen und prophetischen Aussprüche Jesu zu, insbesondere aber auf die das Zentralmotiv des Gottesreiches »auslegenden« Gleichnisse, zumal dann, wenn diese in der paränetischen Unterweisung bereits in eine der literarischen Verarbeitung entgegenkommende Kurzform gebracht worden waren[31].

Indessen kam es schon hier zu einem Interessenkonflikt, sofern die von der Mündlichkeit geforderte Redundanz dem zu präziser und linearer Gedankenführung zwingenden Formgesetz literarischer Gestaltung widerstreitet. Doch hinter diesem formalen Konflikt verbirgt sich ein ungleich schwereres Problem, in dem sich das der Inanspruchnahme eines menschlichen Sprechers für die Vermittlung eines göttlichen Offenbarungswortes fast spiegelbildlich wiederholt. Wie dort nach der Korrespondenz zwischen dem Offenbarer und dem menschlichen Vermittler seines Wortes gefragt werden mußte, so hier nach der zwischen dem Wort und dem es dokumentierenden Text. Die Antwort führt über Schelling zurück in die patristische Vorstellung von einer Abbreviatur und Extension des göttlichen Wortes. Gott nahm sich, so Hilarius von Poitiers, im Akt seiner Menschwerdung zurück und »verengte« sich bis zu »Empfängnis, Wiege und Kindheit«, um sich der Menschheit verständlich zu machen[32]. Und er dehnte sich im Gegenzug zu dieser Kontraktion, so Gregor von Nyssa, im Kreuz seines Sohnes aus, um in der äußersten Erniedrigung seine unverkürzte Allgegenwart zu beweisen[33]. Daraus leitete die Barocktheologie eine regelrechte Stadienlehre des göttlichen Wortes ab, als sie dem verbum »in carne abbreviatum« und »in cruce extensum« das »in coelo immensum« hinzufügte[34]. Der Gedanke wirkte, wie angedeutet, bis zu Schelling nach, der in den ›Weltaltern‹ im Wechselspiel von Kontraktion und Extension das »schlagende Herz der Gottheit« entdeckte, »das in nie aufhörender Systole und Diastole Ruhe sucht und nicht findet«, aber gerade so, wie er dies in seiner Freiheitsschrift ergänzt, zum Motivationsgrund seiner Offenbarung wird[35]. Im Sinn des christlichen Gottesbegriffs zu Ende gedacht, ist das die wohl tiefsinnigste Antwort auf die Ausgangsfrage nach dem Verhältnis von göttlichem Wort und menschlichem Medium. Doch wie wirkt dieses, im Gegensinn gefragt, auf die Botschaft zurück?

Das ist die vieldiskutierte Frage, ob und in welchem Sinn die Medien die Botschaft verändern. Antwort darauf gibt ein Vergleich des die Vorzüge seiner Erfindung anpreisenden Halbgotts aus PLATONS ›Phaidros‹ mit dem ersten Medienverwender der Christenheit: Paulus. Denn die erste der neutestamentlichen Schriften ist der um das Jahr 48 entstandene Brief des Apostels an die Gemeinde von Thessalonike[36]. Das ist nach VIELHAUER umso höher zu veranschlagen, als der Brief die »älteste Form schriftlicher Äußerung des Urchristentums« und zugleich ihre häufigste darstellt[37]. Abgesehen vom Kunstbrief, der sich der Briefform nur in artifiziellem Interesse bedient, ist der unliterarische, der Kommunikation zwischen räumlich Distanzierten dienende Brief zwar tendenziell, wie AUGUSTIN meinte, ein *sermo absentium*, tatsächlich aber nur ein Notbehelf und Surrogat der im Grunde angestrebten dialogischen Mitteilung. In vollem Umfang trifft auf ihn wie auf alle anderen Formen christlicher Literalität daher der Vorwurf LUTHERS zu, daß es »ein großer Abbruch und ein Gebrechen des Geistes« war, daß überhaupt geschrieben werden mußte; denn die Schriftlichkeit entspreche nicht der genuinen mündlichen Art des Evangeliums[38]. Es bestätigt Paulus in seinem Rang als des ersten christlichen Medienverwenders, daß er sich, so oft und intensiv er zu brieflichen Mitteilungen seine Zuflucht nimmt, dieses Surrogatcharakters seiner Korrespondenz bewußt ist. Am deutlichsten wird das im Galaterbrief, wenn er in seinem verzweifelten Ringen um die Freiheit der in ihrem Glauben verunsicherten Gemeinden in die Klage ausbricht, mit der er förmlich an dem Grenzgitter des von ihm eingesetzten Mediums rüttelt:

> *Ich wollte, ich könnte jetzt bei euch sein und euch mit anderer Stimme zureden; so aber bin ich ganz ratlos (4,20).*

Indessen hört Paulus nicht auf, seine fernen Gemeinden, im Einzelfall des Philemonbriefs auch eine Privatperson, anzuschreiben, zumal ihm sogar seine Gegner bestätigen, daß seine Briefe, verglichen mit seinem »matten« persönlichen Auftreten »wuchtig und kraftvoll« seien (2Kor 10,10)[39]. Und er nutzt sie konsequent, wie insbesondere im Galater- und Römerbrief, zur Explikation seiner Botschaft. Auffällig ist freilich, daß er sich bei paränetischen Passagen in einer Weise im Ton steigert, die einerseits auf ein Mißtrauen gegenüber der Leistungskraft des Briefes schließen läßt und diese andererseits zu sprengen droht. So mahnt er im Philipperbrief:

> *Wenn ihr etwas auf eine Ermahnung in Christus gebt, auf einen liebevollen Zuspruch, auf Geitesmitteilung, herzliche Liebe und Mitgefühl, dann macht meine Freude dadurch voll, daß ihr einig seid, indem ihr die gleiche Liebe hegt und einmütig auf ein- und dasselbe bedacht seid (Phil 2,1).*

Das läßt auf ein luzides Wissen um die selektive Durchlässigkeit des Mediums schließen. Im selben Maß, wie es für die Übereignung lehrhafter Inhalte offen ist, scheint es sich gegenüber appellativen und erbaulichen Aussagen zu versperren. Es ist, zurückhaltender formuliert, gegenüber den übermittelten Inhalten nicht indifferent, sondern favorisiert die Sachaussage gegenüber dem paränetischen Zuspruch. Und schon gar nicht eignet es sich für evidenz- und empirievermittelnde Aussagen. Hier schattet sich vielmehr schon bei den Schriftmedien das voraus, was Hartmut von Hentig im Blick auf das Fernsehen als das »allmähliche Verschwinden der Wirklichkeit« beschwor[40]. Von da aus wird nun der Rückschluß auf die verändernde Wirkung der Medien möglich. Sie kann pauschal als die einer Stilisierung der Botschaft beschrieben werden. Tendenziell stilisieren die Printmedien die Botschaft zur Lehre bei gleichzeitiger Ausblendung ihrer befestigenden, bewegenden, erbauenden und zumal evidenz- und empirievermittelnden Impulse. Es liegt in der Natur der Sache, daß davon die sekundäre Schriftreligion, also das Christentum, angesichts seines additiven Mediengebrauchs, bei dem das Medium nahezu nach Art einer Konkurrenz zum Autor ins Spiel kommt, am stärksten betroffen ist. Daß das aber auch auf die primären Schriftreligionen zutrifft, bestätigt die Szene von der Verbrennung des Buches Jeremia, wenn Jojakim die ihm vorgelesenen Kolumnen mit seinem Federmesser abtrennt und ungerührt ins Feuer wirft:

Doch der König und alle seine Diener, die alle diese Worte hörten, erschraken nicht und zerrissen nicht ihre Kleider; und obwohl Elnatan, Delaja und Germarja in den König drangen, die Rolle nicht zu verbrennen, hörte er nicht auf sie (Jer 36,24f)[41].

Daß diese Leseszene im Unterschied zu den neutestamentlichen, insbesondere zur Szene mit dem äthiopischen Kämmerer (Apg 8,26-40) keine Betroffenheit auslöst, erklärt sich aus dem Fehlen eines kompetenten Interpreten, der den gelesenen Text aus seiner Literalität in die ihn allererst zu seiner vollen Wirksamkeit erweckende Mündlichkeit zurückübersetzt hätte. Wenn damit eine grundsätzliche Erkenntnis gewonnen ist, kann die Intervention eines Interpreten nicht dem – im angesprochenen Fall freilich geistgewirkten – Zufall überlassen bleiben. Dann bedarf es für die Lösung dieser Aufgabe einer ganzen Berufsgruppe, wie sie von Paulus vorausgesetzt wird, wenn er im Charismenkapitel des Ersten Korintherbriefs den vom Geist ergriffenen Zungenrednern, die in ekstatischem Zustand in der »Sprache der Engel« (1Kor 13,1) reden, ohne dabei mit ihrem Intellekt beteiligt zu sein, Hermeneuten an die Seite stellt, die ihre unartikulierten Worte in eine verständliche Menschensprache übersetzen (1Kor 12,10; 14,2)[42]. Gemessen an der Größe der Aufgabe ist aber dem Bedarf auch damit noch nicht wirklich gedient. Vielmehr konzentriert sich jetzt die Suche auf die dafür zuständige Instanz, für die nach Lage der Dinge nur die Theologie in Betracht kommt, vorausgesetzt, daß sich ihre primär hermeneutische Funktion erweisen läßt.

3. Theologie als Hermeneutik

Wenn Luther aufgrund seiner eminenten Erfahrung im Umgang mit den biblischen Schriften zu dem Urteil kam, daß ihre Entstehung nur der »Not« in Gestalt des wachsenden Zeitenabstands und des sich rapide vergrößernden Kommunikationsraums zuzuschreiben war, steht es um die »Buchwerdung des Wortes Gottes«

problematischer, als es die titelgleiche Erörterung dieses Prozesses durch Herbert Haag erkennen läßt[43]. In zugespitzter Form machte das Schleiermacher deutlich, als er in der zweiten seiner »Reden über die Religion« (1799) dekretierte:

> *Jede heilige Schrift ist nur ein Mausoleum der Religion, ein Denkmal, daß ein großer Geist da war, der nicht mehr da ist; denn wenn er noch lebte und wirkte, wie würde er einen so großen Wert auf den toten Buchstaben legen, der nur ein schwacher Abdruck von ihm sein kann?*[44]

Wenn man den von Schleiermacher vermißten »Geist« mit den durch das Medium ausgeblendeten appellativen und performativen Sprachqualitäten gleichsetzt, ist damit das Buchproblem in aller Schärfe angesprochen. Deshalb kommt für Paulus der Glaube auch nicht aus dem Lesen, sondern (nach Röm 10,17) aus dem Hören, so wie dieses aus dem Wort Gottes hervorgeht. Texte können, wie dies auf exemplarische Weise die Bekehrungsszene Augustins belegt, zwar eine bis zur Lebenswende führende Erschütterung auslösen. Aber nur vom lebendig gesprochenen Wort der Pfingstpredigt des Petrus wird gesagt, daß es den Hörern »ins Herz schnitt« (Apg 2,37) und sie zur Annahme des Glaubens bewog. Schon im vorreligiösen Sinn ist das gesprochene Wort, verglichen mit der Eindimensionalität der Texte, mehrdimensional, so daß es nicht nur zu belehren, sondern auch zu bestätigen, zu trösten, ja sogar zu heilen vermag.

In seiner Anwendung auf die Theologie rückt dieser Befund die Frage nach ihrem Gegenstand in neues Licht. Denn es zeigt sich, daß ihr der zu erkundende Gegenstand nicht nach Art von etwas Vorfindlichem gegeben, sondern im Modus des Zugesprochenseins vorgegeben ist, und das besagt, daß sie niemals über ihn verfügen, sondern ihn immer nur dankbar entgegennehmen kann[45]. Damit ist zugleich angedeutet, daß sich die Theologie auch hinsichtlich des denkerischen Initiationsaktes von den übrigen Wissenschaften unterscheidet. Besteht er für jene in der staunenden Verwunderung darüber, daß, um es mit Heidegger zu sagen, »Seiendes ist und nicht nichts«, so für sie in der dankbaren Zustimmung zu ihrem Angesprochensein, die auch immer schon eine Einstimmung in dieses besagt[46]. Nur so wird sie ihrer Sache gerecht. Denn immer dann, wenn diese zur baren Gegenständlichkeit zu gerinnen scheint, muß sie fürchten, daß sie sich ihr tatsächlich entzieht, so wie sie umgekehrt davon ausgehen darf, daß sich in den Erfahrungen der Abwesenheit eine neue Ankunft anbahnt. Denn zur Sprache gehört als ihre negative Erscheinungsform das Schweigen. Wenn das Zugesprochensein die Form eines Sich-Verschweigens annimmt, ist somit anzunehmen, daß es sich gerade dadurch auf neue Weise Gehör zu verschaffen sucht[47].

Jetzt erst kommt die volle Problematik des verschrifteten Gotteswortes zum Vorschein. Denn der »feste Buchstab«, von dem HÖLDERLINS Patmos-Hymne spricht, scheint bei all seiner Effizienz dem Gotteswort eben jene Freiheit zu nehmen, die zum Wesen des sich im Zuspruch verschweigenden und im Verschweigen zu sich rufenden Wortes gehört. Wenn hier Abhilfe geschaffen werden soll, dann nur mit Hilfe des Konzepts einer sich als Hermeneutik verstehenden Theologie[48]. Das ist der entgegengesetzte Fall zu dem, den Paulus ins Auge faßt. War es dort ein Zuviel an überbordender Sprachlichkeit, die den hermeneutischen Dienst erforderlich machte, so hier die Unbeweglichkeit des festgeschriebenen Wortes. Doch damit tritt auch schon der Fundamentalakt der theologischen Hermeneutik zutage. Er besteht, wie dies auch für die Predigt zu fordern ist, im Versuch der Rückübersetzung der Texte in ihre ursprüngliche Mündlichkeit. Mit der theologischen Methode gleichen Titels steht das in einem nur formalen Zusammenhang; denn ihr geht es um die Rückgewinnung der Originalsprache Jesu; hier dagegen handelt es sich um den Versuch, die Eindimensionalität der Texte aufzubrechen und ihre mündliche Grund- und Vorform zu rekonstruieren[49]. Das ist kein philologisches, sondern ein sprachschöpferisches Unterfangen. Aber nur so ist die Gegenstandsproblematik der Theologie zu lösen, sofern ihr der Gegenstand primär im Modus des Zugesprochenseins gegeben ist[50]. Denn der genuine Ort dieses allokutiven Gegebenseins ist zwar das Offenbarungsereignis; seine Aktualisierung erfolgt jedoch, wie Paulus im Glaubenskapitel des Römerbriefs versichert, in der Verkündigung des Gotteswortes, also im Kerygma der Predigt. Im selben Maß, wie sie den Glauben erweckt, ist sie der wahre Fundort, mit GOTTLIEB SÖHNGEN gesprochen, das Fundament und die Wurzel *(fundamentum et radix)* aller Theologie, die damit ihrer alten Bestimmung als »religiöse Rede von Göttlichem« *(quasi sermo de Deo)* erst voll gerecht wird[51].

Somit stellt sich die von ihr zu leistende Hermeneutik, genauer besehen, als zweistufiges Geschehen dar. Bevor die eigentliche Auslegung einsetzen kann, muß die Rückübersetzung der Texte erfolgen. Sie müssen aus ihrer Erstarrung aufgeschmolzen, aus ihrem Schlaf erweckt und im Vollsinn des Ausdrucks »zur Sprache gebracht« werden, wenn ihr Sinngehalt zum Vorschein kommen soll. Im Grunde verfuhren alle großen Leser des Evangeliums auf diese Weise, angefangen von Joachim von Fiore und seinem heilsgeschichtlichen Verständnis der Apokalypse, mit Luther und seinem Turmerlebnis, mit Lessing und seiner Deutung des Wortes vom Erweis des Geistes und der Kraft, mit Hamann und seinem Londoner Erlebnis, mit Kierkegaards Entdeckung des Leidenstons in allen Herrenworten, mit Dostojewskijs Ausleuchtung der Perikope von der Auferweckung des Lazarus (Schuld und Sühne), der Szene von Gerasa (Die Dämonen) und der Hochzeit zu Kana (Die Brüder Karamasow) bis hin zu den heutigen Ansätzen einer Neulektüre gesellschaftskritischer, mystischer oder auch feministischer Art.

Die authentischen Modelle dafür bietet jedoch das Neue Testament selbst. So schon in der apokalyptischen Szene mit der Öffnung der siebenfach versiegelten Buchrolle, die den endzeitlich überhöhten Geschichtsgang in visionären Bildern aufscheinen läßt und diesen gleichzeitig als Sieg des »geschlachteten Lammes« über seine Feinde verstehbar macht. In Gestalt des Deuteengels, der das jeweils Geschaute durch seine Worte kommentiert, tritt hier das hermeneutische Element gleichzeitig aber so in Erscheinung, daß eine Brücke zu den vorangehenden Leseszenen entsteht, von denen die mit dem äthiopischen Kämmerer (Apg 8,26-39) alle typischen Züge aufweist. Sie ist vor allem für die alttestamentlichen Stellen bedeutsam, mit deren Hilfe die Urgemeinde um eine Sinndeutung des für sie unfaßlichen Kreuzestodes Jesu rang, aber auch dadurch aufschlußreich, daß ihre Bezugsstelle, das Lied von dem (nach Jes 53,7) stellvertretend für die vielen leidenden Gottesknecht, nicht in die vergleichsweise älteren Passionsberichte einging: womöglich ein Hinweis darauf, daß diese auf eine Zeit zurückgehen, in der sich der Opfergedanke noch nicht als Interpretament des Kreuzesgeschehens durchgesetzt hatte[52]. Laut, wie in der Antike üblich, liest der Kämmerer in der von seiner Jerusalemwallfahrt mitgebrachten Jesajarolle die Stelle vom stellvertretenden Sterben des Gottesknechtes, so daß er von dem hinzutretenden Philippus vernommen werden kann. Was dem Leser dunkel blieb, der prophetische Bezug der Stelle, wird ihm durch die Deutung des Interpreten geklärt, und er findet zum Glauben. Dabei darf die mit vernehmlicher Stimme vorgetragene Rezitation als rudimentäre Form der Rückübersetzung gelten, die dem Hermeneuten den Spielraum dafür verschafft, seine Deutung einzubringen und den anonymen Gottesknecht mit dem Gekreuzigten zu identifizieren. Es ist derselbe Raum, in dem sich nun, unter dem Zuspruch des Hermeneuten, der Übergang von der anfänglichen Ratlosigkeit des Lesers zu dem ihm suggerierten Verständnis und auf dessen Basis sein Durchbruch zum Glauben vollzieht.

Als die größte Leseszene des Evangeliums hat jedoch die lukanische Nazaretperikope (Lk 4,16-30) zu gelten[53]. Auch hier bildet die Jesajarolle den Ausgangspunkt, jedoch mit der messianischen Stelle:

> *Der Geist des Herrn ruht auf mir; denn er hat mich gesalbt. Er hat mich gesandt, den Armen die Frohbotschaft zu bringen, den Gefangenen die Freiheit und den Blinden das Augenlicht zu bringen, die gebrochenen Herzen zu heilen und das Gnadenjahr des Herrn anzusagen (Lk 4,18f)*[54].

In diesem Fall ist es Jesus selbst, der durch seine Rezitation die Rückübersetzung vollzieht und dadurch den Text aus der Linearität in jene Dimension erweitert, die es ihm ermöglicht, sich selbst in ihn einzubringen und sich als seinen unmittelbar gegenwärtigen Sinn zu präsentieren:

> *Er gab die Buchrolle dem Synagogendiener zurück und begann zu erklären: Heute ist diese Schriftstelle vor euren Ohren in Erfüllung gegangen (4,21).*

Das ist die Schlüsselaussage der christliche Neulektüre des Alten Testaments, die darin kulminiert, daß sich Jesus selbst im Prophetenwort wiederfindet und mit ihm in einer Weise gleichsetzt, daß es sich erst in ihm voll und aktuell bewahrheitet. Unabhängig von der Frage der Historizität der Szene gibt sie sowohl Aufschluß über die Identitätsfindung wie über das Wahrheitsverständnis Jesu. Symptomatisch für den zum gewohnten geradezu gegensinnig verlaufenden Weg seines Identitätsgewinns beginnt dieser hier mit dem Erlebnis einer Widerspiegelung, die ihn sich selbst in einem Wort aus langer Vorzeit ausgedrückt finden läßt. Im jesajanischen Verheißungswort erschließt sich ihm das Programm seines Wirkens. Eine Steigerung erbringt damit verglichen nur noch seine Identifikation mit der Himmelsgestalt des Menschensohns, die das auf personaler

Ebene wiederholt, was sich in der Nazaret-Perikope auf der literarisch-gedanklichen abspielt[55].

Doch diese gibt auch einen wichtigen Hinweis auf das Wahrheitsverständnis Jesu. Wenn er sich in seinem Anspruch, die leibhaftig-aktuelle Erfüllung des Prophetenwortes zu sein, als dessen existentielle Verifizierung vorstellt, begreift er die Wahrheit, ungeachtet der Tatsache, daß sie für ihn nach wie vor der Raum der Kommunikation und Verständigung bleibt, nicht als etwas außer und über ihm Liegendes, sondern als mit ihm selbst koexistent. Dem entspricht das Wahrheitsverständnis des johanneischen Schlüsselwortes, in dem sich Jesus als »die Wahrheit« (Joh 14,6), bezeichnet, wohl aber auch schon das der Szene vor dem Richterstuhl des ihn nach seiner Identität befragenden Hohepriesters, in der Jesus diese auf seine künftige Herrlichkeit zurückbezieht (Mk 14,62). Vermutlich begünstigte dieser Anspruch die Tendenz der kritischen Forschung, der Szene die Historizität abzusprechen, womöglich sogar in der gut gemeinten Absicht, in das Bewußtsein Jesu keine »pathologischen Züge« eintragen zu müssen.

Wer sich weder durch formgeschichtliche Bedenken noch durch derart hygienische Skrupel den Blick auf die Symbolkraft der Szene verstellen läßt, wird sie als das erkennen, was Ernst Fuchs ein »Sprachereignis« nannte[56]. Nach seiner Deutung ist das ein Ereignis im Medium der Sprache, aber auch – und insbesondere – der Sprache selbst, in dem zum Vorschein kommt, was sie vermag[57]. Im angesprochenen Extremfall steigert sich ihr Eigenpotential freilich um ein Vielfaches dadurch, daß sich der Sprecher mit seiner vollen Kompetenz in die Aussage einbringt, so daß sich das seit Jahrhunderten Angesagte »vor den Ohren« seiner Zuhörer verwirklicht und »erfüllt«. Das sieht Eduard Schweizer eingegrenzt auf den Tag des Auftritts Jesu im heimatlichen Nazaret. Erst bei Paulus werde dieses »Heute« auf die ganze Periode der Verkündigung ausgedehnt, wenn er versichert:

Jetzt ist sie da, die Zeit der Gnade,
jetzt ist er da, der Tag des Heils (2Kor 6,2)[58].

Doch Schweizers Einschränkung hat im Text keinen Anhalt, weil sonst das von Jesus angesagte Gnadenjahr illusorisch wäre. Sein »Heute« ist, entsprechend der Autorität, aus der er spricht, der die ganze mit ihm anbrechende Weltzeit umfassende Tag, das »Heute« Gottes. Das wird vollends deutlich, wenn man den »Kontrastverzicht«

bei der Ankündigung des Gnadenjahres ins Auge faßt, der durch zwei Momente unterstrichen wird. Einmal schon dadurch, daß Jesus im Regelfall, also anders als hier, in Gegensätzen denkt und redet. Sonst gibt es für ihn, den großen Realisten, kein Oben ohne ein kontrastierendes Unten, kein Drinnen ohne ein Draußen, kein Licht ohne Finsternis; hier weiß er dagegen um keine Alternative. Ungleich stärker fällt jedoch die Tatsache noch ins Gewicht, daß der Kontrast in der von ihm zitierten Prophetenstelle bereits mit aller Schärfe hervorgehoben war, weil dort die Ankündigung des Gnadenjahrs mit dem Zusatz verbunden ist: »und den Tag der Rache« (Lk 4,20). Insofern wird die Rede vom Kontrastverzicht der Wucht seiner Aussage noch nicht voll gerecht. Denn Jesus wagt es, die seinen Hörern selbstverständliche Antithese ersatzlos wegzubrechen und dadurch sein Auditorium aufs schwerste zu provozieren. Und die Reaktion läßt nicht auf sich warten. Kaum daß sich die Zustimmung zu seinem einzigartigen Deutewort Ausdruck verschaffte, schlägt die Stimmung noch im selben Atemzug in ihr Gegenteil um:

> *Alle stimmten ihm zu und verwunderten sich über die Worte der Huld, die aus seinem Munde kamen; und sie sprachen: Ist dieser nicht der Sohn Josefs? (Lk 4,22).*

Dem fügen die Seitenreferenten verdeutlichend hinzu: »und sie nahmen Anstoß an ihm« (Mk 6,3; Mt 13,57). Was die Zuhörer erbittert, ist demzufolge die unerfindliche Herkunft »solcher Weisheit« und Kühnheit aus einem Leben der völligen Normalität. Nicht umsonst endet die Szene mit einem Vorgriff auf Golgota. Wutentbrannt stoßen die empörten Zuhörer Jesus aus der Synagoge hinaus und versuchen, ihn über den Abhang des Berges, an den ihre Stadt gebaut war, zu Tode zu stürzen (Lk 4,28ff). Doch die Stunde der Passion steht noch aus.

Worin besteht nun aber das in alledem anvisierte Sprachereignis? Zweifellos in dem mit dem »Heute« Jesu aufgerufenen Gott, der sich in ihm und seinem die Armen tröstenden, die Blinden heilenden und die Gefangenen befreienden Wirken als der Gott des allzeit währenden Gnadenjahres erweist. Er kommt in dem von ihm Gesandten zur Sprache, sofern im Wirken Jesu sein Name verherrlicht und mit der Heraufkunft seines Reiches ein Anfang gemacht wird. Und dies so aktuell, daß jedes frühere oder spätere Heute in dem von ihm Gesprochenen seine erfüllende Gegenwart erlangt. Insofern führt von diesem »Heute« eine Linie zurück zu seiner Urverkündigung, zu seinem Wort von der »erfüllten« Zeit (Mk 1,14), und vorwärts zu dem programmatischen Pauluswort von der angebrochenen Gnaden- und Heilszeit, auf das Eduard Schweizer verweist.

Die Texte in diese allzeit währende Gegenwart zu heben, ist die grundlegende Aufgabe der Hermeneutik, die allerdings nicht zu lösen wäre, wenn nicht der Auszulegende selbst damit den alles entscheidenden Anfang gemacht hätte, und dies in der Auferstehung des Gekreuzigten. Denn das Kreuz wäre, mit Paulus gesprochen, eine skandalöse und unsinnige Chiffre, wenn nicht das geschehen wäre, was dieses Szenario von »Ärgernis« und »Torheit« in den Inbegriff von »Gottes Macht und Gottes Weisheit« (1Kor 1,23f) verwandelt hätte. Das aber geschah, als Gott den scheinbar Gescheiterten, ja von ihm selbst Verworfenen seiner abgründigen Erniedrigung entriß und ihn »zum Gottessohn mit Macht« (Röm 1,4) erhob. Dadurch trat der Gekreuzigte in das Licht höchster religiöser Bedeutsamkeit, die alle Attribute der göttlichen Heils- und Seinsordnung auf ihn zog und Paulus in großartiger Antithese zu seinen Niedrigkeitsaussagen erklären ließ:

Er ist für uns von Gott zur Weisheit, zur Gerechtigkeit, zur Heiligung und Erlösung geworden (1Kor 1,30)[59].

Damit ist auch schon ein Hinweis auf den Stil gegeben, wie beim Versuch der Rückübersetzung in die Sprache der Mündlichkeit verfahren werden sollte. Es ist der Stil der »Rühmung«, in der sich das Ergriffensein durch den in den Herzen der Seinen wohnenden Christus unmittelbar Ausdruck verschafft. Unübertroffener Meister dieser Sprachform ist Paulus, der die Öffnung des Mundes zur rühmenden Rede in einen ursächlichen Zusammenhang mit einer »Weitung des Herzens« bringt, wenn er in der Korrespondenz mit Korinth seinen Adressaten versichert:

Unser Mund hat sich für euch geöffnet, ihr Korinther, unser Herz ist weit geworden. Ihr nehmt keinen kleinen Raum in uns ein; nur in euren Herzen ist es eng. Vergeltet doch Gleiches mit Gleichem! Das sage ich nicht, um euch zu verurteilen; denn ich habe euch bereits versichert, daß ihr in unserem Herzen wohnt, mit uns verbunden im Leben wie im Sterben.

Groß ist mein Freimut euch gegenüber, groß mein Rühmen über euch. So bin ich voller Trost, überströmend von Freude bei all unserer Trübsal (2Kor 7,1-4).

Unverkennbar ist das eine Vorstufe zu den »Sprachekstasen«, zu denen sich Paulus vorzugsweise dann erhebt, wenn er wie in der »Narrenrede« auf seine Leidensgemeinschaft mit Christus zu sprechen kommt oder wenn er sich wie im Hymnus des Römerbriefs in dessen Liebesgeheimnis vertieft[60]. Negativ ist damit nochmals der Gedanke abgewehrt, als gehe es um die archaisierende Wiederherstellung der Originalsprache Jesu, die ein für allemal verklungen ist und deshalb auch nicht Ziel der Rückübersetzung sein kann. Im Bewußtsein dessen läßt ihn schon das Johannesevangelium bei seiner Fortschreibung der Jesusbotschaft in einer von der Logienquelle und den Synoptikern signifikant unterschiedenen, spekulativ überhöhten und sakral stilisierten Sprache reden, und dies im Bestreben, ihn so reden zu lassen, wie er sich selbst im johanneischen Kreis vernehmen lassen würde[61]. An diesem Modell muß sich die – aktualisierende – Rückübersetzung orientieren. Ihr Ziel kann immer nur sein, so zu reden, daß sich darin etwas von dem erfüllten und erfüllenden »Heute« der an jede Zeit ergehenden Jesusbotschaft und darin zugleich etwas von dem Zugesprochensein der auszulegenden Sache hörbar wird.

Aber auch zu dieser Auslegung gibt Paulus den entscheidenden Hinweis, wenn er mit den Stichworten »Weisheit, Gerechtigkeit, Heiligung und Erlösung« die Kategorien benennt, in denen er selbst das ihm ins Herz gesprochene Geheimnis des Gottessohnes zur Sprache bringt. Es ist die »Weisheit im Geheimnis« (1Kor 2,7), zu der er sich im Gegenzug zur »Weisheit dieser Welt« geführt weiß; es ist die Gerechtigkeit, die den Ungerechten nicht dem Gericht Gottes ausliefert, sondern ihn gerecht macht (Röm 3,26); es ist die Heiligung, zu der (nach 1Thess 4,3) der »Wille Gottes« bewegt; und es ist die Erlösung, die Gott (nach Röm 3,24) in und durch Christus bewirkt.

Kontrastiv kommen bei dieser Auslegung nach Ansicht des Apostels aber auch die säkularen Sinnentwürfe mit ins Spiel. Das gilt in erster Linie von der »Weisheit dieser Welt«, die Gott durch die Kreuzespredigt als eine Bastion der Uneinsichtigkeit und Torheit demaskierte, während er die Torheit des Kreuzes als Inbegriff seiner Macht und Weisheit erwies. Wenn nämlich diese – der politischen Zielvorstellung PLATONS entsprechend – bis zu den »Herrschern dieser Welt« gedrungen wäre, hätten sie, wie Paulus in auffällig gnostischem Tonfall erklärt, »den Herrn der Herrlichkeit nicht gekreuzigt« (1Kor 2,8). Das Kreuz ist somit die Chiffre eines Weltendramas, in dem sich kosmische Kräfte gegen Gott erhoben und von ihm gerade in seiner scheinbaren Niederlage überwunden wurden. Von hier führt eine Linie bis zur pastristischen Sicht des Erlösungsgeschehens und von da bis hin zur »kosmischen Christologie«, für die sich nach TEILHARD DE CHARDIN vor allem ALFONS ROSENBERG aussprach[62].

An dieser Stelle entzündete sich eine denkwürdige Kontroverse zwischen ULRICH WILCKENS und HEINRICH SCHLIER, der in seinem Beitrag »Kerygma und Sophia« das von Paulus beklagte Unvermögen im Sinn des Heideggerschen Konzepts der Seinsgeschichte auf die »Seinsvergessenheit« der Gegner des Kreuzes zurückgeführt hatte[63]. Die aber sei letztlich durch eine Selbstverhüllung Gottes verursacht, mit der dieser die Undankbarkeit der Menschen beantwortet habe. Der tragische Reiz der Auseinandersetzung besteht darin, daß beide Kontrahenten in Defizite verfallen, die von ihnen nicht wahrgenommen werden. So läßt sich Wilckens, so richtig er gegen Schlier einwendet, daß Paulus nichts von einer Selbstverbergung Gottes wisse, die wichtigen wahrheitstheoretischen Hinweise Schliers entgehen. So schon, wenn dieser (mit Röm 1,21) auf die »Verfinsterung des Herzens« bei denen zu sprechen kommt, die sich »Gott nicht ver-danken« und deswegen »in einer Gott abgeneigten und sich selbst und seiner Welt zugeneigten Weise« leben; vor allem aber, wenn er von der durch Paulus gerühmten Weisheit sagt, daß sie »das Licht des Angesichtes Christi« sei[64]. Denn der ersten Bemerkung liegt die Einsicht zugrunde, daß der wahrheitstheoretische Initiationsakt, christlich gesehen, nicht in dem nach ROSENZWEIG in die Starrheit der Vergegenständlichung führenden Staunen, sondern in der einer je größeren Entgegenkunft gewärtigen Dankbarkeit besteht[65]. Mit der zweiten nimmt er – in deutlicher Selbstunterscheidung von HEIDEGGER – Bezug auf den offenbarungsspezifischen Lichtungsgrund der Wahrheit. Denn dieser ist kein anonymer Entbergungsakt, sondern die im Antlitz des Auferstandenen aufscheinende *facies veritatis*, von der AUGUSTIN in seinen Soliloquien spricht[66]. Umso mehr ist der Kritiker dann im Recht, wenn er, ganz im Sinne dieser Erkenntnis darauf besteht, daß die den Glauben umschreibenden Sätze keineswegs auf Worte des Auferstandenen, sondern auf die glaubensgeschichtliche Auslegung des Offenbarungswortes zurückgehen, zumal der »Erscheinende« ANTON VÖGTLE zufolge »nach gut begründeter Auffassung verbal nicht gesprochen hat«[67]. Damit ist, grundsätzlich gesehen, das Problem der Verständlichkeit der Gottesoffenbarung und, in dessen Konsequenz, das der Hermeneutik angesprochen.

Für diese fällt der Hinweis auf HEIDEGGERS Begriff der Seinsgeschichte besonders ins Gewicht. Denn er suggeriert – wie es mittelbar schon der paulinischen Kritik der Weltweisheit zu entnehmen ist –, daß bei der Auslegung der Offenbarungswahrheit die Geistesgeschichte mit ins Spiel kommt. Anders wäre die gerade auch für Schlier wichtige Rede von der sich erfüllenden und auf ihre Mitte hin konvergierenden Zeit nicht zu verstehen. Das wird insbesondere an dem von Paulus aus jüdischer Tradition übernommenen Begriff der »Weisheit« deutlich. Er entstand, wie bereits erwähnt, geradezu kompensatorisch aus der durch das Versiegen des Prophetismus entstandenen Glaubenskrise. Dem entspricht das Bild, das die Weisheitsbücher von ihr entwerfen. Danach ging sie aus dem Mund des Höchsten hervor, dessen Schöpfungswerk sie als spielendes Kind begleitet hatte, um dann, seiner Weisung folgend, in Israel ihren Wohnsitz zu suchen. Doch kehrt sie, verkannt und abgewiesen, von dort zuletzt wieder an ihren Ursprungsort zurück. Mit einem Wort: sie durchläuft eine dramatische Geschichte, doch nicht vergeblich; denn wenigstens bei einzelnen findet sie Aufnahme, die sie dann zu Gottesfreunden und Propheten heranbildet[68].

Aus christlicher Sicht wiederholt sich dieses Drama gleicherweise in der Lebens- wie in der Wirkungsgeschichte dessen, den das Urchristentum als die menschgewordene Weisheit begriff, sofern er sein Schicksal nicht schon von sich aus im Weg der Weisheit angezeigt sah[69]. Getragen von Impulsen, die von ORIGENES und GREGOR VON NYSSA, JOACHIM VON FIORE und NIKOLAUS CUSANUS, JAKOB BÖHME und GIAMBATTISTA VICO ausgingen, unternahm es HEGEL, das christologische Weisheitsmodell auf den Geschichtsgang zu übertragen und die Geschichte, in der noch GOETHE nur ein »Gewebe von Unsinn« zu sehen vermochte, als den »Fortschritt im Bewußtsein der Freiheit« zu begreifen[70]. Dabei muß dieser Fortschritt, um als solcher einzuleuchten, dialektisch gedacht werden, so daß die Geschichte ihr Ziel nur über die »Schlachtbank« ungeheuerer Opfer erreicht und so dem evozierenden Hegelwort zufolge, als »das Weltgericht« lesbar wird[71]. Sosehr sich darin Hegels despotischer Umgang mit den Fakten bekundet, entspricht dem doch die Beobachtung, daß die christlichen Ideen von diesem Gang des Geistes in Mitleidenschaft gezogen werden, doch so, daß dadurch neue Aspekte ihrer Bedeutsamkeit offengelegt und neue Momente ihrer Wirksamkeit freigesetzt werden.

Für die Ausgangsfrage nach dem hermeneutischen Charakter der christlichen Theologie aber besagt das, daß ihre Auslegung des Offenbarungswortes grundsätzlich im Horizont der Weisheit erfolgen müßte, weil nur von ihr eine Verifizierung zu erhoffen ist, die bei allem, was gefolgert und postuliert werden kann, auf jene Sinnfindung hin offenbleibt, auf welche die Nazaret-Perikope verweist: auf die Sinnfindung als Selbstfindung des letztlich Gemeinten im auslegenden und ausdeutenden Wort.

4. Geist und Buchstabe

Als erster Medienverwender ist Paulus nicht nur deswegen die überragende Gestalt in der christlichen Medienlandschaft, weil er den Grundstein zu den neutestamentlichen Schriften legte und zugleich die Grenzen des von ihm in Dienst gestellten Mediums erkannte, sondern weil er überdies mit seinem Theorem »Geist und Buchstabe« die erste Medientheorie entwarf. Dabei wird die von KÄSEMANN angesprochene »äußerst schmale« Textbasis des Theorems weitgehend durch die eminente Auswirkung dieser Stellen auf die Theologie und die Geistesgeschichte kompensiert[72]. Das darf als Hinweis darauf verstanden werden, daß Paulus dabei nicht nur die von ihm zunächst anvisierte Thora, sondern den Großtext der jüdischen Gesetzesfrömmigkeit im Auge hatte. Das gilt schon für die institutionskritische Stelle des Römerbriefs, die dem Judesein »nach außen hin« die »wahre Beschneidung am Herzen« gegenüberstellt, die »durch den Geist und nicht durch den Buchstaben« geschieht (Röm 2,28f)[73]. Ebenso gilt das für die zweite Bezugsstelle, in welcher Paulus, gleichfalls im Römerbrief, von der durch die Auferstehung Jesu bewirkten Befreiung von einem Leben in der Gefangenschaft durch das mosaische Gesetz spricht und daraus folgert,

> *daß wir unseren Dienst im neuen Geist und nicht mehr im alten Buchstaben verrichten (Röm 7,6)*[74].

Auch hier steht der »in der Gefangenschaft« haltende alte Buchstabe für die Totalität einer heteronomen, die Einhaltung des göttlichen Gesetzes erzwingenden Religiosität, von der der Psychologe Paulus, zweifellos aus leidvoller Selbsterfahrung, im Anschluß daran sagt, daß sie durch ihre Verbote erst recht »jegliche Begierde weckt« (Röm 7,8). Erst in der dritten Belegstelle, die dazu in einer deutlichen Spannung steht, kommt der Apostel auf den in Stein gemeißelten Buchstaben der Tafeln des Mose zu sprechen, wenn er versichert:

> *Er hat uns befähigt, Diener des neuen Bundes zu sein, nicht des Buchstabens, sondern des Geistes. Denn der Buchstabe tötet, der Geist aber macht lebendig (2Kor 3,6)*[75].

Daß der Buchstabe »tötet«, ist im Grunde nur im Rückbezug auf die These verständlich, daß das Gesetz die Begierde weckt und dadurch das Gegenteil seiner Zweckbestimmung bewirkt. Hier aber spricht der Kontext eher dafür, daß der Buchstabe, sofern seine Geltungsdauer durch den Anbruch der neuen Zeit abgelaufen ist, seinerseits »stirbt«. Um das zu verheimlichen, lag eine Hülle auf ihm, ähnlich derjenigen, mit welcher Mose sein strahlendes Antlitz vor den Israeliten verhüllte. Was bei ihm im Interesse der Schonung geschah, dient hier der Täuschung. Wenn aber die Hülle fällt, wird klar, daß die alte Gesetzesordnung an ihr Ende gelangte und daß die Zeit der Freiheit anbrach. Das steigert Paulus zu dem großen Wort, das zugleich die Ursache des Wandels benennt:

> *Der Herr ist der Geist, und wo der Geist des Herrn waltet, da ist Freiheit. Wir alle aber, die wir mit unverhülltem Angesicht die Herrlichkeit des Herrn widerspiegeln, werden von Klarheit zu Klarheit in dasselbe Bild verwandelt, wie es der Wirkung des Geistes entspricht, der vom Herrn des Geistes ausgeht (2Kor 3,17f).*

Die Stelle erschließt sich, wenn man sie auf den übergeordneten Grundgedanken von dem den Glaubenden ins Herz geschriebenen »inwendigen Brief« (2Kor 3,2) zurückbezieht und mit KLAUS BERGER davon ausgeht, daß dieser geistgewirkte Brief Christi von seinem Text her bezeichnet ist, so daß er Christus nicht so sehr zum Autor, als vielmehr zu seinem Inhalt hat[76]. Das verhilft zu einer tieferen Sinnbestimmung des hermeneutischen Aktes. In dieser spirituellen Sicht ist er ein Akt der Freiheit, der die verhüllende und verstörende Vertextung abräumt und den Blick auf die zentrale Mitteilung freigibt. Das rückt das Gesagte unmittelbar an das paulinische Damaskuserlebnis heran, das den Apostel in dem vermeintlichen Feindbild das Geheimnis des Gottessohnes erkennen ließ, so wie es ihm in jener Gnadenstunde ins Herz gesprochen worden war.

Obwohl Paulus sonst den größten Wert darauf legt, die Identität dieses mystischen Zuspruchs mit dem Engramm nachzuweisen, das dem Glaubenden eingeschrieben ist, wird hier doch eine Differenz sichtbar, die den Unterschied zwischen Zuspruch und Engramm, also zwischen Wort und Schrift betrifft und ebenso sehr fortbesteht, wie sie nach paulinischem Verständnis immer schon aufgehoben ist. Das aber ist dasselbe Verhältnis wie das nach KIERKEGAARD gleichfalls immer schon aufgehobene und immer noch aufzuhebende zwischen dem Schüler erster und zweiter Hand: aufgehoben, weil nur der Inhalt, nicht aber die Vermittlung entscheidet; aufzuheben, weil die historische Vermittlung immer neu auf ihren ewigen Inhalt zurückgeführt werden muß[77]. Dabei geht es um die Lösung des von LESSING in seiner Flugschrift ›Über den Beweis des Geistes und der Kraft‹ aufgeworfenen Grundproblems des neuzeitlichen, aus der Bindung an Autorität und Tradition gelösten Christentums, um das Kierkegaard in seinem Spätwerk mit dem Aufgebot seiner ingeniösen Geistes- und Glaubenskraft gerungen hatte. Seine Lobrede auf Lessing, die er in der ›Abschließenden unwissenschaftlichen Nachschrift zu den Philosophischen Brocken‹ angestimmt hatte, müßte heute wiederholt werden, da das von ihm entdeckte Problem, trotz gelegentlicher Bestreitung, bis heute fortbesteht. Mehr noch: der Spinnenfaden, an dem er die historische Gewißheit des Heilsereignisses aufgehängt sah, droht unter dem Gewicht der eskalierenden Medienszene vollends zu reißen. War es das, so ist angesichts der verlorenen Rückkoppelung an Autorität und Tradition zu fragen, was das Medium Bibel vermittelt, was dem Christentum letztlich Grund und Halt verlieh? Oder sind die historischen Fakten, die es verbürgt, nur die wenngleich unverzichtbaren Rahmenbedingungen dessen, was Lessing das »ewige Bewußtsein« nannte und was Kierkegaard mit der im Glauben erlangten Gleichzeitigkeit mit dem Heilsgeschehen einzulösen suchte?

Das sind Fragen, die sich im Fall einer primären Schriftreligion wie der des Islam und seiner Deriverate nicht einmal im Ansatz stellen, und die durch ihre Eindringlichkeit mehr noch als durch bloße Abgrenzung bestätigen, daß das Christentum als eine ausgesprochen sekundäre Schriftreligion zu gelten hat. Sie zeigen aber auch, daß die durch die Dokumentation des – übersprachlichen – Offenbarungswortes bedingte Notwendigkeit der Auslegung, gerade auch in Gestalt einer sich als Hermeneutik verstehenden Theologie, letztlich der Freiheit entstammt. Es ist die Freiheit, die der gewährt, der durch sein menschlich vermitteltes Wort zum Menschen redet, und der so zu ihm redet, weil er in seiner Selbstbekundung nicht nur gehorsam akzeptiert, sondern verstanden sein will. Und es ist der Glaube, der das ihm Zugesprochene nicht nur festhält, sondern mit dem zu ihm Redenden gleichzeitig zu werden und ihn zu verstehen sucht.

Doch wie soll ein Glaube, der eine im strengen Sinn des Wortes zu verstehende Identitätskrise erleidet, diese Gleichzeitigkeit bewirken? Ein Glaube, dessen Herzstück – »daß Gott ihn von den Toten erweckt hat« (Röm 10,9) – nach demoskopischen Erhebungen von einem Drittel der Christen beider westlichen Konfessionen in Frage gestellt wird und der infolge seines nur rezeptiven Selbstverständnisses die Fähigkeit verlor, auf die Herausforderungen der Stunde spontan zu reagieren und den an ihn ergehenden Zuspruch verstehend aufzunehmen? Deshalb muß die Frage nach der Identität des Christentums aufs neue aufgerollt und in jener Richtung fortdiskutiert werden, die ihr GUARDINI durch seine Zurücknahme des »Wesens« des Christentums auf die Person seines Stifters wies.

DRITTER TEIL:
DIE IDENTITÄT

ÜBERLEITUNG

Mit der dreifachen Abgrenzung des Christentums von seinen häufigsten Fehldeutungen ist, methodologisch gesehen, auch schon die Wegweisung für die Suche nach seiner Identitätsmitte gegeben. Daß das Christentum entgegen dem Eindruck, den zahlreiche seiner Erscheinungs- und Frömmigkeitsformen erwecken, nicht als eine asketische, sondern als eine therapeutische Religion zu gelten hat, gibt den entscheidenden Wink für den einzuschlagenden Denkweg. Daß es entgegen seiner gegenwärtigen Selbsteinschätzung keine moralische, sondern eine mystische Religion ist, nötigt zum Rückgang von den den Glauben artikulierenden Sätzen auf die von ihnen umschriebene Person und damit zur Suche nach der Mitte des Evangeliums. Mit seiner Bestimmung als sekundäre Schriftreligion ist schließlich die zweifache Chance geboten, seine schriftliche Selbstdarstellung im Kontext anderer, meist primärer Schriftreligionen zu würdigen, vor allem aber, von ihr auf seine ursprüngliche Mündlichkeit zurückzublenden und daraus Rückschlüsse auf seine regenerativen Fähigkeiten zu ziehen.

Was zunächst den Denkweg betrifft, so verweist er als Konsequenz aus dem therapeutischen Charakter des Christentums unübersehbar auf WITTGENSTEINS Theorem vom therapeutischen Charakter philosophischer Analysen. In seinen ›Philosophischen Untersuchungen‹ (1958) überrascht er mit der These:

> *Der Philosoph behandelt eine Frage; wie eine Krankheit (§ 255)*[1].

Dem entspricht seine Gleichsetzung der philosophischen Methoden mit »verschiedenen Therapien« (§ 133). Demgemäß bestünde der dabei einzuschlagende Königsweg darin, der »Fliege den Ausweg aus dem Fliegenglas« – einem altertümlichen Instrument zur Insektenbekämpfung – zu zeigen (§ 309)[2]. Bei näherem Zusehen erweist sich das als die Verallgemeinerung eines Gedankens, den schon NIETZSCHE auf theologischer Ebene entwickelt hatte, als er in der ›Morgenröte‹ (1881) erklärte:

Ehemals suchte man zu beweisen, daß es keinen Gott gebe, – heute zeigt man, wie der Glaube, daß es einen Gott gebe, entstehen konnte und wodurch dieser Glaube seine Schwere und Wichtigkeit erhalten hat: dadurch wird ein Gegenbeweis, daß es keinen Gott gebe, überflüssig[3].

Um auf die »Sätze dogmatischen Rechts«, wie man in Anspielung auf Käsemann formulieren könnte, angewandt zu werden, müßte freilich ein ihnen anhaftender therapiebedürftiger Tatbestand ausgemacht werden. Darauf verwies, ebenso hart wie irenisch, Martin Buber, als er in seiner Streitschrift ›Zwei Glaubensweisen‹ (1950) dem Christentum vorwarf, von der Höhe des prophetischen Vertrauensglaubens auf einen Satz-Glauben herabgesunken zu sein, dem mehr an der Richtigkeit der umschreibenden Formeln als an der Wahrheit des von ihnen umschriebenen Inhalts gelegen sei[4]. Das aber hatte bereits, höchst polemisch, Theodor Reik vorweggenommen, als er im Entstehungsgrund der Dogmen den Antagonismus von Rebellion und Unterwürfigkeit ausmachte und das Dogma schließlich als eine zum Ziel der Verdrängung von Gegenvorstellungen und Zweifeln auferlegte »Zwangsidee« zu erweisen suchte[5]. Nimmt man hinzu, daß Wiebrecht Ries in seiner ebenso einfühlsamen wie gedankentiefen Kafka-Studie vom »Terror der Transzendenz« sprach, so wird die tiefste Wunde sichtbar, an der die Therapie, um erfolgreich zu sein, ansetzen müßte[6]. Die Suche nach dem dafür qualifizierten Therapeuten – »his name shall be called wonderful« – stößt unmittelbarer als jede andere Strategie zum Zentrum der zu bewältigenden Problematik vor[7].

Das Ziel der Erkundung – der Identitätsgrund – wäre freilich erst dann erreicht, wenn jener Freiheitsraum gefunden würde, in dem sich der gedeutete Gegenstand dem hermeneutischen Zugriff entwindet und im Modus seines immer neu zu gewärtigenden Zugesprochenseins darstellt. Das aber ist nur einer sekundären Schriftreligion möglich, weil die mit ihrer Dokumentation befaßten Schriftsteller nicht einer göttlichen Weisung folgten, sondern, mit Luther gesprochen, der »Not« gehorchend zur Feder griffen. Deshalb ist in diesem Fall die Rückübersetzung der verschrifteten Botschaft in ihre ursprüngliche Mündlichkeit ebenso legitim wie geboten. Zuletzt müßte dann nur noch das »Zauberwort« gefunden werden, welches das in den Texten wie in den Dingen schlafende Lied zum Erklingen brächte, wie es beispielhaft für alle Tiefenhermeneutik, die theologische eingeschlossen, der mit »Wünschelrute« überschriebene Vierzeiler EICHENDORFFS (1857) zum Ausdruck bringt:

Schläft ein Lied in allen Dingen,
Die da träumen fort und fort,
Und die Welt hebt an zu singen,
Triffst du nur das Zauberwort.

Es geht somit um das Hörbarmachen jener »Musik hinter diesen Worten«, um die noch NIETZSCHE wußte, christlich gesprochen, um das Hörbarwerden jenes »Leidenstons« im Grund aller, selbst der freudigsten Herrenworte, von dem KIERKEGAARD wenige Jahre vor Entstehung der Eichendorff-Strophe gesprochen hatte[8]. Diese vorsprachliche Klangwelt und nicht der Versuch einer archaisierenden Rekonstruktion des originalen Wortlauts ist das Ziel der Rückübersetzung, weil sich daraus – und nur daraus – die übersprachliche Stimme des letztlich Gesuchten und sein aktueller Zuspruch erheben kann.

I. KAPITEL: VOM CHRISTENTUM ZU CHRISTUS

1. Reform und Zurücknahme

Das paulinische Bild vom mystischen Leib bewahrheitet sich auch darin, daß es dazu angetan ist, den Lebensrhythmus des damit bezeichneten Organismus zu veranschaulichen. Wie bei jedem Lebewesen besteht er im Wechsel von Expansion und Kontraktion, entsprechend dem Wechsel von Systole und Diastole, von der GOETHE im ›West-östlichen Divan‹ unter dem Stichwort »Talismane« spricht:

Im Atemholen sind zweierlei Gnaden:
Die Luft einziehen, sich ihrer entladen;
Jenes bedrängt, dieses erfrischt;
So wunderbar ist das Leben gemischt.
Du danke Gott, wenn er dich preßt,
Und danke ihm, wenn er dich wieder entläßt.

Was bei Goethe auf einen doppelsinnigen, einmal bedrängenden, dann wieder beglückenden Gott schließen läßt, hat im Neuen Testament eine Entsprechung, die zwar nicht mit seinem Gottesbegriff, wohl aber mit dem Antagonismus von Verfestigung und Aufschmelzung im glaubensgeschichtlichen Selbstvollzug zu tun hat. Auf Phasen der Expansion, die zur Ausgestaltung der Lehre und Hierarchie, vor allem aber zur Missionstätigkeit führten, folgte, am deutlichsten dokumentiert in den johanneischen Schriften, eine Gegenbewegung im Sinne des Rückbezugs auf den Ursprung, wie er sich in der Beschwörung des »Anfangs» sowohl zu Beginn des Evangeliums (Joh 1,1) als auch des vielfach als dessen Begleitschreiben angesehenen Ersten Johannesbriefs (1 Joh 1,1) bekundet.

Was sich hier nur ansatzweise abzeichnet, gewann in der Folge strukturbestimmende und schließlich ebenso kirchenbestärkende wie kirchensprengende Brisanz, da sich die beiden vitalen Kräfte zu polarisierenden Tendenzen entzweiten, die den Zusammenhalt des Ganzen wiederholt bedrohten und schließlich zerrissen. Dabei entwickelten sich aus den Ansätzen die beiden allbekannten Tendenzkräfte des Traditionalismus und Progressismus, die in der heutigen Einschätzung freilich kaum noch als Erscheinungen des Lebensprozesses gelten, sondern gerade in der nachkonziliaren Phase der Kirchengeschichte mehr und mehr in den Anschein konkurrierender Richtungen gerieten[1]. Als Inbegriff der Stabilität und der Tendenz zu Festigung im Innern, aber auch der Abgrenzung nach außen profilierte sich die kirchliche Doktrin und in noch höherem Maße die Hierarchie mit dem Papsttum an ihrer Spitze, das seine wohl schönste Selbstdarstellung in einem Briefwort des Papstes SIRICIUS (384-398) erfuhr:

> *Wir tragen die Lasten aller, die beladen sind, oder vielmehr trägt dies in uns der selige Apostel Petrus, der uns, wie wir hoffen, in allem als Erben seines Amtes beschützt und beschirmt*[2].

Wie WILHELM GESSEL zeigte, war das Wachstum der päpstlichen Macht zwar von einem mit zunehmender Intensität erhobenen Leitungsanspruch, nur sporadisch jedoch von einer theologischen Reflexion getragen[3]. Um so nachdrücklicher nahm sich dieser jedoch der progressive Grundzug an. In der Retrospektive erscheint sogar die überwiegende Mehrzahl der frühen Schöpfer theologischer Entwürfe diesem Interesse verpflichtet, so schon IGNATIUS VON ANTIOCHIEN, der bei aller Betonung der Gemeinschaft mit dem Bischof (Tral 7,2) die therapeutische Sendung Jesu in Erinnerung ruft (Eph 7,2) und schließlich seine Adressaten geradezu in seine radikale Christusnachfolge hineinzureißen sucht:

> *Nicht gebiete ich euch wie Petrus und Paulus. Sie waren Apostel, ich bin ein Verurteilter. Sie waren frei; ich bin immer ein Sklave. Wenn ich aber gelitten habe, werde auch ich ein Freigelassener Jesu Christi sein und in ihm, als ein Freigegebener, auferstehen (Röm 4,3).*

Gleiches gilt aber auch von den Apologeten, mit dem exzentrischen TERTULLIAN an ihrer Spitze, der das pseudopaulinische Emigrationsanraten (2Kor 6,14) zur Absage an jedes »stoische, platonische oder dialektische Christentum« zuspitzt, verbunden mit der Aufforderung, den Herrn nach Salomons Anweisung mit »einfältigem Herzen« zu suchen[4]. Seine Fortschrittlichkeit zeigt sich vor allen Dingen in seinem Gottesbild. Entgegen dem »Gott der Philosophen« (Adv. Marc. II, c.27,6), der im Grunde alles beim Alten beläßt, steigt sein Gott in die Abgründe des angefochtenen, leidbehafteten und todverfallenen Menschseins hinab, so daß sein Geheimnis nur noch in Paradoxien gedacht werden kann:

Gottes Sohn wurde gekreuzigt? Das beschämt nicht, weil es eine Schmach ist. Und der Gottessohn ist gestorben? Das ist glaubhaft, weil es eine Torheit ist. Und er ist begraben und auferweckt worden? Das ist gewiß, weil es unmöglich ist[5].

Da Fortschritt im christlichen Sinn letztlich immer nur im Rückgriff auf den Ursprung, also im Versuch von dessen »Wiedereinholung« bestehen kann, hat insbesondere die von IRENÄUS VON LYON – vermutlich unter dem Eindruck der von ihm kritisierten gnostischen Systeme – entwickelte Rekapitulationslehre als paradigmatische Realisierung dieses Modells zu gelten, zumal sie im Gedanken an den in die ganze Weltwirklichkeit ausgegebenen und sie (nach Eph 1,10) zu einer vielsinnigen Ganzheit integrierenden Christus zentriert ist[6].

Mit dem neutestamentlichen Widerspiel von Fixierung und neuem Aufbruch zog der Progressismus jedoch erst in der häretischen Szene gleich, als er, wohl erstmals bei MARKION, die Reformidee entwickelte. Bei aller Nähe zum gnostischen Dualismus ging es diesem nach REINHOLD SEEBERG primär darum, das ursprüngliche Christentum in der von Paulus bewahrten Gestalt wiederherzustellen und dies in betontem Gegensatz zur kirchlichen Verknüpfung von Gesetz und Evangelium[7]. Der Widerstand gegen die vor allem vom Judenchristentum repräsentierte »Gesetzesreligion« führte ihn, zusammen mit dem spätantiken Weltüberdruß, zu der Zerreißung Gottes in einen gnadenlosen Demiurgen, auf den alles Leid und Elend der Welt zurückgeht, und den »fremden«, erst durch Christus enthüllten Gott der Erbarmung und Liebe, den es an der Hand des Apostels Paulus wiederzuentdecken und zur Geltung zu bringen galt, ein Konstrukt, das Tertullian zu der ironischen Bemerkung veranlaßte:

O du allergeduldigster Herr Christus, der du die Verdrehung deiner Verkündigung so viele Jahre solltest hingenommen haben, bis dir – man denke! – ein Markion zu Hilfe kam![8]

Indessen machte der Gedanke wie kaum ein anderer Schule, besonders in Zeiten des kirchlichen Niedergangs, so in JOACHIMS Theorem von dem sich im trinitarischen Dreischritt vollendenden Gottesreich, das als das Reich des Geistes die vollendete Freiheit und als das Reich der Liebe die Erfüllung des Willens Christi herbeiführt[9]. Sodann aber kaum weniger in den Reformideen des WILHELM VON OCKHAM, des MARSILIUS VON PADUA, des JOHN WYCLIF und nicht zuletzt des visionären Entwurfs, zu dem sich NIKOLAUS VON KUES unter dem Eindruck der Schreckensnachrichten aus dem von den Truppen MEHMETS II. eroberten Konstantinopel erhob[10]. Auch wenn LUTHER vergleichsweise selten – so jedoch schon in seiner 89. These über den Ablaß, nachdem er bereits in seiner Predigt bei einer Brandenburger Bezirkssynode (1512) »mit flammenden und brennenden Worten« von der Notwendigkeit einer Reform gesprochen hatte – den Ausdruck »Reformation« gebrauchte, so hat sich doch dieser Begriff seiner kirchengeschichtlichen Tat in einer nicht mehr aufzuhebenden Weise bemächtigt, auch wenn damit das von ihm in Gang gesetzte »umwälzende Geschehen«, wie GERHARD EBELING urteilt, nur »unzureichend« bezeichnet wird[11]. Tatsächlich ist der Begriff in zweifacher Hinsicht zu eng, um das, was Luther wollte, voll zu erfassen. Denn einerseits verbleibt der Begriff zu sehr im Institutionellen, um mit hinreichender Genauigkeit auf den von Luther angestrebten Durchbruch zum christlichen Ursprung einzugehen; andererseits klammert er so gut wie völlig das destruktive Wirkungsziel aus, auf das Luther oft genug zu sprechen kam. Und schon gar nicht bringt der Begriff die seinem Werk innewohnende Dialektik zum Ausdruck, die es dahin brachte, daß er bei seinem Vorstoß in die Mitte des Evangeliums zerstörte und durch sein Zerstörungswerk eminent positive Energien freisetzte. Deshalb sei der Begriff mit dem der »Zurücknahme« konfrontiert, zumal sich damit dieselbe Dialektik, nur im entgegengesetzten Sinn, verbindet.

Es handelt sich um den Schlüsselbegriff von THOMAS MANNS »Epochenroman«, seiner unter dem Titel ›Doktor Faustus. Das Leben des deutschen Tonsetzers Adrian Leverkühn, erzählt von einem Freunde‹ (1947) veröffentlichten »Verfallsgeschichte« des deutschen Geistes[12]. Auf dem Höhepunkt des Werkes, als den der Autor selbst den Tod des »elfenhaften« Kindes und die Reaktion des Titelhelden darauf bezeichnet, kommt es zu einem Zwiegespräch zwischen dem Erzähler und seinem bereits dem Zusammenbruch entgegentreibenden Schulfreund, das in knappen Worten die Programmatik des Geschehens enthüllt:

> *»Ich habe gefunden«, sagte er, »es soll nicht sein«.*
> *»Was, Adrian, soll nicht sein?«*
> *»Das Gute und Edle«, antwortete er mir, »was man das Menschliche nennt, obwohl es gut ist und edel. Um was die Menschen gekämpft, wofür sie Zwingburgen gestürmt und was die Erfüllten jubelnd verkündigt haben, das soll nicht sein. Es wird zurückgenommen. Ich will es zurücknehmen «*
> *»Ich verstehe dich, Lieber, nicht ganz. Was willst du zurücknehmen?«*
> *»Die Neunte Symphonie«, erwiderte er*[13].

Was dieses Gespräch geradezu programmatisch zum Ausdruck bringt, setzt dann das letzte Werk des dem Teufel Verschriebenen, seine Kantate ›Doctor Fausti Weheklag‹ in ein musikalisches »Verfallsgeschehen« um. Bei der Schilderung des Werkes scheint der Autor, der nach eigenem Bekunden NIETZSCHES ›Ecce homo‹ zur »Vorbereitung auf die Schlußabschnitte des Romans« gelesen hatte, so sehr in dessen Sog geraten zu sein, daß das Motiv der Zurücknahme zunächst bei diesem zu suchen ist[14]. Zunächst kommt es bei ihm freilich nicht unmittelbar zum Tragen, sondern zweifach verschlüsselt: einmal durch seinen Versuch einer radikalen, bis in die denkerischen und musischen Implikate vordringenden Destruktion des Christentums, sodann durch die ihm weithin verborgen gebliebene, aber von JASPERS scharfsinnig registrierte Tendenz seiner Aggression, den Urheber der bekämpften »Gegenwelt«, Christus, bei seinem Angriff zu verschonen, also durch die inversive Grundstruktur seiner Polemik[15]. Höchst suggestiv bringt das sodann das Gleichnispaar zu Beginn des dritten Buchs der ›Fröhlichen Wissenschaft‹ zum Ausdruck, das Gleichnis vom Schatten BUDDHAS, das sich zu dem vom »Tollen Menschen« wie dessen vorweggenommene Interpretation verhält, um es mit Nietzsches eigener Bestimmung des Verhältnisses der ›Fröhlichen Wissenschaft« zu seinem ›Zarathustra‹ zu sagen[16].

Das Schatten-Gleichnis erhebt mit seiner Sachhälfte die Forderung, die denkerischen, sprachlichen und gesellschaftlich-kulturellen Restbestände des vom tollen Menschen totgesagten Gottes auszuräumen, um so die Bedingung für jene Neuordnung zu schaffen, auf welche die euphorische Behauptung abzielt:

Es gab nie eine größere Tat – und wer nur immer nach uns geboren wird, gehört um dieser Tat willen einer höheren Geschichte an, als alle Geschichte bisher war!

Bevor der Vollsinn dieses Satzes ausgeleuchtet werden kann, muß die sich in ihm bekundende »Tendenzwende« verdeutlicht werden, die in der ›Genealogie der Moral‹ zur Vorstellung von der notwendigen Selbstaufhebung des Christentums führt und von Nietzsche in ›Ecce homo‹ in den Satz gefaßt wird:

Versteht man mich? Die Selbstüberwindung der Moral aus Wahrhaftigkeit, die Selbstüberwindung des Moralisten in seinen Gegensatz – in mich – das bedeutet in meinem Munde der Name Zarathustra[17].

Damit bezieht er sich nicht nur auf die fulminante Intonation der These im dritten Teil seiner ›Genealogie der Moral‹; vielmehr nimmt er damit zugleich die von ihm zuletzt wieder gestrichene Textstelle auf, die in der Behauptung gipfelt:

in mir richtet, in mir überwindet sich das Christentum[18].

Mit diesem Satz bezieht Nietzsche eine derart diametrale Gegenposition zu Jesus, daß nun der Grundimpuls in seinem Wort von der »höheren Geschichte« spürbar wird. Denn mit ihm umschreibt er nicht nur die Auswirkung des Gottesmordes; vielmehr stimmt er sich damit hintergründig auch auf den Markusbericht vom Auftreten Jesu ein, der in der Ankündigung gipfelt:

Die Zeit ist erfüllt und das Reich Gottes nah; kehrt um und glaubt an die Heilsbotschaft! (Mk 1,15)

Wenn das zutrifft, wird im Hintergrund von Nietzsches Angriff auf den christlichen Gottesgedanken, der die Parabel vom Tollen Menschen als einen gleichnishaften Widerruf des ontologischen Arguments erscheinen läßt, die radikalere Opposition deutlich, die er mit diesem Antigleichnis betreibt[19]. In dieser Sicht richtet sich diese dann auf das Ziel, das die Gleichnisse Jesu in ständig neuen Anläufen vergegenwärtigen: auf die Verwirklichung des Gottesreiches. Ihm entzieht der tolle Mensch den Boden, sofern die höhere Geschichte, der er das Wort redet, mit der geschichtslosen Weltwirklichkeit identisch ist, zu deren vorbehaltloser Akzeptanz Zarathustra seine Jünger zu überreden sucht. In einer geradezu paradoxen Opposition zu Jesus aber erscheint der mit der Maske des tollen Menschen getarnte Nietzsche, wenn man den Gedanken des ORIGENES hinzunimmt, wonach Jesus als das Gottesreich in Person und dieses umgekehrt als seine soziale Selbstdarstellung zu gelten hat[20]. Denn unter diesem Gesichtspunkt mündet die von Nietzsche behauptete Aufhebung des Christentums in einer Weise in seine eigene Individualität aus, die unmittelbar, nur gegensinnig, dem entspricht, wie sich Jesus in das Gottesreich einbringt. Das aber führt, bei allem Widerstreit, zu einer unübersehbaren Übereinkunft, auch wenn sich diese nur in dem von Jaspers beobachteten toleranten Umgang Nietzsches mit der Gestalt Jesu bekundet. Er will, konkret gesprochen, sein Überleben, so wie er in seltenen Äußerungen auch von einer Wiederkehr des totgesagten Gottes spricht. So schlägt seine Negation schließlich in eine sublime und rational nicht mehr zu definierende Bejahung um.

Das gilt nun aber auch von der im ›Doktor Faustus‹ proklamierten »Zurücknahme«, und dies nicht nur deshalb, weil sie musikalisch und daher mit den über keine metaphysische Vernichtungsmacht verfügenden ästhetischen Mitteln ins Werk gesetzt wird. Vielmehr ist es, als entwinde sich die »Weheklag« ebenso wie der mit ihr synchrone Roman zuletzt der Verfalls- und Destruktionsprogrammatik, um im Dunkel der Negation ein wenn auch noch so leises Hoffnungszeichen zu setzen. In der Kantate, die sich zuletzt zur »Klage Gottes über die Verlorenheit seiner Welt« erhebt, behält der hohe Ton eines Cellos »das letzte Wort«:

> *Dann ist nichts mehr, – Schweigen und Nacht. Aber der nachklingend im Schweigen hängende Ton, der nicht mehr ist, dem nur die Seele noch nachlauscht, und der Ausklang der Trauer war, ist es nicht mehr, wandelt den Sinn, steht als ein Licht in der Nacht*[21].

Nicht umsonst schließt die Nachschrift des Romans mit der Frage nach dem Wunder, das aus »letzter Hoffnungslosigkeit« doch noch »das Licht der Hoffnung tagen« läßt[22]. Die entdeckte Figur ist freilich in unterschiedlicher Weise lesbar. Zunächst im Rückbezug auf das Ziel der »Zurücknahme«, die jetzt in ihrem positiven Hintersinn, als Zurückführung auf den Ursprung, erkennbar wird, doch so, daß dabei keine Wiederherstellung des Ausgangsstadiums erfolgt, sondern nur etwas, was von dorther erhofft werden kann. Lesbar wird sie sodann aber, und insbesondere, als Korrektiv der Reformidee, deren Verwirklichung noch immer daran scheiterte, daß sie auf die Wiederherstellung des Ursprungs ausging und es im Effekt dann immer nur zu Zerrbildern, bestenfalls zu Replikaten des Gesuchten brachte. Zweifellos hängt dieses Defizit auch damit zusammen, daß die Reformidee, sosehr sie der innerchristlichen Reflexion entsprang, in der Regel von außen an die Kirche herangetragen werden mußte und sich dort, wie im Falle Nietzsches und Manns, zu destruktiven Entwürfen überschlug. Umso wichtiger wird die Suche nach effektiveren Modellen neuer und wesentlicherer Selbstaneignung.

2. Einholung und Wiederholung

Die Idee, daß das Ziel im Ursprung liege und nur im Rückweg dorthin erreicht werden könne, ist vermutlich so alt wie das Denken selbst. Nicht umsonst begegnet sie uns wiederholt im Zusammenhang mit Besinnungen auf die biblische Paradiesgeschichte. So schon bei Maximus Confessor, für den der Mensch dazu verurteilt ist, den von ihm verlassenen Ursprung »durch das Ende«, also auf dem Weg zu dem vorausliegenden Ziel, zu erkunden, da er das ihm gesetzte Ziel »nicht aus dem Ursprung zu erkennen vermochte«[23]. Und so noch bei Heinrich von Kleist, für den sich das vom Cherub verstellte Paradies der verlorenen Naivität nur im Durchgang durch die ganze Welt der Werdemöglichkeiten zurückgewinnen läßt[24].

Ihre elaborierte Ausgestaltung erlangte die Idee jedoch in der Rekapitulationstheorie des Irenäus von Lyon, die das Erlösungswerk Christi als die umfassende »Wiedereinholung« der durch die Ursünde zersprengten und zersplitterten Gesamtheit aller Dinge begreift. Den Grundgedanken faßt ein syrisches Fragment in die litaneiförmige Sequenz zusammen:

Er ist alles und in allem: in den Patriarchen Patriarch, in den Gesetzen Gesetz, in den Priestern Hohepriester, in den Köni-

gen Regent, in den Propheten Lehrer, in den Engeln Engel, in den Menschen Mensch, im Vater Sohn, in Gott Gott und König auf ewig. Denn er ist es, der dem Noah Lenker und dem Abraham Wegführer war; mit Isaak war er gefesselt, mit Jakob ein Fremdling, den Geretteten ist er Hirt und der Kirche Bräutigam; Anführer der Cherubim und Fürst des Engelheeres, König von Ewigkeit zu Ewigkeit. Amen[25].

Daß damit eine Konzentration auf die alle Seinsweisen in sich versammelnde Mitte einhergeht, macht Irenäus dadurch deutlich, daß er das gesamte Heilsgeschehen des Alten Bundes als eine »Einübung« *(praemeditatio)* in das christologische Zentralgeheimnis deutet. Darin erweist sich die göttliche Kunst der Disposition der Zeiten, daß sie den Gottessohn so lange warten ließ, bis der Kairos der Stunde der Verkündigung und Heraufführung des Gottesreiches gekommen war[26]. Um so nachdrücklicher geschah das dann durch KIERKEGAARD, der sich nach Ausweis seiner persönlichsten Schrift ›Die Wiederholung‹ (1843) von dieser zugleich die Lösung des Lessingproblems erhoffte, nachdem er durch die Trennung von REGINE OLSEN den »garstigen breiten Graben« auf eine ihn existentiell betreffende Weise aufgerissen hatte[27]. Was er in dem über die ›Philosophischen Brocken‹ zur ›Einübung im Christentum‹ führenden Leidens- und Reflexionsweg erreichte, war zwar nicht die erwartete Lösung auf der menschlichen, wohl aber auf der religiösen Ebene, die ihn zu seinem zeitüberwindenden Glaubensbegriff gelangen ließ. Denn um ein Glaubender zu sein, muß man, wie es zu Beginn der ›Einübung im Christentum‹ heißt, immerfort mit der Gegenwart Jesu »gleichzeitig sein«:

diese Gegenwart ist die Bedingung des Glaubens und, näher bestimmt, ist sie der Glaube[28].

Ebenso wichtig ist aber auch das Ergebnis auf der subjektiven Ebene, das ihm zwar nicht die ersehnte Rückkehr der Verstoßenen, dafür aber eine zuvor so nie erreichte Aneignung seiner selbst erbrachte. Im Blitzschlag des bei der Nachricht von der Verheiratung Regines über ihn hereingebrochenen »Gewitters« erfährt er:

Jetzt bin ich wieder ich selbst; da habe ich die Wiederholung ... Der Zwiespalt, der mein Dasein zerrissen hat, ist behoben. Ich schließe mich wieder mit mir selbst zusammen[29].

Damit fällt das entscheidende Stichwort: Zusammenschluß mit sich selbst, also Identität. Was Kierkegaard an sich als einem zwar solitären, aber in seinem Einzelsein zugleich exemplarischen Fall erfuhr, muß nun lediglich noch in einer Weise extrapoliert werden, daß daraus die Antwort auf die Frage nach der Identität des Christentums abgeleitet werden kann.

3. Fortschritt zum Ursprung

Wenn man aus den angeführten Stellen die Quersumme zieht, entspricht sie dem, was Maximus Confessor mit dem denkwürdigen Satz zum Ausdruck brachte, daß der Ursprung nicht so gesucht werden dürfe, »als ob er im Rücken läge«, sondern aus dem vorausliegenden Ende erschlossen werden müsse. Für Hans Urs von Balthasar ist damit der Tatbestand einer einschneidenden Denkwende gegeben. Nachdem es noch Gregor von Nyssa angelegen war, auf das »paradiesische Ursprungsland« als die wahre Heimat des Menschen zurückzublicken, sei für Maximus die »Tür der Gottheimat« unwiderruflich zugefallen. Fortan könne sich der Mensch nur dadurch, daß er seinem Ziel und Ende entgegenstrebte, dem Ursprung annähern und eine Vorstellung von ihm gewinnen[30]. So sieht es, wie bereits erwähnt, auch der daran in seinem Essay über das Marionettentheater anknüpfende Kleist, wenn er sich den Wiedergewinn der Naivität von der »Reise um die Welt« verspricht, weil sich erst dann herausstelle, ob das durch den Cherub versperrte Paradies »vielleicht von hinten wieder offen ist«.

Das ist, bei Kleist weit deutlicher noch als bei Maximus, das Paradies der verlorenen Identität, theologisch begriffen, das des identitätsstiftenden Heilsereignisses, von dem sich Lessing durch den »garstigen breiten Graben« des Zeitenabstands und der nur historischen Vergewisserung getrennt sah. Auch Kierkegaard, der sich durch das Lessing-Problem religiös wie existentiell herausgefordert fühlte und sowohl seine ›Philosophischen Brocken‹ als auch die ›Einübung im Christentum‹ dem Versuch seiner Lösung widmete, sah sich schon in der ›Wiederholung‹ durch das über ihn hereingebrochene »Gewitter« zu der Einsicht gedrängt, daß eine Wiederherstellung des Urzustands unmöglich und das Verlorene nur in Form von neuer Selbstaneignung zurückzugewinnen sei.

Daß diese Selbstaneignung jedoch zuletzt nur im Medium eines anderen gelingt, ist die Einsicht, zu der er in der ›Einübung‹ vorstieß. Denn dort entdeckte er die entscheidende »Hilfe« in ihrer Identität mit dem »Helfer«, der sich in seinen Gaben und Gewährungen selber gibt, und dies mit der Konsequenz, daß sich der trennende Zeitenabstand zu ihm schließt, weil er sich in seiner allumfassenden und nie mehr loslassenden Liebe als das Medium definitiver Selbstfindung erweist. So wird der Glaube für ihn, begrifflich streng gefaßt, zum Prinzip der Gleichzeitigkeit mit dem Geglaubten und des Selbstgewinns in ihm. Das aber zieht, wie schon der Begriff »Gleichzeitigkeit« erkennen läßt, einen Zusammenbruch der Anschauungs- und Denkformen nach sich, der die behauptete Gleichzeitigkeit erst rechtfertigt, hinsichtlich der denkerischen Konsequenzen jedoch genauer ausgeleuchtet werden muß, da sie die dem Rückgang entgegenstehenden Barrieren betreffen.

Zur Verdeutlichung dessen muß erneut eine Denkfigur aufgerufen werden, die wie das Rückgangsverbot des Maximus der Patristik entstammt, aber gleich dieser auf der Höhe der Neuzeit eine wichtige Wiederaufnahme erfuhr. Es ist die augustinische Unterscheidung von *cognitio matutina* und *cognitio vespertina*, einer Weisheitsschau im Licht des Schöpfungsmorgens und einer abendlichen Wesensschau im Licht der metaphysischen Reflexion. Das faßt AUGUSTIN in ›De genesi ad litteram‹ in den Satz:

> *Ein großer Unterschied besteht zwischen einer Sache im Wort Gottes und ihrer Erkenntnis in ihrer Natur. Mit vollem Recht kann man das eine mit dem Tag, das andere mit dem Abend vergleichen. Denn jenem Licht gegenüber, das im Worte Gottes erblickt wird, ist jede Erkenntnis, durch die wir irgendeiner Kreatur in ihrem Selbststand ansichtig werden, geradezu Nacht zu nennen*[31].

In der Wiederaufnahme dieses Gedankens durch HEGEL in seiner ›Philosophie des Rechts‹ heißt das:

> *Wenn die Philosophie ihr Grau in Grau malt, dann ist eine Gestalt des Lebens alt geworden. Und mit Grau in Grau läßt sie sich nicht verjüngen, sondern nur erkennen; die Eule der Minerva beginnt erst mit der einbrechenden Dämmerung ihren Flug*[32].

Unüberhörbar greift diese oft bemühte Stelle auf AUGUSTINS Begriff der abendlichen Wesenserkenntnis zurück, jedoch mit einer deutlichen Abwertung, die sich wie eine Selbstkritik des Hegelschen Systemdenkens ausnimmt. Den eigentlich kritischen Akzent setzte jedoch erst FRANZ ROSENZWEIG, als er in dem dem Wesensdenken zugrundeliegenden Initiationsakt, dem philosophischen Staunen, im Sinne der Redewendung »starr vor Staunen« das Moment der Erstarrung entdeckte, das sich in der vergegenständlichenden Tendenz des von ihm getragenen Erkenntnisaktes spiegelt[33]. Umgekehrt schlägt sich in der Vergegenständlichung der erkannten Sachverhalte der Erstarrungseffekt im Staunenden nieder. In seiner Erstarrung hat er sich gleichzeitig aus dem strömenden Fluß des Geschehens ausgegliedert. Was er erblickt, ist eine Welt, in der das Zeitgeschehen zum Stillstand gekommen ist und die den Zusammenhang mit ihm verloren hat. Auch in diesem Sinn des Geschichtsverlustes ist das, was er erfaßt, »objektiv« und »abstrakt«.

Im Fortgang von Hegel zu SCHELLING, dessen Denkweg ebenso auf die patristische Weisheitsspekulation zurückführt, wie er in die östliche All-Einheitslehre ausmündet, meldet sich die Alternative der *cognitio matutina* wieder zu Wort. Es ist ein seiner Herkunft aus dem biblischen Bericht von der Benennung der Tiere durch den Menschen (Gen 2,19f) bewußtes Denken in Namen anstatt in Begriffen. Denn der Begriff unterbricht den Geschichtskontext im Interesse einer möglichst exakten Definition der Gegenstände; der Name beläßt die Dinge dagegen in diesem Kontext, aus dem er sie lediglich nennend aufruft. So entspricht es dem denkerischen Initiationsakt der Dankbarkeit, der sich dem Seienden, anders als das Staunen, nicht entgegensetzt, sondern sich auf sein primordiales Gegebensein einstimmt und besinnt[34]. Was das nennende Denken leistet, ist Vergegenwärtigung, die subjektiv der Geistes-Gegenwart des Denkenden entspricht[36]. Auf die Erkundung des christlichen Identitätsgrundes zurückbezogen, gewinnt jetzt die Barriere Kontur, die sich mehr als jede andere Hemmung dem angestrebten Rückgang zum Ursprung entgegenstellt. In einer noch unbestimmten Ausdrucksweise spricht davon, fast im Ton einer Klage, Schelling in seiner ›Philosophie der Offenbarung‹ (1858):

Der Herr wird wissen, warum und wozu es in dieser Zeit und unter den gegenwärtigen Weltumständen notwendig ist, daß Christus noch so umschlossen, so umschleiert, mit so vielem

Fremdartigen und sogar ihn Verbergenden umgeben ist, als ob die Welt den unmittelbaren Verkehr mit ihm, dem nackten, bloßen Christus nicht würde vertragen können[36].

Im Blick auf den von Rosenzweig angestrebten »Umbruch des Denkens« (STEINBÜCHEL) muß diese Umhüllung vor allem auf die begriffliche Umschreibung des Heilsgeheimnisses und die dadurch bewirkte Vergegenständlichung des Glaubens bezogen werden[37]. Entstehungsgeschichtlich ist das darauf zurückzuführen, daß nur die Benennung des Auferstandenen mit den höchsten Würdeprädikaten zum Zug kam, nicht jedoch die mystische Gegeninitiative, durch die der zum Glaubensobjekt Erhobene (nach 1Joh 1,1) wieder selbst zu Wort kam. Aus streng theologischer Perspektive hatte das schon NIKOLAUS VON KUES mit der Metapher von der »Paradiesesmauer« zur Sprache gebracht, doch so, daß er sich dieser »Sperre« durchaus gewachsen fühlte. In seiner Schrift ›De visione Dei‹ spricht er von dem entscheidenden, wenn auch erst nach schwerem Geisteskampf gelungenen Durchbruch bei seinem Versuch, dem Blick des allsehenden Gottes in sein Geheimnis hinein zu folgen:

Ich habe den Ort entdeckt, an dem man dich unverhüllt findet. Er ist umgeben vom Zusammenfall der Widersprüche. Das ist die Mauer des Paradieses, das dir zur Wohnung dient. Seine Pforte bewacht der tiefgründigste Verstandesgeist. Solange dieser nicht besiegt wird, öffnet sich der Eingang nicht. Jenseits der Mauer des Zusammenfalls der Widersprüche kann man dich somit erschauen, diesseits aber auf keine Weise[38].

Daß sich diese intellektuelle Grenzerfahrung auch beim Erdenken des »Mysteriums Jesu« (PASCAL) einstellt, sagt der KUSANER im abschließenden Widmungsschreiben seiner ›Docta ignorantia‹, wenn er versichert:

Wer in Jesus eingeht, dem gelingt alles, und weder die Schriften noch die Welt können ihm irgendwelche Schwierigkeiten bereiten, weil er in Jesus umgewandelt wird kraft des Geistes Christi, der in ihm wohnt, in ihn, der das Ziel alles geistigen Verlangens ist[39].

Mit diesem Schlußwort sind zwei Fragen aufgeworfen: eine erste, die sich auf die zu überwindenden »Schwierigkeiten« *(difficul-*

tates) bezieht und in denen noch die »Mauer« nachwirkt, vor die sich der Kusaner bei seiner Entdeckung des göttlichen »Wohnortes« gestellt sah. Und eine – ungleich gravierendere – zweite, bei der es um das Ziel geht, daß nach der Überwindung des abwehrenden Cherub und der durch Welt und Schriften bedingten Schwierigkeiten erreicht werden soll.

4. Von Jesus zu Christus

Was sich der Annäherung an das christliche Zentralmysterium als abwehrende »Mauer« entgegenstellt, ist nach allgemeiner Einschätzung das in der neueren Diskussion ins Zwielicht geratene Dogma, das man mit Heinrich Schlier als die normative Seite des Kerygmas kennzeichnen könnte[40]. Schon ein Blick auf die Anfänge der Begriffsgeschichte zeigt, daß dem Ausdruck ein Zug ins Dekretorische, sogar mit einer disziplinierenden Konnotation, eignet, und dies auch dort, wo er sich als Umschreibung der Kirchenlehre einbürgerte[41]. Von daher erklärt es sich, daß sich mit dem Begriff »Dogma« in der Folge der der Glaubenspflicht verband[42]. Von da führt dann schon ein relativ kleiner Schritt zur Feststellung Jürgen Werbicks, wonach das Dogma in negativer Hinsicht als Ausdruck und Folge einer religiösen Streitkultur zu gelten hat, und ein noch kleinerer zu der von Theodor Reik vollzogenen Gleichsetzung von Dogma und Zwangsidee, die er mit einer Serie skurriler Fangfragen zu stützen suchte, in die sich antike und zumal mittelalterliche Dogmatiker verstrickten[43]. Indessen heben Dorothea Sattler und Theodor Schneider diesen ganzen Komplex mit dem Nachweis aus den Angeln, daß schon der als frühestes Beispiel von Dogmenbildung anzusehende alttestamentliche Satz »Jahwe ist einzig!« kein Satz der argumentierenden Logik ist, weil er »der Sprache der Liebenden«, wie sie im Hohelied (6,8f) gesprochen wird, entstammt, wobei der repressive Zug der göttlichen Eifersucht zuzuschreiben sei [44]. Eine vermittelnde Position bezieht in dieser Frage schließlich Henning Schröer, wenn er das limitierende Moment mit Ernst Kinder auf die »Struktur und Normbestimmtheit im kirchlichen Glaubensbegriff« zurückführt[45]. Und noch versöhnlicher klingt der von Gerhard Ludwig Müller hervorgehobene Satz Heinrich Schliers:

Das Dogma bedeutet nicht das Ende des Bedenkens, sondern die Erhebung des Bedachten in das unbestreitbar und unverlierbar Denkwürdige[46].

Wenn in diese divergierenden Auffassungen Klarheit kommen soll, dann nur durch den Versuch, die Entstehung des Dogmas auszuleuchten.

Dabei geht es primär um die Entstehung dogmatischer Sätze, deren Recht vor BUBER schon KANT in seiner Religionsschrift (1798) in Frage gestellt hatte. So zunächst schon durch die Bemerkung, daß der »weder durch Vernunft noch Schrift« verifizierte »Glaube an Sätze« Gefahr laufe, »zur absoluten Pflicht gemacht« und so zum »Frondienst seligmachenden Glaubens« erhoben zu werden[47]. Sodann durch seinen ironischen Vorschlag, daß der Kirchenglaube »neben den statuarischen Sätzen« ein Prinzip enthalten müsse, das die vorläufig noch hinzunehmenden Sätze »dereinst« entbehrlich werden lasse[48]. Vor allem aber durch die Behauptung, daß selbst der »kühnste Glaubenslehrer« bei der Frage zittern müßte:

Getraust du dich wohl in Gegenwart des Herzenskündigers mit der Verzichttuung auf alles, was dir wert und heilig ist, dieser Sätze Wahrheit zu beteuern?[49]

Als hätte er diese Frage im Ohr und mehr noch den göttlichen »Herzenskündiger« vor Augen, geht MARTIN BUBER in seiner irenischen Streitschrift ›Zwei Glaubensweisen‹ (1950) der Entstehung der Glaubenssätze auf den Grund, doch so, daß er diese gleichzeitig als Symptom des Abfalls von der ursprünglichen Form des prophetischen Vertrauensglaubens begreift. Zwar bringt es die allgemeine Sprachkonvention mit sich, daß sich jeder Glaube, wie DAVID FLUSSER gegen seinen Lehrer einwendet, in feststellenden Sätzen artikulieren muß; doch bezieht sich Bubers Kritik letztlich nicht so sehr auf die Frage der Formulierung, als vielmehr auf die des ihr zugrundeliegenden Offenbarungsbegriffs[50]. Denn wer seinen Glauben in definierten Sätzen bekennt, weiß um einen Gott, der aus dem Zwielicht der Ambivalenz von *Mysterium tremendum* und *Mysterium fascinosum* hervortrat, indem er sich definitiv und unwiderruflich im Antlitz des Gekreuzigten und Auferstandenen manifestierte. Ihm ergeht es so, wie dem von Buber ins Visier genommenen Zweifler Thomas, der in der Begegnung mit dem Auferstandenen den Zusammenbruch seiner bisherigen Glaubenswelt und den Aufgang der neuen erlebte. Derjenige, der für ihn bisher der »Mensch« im emphatischen Sinn des Wortes gewesen war, ist nun für ihn sein Gott:

> *Aber damit bricht für den Thomas der Erzählung die jüdische Glaubenswelt, die keinen Gott außer Gott kennt, mit einemmal zusammen. Unter allen Jüngern Jesu ist er der erste Christ im Sinn des christlichen Dogmas*[51].

Anstelle des »Einen Bildlosen« erblickt er den Gott Jesu Christi, »dessen eine, dem Menschen zugekehrte Seite ihm ein Menschengesicht zeigt«[52]. Diese Bevorzugung der johanneischen Perspektive zieht bei Buber freilich eine Unterbelichtung der paulinischen Sehweise nach sich. Denn die »Abzweigung«, die er bei den Synoptikern registriert, verschärft sich im Blick auf Paulus zum Absturz in eine »Talsenke«[53].

Dieser Szenenwechsel ist für Buber in einem religiösen Gewaltakt begründet. Während der Glaube der Propheten »zwischen den Gottesattributen der Strenge und des Erbarmens« eine schwebende Mitte hielt, ist Gott durch die paulinische »Realparadoxie« dazu genötigt, sich in der Hingabe des Sohnes »vom Verlangen seiner Gerechtigkeit« zu distanzieren, um nur noch als der Erbarmende erscheinen zu können. Für Buber hat sich somit Gott, bewogen durch die Hingabe seines Sohnes, der Freiheit begeben, sein Zorngericht über die ruchlose Welt hereinbrechen zu lassen, da er sich ein für allemal für die Manifestation seiner Menschenfreundlichkeit entschied. Offen bleibt dabei die Frage, was es mit dem weltabgewandten – wohl nur sich selbst zugewandten – Antlitz Gottes auf sich hat, und was ihn von der Demonstration seiner Strafgerechtigkeit abhielt. War es die in dieser Hingabe nach einem schon in den Paulusbriefen nachweisbaren Verständnis erbrachte – aber nirgendwo geforderte – Sühneleistung für die Sündenschuld der Welt oder die schlichte Tatsache, daß ihm die Hingabe des Sohnes das entgegenbrachte, was er in seiner Welt noch nie gefunden hatte: reine, selbstlos sich verzehrende Liebe, auf die er nur mit dem Erweis seiner bedingungslosen Gegenliebe antworten konnte? Doch gleichviel, wie es sich damit verhält; auf jeden Fall trägt das Wissen um diesen Gott, strukturell gesehen, jenes Moment der Eindeutigkeit in das Gottesverhältnis ein, das affirmative Aussagen im Sinne dogmatischer Formulierungen allererst ermöglicht, unbeschadet der jede Analogie überschneidenden Transzendenz des göttlichen Seins, die alle Aussagen darüber relativiert[54]. Unbedacht bleibt bei dieser Ableitung freilich der Umstand, daß sie die satzhaft-dogmatische Umschreibung des Gottesgeheimnisses allein auf die Eindeutigkeit des liebenden Gottes zurückführt, so daß der repressive Zug des Dogmas völlig außer Betracht bleibt. Wenn so argumentiert werden dürfte, wäre das allerdings ein erstaunlicher Beitrag zur jüdisch-christlichen Verständigung.

Bei einem weniger gespannten Verhältnis zu Paulus hätte Buber bei diesem außerdem Ansätze zu einer religiösen Sprechakttheorie entdecken können, mit deren Hilfe die Entstehungsproblematik noch genauer auszuleuchten gewesen wäre. Sie betreffen in erster Linie den Grundsatz, der sich wie eine Vorwegnahme des kartesianischen *Cogito* ausnimmt:

> *Ich glaube, darum rede ich (2Kor 4,13)*[55].

Unterbaut wird dieser das Programm der gesamten Verkündigung des Apostels umschreibende Satz durch die Erwähnung des Motivs, das ihn in einer Weise zum Reden bewegt, daß dieses geradezu als seine Lebenstat erscheint:

> *Die Liebe Christi drängt uns; denn wir erkannten: wenn einer für alle gestorben ist, sind alle gestorben. Er aber ist für alle gestorben, damit die Lebenden nicht mehr für sich leben, sondern für den, der für uns gestorben und auferstanden ist (2Kor 5,13f).*

Das ist, zumal im Gesamtkontext gelesen, in deutlichem Rückbezug auf das Damaskuserlebnis gesagt, in welchem dem Apostel das Geheimnis des Gottessohnes in Form einer ihn gleicherweise erleuchtenden wie ergreifenden Selbstzusage ins Herz gesprochen wurde, einer Zusage, die alle Bedingungen einer Liebeserfahrung erfüllt. Sie duldet nicht, daß er sich in sein Glück verschließt und drängt ihn statt dessen zu Bekenntnis und kerygmatischem Zeugnis. So entspringt das Wort der Liebe, ebenso wie der Glaube (nach Röm 10,17) aus dem Wort hervorgeht. Doch wie vollzog sich der Dogmatisierungsprozeß konkret?

Die Antwort ergibt sich aus einer Extrapolation dessen, was Paulus widerfuhr. Wie seine ungemein harten Äußerungen erkennen lassen, erschien ihm das Kreuz zunächst als Torheit und Skandal, und das in jenem extremen Sinn, die ihm den Gekreuzigten als einen radikal Gescheiterten und zudem mit einem göttlichen Fluch Belasteten erscheinen ließ[56]. Doch der Blitzschlag der Damaskusvision änderte alles von Grund auf. Wo er Torheit und Ärgernis erblickt hatte, sah er jetzt den Inbegriff von göttlicher Macht und Weisheit. Eben dies war auch der Jüngergruppe widerfahren, die der Kreuzestod ihres Herrn zunächst mit niederschmetternder Wucht getroffen hatte und alles, was sie an ihm geliebt und bewundert hatte, in dessen Gegenteil zu verkehren drohte. Dann aber brachte das Bekenntnis der Augenzeugen strahlendes Licht in dieses Dunkel. Und im Glanz dieses Lichtes riß der Auferstandene Zug um Zug die höchsten Würdeprädikate, messianische und göttliche wie Davidssohn, Menschensohn, Gottessohn und Kyrios, an sich und dies mit der Folge, daß er zunehmend im Geflecht dieser sich miteinander vernetzenden Prädikationen gesehen wurde. Zwar nahm die Jüngergruppe nach einer bemerkenswerten Feststellung LUDGER SCHENKES zunächst die Umkehrpredigt Jesu wieder auf, so daß mit einem wenigstens kurzfristigen Fortgang der narrativen Verkündigung zu rechnen ist[57]. Dann aber wurde die Zäsur bewußtseins- und formbestimmend, die Paulus mit dem Wort vollzog:

> *Selbst wenn wir Christus dem Fleische nach gekannt haben, kennen wir ihn jetzt doch nicht mehr so (2Kor 5,16)*[58].

Deutlicher konnte er dem, was hinter ihm lag (Phil 3,13), nicht mehr absagen, um sich zu der ihm in seiner Damaskusvision eröffneten »Erkenntnis des Gottessohnes« zu bekennen. Es war die Erkenntnis, die sich dann vornehmlich in Sätzen artikulierte, getragen von der Überzeugung, daß das, was an Christus sichtbar war, dem Wort LEOS DES GROSSEN zufolge in die von diesen Sätzen umschriebenen Mysterien eingegangen war. Außer Betracht blieb dabei freilich der an das Pauluswort unmittelbar anschließende Satz, der erst die glaubenstheoretische Balance herstellt:

> *Wer in Christus ist, ist eine neue Schöpfung. Das Alte ist vergangen – Neues ist geworden (2Kor 5,17).*

Denn damit verwies Paulus auf das unverzichtbare Korrektiv zu jeder dogmatischen Um- und Festschreibung, genauer gesagt, auf die spirituell-personal zu denkende Sphäre des »in Christus«, in welche die Vergegenständlichung und satzhafte Umschreibung des Glaubens immerfort aufgehoben werden will.

Wie die auf den Auferstandenen übertragenen Würdeprädikate zeigen, war es zunächst eine Christologie der Namen, die aus diesem Prozeß hervorging, also ein theologischer Entwurf, in dem das von ROSENZWEIG aufgerufene alttestamentliche Denken noch fühlbar nachwirkte. Den Übergang von dieser »Sprache der Liebenden« (SCHNEIDER) zu der der dogmatischen Richtigkeit bewirkten der »Zwang« zur Verkündigung (1Kor 9,16) und die »Streitsituationen« (WERBICK), in welche die Prediger bei ihrer Aktivität unvermeidlich hineingerieten. Das eine brachte es mit sich, daß die Botschaft in allgemeinverständliche Sätze gefaßt und in einer auf das Rezeptionsniveau der jeweils Angesprochenen abgestimmten Sprache vorgetragen wurde, das andere, daß diese Sätze in abgrenzender, bisweilen sogar polemischer und repressiver Ausdrucksweise formuliert wurden. Im Durchgang durch die neutestamentlichen Spätschriften zeichnet sich diese Tendenz aufs deutlichste ab. Stehen am Anfang Sätze wie der von BUBER hervorgehobene:

> *Wer Gott nahekommen will, muß glauben, daß er ist und daß er denen, die ihn suchen, ein Vergelter ist (Hebr 11,6),*

so am Ende Sätze mit deutlicher Spitze gegen ihre theoretische oder praktische Bestreitung; so etwa die eröffnende Aussage des Ersten Johannesbriefs:

> *Das ist die Kunde, die wir von ihm vernommen und an euch weitergegeben haben: Gott ist Licht, und Finsternis ist nicht in ihm. Wenn wir aber behaupten, wir stünden in der Gemeinschaft mit ihm, jedoch in der Finsternis leben, dann lügen wir und tun nicht die Wahrheit (1Joh 1,5f; Joh 3,21).*

Von hier aus führt dann ein linearer Entwicklungsprozeß zur definitiven Ausgestaltung des christologischen Dogmas. Er setzt nach der Darstellung von LEHMANN und RAHNER ein mit der Strukturierung der Botschaft zur »Lehre« (2Tim 4,2), gewinnt schärfere Akzente durch die Stilisierung des Kerygmas zur »Bekehrungspredigt« gegenüber Außenstehenden und, wie vor allem die Didache belegt, zur »Unterweisung« der gläubigen Gemeinde und gewinnt seine Vollgestalt in der konziliaren Ausgrenzung der altchristlichen Häresien, insbesondere des Arianismus (Nizäa), des Nestorianismus (Ephesus) und des Monophysitismus (Chalkedon). Wenn Leo der Grosse diesen Prozeß mit dem Wort beleuchtet, daß das, »was an Christus sichtbar war, in die Mysterien eingegangen« sei, ist damit auch schon, zumindest indirekt, ein Urteil über die Folgen dieses Dogmatisierungsprozesses gefällt, in dem sich bereits das harte Bild Albert Schweitzers vorausschattet, daß Jesus an den »Felsen der Kirchenlehre« gefesselt worden sei[59].

Bei aller Überspitzung ist daran soviel richtig, daß der Prozeß zu einer dogmatischen Vergegenständlichung Jesu führte, mit dem, Leo dem Großen zufolge, ein kultischer und nicht zuletzt ein zur Ausgestaltung der Hierarchie führender soziologischer Hand in Hand ging. In der Metaphorik Kafkas ist das die Drohgestalt des Türhüters, die sich dem angestrebten Weg zur Mitte entgegenstellt. Denn die Vergegenständlichung des Glaubensinhalts wirkt nicht nur auf den Glaubenden in einem seine Spontaneität lähmenden Sinne repressiv; vielmehr verliert in ihrem Gefolge auch der zum Objekt verfestigte Inhalt die Fähigkeit, sich, wie es seiner Herkunft aus dem Offenbarungswort des sich mitteilenden Gottes entspricht, in seiner stets neu zu gewärtigenden Entgegenkunft, also in dem, was jeder Festlegung entzogen ist, zu manifestieren. Die Eingrenzung aber wirkt um so restriktiver, je mehr sie sich auf die Mitte des Glaubens bezieht, von der gerade auch in diesem Zusammenhang betont werden muß, daß sie lebt.

Für den Glaubenden geht mit der Vergegenständlichung die gerade heute wieder virulent gewordene Versuchung einher, das Dogma entweder, mit Karl Jaspers gesprochen, mit einem »festen Gehäuse« geistiger Abschottung und zuletzt mit einer Ideologie zu verwechseln, oder es aber im Sinn einer allzulange schon eingespielten Praxis als Instrument der Polemik und Ausgrenzung einzusetzen[60].

Wie es der Eingang des Ersten Johannesbriefs, zusammen mit den Oden Salomons bezeugt, setzte dazu aber schon in spätapostolischer Zeit eine Gegenbewegung ein, die sich darauf berief, daß der zum Gegenstand des Glaubens Erhobene auf neue Weise hörbar, sichtbar und fühlbar werden wollte und so, ohne die Legitimität des Dogmas in Frage zu stellen, der mit diesem verbundenen

Tendenz der Verfestigung entgegenwirkte. Das Sensorium dieser Gegenbewegung waren das Glaubensbewußtsein der charismatisch Begabten, in denen der Erhöhte erneut zu Wort kam, und dessen Nachhall in den mystischen Strömungen der Folgezeit, die sich freilich als Korrektiv der Dogmenbildung glaubensgeschichtlich nicht durchsetzen konnten. Dennoch ist es das unbestreitbare Recht der christlichen Mystik, der mit der dogmatischen Festschreibung verbundenen Gefahr der Verfestigung zu wehren und sich der Etablierung eines dogmatischen Lehrgebäudes, sosehr diese in der Konsequenz der Festschreibung liegt, entgegenzustellen. Dies freilich nicht in destruktiver, sondern synergetischer Absicht, also so, wie KIERKEGAARD die transzendentalphilosophischen Systeme hinterfragte, wenn er den Systemschöpfer mit dem Erbauer eines großen hochgewölbten Palastes verglich, der es indessen verabsäumte, sich darin eine Wohnung vorzusehen, so daß er nebenan, in einer Scheune, wenn nicht gar in einer Hundehütte, hausen muß[61]. Kierkegaard ging es dabei um das Wohnrecht des Menschen, der Mystik dagegen, bei aller Betonung des menschlichen Interesses, in erster Linie um das Wohnrecht dessen, den die dogmatischen Sätze umschreiben und zu dessen Verherrlichung die theologischen Systeme errichtet sind.

Wie aber, wenn er sich, bei aller Gültigkeit der ihn umschreibenden Sätze, insgeheim aus den theologischen Systembauten zurückgezogen hätte, zumal diese aufgrund ihres Konstruktionsprinzips weder seiner bildhaften Selbstverdeutlichung noch seiner therapeutischen Selbsttätigkeit Raum bieten? Dann bliebe nur der von CUSANUS insinuierte Versuch, die mit seinem »Denkgeist« mitangesprochene theologische Denkform aufzubrechen, sofern sie nicht schon von sich aus in einem Akt der Selbstkorrektur begriffen ist, und, unbeeindruckt von allen Drohgebärden, den Weg zur Mitte zu suchen. Und dies nicht zuletzt im Blick auf jenen geheimnisvollen »Glanz«, den KAFKAS Mann vom Lande, für ihn freilich zu spät, »unverlöschlich aus der Türe des Gesetzes« hervorbrechen sieht. Es ist dies jenes Leuchten, das dem Eintretenden signalisiert, daß er nicht suchen würde, wenn er nicht schon gefunden hätte, daß er also nur sucht, weil ihm der Gesuchte immer schon zuvor- und entgegenkommt.

II. KAPITEL:
VON CHRISTUS ZU JESUS

1. Der konzentrative Prozeß

Wie das Modell der Rekapitulationslehre zeigt, folgten auf Phasen der Ausgestaltung von Lehre, Kult und Hierarchie, also auf Phasen der Explikation, stets solche der Konzentration. Eine derartige Phase wurde offensichtlich durch das Zweite Vatikanum eingeleitet, das einer »panoramica complexio« das Wort redete, und dieser programmatischen Selbstbestimmung dadurch entsprach, daß von ihm ein Appell zur Suche nach der »Mitte der Schrift« ausging und daß es von KARL RAHNER als Anleitung zu einer »reductio in mysterium«, also zur Selbstübereignung an das je größere Geheimnis Gottes, verstanden wurde, vor allem aber dadurch, daß es diese Anstöße durch seine Lehre von der »Hierarchie der Wahrheiten« unterbaute[1]. Dem folgte das Glaubensbewußtsein, indem es eine konzentrative Bewegung vollzog, die WALTER KERN, der diesen Prozeß registrierte, durch das Streben »von der Überlieferung zur Entscheidung, vom Spektrum zum Brennpunkt und von der Definition zur Kommunikation« gegeben sah[2]. Während sich die erste und dritte Kennzeichnung auf die glaubenstheoretischen Konsequenzen des Dialog-Prinzips beziehen, mit dem das Konzil der Kirche einen neuen Geist einzuhauchen und den Gläubigen zu selbstverantwortlicher Identität zu verhelfen suchte, stößt die mittlere ins Zentrum der aktuellen Glaubensgeschichte vor, das Kern als das der Rückbindung der Einzelsätze des Dogmas an das »ursprüngliche Christusereignis« begreift[3].

Damit ist bereits das Zentralereignis in der sich gegenwärtig vollziehenden »glaubensgeschichtlichen Wende« angesprochen: die Neuentdeckung Jesu, die in alle Dimensionen des Glaubensvollzugs ausstrahlte[4]. Vor allem in die Glaubenserwartung; denn ungeachtet der eschatologischen Perspektive seiner Botschaft war Jesus kein Prediger des Jenseits, sondern ein Umgestalter der diesseitigen Verhältnisse. Mit seiner Verkündigung des Gottes der bedingungslosen Liebe schlug er den Zeloten, die sich wie die Vollstrecker der göttlichen Strafgerechtigkeit an der heidnischen Gewaltherrschaft

Roms vorkamen, den religiösen Vorwand ihres verzweifelten Freiheitskampfes aus der Hand, um seinem Volk ein friedliches Überleben zu sichern. Mit seiner Proklamation des Gottesreiches zeigte er überdies das Ziel der von ihm angestrebten Neugestaltung aller Dinge. Und mit seiner Forderung der Nächstenliebe wies er den Weg, wie damit ein konkreter Anfang gemacht werden konnte. In alledem erwies er sich vor allem aber als der göttliche Arzt, der gekommen war, die aus vielen Wunden blutende Menschheit zu heilen. Im Zuge seiner Neuentdeckung kommt folgerichtig auch diese therapeutische Funktion seiner Sendung ans Licht. An sie knüpft die aktuelle Glaubenserwartung an. Sie erwartet nicht so sehr, wie die vorkonziliare, die Sicherung des jenseitigen Heils, dem sie nicht mehr angstvoll, sondern im Vertrauen auf den rettenden »Fürsprecher beim Vater« entgegensieht, sondern Hilfe im Diesseits und zumal gegenüber den das Dasein beschwerenden und verstörenden Faktoren, in erster Linie gegenüber der sich epidemisch ausbreitenden Lebensangst.

Nicht weniger tiefgreifend wandelt sich das Konzept der Glaubensbegründung. An die Stelle der argumentativen Verifikation, wie sie sich aus einer noch kaum durchschauten Verklammerung des kartesianischen Gewißheitsstrebens mit der Lutherfrage nach dem gnädigen Gott entwickelt hatte, tritt mit wachsender Intensität die Vergewisserung auf dem Erfahrungsweg. So entspricht es dem sich anbahnenden Verständnis des Gebets, das sich nach Paulus nur vordergründig auf die Erfüllung der von der Daseinsnot eingegebenen Bitten, zentral dagegen auf Gott richtet, mit Buber gesprochen: auf das Fühlbarwerden der Gotteswirklichkeit. Und so entspricht es insbesondere der Prognose Rahners, der Christ der Zukunft werde »ein Mystiker« sein, also ein Sucher nach Gotteserfahrung. Von ihr und nicht so sehr vom Argument erwartet sich der heutige Christ die seinen Glauben tragende Vergewisserung »daß Gott ist« und daß er denen, die ihn suchen, ein Vergelter ist (Hebr 11,6)[5]. So aber entspricht es allem, was der tieferen Einsicht in die Gebetswelt Jesu für die Glaubensbegründung zu entnehmen ist.

Doch nicht weniger drängte die Neuentdeckung Jesu auf eine Revision des Glaubensbegriffs. Denn der von ihm gleicherweise gestiftete wie geforderte Glaube hat sein Zentrum nicht in einem Akt der Unterwerfung unter seine Offenbarerautorität, sondern in der Nachfolge, durch die er den Glaubenden mit auf seinen eigenen

Weg zum Vater nimmt. Zwar gibt es in seiner Nachfolge keine Partnerschaft, weil er selbst als Weg schon das Ziel ist, wohl aber (nach Joh 15,15) die seiner Selbstmitteilung entspringende Freundschaft mit ihm, welche die Distanz, ohne sie zu beseitigen, in die Form einer liebenden Mitwisserschaft aufhebt. Unterstützt wurde diese Sicht durch das von der philosophischen Hermeneutik entwickelte differenzierte Verständnis von Autorität. Sprach das Erste Vatikanum noch pauschal von der den Glaubensgehorsam fordernden Autorität des irrtumslosen Gottes, so unterschied HANS-GEORG GADAMER zwischen der Autorität des Machthabers und der des Lehrers, die sich daraus herleitet, daß er mehr »zu sagen hat«, und die sich von der gesellschaftlichen dadurch unterscheidet, daß sie sich selbst aufgibt, um ihr Ziel – das Verstehen – zu erreichen. Eben damit begründet der johanneische Jesus die von ihm gestiftete Freundschaft: »weil ich euch alles gesagt habe, was mir von meinem Vater mitgeteilt worden ist« (Joh 15,15)[6].

Die strukturelle Interaktion, in der die theologische Reflexion mit dem Gang des Glaubensbewußtseins steht, brachte es mit sich, daß in ihrem Raum eine entsprechende Entwicklung von gleichfalls konzentrativer Tendenz in Gang kam. Sie zielte, negativ bestimmt, auf eine umfassende Korrektur ihrer unter dem Druck der wissenschaftlichen Herausforderung entstandenen »Abstraktheit« ab, die schon um die Jahrhundertmitte von HANS-RUDOLF MÜLLER-SCHWEFE beklagt worden war[7]. Konkret ging es dabei um die Wiedereinholung jener Dimensionen, die sie zum Ziel der Ausformung ihrer Systemgestalt auf ihrem Entwicklungsgang durch die Jahrhunderte abgestoßen hatte: zunächst der therapeutischen, die in die Kompetenz der wissenschaftlichen Medizin überging; sodann der ästhetischen, deren Verwerfung mit der These, daß mit Bildern nicht argumentiert werden könne – theologia parabolica non est argumentativa – begründet wurde. Und schließlich der sozialen, sofern die neuere Theologie, bis in ihre Benennungen hinein, immer mehr durch die Denkleistung der sie jeweils entwerfenden Einzelpersönlichkeit geprägt war.

Hier setzte, wenn auch nicht völlig synchron, die Gegenbewegung ein. Zunächst in Gestalt der von MOLTMANN und METZ entworfenen politischen Theologie, die als eine »Theologie des Volkes« von einem kollektiven Reflexionssubjekt ausging und sich als »Befreiungstheologie« bewußt am Sozialverhalten Jesu orientierte[8]. Sodann im Konzept der ästhetischen Theologie, die sich in ihrer

Ausformung durch BALTHASAR zwar eine metaphysische und literarische Basis sicherte, im Unterschied zu ihrem halbvergessenen Initiator DEUTINGER es aber verabsäumte, sich explizit auf das Glaubenszeugnis der Kunst einzustimmen[9]. Und schließlich im Entwurf einer therapeutischen Theologie, die nicht etwa versucht, das an die Medizin abgetretene Terrain zurückzugewinnen, wohl aber den religiösen Sinn des Leidens zu erkunden und Hilfsstrategien für diejenigen zu entwickeln, denen wie den chronisch Kranken mit den diagnostischen und therapeutischen Mitteln der wissenschaftlichen Medizin nicht – oder noch nicht – zu helfen ist[10].

Gefördert wurde dieser vielförmige Rückgang in die Mitte durch die konziliare Lehre von der Hierarchie der Wahrheiten, die in der Vorstellung des Ersten Vatikanums, daß die Mysterien miteinander vernetzt und deshalb im Verweisungszusammenhang des »nexus mysteriorum ipsorum« zu bedenken und auf das Sinnziel des Menschen zurückzubeziehen seien, beziehungsreich vorweggenommen worden war[11]. Bestätigt – und dokumentiert – wurde sie sodann durch die von RAHNER zur Diskussion gestellten »Kurzformeln des Glaubens«, um die es inzwischen freilich aus unterschiedlichen Gründen still geworden ist, nicht zuletzt wohl deshalb, weil die konzentrative Bewegung ihr Ziel, das christologische Zentrum des Glaubens, erreicht hat[12]. Im Hinblick darauf kann man die epochale Wende, in welcher die gegenwärtige Glaubensszene begriffen ist, mit drei Sätzen auf den Begriff bringen. Danach vollzieht sich eine Kehre

vom Autoritäts- und Gehorsamsglauben zum Verstehensglauben,
vom Satz- und Bekenntnisglauben zum Erfahrungsglauben und
vom Leistungs- zum Verantwortungsglauben.

Dabei ist beim ersten Satz an die Lösung des Autoritätsproblems durch die Hermeneutik gedacht, die das Gehorsamsmoment als Ferment des Verstehensaktes ausweist, beim zweiten Satz an das Verlangen des heutigen Christen, in den satzhaft umschriebenen Inhalt einzudringen und ihn zum Erfahrungs- und Lebensinhalt zu gewinnen, und beim dritten Satz an die im Glauben übernommene Verantwortung für die Mit- und Nichtglaubenden[13]. Indessen lassen sich diese drei Sätze auf einen letzten zurückführen, der die unterschiedlichen Aspekte in den ihnen vorgeordneten zusammenfaßt. Danach vollzieht sich im gegenwärtigen Glauben die Wende

vom Gegenstands- zum Innerlichkeits- und Identitätsglauben.

Doch damit stellt sich definitiv die Rückfrage nach dem »Wegbereiter und Vollender des Glaubens« (Hebr 12,2), also nach dem Selbstbewußtsein und der Lebensleistung Jesu. Ist diese ebensooft gestellte wie angezweifelte Frage legitim?

2. Das Recht der Rückfrage

Mit dem Rückgang verhält es sich, zweifellos nicht zufällig, ähnlich wie mit der Suche nach dem verlorenen Paradies, nur mit dem Unterschied, daß dort, wo sich die vom Cherub bewachte Mauer erhob, jetzt der durch die Osterzeugnisse aufgerissene und von LESSING beklagte »Graben« aufklafft. Dabei geht es zunächst nicht einmal um den Graben der problematischen Vergewisserung, sondern um den der durchgängigen Stilisierung, da alle Nachrichten über den historischen Jesus, wie BULTMANN zu Recht betont, ins Licht des österlichen Kerygmas getaucht sind und aus diesem nie vollständig ausgefiltert werden können. Das Kerygma aber bedarf zur Veranschaulichung seiner Botschaft des Bildes, so daß es seinen Inhalt, wie dies unkritisch GUARDINI und BALTHASAR sahen, eigengesetzlich zur »Gestalt« stilisiert[14]. Wenn sich die Gestalt aber nicht ins Symbolische verflüchtigen oder, aktueller gesprochen, ins Archetypische verlieren soll, bedarf es des Rückgriffs auf ihre Historizität, die angesichts der Problematik der profangeschichtlichen Quellen nur durch das Evangelium, also durch das Kerygma selbst, gesichert werden kann. Somit kommt alles darauf an, den abweisenden »Cherub« im Sinne des vom KUSANER gegebenen Fingerzeigs zu »besiegen«, und das besagt: eine Methode ausfindig zu machen, die von der kerygmatischen Überhöhung auf den historischen Grundbestand zurückführt, ohne dabei die vom Kerygma bewirkte Vergegenwärtigung preiszugeben.

Bekanntlich hat Bultmann die Möglichkeit einer derartigen Methode verneint, weil er der, über die er aufgrund seiner Tradition verfügte und die er mit ERNST TROELTSCH als »nicht hintergehbar«

erachtete, die dafür erforderliche Leistungskraft nicht zutraute[15]. Sie sei außerstande, den Bann des Kerygmas zu brechen. Allenfalls verhelfe sie dazu, die überhöhenden Bilder im Sinne einer »Entmythologisierung« abzubauen, und könne dann rückbezüglich, als Selbstbefragung des Interpreten, eingesetzt werden: als Weg der »existentialen Interpretation«[16]. Was insbesondere das Selbstbewußtsein Jesu anbelange, so wisse er nicht, wie es in dessen Herzen ausgesehen habe, und wolle es auch nicht wissen[17].

In dieser Äußerung wird ein methodologischer Grundsatz zum Glaubenssatz erhoben und dadurch als solcher aufgegeben. Das registrierte ERNST KÄSEMANN, ein Hauptvertreter der Bultmannschule, der deshalb in einem aufsehenerregenden Vortrag im Kreis der Alten Marburger das Recht der Rückfrage nach dem historischen Jesus reklamierte[18]. Als sei damit der Bann gebrochen worden, setzte fast unverzüglich eine regelrechte Forschungswelle ein, die zunächst dem Sozialverhalten, dann der Persönlichkeit und schließlich dem Selbstbewußtsein Jesu auf die Spur zu kommen suchte. Indessen verfügte auch der von Käsemann entwickelte Ansatz nur über das Instrumentarium, dessen vermeintlich unbegrenzte Leistungskraft schon das Schulhaupt angezweifelt hatte. Dabei bewegte sich Bultmann unverkennbar in der Spur ALBERT SCHWEITZERS, der der Methode zwar die Fähigkeit zuerkannte, den historischen Jesus von den Fesseln der Kirchenlehre zu befreien, dies jedoch mit der resignierenden Einschränkung, daß ihr seine volle Vergegenwärtigung mißlungen sei. Unter diesem Eindruck beschloß er seine Untersuchung über die Geschichte der Leben-Jesu-Forschung mit der Feststellung:

> *Es ist der Leben-Jesu-Forschung merkwürdig ergangen. Sie zog aus, um den historischen Jesus zu finden und meinte, sie könnte ihn dann, wie er ist, als Lehrer und Heiland in unsere Zeit hineinstellen. Sie löste die Bande, mit denen er seit Jahrhunderten an den Felsen der Kirchenlehre gefesselt war und freute sich, als wieder Leben und Bewegung in die Gestalt kam und sie den historischen Menschen Jesus auf sich zukommen sah. Aber er blieb nicht stehen, sondern ging an unserer Zeit vorüber und kehrte in die seinige zurück*[19].

In diesem hochbedeutsamen Resümee wird das Recht der Rückfrage von dem der Methode unterschieden und das erste bejaht, das zweite dagegen entscheidend eingeschränkt. Doch konnte so einfach unterschieden werden? War nicht in beiden Fällen Entscheidendes übergangen worden? Tatsächlich spricht alles dafür, daß die Vertreter der Idee des Rückgangs im Vertrauen auf die Leistungskraft der historischen Forschung die Warnung überhörten, die KLEIST jedem Versuch einer Rückkehr mit seinem Wort vom versperrten Paradies entgegengehalten hatte. Denn in seiner Stimme klang nicht nur die des Bekenners MAXIMUS, sondern auch die des letztlich Gesuchten nach, der sogar zweimal vor Rückschau und Rückkehr warnt. Einmal mit der Begründung:

> *Wer die Hand an den Pflug legt und zurückschaut, taugt nicht für das Reich Gottes (Lk 9,62).*

Sodann, und nachdrücklicher noch in Anspielung auf die beim Rückblick auf das brennende Sodom zur Salzsäule erstarrte Frau des Lot:

> *Wer dann auf dem Dach ist und seine Sachen noch im Hause hat, soll nicht hinabsteigen, um sie zu holen, und wer auf dem Feld ist, soll nicht mehr nach Hause zurückkehren. Denkt an die Frau des Lot! (Lk 17,31)*[20]

Ebenso erwecken die Vertreter der historischen Kritik den Eindruck, als hätten sie LESSINGS Warnung vor der Tiefe des »garstigen breiten Grabens« nicht ernst genug genommen und von ihrer Methode allzu zuversichtlich dessen Überwindung erhofft. Ihnen schrieb Schweitzer ins Stammbuch, daß sie zwar eine Annäherung an den historischen Jesus, nicht aber dessen wirkliche Vergegenwärtigung erreichen, weil es gerade die von ihnen angesetzte Methode darauf anlegt, ihn aus den Rahmenbedingungen seiner Zeit zu begreifen und damit auf sein historisches Gewesensein festzulegen. Deshalb gilt es, genauer zu bedenken, was es mit dem Rückgang und der dafür erforderlichen Methode auf sich hat.

3. Die Problematik des Rückgangs

Was ERNST TROELTSCH bei der Charakterisierung der historischen Kritik mit »nicht hintergehbar« bezeichnete, wurde in der

Folge als »unumgänglich« und »ausschließlich« verstanden. Zu dieser Generalisierung kam es, weil inzwischen ihre denkerische Voraussetzung, die Aufklärung, zur Norm des öffentlichen Bewußtseins geworden war. Als Produkt der – offenbarungskritischen – Aufklärung stand sie freilich von Anfang an im Feuer orthodoxer Kritik, wie die Attacken des streitbaren Hauptpastors GOEZE gegen den eher taktisch als überzeugt argumentierenden Verteidiger LESSING drastisch dokumentieren. Denn Lessing fehlte die innerste Überzeugungskraft, weil er als erster die Brüchigkeit jener Komponente erkannte, die den Kritikern als völlig unverdächtig erschien: der historischen. Zwar hatte es auch mit der kritischen Komponente eine destruktive Bewandtnis, sofern sie im Zug ihrer Unterscheidung von echten und unechten Jesusworten einem meist BULTMANN in den Mund gelegten Schlagwort zufolge darauf hinauslief, den Umfang der noch als echt anerkannten Logien auf den einer Postkarte zu reduzieren[21]. Doch derartige Reduktionen finden sich sogar im Neuen Testament, insbesondere in seinem Umgang mit dem Alten. Zudem ist durch die methodologische Ausgrenzung noch nichts über den tatsächlichen Stellenwert der als »unecht« oder besser als »sekundär« eingestuften Herrenworte ausgemacht. Ungleich gravierender ist, damit verglichen, die Wirkung der historischen Komponente; denn sie entzieht, schon durch ihr faktizistisches Geschichtsverständnis, dem Christentum letztlich den Boden. Ihm ist nur mit einer in die Gegenwart fortwährenden Geschichte, nicht jedoch mit einer auf vergangene Fakten zurückgenommenen wirklich gedient. Doch gerade darauf schränkt die historische Kritik die dem Christentum von ihr zugestandene Geschichtsbasis ein.

In erster Linie betrifft dies das Faktum, mit welchem das Christentum steht und fällt: die Auferstehung Jesu. Wäre sie nichts weiter als ein Vorkommnis in längst vergangener Zeit, so ginge die Selbstbegründung des Glaubens auf sie ins Leere. Nur als ein in die Gegenwart und alle Zukunft hineinwirkendes Geschehen verleiht sie ihm Halt und Stand. Doch so vermag die historische Kritik das Zentralereignis des Glaubens nicht zu fassen. Indessen gerät sie auch mit ihren eigenen Prämissen in Kollision, sofern sie sich, wie es im Interesse ihres Ansatzes liegt, um den Faktizitätsnachweis der Auferstehung bemüht. Denn von ihren Prämissen her insistiert sie beim Nachweis der Historizität eines Ereignisses auf die Öffentlichkeit und jederzeit mögliche Nachprüfbarkeit seiner Bezeugung. Dem steht jedoch der Satz der Apostelgeschichte entgegen:

Gott hat ihn am dritten Tag erweckt und sichtbar erscheinen lassen, jedoch nicht dem ganzen Volk, sondern nur den von Gott erwählten Zeugen (Apg 10,40f).

Diese Absage an das philosophisch-historische Verifizierungspostulat führte in der neueren Jesusliteratur zu der paradoxen Tendenz, die Lebensgeschichte Jesu, um es selbst paradox zu formulieren, nicht mit der Auferstehung, sondern chronologisch mit der Geburt und seiner öffentlichen Tätigkeit beginnen zu lassen und sie damit auf den Flugsand des nur historisch Gewußten zu begründen. In dieser Lebensgeschichte, so HANSJÜRGEN VERWEYEN, habe bereits jene »Selbstüberlieferung« begonnen, die vor und unabhängig von dem Ostergeschehen zur Jesusüberlieferung geführt habe[22]. Mehr noch: Jesus habe, so RAINER RIESNER, wie nur je ein auf die Überlieferung seiner Weisheit bedachter Lehrer selbst schon seine Botschaft in Sentenzen zusammengefaßt und seinen Jüngern in systematischer Schulung eingeprägt[23]. Es ist dies jene Tendenz zur Marginalisierung der Auferstehung Jesu, die LÜDEMANN dazu brachte, die Frage ihrer Historizität mit der bereits angeführten Behauptung beiseitezuschieben, daß vor Ostern schon all das vorhanden gewesen sei, was dann nach dem Ostergeschehen und in seiner Folge »endgültig erkannt wurde«[24].

In diesem Satz sind Einsicht und Irrtum eigentümlich vermischt. Denn Ostern wird in ihm zu einer Lesehilfe für einen Text reduziert, der vorher schon vorhanden war. Wenn damit gesagt sein sollte, daß das Osterereignis die Person- und Lebensleistung Jesu in die entscheidende Beleuchtung rückte, hätte es damit seine Richtigkeit, vorausgesetzt, daß die »endgültige Erkenntnis« einer göttlichen Intervention und nicht einem evolutionären Prozeß zugeschrieben würde. In diesem letzteren – wohl anzunehmenden – Fall verlöre die Auferstehung ihren Offenbarungscharakter mit der Folge, daß das bodenlos gewordene Glaubensgebäude des Christentums in sich zusammenbrechen müßte. Das aber zeigt mit geradezu bestürzender Deutlichkeit, daß der den Rückweg versperrende Cherub nicht beseitegedrängt, sondern so, wie es der KUSANER forderte, geistig bewältigt werden muß. Doch wie könnte dies geschehen?

Die grundsätzliche Antwort ergibt sich aus der Gegenthese zur modischen Marginalisierung der Auferstehung, also mit der vom ganzen Neuen Testament gedeckten Feststellung, daß das Christentum sein Leben, seine Identität und seine Ausgestaltung entscheidend dem Auferstehungsereignis verdankt. Wie das konkret zu verstehen ist, lehren die methodologisch ausgewerteten Grundthesen, wonach das Christentum keine asketische, sondern eine therapeutische und keine moralische, sondern eine mystische Religion ist und wonach es nicht als eine primäre, sondern als sekundäre Schriftreligion zu gelten hat. Mit der Schlußthese wird es vor allem vom Islam abgegrenzt, dem der Koran als das von Allah selbst »herabgesandte« Gotteswort gilt. Demgegenüber sind die neutestamentlichen Schriften der zwar authentische, aber durchaus kontingente Niederschlag der in der apostolischen Verkündigung bewahrten Botschaft Jesu, der im Unterschied zum Koran ebenso der Auslegung wie der Interpretation bedarf. Der Auslegung, weil das in und mit ihm Gesagte in einer nie zu Ende zu bringenden Bemühung in seine volle Bedeutung entfaltet und immer genauer erfaßt sein will; aber auch der Interpretation, die, im Anschluß an SCHLEIERMACHER gesprochen, darauf abzielt, das Gesagte, wenn schon nicht besser als sein Autor, so doch als seine Vermittler zu verstehen[25].

Daraus ergibt sich zunächst, daß die apostolische Verkündigung bei allem Willen zu treuer Bewahrung doch auch stets Gefahr lief, die Botschaft, wie die allegorisierende Deutung der Gleichnisse schlaglichtartig beweist, mißzuverstehen und in sie sinnfremde Elemente einzutragen. Ebenso zwingend folgt daraus sodann, daß das Neue Testament auf seine Mitte hin gelesen sein will. Bei dem Programm, die »Mitte der Schrift« (SCHLIER) zu erkunden, handelt es sich somit nicht um eine exegetische Sondermeinung, sondern um die Freilegung der der Schrift von ihrer Konstitution her eingeschriebenen hermeneutischen Direktive. Die Identifizierung des Christentums als sekundäre Schriftreligion führt somit in einen hermeneutischen Antagonismus. Auf der eine Seite bedingt die von ihm selbst im Interesse ihrer doktrinalen Ausgestaltung betriebene Auslegung eine wachsende Entfaltung und Präzisierung der Botschaft. Anderseits strebt die theologische Forschung, gerade auch in ihrer gegenwärtigen Phase, zu immer klarerer Erfassung der Mitte des Evangeliums. Da die Forschung stets von Einzelinitiativen getragen ist, hat die – zudem von strukturellen Tendenzen geförderte – Auslegung der Kirche ein natürliches Übergewicht, das sich darin bekundet, daß der Glaube des Kirchenvolkes ungleich stärker durch das Dogma als durch den theologischen Erkenntnisfortschritt geprägt ist, daß sich also der gedeutete Glaube gegenüber dem versachlichten und vergegenständlichten stets im Rückstand befindet. Hier setzen nun die zwei weiteren Möglichkeiten des Rückgangs ein.

Da beiden die Einsicht in die Unmöglichkeit des direkten Rückgriffs zugrundeliegt, gehen sie gleicherweise von der Gestalt der vergegenständlichten und dogmatisch festgeschriebenen Botschaft aus, doch so, daß sie ihr zugleich je neue Lesarten abzugewinnen suchen. Dabei achtet das sich als Mystik verstehende Christentum auf den Leidenston, der erstmals von KIERKEGAARD vernommen wurde und der nun auf die Klage bezogen werden muß, welche die in das Gehäuse der Formel eingeschlossene Stimme gegen diese »Absperrung« erhebt[26]. Denn sosehr die zur Doktrin festgeschriebene Botschaft dem Interesse der Selbstbehauptung nach innen und der Abgrenzung nach außen entgegenkommt, errichtet sie doch zugleich eine Wand gegenüber demjenigen, der darin Nahrung, Hilfe, Trost und Stärke sucht. Die damit befürwortete akustische Lesart der Lehre setzt sich organisch in eine optische und haptische fort, sofern man nur die im Eingangswort des Ersten Johannesbriefs gegebene Direktive zugrunde legt, die von einem neuen Hören, Sehen und Fühlen des uranfänglichen Wortes spricht (1 Joh 1,1ff)[27]. Vorausgesetzt ist dabei freilich eine erhöhte Sensibilität, genauer noch die Fähigkeit, auf das in den lehrhaften Aussagen Ungesagte zu achten, wie es NIETZSCHE vorgeschwebt haben mag, als er sich zu der Überzeugung bekannte:

> *Das Verständlichste der Sprache sind nicht die Worte selber, sondern Ton, Stärke, Modulation, Tempo, mit denen eine Reihe von Worten gesprochen werden – kurz die Musik hinter diesen Worten, die Leidenschaft hinter dieser Musik, die Person hinter dieser Leidenschaft: alles das, was nicht geschrieben werden kann*[28].

Daraus folgert GADAMER, daß der Versuch, einen Text zu verstehen, an seine »Rückverwandlung in Sprache« gebunden sei. Denn nur sie, die Sprache, sei das »universale Medium, in dem sich das Verstehen selber vollzieht«, während die Schriftlichkeit als das der »Selbstentfremdung« zu gelten habe[29]. Damit gibt der Verfasser der »Philosophischen Hermeneutik« zum zweitenmal einen theologischen Fingerzeig, der so wie der erste zur Entwicklung einer hermeneutischen Glaubenstheorie verholfen hatte, nun der Lösung des Problems der Predigt zugute kommt[30]. Denn der biblische Text bietet die Botschaft Jesu nur in der entfremdeten und, wie LUTHER sah, mit einem geistigen »Abbruch« erkauften Form der Schriftlichkeit. Ihn gilt es deshalb in der Predigt, wie bereits erwähnt, in die Mündlichkeit zurückzuübersetzen, wenn das Ziel, die Adressaten zu »verständigen Hörern« werden zu lassen, erreicht werden soll. Wenn es dazu kommt und sich das von Gadamer erhoffte »Wunder des Verstehens« ereignet, wird das Verstehen zur Begegnung. Damit aber kommt auch schon jene Sprachqualität zum Vorschein, auf welche die erste Form des Rückgangs abhebt: die therapeutische. Denn immer dann, wenn im Wort der Redende selbst präsent und fühlbar wird, kommt das zustande, was er jenseits des Informationstransfers mit seinem Wort ebenso sucht wie dem Partner bietet: die Überwindung der Einsamkeit und darin die wenigstens partielle Heilung der Wunde, an welcher der »unvollständige« (GUARDINI), noch nicht ganz zu sich selbst gelangte Mensch insgeheim leidet[30]. Von ihm gilt, was MARTIN BUBER am Ende seines Essays ›Urdistanz und Beziehung‹ in die Worte faßt:

> *In seinem Sein bestätigt will der Mensch durch den Menschen werden und will im Sein des Anderen eine Gegenwart haben. Die menschliche Person bedarf der Bestätigung, weil der Mensch als Mensch ihrer bedarf ...: aus dem Gattungsreich der Natur ins Wagnis der einsamen Kategorie geschickt, von einem mitgeborenen Chaos umwittert, schaut er heimlich und scheu nach einem Ja des Seindürfens aus, das ihm nur von menschlicher Person zu menschlicher Person werden kann; einander reichen die Menschen das Himmelsbrot des Selbstseins*[32].

Die volle Dimension des heilenden Heils kommt jedoch erst in den Blick, wenn das Gesagte auf den zurückbezogen wird, der sich selbst den Arzt nannte und der in der christlichen Frühzeit demgemäß als der »einzige Arzt« angerufen wurde. Ihm, dem (nach Joh 2,21) keine Auskunft über den Menschen gegeben werden mußte, weil »er wußte, wie es um den Menschen steht«, liegt dessen innerste Wunde offen vor Augen, und er heilt sie, wie sich bei genauerem Zusehen zeigt, indem er sich ihrer als der »verwundete Arzt« annimmt und die Verletzung in sich selbst zu Ende leidet.

Doch in und mit dieser Einsicht wird Christus erstmals unmittelbar erreicht: nicht im Rückgang, sondern auf dem Weg der durch ihn selbst eröffneten Aufhebung seiner doktrinalen Vergegenständlichung, die in letzter Konsequenz auch die der kultischen und hierarchisch-sozialen nach sich zieht, wenngleich im Sinn einer Konsequenz, deren letztes Ziel erst beim endzeitlichen Übergang der Kirche ins Gottesreich erreicht sein wird. Dann wird es nicht mehr wie bei ALFRED LOISY heißen: »Jesus verkündete das Gottesreich, und es kam die Kirche«, sondern umgekehrt: am Ende des langen Weges der Kirche erreichte sie ihren Anfang, das Gottesreich.

4. Der Anfang im Ende

Zu den ältesten Osterdaten gehört die Überlieferung, daß Jesus »am dritten Tage« auferweckt wurde (1Kor 15,4; Apg 10,40)[33]. Aus dieser Vorstellung erhob sich schon früh die Frage, was in der Zwischenzeit geschehen sei, auf die der in der östlichen Patristik entstandene und in der byzantinischen Kunst suggestiv beschworene Artikel von der »Höllenfahrt« Christi, dem Descensus ad inferos, antwortet[34]. Obwohl im Ersten Petrusbrief weder von einem Zwischenakt vor der Auferstehung (BERGER) noch von einem »Abstieg« die Rede ist, gilt doch nach weitverbreiteter, jedoch keineswegs einhellig vertretener Meinung seine kryptische Aussage als der wichtigste biblische Beleg. Im Zug einer Taufparänese berichtet der Text in mythisch überhöhter Sprache:

> *Getötet wurde er dem Fleische nach, aber zum Leben erweckt dem Geiste nach. In diesem ging er auch hin und predigte den Geistern im Kerker, die einmal ungehorsam waren, als die Langmut Gottes zuwartete in den Tagen des Noach, damals, als die Arche gebaut wurde, in die nur wenige, nämlich acht Seelen hineingingen und so durch das Wasser gerettet wurden (3,18f)*[35].

Während die »klassische« Auslegung des Artikels nur von der Befreiungstat des in die Unterwelt Hinabgestiegenen berichtet, liegt hier der Akzent auf seiner Verkündigung. Das entspricht, formal gesehen, der mythischen und bis in die Gegenwart nachwirkenden Vorstellung von »Hadesgesprächen«, wie sie noch NIETZSCHE zu der Aussage veranlaßte:

Auch ich bin in der Unterwelt gewesen wie Odysseus, und werde es noch öfter sein; und nicht nur Hammel habe ich geopfert, um mit einigen Toten reden zu können, sondern des eigenen Blutes nicht geschont. Vier Paare waren es, welche sich mir, dem Opfernden nicht versagten: Epikur und Montaigne, Goethe und Spinoza, Plato und Rousseau, Pascal und Schopenhauer. Mit ihnen muß ich mich auseinandersetzen, wenn ich lange allein gewandert bin, von ihnen will ich mir Recht und Unrecht geben lassen, ihnen will ich zuhören, wenn sie sich dabei selber untereinander recht und unrecht geben[36].

Inhaltlich entspricht dem die dramatische Schilderung des Auferstehungsgeschehens im apokryphen Petrusevangelium, wonach sich am Ostermorgen der Himmel auftat, aus dem zwei Jünglinge herabstiegen, um sich in das inzwischen geöffnete Grab Jesu zu begeben. Kurz danach verlassen sie das Grab mit einem von ihnen gestützten Dritten, dessen Haupt bis zum Himmel emporragt, gefolgt von einem Kreuz. An ihn ergeht vom Himmel her die Frage: »Hast du den Entschlafenen gepredigt?« Vom Kreuz her antwortet darauf eine Stimme mit »Ja«[37].

Das rückt den Artikel, zumindest in dieser »kerygmatisch« akzentuierten Version, an die Versuchungsperikope des Markusevangeliums heran, die in Form eines »mythischen Gedichts« (MEYER) davon berichtet, daß Jesus von dem bei der Taufe auf ihn herabgekommenen Gottesgeist in die Wüste getrieben (1,12) und dort vom Teufel versucht wurde (1,13a), daß er in der Gemeinschaft wilder Tiere lebte und daß Engel ihm dienten (1,13b)[38]. Wie dieser Bericht mit der Taufszene durch das Geist-Motiv verklammert ist, setzt er sich aus innerer Konsequenz in den vom Beginn des öffentlichen Auftretens Jesu, seiner Ansage der Zeitenwende und der Heraufkunft des Gottesreiches fort (Mk 1,14f)[39].

Für den Zusammenhang der beiden scheinbar disparaten Imaginationen – Höllenfahrt und Versuchungsszene – spricht nicht zuletzt der mit beiden einhergehende Entfremdungseffekt, auf den eine Gedichtstrophe von ROLF HAUFS mit den Worten anspielt:

Niedergefahren und auferstanden
Was gibt es zu berichten außer
Daß wir nicht erreichbar waren
Für die alltäglichen Dinge[40].

Danach bewirkt der Descensus-Artikel eine »Entrückung« aus der alltäglichen Lebenswelt, ähnlich der, die auch von der Versuchungsperikope ausgeht, sofern in ihr die Wüste in doppelter Richtung durchlässig wird: ebenso zur Unterwelt der Dämonen wie zur Überwelt der Engel. Dann gilt aber doch wohl gleiches auch von der Innenwelt, auf die WILHELM STÄHLIN mit seiner Ansicht hinweist, daß der Descensus »als Erlösung der unbewußten Tiefenschichten der Seele« zu deuten sei[41]. In eine ähnliche Richtung weist, nur weniger psychologisch, die bekannte, besonders von PAUL HOFFMANN vertretene Ansicht, daß sich in den Versuchungsszenen typische Anfechtungen der Urgemeinde, zumal in ihrem Konflikt mit den Zeloten, spiegeln[42]. Doch was besagt dann die Version des Ersten Petrusbriefs, und was besagt sie für Jesus selbst?

Darauf antwortet der schon dem Hebräerbrief bekannte Gedanke, daß Jesus in seinem Leiden und Sterben einen Lernprozeß durchlief (Hebr 5,8)[43]. Der aber muß nach dem Kontext schon in der Versuchungsszene begonnen und sich dort auf die Verarbeitung des göttlichen Zuspruchs (Mk 1,11) und seine Umsetzung in die Botschaft vom anbrechenden Gottesreich bezogen haben. Nach Auskunft der Hebräerstelle erreichte dieser Prozeß seinen Gipfel, als der Gekreuzigte das Geheimnis seines Gottes im Dunkel seiner Todesnot »erlernte« und es schließlich in jenes »Kerygma« umsetzte, das er den »ungehorsamen Geistern« verkündete, nach BO REICKE: den mit jenen angesprochenen Weltmächten[44]. War es in der Abgeschiedenheit der Wüste das alle Fassungskraft überflutende Glück der ihm durch die Himmelsstimme zugesprochenen Gottessohnschaft, was den Lernprozeß auslöste, so jetzt in der Verlassenheit am Kreuz, der von ihm mit dem Psalmwort von der Gottverlassenheit beklagte Entzug. Wie sich im Fall der Versuchungsgeschichte der Rückbezug auf die von einer aggressiven Umgebung angefochtene Jüngergemeinde nahelegt, so hier der Rückbezug auf ihren Zustand zwischen Tod und Auferstehung[45]. Wie lernte sie, so ist dann zu fragen, den Schock des Kreuzestodes Jesu überwinden, der doch noch im Schrecken der Frauen (Mk 16,8) und in den Zweifeln am Selbsterweis des Auferstandenen (Lk 24,38; Mt 28,17; Joh 20,25; 21,12) nachwirkt? Und wie kam es in der Folge zur Ausgestaltung des Osterkerygmas?

Die Antwort muß von der Verfassung der Jünger nach der sie zweifellos mit niederschmetternder Wucht treffenden Passion ihres Meisters ausgehen und zwischen den gegensätzlichen Aussagen von ihrer Einweihung in sein Todesgeschick (Mk 14,25) und ihrer Flucht bei seiner Gefangennahme (Mk 14,27.50) die Mitte finden[46]. Aber war die Ankündigung, daß er von der »Frucht des Weinstocks neu im Reiche Gottes«, also nach seinem gewaltsamen Tod, trinken werde, nicht durch die Todesart, von der er tatsächlich betroffen war, desavouiert worden? So neigt sich die Waagschale, auch im Blick auf die erwähnten Zweifel an den Ostererscheinungen, zugunsten der Annahme, daß sich die Jünger nach dem Tode Jesu in einer desperaten Verfassung befanden, da ihr Meister nicht nur mit seiner Sendung und seinem Lebenswerk gescheitert, sondern zudem von Gott (nach Gal 3,13) verworfen zu sein schien. Und es spricht manches für die Andeutung der Emmausgeschichte, wonach sie nun in Jerusalem nur noch das Grab ihrer Hoffnungen (Lk 24,1 9ff) erblickten und nach Galiläa, ihrer Heimat, zurückstrebten, womöglich sogar zurück zu ihrem ursprünglichen Beruf (Joh 21,3)[47].

In dieser Verfassung trifft sie die Behauptung der Osterzeugen, »den Herrn gesehen« zu haben, wenn freilich, abgesehen vom Namensanruf in der Magdalenenszene (Joh 20,16) ohne jede verbale Äußerung des Auferstandenen, da sich seine Worte durchweg als Reflexionsaussagen der nachösterlichen Gemeinde erweisen[48]. Das aber stand in einem eklatanten Gegensatz zu ihrer Erfahrung mit dem Lebenden, die nirgendwo auf seine äußere Erscheinung Bezug nimmt, um so nachdrücklicher jedoch auf die hinreißende Macht seines Wortes (Mk 1,27ff) und die noch in dem Pauluswort nachklingt, daß der Glaube »aus dem Hören« kommt, so wie dieses »aus dem Worte Gottes« (Röm 10,17). Da diese Akzentverschiebung keinesfalls als unerheblich beiseite geschoben werden kann, weil sie sich offensichtlich aus dem »Wesen« des Ostergeschehens ergibt, stellt sich die dreifache Frage nach ihrer Herkunft, ihrer Bedeutung und ihren Folgen. Dabei fällt die Frage nach der Herkunft umso mehr ins Gewicht, als das Christentum, wie dies kritisch die selbstzerstörerischen Exzesse der Bilderstürmer verdeutlichen, nicht so sehr die Religion des Bildes, als vielmehr die des Wortes ist. Daß es dennoch zu der Verschiebung ins Visuelle kommt, dürfte sich aus Signalen erklären, die vom Anfang und Ende der Passion ausgingen. Dabei steht am Anfang, wie im Anschluß an die Deutung Martin Bubers zu sagen ist, der visionäre Blick, mit dem der vom Hohenpriester nach seiner Identität Befragte seine künftige Entrückung in die »Wolken des Himmels« (Mk 14,62) schaut und mit dem er dieser Deutung zufolge die Blickbahn aufstößt, in welche die Zeugen seiner österlichen Erscheinungen eintreten. Das Ende aber steht im Zeichen des Verstummens dessen, der wie kein anderer Gott »zu Wort kommen« ließ und dem schließlich nur noch der unartikulierte Todesschrei bleibt. Blick und Schweigen aber markieren unverkennbar das Ende der Sprachleistung Jesu und deren Verwandlung in das, was sich zeigt und im Nachvollzug seines eigenen Sehens an ihm wahrgenommen und erblickt werden kann. Von der durch ANTON VÖGTLE am weitesten vorangetriebenen Forschung wird das überdies durch die schon wiederholt erwähnte Feststellung erhärtet, wonach »der Erscheinende nach gut begründeter Auffassung verbal nicht gesprochen« hat. So entspricht es auch der zu übergreifendem Konsens gelangten Ansicht, daß Jesus durch die Auferstehung vom Botschafter zur Botschaft, vom Lehrer zur Lehre, man könnte steigernd hinzufügen, vom Sprecher zum Bild (2Kor 4,4; Kol 1,15) geworden ist.

Wenn Paulus von diesem Bild sagen kann, daß sein Anblick in das Geschaute hineinverwandelt (2Kor 3,18), kann sich seine Bedeutung nicht in dem erschöpfen, was in ihm aufscheint, so hoch seine Funktion als Spiegel zu veranschlagen ist. Wie es der Wirkung eines Spiegels entspricht, besteht diese vielmehr in erster Linie in dem, was er reflektiert: im Fall des Auferstandenen alle Inhalte und Würdeprädikate, die der so wunderbar von Gott Bestätigte und Erhobene an sich riß. Damit ist bereits angedeutet, daß es bei der passiv-reflektorischen Spiegelfunktion nicht blieb, weil der zum Glaubensobjekt Gewordene aktiv in das österliche Geschehen eingriff und schließlich zu dessen Subjekt und Gestaltprinzip wurde.

Wenn bei alledem aber das Schaubare doch das Übergewicht gegenüber dem Hörbaren behielt – mußte dann nicht vom Schweigen des Auferstandenen derselbe Anreiz ausgehen, der die Urgemeinde veranlaßte, das Schweigen, mit dem der Leidende seine Passion über sich ergehen ließ, im Rückgriff auf alttestamentliche Leidensaussagen zu verbalisieren? Wenn es sich aber so verhielt, spiegelt sich die Situation der Jünger zu diesem kritischen Zeitpunkt tatsächlich in dem, was die (nach 1Petr 3,18f) kerygmatisch akzentuierte Descensus-Szene besagt, so wie diese umgekehrt auf das schließen läßt, was das Zentralziel des nunmehr einsetzenden Verbalisierungsprozesses war: die Benennung dessen, was den Osterzeugen vor Augen getreten war und sich nun in Sätzen wie dem der Pfingstpredigt des Petrus niederschlug:

Gott aber hat die Wehen des Todes gelöst und ihn auferweckt (Apg 2,24).

Dabei fällt auf, daß vom Ostergeschehen hier in ausgesprochen passiven Wendungen die Rede ist, in denen es noch ganz als ein Handeln Gottes an dem Gekreuzigten und noch nicht als ein Akt aus dessen eigener Machtvollkommenheit erscheint. Tatsächlich führt ein relativ weiter Weg bis zu dem von Lukas überlieferten und der Emmausszene eingearbeiteten Bekenntniswort: »Der Herr ist wirklich auferstanden und dem Simon erschienen« (24,34). Auf dem Weg dorthin – und darin besteht dessen überragende Bedeutsamkeit – wird Jesus nicht nur vom Objekt zum Subjekt des Ostergeschehens; vielmehr wird jetzt auch klar, daß das Gegenteil von dem geschehen war, was der Augenschein zu lehren schien. Der scheinbar mit seinem Einsatz für Gott und die Menschen Gescheiterte war in seinem Tod tatsächlich ans Ziel seiner Sendung gelangt. Und der vermeintlich von Gott Verworfene war tatsächlich aufs wunderbarste gewürdigt und, mit dem Eingang des Römerbriefs gesprochen, zum »Gottessohn mit Macht« eingesetzt worden (1,3)[49]. Damit aber riß er alle »freischwebenden« Attribute an sich. Jetzt wurde er als der Messias, der Davidsohn, ja der Menschensohn und Gottessohn begriffen. Und jetzt erschien er aus heidenchristlicher Sicht als der alle übrigen »Herren« (nach 1Kor 8,5f) überragende »Kyrios«[50]. Zudem erwachte ein elementares Interesse an seiner »Vorgeschichte«. Jetzt »erinnerte« man sich (nach Lk 24,6.8) an seine Worte und Taten, die man schließlich in Kollektionen dokumentierte, und jetzt feierte man insbesondere, seinem Auftrag gemäß, das Andenken an sein Leiden (1 Kor 11,23-26) in der Erwartung seiner baldigen Wiederkunft. Darin war es dann schließlich auch begründet, daß sich die Jüngergemeinde zur »Wiederaufnahme der Jesusverkündigung« (SCHENKE) entschloß[51].

So liegt tatsächlich in dem durch die Auferstehung markierten Ende der Lebensgeschichte Jesu der gesuchte Anfang. Umgekehrt mußte sich die Suche danach so lange in Aporien verstricken, als man ihn nicht in diesem Ende suchte. Und das besagt, daß mit der Erkundung des Identitätsgrundes des Christentums der Anfang bei der Auferstehung Jesu gemacht werden muß. Der Weg führt von dem geglaubten und verkündigten Christus zu dem verkündigenden Jesus, nicht von diesem zum Christus des Glaubens. Umso verläßlicher kann dann von diesem auf den historischen Jesus und seine identitätstiftende Lebensleistung zurückgefragt werden. Dabei darf freilich der Fingerzeig in Gestalt des von Jesus durchlaufenen Lernprozesses nicht außer acht gelassen werden. Denn der von dem Gekreuzigten (nach Hebr 5,8) gelernte »Gehorsam« eröffnet, zumindest grundsätzlich, die Möglichkeit, die sich dem Rückgang entgegenstellenden Barrieren zu unterlaufen und den Zugang zur Mitte auf dem dunklen Pfad der Negation, bildhaft gesprochen, im Mitvollzug der »Höllenfahrt« Jesu, anzustreben. Wenn das Schweigen, unter dessen Hülle sich diese »letzte Versuchung« Jesu vollzog, zur Sprache gebracht werden soll, bedarf es dafür freilich einer theologischen Verstehenshilfe. Solange aber diese schon überfällig gewordene Theologie des Schweigens noch immer aussteht, kann der Versuch, die den Rückweg verstellenden Barrieren zu unterlaufen, nicht explizit unternommen, sondern immer nur als kontrastive Möglichkeit in Erwägung gezogen werden[52].

III. KAPITEL:
DIE LEBENSLEISTUNG

1. Die Integrationsmitte

Bis auf den heutigen Tag bieten Christentum und Kirche das Bild einer »Spannungseinheit« (PRZYWARA) von Widersprüchen. Schon in der ersten Stunde war das nicht anders, als sich Missionare und Mystiker, Juden- und Heidenchristen, Anhänger des Petrus und Parteigänger des Paulus, also Konservative und Progressisten, in oft erbittertem Meinungsstreit gegenüberstanden, vom innerkirchlichen Aufbruch längst überwundener Fehlformen und Häresien ganz zu schweigen. Die lange Dauer dieses Zustands ist allerdings kein Argument dafür, daß es dabei bis in alle Zukunft bleiben dürfte. Vielmehr sprechen deutliche Anzeichen dafür, daß das Überleben der Stiftung Jesu an den Durchbruch zu der die zentrifugalen Kräfte integrierenden Mitte gebunden ist. Doch worin besteht diese Mitte?

Zweifellos in jenem Faktor, dem das Christentum seine doktrinale, kultische und hierarchisch-soziale Gestalt und, wesentlicher noch, seine Identität verdankt und der sich somit als sein prägender Kristallisationskern erweist: in der Auferstehung Jesu. Vor jedem weiteren Schritt muß das gegen die verbreitete Tendenz zu deren Marginalisierung glaubhaft gemacht werden. Sie hat ihren entschiedensten Verfechter in GERD LÜDEMANN, der unter Berufung auf ERNST FUCHS die neuerdings auch von KLAUS BERGER favorisierte These vertritt, daß Ostern im Vergleich zur Botschaft des historischen Jesus keine sachliche Innovation, sondern lediglich einen Erkenntnisfortschritt erbracht habe[1]. Die These behilft sich mit dem verblüffend einfachen Argument, daß in allen Sätzen des Evangeliums der historische Jesus spreche, weil sich keine eindeutigen Kriterien für die Unterscheidung von originären und nachgestalteten Herrenworten angeben lassen[2]. Die Verfechter der These setzen sich freilich der Frage aus, wie sie die unbestreitbare Differenz zwischen der synoptischen Gleichnissprache und der johanneischen Hoheitssprache erklären und der noch ungleich radikaleren, wie für sie die Überlieferung der Jesusworte überhaupt zustandekam. Begreiflich, daß sie davor warnen, den »Ostergraben« zu tief anzusetzen, da nur so die von ihnen angenommene ungebrochene Über- und Weitergabe (*traditio*) gesichert werden kann. Doch all diesen Versuchen, den »Ostergraben« in diesem Sinn auf LESSINGS »garstigen breiten Graben« des unüberbrückten Zeitenabstands zum Heilsgeschehen zurückzunehmen und schließlich selbst diesen einzuebnen, müßte man mit Mephistos »halblaut« hingeworfener, jetzt aber mit Nachdruck zu wiederholender Bemerkung begegnen:

Man spricht, wie man mir Nachricht gab,
von keinem Graben, doch vom Grab.

Und das im Blick auf das »leere Grab«, verstanden als das eindringlichste Symbol der Zäsur, die das Auferstehungsereignis in den empirischen Geschichtskontext legte. Doch gerade dagegen werden prinzipielle und sprachkritische Einwände erhoben. Grundsätzliche zunächst durch HANS KESSLER, der mit wachsendem Nachdruck darauf besteht, daß der von Lessing bemängelte »Beweis des Geistes und der Kraft« keineswegs weggefallen, sondern in Gestalt präsentischer Heilserfahrung nach wie vor gegeben sei. Deswegen könne die »lebendige Gegenwart und Wirksamkeit des Herrn« aus eigenem »Recht und Grund« auch heute, und dies sogar auf vielfältige Weise, erfahren werden[3]. Demgegenüber hebt der gleichfalls von ihm geltend gemachte theologische Einwand darauf ab, daß suffizienter Grund des Auferstehungsglaubens nicht die Erscheinungen des Auferweckten, sondern der auferweckende – trinitarische – Gott sei[4]. Doch damit verläßt er die Erfahrungs- und Argumentationsebene ebenso wie mit seiner These, daß sich Gott in der Auferweckung des Gekreuzigten als der »mitten im Kreuz und Leiden« Gegenwärtige erweise[5].

Am radikalsten wirkt auf diese Marginalisierung von Ostern jedoch die Einschätzung der »Auferweckung« als einer geradezu »gefährlichen« und den Sachverhalt verstellenden Metapher durch HANSJÜRGEN VERWEYEN[6]. Denn damit wird der Sinn des Verbalisierungsprozesses auf den Kopf gestellt, den die Osterscheinungen in Gang setzten. Tatsächlich ist das, was an diesem Prozeß noch greifbar ist, in erster Linie ein Sprachgeschehen. Den durch die Ostererscheinungen zunächst in eine Identifikationsnot geratenen Zeugen lag nichts so sehr wie die im johanneischen Nachtragskapitel überlieferte Frage auf der Zunge: »Wer bist du?« (Joh

21,12). Wenn sie sie nicht zu stellen wagten, dann, wie der kryptische Nachsatz erklärt, »weil sie wußten, daß es der Herr war«. Tatsächlich stellt sich der Kyriosname aber erst viel später ein. Statt dessen boten sich dem nunmehr einsetzenden Verbalisierungsprozeß näherliegende Titel an, darunter wohl als erster die Bezeichnung »Davidssohn«, mit der die Erscheinung des Auferstandenen an die jüdische Herkunft Jesu zurückgebunden und so die Identität des Erscheinenden mit dem historischen Jesus gesichert wurde. Im Zug des nennenden Denkens, das den Prozeß anfänglich bestimmte, legten sich dann aber auch weitere Titel, wie sie im Horizont des spätjüdischen Messianismus bereitlagen, wie von selber nahe: Lehrer, Prophet, Messias, Gottesknecht, Menschensohn, Gottessohn[7]. Dabei dürfte von der Bezeichnung als Lehrer ein besonderer Anreiz ausgegangen sein, die Erinnerung an das von ihm Gelehrte wachzurufen und dem Gedächtnis der über alle provinziellen Grenzen hinauswachsenden Gemeinde einzustiften. Spruchsammlungen nach Art der Logienquelle, von der das gnostische Thomasevangelium noch eine greifbare Vorstellung vermittelt, werden diesem Bedürfnis ihre Entstehung zu verdanken haben.

Indessen ist, was die Genese lebensgeschichtlicher und lehrinhaltlicher Überlieferungsstücke betrifft, auch mit einer zu wenig berücksichtigten alternativen Veranlassung zu rechnen, die sich an der paulinischen Verkündigung entzündete. Konsequenter als jede andere Gründergestalt hatte Paulus seine Botschaft aus seinem österlichen Damaskuserlebnis hergeleitet, und zwar in einer »Vorwärtsstrategie«, die sich nur auf wenige Fußpunkte in der Lebensgeschichte Jesu stützte und auf seine Verkündigung allenfalls beiläufig Bezug nahm[8]. Es fällt zwar auf, daß ihm diese »Halbierung« der überlieferten Botschaft im Unterschied zu der vermeintlich ebenfalls halbierenden Konzeption seines »gesetzesfreien« Evangeliums, die schwerste Zerwürfnisse auslöste, nie zum Vorwurf gemacht wird. Mußte von dieser weitgehenden Aussparung der lebens- und leistungsgeschichtlichen Perspektive dann aber nicht doch ein zusätzlicher Anstoß ausgehen, der auf den Entwurf einer narrativen Darstellung im Sinne der Evangelienberichte drängte?

Sosehr diese Möglichkeit offengelassen werden muß, steht Paulus doch mit seiner ganzen Autorität für die Klärung der Integrationsmitte und damit für die Beantwortung der Identitätsfrage ein. Sie ergibt sich unmißverständlich aus seinem Vorsatz, »nichts anderes zu kennen als Christus und ihn als den Gekreuzigten« (1Kor 2,2). Auf diesem Vorsatz liegt um so größeres Gewicht, als er nicht etwa theologischer Reflexion, sondern dem Wunsch entstammte, den, von dem er sich ergriffen wußte, »kennenzulernen, die Kraft seiner Auferstehung und die Gemeinschaft mit seinem Leiden« (Phil 3,10). Es ist somit die Auferstehung des Gekreuzigten, die für ihn ebenso zum Ausgangspunkt und Inhalt wie zur Mitte seiner Verkündigung wurde. So aber läßt er keinen Zweifel daran aufkommen, wie sich für ihn die Frage nach der Identität des Christentums beantwortet.

Wie aber gestaltet sich für ihn dann der unerläßliche Rückgriff auf die Lebensgeschichte und die Tätigkeit Jesu? Nach den Wendungen zu schließen, mit denen Paulus die für ihn zentralen Überlieferungsstücke vom Herrenmahl (1Kor 11,23ff) und den Ostererscheinungen (1Kor 15,1-8) einleitet – »ich habe euch überliefert, was ich selbst empfangen habe« –, hat dieser Rückgriff für ihn, theoretisch ausgedrückt, den Charakter der Rekonstruktion, sofern damit Vorgegebenes aktualisiert und so neu zur Geltung gebracht wird. In beiden Fällen liegt seinem Bericht eine unverkennbar rückbezügliche Denkfigur zugrunde; denn stets gibt er dem Überlieferten eine eigene Deutung: beim Abendmahlsbericht durch sein Wort von der Verkündigung des Todes Jesu »bis zu seiner Wiederkunft« (1Kor 11,26), bei der österlichen Zeugenliste dadurch, daß er sich ihr abschließend selbst als gleichwertigen Zeugen anfügt (1Kor 15,8).

Bei näherem Zusehen verfahren aber auch die Evangelien, vor allem in ihrem Kontext gesehen, nicht anders. So stellen die beiden Großevangelien den im johanneischen Nachtragskapitel erzählten österlichen Fischzug (Joh 21,1-22) an den Anfang ihrer Darstellung (Mt 4,18-22; Lk 5,1-11), so daß dieser geradezu als die Vorwegnahme des nachösterlichen Aufbruchs erscheint. Als Rekonstruktion erweist sich auch die johanneische Wiederaufnahme des Jüngergesprächs von Cäsarea Philippi (Mt 16,16ff), das jetzt, in die Synagoge von Kafarnaum verlegt, auf den dort einsetzenden Massenabfall bezogen (Joh 6,60.66), in seinem erstmals von Kierkegaard vernommenen »Leidenston« hörbar wird, wie ihn dann wohl auch Martin Buber registrierte und seiner Deutung der großen Krisenstunde im Leben Jesu zugrunde legte[9]. Eine rekonstruktionsartige Anlage weist schließlich auch die lukanische Perikope vom Auftritt Jesu in der Synagoge seiner Heimatstadt Nazaret auf, die seine gesamte Lebensgeschichte – Verkündigung, Krise, Konflikt,

Passion – wie in einem Prisma zusammenfaßt und den Anfang vom Ende her lesbar werden läßt[10]. Diese Beobachtungen aber konvergieren in der Erkenntnis, daß die Evangelien ihren Bericht von der Lebensgeschichte Jesu von deren Ende in Kreuz und Auferstehung her erzählen und so den Anfang im Ende aufscheinen lassen. Von daher ist dann aber auch schon dem Neuen Testament selbst die Anleitung zu entnehmen, wie bei der Suche nach dem Initialereignis des Christentums verfahren werden muß.

So wichtig diese Vorüberlegungen waren, entbehren sich doch noch der vollen Verifikation, die nach Lage der Dinge nur von dem nun definitiv in seinem Stellenwert erkannten Auferstehungsgeschehen erbracht werden kann. Folgerichtig müßte dieses hier schon in den Blick genommen werden, weil so erst der innerste Beweggrund der Rekonstruktion zum Vorschein käme. Wie die Abfolge von Leben, Leiden und Auferstehung zeigt, gewinnt diese jedoch erst vor dem Hintergrund des »Vorlebens« ihr volles Profil. Deshalb muß dieses jetzt auf seinen Kern, die zentrale Lebensleistung Jesu hin ausgeleuchtet und gegen deren defiziente Einschätzung durchgesetzt werden. Dann wird noch begreiflicher, daß von Ostern der entscheidende Anstoß zur narrativen Rekonstruktion der Lebensgeschichte und damit zur Entstehung der neutestamentlichen Schriften ausging. Da Ostern gerade von deren Initiator Paulus als Überwältigung (Phil 3,12) erfahren und als Nötigung zum Zeugnis (1Kor 9,16) empfunden wurde, kann es nicht verwundern, daß sich das bisweilen auch auf das Resultat niederschlug. Auch daraus dürfte es sich erklären, daß sich die gesuchte Lebensleistung als revolutionärer Durchbruch darstellt.

2. Der revolutionäre Eingriff

Bei seiner Beantwortung der alten Frage »Wer war Jesus wirklich?« hebt Klaus Berger auf den auffälligen Tatbestand ab, daß Jesus eine seltsame Vorliebe für skurrile, frappierende, provozierende und skandalöse Bilder und Redewendungen hegt[11]. Das aber besagt, auf den Kern dieses Tatbestands zurückgeführt: er redet in der Sprache des Revolutionärs. Tatsächlich beginnt dort, wo er steht und geht, die Erde zu beben. Er fühlt, um es mit unterschiedslos herausgegriffenen Wendungen des Evangeliums zu sagen, daß die »Kräfte des Himmels erschüttert werden« (Lk 21,26); er sieht im Gefolge seiner Dämonenaustreibung »den Satan wie einen Blitz vom Himmel fallen« (Lk 10,18), und er warnt davor, sich beim Herannahen der Endzeit auf falsche Verheißungen einzulassen:

Denn wie der Blitz vom einen Ort des Himmels zum andern zuckt, so wird es sich auch mit dem Menschensohn an seinem Tag verhalten (Lk 16,24).

Indessen ist diese Erschütterung jetzt schon, bei seinem gegenwärtigen Wirken, spürbar. Seinen Wein kann man nicht in alte Schläuche gießen, weil sie sonst zerbersten und der Wein zerrinnt (Mk 2,22). Ihm geht es tatsächlich darum, die Welt, wie MACHOVEC formulierte, in Brand zu setzen:

Feuer auf die Erde zu werfen, bin ich gekommen; und was will ich mehr, als daß es brenne (Lk 12,49).

Sein Wirken polarisiert, wie er mit einem Wort zum Ausdruck bringt, bei dem er sein großes Programm, der Welt den nur von ihm zu erwartenden Frieden zu bringen, vergessen zu haben scheint:

Meint ihr, ich sei gekommen, der Erde Frieden zu bringen? Nein, sage ich euch: den Zwist! (Lk 12,51).

Nicht einmal vor dem Heiligtum des Tempels macht die von ihm ausgehende Erschütterung halt. Wie er in souveräner Machtvollkommenheit den Sabbat bricht (Lk 2,23ff), legt er auch Hand an den Opfergottesdienst, indem er die dafür erforderliche Zurüstung unterbindet und verbietet, »Geräte durch den Tempel zu tragen« (Mk 11,16). Was sich in diesem Eingriff ankündigt, wird der Zugriff der Feinde bewirken: Kein Stein wird auf dem anderen bleiben. Wie sehr diese Erschütterung aller Verhältnisse schließlich sogar seine Feinde ergreift, führt der Johannesevangelist mit der Wirkung des letzten »Ich bin es« auf das Verhaftungskommando vor Augen:

Wie er nun zu ihnen sagte »Ich bin es«, wichen sie zurück und fielen zu Boden (Joh 18,6).

Was hier nur eine Gruppe betrifft, greift beim Tod Jesu auf die ganze Umgebung, insbesondere aber, wie BACH es in beiden Passionsmusiken hochdramatisch schildert, auf den Tempel über:

> *Da zerriß der Vorhang des Tempels von oben bis unten in zwei Teile, die Erde erbebte, und die Felsen zerbarsten (Mt 27,51).*

Doch hatten die Synoptiker das nicht noch suggestiver dadurch verdeutlicht, daß der Hohepriester unter dem Eindruck des Selbstbekenntnisses Jesu in einer frivolen Geste seine Kleider zerreißt, bevor er das Todesurteil fällt (Mk 14,63f)? Worauf geht diese Wirkung zurück?

Die Frage stellt sich zunächst im Blick auf die von Jesus zu lösende Aufgabe, die gemessen an der Wucht seines Einsatzes, nicht groß und schwer genug gedacht werden kann. Sie gewinnt Kontur, wenn man sich über den Grund des vielfältigen Widerstandes Rechenschaft zu geben sucht, der sich gegen ihn nach dem Abklingen des gewaltigen Anfangserfolges mit wachsender Macht erhebt. Er äußert sich in der Ablehnung durch die Familie – »er ist von Sinnen« (Mk 3,28) –, im Unverstand des Jüngerkreises – »wie lange soll ich euch noch ertragen?« (Mt 17,17) –, in der wachsenden Kritik der auf pedantischer Einhaltung des Gesetzes bestehenden Pharisäer – »warum übertreten deine Jünger die Vorschriften der Alten?« (Mt 15,2) –, in der tödlichen Gegnerschaft der auf Erhaltung des gesellschaftlich-religiösen Status quo bedachten Sadduzäer – »es ist besser, daß einer stirbt, als daß das ganze Volk zugrunde geht« (Joh 11,50), vor allem aber in der ihm widerstrebenden Denkweise der auf Rache ausgehenden Zeloten – »ist es erlaubt, dem Kaiser Steuer zu entrichten?« (Mk 12,14) – und des im Vergeltungsgedanken befangenen Volkes – »wer hat gesündigt, er oder seine Eltern?« (Joh 9,2). Das aber läßt darauf schließen, daß Jesus den entscheidenden Widerstand, der seinem Heils- und Liebeswillen entgegentrat, in jener Gottesverdüsterung erblickte, die er ebenso als die Folge wie als die letzte Ursache der Not seines Volkes begriff. Als ihre Ursache, weil sich ihm daraus die menschlichen und politischen Fehlleistungen erklärten; aber auch als ihre Folge, weil sie dieses heiß umworbene Volk in ihm nicht seinen Retter erkennen ließ. So stieß er in der Ablehnung der Seinen, im Unverstand der Jünger und dem Haß der Gegner letztlich auf den Schatten eines Gottes, der in der verzerrten Optik seiner Zeitgenossen ebenso gefürchtet wie geliebt sein wollte. Da er sich aber gleichzeitig im tiefsten Einverständnis mit dem Gott Abrahams, Isaaks und Jakobs wußte (Mk 12,26f), konnte der wirkliche Grund dieser Verdüsterung nicht schon in dem – freilich zur Ambivalenz neigenden (GÖRG) – alttestamentlichen Gottesbild, sondern nur in dessen Rezeption liegen.

Einen aufschlußreichen Hinweis dazu gibt die von WILHELM GRUNDMANN im Blick auf das Talentengleichnis (Mt 25,24ff) aufgeworfene Frage, ob Jesus den Herrn des Gleichnisses tatsächlich so habgierig und rücksichtslos sah, wie er in der Selbstrechtfertigung des »faulen« Knechtes erscheint, oder ob sich darin nicht vielmehr dessen von Angst eingegebenes Zerrbild seines Herrn spiegelt. Denn in diesem Fall erzählt das Gleichnis, so Grundmann, vom »Ringen des Wissens um Gott, das Jesus eigen ist, mit einem sich im Judentum durchsetzenden Gottesbild«, in welchem Gott als der unerbittlich Fordernde und Vergeltende erscheint[12]. Wenn aber das zutrifft, geht das zwiespältige Bild des gleicherweise »grausamen und gütigen« Gottes, wie es BUBER am Schluß seiner ›Reden über das Judentum‹ beschwört, letztlich auf die Selbstprojektion eines vielfach verfolgten, aber auch nicht weniger bevorzugten Volkes zurück, so wie sich das ambivalente Gottesbild der Menschheit aus deren zwischen Not und Gunst schwankenden Geschichts- und Selbsterfahrung herleitet. In diesem Sinn hat Gott dem religionskritischen Ansatz FEUERBACHS zufolge nicht so sehr den Menschen, als vielmehr dieser den nach seinem inneren Zwiespalt gebildeten Gott geschaffen. Dazu stellte freilich NIETZSCHE in einer fragmentarischen Nachlaßnotiz die Frage:

> *Gut, es mag so sein, wie ihr sagt: die Menschen haben Gott geschaffen – ist dies ein Grund, sich nicht mehr um ihn zu kümmern?*[13].

Eine, wenngleich von Nietzsche schwerlich vermutete Form dieses »Kümmerns« besteht, wie angenommen werden darf, in dem Versuch, jenen Abgrund im menschlichen Selbstverhältnis auszuloten, der den homo religiosus seit alters dazu bringt, in den »Tiefen der Gottheit« ein ihn ebenso erschreckendes wie niederzwingendes Drohpotential zu vermuten. Mit dem Hinweis auf das menschliche Verlangen nach einem letzten Ausgleich und einer ihn verbürgenden Allgerechtigkeit ist es nicht getan, selbst wenn diese in erster

Linie als Strafgerechtigkeit verstanden würde. Eher wohl mit dem Bestreben, den dunklen Grund im eigenen Selbst auf Gott zu übertragen, um dadurch von dieser Hypothek, mit FERDINAND REISINGER gesprochen, »entlastet« zu sein.

Wie aber steht es dann um die Abwehrfront, der sich Jesus bei denen gegenübersah, die sich bei ihrem Verharren auf dem ambivalenten Gottesbegriff auf das Offenbarungswort beriefen und dadurch seinen Kampf in den Anschein einer gegen den erklärten Gotteswillen gerichteten Aktion brachten? Sie geht offensichtlich darauf zurück, daß sich im biblischen Text Gottes- und Menschenwort in einer bisweilen sinnverstörenden Weise vermischen. Dann schlagen in ihm die menschlichen Implikationen so dominierend durch, daß der göttliche Anruf mißverständlich wiedergegeben wird. Das ist der von BUBER in einem seiner ›Autobiographischen Fragmente‹ wiedergegebenen Episode angenommene Fall, die unter dem Titel »Samuel und Agag« vom Tod des Amalekiterfürsten berichtet, der (nach 1Sam 15,32f) seinem Richter mit dem Wort »Sei's drum, schon wich des Todes Bitterkeit« entgegengeht, um von diesem »in Stücke gehauen« zu werden. In dem sich daran anknüpfenden Gespräch gesteht Buber seinem gesetzesstrengen Partner, daß er vor dieser Szene von Jugend an ein Grauen empfunden habe und stets der Meinung gewesen sei, daß Samuel Gott, auf den er sich bei seiner Schreckenstat berief, mißverstanden habe. Zornig habe ihm sein Gegenüber entgegengehalten: »So? Sie glauben es nicht?« Nach längerem Schweigen aber habe sich dann etwas ereignet, wie es ihm in seinem langen Leben noch nie begegnet sei:

> *Das zornige Gesicht mir gegenüber wandelte sich, wie wenn eine Hand beschwichtigend darübergefahren wäre. Es erhellte sich, klärte sich, war nun hell und klar mir zugewandt: »Nun«, sagte der Mann mit einer geradezu sanften Deutlichkeit, »das meine ich auch«*[14].

Wenn Buber diese von ihm »mit Furcht und Zittern« gelesene Szene einer »Neulektüre« unterzogen und auf sein Bild des »grausamen und gütigen« Gottes Israels bezogen hätte, wäre ihm seine ambivalente Gottesbestimmung womöglich zweifelhaft erschienen. Könnte es sich dann nicht auch dabei um ein – nach Auschwitz nur zu begreifliches – Mißverständnis des Gottes handeln, der »Liebe will und nicht Opfer« (Hos 6,6) und der die Seinen in seine Hände eingeschrieben hat, so daß er sie nicht vergessen könnte, selbst wenn sie von ihrer eigenen Mutter vergessen würden (Jes 49,15f).

In diesem Fall gewänne die Gottesentdeckung Jesu noch schärferes Profil. Denn in dieser Sicht wendet er sich nicht gegen das vor allem von den großen Propheten entworfene Gottesbild seines Volkes, sondern gegen dessen spezifisch menschliche Implikationen. Wie ein Restaurator trägt er dann die Übermalung in Form der menschlichen Selbstprojektion ins Gottesgeheimnis ab, um dessen leuchtende »Tiefen« zum Vorschein zu bringen. Doch das nicht in einer artifiziellen Aktion, sondern dadurch, daß er das von ihm mitgetragene Menschlich-Ambivalente auf Gott hin durchbricht und sich als den mit ewiger Liebe Geliebten und ans Gottesherz Gezogenen wahrnimmt.

So gesehen hat seine Gotteskritik ihre Wurzeln in einer – stellvertretend geübten – Selbstkritik, die als solche unverzüglich auf jene durchschlägt, an deren Stelle sie geübt wurde. Im Zerrbild Gottes entschleiert sich für Jesus das gespaltene Antlitz des Menschen. So aber wird für ihn die Theologie auf elementare Weise zur Anthropologie. Indem er die Tiefen der Gottheit entsiegelt, entreißt er den Menschen dem Zwiespalt, dem die Verkennung Gottes wie die seiner selbst entsprang. Das Mißverständnis Gottes war die Folge des Mißgriffs, durch den der Mensch sich selbst verfehlte. Sosehr Johann Adam Möhler im Recht ist, wenn er das kollektive Ganze zum adäquaten Subjekt der Gotteserkenntnis erklärt, so trifft es doch nicht weniger zu, daß nicht schon der Mensch im Selbstzerwürfnis, sondern erst der zu sich selbst Gebrachte zur Gotteserkenntnis fähig ist. Wenn das einem Zirkelschluß nahekommt, so nur aus dem Blickwinkel der Außensicht, die lediglich faktizistisch registriert, anstatt genetisch-existentiell mitzuvollziehen.

Unwillkürlich stellt sich hier die Frage, ob damit nicht ein Wunschbild in die Verkündigung Jesu eingetragen wird, vergleichbar dem Zerrbild, von dem er das Gottesgeheimnis befreite. Wird hier, mit Thomas Münzer gesprochen, nicht der »bittere Christus« zugunsten des »süß im Herzen schmeckenden« (Luther) ignoriert?[15] Das ist die durch Gottfried Bachl wiederbelebte Frage nach dem »schwierigen« Jesus, der seine Heilsbotschaft, wenn nicht zu desavouieren, so doch in Frage zu stellen scheint[16]. Doch dieses Bedenken ist die Folge eines verkehrten Maßes, das auch dem peremptorisch vorgebrachten Vorwurf zugrunde liegt, daß die Freilegung der Liebesbotschaft Jesu auf eine »Softversion« (Spaemann) des Evangeliums hinauslaufe[17]. Wer Liebe, wie diese Kritik zu unterstellen scheint, mit Nachgiebigkeit und alles tolerierender Milde verwechselt, wird sie freilich nicht in jenem »Feuer« wiedererkennen, daß Jesus seinem großen Programmwort zufolge auf die Erde warf (Lk 12,49), um damit die Welt in Brand zu setzen, und noch weniger in dem von ihm entdeckten Gott des »verzehrenden Feuers«, in welchem ihn der Hebräerbrief (12,29) erglühen sieht. Ergriffen von diesem Feuer kann der große Friedensbringer von sich sagen, er sei »nicht gekommen, um den Frieden zu bringen, sondern das Schwert« (Mt 10,34); er kann drohen, ohne dabei von seiner Liebe abzulassen, und in Zorn geraten, ohne einem Selbstwiderspruch zu verfallen.

Erneut verweist das auf die befremdliche »Logik« Jesu, wie sie ebenso deutlich wie aus dieser scheinbaren Absage an seine Friedensmission aus dem Bekenntnis zu seinem Arzttum (Mk 1,27) spricht. Im Unterschied zur rationalen ist sie durch eine Alternativelosigkeit ihrer Bestimmungen gekennzeichnet, die letztlich darauf zurückgeht, daß der Gott, den er verkündet, das, mit CUSANUS gesprochen, »non aliud« ist[18]. Ohne dem Pantheismus zu verfallen, ist dieser Gott, wie dann sein größter Interpret Paulus versichert, »alles und in allen« (1Kor 15,28), der in seiner Absolutheit auch noch das Nichts umgreift, aus dem er seine Schöpfung hervorbrachte und dem seine Widersacher verfallen.

Wiederum war es Paulus, der auf die Frage, wie sich dieser Denkansatz in der Existenzweise Jesu spiegelt, den entscheidenden Hinweis gibt, wenn er sich gegen die Unterstellung der Unverläßlichkeit mit dem Hinweis auf Jesus zur Wehr setzt:

> *Denn der Gottessohn Christus Jesus, der unter euch durch uns gepredigt wird, durch mich, durch Silvanus und Timotheus, war nicht Ja und Nein zugleich; vielmehr ist in ihm das eine Ja verwirklicht (2Kor 1,19).*

Das ist zugleich die Antwort auf die Frage nach dem Formalgrund, der das Gegensätzliche in Jesus zur Identität zusammenstimmt und es ihm ermöglicht, zusammen mit dem »Widerspruch der Sünder« (Hebr 12,3), den Antagonismus des Daseins zu ertragen. Er selbst war, so zeigt sich nunmehr, die alternativelose Identität in Person; darin bestand der diamantene Kern seines Daseins und seines Wirkens. Und daraus holte er die Kraft, den Schatten

Gottes zu überwinden. Das könnte schwerlich so gesagt werden, wenn es nicht von Nietzsche vor-gesagt worden wäre. In dem Aphorismus »Neue Kämpfe« seiner ›Fröhlichen Wissenschaft‹ betont er:

> *Gott ist tot; aber wie es die Art der Menschen ist, wird es vielleicht noch jahrtausendelang Höhlen geben, in denen man seinen Schatten zeigt – und wir – wir müssen auch noch seinen Schatten besiegen!*[19]

Ihm geht es dabei freilich nicht um die Schattenseite des traditionellen Gottesbegriffs, sondern um die – auch nach der Toterklärung Gottes – fortbestehenden theologischen Implikationen in aller Sprache, Metaphysik und Kunst, die ihn befürchten lassen, wir würden »Gott nicht los, weil wir noch an die Grammatik glauben«[20]. Im Sinn dieser These ist die Gotteskritik Jesu solange nicht voll ausgeleuchtet, als sie nicht auf das Ensemble der religiösen Strukturen, insbesondere auch im Kirchenraum, durchgezogen und solange nicht gefragt wird, bis in welche Vorstellungen, Verhältnisse und Strategien hinein sich der von Jesus bekämpfte Schatten niedergeschlagen hat. Entsprechend seiner vielfältigen Anwesenheit in dieser Welt gibt es auch viele Formen der Nachfolge Christi. Zweifellos gehört dazu auch die Bereitschaft, seinen Kampf gegen die Drohperspektive Gottes bis in die noch immer bestehenden Schattenwürfe hinein fortzusetzen.

Doch die Frage, worauf die die gesamte menschliche Lebenswelt erschütternde und tendenziell umwälzende Wirkung Jesu zurückgehe, die zunächst im Hinblick auf die Größenordnung seiner Aufgabe beantwortet wurde, verlangt nach einer direkten Klärung. Wie in dem Satz »Himmel und Erde werden vergehen, aber meine Worte werden nicht vergehen« (Lk 21,33) gesagt ist, lautet diese grundsätzliche Auskunft: auf das »Wort« Jesu, verstanden als der Inbegriff seiner Sprachgewalt und Sprachleistung, die seine Hörer zu dem erstaunten Ausruf bewegt: »eine neue Lehre; und sie wird mit Vollmacht vorgetragen!« (Mk 1,27f). In formaler Hinsicht geht es dabei um seine exzeptionelle, den Horizont des Informativen ständig ins Performative hinein übersteigende Sprachkompetenz, die es mit sich bringt, daß die Grenze zwischen Lehr- und Tatsprache, also zwischen Verkündigung und Wundern, fließend ist. Inhaltlich gesehen handelt es sich um seine im wahrsten Sinn des

Wortes »subversive« Reich-Gottes-Botschaft, die auch von der neuesten Forschung aufgrund einer Verwechslung von Herkunft und Inhalt noch viel zu sehr aus der messianischen Heilserwartung Israels hergeleitet und darum nicht in ihrer tatsächlichen Brisanz wahrgenommen wird[21]. Wenn je einmal ist darum hier daran zu erinnern, daß gerade die größten Innovationen nicht so sehr in spontanen Hervorbringungen von völlig Neuem, sondern in der innovatorischen Verarbeitung und Neubeleuchtung vorgegebener Elemente bestehen, die erst jetzt, in der Neomorphose, in ihrem wahren Stellenwert zum Vorschein und zum Tragen kommen. In diesem Sinne ist die Reich-Gottes-Botschaft Jesu innovatorisch. Soviel in sie an Traditionsgut eingeschmolzen ist, bringt sie doch in erster Linie den Willen ihres Urhebers zur Neugestaltung aller Dinge und Verhältnisse zum Ausdruck, und dies in einer ihrerseits innovatorischen Sprache. Denn mit ihrem Herzstück, den Gleichnisreden, will sie bewirken, was sie besagt, indem sie ihren Hörern ein Vorgefühl der anbrechenden Neuordnung vermittelt und ihnen den Zugang zu ihr eröffnet[22].

Wenn die Gleichnisse nicht in dieser Sprachgewalt wahrgenommen werden, dann hauptsächlich deshalb, weil sich die Interpretation zu wenig unter das von der Schriftlichkeit der Texte ausgehende Gebot der Rückübersetzung beugt. Dabei ist insbesondere die verkürzte Fassung der Jesusworte im Matthäusevangelium ein unübersehbarer Hinweis darauf, daß das Wort hier jene mediale Abbreviatur erlitt, die geradezu danach schreit, im Sinn des »Verbum extensum« in die sprachliche Fülle der Mündlichkeit zurückübersetzt zu werden[23]. Denn das der Literalität unterworfene Wort strebt auf dialektischem Weg danach, aus der Enge des »Buchstabens« in die Weite des »Geistes« freigesetzt zu werden, wie es das von patristischem Gedankengut inspirierte Programm des Bibliothekssaals von Schussenried (Oberschwaben) zum Ausdruck bringt: »Verbum in carne abbreviatum – in cruce extensum – in coelo immensum«[24]. Dabei ist das Ziel dieses Übersetzungsprozesses dann erreicht, wenn die gleichnishafte Vergegenwärtigung des Gottesreiches als die »Axt für das gefrorene Meer« im Hörer erfahren (Kafka) und wenn sie zugleich als die »Hand« empfunden wird, die ihn in das Gesagte einbezieht.

Für die Rückübersetzung der Gleichnisse bieten sich drei Wege an: der der Erweiterung, der der Vervollständigung und der des existentiellen und christologischen Rückbezugs. Zur Beschreitung des ersten Weges fordert, um ein extremes Beispiel herauszugreifen, das lukanische Gleichnis vom Guten Hirten (Lk 15,3-7) auf, das auch in der Matthäusversion (18,12ff) in eine einzige Frage zusammengezogen ist, selbst in dieser Kurzform jedoch so viele dramatische Akzente – die Entdeckung des Verlusts, der schwergefaßte Entschluß, die bange Suche, das Glück des Findens, die sich mitteilende Freude des Heimgekehrten – bewahrt hat, daß es von Jesus unmöglich in dieser Abbreviatur erzählt worden sein konnte. Beim Versuch der erweiternden Nacherzählung stellen sich dann wie von selbst die besonders in der matthäischen Kurzfassung verlorengegangenen Elemente der Mündlichkeit wieder ein.

Zur Vervollständigung drängt das gleichfalls von Lukas überlieferte Gleichnis vom Betrügerischen Verwalter (16,1-8), das, wie die häufige Beziehung des Schlußwortes – »und es lobte der Herr den betrügerischen Verwalter, weil er klug gehandelt habe« (16,8) – auf den Erzähler anstatt auf den Herrn der Geschichte zeigt, wegen seiner vermeintlichen Anstößigkeit von Anfang an nur unvollständig überliefert wurde. Wenn der Herr das Verhalten des Schurken, der, in die Enge getrieben, seinen Betrügereien die Krone aufzusetzen suchte, dabei aber vom Herrn wie zuvor schon durchschaut worden war, für lobenswert erachtet, liegt es in der Logik der Geschichte, daß er ihn wieder in seine fast schon verlorene Position einsetzt: einmal, weil er jetzt dessen Treue sicher sein kann, vor allem aber, weil er in ihm – wie der Herr im Talentengleichnis in den beiden erfolgreichen Hasardeuren – einen Geistesverwandten entdeckte. Daß diese Vervollständigung gewagt werden kann, ist nicht zuletzt der Ermutigung durch eine literarische Entsprechung zuzuschreiben: WERNER BERGENGRUENS Roman ›Der Großtyrann und das Gericht‹, in dem der Potentat eines spätmittelalterlichen Stadtstaates in hybrider Selbstüberschätzung der Belastbarkeit seines Polizeipräfekten dadurch auf die Spur zu kommen sucht, daß er ihn unter Androhung der Todesstrafe zur Aufklärung eines Mordes nötigt, den er unbemerkt selbst begangen hat. Anstatt sein Ziel zu erreichen, stürzt er durch diesen widersinnigen Auftrag das ganze Gemeinwesen in ein alle und jeden ergreifendes Chaos, dem er, durch die Selbstbezichtigung eines Unschuldigen zur Besinnung gebracht, schließlich dadurch Einhalt gebietet, daß er den Mord gesteht, den zur Verzweiflung Gebrachten um Verzeihung bittet und ihn in seiner Stellung bestätigt. Die Entsprechung ist so zwingend, daß man den Roman geradezu als den von der Literaturgeschichte bereitgehaltenen Schlüssel zum Gleichnis Jesu lesen kann.

Bei dieser Überlegung darf aber auch der Fall der literarisch-künstlerischen Fortschreibung der Gleichnisse Jesu nicht außer acht gelassen werden. Für die literarische Fortgestaltung sei André Gides ›Le retour de l'enfant prodigue‹ (1909) erwähnt, für die künstlerische Rembrandts ›Heimkehr des verlorenen Sohnes‹ (1669) und für die musikalische die auf das Gleichnis von den Klugen und törichten Jungfrauen bezogene Bach-Kantate ›Wachet auf, ruft uns die Stimme‹ (1731: BWV140).

Als dritter – und entscheidender – Weg bietet sich schließlich der der existentiellen und christologischen Integration der Gleichnisse an. Denn sie kommen in ihrer Wirkung erst dann voll zum Tragen, wenn der Rezipient seinen – zunächst meist verfehlten – Platz in ihnen gefunden hat: so im Gleichnis vom Barmherzigen Samariter nicht bei diesem, sondern bei den beiden Vorübergehenden, im Gleichnis von den Ungleichen Betern nicht beim Reumütigen, sondern beim Pharisäer, und im Talentengleichnis nicht bei den beiden Erfolgreichen, sondern bei den »Faulen«. Und nicht minder wichtig ist, daß zumindest einige Gleichniserzählungen – in erster Linie die vom Fürbittenden Weingärtner (Lk 13,6-9) wie vom Verlorenen Sohn (Lk 15,11-32) und die vom Mord im Weinberg (Mk 12,1-9) – als verfremdete Selbstdarstellungen des Erzählers begriffen werden. Denn unter der Voraussetzung, daß sie als eine gleichnishafte Selbstanzeige verstanden werden, bestätigt sich auch von der sprachlichen Umsetzung des Basileiagedankens her, daß es Jesus bei diesem letztlich um die Grundform seiner Selbstübereignung ging. Wie er in den übrigen Gleichnissen die Denk- und Verhaltensweisen der Hörer seinem Zentralgedanken zu unterwerfen sucht, weist er in dieser »autobiographischen« Gruppe auf sich selbst zurück, um so die von ihm geschaffene Sprachwelt an sich als ihre tragende und bewegende Mitte zurückzubinden. Wenn aber die damit angezeigten Wege beschritten werden, erweisen sich die Gleichnisse tatsächlich als die »Axt«, die das gefrorene Meer der festgelegten Meinungen und festgefahrenen Verhältnisse aufbricht und als die »Hand«, die den Hörer in die von Jesus angestebte Neuordnung hineinzieht.

Doch damit geht, fast unmerklich, eine Neueinschätzung Jesu einher. Wie die Schaffung der Welt seiner Gleichnisse beweist, ist er nicht nur eine Stiftergestalt der Religions- und Glaubensgeschichte, sondern ebenso auch der Sprach- und Verkündigungsgeschichte[25]. Im Blick auf seinen nur unzulänglich gewürdigten

Beitrag zur geistigen und sozialen Kultur muß diese Bestimmung aber unverzüglich noch dahin ergänzt werden, daß er nicht weniger auch als eine Zentralgestalt der Geistes- und Kulturgeschichte der Menschheit zu gelten hat. Ihm verdankt sie ebenso das Wissen um die unvertretbare Würde wie um die soziale Verantwortung der Einzelpersönlichkeit, ihm das Bewußtsein der von Paulus als das tragende Prinzip des Christentums ausgemachten Freiheit (Gal 5,1), ihm das Konzept einer auf Liebe und Solidarität gegründeten Sozialordnung, ihm die Verpflichtung zur Toleranz und in alledem die Regulative, ohne die eine demokratische Lebensordnung nicht mehr zu denken ist.

Inspirierender Beweggrund und grundlegendes Thema der Sprachleistung Jesu ist unzweifelhaft das Gottesreich, zu dessen Verkündigung und Heraufführung er sich berufen weiß. Denn mit diesem Gedanken, für den es (nach Lk 17,20) keine empirische Verifizierung gibt und der in der bekannten Lebenswelt nicht einmal »geortet« werden kann – »du kannst nicht sagen: siehe hier oder dort« –, war ein Sprachproblem erster Ordnung aufgeworfen, das nur mit Hilfe jener verfremdend-einbeziehenden Bildsprache gelöst werden konnte, die Jesus in innovatorischer Nutzung alttestamentlicher und zeitgenössischer Modelle entwickelte. Kennzeichnend für diese Neukonzeption ist es, daß er vom »Kommen« des Gottesreiches wie von einer personalen Größe spricht, ein unübersehbarer Hinweis darauf, daß er sich mit seinem Selbstsein in das von ihm proklamierte Reich einbringt, so daß es ihm tatsächlich zu seiner sozialen Selbstdarstellung gerät. Es kommt und geht mit ihm; es hat sein innerstes Lebens- und Formgesetz in ihm; es ist seine wirkmächtige Ausstrahlung in die ihn umgebende Lebenswelt, beschworen in seinem Wort und aktualisiert in seiner Wundertätigkeit. Mit seinen Machttaten an den auf die Schattenseite des Daseins Geratenen beweist er, daß Gott im Begriff steht, Hand an die Wurzel der Dinge und Seinsverhältnisse zu legen und die Tränen von den Augen der Dinge – sunt lacrimae rerum (Vergil) – und Menschen abzuwischen (Apk 21,4). Wie er selbst ist auch das Gottesreich der große Glücksfall der Menschheit, Inbegriff der wunderbaren Überraschungen, die Gott insbesondere für die Leidenden und Enttäuschten bereithält, ungeschuldetes Geschenk seiner Großmut und Liebe.

Wenn man nach einem Herrenwort Ausschau hält, das dieses Moment der sich zueignenden Entgegenkunft des Gottesreiches von seiner christologischen Mitte her zum Ausdruck bringt, ist es zweifellos das der Großen Einladung Jesu an die Bedrückten und Beladenen (Mt 11,28), in welchem KIERKEGAARD, ungeachtet seiner Bedenken gegenüber der Authentizität dieses Logions, das zentrale Programmwort Jesu entdeckte[26]. Denn in diesem Wort bekundet sich nach seinem Verständnis jener Exzeß der Liebe, der den Hilfe-Anbietenden geradezu in den Anschein eines Hilfsbedürftigen bringt:

> *O wie wunderbar, daß er, der Hilfe zu bringen hat, daß er es ist, der sagt »kommt her!« Welch eine Liebe! Liebe ist es schon, wenn man dem hilft, der um Hilfe bittet. Aber von sich aus Hilfe anbieten, und sie allen anbieten, ja sie gerade denen anbieten, die nicht wieder helfen können! Und sie anbieten, nein, sie ausschreien, als wäre es der Helfer selbst, welcher der Hilfe bedarf.., ja als wäre er der Leidenden bedürftig, um ihnen helfen zu können!*[27]

So wird ihm in diesem Wort der Herzschlag der Liebe Christi fühlbar, den sein Schlüsselwort »der Helfer ist die Hilfe« zum Ausdruck bringt[28]. Gesagt ist damit, daß sich Jesus bei allem, was ihn mit den um Wahrheit, Freiheit, Friede und Menschlichkeit ringenden Wohltätern der Menschheit verbindet, zugleich von ihnen dadurch unterscheidet, daß er sich in seinen Gaben selber gibt. Somit entspringt seine Hilfe zuständlicher Selbstübereignung, die es mit sich bringt, daß er im Unterschied zu jeder menschlichen Wirkungsgeschichte in seinen Wirkungen fortlebt und gegenwärtig bleibt. Von daher gewinnt dann auch das »Kommen« des Gottesreiches schärferes Profil. Es kommt, in dem Maße, wie er sich in ihm als das leibhaftige Strukturgesetz der von ihm erstrebten Lebensordnung mitteilt. Insofern besagt dieses »Kommen« nicht nur Ankunft, sondern zuvorkommende, aufnehmende und einbeziehende Entgegenkunft. Und so gesehen konvergiert das Konzept des Gottesreichs mit der von Paulus geradezu stereotyp gebrauchten Formel »in Christus«, mit der er die Innenwelt des Christentums aufstößt und das im christlichen Sinn »Umgreifende«, verstanden als den Inbegriff des von Christus umfangenen, durchwalteten und erfüllten Daseins, bezeichnet.

In alledem erweist sich Jesus als der größte Revolutionär der Menschheitsgeschichte, wenngleich im Sinne der sanftesten aller Revolutionen, da die seine alle Veränderungen von der dem Prinzip

Liebe innewohnenden Wirkmacht erwartet. Gleichwohl kommt das dem radikalsten Eingriff in die bestehenden Verhältnisse gleich. Denn diese entstammen, auf ihren Grund zurückverfolgt, jenem gebrochenen Sozialverhalten, das im Mitmenschen gleichzeitig den unentbehrlichen Partner sucht wie den lästigen Widersacher befürchtet, so daß es stets von der Sorge belastet ist, daß sich der ersehnte Partner unversehens in einen Rivalen oder Feind verwandeln könne. Doch dadurch wird das menschliche Grundverhältnis zu einem Quellgrund der Angst, die sich von daher in sämtliche gesellschaftlichen Strukturen einnistet. Daraus erklärt sich die in der Gesellschaft herrschende Enge, die hauptsächlich als Anpassungs- und Leistungsdruck oder auch als Verbrauchs- und Konsumzwang erfahren wird. Dem setzt Jesus die befreiende Weite seines Sozialkonzepts entgegen, das auf einen Raum des Aufatmens und der aufgehobenen Entfremdung abzielt, der den Menschen zur Geltung und, wesentlicher noch, zu sich selbst kommen läßt. Es ist zugleich der Raum der gegenseitigen Anerkennung und Akzeptanz und damit der als Selbstfindung im anderen praktizierten Nächstenliebe. Radikaler wurde die Gesellschaft, auch in ihrer demokratisch-liberalisierten Form, nie in Frage gestellt als durch diesen dem Grundimpuls seines Stifters entstammenden Entwurf einer auf Liebe gegründeten Sozialordnung.

Deswegen ist das Gottesreich dann aber auch die denkbar größte Herausforderung. Der Radikalismus, mit dem Jesus den Bewerbern um die Jüngerschaft den Verzicht auf die elementarsten Pietätspflichten abverlangt – »laßt die Toten ihre Toten begraben« (Lk 9,60) – und sogar den Abschied von den Angehörigen verweigert – »wer die Hand an den Pflug legt und zurückschaut, taugt nicht für das Reich Gottes« (Lk 9,62) –, spiegelt sich im Ethos der anbrechenden Neuordnung, die von den Seinen das Äußerste, sogar die Überwindung der aggressiven Instinkte fordert:

> *Euch, meinen Hörern, sage ich: Liebt eure Feinde, tut Gutes denen, die euch hassen, segnet, die euch verfluchen und betet für die, die euch verleumden ..; dann werdet ihr Kinder des Höchsten sein, der gütig ist, sogar gegen die Undankbaren und Bösen (Lk 6,27f.35).*

Dem naheliegenden Einwand, daß der Mensch durch dieses von Jesus ausdrücklich als das »seine« bezeichnete Gebot (Joh 15,12) total überfordert sei, ist am wirkungsvollsten mit einem Gedanken zu begegnen, den BUBER als Einwand gegen Paulus ins Feld führt. Zwar redet der Apostel oft und eindringlich von der Liebe Gottes zum Menschen; doch sei bei ihm so selten von dessen Gegenliebe zu Gott die Rede, daß das Werk der Liebe ganz an Gott zurückzufallen scheine:

Wo bei ihm der Mensch Gott liebt, wird uns kein Zweifel daran gelassen, daß da Gott selber im Menschen wirke, und wir sind versucht, an Spinoza zu denken, bei dem die Liebe des Menschen zu Gott in Wahrheit nichts als Gottes Liebe zu sich selber ist[29].

Genauer aber kann die Lösung des angesprochenen Problems kaum beschrieben werden. Was AUGUSTIN mit dem Satz »unus Christus amans seipsum« christologisch ausdrückte, gilt für Paulus grundsätzlich: in aller Liebe, insbesondere aber in deren schwerster Form als Feindesliebe, ist Gott selbst am Werk, ist Gott der im menschlichen Liebeswillen letztlich sich selbst Liebende. Denn nicht darin besteht die Liebe, wie das Neue Testament auf seiner höchsten Reflexionsstufe versichert, »daß wir Gott geliebt haben, sondern daß er uns geliebt und seinen Sohn als Sühne für unsere Sünden gesandt hat« (1Joh 4,10), wobei die konventionelle Schlußwendung als Verdeutlichung des »Hingabecharakters« dieses zuvorkommenden Liebeserweises verstanden sein will. So nimmt es Paulus in seinem Geständnis vorweg, daß ihm, dem von Christus Ergriffenen, das Leben in dem Wunsch bestehe, den verstehend und liebend zu begreifen, von dem er sich ergriffen wisse (Phil 3,12) und, intimer noch, in dem Wort des Galaterbriefs, wonach er von nun an im Glauben an den Gottessohn lebe, »der mich geliebt und sich für mich hingegeben hat« (Gal 2,20)[30]. Das unterbaut er im Römerbrief mit der auf seine Geistlehre zurückgreifenden Begründung:

Die Liebe Gottes ist ausgegossen in unsere Herzen durch den heiligen Geist, der uns gegeben ist (Röm 5,5)[31].

Doch was ist das für ein Gott, der in seinen Kindern und – wie NIETZSCHE hinzufügt – sogar in seinen Feinden liebt und der mit seiner Güte, wie die Spitzenaussage der lukanischen Bergpredigt

(6,35) sagt, auch die Undankbaren und Bösen umfängt? Und wie kam Jesus zu diesem, alle religiösen Traditionen durchbrechenden und übersteigenden Gottesbegriff?

3. Der neue Gott

Was das Evangelium zu dieser Frage zu sagen hat, ergibt sich aus seiner Gestaltzeichnung Jesu, die bei aller Komplexität von einem Motiv beherrscht wird: Gott. Daß es den Evangelien tatsächlich um eine Gestaltzeichnung geht, bestätigt auf ihrer höchsten Reflexionsstufe der vom johanneischen Jesus gegen seine Widersacher erhobene Vorwurf:

> *Weder habt ihr jemals seine Stimme vernommen, noch seine Gestalt gesehen (Joh 15,37)*[32].

Insofern verfolgten GUARDINI und BALTHASAR eine richtige Spur, als sie sich, mit diesem gesprochen, um die »Schau der Gestalt« des Offenbarers bemühten, Guardini gestützt auf seine »Vorübungen« in Form seiner »Arbeiten über Augustinus, Dante, Pascal, Hölderlin und Dostojewskij«, die darauf abzielten, das Schaubare an ihnen auf dessen psychologisch-metaphysischen Hintergrund hin durchsichtig zu machen; Balthasar in dem großangelegten Versuch, die von ihm religionsgeschichtlich, exegetisch und dogmatisch eingekreiste Gestalt aus ihrer ureigenen – »objektiven« – Evidenz aufscheinen zu lassen[33]. Doch stoßen diese Versuche, wie ihren Initiatoren selbst bewußt ist, schon dadurch auf eine nah gezogene Grenze, daß die Gestalt Jesu, besonders im Markusevangelium, ins Dunkel einer letzten Verborgenheit gehüllt ist, und daß sich alle »Gestalt und Schönheit« (nach Jes 53,2) schließlich in die alle Ästhetik in sich aufzehrende Nacht des Kreuzes verliert[34].

Letzter Grund dieses Scheiterns aber ist die Tatsache, daß die Evangelien ihren Bericht vom Ende her erstatten, also von dort her, wo zwar (nach Mt 17,2 und 2Kor 4,6) das Antlitz des Verherrlichten aufscheint, jedoch so vom göttlichen Offenbarungslicht durchstrahlt, daß die Züge des historischen Jesus darin nicht mehr wahrgenommen werden können. Überdies steht Jesus dieser Darstellung zufolge so sehr im Banne Gottes, daß die Quantität dieser Beziehung immerfort in Qualität umschlägt. Und das besagt: daß es schließlich dahin kommt, daß sich das Verhältnis umkehrt und sich Gott in dem an ihn Hingegebenen wiederfindet. So wird aus dem Beter der Mystiker, aus dem Botschafter Gottes dessen Prophet, das leibhaftige Medium seiner Selbstoffenbarung, und aus dem Verkündigenden, wenn zunächst auch nur implizit, der Verkündigte. Doch was entspricht dieser vorgreifenden Bestimmung an konkreten Daten?

Als erstes die Struktur des Gottesbewußtseins Jesu. Denn Gott ist für ihn nicht nur, mit Anselm von Canterbury gesprochen, der unüberdenklich Größte, der Horizont und Rahmenbegriff all seiner Denkinhalte, sondern, kusanisch ausgedrückt, zugleich das nicht unterschreitbar Kleinste, verstanden als der Gedanke, der seine Intuitionen durchlichtet und alle seine Denkschritte begleitet. Vor allem aber ist Gott für ihn der Erstgegebene und Erstgewisse, die alles tragende und durchlichtende Vorgegebenheit seines Bewußtseins. Das bedingt eine radikale Inversion der gesamten Denkbewegung. Bewegt sich diese im Normalfall von der Welt hin zu Gott, so bei ihm von Gott als der jedem Denk- und Erfahrungsinhalt vorausliegenden Vor-Gabe her zur Welt.

Das kann nicht ohne einen erkenntniskritischen Hinweis gesagt werden, der den auch der theologischen Spekulation zugrundeliegenden Gottesbegriff der abendländischen Denktradition betrifft. Wie schon die Diskrepanz zwischen der im Jahwe-Namen bekundeten Selbstzusage Gottes in seiner Manifestation am brennenden Dornbusch (Ex 3,14) und dem »Ipsum esse subsistens« der Patristik (Gregor von Nazianz) und Scholastik (Thomas von Aquin) erkennen läßt, entspricht der von Jesus verkündete Gott der personalen Selbstzuwendung dem »Gott der Philosophen« (Pascal) allenfalls formal, nicht aber faktisch. Denn der philosophische Denkansatz geht von der staunenden Betroffenheit und der sich daran entzündenden Rückschau auf Vor-Gegebenes aus, der biblische jedoch von der Überwältigung durch das aller Erwartung Zuvorkommende, dem nur in dankbarem Aufblick entsprochen werden kann[35].

Dem entsprechen sodann die Äußerungen dieses Gottesbewußtseins, auf welche die Zeugen mit der Frage reagieren: »Woher hat er das alles?« (Mk 6,2) Instinktiv bestätigen sie damit, daß sein Wissen einem Gewißheitsgrund entstammt, der nicht wie in dem von den Fragestellern angenommenen Normalfall aus seiner Herkunft zu erklären ist, der aber erst recht nicht durch einen

Rückschluß von der Weltwirklichkeit auf deren schöpferischen Urheber gewonnen wurde, so daß er ihm auf primordiale Weise »vorgegeben« sein muß. Das zeigt sich vor allem darin, daß sich Jesus auf exzeptionelle Weise in das Geheimnis Gottes eingeweiht sieht. Er weiß, daß Gott »ins Verborgene blickt« und danach vergilt (Mt 6,18), daß er den Vergebenden vergibt und den Gehässigen die Vergebung verweigert (Mt 6,14), daß er die Sorgen der Menschen kennt und ihnen mit seiner Fürsorge zuvorkommt (Mt 6,32), daß er sich ihrer noch weit mehr annimmt als der Lilien des Feldes, die er doch schöner als Salomon in seiner Königspracht gekleidet hat (Mt 6,28ff), und daß ohne seinen Willen kein Sperling vom Dach fällt (Mt 10,29). Er weiß sogar, daß sich Gott Kenntnisse vorbehalten hat, die selbst ihm, dem Sohn, verborgen sind (Mk 13,32). Vor allem aber weiß er, daß Gott die Menschen mit einer selbst ihre Schwächen und Bosheiten überstrahlenden Liebe umfängt, so daß er von ihm sagen kann, daß er gütig ist – sogar gegenüber den Undankbaren und Bösen (Lk 6,35).

Und dem entspricht nicht zuletzt der Eindruck seiner Hörer, der weit über die von ihnen verbal bezeugte Verwunderung hinausgeht. Das wird deutlich, wenn man mit ERNST FUCHS den von Jesus seiner Botschaft beigefügten »Tat-Kommentar« berücksichtigt und bedenkt, daß sein »Verhalten der eigentliche Rahmen seiner Verkündigung war«[36]. Wenn er sich an den »Tisch der Sünder« setzt und dadurch, daß er die »Erniedrigten und Beleidigten« in seine besondere Nähe zieht, es wagt, an Gottes Stelle zu handeln, heißt das für seine Verkündigung, daß er den Anspruch erhebt, als Sprecher Gottes anerkannt und gehört zu werden. Das aber mußte bei den ihm Zugewandten dazu geführt haben, daß sie sich durch ihn von Gott selbst angesprochen und ins Einvernehmen mit ihm gezogen fühlten: ein Eindruck, der vermutlich mehr als jedes andere Motiv die starke Bindung des Jüngerkreises an seine Person erklärt und damit zugleich zeigt, was das Leben in seiner Nachfolge ausmacht[37]. Doch wie entstand dieses alle Vergleiche durchbrechende Gottesverhältnis?

Die verläßlichste Auskunft darüber gibt zweifellos Jesu Anrede Gottes mit dem Zärtlichkeitswort »Abba – Vater«, die, sosehr sie im Spätjudentum gebräuchlich sein mochte, in seinem Mund den Tatbestand einer sprachlichen Innovation erster Ordnung erfüllt[38]. Entscheidend spricht der Umstand dafür, daß Jesus diese von ihm in allen Gebetsworten gebrauchte Anrede auch im Gebetskampf am

Ölberg durchhält, wo in seinem Ringen um das auf ihn eindringende Todesgeschick nichts mehr für die in ihr mitgesagte Geborgenheit in Gott zu sprechen scheint (Mk 14,35). Dem steht auch die zunächst irritierende Tatsache nicht entgegen, daß der Sterbende aus dieser Sprachebene in die gemeinmenschliche zurückzufallen scheint und seine Verlassenheit »Gott«, nicht seinem »Vater« klagt. Denn dieser Umstand erklärt sich aus dem Wortlaut des ihm in den Mund gelegten Zitats, das als solches keinen Rückschluß auf eine Gotteskrise erlaubt[39].

Wenn angenommen werden darf, daß am Anfang der Zärtlichkeitsanrede »Abba« eine einzigartige Faszination durch das Gottesgeheimnis stand, können Phasen rekonstruiert werden, in denen das Gottesverhältnis Jesu seine Vollgestalt gewann. Dann muß sich aus der Faszination zunächst das Gefühl einer alle familiären und sozialen Beziehungen überbietenden Zugehörigkeit zu Gott entwickelt haben, wie sie der Lukasevangelist dem Zwölfjährigen in den Mund legt, wenn er den Vorwurf der Mutter mit der Gegenfrage zurückweist:

Wußtet ihr nicht, daß ich dorthin gehöre, wo mein Vater ist? (Lk 2,49)

Von da aus wird es dann folgerichtig zu jenem »wechselseitigen Sich-Erschließen« (KESSLER) zwischen Jesus und seinem Gott gekommen sein, das die Urgemeinde Jesus zuschrieb und in die weisheitlichen Worte fassen ließ:

Alles ist mir von meinen Vater übergeben,
und niemand kennt den Sohn, nur der Vater,
und niemand kennt den Vater, nur der Sohn,
und der, dem es der Sohn offenbaren will (Mt 11,27)[40].

Unter allen alttestamentlichen Vorbildern entspricht dem keines so sehr wie das Gottesverhältnis des Propheten Jeremia, der im Kontext seiner »Konfessionen« versichert:

Fanden sich Worte von dir, so verschlang ich sie,
dein Wort war mir Wonne und Herzensfreude;
denn dein Name war über mir ausgerufen,
Jahwe, Gott Zebaoth (Jer 15,16)[41].

Der große Durchbruch in der religiösen Erlebniswelt Jesu muß darin bestanden haben, daß er über sich den Vaternamen Gottes, mehr als jeden anderen, ausgerufen wußte. Das war der Pfeiler einer Gewißheit, welche die alten Zweifel, ob Gott geliebt oder gefürchtet sein wolle, ein für allemal beseitigte; das war die Quelle der Freiheit, die ihn über alle Bindungen, die sich sonst mit dem Begriff »Religion« verknüpfen, insbesondere über die an das mosaische Gesetz, erhob; und das war die Bahn, die ihn zu seinem definitiven Selbstverständnis als »Sohn« dieses Vaters führte.

Der nächste Weg zur Verifizierung dieser These scheint über das Tauferlebnis Jesu zu führen, und dies um so mehr, als sich der Zuspruch der Himmelsstimme, im angedeuteten Kontext gelesen, als die beseligende Antwort auf die Frage verstehen läßt, die sich dem in die zweifache Zugehörigkeit zu Gott und seinem Volk Verwiesenen mit zunehmender Dringlichkeit stellte. Es ist die Frage nach seiner Identität, in deren Not ihn, wie Buber deutlich machte, der Massenabfall stürzt, und die ihm, und dann mit tödlicher Konsequenz, vom Hohenpriester gestellt wird[42]. Auf dieses »Wer bin ich?« konnte nicht wunderbarer als mit dem Zuspruch geantwortet werden: »Du bist mein geliebter Sohn!« (Mk 1,11)[43]. Geradezu zwingend ließe sich dann zeigen, wie Jesus, in einer an Buddha erinnernden Weise vor die Entscheidung zwischen dem Einbehalt und der Weitergabe dieses Glückes gestellt, sich für den Weg zu den Menschen entschied, wie er in dem Begriff des Gottesreiches das sprachliche Gefäß für die Übereignung seiner Gottessohnschaft fand, und wie er diesen – gerade auch aufgrund seiner Herkunft – jeder kategorialen Bestimmung entzogenen Begriff im Medium seiner Gleichnisse an seine Adressaten herantrug.

Indessen entzog Anton Vögtle diesem Konstrukt durch den mit größter Sorgfalt geführten Nachweis den Boden, daß es sich bei der Taufszene um eine nachösterliche Rückspiegelung der urchristlichen Taufpraxis auf Jesus handelt, der hier so, wie er etwa in der Frage der Sündenvergebung (nach Mk 2,5-10) als die authentische Entscheidungsinstanz in Anspruch genommen wurde, als die diese Praxis letztlich begründende Autorität erscheint, jedoch gepaart mit der Tendenz, den von Johannes Getauften als den dem Täufer überlegenen Gottesboten zu erweisen[44]. Wenn es sich aber so – wie auch im Sinn der von Vögtle ausgelösten Diskussion anzunehmen ist – verhält, muß ein anderer Zugang zum Herzen Jesu, verstanden als dem Ort seiner Gotteserfahrung, gesucht werden.

In der Diskussion der Daten, die Aufschluß über diese Tiefenschicht im Gottes- und Selbstbewußtsein Jesu geben, wurde das Wichtigste weithin übersehen: sein Gebet. FRIEDRICH HEILER, die große Ausnahme von dieser Regel, erkannte jedoch, daß Jesu Beten ebenso »wie seine Botschaft vom gnädigen Gott und von der kommenden Gottesherrschaft ein schöpferisch Neues« ist und daß in seinem Beten das »Urphänomen des Gebets«, das Kindschaftsverhältnis zum Vatergott, in seiner höchsten Reinheit und Kraft durchbricht[45]. Wenn das von Jesus geschaffene Modellgebet, das »Vaterunser«, als Reflex seines eigenen Betens gewertet werden kann, zeigt sich damit wiederum die inversive Tendenz seines Gottesverhältnisses, die es mit sich bringt, daß er sich erst in zweiter Linie die Grundanliegen des Menschen, die Gewährung von Brot und Vergebung und die Bewahrung vor Angst und Verzweiflung, zu eigen macht, in erster Linie jedoch die Anliegen Gottes und unter ihnen zuerst die weltweite Anerkennung des Vaternamens, der über ihm, dem innovatorisch Betenden, ausgerufen war[46].

Die Orientierung an diesem »gewaltigsten Beter der Geschichte« (WERNLE) bietet dann aber vor allem den Schlüssel zur Lösung der Frage, wie Jesus zum Zentralbegriff seiner Verkündigung, der Idee des Gottesreiches, kam[47]. Hinzugenommen werden muß dazu noch der mystische Reflex, den das »Abba – Vater« im Selbstbewußtsein Jesu auslöst: der Aufgang seines Bewußtseins, der Sohn dieses Vaters im ausschließlichen Sinn des Wortes zu sein. Doch die Ausschließlichkeit hat bei Jesus stets die Tendenz, alle andern in sich einzubegreifen. Deshalb setzt sich die überwältigende Erkenntnis, der einzige und einzig gezeugte Gottessohn zu sein, bei ihm in das brennende Verlangen um, dieses ihn wie ein Sonnenaufgang durchstrahlende Glück an die Menschen weiterzugeben und dem Vaternamen so zu weltweiter Geltung und Anerkennung zu verhelfen. Doch dazu reichten Botschaften und Appelle nicht aus; vielmehr bedurfte es einer Neuordnung der zwischenmenschlichen Verhältnisse, für die seit Mitte des zweiten vorchristlichen Jahrhunderts der Begriff »Reich Gottes« bereitlag[48]. Indem Jesus diesen Gedanken, der ursprünglich die weltweite Herrschaft des Bundesgottes Israels besagt, herausgriff, um mit dessen Hilfe sein Sohnesbewußtsein zu »institutionalisieren«, unterzog er ihn gleichzeitig einer totalen Neomorphose. Denn jetzt war er nicht mehr der Inbegriff göttlicher Herrschaft und Ordnungsmacht, sondern der sich an die Welt mitteilenden und sie in das Gottesleben einbeziehenden, gleichzeitig aber auch auf Abkehr von welthaften Verhaltensweisen drängenden Liebe. Und nun war er auch nicht mehr nur Rahmenbegriff, innerhalb dessen sich die Neuordnung vollziehen sollte, sondern die Sache dessen, der sich mit dieser Proklamation Gottes eigene Sache zu eigen machte und jetzt ebenso in sie einging, wie er sich mit seinem ganzen Sohnesbewußtsein in ihr ausgedrückt hatte. Das will die These besagen, daß das Gottesreich die soziale Selbstdarstellung Jesu ist, so wie er seinerseits nach der Deutung des ORIGENES als das »Gottesreich in Person«, die *autobasileia*, zu gelten hat[49].

Der revolutionäre Zug dieser Botschaft weist nun aber erhellend auf die zentrale Lebensleistung Jesu zurück, die noch vor seinem Eingriff in die zwischenmenschlichen Verhältnisse in seiner – die Voraussetzung dafür schaffenden – Sprachleistung besteht. Wenn das Gottesreich bis zu der von Origenes behaupteten Identität an die Person Jesu zurückgebunden war, konnte es nicht vergegenständlicht und mit satzhaften Kategorien bestimmt werden. Vielmehr kam es dann (nach Lk 17,20) weder in schaubarer Gestalt noch im Koordinatensystem von »hier« und »jetzt«. Wenn es trotzdem als die über die Zukunft der Welt entscheidende Botschaft an die Menschen herangetragen werden sollte, bedurfte es dafür einer neuen, ihr Denken ebenso aufbrechenden wie ihre Hoffnung stimulierenden Sprache, die ihnen zugleich bereits das Gefühl ihrer Zugehörigkeit zur kommenden Neuordnung vermittelte. Es bedurfte, schärfer noch formuliert, einer Rhetorik, die Unsagbares sagbar machte. Sie schuf Jesus in Gestalt seiner Gleichnisse, mit denen er sich bei aller »Vorwärtsstrategie« letztlich, wie GEORG BAUDLER zeigte, selber meinte, dies jedoch so, daß er damit zugleich in die bestehende Denk- und Lebenswelt eingriff und seiner Gottesbotschaft Vorschub leistete[50]. Sofern er sich mit diesen Bilderzählungen selber ins Spiel bringt, bezieht er ihre Aussage letztlich auf sich als tragenden Sinngrund. Dadurch schafft er fürs erste jenen Entfremdungseffekt, der sich in ihrer oft geradezu spiegelverkehrt wirkenden Optik bekundet. Da führt der nach drei Fehlschlägen unternommene Anlauf zum überreichen Ertrag, da liegt im Kleinsten die Kraft zum Größten, da führt der hochherzige Entschluß zum guten Ende, da leistet der Volksfremde den rettenden Liebesdienst, da wird der Betrüger gelobt und der Ängstlich-Sorgfältige verurteilt, da werden Letzte zu Ersten und Ausgestoßene zu Ehrengästen[51]. Das kommt nicht nur einem Eingriff in die Denk- und Urteilsformen gleich, der im Fall des Gleichnisses von den Weinbergarbeitern sogar den herrschenden Maßstab von Recht und Gerechtigkeit zerbricht; vielmehr zieht es auch eine Entfremdung von der bestehenden Lebenswelt nach sich. Wer ein Gleichnis im emphatischen Sinn des Wortes »hört«, hört auf, Weltkind und Weltbürger zu sein und sieht sich auf eine Bahn verwiesen, an deren Ende das Ziel der Gotteskindschaft und der Einbürgerung ins Gottesreich lockt.

Doch bleibt es nicht bei dieser Zielvorgabe. Zwar belassen es eine Reihe von Gleichnissen, die man mit JOACHIM JEREMIAS »Krisisgleichnisse« nennen könnte, bei dieser Welt- und Denkkritik[52]. Bei den meisten wird jedoch das entstandene Vakuum durch etwas nach Art eines »Sprachereignisses« (FUCHS) ausgefüllt. Denn in den Gleichnissen kommt hintergründig der »zur Sprache«, der dem Schlußwort des Gleichnisbuchs von Jeremias zufolge das Gottesreich nicht nur verkündet, sondern diese Botschaft zugleich ist[53]. Indem er mit ihnen die Dimension des Gottesreiches aufstößt, schafft er aber zugleich den Raum, an dessen Stelle er redet und handelt, mit ihnen schafft er somit den Hallraum für die Botschaft von dem vom ihm entdeckten und zur Sprache gebrachten neuen Gott.

Das unterbaute Jesus durch eine emotionale Einstimmung seiner Hörer auf das, was durch ihn und das in ihm Gestalt gewordenen Wort »auf sie zukam«. Effektiver als durch jede andere Strategie bewirkte er dies dadurch, daß er ihnen die Last der Sorge von den Herzen nahm und sie so, wie nie zuvor, aufatmen ließ. Denn der Mensch lebt, wie BULTMANN im Gefolge HEIDEGGERS deutlich machte, immer schon im selbstzerstörerischen »Exzeß« der Sorge: weggegeben an das, was er zu besorgen hat, oder an das, was Gegenstand seiner sorgenvollen Befürchtung oder seiner fürsorglichen Zuwendung ist[54]. Um diesen sich selbst entfremdeten Menschen zu sich zurückzuholen und ihn für die Heraufführung des Gottesreichs zu gewinnen, verweist er ihn in einem kunstvoll gestalteten Lehrgedicht (SCHENKE) an den ihm in seinen Sorgen liebevoll zuvorkommenden Vatergott[55]. Es setzt mit einem erstaunlichen Anklang an ein sophokleisches Chorlied – »Schaut doch hinauf zu der Weisheit der Vögel« (Elektra) – ein, um dann doch eine ganz andere Richtung einzuschlagen:

Seht doch die Vögel des Himmels!
Sie säen nicht und ernten nicht
und sammeln nicht in Scheunen;
und doch ernährt sie euer himmlischer Vater.

Betrachtet die Lilien des Feldes, wie sie wachsen!
Sie mühen sich nicht ab und spinnen nicht.
Und doch sage ich euch: selbst Salomon in seiner Pracht
war nicht gekleidet wie eine einzige von ihnen (Mt 6, 26-29).

Dem folgt die Einladung zu dem befreienden Tausch, in welchem Gott den Seinen die Alltagssorgen abnimmt, vorausgesetzt, daß sie seine Sorge um die Verwirklichung des Gottesreiches übernehmen:

Sucht zuerst das Reich Gottes und seine Gerechtigkeit,
dann wird euch alles hinzugegeben werden (6,33)[56].

Wie GERD THEISSEN betonte, ist das alles andere als eine Verharmlosung der Existenznot zur Idylle, vielmehr eine Widerspiegelung der schutzlosen und im buchstäblichen Sinne »vogelfreien« Lebensform der Wandercharismatiker, radikaler noch ausgedrückt, ein Akt der Anästhesierung gegenüber dem zehrenden Schmerz der Alltagssorgen. Doch führt von hier, bei allen Anklängen, kein Weg zur stoischen Unerschütterlichkeit *(ataraxia)*, wohl aber zu den Berichten altchristlicher Märtyrerakten, nach denen die Opfer schrecklicher Torturen diese wie POLYKARP, BLANDINA und PERPETUA zuletzt im Zustand ekstatischer Empfindungslosigkeit über sich ergehen ließen, während die Zeugen ihres Martyriums den in ihnen leidenden Christus wahrnahmen[57]. Vermutlich greift man nicht fehl, wenn man darin einen Widerschein der den Christen umhüllenden, beschirmenden und durchwirkenden Sphäre entdeckt, die Paulus mit der von ihm vielfach gebrauchten Formel »in Christus« umschrieb.

Indessen hatte die von Jesus erstrebte »Entlastung« (REISINGER) noch einen weiteren Aspekt, der seiner Gesetzeskritik zugrunde lag. Wenn er die Jünger verteidigt, die aus Hunger am Sabbat Ähren zerrieben hatten (Mk 2,24-27), und wenn er selbst den Sabbat bricht, um leidende Menschen von der »Fessel« ihrer Krankheit zu befreien (Lk 10,13-17; Mk 3,1-6), handelt er im Namen eines Gottes, der hinter sein eigenes Gesetz zurücktritt, um Menschen zu ihrem Heil zu verhelfen. Das aber ist der Gott der »Güte und Menschenfreundlichkeit« (Tit 3,4); der »Vater der Erbarmungen und Gott allen Trostes« (2Kor 1,3), den Jesus durch seinen Eingriff in das zwiespältige Gottesbild der Menschheit ans Licht gehoben hatte.

Mit diesem Eingriff erwies sich Jesus von seinem innersten Seins- und Heilswillen her als der größte Revolutionär der Religionsgeschichte, dessen Großtat darin besteht, daß er den Schatten des Angst- und Schreckenerregenden aus dem traditionellen Gottesbild der Menschheit und dem seines eigenen Volkes ersatzlos tilgte und darin statt dessen das »Antlitz des bedingungslos liebenden Vaters« zum Vorschein brachte. Mit seinem ehrfürchtig-zärtlichen »Abba – Vater« durchbrach er die Trennwand der Unnahbarkeit Gottes, überbrückte er den Abgrund der Gottesferne und erschloß er den Zugang zum Herzen des Angerufenen. Da er damit zugleich das Joch der Sorge von den Schultern der Menschen nahm und die Pfahlwurzel der Angst aus ihren Herzen riß, erwies er sich schon durch diese Tat zugleich als der größte Wohltäter und Therapeut der Menschheit, nicht weniger aber auch dadurch, daß er die weltverwandelnden Konsequenzen aus diesem zwar schon vielfach geahnten, aber erst durch ihn zum Durchbruch gebrachten Gottesbild zog. Er hat die Welt, um es auf die einfachste Formel zu bringen, mit dem neuen Gott der bedingungslosen und unwiderruflichen Liebe beschenkt und dadurch auf eine neue Basis gestellt.

Zweifellos erhebt sich dieses »Programm«, mit welchem Jesus »die Welt in Brand« setzte (Machovec), wie nur je ein Ideal himmelhoch über den seit Urzeiten eingespielten Verhältnissen, ebenso aber auch über dem, was sich andere Religionsstifter zum Ziel setzten. Gleichwohl konzentrierte er seine ganze Leistungskraft darauf, die Menschen seiner jüdischen Umwelt für seine Botschaft zu gewinnen, weil er voraussah, daß nur so die politische Katastrophe von Israel abzuwenden war. Doch damit begab er sich angesichts der seine Umwelt beherrschenden Denk- und Verhaltensweisen faktisch auf seinen Todesweg. Und selbst seine Rehabilitierung durch das Ereignis der Auferstehung vermochte die Gewichte nicht eindeutig zu seinen Gunsten zu verlagern. Allzu sehr lebt die Christenheit bis zur Stunde in einem unterschwelligen Einverständnis mit den gegebenen Zuständen, als daß sie sich voll auf seine Lebensleistung einzustimmen vermöchte. Das rächte sich an ihr in Form einer unterschwelligen Identitätskrise. Denn die Identität einer Religion bestimmt sich, wie bereits angedeutet, durch die sie begründende und strukturierende Deutung des Gottesgeheimnisses. Wie Israel seine Identität durch die Überwindung des altorientalischen Polytheismus und seinen Glauben an den welttranszendenten Gott der absoluten Schöpfer- und Geschichtsmacht gewann, so der Islam durch seinen Anspruch, die Einzigkeit Gottes aus deren angeblicher Infragestellung durch das christliche Trinitätsdogma zu retten[58].

Von gleicher Stringenz müßte das christliche Identitätsprinzip sein. Doch wird dies erst dann erreicht werden, wenn sich gegen alle Abschwächungsversuche endlich die Einsicht durchsetzt, daß es Jesus im Unterschied zu Judentum und Islam darum zu tun war, die durch das ambivalente Gottesbild der Menschheit verdunkelte Eindeutigkeit Gottes ans Licht zu heben und durch die Proklamation des bedingungslos liebenden Vatergottes allen menschlichen Zerwürfnissen und Selbstzweifeln ein Ende zu setzen. Denn ihm war lange vor AUGUSTIN bewußt, daß die Sache des Menschen nur unter der Bedingung gefördert und dem Ziel voller Menschlichkeit nähergebracht werden kann, wenn er in seinem Gott unangefochten und unverlierbar »Ruhe« gefunden und in ihm jenen Abgrund der Liebe entdeckt hat, in der er, selbst wenn er sich Vorwürfe machen muß, sein Herz (nach 1Joh 3,19ff) beruhigen kann. In der Enthüllung dieser Liebe besteht die kristallene Mitte des Evangeliums Jesu und der Identifikationskern seiner Stiftung. In ihr muß das Christentum vor Anker gehen, wenn es sich in der Gemengelage der religiösen Angebote und gegen den Widerspruch einer gottfeindlichen Welt behaupten will.

Jesus hat den von ihm entdeckten Gott aber auch erkämpft und erlitten. Erkämpft in einem regelrechten Mehrfrontenkrieg, der ihn ebenso in Konflikt mit der herrschenden Sadduzäergruppe und den in den Evangelien oft mit ihr zusammengefaßten Pharisäern wie insbesondere auch mit den als »radikalste Vertreter des linken pharisäischen Flügels« (HENGEL) geltenden Zeloten brachte[59]. Wenn die Auseinandersetzung mit jenen auch aus der Sicht der sich nach der Zerstörung Jerusalems zuspitzenden Konfrontation dargestellt wird, steht doch außer Zweifel, daß Jesus sowohl mit den Pharisäern als auch mit den Sadduzäern in eine wachsende Gegnerschaft geraten mußte. Mit den Pharisäern durch seine in Lehre und Praxis geübte Gesetzeskritik, bei der seine Mißachtung des Fasten- und Reinheitsgebots – »warum fasten deine Jünger nicht?« (Mk 2,18); »Essen mit ungewaschenen Händen verunreinigt den Menschen nicht« (Mt 15,20) – und seine Institutionskritik – »der Sabbat ist für den Menschen da und nicht der Mensch für den Sabbat« (Mk 2,27) – im Zentrum des Konflikts gestanden haben dürfte. Daß aber auch seine Proklamation des Gottesreiches verschärfend hinzukam, läßt sich aus dem Vorwurf erschließen, die Schriftgelehrten hätten den Schlüssel der Erkenntnis weggenommen und den Eintrittswilligen den Zugang verlegt (Lk 11,52), den das gnostische Thomasevangelium in das drastische Bildwort abwandelt:

> *Wehe den Pharisäern; denn sie gleichen dem Hund, der in der Futterkrippe der Rinder liegt; Weder frißt er selbst, noch läßt er die Rinder fressen (102)*[60].

Erst recht dürfte sein provozierendes Sozialverhalten die Konfliktsituation zugespitzt haben, jetzt vor allem im Blick auf den herrschenden Sadduzäeradel, der auf Erschütterungen des politischen Gleichgewichts besonders sensibel reagierte. Wer sich so demonstrativ wie Jesus auf die Seite der »Erniedrigten und Beleidigten« stellte und dies zudem mit dem Gottesbegriff rechtfertigte, konnte nur als Bedrohung der bestehenden Gesellschaftsordnung empfunden werden, zumal zwei so provokative Symbolhandlungen wie der Einzug in Jerusalem und der anschließende »Tempelprotest« (GNILKA) diesen Eindruck verstärkten. Denn der Einzug in Jerusalem zielte offensichtlich darauf ab, die Entscheidung in seiner Sache herbeizuführen, und das von Markus berichtete Verbot, Geräte durch den Tempel zu tragen (11,16), gab der »Tempelreinigung« den Charakter einer Zeichenhandlung, die durch die vorübergehende Unterbrechung des – die Geräte benötigenden – Opferdienstes dessen definitives Ende ankündigte.

Auf den zentralen Anlaß dieses Kampfes führt jedoch erst die Frage »warum mußte er sterben?« zurück. Im Fall des Tempelprotestes war es eindeutig der Gott, der (nach Hos 6,6) »Liebe will und nicht Opfer« und im Sinn der johanneischen Fortführung dieses Gebotes danach verlangt, »im Geist und in der Wahrheit« angebetet zu werden (Joh 4,24). Ihm kann durch blutige Opfer, sosehr sie einer unvordenklichen Verhaltensweise entsprechen, keine Genugtuung widerfahren, weil sein Verhältnis zum Menschen nicht dem Prinzip von Leistung und Gegenleistung unterliegt. Mit der Verkündigung und »Vertretung« dieses Gottes stellte sich Jesus gegen das Gewicht einer Tradition, gegen das schon die prophetische Opferkritik nicht aufgekommen war und das noch jeden, der sich dagegen auflehnte, unter sich begraben hatte. Zudem hatte der Tempelprotest einem jeden, der sehen konnte, klargemacht, zu welchen Konsequenzen die Gottesverkündigung Jesu führte. Um diese Innovation zu verhindern, mußte der Urheber der drohenden Veränderung sterben.

Verschärfend kam, wie bereits angedeutet, hinzu, daß sein Sozialverhalten in dieselbe Richtung zielte. Indem er die ins gesellschaftliche Abseits Verstoßenen um den »Tisch der Sünder« versammelte und dadurch zu verstehen gab, daß sie dem Herzen Gottes näher standen als alle Etablierten, rührte er an die Grundlagen der – ohnehin in einem höchst labilen Gleichgewicht befindlichen – Gesellschaftsordnung. Auch aus diesem, für das Kalkül der Sadduzäergruppe wohl sogar ausschlaggebenden Grund schien es »besser, daß ein Mensch stirbt, als daß das ganze Volk zugrunde geht« (Joh 11,49).

Sosehr sich Jesus anfänglich um die ihm durch ihren Freiheitswillen imponierende Zelotengruppe bemüht zu haben scheint (Lk 6,15), entzweit sich doch auch sein Verhältnis zu ihr zunehmend zu einer für ihn tödlichen Konfrontation. Denn er sah voraus, daß für den Fall, daß es ihr gelingen würde, die Macht an sich zu reißen, zuletzt »kein Stein auf dem andern« bleiben würde (Lk 19,44)[61]. Da sie sich als die Vollstrecker des Strafgerichts an den römischen Gottesfeinden fühlten, blieb Jesus zur Verhinderung der drohenden Katastrophe nur die Möglichkeit, ihnen den religiösen Vorwand ihres fanatischen Freiheitsstrebens aus der Hand zu schlagen. Im Hinblick darauf streicht er in der Nazaret-Perikope den in dem von ihm zitierten Prophetenwort (Jes 6,1) mitangesprochenen »Tag der Rache« (Lk 4,19); und deshalb hat seine Proklamation des »sogar die Undankbaren und Bösen« mit seiner Güte umfangenden Gottes (Lk 6,49) vermutlich eine antizelotische Spitze. Die ganze Tragik dieser zerbrochenen Beziehung käme zum Vorschein, wenn sich erweisen ließe, daß ebenso wie Judas auch Barabbas und die beiden Mitgekreuzigten – womöglich Überlebende der Protestaktion gegen Pilatus (Lk 13,1-5) – der Zelotengruppe angehörten[62].

In den Abgrund dieses Konflikts wirft, wie Klaus Berger in hellsichtigen Erwägungen deutlich machte, jedoch erst das Versuchungsmotiv Licht[63]. Denn von einem »Erkämpfen« des neuen Gottes kann im strengen Sinn erst dann die Rede sein, wenn der niederzuringende Widerstand nicht nur von außen, sondern auch von innen kommt. In der Tiefe seines liebenden Herzens aber sieht sich Jesus vor die Frage gestellt: Wo blieb die Fürsorge Gottes, der sogar die Feldblumen, die heute abgeschnitten und morgen in den Ofen geworfen werden, »herrlicher kleidet als Salomon in seiner Pracht«

(Lk 12,27f), wenn er sie dann doch dieses Schicksal erleiden und den von ihm mit gleicher Güte umsorgten Sperling doch vom Dach fallen läßt (Mt 10,29)? Und wenn er schon die Witwe von Sarepta und den Syrer Naaman aus ihrer Not errettete (Lk 4,25ff); wo blieb dann seine Fürsorge für die hungernden Witwen und ausgestoßenen Aussätzigen in Israel?

Die in existentieller Rückbezüglichkeit gedeutete Versuchungsszene aber besagt dann, daß Jesus sich zu seinem Gott auch gegen innere Widerstände durchkämpft und gegen Bedenken behaupten mußte, die sich aus dem schreienden Kontrast zwischen seinem Gottesbild und der sich weithin als »Schlachtbank« (HEGEL) darstellenden Menschenwelt und Weltgeschichte erhoben. Und dieser innere Kampf steigert sich in dem Maß, wie die nahe Passion ihre Schatten auf seine Lebensgeschichte, vor allem im Ereignis des Massenabfalls, vorauswirft und diese zu einer fortwährenden Versuchungsgeschichte gestaltet. Dann bezog sich der Kampf letztlich auf die Annahme des mit wachsender Bedrohlichkeit herandrängenden Todesgeschicks; und dann wird, wie Berger sensibel wahrnahm, der Vorwurf Jesu an den als »Satan« zurückgewiesenen Petrus, er hege Menschen- anstatt Gottesgedanken (Mk 8,33), als Vorklang seiner Ölbergbitte »doch nicht, wie ich will, sondern wie du willst« (14,36) hörbar.

Schwerlich wurde dieser Konflikt in der Sprachwelt Jesu suggestiver vorweggenommen als im Gleichnis vom fürbittenden Weingärtner (Lk 13,6-9), der sich dem Befehl, den unfruchtbaren Feigenbaum auszuhacken, mit dem Einwand widersetzt:

> *Herr, laß ihn noch dieses Jahr stehen. Ich will den Boden um ihn aufgraben und Dünger einlegen; vielleicht bringt er dann doch noch Früchte (13,8f).*

Es ist das Bild einer Liebe, die sich gegen besseres Wissen und Fürchten für die vom Untergang Bedrohten einsetzt, um ihnen Rettung zu erwirken, des geradezu verzweifelten Aufbegehrens gegen ein fast schon unaufhaltsam gewordenes Verhängnis[64].

Dann aber, am Kreuz, schwindet in der Qual des Sterbens auch diese letzte Distanz, so daß sich nun das Erkämpfen Gottes in ein Erleiden wandelt, während sich die Nähe im Abgrund der Verlassenheit verliert. Zum zweitenmal bietet sich bei dem Versuch, in diesen Abgrund einzudringen, eine jüdische Lesehilfe an. Wie es im Fall der – als vorweggenommene Passionsszene zu verstehenden – Lebens- und Bewußtseinskrise MARTIN BUBER war, der die Rückwirkung des Massenabfalls als Sturz in eine alles verdunkelnde Identitätskrise deutete, so hier HANS JONAS mit seinen Überlegungen zur Dekomposition des Gottesbegriffs nach Auschwitz[65]. Wie seiner Überzeugung zufolge nach dem Massenmord am auserwählten Volk die Attribute der Allmacht und Barmherzigkeit Gottes nicht länger aufrecht erhalten werden können, so erleidet Jesus, dieses Deutungsmuster auf seinen Tod angewandt, am Kreuz einen progressiven Verlust der göttlichen Attribute. Denn wäre Gott allmächtig, so hätte er dieses entsetzliche Ende seines vielgeliebten Sohnes nicht zulassen können; wäre er barmherzig, so hätte er es nicht zulassen dürfen. Das bestätigt, zumindest indirekt, der Hebräerbrief mit dem als Kurzformel eines Evangeliums – nach MARTIN KÄHLER eine »Passionsgeschichte mit ausführlicher Einleitung« – aufzufassende Wort, das in seiner schwierigeren und deshalb älteren Lesart lautet:

> *In den Tagen seines Erdenlebens brachte er unter lautem Wehgeschrei und Tränen Bitten und Flehrufe vor den, der ihn vom Tod erretten konnte; und er ist erhört und aus seiner Todesnot befreit worden (5,7)*[66].

Da ihm jede irdische und himmlische Hilfe versagt bleibt, kann sich die ihm im Schlußsatz zugesprochene »Erhörung«, wie KLAUS BERGER versichert, nicht auf die erhoffte Errettung »vom Tod«, sondern nur auf die Befreiung »aus dem Tod« beziehen. Dann aber geht dem Gekreuzigten in seiner Verlassenheit tatsächlich der durch die Attribute der Allmacht und Barmherzigkeit ausgezeichnete Gott der menschlichen Heilserwartung verloren, so daß ihm nur die »Wüste der nackten Gottheit«, verstanden als der Gott der reinen Absolutheit, bleibt. Ihm klagt er in seinem Todesschrei, diesem mächtigsten und alle Stimmen, die je zu und nach Gott schrieen, in sich versammelnden De profundis, seine Not. Und Gott antwortet, zwar nicht mit der erhofften Rettung in letzter Stunde, dafür jedoch mit seinem Selbsterweis, durch den er den Sterbenden in seine Seins- und Lebensfülle aufnimmt. So sah es immer schon die ursprüngliche Überlieferung, die nicht – noch nicht – von der Auferweckung des Gekreuzigten, sondern, machtvoll belegt durch den Christushymnus des Philipperbriefs (2,9), von seiner »Erhöhung« sprach. Auch darauf verweist Buber mit der Behauptung:

> *Es spricht manches dafür, daß in der Zeit nach dem Tode Jesu neben dem Bild seiner Auferstehung das seiner Himmelfahrt vom Kreuze aus bestand, ja jenem vorausging – das Bild einer Entrückung also, analog den im Alten Testament von Henoch und Elias, später auch von Moses und anderen erzählten*[67].

Und er meint sogar, daß sich daraus die »Visionen des Erhöhten« unmittelbarer erklären ließen, als durch das später zu allgemeiner Akzeptanz gelangte »Bild der Auferstehung«[68]. Das aber bestätigt aufs neue, daß Jesus nach der ursprünglichen Überlieferung in die Wirklichkeitsfülle Gottes hineinstirbt, dorthin, worin alle Sinnlinien der Individualgeschichte wie der Christentums- und Weltgeschichte konvergieren und wo Gott das alles in sich versammelnde Ziel der zeitlichen und eschatologischen Hoffnung ist. Es ist das Ziel, zu welchem Jesus im Zug seiner kämpferischen Entdeckung Gottes schließlich durch das dunkle Tor seiner Passion gelangte. Was nach der Entdeckung noch offengeblieben war und nach dem Kampf noch bevorstand, das erschloß sich ihm in der Nacht von Golgota, in der die von ihm gelebte Liebe wie eine unsichtbare Sonne aufging. So entsprach es der Tatsache, daß er sein Leben des sich verzehrenden Wirkens (Joh 2,17) zuletzt durch sein Leiden vollendete und krönte.

4. Die Beweislast

Der Gott Jesu ist, wie der auf den Schultern der großen Denker seiner scholastischen Vorzeit stehende NIKOLAUS VON KUES erkannte, alternativelos und als solcher das *non aliud*, so daß er nicht nur wie im anselmischen Beweis als das *summum cogitabile*, sondern so wie im Gottesbewußtsein Jesu als das Erstgegebene und Erstgewisse gedacht werden muß[69]. Deshalb ist er einziger als die in der 112. Koransure festgeschriebene Einzigkeit Gottes, die polemisch und deshalb nach außen hin definiert ist, so daß ihm kein anderer gleich sein kann. Demgegenüber ist die Einzigkeit des von Jesus entdeckten Gottes, in welchem »kein Schatten einer Veränderung ist« (Jak 1,17), solcherart, daß eine Andersheit zu ihm nicht einmal gedacht werden kann. Das schließt in ihm, dem bedingungslos Liebenden nicht nur jede Selbstentfremdung zu einer Drohgestalt, sondern auch jede Form einer Selbstverweigerung aus, im Prinzip dann aber auch jede Gegenvorstellung, so daß alle Einwände an ihm abprallen.

Entgegen der Vermutung BUBERS ist das keine Festlegung Gottes auf das Bild seines Offenbarers, sondern die Frucht von dessen Selbstfindung in seiner zuvor verborgenen Identität; denn »Gott ist Licht, und Finsternis ist nicht in ihm« (1Joh 1,5)[70]. Er, der grenzenlos Liebende, ist nicht etwa das Medium, das sich den »Tiefen der Gottheit« auferlegt und nur das, was er selbst ist, zum Vorschein gelangen läßt; vielmehr ist er der wie kein anderer autorisierte Entdecker, der das in dieser Tiefe verborgene »Herz Gottes« (MÜLLER) ans Licht hebt[71]. Das aber ist das Unerhoffbar-Unausdenkliche Gottes, das, einmal zum Vorschein gebracht, auf Grund seiner alles überstrahlenden Selbstevidenz nicht mehr in Zweifel gezogen oder gar in Abrede gestellt werden kann.

Das gilt insbesondere von dem im Gefolge NIETZSCHES aufgekommenen Theorem von einem Selbstentzug und der dadurch bedingten »Abwesenheit« Gottes (DÖRING), das, dramatisiert durch Bubers Wort von der »Gottesfinsternis«, eine ganze Gott-ist-tot-Theologie (BISHOP) und in deren Fortbildung eine »Theologie nach dem Tode Gottes« (SÖLLE) heraufbeschwor[72]. Gemessen an der Gottesentdeckung Jesu kann das nur als Ausfolgerung eines fiktiven Ansatzes gewertet werden, der die eigene, womöglich zeitgeschichtlich bestärkte Defizienz in das Gottesbild eintrug und daraus folgerte, was von vornherein befürchtet wurde.

Demselben Denkfehler unterliegt aber auch das Theodizeeproblem, das sich in der immer wieder verhandelten Form nur stellt, wenn in fataler Abstraktion vom Gott Jesu Christi – etwa im Sinne des anselmischen *etsi Deus non daretur* – abgesehen und der Gott vorausgesetzt wird, der in seiner Ambivalenz der menschlichen Welt- und Selbsterfahrung entspricht, und dann auf das hin »zur Rechenschaft gezogen« werden kann, was im Grunde immer schon und immer wieder zu befürchten ist. Demgegenüber durchglüht der bedingungslos liebende Gott das Leid der Welt in einer Weise, daß es sich gerade dort, wo es dem Leidenden in seinem Schmerz zu entfremden, wenn nicht sogar von ihm zurückzustoßen scheint, zum »Ort« der größten Annäherung an ihn gestaltet.

Kein denkender Mensch wird es einem von Schmerz Gepeinigten, von Enttäuschungen Verbitterten und vom Leiden der Menschheit und der Passion der vom Menschen in Mitleidenschaft gezogenen Kreatur Erschütterten verargen, wenn er sich dazu nicht oder doch nur mit Mühe durchzuringen vermag. Daß sich die Botschaft von dem neuen Gott im innerchristlichen Lebensraum aber wie die Nachricht von einem fernen Stern ausnimmt, muß unabhängig von der persönlichen Betroffenheit, mit der dort herrschenden Atmosphäre zu tun haben. Tatsächlich hat sich nach dem Lichtblick des Zweiten Vatikanums und des von ihm bewirkten religiösen Aufbruchs über der Christenheit eine düstere Wolke zusammengezogen, aus der der schon von NIETZSCHE beschworene »Geist der Schwere« auf die Menschen einredet. Seine Stimme ist eine einzige Einflüsterung der Angst, die den von ihm Befallenen suggeriert, daß das Schicksal der Christenheit mit der Annäherung an die Jahrtausendwende in eine apokalyptische Engführung gerate, daß die unter dem Eindruck des großen Aufbruchs ungebührlich in den Hintergrund gedrängten Motive des göttlichen Zornes, der Drohung und des Gerichtes wiederentdeckt und neu zur Geltung gebracht werden müßten. Dabei besteht die besondere Tragik der Entwicklung darin, daß sich sogar prominente Theologen und Kirchenführer, denen doch (nach 2Kor 10,4f) von Berufs wegen die Destruktion von Wahnvorstellungen aufgegeben ist, zu Sprechern dieser um sich greifenden Obsession hergeben. Sie sprechen auf kerygmatisch-spekulativem Niveau aus, was das resignative Lebensgefühl des Kirchenvolkes dumpf empfindet, sei es, daß sie auf den angeblich unverzichtbaren Drohaspekt des Evangeliums abheben (MEISNER) oder daß sie der nachkonziliaren Verkündigung vorwerfen, sie habe Jesus auf bedenkliche Weise »halbiert«, wenn sie ihn nur noch als den »menschenfreundlichen Therapeuten« und nicht mehr als jenen »drohenden Apokalyptiker« herausstelle, der doch bei aller Menschenfreundlichkeit »auch vom Heulen und Zähneknirschen« gesprochen habe (METZ)[73]. Anstatt sich an den mit übergroßen Lettern an die Wände des Zeitalters geschriebenen »Zeichen der Zeit« aufzurichten, reden sie mit dieser Polemik einem auf gegensinnige Weise »angepaßten Gott« das Wort, angepaßt an das zwischen euphorischen Höhen und depressiven Tiefen schwankende Selbstgefühl des Menschen, an seine zwischen dem Eindruck der Begünstigung und der Benachteiligung hin- und hergerissene Lebenserfahrung und an den Weltlauf, der die Menschheit von

Gipfelstunden des Glücks immer wieder in die Finsternis meist selbstverschuldeter Katastrophen stürzt.

Rechtzeitig war als Argumentationshilfe für diese Gegenrede die von MARIUS REISER vorgelegte Abhandlung über die Gerichtspredigt Jesu (1990) erschienen, die dem Vorwort zufolge ein von der Forschung wie von der Verkündigung »seit langem vernachlässigtes und verdrängtes« Thema aufgriff und damit den angesprochenen Vorstößen die exegetische Grundlage bot[74]. Denn für Jesus seien Heil und Gericht so sehr die beiden Seiten einer Medaille, daß er das Reich Gottes nicht ansagen konnte, ohne nicht gleichzeitig das Gericht anzudrohen. Aufgrund der von ihm erzielten Ergebnisse ist nach der Selbsteinschätzung des Autors nicht mehr daran zu zweifeln, daß Jesus so »wie er mit einer letzten Gewißheit vom Reich Gottes sprach, mit einem letzten Ernst auch vom Gericht sprach«[75]. Indessen steht seine Argumentation auf brüchigem Boden. Nicht nur, daß er sich vorzugsweise auf Bezugsstellen stützt, die wie die Kontrastierung der ungläubigen Hörer der Jesusbotschaft mit der Königin des Südens (Lk 11,31f) oder der Wehruf über Korazin und Betsaida (Lk 10,13ff) von der Forschung längst als Schöpfungen der Urgemeinde erwiesen wurden; auch bei der Behandlung der von ihm als Hauptstützen herangezogenen Gleichnisse vertritt er wie im Fall der Parabel vom Betrügerischen Verwalter (Lk 16,1-8) oder der vom Reichen und Armen (Lk 16,19-31) längst geräumte Positionen[76]. Ungleich bedenklicher ist jedoch der durchgängige Verstoß gegen den theologischen Grundsatz, daß aus Bildworten und Gleichnissen keine Lehren abgeleitet werden können – theologia parabolica non est argumentativa –, der offensichtlich zu einer Zeit formuliert wurde, als die Theologie im Begriff stand, sich im Interesse der Ausgestaltung ihrer Wissenschaftlichkeit der Bilder, die doch ihren Ursprung umstellt hatten, zu entledigen. Und nicht weniger bestürzend ist der Verzicht auf jede wirkliche Rechtfertigung der Grundthese, wonach die Gerichtspredigt geradezu als Bedingung der Heilsansage Jesu zu gelten hat, und dies um so mehr, als Jesus zwar intensiv von seinen alttestamentlichen Wurzeln und den von dorther nachwirkenden Motiven, nicht jedoch von sich und seiner Lebensleistung her interpretiert wird.

Aber hat Jesus nicht wirklich, und das gerade auch in unbestreitbar originären Aussagen von dem vergeltenden Gott gesprochen, vor dessen Antlitz der Menschensohn diejenigen verleugnen werde, die ihn vor den Menschen verleugnet haben (Lk 12,8f)? Und wußte sich die Urgemeinde nicht doch im Einvernehmen mit ihm, als sie den sich ihrer Bekehrungspredigt Verweigernden die Aburteilung durch die Königin des Südens im Endgericht ankündigte und dem im Wahn seiner Selbstgerechtigkeit befangenem Kafarnaum den Sturz in die Hölle androhte, zu schweigen von dem von Metz beschworenen »Heulen und Zähneknirschen«? Sieht nicht selbst Paulus den Zorn Gottes über die in Zuchtlosigkeit versunkene heidnische Gesellschaft entbrennen (Röm 1,18)? Und spricht er nicht in aller Ausdrücklichkeit davon, daß »alle vor dem Richterstuhl Christi erscheinen müssen« (2Kor 5,10; Röm 14,10)?

Was den paulinischen »Nachklang« anbelangt, so wird man zwischen der exoterischen Missionspredigt des Apostels, die zahlreiche Motive seines religiösen Umfelds, darunter auch das Straf- und Gerichtsmotiv in sich aufnahm, und seiner für die »Verständigen in Christus« bereitgehaltene esoterische Doktrin unterscheiden müssen, für die er einen von der Mehrzahl seiner Adressaten noch nicht erreichten Reifegrad voraussetzt[77]. Was aber diese betrifft, so treten in der mit ihr eröffneten Innensicht die Motive des über der sündigen Welt entbrannten Gotteszornes (Röm 1,18), des alle und jeden zur Rechenschaft ziehenden »Richterstuhls« Christi (2Kor 5,10) und der in drastischen Farben ausgemalten Parusie (1Thess 4,15ff) auffällig zurück, während sich gleichzeitig der Himmel der alles läuternden und mit sich versöhnenden Liebe über der auch in diesem esoterischen Sinne »neuen Schöpfung« (2Kor 5,17) wölbt. Was dagegen die Drohworte in den Gleichnisreden Jesu betrifft, so gab dazu Georg Baudler einen wichtigen Fingerzeig mit der Bemerkung, daß es sich dabei offensichtlich um einen Fremdkörper im »Urgestein der Gleichnisse« handle[78]. Tatsächlich muß, wie warnende Beispiele lehren, gerade auch bei der Auslegung der Bildworte und Gleichnisse genauer als bisher zwischen deren auf die Vermittlung der Reich-Gottes-Botschaft ausgerichteten Zielsetzung und den dafür eingesetzten Bildmotiven unterschieden und insbesondere auch die wiederholt zu beobachtende nachträgliche Einfärbung im Sinn der Vorstellung von dem drohenden und strafenden Gerichtsgott bedacht werden, die, zusammen mit der vom Sühnetod Jesu, in die Denkwelt der Urgemeinde eingedrungen war[79].

Eine zulängliche Beantwortung der aufgerissenen Fragen ist jedoch nur zu gewinnen, wenn die Erkenntnis, daß das Gottesverhältnis Jesu auch erkämpft und erlitten ist, auf ihren Hintergrund hin ausgeleuchtet wird. Dann stellt ihn der von ihm vielfach – in der

Ablehnung durch den eigenen ihn für »verrückt« erklärenden Familienkreis (Mk 3,21), im Unverstand der Jünger (Mk 7,18; 9,32), in der skeptisch-aggressiven Reaktion seiner Umwelt auf seine Ansage des göttlichen Gnadenjahrs (Lk 4,18-22), in der gehässigen Unterstellung seiner Gegner (Lk 11,15), im Abfall der Volksmassen (Joh 6,66) und in seiner Verurteilung durch den Hohen Rat (Mk 14,61-64) – begegnende »Widerspruch der Sünder« (Hebr 5,3) vor die Frage, warum in dieser doch nach Trost und Geborgenheit hungernden Menschenwelt das Selbstverständlichste, die Liebe, nur unter größten Mühen zur Geltung zu bringen ist. Und dann vernimmt er im kleinen Nein der Skeptiker und Widersacher das große, das Gott über seine doch von seiner Weisheit ins Dasein gerufene und von seiner Güte umsorgte Schöpfung gesprochen zu haben scheint und sie in der Sicht Jesu und seines größten Interpreten Paulus als eine todverfallene (Röm 7,24), in Wehen liegende (8,20), von Blitzen durchzuckte (Lk 17,24) und in ihr Ende wie in eine Falle hineinlaufende Welt (Lk 23,35) erscheinen läßt.

In diesem kritischen Bild einer gleicherweise von Gottes Vatergüte umsorgten wie in ein Meer von Leid versunkenen Welt tritt in der Sicht Jesu, mit einem Seitenblick auf das Goethe-Motto in ›Dichtung und Wahrheit‹ und auf SCHELLINGS Freiheitsschrift gesprochen, Gott in Widerstreit mit sich selbst und dies mit der Rückwirkung, daß sich der Anruf »Abba – Vater« zum Aufruf steigert, daß der Schöpfer nochmals Hand an sein Werk legen möge, um es der Leid- und Todverfallenheit zu entreißen. Und wie die Antwort auf die Frage »wer bin ich?« mit der Zusage der Sohnschaft beantwortet wurde, so nun dieser Appell mit dem Auftrag, das Gottesreich als Vorgriff auf den »neuen Himmel und die neue Erde« (Apk 21,1) heraufzuführen. Doch das zieht unweigerlich die Frage nach sich, warum er in dieser doch letztlich nach seinem Bild entworfenen Welt dem Gegenstrebigen und Widersetzlichen soviel Freiheit einräumte, daß sich sogar der mit der rettenden Heilsbotschaft Beauftragte daran wund- und totstoßen mußte. Wenn man schließlich das hintergründig-hinterhältige Versucherwort »wenn du der Sohn Gottes bist..« (Lk 4,3.9) hinzunimmt und es auf seinen Unterton abhört, wird man die Zusatzfrage nicht unterdrücken können, ob Jesus sein Gottesbild nicht auch gegen Widerstände in sich selbst behaupten und aufrechterhalten mußte. Denn mit der Ablehnung des versucherischen Angebots von Brot, Erfolg und Macht handelte er sich die Drohung ein, daß ihn sein

Weg dann durch einen Abgrund von Entbehrungen, Enttäuschungen und Ohnmacht führen und sich schließlich zum Todesweg gestalten werde. Ihn trotzdem zu wählen, bedeutete dann aber umgekehrt den größten Sieg, den er im Kampf mit seinem Gott erringen konnte.

In die letzte Tiefe dieser Problematik führt jedoch erst die Tatsache, daß Jesus seinen Gott ebenso erlitten wie erkämpft hat und dies schon in den vom Evangelium nur gestreiften Szenen, in denen sich wie in seiner Verwerfung durch die Angehörigen und die Bewohner seiner Heimatstadt (Mk 6,2ff), seiner Antwort auf die Tötungsabsicht des Landesherrn (Lk 13,31ff) und seiner Betroffenheit durch den Massenabfall (Joh 6,66ff) seine Passion vorausschattet, erst recht aber im Zusammenbruch der göttlichen Attribute, den er in seiner Kreuzesnot erleidet, und in dem Liebesentzug, der ihm den Todesschrei auspreßt, jene äußerste Steigerung seiner Abba-Anrufung, mit der er das scheinbar verschlossene Gottesherz bestürmt. Der abgründigen Tiefe dieses Leidens entspricht dann aber auch die göttliche Antwort, die alle welthaften Begriffe und Maße sprengt. Denn sie besteht in dem, was in dieser Welt der universalen Todverfallenheit noch nie der Fall war: in seiner Auferweckung vom Tod. So vollendet sich sein Kampf um und mit Gott, indem er Gott bis in den Abgrund der Verlassenheit von ihm – und Gottes eigenem Alleingelassensein – erleidet, so wie er als Leidender umgekehrt in die Reihe der großen Gotteskämpfer tritt, mit dem mit dem Engel Jahwes ringenden Erzvater Jakob an ihrer Spitze. Wie dieser geht er ebenso gezeichnet wie gesegnet aus diesem Kampf hervor: gezeichnet mit den Wundmalen seiner Passion und gesegnet mit dem Leben, das für ihn und durch ihn für die ganze Welt aus ihr entsprang. So sah und sagte es der »verwundete Denker« Joseph Bernhart, der sein ›De profundis‹ (1935) in das Bekenntnis ausklingen ließ:

> *Wir sind nicht von der Tragik der Welt erlöst, sondern hineinerlöst in ihre volle Gültigkeit vor Gott. Erst dann, wenn dies erkannt ist, fassen wir die Herrlichkeit des Auferstandenen. Er ist auferstanden, aber mit Wunden. Mit Wunden, aber mit verklärten*[80].

Zumindest mittelbar ist damit zugleich die subtile Spekulation Bernharts über das sich in Jesu Klage über seine Gottverlassenheit bekundende Geistesdrama berührt, die freilich nur unter der Voraussetzung beweiskräftig wäre, daß auch Worte, die anstatt mit dem Mund mit der ganzen Seinsweise gesprochen sind, als authentisch gelten könnten[81]. Denn alles spricht dafür, daß Jesus seine Passion schweigend über sich ergehen ließ, so daß die überlieferten Passions- und Sterbeworte als nachträgliche Verbalisierung dieses in den Todesschrei ausmündenden Schweigens zu gelten haben. Dabei ging von dem den 22. Psalm einleitenden Klageruf immer schon der stärkste Anreiz zu spekulativer Vertiefung aus. Dessen hintergründige Paradoxie besteht nach BLUMENBERG darin, daß der von Gott Verlassene seine Not eben dem klagt, von dem er sich verlassen fühlt[82]. Ausgangspunkt von Bernharts Reflexion ist demgegenüber die auffällige Tatsache, daß Jesus, die Echtheit des Wortes wiederum vorausgesetzt, mit seiner Anrufung »mein Gott« von der Höhe seines Abba-Anrufs auf die Stufe der kreatürlichen Gottesanrede zurückfiel. Da er sich aber von eben diesem Gott verlassen fühlt, bleibt ihm nur, ihn sich aus dem Nichts seiner Verlassenheit zu erschaffen. In seinem Sterben vollzieht sich somit für Bernhart ein wahrhaft theodramatischer Rollentausch: das Nichts der Verlassenheit wird zu einem Nichts der Schöpfung, jedoch nicht des Menschen von Gott, sondern Gottes durch den – in seinem Nichts mit ihm kommunizierenden – Menschen; oder nun wörtlich:

> *Im Sterben ist er choris tou theou – von Gott geschieden. Die menschlich fühlbare Gewißheit, Gottes Sohn zu sein, hat ihn verlassen, und so ruft er nicht »mein Vater«, er ruft wie jedes Geschöpf in Not »mein Gott!« Aber unendlich mehr als menschliche Seins- und Todesnot ist diese Drangsal des gottmenschlichen Sterbens. Im Schrei des Abgestoßenen ruft der Gerechte zu der Gerechtigkeit, der heilige Wille zum unbegreiflichen Willen des Allheiligen selbst... Darum ist der Schrei des Gottverlassenen ein Gebet, in dem die menschliche Natur gleichsam, als wenn Gott nicht wäre, ihn erschafft mit ihrem innersten Rufe im Namen aller Kreatur*[83].

Indessen hat die abzuarbeitende Beweislast noch zwei weitere Aspekte, darunter als ersten die Bindung des Todes Jesu an den »Felsen« der Kirchenlehre von seinem Opfertod. Wie der Gekreuzigte in die Hölle seiner Gottverlassenheit stürzte, durchmaß auch die von seinem Todesgeschick aufs schwerste betroffene Jüngergruppe, mit HAMAN zu reden, eine wahre »Höllenfahrt der Selbsterkenntnis«[84]. Sie erlitt einen Zusammenbruch ähnlich dem, der Jesus unter dem Eindruck des Massenabfalls widerfahren war. Denn sein Ende bedeutete für sie die Zerschlagung der auf ihn gesetzten Hoffnung, zumal er nicht nur mit seinem Lebenswerk gescheitert, sondern überdies von Gott verworfen zu sein schien. Angesichts dieses Endes sprang sie dann aber nicht nur, wie NIETZSCHE hervorhob, die Frage »Wer war das? was war das?« an, sondern ebenso auch die nach dem Sinn ihres nunmehr des Orientierungspols beraubten Daseins. Begreiflich, daß sie in diesem Untergangsszenario nach dem Sühnegedanken wie nach einem Rettungsanker griff.

Die Hartnäckigkeit, mit welcher die Satisfaktionsvorstellung, gerade auch in ihrer Zuspitzung zur Sündenbockmetapher, gegenwärtig restauriert wird, spricht nicht etwa für die Plausibilität dieses offensichtlich im Verfall begriffenen Paradigmas, umso mehr jedoch für die scheinbare Unentbehrlichkeit seiner bisher zu wenig bedachten Funktion. Denn die vermutlich von der »Menge von Priestern« (nach Apg 6,7) der Urgemeinde nahegelegte Lösung des beklemmenden Problems schirmte, auf ihre zentrale Rückwirkung ausgeleuchtet, gegen das ab, was jenseits des zur Sühneleistung funktionalisierten Todes Jesu als der wahrhaft erlösende Sinn seines Sterbens auf die Welt eindrang und in seiner Unausdenklichkeit die durchschnittliche Fassungskraft radikal überforderte: die Liebe, die darauf abzielte, alle Verhältnisse, das Verhältnis zu Gott ebenso wie das des Menschen zum Mitmenschen und zu sich selbst, auf die mit ihr gegebene neue Basis zu stellen. Mit diesem Ansinnen aber trat diese Liebe, wie erstmals KIERKEGAARD erkannte, in den Anschein einer ebenso totalen Überforderung wie radikalen Herausforderung, der jedoch der in die Daseinstrukturen eingedrungene »Geist der Schwere« die Selbstverweigerung des nunmehr von seiner eigenen Schwerkraft erdrückten Menschen entgegensetzte[85]. Daher gilt auch für die theologischen Erneuerer des Satisfaktionsgedankens, daß sie auf der Funktion des Kreuzestodes bestehen, um sich dessen – funktionsenthobenem – Sinn entziehen zu können.

Aufs engste hängt damit der »Entlastungseffekt« (REISINGER) zusammen, der mit dem Satisfaktionsgedanken einhergeht. Zwar ist in oft exzessiver, im Grunde aber nur noch erbaulicher Weise von der menschlichen »Schuld« am Kreuzestod Jesu die Rede, wenngleich, bezeichnend dafür, mit der Tendenz, diese auf die jeweils »anderen«, vorzugsweise auf die dann als »Gottesmörder« denunzierten Juden, abzuwälzen. »Hauptschuldiger« ist jedoch fraglos der auf unbedingter Sühneleistung bestehende und diese dem einzig dafür Qualifizierten, seinem menschgewordenen Sohn, abfordernde Gott, dessen Strafgerechtigkeit nun ebenso als der letzte Entstehungs- und Erklärungsgrund für die Qual des Gekreuzigten wie für das Leid der Welt erscheint. Der sündige Mensch rückt dagegen in die Doppelrolle des Judas ein, der bei aller Verwerflichkeit seines Verrats doch letztlich nur das vollzog, was das Sühneverlangen Gottes über Jesus verfügt hatte[86].

So gesehen ist die mit dem Satisfaktionsmotiv aufgetürmte Beweislast erst dann abgearbeitet, wenn es gelingt, die bis heute vorherrschende Funktionalisierung des Todes Jesu, gestützt auf die philosophische Einsicht in die zweckenthobene Würde allen menschlichen Sterbens, auf jenen Sinn hin zu durchbrechen, der um so heller aus dem Dunkel dieses Todes hervorleuchtet, je entschiedener er als die letzte Konsequenz und Erfüllung seines Lebens begriffen wird: als das Sinnziel eines Lebens, das nach dem Gesetz der Liebe angetreten war und sich »Wohltaten spendend« (Apg 10,38) verzehrte. Es gilt somit, metaphorisch ausgedrückt, den unsichtbaren Sonnenaufgang der alles Leid der Welt überstrahlenden Liebe wahrzunehmen, der sich in der Nacht und Not von Golgota ereignete[87]. An dieser Wahrnehmung ist umso mehr gelegen, als sich in diesem Sonnenaufgang die Lebensleistung Jesu vollendet. Sterbend »besiegt« er, mit NIETZSCHE gesprochen, den Schatten, der, menschlich gesehen, auf dem Antlitz Gottes liegt; und mit seinem Todesschrei zieht er die von diesem Schatten verdunkelten Züge des ihn aus seiner Verlassenheit auffangenden und an sein Herz ziehenden Vaters ans Licht. So wird er in seinem Tod zum leibhaftigen Inbegriff seiner Botschaft: zum Bild des unsichtbaren und durch ihn zum Vorschein gebrachten Gottes der alles umfangenden, alles durchglühenden und alles in sich vollendenden Liebe.

Mit dem Leid der Welt ist der andere, mit stereotyper Regelmäßigkeit eingeklagte Aspekt der Beweislast angesprochen: die ebenso insistent wie verzweifelt gestellte Frage nach der Vereinbarkeit des bedingungslos liebenden Gottes mit dem Faktum dieser leid- und todverfallenen Welt. Um darauf im selben Stil, also peremptorisch zu antworten, so muß eine erste Teilantwort darauf bestehen, daß die Schaffung einer leid- und todlosen Welt einer absoluten gleichgekommen wäre, die als solche die Selbstaufhebung Gottes bedeutet hätte. Wenn Gott – so nun die positive Teilantwort – eine Welt ins

Dasein rufen wollte, konnte es somit nur eine mit dem Stigma der Negativität behaftete kontingente sein, die infolge ihrer Defizienz die Lebewesen dem Gesetz des Leiden- und Sterbenmüssens unterwarf. Als positiv kann diese Antwort freilich nur im Licht ihrer Vervollständigung durch das Christentum gelten, das als einzige Religion die Herausforderung des Todes aufgenommen und ihr seine Auferstehungsbotschaft entgegengesetzt hat. In der Zeit bis zur Einlösung dieser Zusage kann die vom Todesschicksal Betroffenen der Gedanke trösten, daß in einer Welt des Sterbens das Leben gemeinhin durch Sexualität und Eros weitergegeben wird, das also in dieser Welt der Tod der Preis der Liebe ist, während umgekehrt eine todlose Welt einer liebeleeren Kältehölle gliche: angesichts der prinzipiellen Unlösbarkeit des Problems wenigstens ein kleiner Anhaltspunkt für die Kompatibilität von Gottes Liebe und menschlichem Leid.

Indessen stellt sich nun unverzüglich die Gegenfrage, ob mit dem Rekurs auf den ambivalenten und die Sünder bestrafenden Gott, der, wie schon das Buch Hiob beklagte, oft genug die Verbrecher zu begünstigen und die Tyrannen zu beschützen scheint, das Unheil der Welt besser, ja ob es mit ihm überhaupt erklärt ist. Denn mit dieser traditionellen »Lösung« stellt sich zusätzlich die Hintergrundfrage, welche Genugtuung seine Strafgerechtigkeit angesichts der von ihm verhängten Gerichte erfahren konnte, eine Frage, die sich vollends ins Dunkel verliert, wenn man sie auf die Genugtuung zurückbezieht, die er diesem Ansatz zufolge dann noch weit mehr angesichts der von dem Gekreuzigten erbrachten Sühneleistung empfinden müßte.

Indessen krankt die angebliche Problemlösung insbesondere daran, daß sie forensisch anstatt dialogisch verfährt. Sie zieht den sich durch das Leid angeblich ins Unrecht setzenden Gott vor das Gericht der seine Selbstrechtfertigung einfordernden Vernunft, anstatt auf das auszugehen, was im Fall einer aus welchen Gründen auch immer schmerzenden und dadurch unbegreiflich gewordenen Liebe angezeigt ist: auf Versöhnung! So sah es Paulus, als er seinen Adressaten die hintergründige Mahnung zurief: »Laßt euch mit Gott versöhnen!« (2Kor 5,20) Das war zunächst als Aufforderung gemeint, sich das in der gottentfremdeten Welt aufgerichtete »Wort von der Versöhnung« (5,19) zu eigen zu machen, das jedoch, wie Otfried Hofius deutlich machte, in einer ausgesprochenen Vorwärtsstrategie, also nicht im allzu naheliegenden Rückbezug auf den archaischen Gott des Sühneverlangens, sondern im Blick auf den Gott, der die Welt »in Christus mit sich versöhnte« (5,18)[88].

Wenn mit Hofius genauer bedacht wird, »wer hier Subjekt und wer hier Objekt der Versöhnung ist«, kommt der überwältigende Gedanke zum Vorschein, daß für Paulus die Schuldigkeit des Menschen von Gott selbst eingelöst wurde. Damit fällt auch auf das charakteristische »in Christus«, verstanden als die Sphäre des gesamten Heilsgeschehens, neuerlich ein besonderer Akzent. Sie nimmt alles, was sich in ihr abspielt, auf ein vorgängiges Geschehen in Gott zurück. Wie dann im Sinn des kryptischen Satzes »nemo contra Deum nisi Deus ipse« aus GOETHES ›Dichtung und Wahrheit‹ gesagt werden kann, daß sich Gott in Jesu Weltkritik – und er leidet, bevor er in die Nacht seiner Passion eintaucht, lange zuvor schon an der Bedingtheit und Leidbehaftung des Daseins – selbst entgegentritt, so versöhnt er sich in ihm nun auch mit sich und der ihn auf vielfältige Weise »kränkenden« Welt[89].

Doch damit bietet sich auch schon die dialogische Lösung des Theodizeeproblems an. Sie besteht nicht mehr in dem verzweifelten Versuch, Gott vor dem Forum der gegen das Leid der Welt protestierenden Vernunft zu rechtfertigen, sondern in der Bereitschaft, auf das »Wort von der Versöhnung« einzugehen, das er in eben dieser Welt aufgerichtet hat. Näher besehen, durchläuft dieser Versuch drei Stadien. Ein erstes, das mit der von Gott gebotenen Hilfe darauf ausgeht, die Frustration durch seine Transzendenz, seine Entlegenheit und seine Unbegreiflichkeit anzunehmen und dadurch den Schmerz über das unerfüllte Verlangen des Menschenherzens nach Gottgleichheit, Gottesnähe und Gottesgewißheit zu verwinden. Ein zweites, das auf den Mitvollzug des Versöhnungsaktes im Kreuzesleiden Jesu abzielt und angesichts des weltweiten Leids in den von ihm erlittenen Verlust der Gottesattribute einwilligt[90]. Und ein drittes, das sich auf die von GUARDINI geforderte »Annahme seiner selbst« bezieht: seiner selbst in der unentrinnbaren Kontingenz, Leidbehaftung und Todverfallenheit des Daseins; denn auch das ist mit der Aufforderung »laßt euch mit Gott versöhnen!« gemeint[91]. Dabei geht es im ersten Schritt um die Überwindung der »Urversuchung«, die als die »Tiefe« im Leid der Welt gefühlte Verborgenheit Gottes und seiner tröstenden Nähe durch den hybriden Versuch zu kompensieren, sich selbst ein »Gottsein ohne und gegen Gott« (BLONDEL) anzumaßen. »Versöhnen« kann mit dieser Gottesnot die Einsicht BOSSUETS, daß der leidbeschwerten

Welt in Jesus das Vorbild einer Tugend gegeben wurde, die »nichts besitzt und nichts erwartet« und der ihr unermüdlicher Einsatz für das Gute die Todesstrafe einträgt:

> *Jesus Christus stirbt, ohne Dankbarkeit bei denen zu finden, die er zu Dank verpflichtet hatte, weder Treue bei seinen Freunden noch Gerechtigkeit bei seinen Richtern. Seine Unschuld, obwohl anerkannt, rettet ihn nicht; selbst sein Vater, auf den allein er seine Hoffnung gesetzt hatte, enthält sich aller Zeichen seines Schutzes. So wird der Gerechte seinen Feinden ausgeliefert und er stirbt, verlassen von Gott und den Menschen*[92].

Stieg da Gott nicht in seinem gekreuzigten Sohn bis in den Abgrund der Verlassenheit von ihm, also bis zum Extrem seiner Selbst-Verlassenheit herab, so daß er gerade auf diesem Tiefpunkt menschlicher Verlorenheit, nackt wie der Gekreuzigte und deshalb von keiner Vermittlung mehr verstellt, angetroffen wird?

Das steigert sich im zweiten Schritt zum Mitvollzug der zum Verlust der Gottesattribute führenden Kreuzesnot Jesu, für die nicht zuletzt die von Hans Jonas aufgeworfene Frage nach dem »Gottesbegriff nach Auschwitz« den Blick öffnete. Denn beide Male, im Blick auf den Kreuzestod des Gottessohnes wie auf das Verbrechen am auserwählten Volk, erhebt sich die Frage, ob dieses alle tradierten Maßstäbe sprengende Geschehen nicht eine Dekomposition des überlieferten Gottesbegriffs nach sich zieht. Für Jonas können nach Auschwitz die Attribute der Allmacht und Güte Gottes nicht mehr aufrechterhalten werden. Für den Gekreuzigten stellt sich die noch radikalere Frage, welcher Gott ihm blieb, nachdem sein Schrei nach dem, »der ihn vom Tod erretten konnte« (Hebr 5,7), unbeantwortet verhallte. Es war nicht nur der Gott, von dem er sich verlassen fühlte, sondern der, der von sich selbst im Sinne seiner traditionellen Attribute verlassen war, der Gott der »nackten Gottheit«, in dessen absolute Seinsfülle er sterbend einging. Seine Kreuzesnot mitvollziehen heißt darum, ihm im Dunkel der Gottverlassenheit in einem Akt radikalster Nachfolge Christi bis dorthin folgen, wo er sich dem, von dem er sich verlassen fühlt, in verzweifelnder Hellsichtigkeit in die Arme wirft.

Das Entscheidende geschieht jedoch mit dem dritten Schritt, der mit der Akzeptanz des tod- und leidverfallenen Daseins getan wird. Denn dieser Schritt versöhnt zwar vordergründig mit dem, der dem Menschen dieses Leben »in endlos zermürbendem Kampf und qualvollster Daseinsunruhe« (WUST) auferlegt hat, hintergründig aber führt er in den Abgrund, in welchem sich Gott immerfort selbst mit seinem Schöpferwillen versöhnt, so daß er dem um Rettung bittenden Propheten antworten muß: »Siehe, was ich gebaut habe, reiße ich ein, und was ich gepflanzt habe, reiße ich aus. Und du begehrst Großes für dich? Begehre es nicht!« (Jer 45,4f)[93]. Bis zu dieser – extrem entlegenen – Umschlagstelle führt der Appell: »Laßt euch mit Gott versöhnen!«

Kaum bedarf es jetzt noch eines Hinweises auf die Größe der zu bewältigenden Beweislast. Umso klarer dürfte es dafür geworden sein, daß es stärkster Gegenmotive bedarf, wenn die Aufarbeitung gelingen soll. Das stärkste Motiv kann aber nur im Versuch einer Rekonstruktion des göttlichen Eingriffs bestehen, der die »Torheit« des Kreuzes verstehen und seinen »Skandal« bestehen half. Auch in dieser Frage ist der direkte Rückgang versperrt und statt seiner nur die Rückübersetzung der »Nachricht« möglich, die von ihm erzählt. Darauf muß sich der nächste Schritt des Gedankengangs beziehen.

VIERTER TEIL:
DIE BESTÄTIGUNG

ÜBERLEITUNG

Mit der Mitte des Evangeliums hat es eine eigene Bewandtnis: sie lebt. Und sie ist solange nicht adäquat begriffen, als sie nicht in dieser Qualität wahrgenommen wird. Ihr Leben aber äußert sich, strukturell gesehen, darin, daß sie allen Versuchen einer begrifflichen Fassung und Vergegenständlichung ihre Eigengesetzlichkeit entgegenstellt. Am Rande registrierte das ALBERT SCHWEITZER mit der Beobachtung, daß sich der mit den Mitteln der historischen Kritik vergegenwärtigte Jesus zuletzt dem Zugriff der historischen Kritik entwand, um in seine eigene Zeit zurückzukehren. Dem trug auch KARL BARTH mit seiner methodologischen Abstinenz Rechnung, die er mit der maliziösen Bemerkung begründete, er sehe zu seiner nicht geringen Verblüffung maßgebliche Bibelwissenschaftler, die sich »aufs neue, mit Schwertern und Stangen bewehrt, auf die Suche nach dem ›historischen Jesus‹ begeben haben«, an der er jedoch sich selbst »nach wie vor lieber nicht beteiligen möchte«[1].

Indessen führte diese Abstinenz gerade dort in eine schwere, noch nicht einmal ansatzweise bewältigte Krise, wo sich die »Lebendigkeit« der Mitte am unmittelbarsten bekundet und wo sie demgemäß am deutlichsten wahrgenommen und am klarsten herausgearbeitet werden müßte: im Umgang mit dem Mysterium der Auferstehung Jesu. Denn dieser zentrale Artikel geriet nicht nur im allgemeinen Glaubensbewußtsein so sehr ins Zwielicht, daß ein Drittel der Christen beider Konfessionen dazu neigt, ihn gegen die asiatische Reinkarnationsvorstellung auszutauschen; angesichts der Wechselbeziehung von Theologie und Glaubensbewußtsein konnte es vielmehr auch nicht ausbleiben, daß die Verunklärung der Mitte auf die theologische Reflexion durchschlug. So sah sich diese vor die Frage gestellt »Osterglaube ohne Auferstehung?« und mit Tendenzen konfrontiert, die darauf ausgingen, den »Ostergraben« in seiner elementarsten Erscheinungsform – als Bruch zwischen der Lebens- und der Wirkungsgeschichte Jesu – zuzuschütten. Das faßte GERD LÜDEMANN, der entschiedenste Verfechter dieser Tendenzen, in die bereits erwähnte These, daß Ostern nur zur vollen Erkenntnis des zuvor schon Vorhandenen geführt habe[2].

Geradezu spiegelbildlich verhält sich dazu die Bemühung Hans Kesslers, den Ostergraben in seiner »klassischen« Form, wie er von Lessing in seinem Notschrei über den »garstigen breiten Graben«, über den er trotz aller Anstrengung nicht hinwegkommen könne, beklagt worden war, in aller Form in Abrede zu stellen. Denn seine Klage sei, so Kesslers wiederholt vorgetragenes Argument, angesichts der vielfachen Formen der bis heute fortwirkenden Präsenz des Auferstandenen gegenstandslos[3]. Doch damit gerät die Auferstehung buchstäblich zwischen zwei Mühlsteine, die sie in ihrem »Eigenleben« zu zermalmen drohen. Einerseits unter das Übergewicht der vorösterlichen Lebensgeschichte Jesu, mit der nach Lüdemann und den ihm konformen Theologen bereits alles gesagt und getan war; und andererseits in den Sog ihrer glaubensgeschichtlich-spirituellen Nachwirkung, die nach Kessler als vollgültiges Äquivalent zur Ostererfahrung der Augen- und Ohrenzeugen zu gelten hat.

Mit alledem wird jedoch aus der von Lessing sensibel registrierten, ja im Grunde schon von der Thomasszene des Johannesevangeliums angesprochenen Glaubensnot eine prekäre »Tugend« gemacht. Tatsächlich wäre diese Not von ihrer Wurzel her überwunden, wenn die von Kessler aufgeführten Erlebnisweisen, und wäre es auch erst in einer zu einem Gesamterlebnis gebündelten Form, die von ihm behauptete »Erfahrungsevidenz« ergäben. Dazu aber reichen die Erfahrungen des im Schriftwort und im Herrenmahl anwesenden und des in seinen geringsten Brüdern begegnenden Christus nicht von ferne hin. Denn sie verbleiben, trotz der emphatischen Bezeichnungen, letztlich im Horizont des intentionalen Denkens, das als solches niemals an die Evidenz des unmittelbaren Augenscheins heranreicht. Im übrigen setzte Kierkegaard mit seiner in der ›Einübung im Christentum‹ gipfelnden Aufarbeitung des Lessingproblems eine Marke, die in einer Spitzenleistung der christlichen Theologie gründet und deshalb nicht mehr unterschritten werden darf.

Eine Lösung des Lessingproblems wäre nur denkbar, wenn es gelänge, die »methodologische Abstinenz«, zu der sich Karl Barth bekannte, ins Positive zu wenden und dadurch die in der Auferstehung Jesu bestehende Mitte zu ihrem Eigenleben freizugeben. Dann käme es zwar nicht zu jener Selbstbezeugung, wie sie in den Erscheinungen des Auferstandenen erfolgte, wohl aber zu Beweisen seiner »Geistes-Gegenwart«, um die es den erkenntnistheoretischen Entwürfen Franz Rosenzweigs und Martin Bubers zu tun ist. Daß es gerade jüdische Denker sind, die zu dieser »Freigabe« verhelfen, muß zweifellos als ein ebenso geistes- wie glaubensgeschichtliches Ereignis ersten Ranges gewürdigt werden. Zwar hat Rosenzweig in seiner dialogischen Verstehenstheorie lediglich die Geistesgegenwart des Verstehenden im Auge; doch ist diese von der Vergegenwärtigung des Verstandenen nicht adäquat zu unterscheiden, so daß in dem mit dem Auferstandenen gegebenen Fall uneingeschränkt von dessen Geistesgegenwart gesprochen werden kann. Das rechtfertigt Buber dadurch, daß er der – dann erstmals formell von Hans Kessler gestellten – Frage nach den Möglichkeitsbedingungen der Ostererscheinungen vorarbeitet und nach deren lebensgeschichtlichem Ausgangsdatum fragt[4]. Könnte die Geistesgegenwart des Auferstandenen aber auch nur ansatzweise glaubhaft gemacht werden, so würde sie sämtliche Irritationen in sich aufzehren; dann würde der Glaube immerfort von seiner präsentischen Mitte her erneuert werden, und dann wäre nicht zuletzt die Frage nach der Identität des Christentums gegenstandslos: überstrahlt von Erfahrungen der Evidenz dessen, der als seine lebendige Mitte fühlbar geworden wäre.

Im Vorgriff darauf müßte freilich ein neues Verständnis des Glaubens Platz greifen, das seinen Vollzug betrifft. An die Stelle der bisher vorherrschenden Rezeptivität, die im Glauben nur das in und mit ihm Hin- und Aufzunehmende erblickt und ihn demgemäß als einen Akt des gehorsamen Für-wahr-Haltens auffaßt, müßte eine auf seine tatsächliche Kreativität abgestimmte Konzeption treten, die ihn als schöpferischen Mitvollzug des Geglaubten begreift[5]. Das aber müßte sich dann spontan auf den Umgang mit seinen Quellen, Schrift und Tradition, niederschlagen. Die Tradition müßte dann ebenso weitergedacht wie aufgenommen werden; und nie mehr dürfte es dazu kommen, daß sie absolut gesetzt und wie ein hieratisches Veto gegen den versuchten Rückgriff auf die andere Quelle in Gestalt der biblischen Schriften ausgespielt wird. Was aber den Umgang mit diesen betrifft, so müßte endlich an die Stelle der heute üblichen »Querschnittlektüre« die ihnen allein angemessene Lesart treten, die sich auf ihre lebendige Mitte richtet und den Stellenwert der einzelnen Aussagen von dorther bestimmt. Insbesondere wäre es darum zu tun, im Fall der Osterzeugnisse entschiedener, als es in der bisherigen Diskussion geschah, auf den zurückzugehen, dem nicht nur das »älteste Zeugnis von der Auferstehung Christi (1Kor 15,1-11)« und damit die Magna Charta des Osterglaubens zu danken ist (KREMER), sondern der als einziger persönlich aus seinem Zeugnis hervortritt, so daß er danach befragt werden kann. Das ist der in seiner Einzigartigkeit noch immer nicht voll gewürdigte Fall des Apostels Paulus, dessen Aussage fast ausnahmslos in die der Evangelien eingeebnet und dadurch um ihre Brisanz gebracht wird. Sein Zeugnis verliere sich, so nachdrücklich er es auch immer erstatte und darauf bestehe, in visionärer Subjektivität, so der häufigste Einwand, zumal ihm, der den historischen Jesus nach eigenem Bekunden nicht gekannt habe (2Kor 5,16), das entscheidende Kriterium für die Wahrnehmung der Historizität des Ereignisses fehle.

So zu argumentieren, heißt Paulus an einem faktizistischen Realitätskriterium bemessen, das womöglich auf materiell Gegebenes, keinesfalls aber auf personale Selbsterweise bezogen werden kann. Eine Person wird nicht durch eine feststellende Prozedur wahrgenommen, sondern dadurch, daß sie sich zu verstehen gibt und zeigt. Und das kann sich sehr wohl auch jenseits des empirisch Feststellbaren erweisen. Auf dieser Ebene liegt das paulinische Osterzeugnis. Denn überzeugender als mit dem Hinweis auf sein Ergriffensein (Phil 3,12) durch den Auferstandenen und auf die Schau seines Angesichts (2Kor 4,6) kann er der Realität seines Ostererlebnisses nicht Ausdruck verleihen, auch wenn es sich dabei um ein offensichtlich visionäres Sehen handelt. Wie längst schon deutlich wurde, faßte DESCARTES das Spektrum möglicher Wirklichkeitserfahrung zu eng, als er dies auf die Alternative von *res cogitans* und *res extensa* eingrenzte. Tatsächlich ist die Wirklichkeit des Auferstandenen, wie sie Paulus bezeugt, im Mittelfeld zwischen diesen Eckdaten angesiedelt. Von Paulus wäre überdies der kreative Umgang mit den Quellen zu erlernen. Damit wäre vor allem der Angelpunkt für die von der Literalität der Texte geforderte Rückübersetzung gefunden. Denn die Botschaft des Christentums will immerfort aus der »Gruft« des seinem Wesen nach »toten« Buchstabens erhoben und in lebendiger Verkündigung zur Geltung gebracht werden, da die Texte, mit LUTHER zu reden, nicht die »Art« des Evangeliums sind, wohl aber ein Anreiz, sie in immer neuen und doch stets hinter ihrem Ziel zurückbleibenden Anläufen in ihre ursprüngliche Mündlichkeit zurückzuverwandeln.

Obwohl von all dem nur hypothetisch gesprochen werden kann, ergibt sich daraus doch bereits eine zweistrahlige Zielsetzung. Es gilt zunächst – und vor allem – die Auferstehung Jesu so anzugehen, daß sie ebenso als das Gestaltprinzip des Christentums wie als der Quellgrund seiner immerwährenden Erneuerung glaubhaft wird. Sodann aber geht es darum, dieses Ziel auf dem Weg einer Rekonstruktion anzusteuern, die der Tatsache Rechnung trägt, daß die Pforte des direkten Zugangs versperrt und dieser zudem durch den Ostergraben verlegt ist. Wenn das gelingen soll, muß das Ostergeschehen sowohl als Grund der Rekonstruktion wie als das Prinzip ihrer Überwindung erwiesen werden. Das eine ist erreicht, wenn es, wie bereits angenommen, als der grundlegende Anlaß begriffen wird, weshalb die Lebensgeschichte überhaupt erzählt wurde. Und das ist gleichbedeutend mit der Einsicht, daß der Auferstandene alle Hohheitsprädikate an sich riß, ja daß er im Sinn der in der Folge auf ihn bezogenen Präexistenzaussage als der »Anfang« (*arche*) der vom Schöpfer letztlich intendierten Welt und damit jenes »neuen Himmels« und jener »neuen Erde« begriffen wird, der die bestehende Schöpfung erst wirklich rechtfertigt. Wie um seinetwillen (nach Kol 1,16) »alles geschaffen wurde«, geht von ihm nun auch die zentrale Nötigung aus, seine eigene Werde- und Lebensgeschichte ans Licht zu bringen. So ist er der leibhaftige Auslöser jener »Erinnerung« an alles, was er gesagt und getan hatte (Joh 14,26), die sich in der Überlieferung von ihm und zumal in den neutestamentlichen Schriften niederschlug. Der Meinung, daß vor Ostern bereits alles gegeben war, was nach Ostern nur klarer erkannt wurde, steht somit die unumstößliche Tatsache entgegen, daß ohne die Auferstehung Jesu nicht der geringste Anlaß bestanden hätte, sich an die Lebensgeschichte dieses vermeintlich Gescheiterten und von Gott Verworfenen zu erinnern und das Ergebnis dieser Anamnese gar noch schriftlich zu dokumentieren. Somit ist Ostern der eindeutige Entstehungsgrund der neutestamentlichen Schriften und ebenso der einzige Erklärungsgrund für ihr Zustandekommen. Ohne die göttliche Intervention wüßte die Menschheit nicht mehr von Jesus als das, was die antiken Historiker von ihm in dürftigen Hinweisen berichten.

Doch gleichzeitig ist der Auferstandene die Ursache der Überwindung dieser – dem religiösen Denken (nach Lk 9,62; 17,32) eher suspekten – anamnetischen Rückschau. Denn seine österliche Selbstpräsentation setzt sich fort in Erfahrungen, in denen er die

Festlegung auf Namen und Begriffe sprengt, um (nach 1Joh 1,1) auf neue Weise vernommen, geschaut und gefühlt zu werden. Es sind dies, auf den Begriff gebracht, Erfahrungen der Selbstevidenz des Osterereignisses, die darin besteht, daß es in seinem eigenen Licht gesehen und als ein sich selbst erklärendes Phänomen begriffen wird. Denn der göttliche Eingriff will, richtig eingeschätzt, zugleich als das Prinzip seiner Interpretation verstanden werden. Indem er sich ereignet, setzt er auch das Maß, nach dem er zu bemessen ist. Das muß nunmehr deutlich gemacht werden.

I. KAPITEL:
DIE GÖTTLICHE INTERPRETATION

1. Das Niedagewesene

Es sind zwei Gedanken, gegen die sich das menschliche Selbst- und Sprachbewußtsein sträubt: der Gedanke an den eigenen Tod und der an die Auferstehung von den Toten. Die Gründe dieses Widerstrebens sind freilich höchst gegensätzlicher Art: Im ersten Fall ist es die Unfähigkeit des Denkenden, sich, wie es bei der strengen Fassung des Todesgedankens erforderlich wäre, wegzudenken[1]. Im zweiten Fall ist es die Tatsache, daß es nur für das Worte gibt, was in der menschlichen Erfahrungswelt vorkommt, nicht aber für das, was in ihr noch nie der Fall war. Aber gerade das ist bei der Auferstehung Jesu »der Fall«.

Wie es dann aber doch dazu kommen kann, daß einer zum Bewußtsein seines Sterbenmüssens gelangt, und dies sogar stellvertretend für alle zur Sprache bringen kann, läßt sich am Beispiel des Apostels Paulus zeigen, der der menschlichen Todesverhaftung sogar exklamatorischen Ausdruck verleiht, wenn er im Römerbrief fragt: »Ich unglücklicher Mensch, wer wird mich von diesem todverfallenen Leib befreien?« (7,24)[2] Ihm erging es wie dem unglücklichen Delinquenten in KAFKAS Erzählung ›In der Strafkolonie‹, dem das Todesurteil durch die Hinrichtungsmaschine förmlich »auf den Leib geschrieben« wird[3]. In höchster Erregung hält Paulus im gleichen Sinn seinen Widersachern entgegen:

> *In Zukunft möge mir niemand mehr in die Quere kommen; denn ich trage die Malzeichen Jesu an meinem Leib (Gal 6,17).*

So kommt er auf dem »Umweg« über sein »Mitgekreuzigtsein mit Christus« (Gal 2,19) zum Wissen um seine eigene Todverfallenheit und zu deren exzessiver Verlautbarung[4]. Grund und Abgrund dieser Erfahrung aber ist für ihn das als Inbegriff der Absurdität (Torheit) und Anstößigkeit (Skandal) empfundene und so zur radikalen Todeschiffre gewordene Kreuz, das er als solche dann auch seinen Adressaten kompromißlos entgegenhält, wenn er sie mit dem Vorwurf attackiert:

> *Ihr unvernünftigen Galater; wer hat euch nur verhext, euch, denen doch Christus als Gekreuzigter vor die Augen gezeichnet wurde? (Gal 3,1)*

Doch in die Finsternis des Kreuzes sprach Gott, wie Paulus unter dem Eindruck seiner Damaskusvision versichert, wie am Schöpfungsmorgen »es werde Licht«, verstanden als das Licht des Ostermorgens. So wird er zum Kronzeugen des Unausdenklichen der Auferstehung, die sich als das Niedagewesene allen sprachlichen und begrifflichen Bestimmungen entzieht, auch wenn sich dafür dann schließlich nach langem Suchen mit dem Begriff »Auferstehung« eine Benennung aus dem Vokabular der spätjüdischen Apokalyptik anbot: ein Name für etwas in einem letzten Sinne Unsagbares.

Die Schockwelle, die durch alle Paulusbriefe geht, spricht deutlicher als ausdrückliche Bekundungen von diesem Einbruch des Niedagewesenen und seinen lebens- und denkgeschichtlichen Folgen für den Apostel und die von ihm repräsentierte Jüngergemeinde. Freilich fehlt es auch nicht an formellen Äußerungen. Hineingerissen in den unkalkulierbaren Einbruch, so versichert er, sei ihm seine ganze Vorgeschichte zum »Unrat« geworden, weil er von Christus ergriffen wurde und sein ganzes Streben seither darauf gerichtet sei, ihn aufgrund dieser »symbiotischen« Verbundenheit (MUSSNER) mit ihm, mitbetroffen von seinem Leiden und mitbelebt durch seine Auferstehung, kennenzulernen (Phil 3,10ff). Selbst wenn er Kenntnis vom irdischen Jesus gehabt hätte, kenne er ihn jetzt doch nicht mehr so; denn »das Alte ist vergangen, Neues ist geworden« (2Kor 5,16f). Deshalb mache er sich auch nichts daraus, von einem menschlichen Gerichtshof belangt zu werden; denn der einzige, dessen Gericht er sich unterworfen fühle, sei der Herr (1Kor 4,4f). Zum Geistmenschen geworden, sei er zwar imstande, alles zu beurteilen; er selbst aber, der Geistmensch, könne von niemandem beurteilt werden (1 Kor 2,15). Auf den Kern dieses ihn bis in die Wurzeln seiner Existenz ergreifenden Vorgangs kommt er im unmittelbaren Fortgang des erwähnten Philipperwortes zu sprechen, wenn er erklärt, daß für ihn sein Leben fortan in dem Wunsch bestehe, den zu begreifen, von dem er sich ergriffen fühle:

Nicht, als ob ich es bereits ergriffen hätte oder gar schon vollendet wäre; doch suche ich es zu ergreifen, so wie ich von Christus Jesus ergriffen worden bin (Phil 3,12)[5].

Diesem »haptischen«, auf das Ergriffensein abhebenden Selbstzeugnis setzt Paulus ein betont »optisches« entgegen, das an die ihm widerfahrene »Neuschöpfung« anknüpft. Sie ist für ihn geradezu gleichbedeutend mit einem neuen Weltbeginn. Mittelbar liegt das bereits der von ihm erstmals gebrauchten Präexistenzaussage (1Kor 8,6) zugrunde. Doch sagt er es dann in voller Ausdrücklichkeit, wenn er sein Damaskuserlebnis auf die Lichtwerdung am Schöpfungsmorgen zurückspiegelt und versichert:

Gott, der sprach: aus Finsternis erstrahle Licht! Er hat es auch in unseren Herzen tagen lassen zum strahlenden Aufgang der Gottherrlichkeit auf dem Antlitz Jesu Christi (2Kor 4,6).

Mit der Eindringlichkeit seiner Bildsprache unterstreicht dieses Wort, daß die Auferstehung Jesu deshalb aus sich selbst begriffen werden muß, weil sie in ihrem eigenen Licht steht und ebenso alle Vergleiche überbietet wie alle Kategorien sprengt. Damit entzieht Paulus den gängigen Versuchen einer religionsgeschichtlichen Herleitung ebenso den Boden, wie der Annahme archetypischer Prägungen, auf die sich die tiefenpsychologische Erklärung zurückbezieht[6]. Eine derartige Herkunft bestreiten, heißt freilich nicht, daß die Suche nach Vorbildungen und Analogien aussichtslos wäre. Sie ist es weder im genetischen noch im finalen Sinn. Denn es muß gefragt werden, worin die mit der Auferstehung bezeichnete Todüberwindung mit der weltweit bezeugten Sehnsucht nach einem transmortalen Fortleben des Menschen übereinstimmt und worin sie sich davon unterscheidet. Vor allem aber kommt es darauf an, sie ungeachtet ihrer Unableitbarkeit mit dem dafür nicht disponierten Diskurs so weit in Einklang zu bringen, daß darüber in sinnvermittelnder Sprache die Rede sein kann.

Auf das eine nimmt Paulus Bezug, wenn er in seinem Auferstehungskerygma Motive menschheitlicher und zumal jüdischer Überlebenshoffnung anklingen läßt. Auf das andere, wenn er den Glauben mit seinem Grundsatz »ich glaube, darum rede ich« (2Kor 4,13) zum Prinzip einer spezifischen und in dieser Form unableitbaren Sprachkompetenz erklärt. Vor- und außerchristliche

Motive klingen an, wenn der Apostel im Angang der Schlüsselstelle seines Glaubensverständnisses mahnt:

> *Sprich nicht in deinem Herzen: wer steigt zum Himmel empor – um Christus herabzuholen, oder: wer steigt in die Unterwelt hinab – um Christus heraufzuholen; nahe ist dir vielmehr das Wort, es ist in deinem Mund und in deinem Herzen (Röm 10,6ff).*

Das erinnert deutlich an das bei ihm auch sonst (etwa 2Kor 12,5) begegnende Motiv der Himmel- und Hadesreise, das sich ähnlich schon in der Nekyia der Odyssee oder in Scipios Traum aus CICEROS ›De re publica‹ findet und weit in die altorientalische Mythologie zurückreicht. Mit seiner Warnung – »sag nicht!« – gibt er freilich zugleich zu verstehen, daß für ihn bei aller Vergleichbarkeit kein Kausalzusammenhang besteht, so daß sich ihm die seit dem um die Jahrhundertwende entbrannten Bibel-Babel-Streit modisch gewordene Herleitung des Auferstehungsgedankens aus derartigen Anklängen verbietet[7]. Wichtig sind ihm derartige Vergleichsmotive dann allerdings im Interesse der von ihm ebenso geforderten (1Kor 14,9) wie praktizierten »Unterscheidung der Geister« (1Kor 12,3). Denn Paulus ist es nicht erst durch die Lebensumstände aufgezwungen, sondern bereits von seiner Konstitution her auferlegt, daß er sich bei seiner Verkündigung von gegnerischen Positionen absetzt, da er erst im Kampf sein volles Format gewinnt. Er ist nicht nur, wie GUARDINI beobachtete, ein Mensch, der Schweres anzog, sondern auch eine Persönlichkeit, die den Kampf sucht, um sich in der Auseinandersetzung bewähren und bestätigen zu können. Dazu kommt es vor allem dort, wo er – wie in den angesprochenen Vergleichsmotiven – auf Spuren jener »stummen Götzen« stößt, zu denen sich seine Adressaten in ihrer vorchristlichen Lebenszeit »hinreißen ließen«, und sei es, wie dies jetzt zu ergänzen ist, auch nur in der Form, daß sie ihnen in ihre Höhen und Abgründe folgten[8]. Schwerer ist die Frage zu beantworten, ob bei dem großen Herzenskenner auch ein Wissen um archetypische Vorgegebenheiten vorausgesetzt werden darf. Doch wenn er mit der Möglichkeit rechnet, daß ein Ungläubiger unter dem Eindruck einer charismatisch redenden Gemeindeversammlung zum Eingeständnis gelangt, daß Gott in ihrer Mitte sei (1Kor 14,24f), sind es wohl nicht nur die offengelegten »Geheimnisse seines Herzens«, die ihn zur Umkehr bewegen, sondern auch jene Tiefenschichten des Bewußtseins, die durch das Reden aus der Verbundenheit mit dem Erhöhten in ihm erregt und in »Mitschwingung« versetzt werden[9].

Während es in dieser Frage bei vagen Vermutungen bleiben muß, spricht alles dafür, daß Paulus dem Glaubensakt eine genuine, nur aus dem geglaubten Inhalt geschöpfte Erkenntnisfähigkeit zuschreibt, ihn also als einen Erkenntnisakt eigener Dignität und Ordnung begreift. Das bestätigt der Schlüsselsatz seiner Glaubenstheorie, der zwar das Bubersche Verdikt über den Satzglauben auf sich zieht, mit seinem Zentralgedanken den Glauben jedoch auf das Damaskuserlebnis zurückbezieht und ihn mit diesem, zumindest strukturell, gleichsetzt:

> *Wenn du mit deinem Mund Jesus als den Herrn bekennst und in deinem Herzen glaubst, daß Gott ihn von den Toten erweckt hat, erlangst du das Heil. Denn mit dem Herzen glaubt man zur Gerechtigkeit und mit dem Mund bekennt man zum Heil (Röm 10,9)*[10].

Die chiastisch gestaltete und dadurch aus dem Kontext hervorgehobene Stelle zieht den Glaubenden, sofern er sich nur auf das Auferstehungsereignis mit seiner ganzen Herzenskraft begründet, tatsächlich in Vergleich mit dem, was Paulus widerfuhr, als ihm in seiner Berufungs- und Erweckungsstunde das Geheimnis des Gottessohnes ins Herz gesprochen wurde. Denn mit diesem Schlüsselwort seiner Glaubenstheorie greift er unüberhörbar auf das »akustische« Selbstzeugnis zurück, mit dem er im Galaterbrief sein Damaskuserlebnis, grundlegend für alle anderen Bezeugungen, in die Worte faßt:

> *Als aber der, der mich vom Mutterschoß an ausersehen und in seiner Gnade berufen hat, in seiner Güte seinen Sohn in mir offenbarte, damit ich ihn unter den Heiden verkünde, zog ich nicht Fleisch und Blut zu Rat; auch reiste ich nicht nach Jerusalem zu denen hinauf, die schon vor mir Apostel waren, vielmehr begab ich mich nach Arabien und kehrte von dort wieder nach Damaskus zurück (1,15ff)*[11].

Noch bevor er sich von Christus ergriffen fühlt und zur Schau seines verklärten Angesichts gelangt, wird ihm in seiner Damaskusstunde das Geheimnis des Gottessohnes durch einen göttlichen Liebeserweis in einer Weise erschlossen, daß er sein Innerstes als den Ort der krönenden Gottesoffenbarung erfährt. Durch sie findet er zu seiner mystischen Identität (Gal 2,20); durch sie wird der (nach 1Kor 1,30) »zur Weisheit« Gewordene zu dem ihn fortan bestimmenden und leitenden Erkenntnisprinzip; durch sie wird der Geoffenbarte zu seinem definitiven Lebensinhalt (Phil 1,21). Gleiches gilt nun aber auch vom Glaubenden, in dessen Herzen es auf neue Weise zu »tagen« beginnt, wenn er sich auf den bezieht, auf dessen Antlitz der Glanz der Gottherrlichkeit erstrahlte, und wenn er sich dadurch zur Bezeugung des Erfahrenen bewogen sieht. Doch damit rückt die Auferstehung unübersehbar in eine erkenntnis- und sprachtheoretische Perspektive, die genauer ergründet werden muß, wenn sie in dieser unerwarteten Sicht überzeugen soll.

Das Niedagewesene muß aber nicht nur von seinen Bezeugungen und Benennungen, sondern auch von seinen Möglichkeitsbedingungen her geltend gemacht werden. Erstmals stellte sich, wie schon gesagt, dieser Frage nach seinen transzendentalen Vorgegebenheiten Hans Kessler, der sie im Rückgriff auf die Visionen alttestamentlicher Propheten (Jes 6,1.5; Jer 1,12) zu beantworten und durch eine Analytik des Geschichtshandelns Gottes zu unterbauen sucht[12]. Doch bevor man alttestamentliche Entsprechungen, so aufschlußreich sie sein mögen, heranzieht, muß die Möglichkeit neutestamentlicher Begründungsdaten in Erwägung gezogen und geprüft werden. Unter diesem Gesichtspunkt verdient eine Bemerkung Martin Bubers in ›Zwei Glaubensweisen‹ besondere Beachtung, die davon ausgeht, das der Befragung Jesu durch den Hohenpriester und insbesondere seiner Antwort (Mk 14,62) ein historischer Kern zugrunde liege: eine durchaus bedenkenswerte Annahme, selbst wenn sie nur eine exzeptionelle Einfühlung des Erzählers in die von ihm gestaltete Szene zum Gegenstand hätte. In der von Buber vermuteten Grundgestalt antwortet der Befragte »mit fernen Augen«:

Ihr werdet den sehen, der ich werden soll[13].

Doch das besagt für Buber nicht, daß er seine Zukunftsgestalt wirklich sieht, sondern nur, daß Zeugen das zu hören glauben, »weil sie ihn, den Sehenden sehen«. Damit wäre nach seiner Auffassung »das lebensgeschichtliche Faktum gegeben«, aus dem nach dem Tode Jesu und den Visionen der Jünger, angereichert durch mythische Implikate, das »neue binitarische Gottesbild« hervorging[14]. Wenn man die Aussage anstatt auf den prekären Schluß auf die »Visionen der Jünger« bezieht, ergibt sich die Vorstellung, daß Jesus, ungeachtet der Buberschen Einschränkung, mit der in seiner Antwort bekundeten Schau seiner eschatologischen Zukunftsgestalt eine Blickbahn aufstieß, in welche die Zeugen seiner »Errettung vom Tode« (Hebr 5,7) eintraten. Daß Petrus der erste war, könnte dann in der Lukaspassion mit der Bemerkung angedeutet sein, die das Bild eines Bandes suggeriert, das aus seinen Tränen und dem ihn zur Besinnung rufenden Blick Jesu geflochten ist:

Da wandte sich der Herr um und blickte Petrus an. Und Petrus erinnerte sich an das, was der Herr zu ihm gesagt hatte: Ehe der Hahn kräht, wirst du mich dreimal verleugnen. Und er ging hinaus und brach in Tränen aus (Lk 22,61).

Wenn das aber für die Erscheinung vor Petrus angenommen werden kann, ist zu fragen, ob Gleiches nicht auch auf die Vision des Stephanus zutrifft, zumal sein ekstatisches Wort in entscheidenden Elementen an das Selbstzeugnis Jesu erinnert:

Ich sehe den Himmel offen und den Menschensohn zur Rechten Gottes stehen (Apg 7,56)[15].

Der Wert dieser Zuordnung bestünde nicht zuletzt darin, daß sich das Sehen der Osterzeugen als Folge eines vorgängigen Gesehenseins durch den Auferstandenen erwies und damit als die österliche Verifizierung der das Todesurteil zu Beginn der Passion heraufbeschwörenden Ankündigung: »ihr werdet den sehen, der ich werden soll«. Doch damit würde das Niedagewesene nicht nur in seiner Einzigartigkeit bestätigt, sondern auch in der grundlegenden Form seiner Wahrnehmung erklärt.

2. Die Intervention

»Die stillsten Worte sind es, welche den Sturm bringen«, lehrt NIETZSCHES Zarathustra: »Gedanken, die mit Taubenfüßen kommen, lenken die Welt«[16]. Zutreffender kann der Eintritt des größten aller weltbewegenden Ereignisse, die Auferstehung Jesu, kaum beschrieben werden. Denn die Schilderung des Erdbebens und der aufblitzenden Engelerscheinung, die zeigt, daß der Stein vom Grabe weggewälzt und daß dieses leer war, gehört, wie die Rede vom leeren Grab selbst, zu den späteren Verdeutlichungen dieses grundstürzenden Vorgangs.

Dieser dramatischen Überhöhung gegenüber wirken die originären Berichte eher zurückhaltend, ja um so leiser, je mehr man auf ihren Grund kommt. Es ist aber der Grund, außer dem, wie Paulus sagt, kein anderer gelegt werden kann, weil er von Gott selbst gelegt wurde (2Kor 3,11), und der, wie nur je ein Grundstein, das unsichtbare Fundament des von ihm getragenen Gebäudes bildet. Nach dem Markusschluß ist es, modern ausgedrückt, nur das von Engeln verbreitete »Gerücht«, das die angesprochenen Frauen in Angst und Schrecken versetzt (Mk 16,8). Dem johanneischen Nachtragskapitel zufolge betritt der Auferstandene, wie dann auch in der Emmausperikope, als zunächst Unerkannter die Szene, der auch durch das von ihm gewirkte Wunder das Fragebedürfnis der Zeugen nicht ganz zu beschwichtigen vermag (Joh 21,12). Und in der Emmausszene selbst dauert es bis zur Geste des Brotbrechens, bis die Hüllen von den Augen fallen und der geheimnisvolle Wegbegleiter in seiner wahren Identität erkannt wird (Lk 24,30). Gleiches gilt zuvor schon von der johanneischen Magdalenenszene, bei der erst der Anruf beim Namen die anfängliche Verkennung behebt (Joh 20,1-8). Doch diese narrativen Berichte führen, sosehr sie das Nietzschewort bestätigen, noch nicht an das Initialerlebnis heran, das sich, aufs Ganze gesehen, lediglich in dem Protokollsatz der Augenzeugen »ich habe den Herrn gesehen« spiegelt.

Um so mehr gilt dies jedoch von dem letzten und deswegen in seiner wahren Bedeutung meist verkannten Osterzeugen, der sich zwar den Protokollsatz gleichfalls zu eigen macht (1 Kor 9,1), ihn dann aber mit Aussagen unterbaut, die tatsächlich den gesuchten »Grund« freilegen. Wie bereits aufgezeigt, deutet er sein Damaskuserlebnis auf jene dreifache, die drei Hauptsinne aufrufende Weise, wie dies auch im Prolog des Ersten Johannesbriefs mit seiner Rede vom Hören, Sehen und Fühlen des Offenbarungswortes anklingt. Spitzenaussage ist dabei die akustische Version des Galaterbriefs, wonach ihm Gott in seiner Güte das Geheimnis seines Sohnes »offenbarte« (1,16). Wenn man bedenkt, daß er im weiteren Kontext des Briefs den Gekreuzigten als den Zentralinhalt seiner Verkündigung bezeichnet (3,1), kann sich diese »Offenbarung« nur auf das durch das »schreckliche Fragezeichen« des Kreuzes (Nietzsche) verursachte Dunkel beziehen, das nun durch die Mitteilung des Sohnes gelichtet und als der Inbegriff göttlicher Sinnfülle erwiesen wird. Als Zeichen der Todeshingabe Jesu entschlüsselt und dadurch aufs wunderbarste gedeutet, rückt das Kreuz, sosehr es zunächst alle Verstehbarkeit und Sinnerwartung zu durchkreuzen schien, nun in eine ausgesprochen hermeneutische Perspektive. Denn dort, wo alles auf »Torheit« und »Skandal« hinauszulaufen drohte, gibt sich ihm Gott aus seinem Innersten, dem Geheimnis des Sohnes, heraus zu verstehen. So aber wird die Auferstehung, dieser akustischen Version des paulinischen Zeugnisses zufolge, zur göttlichen Interpretation des Kreuzes.

Erst recht bestätigt dies die optische Version, die davon spricht, daß die Herrlichkeit Gottes im Antlitz des Auferstandenen aufleuchtete (2Kor 4,6). Wenn es beim Verstehen, wie die bekannte Äußerung Schleiermachers versichert, letztlich darum geht, einen Text besser zu verstehen, als er von seinem Autor verstanden wurde, dann nicht nur wegen des zeitlichen Vorsprungs des Interpreten, sondern vor allem deshalb, weil er – im Sinne des Bildes von Bernhard von Chartres auf den Schultern von Riesen stehend – trotz seiner Zwergenhaftigkeit weiter zu sehen vermag, als es jenem möglich war[17]. Deshalb hat der Verstehende auch stets ein Bild vor Augen, in dem sich ihm der gedeutete Sinnverhalt klärt, im angesprochenen Fall, das vom Glanz der Gottherrlichkeit überstrahlte Antlitz des Auferstandenen als dem Inbegriff einer antlitzhaften Sinnklärung. In ihm kulminiert, was am Kreuz geschah, und es wird, im Gegenwurf von Schmach und Schmerz, deutlich, daß sich die Liebe Gottes gerade dadurch Einlaß in diese Welt voller Haß und Bosheit schaffte. Es war, paulinisch ausgedrückt, die Weisheit der Liebe, die aus der Torheit des Kreuzes sprach, und es war ihre selbst den Tod bezwingende Macht, die sich in seiner Ohnmacht Bahn brach.

So ergibt es sich schließlich auch aus der haptischen Version, die aus dem an die Philipper gerichteten Wort des Apostels spricht, daß er von Christus »ergriffen« worden sei und daß ihm sein Leben seither in dem Wunsch bestehe, ihn seinerseits in der Macht seiner Auferstehung und in der Leidensgemeinschaft des Kreuzes zu begreifen (3,10ff), insbesondere dann, wenn von da auf das »brennende Herz« der Emmausjünger (Lk 24,30) zurückgeschlossen werden kann. Denn im Grunde des Verstehensaktes ereignet sich stets eine Identifikation mit dem Verstandenen, die sich nach NIETZSCHE auch im Fall des Textverstehens letztlich auf die »Person« hinter der Leidenschaft der Aussage bezieht, weil dem Verstehen in dieser Tiefenschicht stets der Charakter einer Selbstwahrnehmung im Urheber der wort- oder texthaften Äußerung eignet. Da Verstehen aber auch immer »verstehen von etwas als etwas« besagt, tritt damit auch die rekonstruktive Signatur des hermeneutischen Aktes zutage. Der direkte Zugang zum Geschehen ist und bleibt verwehrt. Doch die im Verstehensakt vollzogene »Reise um die Welt«, verstanden als die »auf den Schultern der Riesen« von Tradition und Forschung gewonnene Fernsicht, führte zu einer Stelle, an der sich der die Paradiesespforte bewachende Engel besiegen ließ. Dazu bedurfte es aber keines Kampfes, sondern nur der Identifikation dieses Engels mit dem »antwortenden Osterzeugen«, der als einziger über sein Ostererlebnis Aufschluß gibt und als solcher insbesondere dem nach Glaubenserfahrung verlangenden Menschen dieser Zeit den gerade ihm zubestimmten Eingang öffnet, den er sonst, wie KAFKAS unglücklicher »Mann vom Lande«, tragisch verfehlen müßte.

Wer aber Paulus in die von ihm erschlossene Innensicht des Ostermysteriums folgt, weiß fürs erste um das »Wohin« des Auferstandenen, das er nun ebenso in seiner Entrückung ins göttliche Zentrum des Seins wie in seiner Einkehr ins Herz des Glaubenden erblickt. Nicht minder klar wird ihm, daß damit der garstige Graben des Zeitenabstands prinzipiell übersprungen und aufgehoben ist. In der Fühlung seines brennenden Herzens erfaßt er die lebendige Gegenwart dessen, den er glaubend bekennt und in der Tiefe seines Bekenntnisses versteht. Freilich ist das, was für Paulus unverlierbarer Besitz war, für ihn noch Zielsetzung und Aufgabe; jedoch eine Aufgabe, die ihn dem Ziel des Besitzes um so näher bringt, je inständiger und beharrlicher er sich ihr unterzieht.

Das dreifach erstattete Zeugnis, mit dem sich Paulus in das Fundament des Osterglaubens eingeschrieben hat, ist überdies mit einem Fingerzeig verbunden, der von hier an zunehmend den Gedankengang bestimmt. Denn mit der akustischen, der optischen und der haptischen Version sind unverkennbar die Stufen des mystischen Aufstiegs angesprochen, mit der optischen eindeutig die *via illuminativa* des Erleuchtungsweges und mit der haptischen das auf der *via unitiva* erreichte Ziel der mystischen Einung. Daß aber auch die akustische Ausgangsversion einen dem Reinigungsweg, also der *via purgativa* entsprechenden kathartischen Hinweis enthält, ergibt sich aus dem Kontext der Galaterstelle, in welchem Paulus zunächst auf seine Verfolgertätigkeit zu sprechen kommt, um damit den Kontrast zu der mit der Einsprechung des Gottessohnes bewirkten Lebenswende zu gewinnen. Zwar schlägt dabei der maßlose Eifer des Verfolgers (Gal 1,14) abrupt in die »Gottestat« (WIKENHAUSER) um; doch ist dabei unzweifelhaft jene Metanoia vorausgesetzt, die ihn sein vorangegangenes Tun zum »Unrat« abwerten ließ (Phil 3,8) und als solche mit einer – sicher nicht mühe- und schmerzfreien – Revision seiner gesamten Lebens- und Weltorientierung einherging. Wenn aber das zutrifft, rückt alles, was sich aus dem paulinischen Osterzeugnis ergibt, in eine ausgesprochen mystische Perspektive. Da aber der »antwortende Osterzeuge« unüberhörbar sein Mitspracherecht in allen Glaubensdingen einfordert, gilt das auch für den weiteren Gang der Identitätssuche.

3. Erfahrung und Benennung

Wenn das von ROSENZWEIG ergründete und gegen das diskursiv-begriffliche Denken ausgespielte Denken in Namen je seine Aktualität bewies, dann hier[18]. Denn wie sich der Auferstandene in der johanneischen Magdalenenszene durch den Anruf beim Namen zu erkennen gibt (Joh 20,16), wird umgekehrt der Sinn seiner Auferstehung durch den Wandel der sich überholenden Benennungen Zug um Zug erschlossen.

Am Anfang stand die ausgesprochene Sprachnot derer, die das Niedagewesene, für das es demgemäß auch keine Bezeichnung gab, zur Sprache bringen mußten, sei es, daß sie sich als unmittelbare Augenzeugen oder als die Prediger des Evangeliums von der Auferstehung des Gekreuzigten vor diese Notwendigkeit gestellt sahen. Noch am einfachsten ließ sich das Erlebnis der Augenzeugen mit dem beschreibenden Protokollsatz wiedergeben »ich habe den Herrn gesehen«, der gleicherweise ihren visuellen Eindruck wie ihre Überzeugung wiedergab, in dem Erscheinenden »den Herrn« gesehen zu haben. Im Maß, wie sie sich mit ihrem Zeugnis im Diskurs mit Fragenden und Zweiflern zur Geltung zu bringen suchten, wurde die Gewinnung substantivischer Benennungen unabdingbar, erst recht, als es in der Folge galt, das Erlebnis auf vorgegebene Begriffe zu beziehen und es demgemäß begrifflich zu fassen und lehrhaft darzustellen.

Wie für Jesus selbst anzunehmen ist, daß bei seinen Seligpreisungen nicht die versachlichende Ausdrucksweise der Matthäusversion, sondern die dialogisch-zustoßende des Lukasevangelisten am Anfang stand, dürfte auch hier die exklamatorische Anrufung des Erhöhten am Anfang der Benennungen gestanden haben, wie sie sich in dem von Paulus (und in Apk 22,20) überlieferten »Maranatha« der charismatisch gestimmten Urgemeinde artikulierte (1Kor 16,22)[19]. Das setzt freilich voraus, daß diese Anrufung entgegen ihrer vorherrschenden Einschätzung zunächst der enthusiastisch begrüßten Gegenwart des Auferstandenen galt, bevor sie sich, vor allem unter dem Eindruck der Parusieverzögerung, auf den Wiederkommenden bezog[20]. Zum Gegenstand kollektiver Anrufung geworden, drängte das Bezeugte dann aber erst recht zur Ausformung begrifflicher Benennungen. Dabei geht es um die Innensicht dessen, was mit dem Protokollsatz als Sach- und Erfahrungsgehalt umschrieben worden war. Nach Paul Hoffmann wird diese durch Paulus eröffnet, der sein Ostererlebnis in der Zentralaussage des Galaterbriefs (1,16) als die an ihn ergangene Gottesoffenbarung deutet und dafür die zweifellos höchst bewußt gewählte Vokabel »offenbaren« (*apokalyptein*) gebraucht[21]. Wenn man bedenkt, daß er das Geschehen in der Parallelaussage des Zweiten Korintherbriefs (4,6) auf die Lichtwerdung am Schöpfungsmorgen zurückbezieht, bezeichnet er sein Erlebnis damit sogar indirekt als den Gipfel der mit jener Lichtung einsetzenden Offenbarungsgeschichte[22]. Mit dieser ingeniösen Gleichsetzung von Auferstehung und Offenbarung war die erste substantivische Bezeichnung für das Niedagewesene gefunden und seine Einbeziehung in den religiösen Disput ermöglicht.

Da Paulus in seinen Briefen wiederholt von der prosaischen Rede zur hymnischen und poetischen übergeht, lag es ihm nahe, dabei auch auf vorgeformte Traditionsstücke zurückzugreifen. In dem Hymnus des Philipperbriefs, der die von der Höhe des Gottseins in die Tiefe des Kreuzestodes und von da wieder zu weltüberlegener Herrlichkeit führende Lebenslinie Jesu nachzeichnet (Phil 2,6-11), ruft Paulus die zweite Benennung auf, die sich für die Todüberwindung Jesu einstellte: den Begriff Erhöhung[23]. Er entstammt, wie BUBER vermutet, jener anfänglichen Kreuzesmeditation, die den Umschlag vom Tod zum gottgeschenkten Leben nicht, wie in der späten Darstellung, mit dreitägiger Verzögerung, sondern am Kreuz selbst, als dessen unmittelbare Konsequenz, geschehen ließ[24]. Rückblickend spricht er von der Präexistenz dessen, der sein als frei verfügbaren Besitz gedachtes Gottsein nicht gewaltsam festhalten wollte, sondern sich der Gottesgestalt entledigte und, zum Sklaven erniedrigt, gehorsam wurde bis, wie Paulus hinzufügt, »zum Tod am Kreuz«. Dafür belohnte ihn Gott, indem er ihn über alle Seinsstufen erhöhte und ihm den Kyrios-Namen verlieh, mit dem ihm in allen Sprachen fortan gehuldigt werden muß. Wenn der Erstbegriff »Offenbarung« dem Eindruck, daß das Lebenswerk Jesu durch sein Leiden dem Abgrund der Sinnlosigkeit verfallen sei, entgegentrat und dadurch der schwersten Anfechtung durch das Kreuz begegnete, fügt dem das Erhöhungsmotiv die gnoseologische Rechtfertigung hinzu. Dahin tendiert der Verfasser des Epheserbriefs, wenn er in seiner eher spekulativen Sprache den Grundgedanken des Philipperhymnus aufnimmt und die Macht Gottes rühmt,

> *die sich an Christus erwies, indem er ihn von den Toten erweckte und ihn den Platz zu seiner Rechten im Himmel einnehmen ließ, erhaben über jede Herrschaft, Macht, Gewalt oder Hoheit und über jeden Namen, der nicht nur in dieser Welt, sondern auch in der künftigen genannt wird (Eph 1,20f)*[25].

So zwingt diese zweite Sicht des Ostergeschehens in die neue, spezifisch christliche Denkweise hinein, die nicht wie die durchschnittliche vom Allgemeinen auf das Individuelle zurückgreift, sondern das Universale im Einmalig-Konkreten der Person des Erhöhten entdeckt[26]. Hatte ihn schon der Erstbegriff als die gottentstammte »Weisheit« gekennzeichnet, so entsteht die mit dieser erschlossene Denkbarkeit nun dadurch, daß das Einmalig-Konkrete universale, alle Denkhorizonte übergreifende Geltung erlangt. Im Fortgang seiner Ausführungen greift der Epheserbrief das Erhöhungsmotiv dann nochmals auf, wenn er in einer an die kryptische Stelle des Römerbriefs (10,8) erinnernden Exegese erklärt:

> *Was besagt sein Hinaufsteigen anderes, als daß er zuvor hinabstieg in die unteren Zonen der Erde? Doch in seinem Abstieg war er derselbe wie bei seinem Aufstieg, durch den er*

das All erfüllte. Und er ist derselbe, der die einen zu Aposteln, andere zu Propheten und wieder andere zu Predigern, Hirten und Lehrern machte, um so die Heiligen heranzubilden zur Ausübung ihres Dienstes, zur Auferbauung des Leibes Christi, damit wir alle zur Einheit des Glaubens gelangen, zur Erkenntnis des Gottessohnes, zur vollen Mannesreife und zum Vollmaß der Fülle Christi (Eph 4,8-13)[27].

Damit ist nochmals die Universalität der Herrschaft und Geltung des Erhöhten hervorgehoben, die sich dem Schlußgedanken zufolge auch in der Vielfalt der von ihm zur Auferbauung der kirchlichen Glaubensgemeinschaft bewirkten Dienstleistungen darstellt. Mit gleichem Nachdruck wird dann aber auch deren gnoseologische Funktion unterstrichen; sie ist die soziale Bedingung für die kollektive Erkenntnis des Gottessohnes, wie dieser (nach Gal 1,16) Paulus in seiner Damaskusstunde ins Herz gesprochen worden war. Diese Erkenntnis ist jedoch nicht so sehr die Frucht der um sie Bemühten, als vielmehr der Reflex der Selbstwahrnehmung Christi in ihnen, wie es die anschließende Wendung vom »Hineinwachsen« in die Wahrheitsfülle des »Hauptes« (4,15) zu verstehen gibt.

Der entscheidende Gedankenfortschritt besteht jedoch darin, daß das Werk der Erhöhung von Gott auf den Erhöhten übergeht, so daß sie als seine ureigene Tat erscheint. Wie die Einführung des Aufstiegsmotivs zeigt, sprengt diese Umwidmung das – im Prinzip passive – Erhöhungskonzept, so daß der Weg zu der aus der spätjüdischen Apokalyptik übernommenen Vokabel »Auferstehung« frei wird. Sie brachte in mehrfacher Hinsicht die für die Lehre und Verkündigung unerläßliche Verdeutlichung, da das Motiv im Vergleich zu den vorangehenden Aspekten jetzt entschiedener an Profil und Anschaulichkeit gewann. Das zeigt sich schon dadurch, daß das »Woher« des Geschehens, das der Erhöhungsbegriff im dunkeln gelassen hatte, nunmehr mit dem Hinweis auf das »leere Grab« beantwortet wurde. Doch verlangte, kontrapunktisch dazu, nun auch das »Wohin« nach weiterer Klärung. Sie wurde mit Hilfe des christologisch gedeuteten Psalmworts »setze dich zu meiner Rechten!« (Ps 110,1) erreicht, aus dem sich die im Glaubensartikel von der Himmelfahrt Christi festgeschriebene Vorstellung entwickelte[28]. Indessen hält gerade der Epheserbrief noch eine Antwort auf die Wohin-Frage bereit, die das Ziel des Aufstiegs nicht in einem himmlischen Ort, sondern (nach Eph 2,17) im Herzen der Glaubenden erblickt. Wie der Eingang des Römerbriefs mit der Wendung »eingesetzt zum Gottessohn mit Macht durch die Auferstehung von den Toten« (Röm 1,4) zeigt, verband sich damit außerdem das Motiv der Gottessohnschaft des Auferstandenen, die ihm allerdings nach der theologischen Voraussetzung des Begriffs schon von Anfang an und nicht erst durch seine Auferstehung zukam. Dieser Präexistenz des Auferstandenen entstammt die Vollmacht, die ihn im Sinne dieses Endbegriffs die Todüberwindung aus eigener Initiative »tätigen« läßt. Gleichzeitig betont eine weitere Konnotation die geschichtliche Einmaligkeit dieser Tat. Sie ragt als Faktum in den Geschichtskontext hinein und geht darin doch nicht faktizistisch auf. Während alle anderen Fakten im Strom der Vergangenheit versinken, ist die Auferstehung Jesu, ungeachtet ihrer Tatsächlichkeit, zum geschichtlichen Fortgang hin offen. Deshalb konnte der Auferstandene den »von Gott erwählten Zeugen«, einschließlich dem »letzten« (1Kor 15,8), erscheinen. Deshalb konnte er in der Folge den zu seinem Andenken versammelten Gemeinden in jener Weise fühlbar werden, die sie mit dem präsentisch gemeinten »Maranatha« bezeugten. Und deswegen bildet diese seine fortwährende Anwesenheit den jederzeit neu zu gewärtigenden Identitätsgrund des Christentums.

Sofern das »Maranatha« dem Auferstandenen gilt, verbindet sich mit dem Endbegriff aber nicht zuletzt auch das Moment der mit ihm gegebenen Sprachkompetenz. Während »Offenbarung« nur im Selbstgespräch des Apostels (Gal 1,16) und »Erhöhung« nur im Lied der Gemeinde (Phil 2,9) begegnet, ist »Auferstehung« das Schlüsselwort der weltweiten Verkündigung. Was dieses Wort besagt, öffnet den Zeugen nicht nur die Augen, sondern löst auch ihre Zunge, zumal sie »von dem unmöglich schweigen können«, was sie gesehen und gehört haben (Apg 4,20). Fortan liegt, wie dies auf exemplarische Weise Paulus an sich erfährt, ein »Zwang« auf ihnen, der sie nötigt, den ihnen zugefallenen »Schatz« weiterzugeben und sich von ihrem Glauben zum »reden« bewegen zu lassen (2Kor 4,13). Und das um so mehr, als die Zeit des Augenscheins befristet und die Zahl der Augenzeugen auf die (nach Apg 10,41) von Gott erwählten Zeugen beschränkt ist. Jetzt folgt auf die Stunde des Sehens die Zeit des Hörens, aus dem (nach Röm 10,17) der zum Wort bewegende Glaube kommt. Doch was hat es mit diesem »Kommen« für eine nähere Bewandtnis?

4. Der Ursprung des Glaubens

Mit dem chiastisch gestalteten Wort des Römerbriefs, das sich schon von seiner Form her als die glaubenstheoretische Schlüsselstelle ausweist, legt Paulus dem Glauben ein denkbar rigides Strukturgesetz auf, sofern er ihn auf das Niedagewesene der Auferstehung (10,9) bezieht. Doch gerade so entspricht es der extremen Bestimmung seiner Verkündigung, die er nach eigenem Bekunden aus dem schöpfte, was der Welt als töricht, halt- und wertlos erscheint (1Kor 1,18-2,7). Damit erscheint der Glaube in einer überraschenden Spiegelbildlichkeit zum Leben. Wie dieses letztlich in der Annahme des Unannehmbaren, des Todes, besteht, so der Glaube in der Akzeptanz des Niedagewesenen in Gestalt der Todüberwindung des Gekreuzigten. Doch entspricht das auch der Glaubensform des historischen Jesus?

Aufhorchen läßt im Hinblick darauf das – mit abschwächender Tendenz, so daß der »Berg« zum »Maulbeerfeigenbaum« verkümmert – überlieferte Wort, mit dem Jesus auf die Bitte der Jünger, ihren Glauben zu stärken (Lk 17,5) eingeht:

> *Habt Glauben an Gott! Denn ich sage euch: wer zu diesem Berg sagt: hebe dich empor und stürze dich ins Meer, und in seinem Herzen nicht zweifelt, sondern davon überzeugt ist, daß es seinem Wort entsprechend geschieht, dem wird es widerfahren (Mk 11,22f)*[29].

Der Glaube, so versichert dieses Logion, entbirgt eschatologische Kräfte, die zuletzt das ganze Weltgefüge zum Einsturz bringen, um der endzeitlichen Neuschöpfung Raum zu schaffen. Jetzt aber schattet sich das in der geradezu paradox anmutenden Signatur des Glaubens voraus, die dem Kleinsten (Senfkorn) die Kraft zur Überwindung des Größten (Berg) zutraut. Das aber bringt ihn tendenziell in jene Perspektive, die seiner Hinordnung auf das Niedagewesene entspricht. So entspricht es aber auch, genauer besehen, der nach der synoptischen Darstellung frühesten Aufforderung zum Glauben im Kontext von Jesu erstem öffentlichen Auftreten:

> *Als Johannes ins Gefängnis geworfen worden war, durchzog Jesus das galiläische Land und verkündete: die Zeit ist erfüllt und das Reich Gottes nahegekommen; kehrt um und glaubt an die Heilsbotschaft! (Mk 1,14f)*

Diese resümierende Darstellung der Initialbotschaft Jesu läßt keinen Zweifel daran, daß nicht etwa ein moralischer Appell, sondern der Gedanke des Gottesreiches in ihrem Zentrum steht[30]. Die trotz der Abbreviatur noch fühlbare Wucht der Aussage läßt aber gleichfalls erkennen, daß Jesus das Motiv des Gottesreiches in innovatorischer Absicht zur Sprache bringt. Zwar nimmt er es, wie nur je ein Prophet seines Volkes, aus dessen Traditionsgut auf; doch schmilzt er es im Geist seiner Gottentdeckung und seiner Sendung um, so daß nicht die alttestamentliche Vorgabe, sondern er selbst zum Schlüssel des mit »Reich Gottes« Gemeinten wird. Das bringt es mit sich, daß seine Konzeption nicht von ihrer Herkunft und ihrem traditionellen Verständnis her, sondern auf ihn und damit auf ihr Ziel hin gelesen werden muß. Dann aber behält HANS WEDER recht, wenn er im Hinblick darauf von der »Utopie« Jesu redet[31]. Im Licht des Tatkommentars, mit dem Jesus seinen Zentralgedanken in Gestalt seiner Wundertaten erläutert, besagt »Reich Gottes« somit, daß Gott Hand an die Wurzel der Dinge gelegt hat, um diese Welt der »Angst- und Todverfallenheit« dem Ziel der endzeitlichen »Neuschöpfung« anzugestalten.

Auf die Frage nach dem Glauben bezogen, zeichnet sich dann aber schon hier das paulinische Paradox als sein Strukturgesetz ab. Denn in dem Noch-nicht des kommenden Gottesreiches schattet sich bereits das ins Licht der Auferstehung führende Dunkel voraus, von dem Paulus im Begriffspaar von »Torheit« und »Weisheit« spricht. Glaube ist damit, auf seinen Erkenntniswert bezogen, der sich stets neu vollziehende Übergang von diesem Dunkel in das österliche Licht. Was er »zu sagen hat«, leuchtet dem Glaubenden auf; seine Botschaft »erleuchtet« ihn. Auch in diesem Sinne wirkt sich das »Kommen« des Gottesreiches auf ihn aus. Indessen muß darüber hinaus auch grundsätzlich von seiner Zukunftsgestalt gesprochen werden. So gesehen ist er, wie es dann auf der Reflexionsstufe des Hebräerbriefes von ihm heißt,

das feste Vertrauen auf das Erhoffte, ein Überzeugtsein von dem, was man nicht sieht (11,1).

Glaube ist somit ein Selbstentwurf ins Kommende, noch nicht Erscheinende hinein. Von einem Selbstentwurf muß dabei um so mehr die Rede sein, als die ihn tragende Gewißheit nur in einer exzeptionellen Selbstvergewisserung gründen kann. Die aber wird erreicht, sofern sich der Glaubende in jenen Grund einwurzelt, außer dem (nach 1Kor 3,11) »kein anderer gelegt werden kann« und der ihm in Gestalt des ihm zugesprochenen Gottesreich »zukommt«. Er gewinnt somit seine Festigkeit, indem er sich auf diese »Zukunft« anstatt auf die Gegebenheiten, Forderungen und Verlokkungen seiner Lebenswelt hin entwirft. Eben das ist ihm mit der von Jesus geforderten »Umkehr«, der *metanoia*, abverlangt. Doch was besagt das für sein Verständnis insgesamt?

Zuerst und grundsätzlich, daß er durch die – als Vorgriff auf die Auferstehung begriffene – Proklamation des Gottesreiches der geistigen Welt und damit der Lebenswelt des Glaubenden eingestiftet wurde. Damit ist der Wert vorgängiger und alternativer Glaubensvorstellungen wie etwa der jüdischen und islamischen nicht angetastet, wohl aber das der innovatorischen Lebensleistung Jesu entsprechende Eigenprofil des christlichen Glaubens herausgestellt. Daraus ergibt sich als Zweites: die konstitutive Bindung des Glaubens an die Person des Stifters, die ursprünglich so stark empfunden wurde, daß Ignatius von Antiochien in seinem Brief an die Gemeinde von Smyrna versichern konnte:

> *Es wird sich eurer nicht schämen der vollkommene Glaube, Jesus Christus (10,2)*[32].

»Im Kommen« ist der Glaube sodann – und vor allem – drittens, und jetzt im entgegengesetzten Sinn des Ausdrucks, sofern mit diesem das Kommen des Gottesreichs und seines Künders gemeint ist. Glaube entsteht somit dort, wo das von Jesus proklamierte Gottesreich in die Lebenssphäre des Glaubenden eindringt und diese in sich aufnimmt. Das aber geschieht durch das Wort der Verkündigung. Denn der Glaube kommt, so der paulinische Grundsatz, »aus dem Hören« (Röm 10,17), so wie dieses dem in der Predigt vernommenen »Wort Gottes« entstammt. Zwar ist darin mitgesagt, daß seine Sache nicht das Werk des Glaubenden ist, sondern diesem in einem höchsten Sinne »zukommt«. Das verurteilt ihn aber keineswegs zu der vom traditionellen Glaubensverständnis überbetonten Rezeptivität. Denn das Zukommende lockt, bewegt und fordert heraus. An ihm entzündet sich somit die gerade heute neu zu entdeckende Kreativität des Glaubens. Und noch ein weiteres ist in alledem mitgesagt, sosehr auch dies der immer noch vorherrschenden Einschätzung widerspricht: Der Glaube liegt, trotz aller Festschreibungen, noch keineswegs als fertiger Bestand vor; er ist vielmehr immer noch unterwegs zu sich selbst. Noch immer können der in Jesus und seinem Wort an die Welt ergangenen Gottesoffenbarung neue Einsichten abgewonnen und neue Sinngehalte entnommen werden. Wie der Glaube im Gang seiner bisherigen Geschichte, wenn auch oft unter Schmerzen, gewachsen ist, so wird er auch weiterhin über die bereits erreichten Stadien hinaus der dem »Vollalter Christi« entsprechenden Vollgestalt entgegenreifen.

Wie GOETHE weiß auch Paulus um die »zweierlei Gnaden« seines dialektischen Glaubensbegriffs, auch wenn er sie anders als durch das Widerspiel von »Pressung« und »Entlassung« deutet[33]. Was er meint, ist vielmehr ein umfangendes Durchdrungensein und ein einwohnendes Umfangensein, wie er es im Begriffspaar »in Christus" und »Christus in uns«, diesen beiden Atemzügen des lebendigen Glaubens, zum Ausdruck bringt. Dieses Wechselspiel hat ALBERT SCHWEITZER im Auge, wenn er in seiner ›Mystik des Apostels Paulus‹ (1930) bemerkt:

> *Obgleich das »in Christo« in der Darstellung der paulinischen Mystik sprachlich dominiert, bricht doch allenthalben die ursprüngliche Vorstellung durch, daß es sich um ein gemeinsames Teilhaben der Erwählten und Christi an derselben Leiblichkeit handelt. Insbesondere bekundet sich dies in der Umkehrbarkeit der in der Mystik waltenden Beziehungen. Nicht nur, daß sich das »wir in Christo« durch ein »Christus in uns« ersetzen läßt: anstelle des »Christus für uns« kann das »Wir für Christus« treten. So wagt Paulus den Satz: Immerfort werden wir, die Lebenden, in den Tod gegeben um Jesu willen, damit auch das Leben Jesu an unserem sterblichen Fleische offenbar werde (2Kor 4,11)*[34].

Unbeschadet der Frage, ob Schweitzer bei seiner Verhältnisbestimmung richtig gewichtet, hat der Text als die Schlüsselstelle zu gelten, die das Thema des weiteren Gedankengangs intoniert. Denn alles, was zum Ziel der Identitätsbestimmung des Christentums noch zu sagen ist, steht zunächst im Zeichen des »Christus in uns«, das dann im Schlußteil in das »wir in Christus« umschlägt. Tatsächlich wird in dem angesprochenen Begriffspaar die Atemwende, um nicht zu sagen der Herzschlag der paulinischen »Christusmystik« fühlbar. Dabei erkennt Schweitzer zwar, daß sich der von ihm angesprochene Lebensrhythmus in einem umgreifenden Ganzen vollzieht; doch bestimmt er dieses in einem Dritten, der Idee des mystischen Leibes, anstatt es in der Sphäre zu suchen, die mit dem »in Christus« umschrieben ist. Denn für Paulus ist das »in Christus« das letztlich Umgreifende, in das alle menschliche Initiativen, Entwürfe und Sehnsüchte ausmünden, um von dorther im elementar »christlichen« Sinn neu strukturiert zu werden. Und dies, wie Schweitzer im Fortgang der Stelle, die auf die Lebens- und Sterbensgemeinschaft mit Christus eingeht, deutlich macht, auch in dem Sinn, daß alles Denken und Sehnen in den wunderbaren Tausch von Schwachheit und Kraft hineingerissen wird, der sich in der Auferstehung des Gekreuzigten vollzog. Deshalb führt schon von hier eine Linie zu dem Philipperwort von dem Frieden Gottes, »der alles Begreifen übersteigt und Herzen und Gedanken in Christus bewahrt« (4,7), und damit zu jener Stelle, die aufs deutlichste von dem Umgreifenden im paulinischem Sinn des Ausdrucks spricht. Zutreffend bemerkt Schweitzer dann allerdings, daß zwischen den beiden Formen des »Inseins« die »Umkehrbarkeit der in der Mystik waltenden Beziehungen«, also die mystische Inversion herrscht, so daß das »in Christus« schließlich in das »Christus in uns« ausmündet. Das aber ist jene Form der Einwohnung Christi, auf die schon die österliche Frage nach dem »Wohin« des Auferstandenen hinauslief und die als solche das Ziel der Identitätsuche anvisiert. Das gilt sowohl im subjektiven wie im kollektiven, das Christentum insgesamt betreffenden Sinn. Und beide Male bedeutet die Lebensgemeinschaft mit Christus zugleich die die gesamte Geschichte durchwaltende Gleichzeitigkeit mit ihm. Das muß nun nach beiden Richtungen hin ausgeleuchtet werden.

II. KAPITEL:
DAS FORTLEBEN

1. Von der Lebens- zur Wirkungsgeschichte

»Ist die Wirkung von Christi Leben wichtiger als sein Leben?« fragt KIERKEGAARD im Zug der präludierenden Betrachtungen seiner ›Einübung im Christentum‹, doch nur, um diese Frage mit Entschiedenheit zu verneinen. Falls nämlich die Wirkung das Leben überstiege, wäre Jesus ein bloßer Mensch, weil es zur Eigentümlichkeit des Menschenlebens gehört, daß sich seine Bedeutung erst im nachhinein herauszustellen pflegt. Im Fall des menschgewordenen Gottessohnes aber ist keine Wirkung denkbar, die das, was die Menschwerdung Gottes besagt, überstiege[1].

Indessen muß in dieser Frage noch genauer differenziert werden. Und dies aufgrund des Gedankens, den Kierkegaard kurz zuvor jeder künftigen Christologie mit dem Satz ins Stammbuch geschrieben hatte: »Der Helfer ist die Hilfe«[2]. Denn mit dieser These besteht er darauf, daß im Falle Jesu zwischen Gabe und Geber, Wirkung und Urheber nicht adäquat unterschieden werden kann, weil er sich von allen Wohltätern der Menschheit, soviel ihn mit ihnen verbindet, dadurch zugleich fundamental unterscheidet, daß er in seinen Wirkungen präsent bleibt. Auch ihm geht es wie nur je einem Philosophen um Wahrheit, wie den Sozialrevolutionären um Freiheit und wie den auf Versöhnung Hinwirkenden um Frieden. Doch gibt er diesen (nach Joh 14,27) »nicht wie die Welt ihn gibt«, weil er sich seinem Friedenswerk als dessen lebendiges Gestaltprinzip einstiftete. Gleiches gilt aber auch von seiner Wahrheit, die er (nach Joh 14,6) personhaft »ist« und ebenso von seiner Freiheit, mit der ihn Paulus (2Kor 3,17) in aller Form identifiziert. Davon rührt es her, daß sich seine Wirkungen nie ganz von ihm ablösen und verselbständigen können, und daß sie selbst im neuzeitlichen Fall ihrer Säkularisierung immer noch so sehr auf ihn zurückverweisen, daß sie als seine Gewährungen erkannt und gewürdigt werden können[3]. Wäre diese Präsenz des Urhebers in seinen Wirkungen manifest, so könnte man mit HANS KESSLER davon sprechen, daß sich LESSING geirrt habe und die Rede vom »Ostergraben« gegenstandslos sei. Tatsächlich aber ist diese These ihrerseits das Symptom eines geschwundenen Problembewußtseins und damit eines hinter seinen elementaren Herausforderungen zurückbleibenden Glaubens.

Wenn nun aber umgekehrt die fortwährende Präsenz des Urhebers in seinen Wirkungen ersichtlich werden soll, muß diese auf ihren Ausgangspunkt, die Auferstehung, zurückverfolgt werden, die dann als der Umschlag von der Lebens- zur Wirkungsgeschichte Jesu erscheint. Einsichtig wird das aber nur im Rückgriff auf sein Todesverständnis und den Aufschluß, den dieses über sein Sterben gibt. Trotz gelegentlicher Anzweiflung spricht davon in erster Linie das ursprüngliche Kelchwort, mit dem sich Jesus eindeutig zur postmortalen Fortführung der Lebensgemeinschaft mit den Seinen bekennt:

> *Von nun an werde ich nicht mehr von dieser Frucht des Weinstocks trinken, bis ich davon neu trinken werde im Reiche Gottes (Mk 14,25)*[4].

Für seinen Tod besagt das, daß er ihn als Anfang, wenn nicht gar als Bedingung jener Neuordnung begreift, die zur definitiven Heraufkunft des von ihm angesagten Gottesreiches führt. Dann aber bedeutet dieser Tod, daß Jesus sterbend in die Lebens- und Seinsfülle Gottes eingeht und ihr nicht nur existentiell, sondern auch strukturell anverwandelt wird. Existentiell, sofern sich seine Auferstehung dann schon, der johanneischen Sicht entsprechend, am Kreuz ereignet. Strukturell, sofern die menschlichen Grenzen von ihm abfallen, während ihm gleichzeitig göttliche Qualitäten zusammen mit der Fähigkeit zuwachsen, strukturierend in die Lebensgeschichte der Seinen und in den Geschichtsgang der Menschheit einzugehen. Nicht von ungefähr drängt sich im Hinblick darauf die Erinnerung an den wie ein Zerrbild dessen wirkenden »Prothesengott« der Freudschen Kulturkritik auf, der auf dem Weg einer symbiotischen Aneignung technischer Errungenschaften göttliche Qualitäten an sich reißt[5].

Im Interesse der Vertiefung muß nur noch das von Paulus wiederholt aufgerufene Motiv der »Hingabe« hinzugenommen werden, das die gewonnenen Qualitäten vollends als Gewährungen Jesu an die Seinen erweist und diese zugleich als Formen seiner Selbstübereignung zu verstehen gibt. Nur so entspricht es dem genuin menschlichen Sinn von »Hingabe«, der noch in der paulinischen Wendung »der mich geliebt und sich für mich hingegeben hat« (Gal 2,20) durchklingt, dann aber vom Motiv der sühnenden »Todeshingabe« überdeckt wurde. Doch nur von der menschlichen Grundbedeutung her ist die wirkungsgeschichtliche »Dehnung« der Jesusvita – im Sinn der patristischen Rede von dem »Verbum extensum« – zu verstehen, die KIERKEGAARD im Auge hat. Darauf weisen bereits zwei lebensgeschichtliche Szenen beziehungsreich voraus: die Reaktion Jesu auf den Hilferuf der Syrophönikierin und auf die Bitte seiner Mutter bei der Hochzeit zu Kana. Die hinter ihm her schreiende Frau aus dem halbheidnischen Nordgebiet weist er zunächst mit der Begründung zurück: »Ich bin nur zu den verlorenen Schafen des Hauses Israel gesandt« (Mt 15,24); und ebenso lehnt er die Bitte der Mutter mit der Begründung ab: »Meine Stunde ist noch nicht gekommen« (Joh 2,4). Der Großmut der Bittstellerinnen, die aus der Abweisung die Klage einer gefesselten Liebe heraushören, bewirkt es dann aber, daß ihr Wunsch im Vorgriff auf die künftige Sprengung der ihm in räumlicher wie in zeitlicher Hinsicht auferlegten Fesseln in Erfüllung geht. Die verzweifelte Mutter erlangt die Gewährung ihrer Bitte mit der Begründung: »Frau, dein Glaube ist groß, dir geschehe, wie du gewollt hast« (15,28). Im Fall der eigenen Mutter wird die anfängliche Ablehnung in der Todesszene aufgehoben, in der sie, zusammen mit dem ihr als »Sohn« zugewiesenen Lieblingsjünger, unter dem Kreuze Jesu steht (Joh 19,25ff). Jetzt ist die Stunde, die damals »noch nicht gekommen« war, eingetreten, die Stunde, in welcher alle Begrenzungen von ihm abfallen, so daß er von sich sagen kann, daß er als der von der Erde Erhöhte alle an sich ziehen werde (Joh 12,32). Wenn man mit dem wachsenden Konsens der Forschung davon ausgeht, daß es sich bei der Anwesenheit der Mutter Jesu und seines Vorzugsjüngers unter dem Kreuz um eine ideale Szene (SCHNACKENBURG) und bei dem letzteren demgemäß um eine Kunstfigur (KRAGERUD) handelt, wird die Szene vollends im befragten Sinne beredt[6]. Dann verdeutlicht sie, johanneisch gesprochen, die Fruchtbarkeit des in die Erde gefallenen und gestorbenen Weizenkorns. Jesu Tod ist dann das Tor zu neuem vielfältigem Leben, das sich darin erweist, daß er in dem Jünger fortlebt und die Mutter ihn in diesem aufs neue als ihren »Sohn« empfängt. Er ist ihr Kind, aufgrund der Multiformität der Jesusgestalt in der parachristlichen Überlieferung aber zugleich schon so erwachsen, daß er sie »zu sich nehmen« kann (Joh 19,27)[7]. Deutlicher kann kaum noch veranschaulicht werden, daß das Ende der Lebensgeschichte Jesu tatsächlich als Anfang und Aufgang seiner Wirkungsgeschichte zu gelten hat.

Da er sterbend in die Lebensfülle Gottes eingeht, wird diese für ihn rückläufig zum Formprinzip seiner neuen Existenz. Es ist geradezu so, als kehrten jetzt die von ihm am Kreuz verlorenen Attribute, zu Formkräften seines neuen Lebens gewandelt, zu ihm zurück, so daß er überall gegenwärtig ist, um alles weiß und alles mit seiner Inspiration und Kraft durchwirkt. Dieses »alles« hat offensichtlich zwei Dimensionen: eine individuelle und eine kollektive. Wenn man mit KIERKEGAARD davon ausgeht, daß sich Jesus einem jeden so zuwendet, als gäbe es für ihn nur diesen einen in aller Welt, gilt seine Selbstübereignung, wie sein Umgang mit Fragestellern, Kranken und Geächteten bestätigt, zunächst dem einzelnen in seiner Identitäts- und Lebensnot. Sofern er seine Botschaft in der Reich-Gottes-Idee jedoch zum Weltentwurf stilisiert und dieses als seine soziale Selbstauslegung zu verstehen gibt, geht es ihm gleichzeitig um einen Eingriff in die geistigen und gesellschaftlichen Verhältnisse, ja, in den Gang der Menschheitsgeschichte, die er als ihr Gestaltprinzip zu durchdringen und so ihrem höchsten Ziel entgegenzuführen sucht. Denn nur so hat seine Utopie Aussicht, gegen alle Widerstände realisiert zu werden. Das aber heißt für den Fortgang der Identitätssuche, daß die Selbstvergegenwärtigung Jesu der bereits gegebenen Anweisung zufolge nach zwei Richtungen entfaltet werden muß: im Blick auf sein Fortleben im einzelnen, ebenso aber auch im Hinblick darauf, daß er sich mit seinem Reich-Gottes-Konzept der Welt als neues Struktur- und Werdegesetz einstiftet.

2. Christozentrische Individuation

Die Idee des Fortlebens Christi im Leben der an ihn Glaubenden verdankt die Christenheit dem Apostel Paulus. Sie ist, genauer bestimmt, eine Konsequenz seiner Damaskusvision, die als sein Ostererlebnis bestätigt, daß auch aus seiner Sicht die Auferstehung Jesu als Umschlag der Lebensgeschichte zur Wirkungsgeschichte zu gelten hat. Dabei bildet das Motiv des Fortlebens die spezifische Differenz gegenüber jeder anderen Wirkungsgeschichte, die im

Gegensatz zu seiner fortwährenden Präsenz in den von ihm ausgehenden Wirkungen durch die Abwesenheit des Urhebers in seinen Folgeerscheinungen gekennzeichnet ist.

Dennoch behält KIERKEGAARD gegen moderne Verschleierungen recht, wenn er auf die uneinholbare Überlegenheit der Person Jesu gegenüber allen seinen Folgen abhebt und damit den von LESSING markierten Grabenbruch bestätigt. Denn das Fortleben Jesu untersteht dem Gesetz der bis ans Ende der Zeiten währenden und nur selten aufgehobenen Verborgenheit, wie sie das alle spektakulären Kriterien des Gottesreiches verneinende Logion (Lk 17,20) schon für dieses geltend macht. Deshalb ortet Paulus den Ansatz des Fortlebens zunächst fast ausschließlich in seiner – als paradigmatisch empfundenen – Innerlichkeit, die er mit dem Schlüsselsatz seiner Christusmystik in einer mit allen gewohnten Identifikationen brechenden Form erschließt:

Ich lebe, doch nicht ich – Christus lebt in mir (Gal 2,20)[8].

Durch das im Angang zu dem Wort einbekannte »Mitgekreuzigtsein« mit Christus ist sein Innerstes aufgebrochen, so daß es Raum für den bietet, der ihm, wie er zuvor bekannte, in seiner Damaskusstunde ins Herz gesprochen worden war. Ihn erlebt er jetzt als den Erwecker zu seiner wahren Identität, in dessen liebender Hingabe er, der einstige Feind, nun definitiv zu sich selbst findet. In der Lebensgemeinschaft mit ihm ereignet sich so die Geburt des christlichen, genauer gesagt, des christozentrischen Subjekts. Denn Anthropologie ist für Paulus, mit RAHNER gesprochen, »defiziente Christologie«, da der Mensch für ihn erst durch den ihm einwohnenden Christus zu seinem wahren Selbst gelangt[9]. Ohne daß seiner Selbstverantwortlichkeit Abbruch geschieht, ist ihm doch die Last der Lebensmühe durch den abgenommen, von dem er im Folgesatz, diesem Wort voller Kraft und Zärtlichkeit, bekennt:

Sofern ich noch im Fleische lebe, lebe ich im Glauben an den Gottessohn, der mich geliebt und sich für mich hingegeben hat (2,20)[10].

Das aber ist in erster Linie das Werk Gottes, der damit begonnen hat, »alles in allem« zu sein (1Kor 15,28), so daß sich Paulus, zusammen mit seinen Adressaten, »mit Christus in Gott verborgen«

weiß (Kol 3,3). Doch in dieser Verborgenheit geschieht das Herzenswunder, daß Christus in ihm lebt, betet, wirkt und leidet, um ihn als Auferstandener mit seinem Geist zu erfüllen und mit seiner Kraft zu stärken.

Bevor er diese Spur weiterverfolgt, geht Paulus jedoch wie nur je ein Analytiker des christlichen Subjektivismus dem Individuationsakt auf den Grund, der ebenso die Folge wie die Voraussetzung der mystischen Einwohnung ist. Zwar geht es ihm an der dafür aufschlußreichsten Stelle seiner Korrespondenz mit Korinth (2Kor 4,7-18) um die geheime Epiphanie seiner Botschaft; doch entwirft er damit gleichzeitig eine denkbar eindringliche Analyse christlicher Existenz, wenn er erklärt:

> *Wir tragen diesen Schatz in tönernen Gefäßen, damit die überströmende Kraft Gott und nicht uns zugeschrieben wird. Allseits sind wir bedrängt, doch nicht erdrückt, im Zweifel, doch nicht verzweifelt, verfolgt, aber nicht preisgegeben, zu Boden geworfen, aber nicht umgebracht. Ständig tragen wir das Todesleiden Jesu an unserem Leib, damit auch das Leben Jesu daran offenkundig werde*[11].

Dieses Gerettet- und Bewahrtsein am Rande des drohenden Untergangs faßt Paulus schließlich in das ingeniöse Wort:

> *Wenn unser äußerer Mensch auch aufgerieben wird, erneuert sich doch der innere von Tag zu Tag (2Kor 4,16)*[12].

Lange vor AUGUSTINS Aufruf, die Wahrheit im »inneren Menschen« zu suchen, wird Paulus hier zum Entdecker der subjektiven Innerlichkeit, ganz so, als habe er bereits das Augustinuswort von der großen Geisteswende im Ohr:

> *Jetzt erforschen wir nicht mehr die Himmelskreise, noch messen wir den Abstand der Sterne oder den Horizont der Erde aus. Ich bin es vielmehr, der über sich nachdenkt: ich, der Menschengeist (ego sum qui memini, ego animus)*[13].

Dabei steht er freilich wie die meisten Entdecker auf den Schultern von Riesen. Zwar nicht der von BRUNO SNELL in seiner ›Entdeckung des Geistes‹ (1946) dafür präsentierten frühchristlichen

Lyriker, jedoch der altägyptischen Erkunder des Herzens in seinem Schwanken zwischen Selbstaneignung und Selbstentfremdung und zumal des mit seinem Gott ins Gericht gehenden und ihm zugleich verfallenen Propheten Jeremia[14].

Schärfer noch als Augustin empfindet Paulus bei der Erkundung des inneren Menschen den Konflikt von »Innen« und »Außen«. Danach baut sich die von ihm auf paradigmatische Weise gelebte Existenz aus zwei Sphären auf: einer äußeren, in die hinein er sich entwirft, ohne dabei auf etwas anderes als Widerstand und Widerspruch, Anfechtung und Beeinträchtigung zu stoßen, und aus einer sich dazu kompensatorisch ausgestaltenden inneren, die der erlittenen Minderung durch erneuernde Impulse entgegenwirkt und diese schließlich überwindet. Das steht in einer partiellen – und deshalb nachvollziehbaren – Entsprechung zum durchschnittlichen Individuationsakt, bei dem das individuelle Selbstbewußtsein aus Akten der Abgrenzung und Selbstunterscheidung von anderen und anderem hervorgeht. In der Abgrenzung von dem unwiderruflich Anderen lernt das Ich seinen subjektiven Standort in Welt und Gesellschaft bestimmen. Insofern kommt es auf dem Weg von Widerstandserlebnissen zu sich selbst, und das auch dann, wenn es das Gegenständige als lebenswichtig und schließlich sogar als Inbegriff des für das eigene Dasein Unentbehrlichen erfährt. Auch dann ist es immer noch das Andere, das zur Verwirklichung des Selbstseins verhilft. So ist der durchschnittliche Individuationsakt das Ergebnis einer Defensivstrategie. In ihm erwacht das Individuum zum Bewußtsein seiner Einzigkeit, die es zugleich als seine Einsamkeit erlebt.

Während das Individuum im Normalfall die Abgrenzung von sich aus vornimmt, erfährt es sich in der paulinischen Sicht als das Ziel zerstörerischer Einflüsse, die es beeinträchtigen und bedrängen, wenn nicht gar zu untergraben und zu vernichten suchen. Im Gegenzug zu ihnen bricht in ihm jedoch eine Quelle bestätigender und bestärkender Energien auf, die sich dem erlittenen Abriß der Persönlichkeit durch deren Neukonstituierung widersetzen. So rechtfertigt dieser dialektische Vorgang das von Paulus mit der Metapher vom Schatz im Tongefäß von sich selbst entworfene Bild.

Die Metapher ergibt aber noch einen ganz anderen Sinn, wenn man als Lesehilfe das komplexe Gleichnis des Thomasevangeliums von der Frau mit dem brüchig gewordenen Mehlkrug (Logion 97) heranzieht, auf das Klaus Berger in seiner Schrift

›Wer war Jesus wirklich?‹ (1995) aufmerksam machte[15]. Das vermutlich wegen seiner inneren Unstimmigkeit nicht in die Evangelien aufgenommene Gleichnis lautet:

> *Jesus sprach: das Reich des Vaters gleicht einer Frau, die einen Krug voller Mehl trägt. Während sie einen weiten Weg ging, brach der Henkel des Kruges ab. Das Mehl floß hinter ihr auf den Weg. Sie merkte es nicht; sie hatte kein Unheil wahrgenommen. Als sie in ihr Haus kam, stellte sie den Krug nieder und fand ihn leer*[16].

Im Blick auf das Gleichnis von der selbstwachsenden Saat (Mk 4,26-29) könnte das ausrinnende Mehl als gleichnishafter Hinweis auf das unbemerkt-unmerkliche Wachstum des Gottesreiches verstanden werden. Dann träte das Motiv des Zerbrechens in eine überraschend positive Beleuchtung; denn es würde, auf Paulus bezogen, die Bedingung seiner spirituellen »Multipräsenz« benennen, verstanden als seine mehr als nur intentionale Anwesenheit bei räumlich weit entfernten Gemeinden, so etwa in Korinth, wo er sich mit der Gemeinde zusammen »im Geist versammelt«, um einen Skandalfall zu bereinigen (1Kor 5,4f). Und erst recht würde sich dann erklären, daß er den Adressaten in Korinth ebenso wie denen in Philippi versichern kann, daß er sie in seinem Herzen trage (Phil 1,7) und ihnen »im Sterben wie im Leben« verbunden sei (2Kor 7,3).

Indessen liegt es in der Logik dieser Ableitung und der angeführten Zeugnisse, daß sich die erarbeitete Aktanalyse in letzter Konsequenz nicht auf den Apostel, sondern auf den bezieht, in welchem er seine Identität findet, also auf den Identifikationsakt Jesu. Wenn sich im Tod eines Menschen definitiv herausstellt, was es mit seinem Leben »auf sich hatte«, kann man sich dem erfragten Identifikationsakt am besten über eine Besinnung auf das Leiden und Sterben Jesu annähern. Voraussetzung dessen ist dann allerdings, daß man sich von der eindeutig sekundären und zudem der Gottesverkündigung Jesu konträren Zweckbestimmung seines Todes freimacht und im Gegenzug zu ihr nach dem Sinn seines Sterbens fragt[17]. Dann zeigt sich, daß Jesus, sosehr er sich im höchsten Einsatz für Gott und die Menschen verzehrte, dieses Leben der äußersten Aktivität als Leidender vollendete, so daß die Passion als der krönende Höhepunkt seiner Lebensgeschichte angesehen werden muß. Insofern liegt auf der mit dem Gestus des Brotbrechens (Lk 22,19f; 1Kor 11,24) gegebenen Sinndeutung seines Sterbens der zentrale Akzent. Nur spricht dieser Gestus seiner elementaren Bedeutung zufolge dann nicht von einer von Jesus erbrachten Sühneleistung und Opfertat, sondern davon, daß seine Individualität »aufgebrochen« und an »die vielen« übereignet wurde[18]. So aber verwandelt sich die Gemeinschaft, in die er sie durch den Ruf in seine Nachfolge aufgenommen hatte, in die des sie zu mystischer Lebenseinheit einigenden Leibes. Einsichtig wird dies freilich nur unter der Bedingung, daß das Zerbrechen der Existenz, zusammen mit dem Todesschrei des Gekreuzigten, der extremsten Anrufung Gottes mit dem Abba-Namen gleichkommt, und daß diese von dem Angerufenen mit der Aufnahme des Sterbenden in sein ewiges Gottesleben beantwortet wird, also unter der Voraussetzung der Auferstehung Jesu. Sie bewirkt, daß Gleiches wie mit seiner Selbstübereignung an den Vater auch im Verhältnis zu den Seinen geschieht, so daß er als der an sie Hingegebene nun ebenso in ihnen fortlebt, wie sie in ihm aufleben und zu neuer gottgeschenkter Identität geführt werden. Mit Recht legte deshalb ALFRED WIKENHAUSER Paulus den bekenntnishaften Satz in den Mund:

> *Der für mich am Kreuz Gestorbene führt nunmehr in mir als Auferweckter sein Leben*[19].

Für den Identifikationsakt Jesu aber bedeutet das, daß er, bei aller Entsprechung zum allgemeinmenschlichen, über eine von keinem andern erreichte »Tiefenstruktur« verfügt, die zur »natürlichen« geradezu gegensinnig verläuft. Zweifellos bietet das Persönlichkeitsbild Jesu auch eine ganze Reihe von Hinweisen darauf, daß er auf sein »Anderssein« gegenüber den durchschnittlich reagierenden Menschen abhebt (Mk 9,19; 10,45), daß er auf Distanz geht (Joh 2,24f) und daß er sich, bisweilen in sogar harter Polemik, abgrenzt (Lk 11,46). In seiner Tiefenschicht zeichnet sich jedoch eine davon grundverschiedene Selbstfindung ab, durch die er in Akten der Hingabe, der Selbstübereignung und Selbstentäußerung zu sich kommt. Sie, die Selbstfindung durch Kenose, liegt freilich – als Frucht der »Erhöhung« (Phil 2,9ff) – jenseits des lebensgeschichtlichen Kontextes. In diesen aber ragen zweifellos jene zwar nur in überhöhender Sprache überlieferten, aber durch seine Verhaltensweise gedeckten Formen hinein, die als solche von

KIERKEGAARD entdeckt und ins Zentrum seiner Christologie gerückt wurden. Es ist im ersten Teil seiner ›Einübung im Christentum‹ die ihr als Motto vorangestellte Große Einladung Jesu an die Bedrückten und Beladenen (Mt 11,28), von der er im Vorgriff auf heutige Forschungsergebnisse sagt, daß sie von seiner ganzen Haltung ausgesagt werde, selbst wenn er dieses Wort niemals gesprochen hätte. Und es ist im zweiten Teil der Abhandlung deren johanneisches Pendant, das ihn sagen läßt, er werde, wenn er von der Erde erhöht sei, alle an sich ziehen (Joh 12,32).

Ihr volles Relief erlangen diese Worte jedoch erst vor dem Hintergrund der Kierkegaardschen Deutung, die von zwei Gedanken beherrscht ist: daß Jesus im Unterschied zu allen rein menschlichen Helfern keinen je mehr aus seiner Zuwendung entläßt, dessen er sich einmal angenommen hat, und daß er sich, wie das Schlüsselwort »der Helfer ist die Hilfe« betont, in seinen Gewährungen stets selber zu eigen gibt. Er ist, wie dies die neutestamentlichen Texte betonen, die Wahrheit, der Friede und die Hoffnung in Person; und er kommt zu dem Empfänger seiner Zuwendung, je mehr sich dieser seinen Gaben öffnet. Mit dem Wort von der »Erhöhung von der Erde« ist freilich zugleich angedeutet, daß diese Selbstfindung durch Übereignung und Hingabe ihre volle Effizienz erst im Kreuzestod Jesu erlangt und, um voll und weltweit wirksam zu werden, an seinen Tod als Vorbedingung gebunden ist. Das kleidet der johanneische Jesus in das bereits angesprochene Wort, das sich wie eine christologische Abwandlung der paulinischen Metapher vom Schatz im Tongefäß ausnimmt:

> *Wenn das Weizenkorn nicht in die Erde fällt und stirbt, bleibt es allein. Stirbt es aber, so bringt es reiche Frucht (Joh 12,24)*[20].

Es hat nicht den Anschein, als sei die nach SCHNACKENBURG »unschwer zu erkennende« Pointe des Bildworts eindeutig auszumachen, da sie von ihm selbst auf die »Missionsfrucht«, von MOLTMANN auf die »Verklärung des Menschensohns« und von GNILKA auf die »Entbindung unvergänglichen Lebens« bezogen wird. Dabei spricht jedoch der Kontext dafür, daß die Metapher im Blick auf die in der jetzt anbrechenden »Stunde« von Jesus abfallenden Begrenzungen zu sehen und zu deuten ist. Wie es das in seinem »Sterben« zerfallende und zu reicher Frucht aufsprießende Weizenkorn verdeutlicht, muß die Individualität Jesu im Tod aufgebrochen werden, damit er zu vielfältigem Fortleben gelangen kann. Der Tod ist der Preis seiner mystischen Vergegenwärtigung im Leben der einzelnen wie im Gesamtleben der Menschheit. So gewinnt der »Christus in uns« deutlicheres Profil.

3. Die mystische Ontogenese

In einem Akt intuitiver Kühnheit übertrug Henri de Lubac den Zentralgedanken des von Ernst Haeckel aufgestellten »biogenetischen Grundgesetzes«, wonach die Ontogenie als die »kurze und schnelle Rekapitulation der Phylogenie« zu verstehen ist, auf den Gang der »vier Zustände« – Natura, Lex, Gratia, Patria – durchschreitenden Menschheitsgeschichte mit der These:

Die mystische Ontogenese wiederholt die Phylogenese[21].

Das von Haeckel behauptete »Grundgesetz« läßt etwas von der unterschwelligen Verflechtung naturwissenschaftlicher Ideen mit theologischen Modellvorstellungen erkennen; umgekehrt bietet es sich tatsächlich als Schlüssel zur mystischen Deutung der Individual- und Menscheitsgeschichte an, der im Interesse eines genuin christlichen Selbst- und Weltverständnisses endlich zum Durchbruch verholfen werden muß. Danach nimmt die Lebensgeschichte Jesu das auf paradigmatische Weise vorweg, was sich individual- und weltgeschichtlich immerfort wiederholt.

Individualgeschichtlich, weil der paulinische und johanneische Gedanke der Einwohnung Jesu in den Seinen geradezu danach schreit, in seinen Dimensionen erschlossen und in seine Stadien entfaltet zu werden[22]. In seiner Reflexion ›Christi Gegenwart in uns durch den Glauben‹ (1950) nannte Gottlieb Söhngen diese mit zweifachem Recht einen »vergessenen Gegenstand«[23]. Einmal deshalb, weil er von der kirchlich favorisierten bildhaft-vergegenständlichenden Sicht der Glaubensmysterien regelrecht in den mystischen Untergrund abgedrängt wurde, aus dem er sich nur in vereinzelten Aufbrüchen erhob und zur Geltung brachte. Sodann – und nicht zuletzt – deshalb, weil die Einwohnung nur punktuell, nicht aber, wie es in ihrer Konsequenz lag, »evolutionär«, also in ihrer lebensgeschichtlichen Entwicklung, in Erinnerung gerufen worden war[24].

Davon macht aber schon der Epheserbrief, zumindest tendenziell, eine Ausnahme. Nachdem er mit dem Gebetswunsch, daß Christus durch den Glauben in den Herzen seiner Adressaten wohnen möge (2,17), das paulinisch-johanneische Motiv aufgenommen hatte, steigert er sich im Fortgang zu dem Gedanken, daß die zur Einheit des Glaubens Herangebildeten zum »vollen Mannesalter Christi« in der Erkenntnis des Gottessohnes heranreifen (4,13)[25]. Das ist eindeutig eine dynamisch-prozeßhafte Fortbildung des Einwohnungsmotivs, wobei die Rede vom Vollalter Christi nicht nur an das Ziel dieses Wachstums, sondern auch an dessen Gestaltprinzip denken läßt: an ein Ziel, das letztlich durch den zu sich selbst Heranreifenden erreicht wird. Ungleich stärker ist dieser Gedanke dann jedoch schon im Hoheliedkommentar des Kappadokiers Gregor von Nyssa ausgearbeitet, der sogar schon einzelne Stadien dieses mystischen Wachstums anspricht, wenn er versichert:

> *Das in uns geborene Kind ist Jesus, der in denen, die ihn aufnehmen, auf unterschiedliche Weise an Weisheit, Alter und Gnade heranwächst; denn er ist nicht in jedem der gleiche. Vielmehr erscheint er je nach dem Gnadenmaß dessen, in dem er Gestalt annimmt, und nach dessen Aufnahmefähigkeit einmal als Kind, dann als Heranwachsender und schließlich als Vollendeter*[26].

Es verhält sich damit, wie Gregor ergänzend hinzufügt, wie mit einer Rebe, die in ihrer Blüte den Wein verheißt, ohne ihn schon zu bieten, durch ihre Blüte aber die Frucht verbürgt. Das vervollständigt Gregor von Nazianz mit der Bemerkung, daß der, der den »immer noch unter den Menschen wandelnden« Christus in sich aufgenommen habe, mit ihm seine Berufsgeschäfte ausübe, mit ihm überlege und mit ihm zu Rate gehe[27]. Ihren Höhepunkt erreicht diese Sicht bei Maximus Confessor, der um das Herabsteigen des Logos in die »Tiefen des Herzens« weiß und dort – wie später der Kusaner – das Rufen seiner Stimme vernimmt. Wie einst im Schoß der Jungfrau wird er dort zum »Kind der Seele«, das durch die Tugenden zum »Kind des Glaubens« heranreift und als solches die Fähigkeit zur mystischen Schau entwickelt[28].

Indessen rief Hugo Rahner, der dem vor allem aus der mittelalterlichen Mystik bekannten Motiv der Gottesgeburt in akribischer

Quellenforschung nachging, nicht nur diese Schlüsselstellen in Erinnerung; vielmehr verfolgte er den Motivzusammenhang auch bis auf seinen – ganz wörtlich zu verstehenden – Ursprung zurück, den er in HIPPOLYTS Lehre von dem dem Herzen Gottes »entspringenden« Logos entdeckte[29]. Nicht auszudenken, was geschehen wäre, wenn sich an dieser Stelle anstatt des Bildes vom väterlichen Herzen das mythische von der dem Haupt des Zeus entspringenden Athene aufgedrängt hätte, zumal die patristische Auseinandersetzung mit dem Athene-Mythos schon bei dem Märtyrerphilosophen JUSTIN, also ein volles Menschenalter vor Hippolyt, einsetzt[29]. Denn schon bei AUGUSTIN zeichnet sich die inzwischen akut gewordene Gefahr der Marginalisierung des Motivs ab, obwohl er in einer Weihnachtspredigt den Blick auf das Jesuskind, zu dem er seine Zuhörer einlädt, mit der Aufforderung kommentiert: »laßt uns mit ihm wachsen!«[31]

Daß der Gedanke der Gottesgeburt nie völlig unterging, ist vor allem die Folge seiner Rezeption durch die Mystik, die ihn bei HUGO VON SANKT VIKTOR in der augustinischen Verkoppelung mit dem Motiv des spirituellen Aufstiegs übernimmt, in BERNHARD VON CLAIRVAUX, wie ETIENNE GILSON vermutet, auf MAXIMUS CONFESSOR, den Vollender der nyssenischen Tradition zurückgreift und in MEISTER ECKHART die Idee der Gottesgeburt, aktualisiert zur Vorstellung von der »täglichen« Neugeburt Christi im Gläubigen, geradezu ins Zentrum ihrer Spekulation rückt[32]. Daß diese Tradition aber auch bis in die Neuzeit hineinwirkt, zeigt die Langlebigkeit der auf ORIGENES zurückgehenden, von pseudoaugustinischen Predigten wiederholten und dann nochmals von ANGELUS SILESIUS aufgenommenen Frage: »Was nützt es mir, wenn Christus geboren wird, aber nicht in mir?«[33]. Der mit dem neuzeitlichem Aufbruch einhergehende Säkularisierungsschub bringt es freilich mit sich, daß das »in uns geborene Kind« seine christologische Eindeutigkeit verliert und als Konfiguration des erwachenden Lebens auf der Gemäldefassung von RUNGES »Morgen«, vom aufgehenden Licht beglänzt, seiner eigenen Zukunft entgegenharrt, und daß es schließlich, zum antichristlichen »Weltenkind« pervertiert, in NIETZSCHES Lehre von den drei Verwandlungen das Ziel nur noch der menschlichen Werdemöglichkeiten verkörpert.

Überragender Zeuge der Einwohnung auf der Höhe der Neuzeit ist dann aber PASCAL, der damit dem eskalierenden Subjektivismus die christliche Alternative entgegensetzt[34]. Für ihn ist das welthaft definierte Ich »hassenswert«, weil es im Vergleich zu der mit äußerster Schärfe gedachten Größe Gottes nur als nichtig und »elend« empfunden werden kann[35]. Wenn sich in diesem Abgrund dennoch eine Positivität finden soll, dann nur im Sinne dessen, was dort aufgrund der menschlichen Selbstfindung im Mysterium Jesu zustandekommt[36]. Da wir nichts lieben können, was außer uns ist, selbst aber nichts Liebenswertes aufweisen, muß es etwas sein, was zugleich in uns und doch nicht von uns ist. Dem aber genügt nur das Gottesreich, das nach dem Herrenwort (Lk 17,20) »in uns« ist. In ihm besteht das höchste Gut, das ebenso sehr »wir selbst ist, wie es nicht das ist, was wir selbst sind«[37]. Diese Formalbestimmung setzt Pascal in seinem Gebet um den rechten Gebrauch der Krankheit in die Bitte um:

> *Bewirke, daß meine Leiden zu den deinen werden; vereine mich mit dir und deinem heiligen Geist! Ziehe ein in mein Herz und meine Seele, um dort meine Leiden zu ertragen, um in mir weiterzuerdulden, was dir aus deiner Passion an Leiden verblieb, die du in deinen Gliedern erfüllst bis zur vollkommenen Vollendung deines Leibes, damit ich erfüllt von dir selbst es nicht mehr bin, der lebt und leidet, sondern daß du es bist, der in mir leben und leiden möge, o mein Erlöser!*[38]

In seiner Meditation über das »Mysterium Jesu« vernimmt Pascal sogar die Antwort auf diese Bitte, die mit der tröstlichen Versicherung beginnt »du würdest mich nicht suchen, wenn du mich nicht gefunden hättest« und in der – von GUARDINI als geradezu schockierend empfundenen – Zusage gipfelt:

> *an dich dachte ich in meiner Agonie, jene Blutstropfen habe ich für dich vergossen*[39].

Wenn es aber zutrifft, daß Jesus in dem von ihm Durchseelten betet, urteilt und zu Rate geht: muß es dann nicht auch zu solch intimer Verständigung kommen, einer Verständigung, die darin gipfelt, daß dem Rezipienten der Gottesgeburt die sich in ihm aufs neue ereignende Lebens- und Leidensgeschichte Jesu auf eine dieser Ereignung entsprechenden Weise, also direkt und individuell, zugesprochen wird?[40].

Was bei dem im Passionsaspekt verhafteten Pascal unterbelichtet bleibt, ist der österliche Hintergrund seiner Konzeption. Indessen ist dieser die Bedingung, die eine Zusammenschau der menschlichen Lebensgeschichte mit der christologischen überhaupt erst ermöglicht. Nur insofern als der Gekreuzigte in der ihn aufnehmenden Lebensfülle Gottes »ausgelitten« hat, kann er so in die Seinen »eingehen«, daß sich ihr Dasein nach Maßgabe des seinen gestaltet und vollendet. Deshalb verlangt die pascalsche Passionsmystik nach einer – noch immer ausstehenden – österlichen Integration. Erst dann ist das Pathos der Distanz, das Pascal in kritischer Selbstabgrenzung von der Religiosität seines Umfelds, nicht zuletzt auch von der ihm so naheliegenden Spiritualität von PORT ROYAL, zu überwinden sucht, definitiv in das der Einung aufgehoben. Denn in der Lebensgeschichte Jesu spricht nicht der Tod, sondern das Leben das letzte und endgültige Wort. Nur deshalb ist sein Tod nicht Abbruch, sondern Aufbruch zu weltweiter Selbstübereignung und Selbsteinstiftung in die Existenz all derer, die sich dadurch zu einer nicht mehr behaupteten als vielmehr zugeeigneten Identität führen lassen.

Daß Pascal beim Stadium der Passion innehält, ist zweifellos durch seine zusehends von Krankheit belastete Lebensgeschichte bedingt, mehr aber noch durch die innere Zerrissenheit, in der sich die Christenheit seiner Zeit befand und die ihm die religiöse Situation auf die immerwährende Agonie Jesu durchsichtig werden ließ. Das schlägt sich auch auf seinen Individuationsakt nieder, der sich wie der Griff eines Ertrinkenden nach der Retterhand ausnimmt. Erschreckt von dem Schweigen der unendlichen Räume, von der beängstigenden Nachbarschaft von Vernunft und Wahn und vom unaufhaltsamen Entgleiten all dessen, was man zu besitzen glaubt, wirft er sich dem in die Arme, der noch elender als er geworden ist, um sich, wie Pascal im Vorgriff auf KIERKEGAARD sagt, von ihm helfen zu lassen und so die letzte Distanz zu ihm zu überwinden. Der Akzent liegt somit auf dem Aktcharakter dieser Identifikation. Der aber wurde nie intensiver ausgeleuchtet als in Pascals Passionsmystik. Sie setzte sich, gesteigert durch die ozeanische Leiderfahrung dieses Jahrhunderts, fort in der Nacht- und Kreuzesmystik, für die als Repräsentanten REINHOLD SCHNEIDER und EDITH STEIN zu nennen sind: jener mit seinem gegen das Mysterium der Auferstehung abgeblendeten Glauben, dem das »Antlitz des Vaters« unerkennbar geworden war; diese mit der auf das Zentrum der paulinischen

Botschaft zurückweisenden »Kreuzeswissenschaft«[41]. Dagegen kann von einer Auferstehungsmystik nur in Desideraten gesprochen werden, obwohl sie nach dem Untergang der terroristischen Diktaturen und dem in seinem religiösen Sinn begriffenen freiheitlichen Aufbruch von 1989 im höchsten Sinn des Wortes »an der Zeit« wäre. Darauf verweist, um nicht zu sagen, insistiert der Gang der Glaubensgeschichte, sofern er die Wende vom Gegenstands- zum Innerlichkeits- und Identitätsglauben vollzieht und darin mit dem paulinischen Verständnis des Glaubens als Auferstehungsglaube (Röm 10,9) gleichzieht. Vermutlich bedürfte es nur noch eines leichten Anstoßes, um dem zum Durchbruch zu verhelfen. Doch ist dieser – wie in vergleichbaren Umbrüchen – nicht so sehr von der denkerischen und spirituellen Bemühung der Glaubenden, als vielmehr von der Initiative des Geglaubten zu erwarten, der gerade in Stunden der Krise bereitsteht, auf neue Weise vernommen, gesehen und gefühlt zu werden.

4. Der mystische Geschichtsgang

Auf dem Höhepunkt seiner christologischen Meditation steigert sich Pascal zu einem Ausruf, der bei aller Kürze die ganze Ausdrucksskala von staunender Betroffenheit bis zu eindringlicher Warnung durchmißt:

> *Bis ans Ende der Welt wird die Agonie Jesu dauern;*
> *solange darf man nicht schlafen!*

Dieser Appell greift weit über die individuelle Rekapitulation der Jesusvita hinaus und auf den Gang der Geschichte über. Die aber steht, ganz im Sinn der Pascalschen Passionsmystik, über alle Zeiten hinweg im Zeichen der immerwährenden Agonie Jesu. Seine Sache liegt, mit Henry Newman gesprochen, fortwährend »im Todeskampf«[42]. So entspricht es dem frühesten Ansatz dieser Konzeption in der Buchvision der Apokalypse, die durch die suggestive Veranschaulichung der aporetischen Situation – der Seher bricht in lautes Weinen aus, »weil niemand für würdig erachtet wurde, die Buchrolle zu öffnen und zu lesen« (Apk 5,4) – eingeleitet wird. Die Lösung bringt das Lamm, das, »wie geschlachtet«, vor dem Thron

Gottes erscheint und die Siegel des Buches öffnet, weil es in seinem Tod und seiner Auferstehung selbst die Sinndeutung des siebenfach versiegelten Textes ist.

Was sich dann ereignet, ist jedoch eine Folge von Schrecknissen und visionären Durchblicken, beginnend mit dem Auftritt der apokalyptischen Reiter (6,1-8) und gipfelnd in der Schau der sonnenbekleideten und sternengekrönten Frau, die, bedrängt von dem feuerroten Drachen, den endzeitlichen Herrscher zur Welt bringt (12,1-9). Das Ende überkommt schließlich eine Welt, die nichts aus der Botschaft der Zeugen und der über sie hereingebrochenen Strafgerichte gelernt hat, so daß dem Vollender nur noch das Gericht über die Zerstörungs- und Todesgewalten und die Schaffung eines neuen Himmels und einer neuen Erde bleibt[43].

Eine ungleich positivere Sicht eröffnet ORIGENES, für den Gott die Menschheit durch Christus zu sich zurückruft, weil das in ihm gesprochene und dem Weltgeschehen eingestiftete Wort offensichtlich prozeßhaft, als eine Art göttliches Geschichtsprogramm, verstanden sein will[44]. Das bezieht GREGOR VON NYSSA auf Christus als handelndes Subjekt zurück: er baut sich auf und wächst, indem er die Erlösten in sich einbezieht und eingliedert[45]. Wie eine Synthese dessen wirkt die trinitarische Deutung des Geschichtsgangs, die dann JOACHIM VON FIORE aus derartigen Ansätzen entwickelt und der um so höhere Bedeutung zukommt, als er damit dem pessimistischen Geschichtsverständnis AUGUSTINS, der von dem mit der Erscheinung Christi angebrochenen letzten Zeitalter nur noch Verfall und Niedergang erwartet, eine eminent positive Sicht entgegensetzt. Symptomatisch ist für diesen Protagonisten der heilsgeschichtlichen Geschichtsdeutung (LÖWITH) der Umstand, daß er sich durch ein visionäres Erlebnis, in dem sich ihm die gegenseitige Spiegelung der beiden Testamente zeigte, zu seiner Sicht geführt wußte. Davon berichtet er:

> *Als ich bei Tagesanbruch erwachte, befaßte ich mich mit der Offenbarung des heiligen Johannes. Da wurden die Augen meines Geistes plötzlich von heller Erkenntnis geblendet, und es zeigte sich mir der Sinn dieses Buchs und die Übereinstimmung des Alten mit dem Neuen Testament*[46].

Wie sich seine Konzeption als Synthese der augustinischen und nyssenischen darstellt, so leitet er nun seinerseits aufgrund seiner spirituellen Neulektüre aus dem Spiegelverhältnis der beiden Testamente eine dritte Sinnbestimmung ab, so daß sich die Geschichte in der Abfolge dreier Zeiten gegliedert sieht: einer Zeit des Vaters, gekennzeichnet als die des Gesetzes, der Knechtschaft und der Furcht, gefolgt von der Zeit des Sohnes im Zeichen der Gnade, der Pietät und des Glaubens, und ausmündend in die Zeit des Geistes, mit der die Gnadenfülle, die Freiheit und die Liebe einhergehen. Den im ersten Zeitalter herrschenden Plagen entspricht die Wissenschaft, der die Folgezeit bestimmenden Aktion die Weisheit, und der die Endzeit des Geistes prägenden Kontemplation die Fülle der Einsicht und des Wissens. Als die Epoche des Kindes steht die erste im Sternenlicht, die darauf folgende Zeit der Jünglinge im Schein der Morgenröte und die dritte, die Zeit der Greise, in der vollen Tageshelle. Die Frühzeit des Vaters bringt Nesseln, in der Hoch-Zeit des Sohnes blühen Rosen und reifen Ähren und Wein, während die End-Zeit des Geistes Lilien, Weizen und Öl hervorbringt. Nimmt man das als bildhaften Vorgriff auf den hegelschen Dreischritt, so erscheint das erste Zeitalter als das der Konstitution, das zweite – nicht zuletzt im Blick auf Joachims kritisch-divinatorischen Vergleich der beiden Testamente – als das der Reflexion, während das dritte die Integration der in den beiden ersten entwickelten Ansätze erbringt[48].

Über die Jahrhunderte hinweg knüpft daran – bezeichnend für die Fragmentarität der Epoche und den vorzeitigen Tod vieler ihrer Gestalter – das unvollendet gebliebene Meisterwerk der Romantik an: Philipp Otto Runges Tagzeitenzyklus, der nach der Konzeption seines Schöpfers, der ihn »wie eine Symphonie« zu gestalten suchte, zu einem »Gesamtkunstwerk« fortentwickelt werden sollte[47]. Die späte Ausarbeitung der Gemäldefassung des »Morgen« zeigt, daß Runge dabei die Stunde des Sonnenaufgangs einerseits mit der der Menschwerdung des Gottessohnes, andererseits aber auch, wie die Anlehnung an Botticellis »Geburt der Venus« und seine wechselweise Bezeichnung der Lichtbringerin als »Aurora« und »Venus« zeigen, als die Stunde des Einzugs der Liebesgöttin verstanden wissen wollte, die sich dann im »Mittag«, der Stunde der *vita activa* und der Lebensmühe zur »Caritas« läutert. Deshalb wird man das holde, mit offenen Armen zum Licht aufblickende Kind auf der Spätfassung des »Morgen«, in dem Runge die ganze Offenheit und Hoffnung des Anfangs beschworen hat, ebenso auf Nietzsches »Weltenkind« wie auf das Christuskind beziehen müssen, das hier freilich nicht in einer Krippe, sondern auf einer taufrischen und von huldigenden Genien belebten Wiese liegt.

Wenn man dieses Kind im Gedanken an die »durch Jesus Christus« uns gewordene Offenbarung, zu der sich RUNGE nachdrücklich bekannte, mit JÖRG TRAEGER auf das »Erwachen Christi in der menschlichen Seele« und damit auf das menschgewordene Gotteswort bezieht, unterscheidet der Zyklus, anders als das triadische Schema JOACHIMS, insgesamt vier Stadien seiner Entwicklung: nach seinem Ursprung im »Morgen«, seine Umsetzung in Werke der Arbeit und Liebe am »Mittag« und seine Aneignung in der Vita contemplativa des »Abends«, bis es schließlich in die Nacht der geistgewirkten Inspiration, aber auch des Schlafs und der Träume versinkt[49]. Es ist die Nacht, in der nach HÖLDERLIN »alles gemischt ist ordnungslos und wiederkehrt uralte Verwirrung« (Der Rhein), aber auch diejenige, die NOVALIS in seinen ›Hymnen an die Nacht‹ als die der österlichen Wende feiert. Es steht dahin, wie Runge dieses Endstadium malerisch gestaltet hätte – doch spricht vieles dafür, daß er sich mit ihm gleichzeitig wußte, so daß der »Morgen« auf den Beginn der Neuzeit und die reformatorische Neuentdeckung des Wortes, der »Mittag« auf ihr aktives Stadium in Renaissance und Aufklärung, der »Abend« auf die Zeit der spekulativen Verinnerlichung und die »Nacht« auf seine eigene Zeit der romantischen Synthese bezogen werden könnte[50].

Wie Runge seine Zeit erlebte, sagt sein Geständnis, daß sie ihm »wie ein Berg auf dem Herzen« liege, und daß er sich nicht in sie »schicken« könne, weil sie dem »kalten Tod« der Zweifel an Gott und der Furcht vor ihm verfallen sei und die »durch Jesus Christus in die Welt gekommene Liebe« nicht zu erkennen vermöge, die, würde sie begriffen, die Herzen zu »hellen Flammen entzünden« und die Menschen veranlassen würde, »alle Last und Qual, die das elende Leben auf sie ladet«, wegzuwerfen. Darum komme es darauf an, sich »täglich die Angst Christi im Garten« zu vergegenwärtigen, weil diesem freiwillig angenommenen Tod das ewige Leben entspringe[51]. Dieses Briefwort verweist so nachdrücklich auf PASCAL zurück, daß sich nun im Blick auf diesen umgekehrt die Frage stellt, was ihn angesichts des stürmischen Fortschrittsglaubens seiner Zeit veranlaßt haben könnte, so unbeirrt auf dem Passionsaspekt zu bestehen[52]. Sie wird am besten mit der Erklärung zu beantworten sein, die Pascals Zeitgenosse JAQUES BÉNIGNE BOSSUET dem verborgenen Walten der Vorsehung im Zeitgeschehen und insbesondere in der Lebensgeschichte Jesu zu geben sucht; denn für ihn stirbt Jesus der bereits angeführten Stelle zufolge, ohne daß er bei den Empfängern seiner Wohltaten Dank, bei seinen Freunden Treue, bei seinen Richtern Gerechtigkeit und bei seinem Vater Hilfe gefunden hätte: »verlassen von Gott und den Menschen«. Damit aber wird, wie er zu Eingang der Stelle betont, der Welt eine Tugend vor Augen gestellt, die »nichts besitzt und nichts erwartet«, so daß das Walten der Vorsehung eher noch dort zu ersehen ist, wo nichts dafür zu sprechen scheint, als an den von ihr erwarteten Erweisen ihrer Macht und Weisheit. Das aber wirkt weniger wie eine Diagnose seiner zeitgenössischen Situation, umso mehr jedoch wie die Prognose einer künftigen, die wie die heutige nicht mehr so sehr im Zeichen der »Agonie« (PASCAL), als vielmehr des »Todeskampfes« (NEWMAN) der Sache Christi steht: einer Zeit also, die als die Stunde der Angst, des Entzugs und der Abwesenheit des Heils, oder, mit BUBER gesprochen, als die der »Verfinsterung des Himmelslichts« erfahren wird[53].

Angeregt durch die dialektisch-mystische Theologie ERICH PRZYWARAS hat sodann GERTRUD VON LE FORT das Passionsmotiv in ihre Dichtung aufgenommen und ihrer Geschichtsdeutung zugrunde gelegt[54]. Getreu ihrem Verfahren, aktuelle Probleme in eine jeweils analoge Vorzeit zurückzuspiegeln, um sie, abgelöst von den Irritationen des Zeitgeschehens, eigengesetzlich ausgestalten zu können, siedelt sie in ihrer Novelle ›Die Letzte am Schafott‹ die als leibhaftige Vorahnung des aufziehenden Unheils konzipierte Gestalt der neurotisch geängsteten Blanche de la Force in den Schrekkenstagen der Französischen Revolution an, die, religiös gedeutet, den Eindruck erwecken, als sei der fortlebende Christus in das Stadium seiner Todesangst von Getsemani eingetreten. Demgemäß findet die Geängstete die Lösung ihres Lebensproblems in der Vereinigung ihrer Angst mit der Todesangst Jesu, so daß sich ihr Dasein schließlich in einer Todesszene erfüllt, in der sie die Angst wie eine fremde Maske abwirft, um das »Veni creator« ihrer zur Hinrichtung geführten Mitschwestern zu Ende zu singen. Wie zeitgemäß diese Aussage war, zeigt sich schon darin, daß im Jahr ihrer Veröffentlichung (1931) WERNER BERGENGRUEN den dem Thema der religiösen Angstüberwindung gewidmeten Roman ›Am Himmel wie auf Erden‹ in Angriff nahm, während KARL JASPERS dieses »Achsenjahr« der Angst mit der These bestätigte, daß eine »vielleicht so noch nie gewesene Lebensangst« zum »unheimlichen Begleiter des modernen Menschen« geworden sei, nicht zuletzt aber auch in der Übereinstimmung des Motivs von dem zu Ende gesungenen Lied mit dem Postulat MAX HORKHEIMERS, wonach die Aufgabe der heutigen Philosophie darin bestehe, das, was die zu Symbolen der Menschheit gewordenen Opfer der terroristischen Gewalt getan haben, »in eine Sprache zu übersetzen, die gehört wird, wenn auch ihre vergänglichen Stimmen durch die Tyrannei zum Schweigen gebracht wurden«[55].

Mit dem Ausbruch der nationalsozialistischen Schreckenszeit rückte der mystische Geschichtsgang in der Sicht der Dichterin dann aber vom Stadium der Todesangst Jesu auf das seiner Todesstunde vor, die sie, in die bilderstürmerischen Wirren der Reformationszeit zurückgespiegelt, in ihrer Novelle ›Die Abberufung der Jungfrau von Barby‹ (1940) beschwor. In ihrem Zentrum steht die dem Geheimnis der »sterbenden Minne« zugewandte Titelfigur, die, zusammen mit dem Sturz der Bilder, den Verlust der göttlichen Attribute erleidet und damit, höchst aktuell, auf die Dekomposition des Gottesbegriffs vorausweist, wie sie HANS JONAS als theologische Konsequenz aus dem Völkermord von Auschwitz folgerte[56]. Im Fortgang ihres Werkes richtet sich der Blick der Dichterin gleichzeitig auf den Anfang wie auf das Ende der, wie in ihrem Sinn zu sagen ist, Geschichte der göttlichen Liebe. Auf ihren Anfang in der Menschwerdung, den die zur ersten Regung ihrer Mütterlichkeit erwachende Anne de Vitré erlebt, als sie sich im ›Gericht des Meeres‹ (1943) weigert, das ihr übergebene Kind des königlichen Mörders in den Tod zu singen, weil ihr ist, »als sei Gott hinfort Mensch geworden«. Und auf das Ende in der Wiederkunft Christi, das die Dichterin vielfach im geschichtlichen Zeitgericht vorweggenommen sieht, wie es über die Hauptakteure der ›Magdeburgischen Hochzeit‹ (1938), der ›Consolata‹ (1947) und über die von ihrem Gatten verratene ›Frau des Pilatus‹ (1955) ergeht. Wenn in dieser Perspektive die Weltgeschichte auch nicht wie bei HEGEL geradezu »das Weltgericht« ist, wird diese doch vom Eschaton her bestimmt, so daß es im Grunde in jeder Zeit um die letzte Entscheidung geht[57]. Nur ganz behutsam öffnet sich im Werk der Dichterin überdies die österliche Perspektive, so schon in der Erzählung ›Die Opferflamme‹ (1938), die in »Tod und Untergang« Formen der beides überwindenden Liebe erblickt, und in der »im silbernen Geläut der ersten Osterglocke« ausklingenden Novelle ›Die Tochter Farinatas‹ (1950).

Im Rückblick auf die angesprochenen Gliederungsmodelle, aber auch auf die unerwähnt gelassenen, wie NIETZSCHES Idee der Ewigen Wiederkehr des Gleichen oder SPENGLERS Untergangsszenario, wird fürs erste deutlich, daß derartige Gliederungsversuche nur auf der Basis der jüdisch-christlichen Vorstellung von einem zielgerichteten Geschichtsgang möglich sind, während der Rückgriff auf das zyklische Geschichtsmodell der Antike in eine ausgesprochene Geschichtsblindheit führt. Dabei wirkt AUGUSTINS Rückgriff auf das Modell der Schöpfungstage und der Lebensalter insofern zwiespältig, als im jeweils letzten Zeitabschnitt nichts Bedeutsames mehr geschehen kann, weil es durch das Gotteswerk der Menschwerdung an seinem Anfang uneinholbar überboten ist: vermutlich die Folge des Pessimismus, dem der späte Augustin zunehmend verfallen war. Ungleich angemessener erscheint, daran gemessen, der trinitarisch-triadische Entwurf JOACHIMS, dessen Grenzen eher indirekt, im Seitenblick auf TEILHARD DE CHARDINS Christozentrismus, deutlich werden. Demgegenüber hat das christologische Modell, sosehr sich sein mystisches Relief vom faktischen Geschichtsgang entfernt, den großen Vorzug der Entsprechung zum individuellen Fortleben Christi im Verhältnis von Phylogenese und Ontogenese. Damit tritt diese Sicht zudem in eine zweifache Konstellation, die sie metaphysisch und theologisch unterbaut. Das eine, sofern sie auf eine sublime Wiederherstellung der Mikrokosmosidee hinausläuft; das andere, sofern sich in ihr, als Extrapolation der mystischen Ontogenese gesehen, das paulinische Begriffspaar des »Christus in uns« und des »Wir in Christus« spiegelt. Die Wiederaufnahme seiner Lebensgeschichte in einem jeden erscheint jetzt als Leitfaden, an dem die Stadien nicht nur des zurückgelegten, sondern auch des künftigen Geschichtsgangs abgelesen werden können. Und umgekehrt gewinnt nunmehr das »Wir in Christus« deutlicheres Profil. Es ist jetzt nicht so sehr, wie ADOLF DEISSMANN deutete, die alle christlichen Lebensvollzüge umhüllende Sphäre, als vielmehr, so schwer dies mit diesem Bild zusammenzudenken ist, der sich im Sinn der Lebensgeschichte Jesu fortentwickelnde Horizont, der das Christsein in jeder Form seiner Verwirklichungen umfängt[58].

III. KAPITEL:
DIE SELBSTMITTEILUNG

1. Vom Verkündigenden zum Verkündigten

Im Horizont der phylogenetischen Lebensgeschichte Jesu gesehen, hat der Geschichtsgang inzwischen die Phase des »Todeskampfes« durchschritten und, nach ersten Anzeichen zu schließen, das österliche Stadium erreicht. Als deutlichstes »Zeichen der Zeit« spricht dafür der freiheitliche Aufbruch, der den von der Sowjetdiktatur unterjochten Völkern die Selbstbestimmung, der Welt das Ende des Ost-West-Konflikts und den Deutschen die Wiedervereinigung brachte und der als das unvergleichliche Paradigma einer »sanften Revolution« geradezu nach einer religiösen Sinndeutung schreit[1]. Nur betroffen wird man feststellen, daß weder davon die Rede ist noch gar eine Neigung besteht, diese freiheitliche Wende auf das österliche Stadium im mystischen Geschichtsgang zu beziehen. Das aber läßt nicht nur auf die mangelnde Sensibilität der zum religiösen Wächteramt Bestellten, sondern grundsätzlicher noch auf die Verborgenheit des Fortlebens Christi schließen, die ihrerseits in dessen mystischem Wesen begründet ist. Mystik aber ist zentral durch die Inversion der gewohnten Verhältnisse bestimmt – und das auch in der Frage der Erkennbarkeit. Was wahrgenommen werden kann, ist allenfalls eine Art Resonanz des tatsächlich Geschehenden, etwa in Gestalt von Aporien oder Inkonzinnitäten, die in höhergestimmten Zeiten vielfach visionär erlebt und gedeutet wurden. Damit ist eine Spur aufgenommen, die bis in das Gottesverhältnis Jesu zurückverfolgt werden kann, vor allem aber bis in den Kern seines Offenbarertums und somit bis dorthin, wo der Entdecker Gottes zu dessen Medium, wo also der zum Herzen Gottes Vorgedrungene zum abschließenden Gottesoffenbarer wird. Wie aber wurde, um dies mit der inzwischen klassisch gewordenen Unterscheidung zu formulieren, der Verkündigende zum Verkündigten?[2]

Die Antwort muß mit der hier nochmals aufzuwerfenden Frage einsetzen, wie es überhaupt zu jener vergleichsweise umfangreichen Dokumentation der Jesusbotschaft kommen konnte, wie sie in den neutestamentlichen Schriften, zumal in den Evangelien vorliegt.

Als Antwort darauf gibt JOSEPH KLAUSNER zu bedenken, daß die Sache Jesu durch den als ein »Fluch Gottes« empfundenen Kreuzestod so radikal widerlegt zu sein schien, daß nur ein Ereignis von der Größenordnung der Ostererscheinungen darin einen Wandel herbeiführen konnte:

> *Ohne sie wäre wohl das Andenken an Jesus völlig in Vergessenheit geraten, oder man hätte sich mit der Sammlung einiger erhabener ethischer Aussprüche und Wundererzählungen begnügt*[3].

Für die von der Rückwirkung des Kreuzestodes unbeeindruckte liberale Theologie erklärte sich die Existenz der Evangelien aus dem faszinierenden Eindruck der Persönlichkeit Jesu, ein Standpunkt, der noch heute in der bereits erwähnten These nachwirkt, daß »vor Ostern bereits alles vorhanden war, was nach Ostern endgültig erkannt wurde« (LÜDEMANN). Die Korrektur dieses Standpunkts muß an das »endgültig« anknüpfen. Denn in ihm klingt die – von Lüdemann unterdrückte – Einsicht an, daß die Ostererscheinungen eben doch einen radikalen Szenenwechsel herbeiführten. Wo alles in den Abgrund einer entsetzlichen Vergeblichkeit zu versinken schien, der im Endeffekt sogar die Erinnerung an den »Wohltaten spendend« das Land Durchziehenden in sich begrub, hatte Gott das denkbar größte Heilszeichen aufgerichtet. Keineswegs war der Gekreuzigte gescheitert oder gar von ihm fallengelassen worden, sondern anstatt zum Fluch zum Segen für alle geworden. Damit aber riß er, um eine frühere Formulierung nochmals aufzugreifen, alle religiösen Bedeutsamkeiten an sich, wie es die ihm zugelegten Hoheitstitel Herr, Messias, Kyrios, Christus, Davidssohn, Menschensohn und Gottessohn zum Ausdruck bringen.

Nicht als fehle es an vorösterlichen Anknüpfungspunkten für diese Hoheitsattribute! Auch wenn sich Jesus nie ausdrücklich Messias nannte, deckte sein Verhalten doch, bei aller politischen Zurückhaltung, vieles im Spektrum der messianischen Erwartungen ab. Ähnliches gilt für den den Kyriostitel vorwegnehmenden Anspruch Jesu, der definitive »Ausleger und Verkünder des Willens Gottes« zu sein, präludiert in seinem »für das damalige Verständnis des Gotteswillens schockierenden Neuansatz der Verkündigung des Endgeschehens« (VÖGTLE), ein Neuansatz, der auf seine mit der Konzeption des Täufers brechende Proklamation des Gottesreiches zu beziehen ist[4]. Auch zeigt sein Gottesverhältnis einen Grad von Intimität, dem, titular formuliert, nur der Name »Sohn« voll gerecht wird.

In eine andere Richtung weist jedoch der Titel »Menschensohn« und die mit ihm erhobene Forderung des unerschrockenen Bekenntnisses zu ihm. Trotz ANTON VÖGTLES akribisch unterbauten Plädoyers für die nachösterliche Entstehung des Menschensohntitels bleibt das Bedenken, ob dieser, verglichen mit der analogen Rede vom »Knecht Jahwes«, die nirgendwo in die Selbstcharakteristik Jesu eindrang, sich derart in diese hätte einnisten können, wenn dem nicht ein Anhaltspunkt in der Bewußtseinsgeschichte Jesu entsprochen hätte. Im Sinn der Schlüsselstelle, die dem sich seiner »Schämenden« das Gericht des Menschensohnes androht (Lk 12,8; Mk 8,38), wäre dann anzunehmen, daß Jesus im Sinn der apokalyptischen Tradition im Menschensohn zunächst den himmlischen Repräsentanten Israels erblickte, daß dann aber jene Identifikation eintrat, die den Menschensohn zunächst seine Sache vor dem Antlitz Gottes austragen und die zuletzt Jesus sich selbst in dieser Himmelsgestalt erkennen und schließlich nach ihr benennen ließ. So gesehen müßte es in seiner Bewußtseinsgeschichte zu jenem »Einbruch« gekommen sein, durch den er sich nun ebenso im Menschensohn erkannte, wie er sich zuvor als Sohn Gottes begriffen hatte. Es war der Augenblick, in dem der Himmel für ihn einstürzte, so daß die Aufgabe des zuvor als Himmelsgestalt gedachten Menschensohns nun an ihn fiel. Jetzt lag es an ihm, die Anliegen seines Volkes vor dem Antlitz Gottes zu vertreten; und jetzt war es seine Sache, das (nach Dan 7,14) dem Menschensohn übertragene Gottesreich heraufzuführen.

Der Wert dieser Hypothese besteht in dem Einblick, den sie in die Bewußtseinsgeschichte Jesu verstattet. Danach ist diese in einem wesentlichen Zug dadurch gekennzeichnet, daß sie gegenständlich Vorgestelltes so verinnerlicht, daß es zu einem Element seines Selbstverständnisses wurde. Gleiches gilt dann auch vom Zentralmotiv seiner Verkündigung, dem Gottesreich. Auch in diesem Fall würde das, was der Annahme BERGERS zufolge der Täufer in apokalyptischen Farben ausmalte und in eine Schreckensperspektive rückte, von Jesus in einer Weise auf sich zurückgenommen, daß er von diesem Reich sagen kann, es sei »in euch« (Lk 17,20), und daß ORIGENES in einer letzten Steigerung dieser Tendenz ihn selbst, den Künder des Reiches, die *autobasileia*, das »Gottesreich in Person« nennen konnte.

Vor allem aber klärt sich vor diesem Hintergrund der tiefgreifende Wandel im Glaubensverständnis Jesu. Nach Ausweis der Perikope von der Syrophönikierin (Mt 15,21-28) sieht er im Glauben zunächst eine aus der Hingabe an Gott erwachsende Macht, so daß er der anfänglich zurückgewiesenen und zuletzt doch erhörten Bittstellerin bestätigen kann: »dein Glaube ist groß, dir geschehe, wie du willst!« (15,28) In der Folge führt er ihn dann, Schritt für Schritt, seiner spezifischen Endgestalt entgegen. Dabei bindet er den Glauben erst lose wie im Gespräch mit dem verzweifelten Vater (Mk 9,14-27), dann aber, wie in seiner Aufforderung zur Nachfolge (Mk 10,21), völlig an seine Person. Damit wird er noch nicht, wie dann nachösterlich in einer Art Umkehrung des Vorgangs, zum Gegenstand des Glaubens, wohl aber zum Prinzip eines Synergismus, der den Glaubenden mit ihm in eine Lebensgemeinschaft zieht, so daß dieser sich im selben Maß, wie er sich ihm öffnet, von ihm ergriffen, bewogen und getragen fühlt. Die österlichen Attribute entrücken Jesus dann freilich in jene Distanz, die ihn zum Zentralobjekt des Glaubens werden läßt. So zog die Erhöhung Christi einen – im Sinn des Programmwortes gesehen – tiefgreifenden Perspektivenwandel nach sich; denn jetzt wurde

der Botschafter des Gottesreiches zur Botschaft,
der Wegbereiter des Glaubens zu dessen Inhalt
und der Lehrer der Seinen zum Inbegriff der Lehre.

Diesem Prozeß verdankt der Glaube seine lehrhafte Gestalt und die ihn vermittelnde Kirche ihre hermeneutische Struktur. Auf die These LÜDEMANNS zurückbezogen besagt das, daß vor Ostern keineswegs alles vorhanden war, was nach Ostern definitiv erkannt wurde. Wenn man außerdem Paulus zu der damit gestellten Frage konsultiert, wird man sogar sagen müssen, daß die Auferstehung Jesu als eine sein ganzes »Vorleben« überstrahlende Erkenntnisquelle zu gelten hat, die dadurch, daß sie ihn als den von Gott Bestätigten und in seine Herrlichkeit Aufgenommenen erwies, den Prozeß der Erkundung seiner Lebensgeschichte und damit der Evangelienbildung überhaupt erst ins Rollen brachte. Jetzt richtete sich der gläubige Blick nicht mehr nur nach oben, sondern zurück auf sein Leben, in dem von den beiden Großevangelien repräsentierten Fall sogar bis auf seine Herkunft und Kindheit. Jetzt erwachte das Interesse an seiner Botschaft, an seinen Reden, Lehren und

Wundertaten, zu einem Teil auch an den auf sein Ende hinführenden Ereignissen und Einflüssen, obwohl die Lebensgeschichte schon früh in katechetischem (so die Synoptiker) und theologischem Sinn (so das Johannesevangelium) stilisiert wurde. Und jetzt machte sich unter der von LUTHER angesprochenen »Not« der rapiden Ausdehnung des Kommunikationsraumes, des Todes der Augen- und Ohrenzeugen und insbesondere der Parusieverzögerung das Interesse an schriftlicher Dokumentation des zunächst nur mündlich Verkündeten und Überlieferten geltend.

Indessen blieb es nicht bei der kerygmatischen Stilisierung der Lebensgeschichte. Vielmehr zog die österliche Perspektive auch eine Stilisierung des Auferstandenen nach sich. Jetzt wurde, mit der programmatischen Wendung gesprochen, der Verkündigende definitiv zum Verkündigten und der Entdecker Gottes zu dessen Offenbarer und Medium. Es lag in der Natur dieses eminent folgenreichen Vorgangs, daß das Ergebnis im Zug dogmatischer Festschreibungen schließlich satzhaft artikuliert und im weiteren Verlauf in ein Ensemble von Glaubenssätzen gefaßt wurde. So entsprach es sowohl dem Interesse lehrhafter Information als auch der missionarischen Verkündigung und theologischen Reflexion, da nur ein eindeutig umschriebener Inhalt wirksam mitgeteilt, gegen Irrtum abgegrenzt und systematisch verarbeitet werden konnte.

Doch war auch damit das Endstadium noch nicht erreicht. Vielmehr gewann zuletzt die österliche Sicht sogar das Übergewicht über das lebensgeschichtlich Greifbare, so daß das Bedürfnis, den Erhöhten sprechen und ihn das sagen zu lassen, was den Gläubigen der ersten Stunde zu sagen war, übermächtig wurde und neue, nachgestaltete Herrenworte entstehen ließ. Sensorium und Medium dessen war der urchristliche Prophetismus, insbesondere in Gestalt der Wandercharismatiker, die in rigoroser Bedürfnislosigkeit, wie sie die wiederholte Jüngerbelehrung (Mk 6,7-13; Lk 10,1-16) spiegelt, das Land durchzogen, um die Gläubigen zu unterweisen und das Andenken an Jesus in ihnen wachzuhalten[5]. Sie wußten sich so sehr von dem Erhöhten ergriffen und inspiriert, daß er in ihren ekstatischen Reden selbst zu Wort kam. Wie eine Verifikation dieses Anspruchs wirkt die in den Oden Salomons ausgesprochene Selbstentschließung des ihnen einwohnenden Herrn:

Ich bin auferstanden und in ihrer Mitte;
durch ihren Mund will ich reden.[6]

Wenn irgendwo, liegt hier der Schlüssel zur Entstehung der nachgestalteten Redestücke, wie sie schon in den »überhöht« wirkenden Herrenworten der Synoptiker, vor allem aber in den ausgedehnten Jesusreden des Johannesevangeliums vorliegen[7]. Bei der Erklärung ihrer Genese genügt es freilich nicht, sie der Theologie charismatisch bewegter Gruppen oder Kreise zuzuschreiben; vielmehr müßte, vorzugsweise am Beispiel des dafür aufschlußreichsten Repräsentanten Paulus gezeigt werden, wie sich das Bewußtsein der Autorisierung durch den Erhöhten in Akte der Verbalisierung dessen umsetzte, was zum Ziel der Verlautbarung dieses Auftrags zu sagen ist[8]. Bei der Skepsis des Apostels gegenüber einer delirierenden Glossolalie (1Kor 14,19) ist anzunehmen, daß das bei ihm keiner Suspendierung, sondern der Einbehaltung des selbstkritischen Intellekts gleichkam, der sich jedoch, wach und bewußt, der Eingebung des Gottesgeistes unterwarf. Dafür spricht nicht nur der Umstand, daß er wie in der Frage der Ehescheidung sorgfältig zwischen der göttlichen Weisung (1Kor 7,10) und seiner eigenen Ansicht (7,12) unterscheidet, sondern mehr noch die Tatsache, daß er, anders als die Charismatiker, kaum »Sätze heiligen Rechts« (Käsemann) oder gar Aussprüche des Erhöhten formuliert, wohl aber Anspruch darauf erhebt, daß seine Verkündigung als »Gotteswort« verstanden und angenommen wird (1Thess 2,13). So verkörpert er den Fall einer Verbalisierung, die sich lieber im Vorfeld ihres ermächtigenden Zustandekommens aufhält, als daß sie sich in förmlichen Sätzen äußert, weil sie die konkrete Anwendung nicht antizipieren, sondern der Aufnahmebereitschaft der Adressaten überlassen möchte. Um so glaubhafter ist es dann, wenn er grundsätzlich, und jetzt im Vollbewußtsein seiner Verbundenheit mit dem Erhöhten mahnt:

An Christi Stelle bitten wir: laßt euch mit Gott versöhnen! (2Kor 5,20)

Wie insbesondere die Schlüsselsätze des johanneischen Jesus belegen, lag dem zuletzt auch ein gewandeltes Offenbarungsverständnis zugrunde. Denn der in diesen Sätzen Redende überragte die alttestamentlichen Propheten nicht nur aufgrund seiner höheren Autorisierung (Hebr 1,4ff) und auch nicht nur deshalb, weil Gott durch ihn sprach (Joh 14,10), sondern aufgrund seiner einzigartigen »Beanspruchung« durch Gott, der ihn in der Totalität seiner Existenz und lebensgeschichtlichen Selbstdarstellung zum leibhaftigen Medium und »Wort« seiner Selbstmitteilung werden ließ, so daß er in ihm vernommen, gesehen, geglaubt und geliebt sein wollte. Hellsichtig hatte das schon der Begründer der Katholischen Tübinger Schule JOHANN SEBASTIAN VON DREY mit der apologetisch stilisierten These zum Ausdruck gebracht:

> *Das Christentum lehrt also eine persönliche Erscheinung Gottes in Christus als das Spezifische seiner Offenbarung; darum hat auch das Wort dieser Offenbarung einen höheren Charakter als das der alten, denn es ist nicht das Wort Gottes im Organ eines Menschen, sondern Wort Gottes des Selbstsprechenden*[9].

Im Blick auf den alle »religiösen und sittlichen Kategorialitäten« durchbrechenden »Radikalismus Jesu« bekräftigte das KARL RAHNER in seinem ›Grundkurs des Glaubens‹ (1976) dadurch, daß er besonders auf die »von Gott selbst herkommende Unmittelbarkeit« im Wesensbild Jesu abhebt:

> *Jesus ist also die geschichtliche Gegenwart dieses letzten, unüberbietbaren Wortes der Selbsterschließung Gottes. Dies ist sein Anspruch, und als solcher wird er durch die Auferstehung bestätigt, ewig gültig und als ewig gültig erfahren.*[10]

In diesem Sinn präzisiert sich der – von SCHELLING eingeführte – Begriff »Selbstoffenbarung«, in den die nachkonziliare Diskussion das Proprium des christlichen Offenbarungsverständnisses zu fassen suchte[11].

2. Die Inversion

Daß auf dieser Basis weitergefragt werden muß, ist die Folge der von RAHNER in seine Deutung einbezogenen Auferstehung. Denn so sehr ANTON VÖGTLE mit seiner Ansicht Recht behalten dürfte, daß sich keine verbalen Äußerungen des Auferstandenen nachweisen lassen, und sosehr die Dynamik des Ostergeschehens auf seine Vergegenständlichung hinwirkte, bleibt er doch im höchsten Sinn des Ausdrucks Subjekt. Nicht umsonst ging die ursprüngliche Rede von seiner »Auferweckung« in die das Aktionszentrum auf ihn selbst verlagernde von seiner »Auferstehung« über[12]. Auch wenn man die Einschränkung Vögtles zugrundelegt, scheint doch die Magdalenenszene für eine Ausnahme zu sprechen. Angesichts der Blickbefangenheit der Zeugin verdichtet sich die Erscheinung in diesem Fall zum ausdrücklichen Anruf beim Namen (Joh 20,16), der die Angerufene ihrer Trauer enthebt und ihr zur Identifizierung des Geschauten verhilft. Demgemäß schlägt hier, im johanneischen Kontext, das von FRANZ ROSENZWEIG in Erinnerung gerufene biblische Denken in Namen durch, womöglich unterbaut durch eine Anspielung auf das Jesajawort »ich habe dich beim Namen gerufen; du bist mein!« (Jes 43,1)[13]. Dies vorausgesetzt, ist an dieser Stelle ein Umschlag zu registrieren, der den Beginn einer Gegenbewegung zur Vergegenständlichung des Lehrenden und Verkündigenden anzeigt. Sie läßt sich als die einer »subjektiven Integration« beschreiben, wie sie dem mystischen Umschlag vom Sehen zum Gesehensein und Lieben zum Geliebtsein entspricht. Im angesprochenen Fall besagt die Inversion jedoch ungleich mehr: der zum Objekt des Glaubens Erhobene und der zur Lehre Stilisierte wird neuerlich zum Subjekt der Mitteilung. Dies freilich nicht im Sinne einer Wiederherstellung der lebensgeschichtlichen Ausgangssituation, sondern so, wie es die Dokumentation dieses Umschlags im Prolog des Ersten Johannesbriefs für die Glaubenssituation der spätapostolischen Zeit in Anspruch nimmt: daß der als das »Wort des Lebens« Geglaubte auf neue Weise vernommen, geschaut und erfahren werden will. Denn davon spricht der Briefeingang, wenn er im Sinn eines kollektiven Zeugnisses versichert:

> *Was von Anfang an war, was wir gehört, was wir mit unseren Augen gesehen, was wir geschaut und mit unseren Händen betastet haben – das Wort des Lebens, das verkünden wir euch (1Joh 1,1ff)*[14].

Schon vom Zeitenabstand her ist es ausgeschlossen, daß sich die behauptete Wahrnehmung auf die Ostererscheinungen bezieht; ebenso wie es die Wucht dieses Zeugnisses ausschließt, daß es auf eine Lehraussage im Sinn der im späteren Verlauf des Briefs betonten Wirklichkeit der Inkarnation abzielt. Gemeint ist vielmehr ein »Reden« in der übersprachlichen Form des Vernommen-, Geschaut- und Gefühltwerdens dessen, der aus dem Schrein seiner Vergegenständlichung hervortritt, um als das bestärkende, ermutigende und inspirierende Prinzip neuer Wahrnehmung erfahren zu werden. Das muß aufs deutlichste von der Entstehung der aus charismatischem Ergriffensein durch den Erhöhten hervorgegangenen nachgestalteten Herrenworten unterschieden werden, die, wie (nach Apg 10,41) die Ostererscheinungen, nur weniger scharf abgegrenzt als diese, auf die Ausgangssituation des Christentums beschränkt waren. Weniger klar zu ziehen ist dagegen die Grenzlinie gegenüber den »in Engelszungen« redenden Enthusiasten, die insbesondere in der Gemeinde von Korinth oder unter den Angehörigen des »johanneischen Kreises« (CULLMANN) vertreten waren.

Dem widerspricht nun neuerdings eine auf relativ breiter Front vorgetragene Gegenthese, die, gestützt auf einen angeblichen »Jesus-Papyrus« für eine Frühdatierung der Evangelien plädiert (THIEDE) und in der Behauptung gipfelt, daß zwischen originären und sekundären Herrenworten nicht verläßlich unterschieden werden könne (BERGER)[15]. Indessen richtet sich diese These schon durch ihren Umgang mit dem Schriftwort, erst recht aber durch ihre Konsequenz. Durch ihre Lesart; denn sie weigert sich offensichtlich, den schriftstellerischen Charakter und damit die literarische Qualität der Evangelienschriften zur Kenntnis zu nehmen, sofern sie diese zu Reportagen von »Augenzeugenberichten« nivelliert[16]. Vollends durch ihre Konsequenzen; denn wie die liberale Theologie die Herkunft der neutestamentlichen Schriften unerklärt lassen mußte, weil sie den einzig zulänglichen Grund ihrer Entstehung, die Auferstehung Jesu, leugnete, bürdet diese heute umlaufende These dem historischen Jesus die Beweislast für Redestücke auf, die den Rahmen seines historischen und denkerischen Horizontes sprengen. Insofern läuft diese Auffassung, ungeachtet des von ihr erweckten Anscheins besonderer Glaubens- und Kirchentreue, faktisch auf eine indirekte Nivellierung der Auferstehung hinaus, da auch für sie im Grunde schon alles vor Ostern vorhanden war, was nach Ostern verkündet und geglaubt wurde. Mit der »Verantwortung« für die nachösterliche Entwicklung belastet, wird der historische Jesus aber zu einem theologischen Konstrukt, mit dem im Grunde alles und nichts bewiesen ist, da der Boden der wirklichen Historizität unter der ihm aufgebürdeten Beweislast einbricht.

Doch was bedeutet die charismatische Selbstbekundung des Geglaubten für die Gegenwart? Sicher keine Rechtfertigung des sektiererischen Anspruchs auf »Neuoffenbarungen«, da die Schaffung neuer Jesusworte nach Ausweis der von der Kanonbildung dokumentierten Kriteriologie an die Geburtsstunde des Christentums gebunden war. Dennoch gilt der Impuls heute wie damals, zumal er durch dieselbe Tendenz immerfort provoziert wird. Anlaß ist die mit der Vergegenständlichung fast unvermeidlich einhergehende Gefahr der Verfestigung und Verhärtung: theoretisch der Verfestigung zum System, im Grenzfall sogar zur Ideologie, praktisch zur Institution und Machtposition. Ihr wirkt der Geglaubte dadurch entgegen, daß er seine Vergegenständlichung durchbricht, um aufs neue wahrgenommen und erfahren zu werden. Doch dies nicht so sehr in Form punktueller Erlebnisse, als vielmehr eines Umschwungs, der die vorherrschende Glaubenshaltung insgesamt betrifft. Sofern diese durch den Zug zur vergegenständlichenden Festschreibung gekennzeichnet ist, geht es dabei um die Wende

vom Gegenstands- zum Innerlichkeits- und Identitätsglauben.

Auf diese Wende drängen gleicherweise johanneische wie paulinische Insinuationen. Johanneische, wie sie vom Briefeingang ausgehen, wonach »das Wort des Lebens« auf neue Weise vernommen, geschaut, gefühlt und vergegenwärtigt werden will. Der vergleichsweise noch stärkere Anstoß geht jedoch von der paulinischen Formel »in Christus« aus, sofern sie jene spirituelle Dimension bezeichnet, die den vielfach geschlagenen und verstoßenen Apostel wie eine bergende Sphäre umhüllt, in der er in all seiner Angefochtenheit Geborgenheit, Halt, Trost, Inspiration, Ermutigung und Kraft findet und die er seinen Gemeinden, sofern sie nur für seine esoterische Botschaft ansprechbar sind, fast nach Art eines wiedergefundenen Paradieses nahezubringen sucht. Mit schmerzlichem Bedauern registriert er, daß sie dazu nur in sehr begrenztem Umfang fähig sind, weil sie, in Zwistigkeiten verstrickt, an Äußerlichkeiten kleben (1Kor 3,1ff)[17]. Ihnen fehlt, was er unmittelbar, bevor er diesen Vorwurf erhob, mit dem Hinweis auf die »Tiefen der Gottheit« beschworen hatte, die kein Auge jemals schaute, kein Ohr je vernahm und keines Menschen Herz jemals erkundete, die aber der Gottesgeist den Liebenden erschloß. In geisterfüllten Worten wollte er ihnen davon Kunde geben (1Kor 2,9-14). Sie aber sind noch immer in der Außensicht der Geheimnisse befangen, zurückgehalten durch die Spaltungen innerhalb der Gemeinde, die sie nur das wahrnehmen lassen, was sie in ihrer Zerrissenheit sind: Unterschiede und Spannungen dort, wo alles aus einer umfassenden und alles einbegreifenden Tiefenschau hergeleitet werden müßte.

Das kommt einem aufschlußreichen Hinweis auf die Problemverschärfung gleich, die zur Verfestigung der Gegenstandsperspektive des Glaubens führte. Entscheidender Ausgangspunkt ist dabei die von den frühen Vätern vollzogene Gleichsetzung des johanneischen Logos mit dem kosmologisch verankerten Logosbegriff des mittleren Platonismus. Nach der subtilen Untersuchung des Vorgangs durch FRIEDO RICKEN mußte dieser Ansatz unvermeidlich »dort in die Krisis führen, wo seine kosmologische Ausrichtung nicht ständig von den soteriologischen Sohnesaussagen der Schrift her korrigiert wurde«[18]. Dabei hat der Logos bei ATHANASIUS die Aufgabe, der als fließend gedachten Natur Festigkeit und Halt zu verleihen[19]. Das spiegelt sich auch in der Absicht der Konzilsväter von Nikaia, mit ihrem Anathem dem »gottlosen Gerede der Arianer« ein Ende zu setzen[20]. So aber wirken auf die Bestimmung und satzhafte Umschreibung der Glaubensinhalte zwei sich gegenseitig verstärkende Tendenzen ein: die kosmologische Bodenhaftung, die dem Logosbegriff von seiner spätplatonischen Herkunft her eignet, und dessen Funktion, dem unbestimmt Fließenden Einhalt zu gebieten. Gepaart mit dem Verlangen nach bildhaft fixierter Anschaulichkeit des Geglaubten dürfte das zu jener Vergegenständlichung geführt haben, die heute unter einen zunehmenden Revisionsdruck gerät.

Keinesfalls wird man die in Nikaia festgeschriebene Homousiosformel im Sinne des Heideggerschen Konzepts einer »Seinsgeschichte« mit BERNHARD WELTE darauf zurückführen können, daß sich das Sein dem damaligen Denken auf neue, der abendländischen Metaphysik entsprechenden und von dem biblischen Denken in »Ereignissen« wegführenden Weise zugesprochen habe[21]. Denn damit verfiele die Theologie in den kapitalen Fehler, ihre Geschichte mit Hilfe einer hybriden, aus philosophischer Usurpation heilsgeschichtlicher Motive stammenden Erklärungsfolie zu deuten. Wohl aber wird sie diesem Erklärungsversuch in der Annahme folgen, daß in dem »homousios« von Nikaia eine Denkform zum Zug kam, die mit der Rückfrage nach dem »Was oder Wesen« des Seienden dieses, zusammen mit dem Geglaubten, zum »Gegenstand« werden ließ[22]. Es ist dies, mit AUGUSTIN gesprochen, das abendlich-rückblickende Denken, das nach Hegel eine alternde Gestalt des Lebens zwar präzise zu umschreiben, aber nicht im Sinne ihrer Zukunft zu verjüngen vermag. Und es ist, glaubensgeschichtlich gesehen, jenes ebenso feststellende wie abgrenzende Denken, dem der Christenglaube seine vergegenständlichte Gestalt verdankt: hervorgetrieben zu höchster Präzision und Anschaulichkeit, zugleich aber verdüstert von jenem entfremdenden Schatten, der von dem Eintritt in die Innenwelt der Mysterien abhält. Ihn gilt es zu beseitigen, wenn der glaubensgeschichtlichen Wende und zusammen mit ihr der Sprache entsprochen werden soll, in welcher der Glaube heute ausgesagt und gehört werden will.

Was auf eine Revision des Gegenstandsglaubens hinwirkt, ist zunächst schon die Erfahrung, daß die metaphysische Interpretation der Heilsbotschaft aufgrund der Spannung zwischen Interpretat und Interpretament zu Aporien führt, die ebenso die Vereinbarkeit von Gott und Leid wie die Denkbarkeit von Inkarnation und Heilstod und nicht zuletzt die Vorstellung von Auferstehung und Endgericht betreffen. Dazu kommen drei weitere Beweggründe: Bubers Kritik des definierenden Satzglaubens und des ihm korrespondierenden rezeptiven Glaubensbegriffs; die gewandelte Glaubenserwartung, die im Unterschied zu dem für-wahr-haltenden Glauben den Schwerpunkt auf die Erfahrungswerte des Geglaubten legt; und zumal die paulinische »in Christus«-Formel, sofern diese nur als die längst vorgegebene Erschließung der Innensicht des Glaubens begriffen wird. Angesprochen ist mit ihr der aus einem symbiotischen Mit- und Nachvollzug der Jesusvita hervorgegangene Glaube, wie ihn der ignatianische Smyrnäerbrief ins Auge faßt, wenn er Jesus selbst den »vollkommenen Glauben« (10,2) nennt und damit den Glaubensakt auf dessen lebendigen Sinngrund zurückbezieht.

Das ist die »Sprache«, in welcher der Geglaubte heute vernommen werden will. Er spricht, indem er eine neue Sicht seiner religiösen Bedeutsamkeit eröffnet: die Innensicht der Identifikation anstelle der bisher vorherrschenden Außensicht der Distanz. Hier kommt es zu einer überraschenden Annäherung an Nietzsche, näherhin an seine zu Beginn des ›Zarathustra‹ entwickelte Lehre von den drei Verwandlungen: des – bereits als Verwandlungsstufe begriffenen – heteronomen Menschen in den autonomen und dessen Verwandlung in das in sich selbst ruhende Kind. Auch hier geht es, wenngleich aus ethischer Sicht, um die Aufhebung eines »Außer-sich-seins« in den Inbesitz einer gelebten und erlebten Identität. Vermutlich formuliert Nietzsche hier sogar seine schärfste, wenngleich das Ziel verfehlende und deshalb auf ihn selbst zurückfallende Antithese zum Christentum, sofern er ihm mit Feuerbach immer noch unterstellt, den Menschen an Gott zu veräußern. Es ist die

Antithese, die er selbst als die »schönste Apologie« des Menschen qualifiziert: als seine Auferbauung mit Hilfe der an Gott abgetretenen, jetzt aber durch den Tod Gottes frei und verfügbar gewordenen Attribute zur Höchstform seiner Werdemöglichkeit. Nietzsche erwähnt auch schon das Begriffspaar, das die Differenz am genauesten ausmißt, das jedoch im theologischen Sprachraum nur gegen beträchtliche – und durchaus begründete – Widerstände zur Geltung zu bringen ist. Darauf bezieht sich eine Stelle aus ›Jenseits von Gut und Böse‹, also aus jenem Werk, das ALBERT SCHWEITZER zu den meisterhaftesten in deutscher Sprache zählte:

> *Unsere höchsten Einsichten müssen – und sollen! – wie Torheiten, unter Umständen wie Verbrechen klingen, wenn sie unerlaubterweise denen zu Ohren kommen, welche nicht dafür geartet und vorbestimmt sind. Das Exoterische und Esoterische, wie man ehedem unter Philosophen unterschied, – und das hebt sich nicht sowohl dadurch von einander ab, daß der Exoteriker draußen steht und von außen her, nicht von innen her, sieht, schätzt, mißt, urteilt: das Wesentliche ist, daß er von unten hinauf die Dinge sieht, – der Esoteriker aber von oben herab!*[23]

Auf die Gefahr hin, etwas scheinbar Unerlaubtes zu Ohren zu bringen, muß diese Spur aufgenommen werden, wenn der gewonnene Gesichtspunkt voll zum Tragen kommen soll.

3. Die esoterische Dimension

Als äußerer Grund spricht dafür schon der Sinndruck, den die religiöse Randszene, gerade auch in ihren apokalyptischen, parapsychologischen und okkulten Formen zunehmend auf das Christentum ausübt und zentrale Positionen wie die der Identitätsfindung und des Auferstehungsglaubens durch esoterische Umdeutung untergräbt. Wie die neuerdings in Gang gekommene Erörterung des Phänomens der urchristlichen Wandercharismatiker zeigt, reißt dieser Randdruck aber auch Schichten auf, in denen das Christentum noch mit Erlebens- und Gestaltungsformen verwoben war, die heute, nach langer Tabuisierung, erst langsam wieder in ihrer Legitimität und Relevanz entdeckt werden. Der entscheidende innere Grund bezieht sich dagegen auf Paulus, der im Gegenzug zu seiner ihm vielfach widerfahrenden Verdrängung mit immer neuen Perspektiven seiner Bedeutung ans Licht drängt[24]. Nachdem CHRISTIAN DIETZFELBINGER die Zentralbedeutung der Damaskusvision für den theologischen Gesamtentwurf des Apostels herausstellte und die neuerdings einsetzende Schweitzer-Renaissance die Wiederentdeckung der paulinischen Christusmystik erhoffen läßt, richtet sich nunmehr das Augenmerk auf die halbverschwiegene Seite des von Paulus Gesagten, die nicht besser als mit dem Reizwort von dessen Esoterik gekennzeichnet werden kann[25].

Von seiner Ausgangssituation her befindet sich Paulus, wie sein Hin- und Hergerissensein zwischen Todeswunsch und Lebenspflicht in letzter Steigerung bestätigt (Phil 1,23ff), in einem ihn zutiefst bestimmenden Dilemma. In die Situation derer versetzt, die auf das Wort der Zeugen hin zum Glauben kommen, wird ihm, der »Fehlgeburt« im Vergleich zu den Ersterwählten, die letzteOstererscheinung zuteil (1Kor 9,1; 15,8). Durch diese zum Apostel bestimmt, ist er, der kein unmittelbares Wissen von dem »Christus dem Fleische nach« besitzt (2Kor 5,16), bei seiner Missionspredigt auf Nachrichten aus zweiter Hand angewiesen. Zwar verschafft er sich diese bei seiner ersten Jerusalemreise, zu der er sich erst nach dreijähriger Verarbeitung des Damaskuserlebnisses entschließt (Gal 1,17f), so wie sie ihm dann noch ungleich reichhaltiger während seines Aufenthalts in der antiochenischen Gemeinde (Gal 2,11ff; Apg 13,1) zufließen[26]. Für ihn, dem es widerstrebt, »auf fremdem Grund« zu bauen (Röm 15,20; 2Kor 10,16), war die Weitergabe dieser Nachrichten jedoch eher die Wahrnehmung einer mit dem »Zwang« seines Aposteldienstes verbundene Pflicht als Ausdruck seiner ureigenen Konzeption. Doch so sehr er darauf brennt, diese seinen Gemeinden mitzuteilen, sieht er sich bei dem Versuch dazu vor die Grenzen einer noch im Frühstadium steckengebliebenen Fassungskraft gestellt. Daher seine Klage:

> *Nicht wie zu Geistesmenschen konnte ich zu euch reden, Brüder, sondern wie zu Fleischesmenschen, ja wie zu im christlichen Sinne Unmündigen. Milch gab ich euch zu trinken anstelle von fester Speise; denn die konntet ihr noch nicht vertragen, ja, ihr könnt es auch jetzt noch immer nicht; denn ihr seid noch immer fleischlich (1Kor 3,1ff)*[27].

»Feste Speise« wäre die von ihm kurz zuvor erwähnte »Weisheitsrede« (1Kor 2,13) gewesen, die von der verborgenen »Gottesweisheit im Geheimnis« und damit von dem gesprochen hätte, »was kein Auge geschaut, kein Ohr vernommen und keines Menschen Herz jemals empfunden hat« (1Kor 2,7ff). Doch dafür bringen die Adressaten zum Schmerz des Apostels die erforderliche Fassungskraft nicht auf. Dennoch weist sein Briefwerk einen zweifachen »Überhang« auf. Einmal in Richtung auf seine den narrativen Erwartungen der Hörerschaft entgegenkommende mündliche Verkündigung, auf die er angesichts der in der Gemeinde von Korinth auftretenden Mißstände, aber auch aufgrund der vor der Gemeinde an ihn gerichteten Anfragen zurückgreift. Den bei der Feier des Herrenmahls eingerissenen Unzuträglichkeiten begegnet er mit seinem Bericht vom Abschiedsmahl Jesu (1Kor 11,23-26), der Anfrage nach dem Schicksal der Verstorbenen mit seinen weitausgreifenden, aber mit dem hochbedeutsamen Traditionsstück von den maßgeblichen Osterzeugen (1Kor 15,1-8) einsetzenden Ausführungen über die Auferstehung Jesu und der Toten. Obwohl die mündliche Predigt nicht Gegenstand seiner Briefe ist, lassen diese doch eine größere Vertrautheit mit der Sprachwelt Jesu erkennen, als nach den beiden Traditionsstücken zu vermuten ist. So könnte das Wort vom bergeversetzenden Glauben (1Kor 13,2) auf eine Kenntnis des gleichsinnigen Jesuswortes zurückweisen (Mt 17,20), sofern es sich nicht eher aus einer sprichwörtlichen Redensart erklärt. Ebenso könnte in dem Vergleich der Philipper mit den Sternen im Weltall (Phil 2,15) das Jesuswort »ihr seid das Licht der Welt« (Mt 5,14) nachklingen und in dem Wort von dem »Grund, außer dem kein anderer gelegt werden kann« (1Kor 3,11) eine Erinnerung an das Gleichnis vom Turmbau (Lk 14,28ff) und an den gleichnishaften Schluß der Bergpredigt (Lk 6,47ff; Mt 7,24-27). Auch läßt das wiederholt gebrauchte Bild vom Säen und Ernten an eine Kenntnis des Gleichnisses von der Aussaat (Mk 4,3-9) denken, ebenso wie sein Wort vom »Stein des Anstoßes« (Röm 9,33) möglicherweise ein Wissen um das Bild vom »Eckstein« (Mk 12,10) voraussetzt,

Während es sich bei alledem um Konzessionen an die Erfordernisse der Missionspredigt handelt, verweist der Überhang in die Gegenrichtung auf das zentrale Desiderat des Apostels, verstanden als jene »Weisheitsrede«, von deren Kundgabe ihn nur die beschränkte Fassungskraft der Adressaten zurückhält. Was kein Auge geschaut, kein Ohr vernommen und kein Menschenherz jemals empfunden hat, bezieht sich für Paulus, selbst wenn er damit eine gnostische Formel aufnimmt, auf sein Damaskuserlebnis, das ihm Einblick in die »Tiefen der Gottheit« verstattete (1Kor 2,10), sofern ihm Gott in jener Stunde sein Herzensgeheimnis offenbarte (Gal 1,16). Dadurch lichtete sich ihm ebenso der Weg der Heilsgeschichte wie der Sinn der Glaubensmysterien auf, da Gott, der die Vielfalt seiner Verheißungen in seinem Sohn bejahte (2Kor 1,20), ihm mit diesem leibhaftigen »Ja« den Schlüssel zu allen Gotteswerken, angefangen von der Schöpfung bis hin zur endzeitlichen Vollendung, reichte. Obwohl er davon in der Folge Abstand nimmt, schlagen die esoterischen Glanzlichter doch so oft in den Briefkontexten durch, daß sich eine Rekonstruktion wagen läßt.

Im Anschluß an ein großes Thema der Platonforschung kann somit von einer »ungeschriebenen Lehre« des Apostels gesprochen werden[28]. Dem ersten Überhang zufolge betrifft sie zunächst schon seine mündliche Verkündigung. Was hier zur Rede steht, ist jedoch im Sinn des anderen Überhangs seine Esoterik. Ihr Quellgrund ist, wie nicht anders zu vermuten, sein Damaskuserlebnis, bei dessen Ausdeutung er sich überraschend eng mit der bereits angeführten Schlüsselstelle aus PLATONS Siebtem Brief berührt. Empört über die Anmaßung des sizilianischen Tyrannen DIONYSIUS, der mit einer Schrift über den angeblichen Kerngedanken der platonischen Philosophie hervorgetreten war, versichert Platon hier, daß es von ihm selbst weder eine derartige Darstellung gebe noch jemals geben werde. Doch darauf folgt das erstaunliche Zugeständnis, daß sich der Zentralgedanke seiner Lehre zwar nicht in Worte fassen lasse: Wohl aber entstehe, wie Platon im anschließenden Schlüsselsatz seines Briefes zugesteht, infolge des ständigen Ringens mit dem Problem und »im Zusammenleben« ein Licht, das wie von einem Funkensprung ausgeht und sich im Denken ausbreitet).

Bei dem »Zusammenleben« ist hier zweifellos an die Gesprächsgemeinschaft der platonischen Akademie gedacht. Dem entspricht bei Paulus im Fortgang seines grundlegenden Selbstzeugnisses (Gal 1,16) das Bekenntnis seines »Mitgekreuzigtseins« mit Christus und seiner mystischen Selbstfindung in ihm (2,20). Im weiteren Kontext ist sogar auch bei ihm von dem »Lichtglanz« die Rede, den er auf dem Antlitz des Auferstandenen gewahrte (2Kor 4,6) und der, zurückbezogen auf den esoterischen Grundtext, als der Aufgang der »Gottesweisheit im Geheimnis« zu verstehen ist.

Daß dieses Aufleuchten bei ihm gleichfalls mit einem »Funkensprung« beginnt, ist dem zweifellos höchst bewußt gewählten Ausdruck »Offenbarung« (*apokalyptein*) zu entnehmen, mit dem er den Kern seines Damaskuserlebnisses umschreibt. Doch welche Durchblicke ergeben sich von hier aus?

Auch wenn man sich vor Augen hält, daß die Aufschlüsse darüber nicht auf der Linie der Briefe liegen, wird man doch sowohl in glaubenstheoretischer wie explikatorischer, also die Glaubensmysterien erschließender Hinsicht fündig. Esoterisch wirkt schon der bereits mitgeteilte Einstieg in die zentrale Glaubensbestimmung des Römerbriefs, der vor dem vermessenen Selbstgespräch warnt, das sich auf dem Weg rhetorischer Fragen – »wer steigt zum Himmel empor; wer steigt in die Unterwelt hinab?« in die Vorstellung von einer Himmelsreise mit dem Ziel hineinsteigert, den Erhöhten von dort herabzuholen, oder gar in die Gegenvorstellung von einer Höllenfahrt zu dem Zweck, den Hinabgestiegenen gleichsam im Vorgriff auf seine Auferstehung, von dort heraufzuholen, und dies mit der Begründung:

> *nahe ist dir vielmehr das Wort, es ist in deinem Mund und in deinem Herzen (Röm 10,8).*

Darauf bezieht sich dann das durch seine chiastische Gestaltung hervorgehobene Schlüsselwort, das zunächst zum Bekenntnis zu dem zum Kyrios Erhobenen aufruft, und im Fortgang den Glauben als den existentiellen, mit dem »Herzen« getätigten Mitvollzug der Auferstehung zu bestimmen, die damit zum zentralen Glaubensartikel erklärt ist (Röm 10,9)[29].

Der esoterische Hintersinn der Aussage kommt zum Vorschein, sobald man sie in ihrer Rückbezüglichkeit zum paulinischen Osterzeugnis erfaßt. Dann spricht Paulus damit dem Glaubenden dasselbe zu, was er erlebte, als ihm Gott das Geheimnis seines Sohnes ins Herz sprach. Unterschiedlich ist lediglich die Form der Vermittlung: bei Paulus das unmittelbar-visionäre Erlebnis, bei seinen Adressaten die Glaubenserweckung durch das Vernehmen der Botschaft; denn der Glaube kommt in ihrem Fall »aus dem Hören« (Röm 10,17). Das ist von denkbar weittragender Bedeutung. Denn es besagt, daß das Lessingproblem des »garstigen breiten Grabens« nur auf die exoterische Sicht des Glaubens zutrifft, daß es jedoch gegenstandslos wird, sobald es gelingt, diese mit der esoterischen zu vertauschen, weil in ihr der Unterschied zwischen dem Augenzeugen, dem »gleichzeitigen Schüler« und dem auf dessen Wort hin Glaubenden, dem »Schüler zweiter Hand« (KIERKEGAARD), hinfällig wird[30]. Doch wie gestaltet sich jene Sicht im Fall der Glaubensmysterien?

Was das für Paulus geradezu konstitutive Ostererlebnis anbelangt, das er zweimal vergegenständlichend (1Kor 9,1 und 15,8) als seine Schau des Auferstandenen anspricht, so erschließt sich dessen Innensicht aus dem von ALFRED WIKENHAUSER angebahnten Gedanken, daß die Auferstehung des Gekreuzigten als die Umschlagstelle von der Lebensgeschichte zur Wirkungsgeschichte Jesu im Sinn seines mystischen Fortlebens in der Gemeinschaft der Glaubenden zu gelten hat. So entspricht es den beiden Eckdaten der von Paulus gebotenen Selbstinterpretation seines Damaskuserlebnisses: daß ihm das Geheimnis des Gottessohnes ins Herz gesprochen wurde (Gal 1,16) und daß ihm sein Leben seither in dem Wunsch besteht, den, von dem er sich in jener Stunde ergriffen fühlte, seinerseits – im Sinn eines fortschreitenden Aneignungsprozesses – zu begreifen (Phil 3,12). So wird das Ende der individuellen Lebensgeschichte Jesu für Paulus zum Aufgang ihrer sozialen Wiederaufnahme im Leben der Seinen, mit GREGOR VON NYSSA gesprochen, zu seiner Neugeburt als das in ihrem Herzen an Alter und Weisheit heranreifende Kind. Doch damit ist auch schon die esoterische Innensicht der Inkarnation angesprochen, die Paulus im Galaterbrief eröffnet, wenn er in wiederum chiastisch gestalteter Formulierung erklärt:

> *Als die Zeit erfüllt war, sandte Gott seinen Sohn, geboren aus einer Frau und dem Gesetz unterworfen, damit er die dem Gesetz Unterstehenden befreite, und damit wir zur Sohnschaft gelangten (Gal 4,4ff)*[31].

Da die Geburt aus einer Frau mit dem Unterworfensein unter das Gesetz in einem Atemzug genannt werden, tritt hier schon das für Paulus zentrale Motiv zutage, daß das gesamte Erdenleben des Gottessohnes der fortwährenden Erniedrigung und Entäußerung zum »Gott in Knechtsgestalt« (KIERKEGAARD) gleichkam, ebenso aber auch das Prinzip seiner Soteriologie, wonach die Erniedrigung des Sohnes die Befreiung der Glaubenden und ihre Erhebung zur Gotteskindschaft nach sich zieht. Das ist mehr als die frühpatristische und noch von ANGELUS SILESIUS aufgenommene Frage, was uns die

Menschwerdung Christi nützen würde, wenn sie nicht in unserem Herzen geschähe und wirksam würde (ORIGENES). Denn hier wird der »Nutzen« denkbar konkret mit dem Zielbild der Gotteskindschaft umschrieben. Sie ist die den Glaubenden von seiner Existenzmitte her ergreifende und verwandelnde Wirkung der erniedrigenden Sendung des Sohnes und seiner Entäußerung in diese Schickung. Noch deutlicher wird dieser Umschlag an der einzigen Stelle, an welcher Paulus nach vielfach vertretener Ansicht auf das öffentliche Wirken Jesu eingeht. Wenn aus der Aussage, daß er, »der reich war, um euretwillen arm geworden ist, damit ihr durch seine Armut reich würdet« (2Kor 8,9), auch nicht auf ein Leben Jesu in Armut geschlossen werden kann, hat Paulus hier doch wohl die Intention und Wirkung der lebensgeschichtlichen Aktivitäten Jesu im Blick, wenn freilich aus eindeutig esoterischer Innensicht. Danach waren seine Reden und Taten, mit Kierkegaard gesehen, stets mit Akten der Selbstübereignung verbunden, so daß mit den Bekundungen seiner Kompetenz und Macht auch stets eine fortschreitende Selbstverschwendung einherging, die seinem Wirken insgesamt den Stempel einer dienenden und sich selbst verzehrenden Liebe aufprägte. Und der Esoteriker Kierkegaard vernimmt darin überdies den Leidenston, auf den alles Reden und Wirken Jesu gestimmt war, weil er um die vielfache Vergeblichkeit seiner »Liebesmühe« wußte. Das aber ist für Paulus erst dann voll begriffen, wenn es als die Bedingung einer fortwährenden Bereicherung, Auferbauung und Erhebung der Glaubenden gesehen und angenommen wird[32].

Seinen Höhepunkt erreicht dieser Prozeß bei der Deutung des Kreuzestodes, den Paulus zwar auch exoterisch beschreibt, wenn er den Galatern den Gekreuzigten »vor Augen« stellt (Gal 3,1), bei dem es ihm aber vor allem auf die esoterische Innensicht ankommt, die er wiederholt als ein »Mitgekreuzigtsein« (Gal 2,19; 6,14) und als ein »Tragen der Wundmale« (Gal 6,17), ja als ein Mitsterben und Mitbegrabenwerden mit Christus (Röm 6,3ff) beschreibt. In der ihm eigenen Hellsichtigkeit hat MARTIN BUBER dies als die Konsequenz des »zugleich bildlos und bildhaften« Gottes der Christen wahrgenommen und daraus auf eine »neue, andere Art der Unmittelbarkeit« geschlossen:

> *Sie ist der zu einem geliebten Menschen zu vergleichen, der eben diese und keine andere Gestalt hat und den man eben als diese Gestalt erwählt hat. Das ist ein Du, das, bestimmt wie es*

ist, einem gleichsam zugehört. Daraus wächst eine Konkretheit der Beziehung, die nach der sakramentalen Einverleibung des Du verlangt, aber persönlich weitergehen kann, bis zur Einselbstung, ja bis zum Selbsttragen dieser Leiden, zum Selbstempfangen dieser Wunden und Wundmale – und zur Menschenliebe »von ihm aus«[33].

Zum Kern der paulinischen Passionsmystik und damit seiner esoterischen Perspektive führt tatsächlich erst diese Verklammerung des Kreuzesmotivs mit dem Motiv der Identitätsfindung, wie es der Galaterbrief mit dem Schlüsselwort zum Ausdruck bringt:

Mit Christus bin ich gekreuzigt. Ich lebe, doch nicht ich – Christus lebt in mir (Gal 2,20).

Paulus, der wie kein anderer der Sprecher des christlichen Subjektivismus ist, so daß er mit noch größerem Recht als AUGUSTIN »der erste moderne Mensch« genannt werden könnte (HARNACK), versteht das Kreuz hier als das Zeichen der aufgebrochenen Subjektivität, die es dem Gekreuzigten ermöglicht, sich den Seinen als Identitätsprinzip einzustiften, und die die »Mitgekreuzigten« befähigt, ihn als ihren wahren Lebensinhalt in sich aufzunehmen.

Hochbedeutsam ist auch die esoterische Sicht, die Paulus im Zug seiner Eschatologie – und im Gegenzug zu deren bildhaft-gegenständlicher Darstellung – entwickelt[34]. Dabei ist zwischen der Erstaussage in der Korrespondenz mit Thessalonike (1Thess 4,15ff) und deren Wiederholung im Ersten Korintherbrief (15,51-54) eine deutliche Zurücknahme der Bildmotive zu verzeichnen. Während dort von der sich beim Befehlsruf des Erzengels ereignenden Auferstehung der Toten die Rede ist, die, zusammen mit den noch Überlebenden, in die Höhe entrückt werden, um »dem Herrn auf Wolken« entgegenzugehen und ewig bei ihm zu sein, konzentriert sich hier die Aussage auf das Ereignis der Erweckung und Verwandlung der Toten beim »letzten Posaunenschall«. Dem war Paulus jedoch mit einer dritten, ausgesprochen esoterischen Sicht zuvorgekommen, die, jenseits der aus der apokalyptischen Bilderwelt des Spätjudentums übernommenen Vorstellungen, das Endgeschehen als einen wechselseitigen Unterwerfungsakt – der Welt unter die Herrschaft Christi und dessen Unterwerfung unter die allumgreifende Oberhoheit Gottes – begreift:

Denn er muß herrschen, bis alle Feinde unter seine Füße gelegt sind. Als letzter Feind wird der Tod vernichtet; denn »alles hat er unter seine Füße gelegt« (Ps 109,1). Wenn es aber heißt, daß ihm alles unterworfen ist, so ist der ausgenommen, der ihm alles unterworfen hat. Ist ihm aber erst einmal alles unterworfen, dann wird sich der Sohn selbst dem unterwerfen, der ihm alles unterworfen hat, damit Gott alles in allem sei (1Kor 15,25-28)[35].

Was sich dieser Sicht zufolge jetzt schon anbahnt und endzeitlich vollendet, läßt sich kaum genauer als mit Begriffen wie »Einholung« (IRENÄUS) und »Aufhebung« (HEGEL) umschreiben, die offensichtlich in dieser Paulusstelle vorgedacht sind. Nur sagen diese Begriffe nicht, was Paulus bei seiner Beschwörung des Endes mitgedacht hat: daß dieses Ende als Beginn der definitiven Gottesordnung zu verstehen ist. Wenn das ergänzend hinzugefügt wird, kommt die mystische Inversion, von der die Vorstellung insgeheim geleitet ist, erst wirklich zum Durchbruch. Denn der Gott, der »alles in allem ist«, nimmt auch alles Denken und Lieben in sich zurück, so daß sich jeder Gedanke einem Gedachtsein durch ihn und alle Liebe seiner alles umgreifenden Selbstliebe verdankt.

Damit mündet die paulinische Zielvorstellung in die Grundlinie der Lebensleistung Jesu ein, die, wie sich zunehmend verdeutlichte, in der Entdeckung der göttlichen Eindeutigkeit besteht. Der Gott Jesu Christi duldet, wie sich hier definitiv zeigt, in seiner eschatologischen Konsequenz, also in seinem stets neu zu gewärtigenden »Kommen«, keine Alternative zu sich und seiner Liebe, sofern er letztlich alles, die Hades- und Todesgewalten einbegriffen, in seine eindeutige und durch diese Identifikationskraft alles rettende Liebe aufnimmt, weil die letzte Rechtfertigung seiner Schöpfung darin besteht, daß er »alles in allem« ist. Doch läßt sich diese Spur auch in die Evangelien hinein verfolgen?

Daß sie erfolgreich aufgenommen werden kann, zeigt die Menge des dort Übergangenen und Verschwiegenen, das insbesondere dort, wo das Verschweigen auf ein Schweigen Jesu zurückgeht, immer schon als Anreiz, wenn nicht gar als »Zwang« zu dessen Verbalisierung empfunden wurde. Übergangen werden, wie jedem Bibelleser auffallen muß, die wichtigen Jahre des »verborgenen Lebens« Jesu mit Ausnahme des Tempelbesuchs des Zwölfjährigen (Lk 2,41-52) und damit die Zeit seines persönlichen und geistigen Werdens, seiner Aneignung des alttestamentlichen Traditionsguts, des Erwachens seiner Kreativität, der Entwicklung seines Gottes- und Selbstverhältnisses und der nach Aufschluß der erwähnten Tempelszene (Lk 2,49) konfliktträchtigen familiären Beziehungen. Übergangen werden aber auch so wichtige Details wie die Entfremdung Jesu vom Täufer, von den ihm anfänglich nahestehenden Pharisäern und den ihn umwerbenden Zeloten, ebenso aber auch die menschlichen Beziehungen zu seiner Jüngerschaft, zu den ihn (nach Lk 8,1ff) unterstützenden Frauen und zu seinen Gegnern: unerschöpfliche Themen poetischer und trivialer Spekulation, die aber selbst in ihrer indiskreten Grenzüberschreitung beredt auf das erwähnte Defizit hinweist.

In die Lücke der »verborgenen Jahre« versuchte Robert Aron hineinzustoßen, indem er die soziokulturellen und religiösen Randbedingungen ausleuchtete, wie sie zur Lebenszeit Jesu geherrscht haben dürften. Indessen gelang ihm nur einmal der Einstieg vom Allgemeinen zum Individuellen, wenn er auf die Konfliktherde in der Lebensgeschichte des Heranwachsenden eingeht und dadurch einen zumindest indirekten Hinweis zum Verständnis der Tempelszene gibt[36]. Denn die Gegenfrage, mit der der Zwölfjährige den Vorwurf der Mutter beantwortet: »Wußtet ihr nicht, daß ich dorthin gehöre, wo mein Vater ist?« (Lk 2,49), läßt auf die Spannung im Gefolge einer zweifachen Zugehörigkeit – der nach wie vor bestehenden zum Familienverband und der sich neu aufbauenden zu Gott – schließen, die ihm die Frage nach seiner Identität geradezu aufnötigte. Zum esoterischen Einblick in Jesu Herz führt diese Schlußfolgerung freilich erst, wenn man aus dieser extrem gesteigerten Identitätsnot auf eine exzeptionelle Lösung schließt und sie im Zuspruch der Himmelsstimme bei der Taufe (Mk 1,11) gegeben sieht.

Ungleich wichtiger ist jedoch die esoterische Verarbeitung des Verschwiegenen, angefangen vom Durchbruch zum vollen Gottes- und Sendungsbewußtsein bis hin zur Hinnahme der Passion, die Jesus nach dem von Emanuel Hirsch rekonstruierten vormarkinischen Passionsbericht schweigend über sich ergehen ließ[37]. Was den großen Durchbruch anbelangt, so dürfte schon die bei der Taufe Jesu ertönende Himmelsstimme als eine nachträgliche Verbalisierung des in ein abgründiges Schweigen getauchten Vorgangs zu gelten haben, vorausgesetzt, daß Buber gegen Vögtle mit der Annahme recht behält, daß die Szene »in ihrem Kern echt ist« und daß von ihr insofern auf das Ermächtigungs- und Erwählungsbewußtsein Jesu zurückgeschlossen werden kann[38]. Doch auch in dem von Vögtle angenommenen Fall lassen sich derartige »Wortszenen«, zu denen auch die Versuchungsgeschichte und der Gebetskampf in Getsemani zu zählen sind, nicht voll als Rückspiegelungen späterer Praktiken und Konflikte in die Lebens- und Leidensgeschichte Jesu erklären. Vielmehr werden sie nach Art der Entstehung nachgestalteter Herrenworte wenigstens teilweise auf den Versuch von Charismatikern zurückgehen, sich in diese Szenen zu versetzen und sich verstehend und deutend in sie einzufühlen. Die von diesen Versuchen erbrachten Ergebnisse sind dann ebenso wie die »geheimen Epiphanien« des Markusevangeliums dem Bereich der religiösen Esoterik zuzuordnen[39]. Was hier über Vermutungen nicht hinauskommt, wird dann an den beiden Stellen zur Gewißheit, in denen die neutestamentlichen Passionsberichte gipfeln und an die hier um so mehr erinnert werden muß, als sie esoterische Implikationen aufweisen[40]. Die allbekannte erste Stelle, die Klage des Gekreuzigten über seine Gottverlassenheit, wurde zwar, wie bereits erwähnt, durch BLUMENBERGS Aufweis ihrer elliptischen Struktur entschärft, der zufolge er die Not seiner Verlassenheit nicht in die Nacht von Golgota hinausschreit, sondern ihrem göttlichen Urheber klagt. Und entschärft wurde sie erst recht durch den Nachweis, daß es sich bei dem Notschrei um eine spätere Verbalisierung des Schweigens handelt, mit dem Jesus seine Kreuzesqualen über sich ergehen ließ. Ungeachtet dieses Sachverhalts rührte JOSEPH BERNHART an den esoterischen Grund der Stelle, als er davon sprach, daß sich der Gekreuzigte mit seinem Schrei – »als wenn Gott nicht wäre« – den ihm Fehlenden erschafft, um sich ihm, über den Abgrund seiner Verlassenheit hinweg, in die Arme zu werfen.

Darauf bezieht sich dann aber auch die von dem »unter lautem Wehgeschrei und Tränen« ausgestoßenen Flehruf Jesu berichtende Hebräerstelle (5,7), sofern sie nur in der von der *lectio difficilior* gebotenen Urfassung gelesen und als Kurzbericht von seiner im Todesschrei ausmündenden Lebensgeschichte begriffen wird. Denn in dieser Lesart erkühnt sie sich zu dem allem Anschein widerstreitenden, dafür aber ins Zentrum des Heilsgeschehens vorstoßenden Satz: »und er ist erhört und aus seiner Todesnot befreit worden[41]«. Daß sie in dieser Bedeutung nicht erkannt wird, ist die Folge der ausgeblendeten Esoterik, der sich hier allein der wahre Zusammenhang erschließt. Denn der aus höchster Todesnot ausgestoßene »Flehruf« bleibt nicht unerhört, auch wenn diesem mächtigsten De profundis, das je zum Himmel drang, jede menschliche Erfüllung versagt bleibt. Wohl aber verliert der Gekreuzigte – in einem auf die Dekomposition des traditionellen Gottesbildes durch Auschwitz vorausweisenden Entzug – den Gott der menschlichen Heilserwartung und seiner primordialen Attribute. Er hört für ihn auf, der Inbegriff der Allmacht, der Weisheit und Güte zu sein. Da er aber seine Not dem klagt, von dem er sich verlassen fühlt, bleibt ihm der Gott der reinen Göttlichkeit und der bedingungslosen Liebe, so daß sein Todesschrei als dessen letzte und eindringlichste Abba-Anrufung hörbar wird. Und der Vater erhört ihn, indem er ihn, den Sterbenden, in seine Lebensfülle aufnimmt, so daß sich in seinem Tod auch schon seine Auferstehung ereignet und sein Ende zum Anfang seines Fortlebens in den Seinen wird[42].

Doch diese extreme Folgerung wirft unweigerlich die Frage nach dem Recht der esoterischen Lesart auf. Sie ist nur von dorther zu beantworten, wo die im Todesschrei Jesu kulminierende Abba-Anrufung Gottes den in diese Anrufung Einbezogenen zugeeignet wird. Das ist der Sinn des großen Wortes von der durch die Sendung des Gottessohnes heraufgeführten Epochenwende, mit dem Paulus die esoterische Dimension der Menschwerdung Christi aufstößt (Gal 4,4ff). Sie ist mit der aus der Erniedrigung des Gottessohnes hervorgehenden Erhebung der den Bedingungen des Menschseins Unterworfenen zur Gotteskindschaft nur zur Hälfte ausgeleuchtet[43]. Denn die Zusicherung »damit wir zur Sohnschaft gelangten« (4,5) setzt sich in den Zuspruch des Gottesgeistes fort:

> *Weil ihr Söhne seid, sandte Gott den Geist seines Sohnes in unsere Herzen, der »Abba – Vater« ruft (4,6)*[44].

Das aber kann der Geist nur bewirken, weil Jesus jene Neuentdeckung Gottes gelungen war, die er mit der Anrufung »Abba – Vater« besiegelte. Insofern bietet die Stelle einen Einblick in den von den Evangelien verschwiegenen Vorgang, durch den Jesus zu seiner Gottesentdeckung gelangte. Aus dem einbeziehenden Reflex in Gestalt der Ermächtigung zur Vater-Anrede kann somit auf die vorgängige »Lichtung« im Gottesbewußtsein Jesu zurückgeschlossen werden. Da die Übereignung in Form einer »Einsprechung« erfolgt, durch die uns der Geist das »Abba – Vater« auf die Lippen legt, darf angenommen werden, daß auch die primordiale Lichtung das Gottesbewußtsein Jesu in Form eines Zuspruchs erhellte, so daß die nachträgliche Verbalisierung in Form der Zusage »du bist mein geliebter Sohn« (Mk 1,11) in diesem Fall tatsächlich ins Zentrum des Vorgangs traf.

Indessen darf darüber hinaus auch auf die Struktur des Vorgangs geschlossen werden. Denn in ihm wurde Jesus nicht nur das Geheimnis seiner Sohnschaft »eröffnet«; vielmehr war er als solcher die mitgeteilte Sohnschaft, in welcher sich ihm Gott vorbehaltlos, in einer sein ganzes Wesen ausspielenden Selbstzusage als seinen Vater zu verstehen gab. Das aber besagt, daß sich hier Offenbarung in ihrer denkbar höchsten Form: als Selbstoffenbarung Gottes ereignete. Gleiches gilt dann aber auch von der geistgewirkten Zueignung der Gotteskindschaft. Auch sie ist nicht nur die Zusage, daß wir zu »Söhnen Gottes« erkoren und erhoben sind; vielmehr ist sie als Zusage zugleich die mitgeteilte Sohnschaft. In ihr sagt der zum »Gottessohn mit Macht« Eingesetzte (Röm 1,3) – wie der sich ihm in seinem Vatersein offenbarende Gott – sich selbst!

Damit gewinnt das Gottesverhältnis Jesu ebenso wie sein Selbstverhältnis einen neuen Aspekt. Sein Gott ist der sich selbst mitteilende, mit einer scholastischen Formel umschrieben: das *diffusivum sui ipsius*. Deshalb ist die Ausschließlichkeit der ihm zugesprochenen Sohnschaft auch so geartet, daß sie bei aller Exklusivität alle und alles in sich einbezieht. Sie ist ihm gegeben, um weitergegeben zu werden. Für das Selbstverhältnis Jesu aber besagt das, daß er bei allem Willen zur Abgrenzung und Unterscheidung letztlich nur in Akten der Selbstübereignung zu sich selbst kommt. Indem er sich vergibt, ist er erst im Vollsinn des Wortes er selbst und bei sich. Deshalb ist die geistgewirkte Zusage der Gotteskindschaft im Grunde seine mitgeteilte Gottessohnschaft.

Für die Identitätsbestimmung des Christentums aber besagt das, daß sie nur auf der Spur gelingen kann, die durch den – als *autologos* (ORIGENES) – sich selbst mitteilenden und den sich selbst offenbarenden Gott ausgelegt ist. Das läßt sich mit Hilfe der von BUBER bei FRANZ KAFKA entdeckten »Metaphysik der Tür« verdeutlichen, sofern der Gedanke nur ins Christliche transponiert wird[45]. Nach Bubers Deutung steht einem jeden die ihm persönlich zubestimmte Tür zur »Welt des Sinnes« offen; doch wagt er nicht, durch sie einzutreten, weil er nicht um sie weiß, obwohl ihm aus ihrer Mitte ein wachsender Glanz entgegenstrahlt. Eine christliche Deutung müßte, anstatt bei dem unglücklichen »Mann vom Lande«, bei diesem als göttlicher Sinngrund verstandenen Glanz einsetzen.

Denn dieser Gott schuf nicht nur die einem jeden offenstehende Tür, sondern lockt ihn überdies durch das von ihm ausgehende Leuchten zum Eintritt. Wenn er trotzdem versagt, ist das nicht die Folge seiner Unwissenheit, sondern der Angst, die ihn angesichts der offenen Tür und des wachsenden Glanzes befällt: der Angst vor dem sich selbst vermittelnden Gott im Übermaß seiner lockenden Liebe. Es ist die von KIERKEGAARD denunzierte Angst vor dem Gott, der als der ewig Verschwiegene zum einladenden Wort, als der gänzlich Unzugängliche zur offenen Tür und als der unerreichbar Ferne zum Nächsten und Eigensten geworden ist.

Dorthin führt die Suche nach der Identität des Christentums, zu der der durch Akte der Übereignung zu sich selbst Findende bewegt, weil er die leibhaftige Eröffnung des Gottesherzens ist. Was die Evangelien von ihm überliefern, sind die Scherben der Schale, die den Schatz dieses Geschehens birgt. Es sind die zur Sprache gewordenen Wunden, die ihm der »Widerspruch der Sünder«, der Unverstand der Jünger und die Herzensträgheit der allermeisten zufügen. Es gilt, diese Scherben zusammenzufügen und diese Wunden zu heilen, wenn das Unsagbare ausgesprochen, das Unantastbare berührt und das Unerschwingliche erreicht werden soll.

Hier also muß, wenn irgendwo, die Rückübersetzung einsetzen, jedoch in einer weit radikaleren Form, als es dem Ausdruck zu entnehmen ist. Dabei geht es um den nie voll zu Ende zu bringenden Versuch, die vergegenständlichende Selbstauslegung des Christentums durch die einer Selbstidentifikation zu überholen, also von seiner Außensicht, dem Gebot der Stunde gehorchend, zu seiner Innensicht überzugehen. Die Stunde aber drängt insofern auf diese schon fast überfällige Kehre, als die Außensicht von ihrem Denkansatz her dem Gegensatz verhaftet ist und der – nur zu oft polemisch geschärften – Entgegensetzungen bedarf, um sich über ihr Recht auszuweisen. Das aber entspricht dem allgemeinen und im Grunde defizienten, nicht aber dem spezifisch christlichen Weg der Selbstfindung. Deshalb kommt die Suche nach der Identität des Christentums nur mit dem Durchbruch in seine Innensicht an ihr Ziel. Das aber ist, wie schon eingangs und dort im Blick auf MÖHLER angedeutet wurde, nicht schon die Frucht der Wahrheit, die erkundet wird, sondern einer Wahrheit, die sich zeigt. Um ihr Raum zu geben, bedarf es einer neuen Denkform, die nicht ihrem Ziel entgegenstrebt, sondern sich umgekehrt von ihm bestimmen läßt und damit der Initiative dessen Rechnung trägt, der die Gestalten seiner spekulativen, kultischen und praktischen Vergegenständlichungen durchbricht, um aufs neue vernommen, wahrgenommen und erfahren zu werden. Das aber ist eine Denkweise, die sich schon durch ihre Bezeichnung von der die Theologie beherrschenden christologischen unterscheiden müßte. Sie ist nunmehr ins Auge zu fassen.

4. Die Christomathie

Das Stichwort für diese Denkweise liegt seit den christlichen Anfängen vor. Einen ersten Hinweis gibt schon der Epheserbrief, wenn er seinen Adressaten vorhält:

So aber habt ihr Christus nicht kennengelernt (4,20)[46].

Diese »einmalige Formulierung« (SCHNACKENBURG) spricht sicher nicht nur in versachlichendem Sinn von der Vorbildhaftigkeit Christi, sondern so von ihm, daß er selbst in dem auf ihn bezogenen Lernprozeß initiativ wird. Denn zum »Kennenlernen« gehört immer auch der Beitrag dessen, der sich dabei zu erkennen gibt. Auf derselben Linie lag schon die Versicherung desselben Briefs:

Seine Gebilde sind wir, in Christus Jesus dazu geschaffen, in unserem Leben die guten Werke zu vollbringen, die Gott uns schon im voraus zubestimmt hat (2,10)[47].

Das steigert eine Stelle aus dem Philipperbrief des Märtyrerbischofs IGNATIUS VON ANTIOCHIEN zu dem Satz, in dem dann auch schon der gesuchte Begriff aufscheint:

Ich vertraue der Gnade Jesu Christi, der euch jede Fessel abnehmen wird. Doch ermahne ich euch, nichts aus Streitsucht zu tun, sondern euch von der Christuslehre (christomathia) leiten zu lassen (8,1f)[48].

Unverkennbar ist damit nicht nur die auf Christus bezogene Glaubenslehre, sondern die von ihm selbst ausgehende Lehre gemeint, die Wissenschaft also, deren Lehrer er selber ist. Noch weniger als im Prolog des Ersten Johannesbriefs kann sich das auf

Jesu historische Lehrtätigkeit beziehen, obwohl die Erinnerung daran sicher mitschwingt. Gemeint ist vielmehr das Ziel, auf das sich die seit längerem im Zentrum der glaubensgeschichtlichen Wende zu beobachtende Inversion zubewegt. Nachdem die Neubesinnung auf das Ereignis der Auferstehung zunächst, wie schon im Aufgang der Glaubensgeschichte, eine Vergegenständlichung Jesu nach sich gezogen hatte, wird jetzt die wiederholt schon vermerkte Gegenbewegung fühlbar, die dazu führt,

> *daß in der Botschaft wieder die Stimme des Künders hörbar wird,*
>
> *daß der zum Glaubensobjekt Erhobene wieder zum Glauben bewegt und*
>
> *daß der zum Inbegriff der Lehre Gewordene wieder zu lehren beginnt.*

Wenn damit aber nicht dem Phantom von Neuoffenbarungen Tür und Tor geöffnet werden sollen, muß dem unverzüglich hinzugefügt werden: nicht wie damals, als er mit seiner Reich-Gottes-Verkündigung die Menschen mitriß und mit seiner Lehre die Welt in Brand setzte (Machovec), sondern in der Metasprache des inneren Dialogs und im Zuspruch dessen, den der frühe Augustin entdeckte und den »inwendigen Lehrer« (*magister interior*) nannte. Um an die Entdeckung Augustins zu erinnern, so ist sie am schönsten in dem Schlußwort seiner Schrift ›De magistro‹ dokumentiert, das er seinem frühvollendeten Sohn Adeodat überließ:

> *Ich habe durch deine Worte begreifen gelernt, daß die Sprache nur einen Bruchteil von dem mitzuteilen vermag, was ein Sprechender sich denkt. Klar geworden ist mir insbesondere, daß immer dann, wenn ein Lehrer etwas Wahres sagt, allein derjenige uns belehrt, der uns durch die äußeren Worte von seiner Anwesenheit in unserem Inneren in Kenntnis setzt. Er ist es, den ich mit Gottes Hilfe lieben will, und dies um so mehr, je mehr ich in der Lehre Fortschritte mache*[49].

Wenn zwischen Gesprächspartnern das »Wunder des Verstehens« (Gadamer) zustandekommt, dann also nicht so sehr aufgrund der Kompetenz des Sprechers oder der Sensibilität seines Partners, als vielmehr dank der Intervention des »inwendigen Lehrers«, den Augustin aus biblischer Tradition erhoben und in seiner Schrift zu neuer Geltung gebracht hatte. Dabei dürfte ihm neben dem mahnenden Herrenwort »Laßt euch nicht Lehrer nennen; denn nur einer ist euer Lehrer: Christus« (Mt 23,10) insbesondere das paulinische Theorem vom »toten Buchstaben« und dem »lebendigmachenden Geist« (2Kor 3,6) vor Augen gestanden haben. Danach zielt die Wirksamkeit des inwendigen Lehrers in ihrem thematischen Sinn darauf ab, dem dokumentierenden Buchstaben, in dem die lebendige Heilsbotschaft bewahrt, aber auch vergegenständlicht ist, neue spirituelle Lesarten abzugewinnen.

Über ihre Eigenart gibt wiederum die johanneische Prologstelle Aufschluß. Wenn sie davon spricht, daß »das Wort des Lebens« auf neue Weise vernommen, geschaut und ergriffen werden will, unterscheidet sie – analog zum paulinischen Selbstzeugnis – eine akustische von einer optischen und einer haptischen Lesart[50]. Dabei bezieht sich die akustische auf die Notwendigkeit, die Botschaft aus der »Gruft« ihrer literarischen Dokumentation zu erheben und in ihre ursprüngliche Mündlichkeit zurückzuübersetzen. Dies freilich nicht in der Absicht, den ein für allemal verschollenen Sprachklang der Predigt Jesu und seiner Zeugen zu imitieren, sondern so, daß die bei der Verschriftung unterdrückten Sprachqualitäten des dialogischen Wortes aufs neue freigesetzt und der Verkündigung auf dem Weg einer sprachschöpferischen Evaluierung zugewiesen werden. Zweifellos würden dann im lebendig gesprochenen Wort der Botschaft jene Unter- und Obertöne wieder hörbar, auf die Kierkegaard mit seiner Bemerkung über den allen Jesusworten, selbst den freudigsten zugrundeliegenden »Leidenston« hinwies. Als »Schallverstärker« könnte dafür die Musik in Anspruch genommen werden, die in ihren religiösen Spitzenwerken wie dem Händelschen ›Messias‹, den Bachschen Passionsmusiken und Motetten und Beethovens ›Missa solemnis‹ die Glaubensinhalte in ihre – nach Beethovens Eintragung in das »Kyrie« seiner Großen Messe von Herzen kommende und zu Herzen gehende – Sprache transponiert.

Anders die optische Lesart, die auf eine neue Wahrnehmung des sich in dem verschrifteten Wort Zeigenden drängt. Wie im ersten Fall die Musik herangezogen werden müßte, so hier die darstellende Kunst, die in ihren religiösen Spitzenwerken als genuines, aus einem intuitiven Zugriff auf das Mysterium hervorgegangenes Glaubenszeugnis zu gelten hat und demgemäß das in den Texten Ungesagte wie die Wahrheit von der mystischen Lebensgemeinschaft (so die oberdeutschen Christus-Johannes-Gruppen), vom Sinn des Leidens (so der Isenheimer Altar) oder der fortwährenden Passion Jesu (so die Passionsbilder ROUAULTS) zum Ausdruck bringt.

Demgegenüber zielt die haptische Lesart auf den in der heutigen Glaubenserwartung in den Vordergrund drängenden Erfahrungswert der Glaubensinhalte, die auf neue Weise erlebt, angeeignet und als Lebensinhalt gewonnen werden wollen. Da es auch dabei einer »Sinnverstärkung« bedarf, müßte hier mit größerer Entschiedenheit als bisher auf die Vielfalt mystischer Wege und Anleitungen zurückgegriffen werden, wie sie im weiten Feld der christlichen Spiritualität seit Paulus, GREGOR VON NYSSA, MAXIMUS CONFESSOR über SYMEON DEM NEUEN THEOLOGEN und der von ihm vertretenen ostkirchlichen Spiritualität bis hin zu den großen Mystikern und Mystikerinnen des Mittelalters und der Neuzeit entwickelt wurden, zumal ihnen allen das Streben nach empirischer Gotteserkenntnis (*cognitio Dei experimentalis*) gemeinsam ist.

Im Interesse der Konturierung der gewonnenen Denkform ist nur noch die Frage nach dem Erkenntnisprinzip und dem ihm korrespondierenden Subjekt zu klären. Was das Prinzip anlangt, so ergibt es sich aus einer »Aktivierung« der neutestamentlichen Identifikation Jesu mit den johanneischen Hoheitsprädikaten »Licht« und »Wahrheit« (Joh 8,12; 9,5; 12,46; 14,6), vor allem aber mit der schon in ihrer alttestamentlichen Deutung als Herzensbildnerin verstandenen »Weisheit« (1Kor 1,30). Was diese in erkenntnistheoretischer Hinsicht besagt, ergibt sich am klarsten aus KIERKEGAARDS ingeniöser Gleichsetzung von Helfer und Hilfe, mit der er das Konzept einer »Christologie von innen« entwarf und überdies das Prinzip eines genuin christlichen Denkansatzes umriß[51]. Denn dieser gründet gleicherweise auf der Aufhebung des kategorialen Systems wie der Anschauungsformen von Raum und Zeit, so daß das kooperative Zusammenwirken des Glaubenden mit dem inwendigen Lehrer und damit ein Erkennen aufgrund eines vorgängigen Erkanntseins denkbar wird. In der Konsequenz dessen wird der inwendige Lehrer ebenso zum lebendig »Umgreifenden« des Denkens wie zum Inbegriff alles Denkbaren, ganz so, wie ihn der Kolosserbrief sieht, wenn er seinen Adressaten die volle Einsicht in das Gottesgeheimnis wünscht, erschlossen durch Christus, *in dem alle Schätze der Weisheit und Erkenntnis verborgen sind (Kol 2,3).*

Damit ist Christus nicht nur wie im Eingangswort des Johannesprologs zum Medium der Gotteserkenntnis erklärt, sondern ebenso zum leibhaftigen, in seiner Lebensgeschichte explizierten Sinnentwurf alles Erkennbaren. Das aber ist er nicht so sehr im Sinne dessen, woraufhin geblickt und gedacht werden muß, als vielmehr einer von sich selbst her ereignenden und gewährenden Sinnerschließung. In ihrem Licht fand die Urgemeinde zu jener Neulektüre der alttestamentlichen Schriften, die sie in ihnen den Vorentwurf der Jesusvita entdecken ließ. Und dies mehr noch aufgrund einer Selbsterschließung des in ihnen Verborgenen als eigener Denkleistung und Interpretation. Ebenso entwarf TEILHARD DE CHARDIN von da aus seine christozentrische Deutung des Kosmos, gestützt auf Schriftworte, die von Jesus als dem einen Herrn sprachen, durch den alles wurde (1Kor 8,6), der vor allem war und in dem das All seinen Bestand hat (Kol 1,17).

Zur vollen Einlösung der erstrebten Aktivierung verhilft jedoch erst die Beantwortung der Frage nach dem Erkenntnissubjekt. Doch wurde auch sie bereits mit der Entdeckung des inwendigen Lehrers geklärt. Offen ist nur noch die Zusatzfrage nach seiner Einwirkung auf das menschliche Subjekt. Sie wird sich nur dialektisch, im Sinn des paulinischen »Nicht mehr ich – er in mir« beantworten lassen. Diese mystische Lebensformel schließt den aktiven Einsatz der menschlichen Intelligenz keineswegs quietistisch aus; doch bringt er sie in jene mystische Abhängigkeit vom christomatischen Über-Ich, die Paulus meint, wenn er seinen Adressaten erklärt: »jetzt erkennt ihr Gott, oder vielmehr: ihr seid von Gott erkannt« (Gal 4,9) und wenn er ihre Liebe gleichfalls auf ein Erkanntsein durch Gott zurückführt (1Kor 8,3). Die Formen dieser Insinuation sind zweifellos vielfältiger Art. Sie reichen von einem unmerklichen Bewogensein über Erfahrungen einer divinatorischen Steuerung bis hin zu denen eines förmlichen Zuspruchs, auch wenn dieser, wie vermutlich sogar im Regelfall, erst im nachhinein als solcher bewußt wird. Doch worauf erstreckt sich diese Insinuation?

Mit ihrem kritischen Schwerpunkt zweifellos auf die Schwachstellen im heutigen Glaubensbewußtsein. In erster Linie auf die weithin unbeantwortete Identitätsfrage und deren bestürzenden Grund: die Verdunklung der Gottesverkündigung Jesu. Denn nicht nur die bis hinauf in die höchsten hierarchischen Ränge reichende Beharrung auf dem ambivalenten Gott der religionsgeschichtlichen Tradition, der ebenso in seiner Strafgerechtigkeit gefürchtet wie in seiner Barmherzigkeit geliebt werden müsse, sondern weit mehr noch die die gegenwärtige Christenheit durchherrschende Grundstimmung ist von einem Gottesbild geprägt, das Jesus mit seinem Vorstoß in das Herz Gottes himmelweit überschritt. Im Hinblick darauf wird der Zuspruch des inwendigen Lehrers zum Gewissensruf, der die Christenheit darauf drängt, endlich mit der Gottesverkündigung Jesu gleichzuziehen[52]. Dem setzen sich freilich tief eingewurzelte Hemmnisse und Sperren entgegen, von denen wenigsten die drei wichtigsten erwähnt seien: die mit einem Denkverzicht belastete Glaubensvorstellung als Spitze einer auf Sünden- und Höllenangst gestützten Pädagogik; die auf die Satisfaktions- und Rechtfertigungsdoktrin gegründete Erlösungslehre und, am wenigsten greifbar und doch alle Beziehungen belastend: der Geist der Schwere, der das als Gott wohlgefällig ausgibt, was schmerzt und schwerfällt.

Vergessen ist offenkundig das große Mahnwort des Römerbriefs (8,15), das ebenso wie die Einladung des johanneischen Jesus zur mitwissenden Freundschaft mit ihm (Joh 15,15) dem »Geist der Knechtschaft« und damit jeder Form religiöser Heteronomie die entschiedenste Absage erteilt, vergessen nicht weniger das bewegende Plädoyer Oskar Pfisters für ein angstfreies Christentum in seiner Abrechnung ›Das Christentum und die Angst‹ (1940), und dies nicht zuletzt deswegen, weil im Widerspruch zur Überzeugung des Evangeliums noch immer der Unglaube und nicht, wie es einzig zutrifft, die Angst als der Gegensatz zum Glauben angesehen wird, vergessen nicht zuletzt auch die eindringliche Lektion dieses Jahrhunderts, die es den christlichen Kirchen als vornehmste Pflicht auferlegte, sich aufs nachdrücklichste von den Systemen zu unterscheiden, die sich der Menschheit mit Hilfe von Terror, Einschüchterung und Zwängen zu bemächtigen suchten und sie dabei in eine Hölle von Ängsten stürzten.

Vergessen wurde dann aber ebenso die aus der Leiderfahrung dieses blutigsten Jahrhunderts der bisherigen Menschheitsgeschichte geborene Einsicht in Sinn und Würde menschlichen Sterbens, die in der Erkenntnis gipfelt, daß der Tod als das Endziel des menschlichen Daseins zweckfrei gedacht werden muß. Verdrängt wurde dann aber auch die sich daraus ergebende Folgerung für die Würdigung des Todes Jesu, die darauf ausgeht, ihn, herausgelöst aus seiner Funktionalisierung durch das Opfer-, Sühne- und Rechtfertigungsmotiv, zweckfrei und damit als die reinste Selbstmanifestation dessen, was Jesus gelebt hatte, zu begreifen: als den unsichtbaren Sonnenaufgang der Liebe in der von Gottesfinsternis und Menschenhaß verdunkelten Welt[53].

Den Geist der Schwere zu überwinden, wird dem inwendigen Lehrer indessen nur gelingen, sofern er, in der Sprache der Mystik ausgedrückt, als Lesemeister zugleich Lebemeister ist: Beweger der stagnierenden Kräfte und Beleber der erschöpften Reserven. Zu diesem Ziel richtet er den Blick des Glaubens auf jene sich selbst vermittelnde – und ihm in wachsendem Glanz entgegenstrahlende – Mitte, die in dem Maße, wie sie erkannt wird, das Gesetz seines Vollzugs an sich reißt. Dadurch weckt er die Kreativität des Glaubens, der so seiner Berufung zur Mitgestaltung des Geglaubten bewußt wird[54]. Als unmittelbare Folge dessen brechen die verschütteten Quellen der Glaubensfreude auf, die in alle Nischen der Resignation eindringt und dadurch dem depressiven Ungeist wehrt. Der inwendige Lehrer aber, der den Glauben zum Bewußtsein seiner Kreativität erweckt, tritt damit als der große Exorzist auf den Plan, der dem Unwesen des alles verdüsternden Geistes der Schwere ein Ende setzt.

Noch wichtiger ist jedoch die damit bereits ins Auge gefasste affirmative Wirkung der von ihm ausgehenden Insinuation. Wie es seiner Physiognomie als Lehrer und Beweger entspricht, richtet sich diese auf die von der Entdeckung der Mitte ebenso wie von der aktuellen Glaubenssituation geforderte Wende von der Gegenständlichkeit zur Innerlichkeit. Denn er ist, im Blick auf den Zentralakt der Mystik gesprochen, die personifizierte Inversion. Aus dem Schrein der Vergegenständlichungen hervorgetreten, erzählt er in seiner übersprachlichen Selbstbekundung das Glaubensbekenntnis noch einmal, jedoch aus dessen esoterischer Innensicht. Als Lebemeister bewirkt er aber auch das, was er »besagt«; denn er zieht den Glaubenden hinein in jene umgreifende Sphäre, die Paulus mit der Formel »in Christus« anspricht. Dadurch geraten die Aufgenommenen in das Kraftfeld dessen, der nach paulinischer Deutung das alles und alle in sich zusammenfassende »Haupt« (Eph 1,22; 4,15f), verstanden als das Integrationszentrum seines mystischen Leibes ist.

Spätestens hier muß deutlich gemacht werden, daß die Christomathie mit einer Revision der metaphysischen Grundverhältnisse einhergeht. Sie betrifft in erster Linie den ontologischen Initiationsakt, der sich von der fixierenden Betroffenheit des philosophischen Staunens in die einer dankbaren Gewärtigung des sich Zueignenden und Begebenden wandelt. Denn in der Überwältigung durch das primordiale Einbezogensein in die mit der In-Christus-Formel bezeichnete Sphäre schmilzt die »Starrheit des Staunens« (ROSENZWEIG) auf, um dem Initiationsakt der Dankbarkeit Raum zu geben.

Einer nicht minder tiefgreifenden Revision unterliegt das Grundkonzept der Transzendentalienlehre, das im Sinn ihrer klassischen Fassung auf der Konvertibilität von *ens* und *verum* beruhte, nach LÖWITHS Interpretation des Neuansatzes von GIAMBATTISTA VICO jedoch den Grundsatz »verum et factum convertuntur« an deren Stelle setzt[55]. Gemeint ist damit die »ganz gewiß vom Menschen gemachte« Welt des »mondo civile«, die gesellschaftliche Menschenwelt, die seiner Überzeugung nach aus dem »ungeheuren Ozean des Zweifels« wie eine Insel herausragt. Auf der Suche nach den theologischen Prämissen dieses revolutionären Grundsatzes stößt Löwith auf das Wort des Johannesprologs, das den Logos das »Licht der Menschen« nennt, weil alles durch ihn geschaffen ist, weil sich also, wie Vico sagt, in Gott das »primum verum« findet, während er selbst der »primus Factor« ist[56]. Im Hinblick darauf, daß Vico die Haupteigenschaft des Menschen darin erblickt, »gesellig« und damit gesellschaftsfähig zu sein, drängt sich aber als biblische Bezugsstelle mindestens ebenso sehr das »et homo factus est«, verstanden als die »Gottestat« der Menschwerdung auf[57]. Im Feld des Universalienproblems entspricht dem der auf die neutestamentliche Identifizierung Christi mit der »Weisheit« gestützte Versuch HANS URS VON BALTHASARS, ihn als das »Universale concretum« und damit als das Prinzip der genuin christlichen Denkform zur Geltung zu bringen: ein Ansatz, der bei aller Bedeutung doch die Frage offen läßt, wie aufgrund dieses Prinzips tatsächlich gedacht werden kann[58]. Die Christomathie ist die konzeptuelle Beantwortung dieser Frage, der inwendige Lehrer die figurative Veranschaulichung ihres synergetischen Subjekts.

Was sich durch das Walten des inwendigen Lehrers erschließt, ist somit der »Innenraum« des Glaubens, in dem sich der vergegenständlichende Glaube »an« die Mysterien zu einem Glauben »in« ihnen verinnerlicht, so daß sich der Glaubende nicht mehr nur akzeptierend und bekennend auf sie bezieht, sondern sich in ihnen vorfindet. Der Vorgang erinnert an den im platonischen Höhlengleichnis beschriebenen Weg des Denkenden aus der Bilderwelt der Höhle zur befreienden Schau des Ideenreiches und ist davon doch grundverschieden, sofern das Ziel hier durch seine Entgegenkunft und nicht wie dort durch die befreiende Denkleistung des Aufsteigenden erreicht wird[59]. Und er erinnert nicht weniger an HEGELS »Aufhebung« des Christentums aus seiner dogmatischen, der vergegenständlichenden Anschauung verhafteten Form in seine spekulative Zielgestalt und ist davon doch nicht weniger grundverschieden. Denn hier geht es nicht um die Aufhebung der »Positivität« der dogmatischen Bestimmtheit des Glaubens, sondern um den Durchbruch in seine ureigene Innenwelt[60]. Es ist bei Hegel, wie KARL LÖWITH nachwies, letztlich die Innenwelt des sich selbst denkenden Subjekts, bei Paulus dagegen die Innerlichkeit dessen, in dem der Friede Gottes alles Sehnen und Denken – im Sinn eines es letztlich umhegenden Bewahrens – aufhebt (Phil 4,7), so daß sich das Sehnen in einem Ergriffensein und das Denken in einem vorgängigen Erkanntsein erfüllt. So aber wird – in der Abfolge des Glaubensbekenntnisses gesprochen – für Paulus die Schöpfung zum Großraum des universalen Strebens nach der Freiheit der Gotteskinder (Röm 8,18-23), die Menschwerdung zum Prinzip der Erhebung zur Gotteskindschaft (Gal 4,4ff), die Passion und Auferstehung zur Ursache des Mitgekreuzigt- und Mitbegrabenseins mit Christus (Gal 2,19), aber auch zu der des Auferwecktwerdens mit ihm (Röm 6,3-11), die Himmelfahrt zur Bedingung seines vielfältigen Fortwirkens in der Glaubensgemeinschaft (Eph 4,8-13) und seine Parusie zum Inbegriff der endzeitlichen Vollendung aller Dinge in Gott (1Kor 15,28). Dies aber nicht so sehr im Sinn einer sich dem Glaubenden erschließenden Bilderwelt, als vielmehr in dem seines Hineingenommenseins in den von den einzelnen Mysterien je besonders beleuchteten Sinn des Daseins, jedoch eines Sinnes, der sich mehr ereignet als abzeichnet und darstellt: ereignet in der Mitfreude am Sein, in der Leidensgemeinschaft mit dem in den Tod Hingegebenen, in Erfahrungen der Rettung aus äußerster Bedrängnis und des Überlebens am Rande des fast schon sicheren Todes, der Befähigung zu »vorgegebenen« Leistungen (Eph 2,10) und nicht zuletzt zu einem Leben in der Hoffnung auf den, der allem Kampf und Leid durch seinen Selbsterweis als der des endzeitlichen »Ein und alles« ein Ende setzt. Das ist, auf seinen Kern zurückverfolgt, ein Leben aus der Kraft eines synergetischen Glaubens, der sich bei allem Einsatz zuletzt zu seinen Akten bewogen und zu seinen Taten »bestärkt« weiß. In seinem kognitiven Aspekt gesehen aber ist das ein Glaube im Geist der Christomathie, also nicht auf der vom Glauben »an« die Mysterien bezeichneten, sondern der von ihnen ausgehenden und ausgelegten Spur. Es ist die Spur, die in die von Jesus erschlossene und sich in ihm selbst vermittelnde Mitte des Göttlichen führt und dadurch besser als jedes Argument beweist, daß die »Einweisung ins Christentum« ihr Ziel erreicht hat.

FÜNFTER TEIL:

DIE IDENTIFIKATION

ÜBERLEITUNG

Beim Rückblick von dem erreichten Ziel tritt zunächst die Prämisse zutage, der der zurückgelegte Gedankengang unterstand. Vorausgesetzt war bei jedem Schritt, daß es dem Christentum aufgrund des ihm eingestifteten – ontogenetischen – Entwicklungsgesetzes erst im Lauf seiner Geschichte gelingt, sein Potential voll auszuschöpfen, und daß es demgemäß auch erst im Zug dieses Werdeprozesses zum Vollbewußtsein seiner selbst gelangt. Angenommen war desgleichen, daß sich dieser Prozeß höchst dramatisch gestaltet, so daß neben Aufschwüngen und Durchbrüchen auch Rückschläge und Rezidive zu verzeichnen sind. Anders wird es sich nicht erklären lassen, daß sich die Christenheit gegen das erklärte Gebot ihres Stifters in Konfessionen und Denominationen aufspaltete, daß sie sich im Widerspruch zu seiner dezidierten Absage an jede Form von Gewalt in Bruderkämpfen zerfleischte und daß die verzwisteten Glaubensgemeinschaften den inneren Zusammenhalt durch Suggestion von Ängsten und ihre ideologische Geschlossenheit mit dem Einsatz von Methoden der Kontrolle, der Disziplinierung und des Terrors aufrechtzuerhalten suchten. Und noch weniger ist es anders zu erklären, daß die Christenheit auf ihrem Weg durch die Geschichte, anstatt im Sinn des großen Epheserwortes (4,13) zum Vollmaß des Glaubens heranzureifen, wiederholt hinter die durch die Lebensleistung Jesu gesetzten Maßstäbe zurückfiel. Vorausgesetzt war aber insbesondere, daß auf diesem zerklüfteten Weg heute eine entscheidende Schwelle erreicht ist, an welcher, mit Hans Küng zu sprechen, bisher dominierende Paradigmen ihre Evidenz verlieren und deshalb zugunsten gültigerer aufgegeben werden müssen, und in alledem die Schwelle, an der das Christentum von der vergegenständlichenden Außensicht seines Glaubens in dessen identitätsstiftende Innensicht überzugehen beginnt.

Für diese Kehre bietet zweifellos die paulinische Esoterik, gestützt auf das Leitwort »in Christus« das wegweisende Modell; doch erhebt sich hier zugleich das schon von Albert Schweitzer geäußerte Bedenken, ob dieser Formel tatsächlich der ihr beigemessene Stellenwert zukommt. Für Schweitzer führt die Annahme, daß die Wendung »in Christus« aufgrund ihres häufigen Vorkommens auch die ursprüngliche und deshalb das Tor zur Mystik des Apostels öffnende sei, »in eine Sackgasse«, da sie sich bei näherer Überprüfung als abkünftig erweise[1]. Ursprünglich sei dagegen die komplementäre Formel »Christus in uns«, mit der Paulus die Einbeziehung in die Leiblichkeit des Auferstandenen zum Ausdruck bringe, so daß der Ausdruck »in Christus« nur als sprachliche Kurzformel für die »Teilhabe am mystischen Leibe Christi« zu gelten habe.

Sosehr die Ansicht Schweitzers durch das Selbstzeugnis des Apostels gestützt zu werden scheint, daß er durch die Einsprechung des Gottessohnes zur definitiven Selbstfindung gelangte, übersieht er dabei doch, daß dieser Aussage zufolge Gott das Subjekt des Geschehens, der »Sohn« jedoch der Inhalt der an Paulus ergangenen Mitteilung ist. So entspricht es aber nicht nur der begriffsgeschichtlichen Entwicklung, in der die Rede von der »Erweckung« des Gekreuzigten der von seiner »Auferstehung« voranging; vielmehr spricht diese scheinbar geringfügige Differenz auch für den Vorrang des »Wir in Christus« vor dem Motiv der Einwohnung. Daran ist um so mehr gelegen, als sich die vorrangige Formel als Schlüssel zu den beiden Stellen erweist, in denen das Sein »in Christus« eindeutig als Frucht und Folge eines göttlichen »Zuvorkommens« erscheint. Das gilt zunächst für das Philipperwort, das die Genese des »Wir in Christus« im Stil eines an den anselmischen Gottesbeweis erinnernden Denkmusters darstellt:

> *Und der Friede Gottes, der alles Begreifen übersteigt, wird eure Herzen und Gedanken in Christus Jesus bewahren (Phil 4,7).*

Die Stelle setzt nachgerade »existentialistisch« mit der Mahnung ein, die Sorgen im Gebet Gott anheimzustellen (4,6). Sie sieht den Menschen somit, ebenso wie Jesus, als das exzentrische, sich im sorgenden Ausgriff ständig verzehrende Wesen, wie es dann vollends in der Daseinsdeutung HEIDEGGERS ausgearbeitet wird[2]. Was das Herz beschwert, sind demzufolge die das Dasein verstörenden Sorgen, denen in geistiger Hinsicht die Zweifel des Denkens entsprechen. Beiden gebietet der Gottesfriede Einhalt, der Unruhe des Herzens durch die in ihm erlangte Erfüllung, aber auch den von der insecuritas-Situation des Denkens eingegebenen Zweifeln (WUST), die er dadurch »ausräumt«, daß er den Zweifelnden in den einbezieht, in dem »alle Schätze der Weisheit und Erkenntnis verborgen« sind (Kol 2,3)[3]. Das ist unvergleichlich mehr, als die auf dem anselmischen Weg erlangte Vergewisserung, die durch den Aufprall der Denkbewegung auf die »Mauer« des unüberdenklich Größten (CUSANUS), also durch eine denkerische Grenzerfahrung, zustande kommt[4]. Die im Gottesfrieden erlangte Vergewisserung ist dagegen die Folge der Einbeziehung in das Sein »in Christus«, das insofern den Tatbestand des letztlich Umgreifend-Einbegreifenden erfüllt. Entgegen seiner sekundären Einstufung der Formel räumt SCHWEITZER dann doch ein, daß die Vorstellung des Seins in Christus Paulus so sehr beherrsche,

> *daß er nicht nur alles, was mit der Erlösung zusammenhängt, in ihr begründet sein läßt, sondern überhaupt jedes Erleben, Fühlen, Denken und Wollen des Getauften als in Christo geschehen sein läßt*[5].

Das führt bei PIET SCHOONENBERG zu der Forderung, das »in Jesus« als Inbegriff der »vollen Gegenwart Gottes« zu denken, weil in ihm die beiden Grundformen der Weisheit – Weisheit als schöpferisches Wort und Weisheit als zu messianischem Wirken drängender Geist – »verleiblicht« sind[6]. Insofern erscheint die vom Gottesfrieden bewirkte »Aufhebung« allen Sehnens und Denkens »in Christus« als die Doppelbewegung der fortwährenden Zurücknahme in Gott und seiner Selbstvergegenwärtigung im Menschen. So aber wird das »in Christus« tatsächlich zum Inbegriff des in Gott ebenso gefundenen wie von ihm ausgehenden Friedens, seiner alles auf sich zurückbeziehenden und alles durch sich lichtenden Weisheit und damit als der letzte Ziel- und Erfüllungsgrund menschlichen Strebens, Hoffens und Seins. Der Einwand Schweitzers aber erledigt sich dadurch, daß das Ziel, in das alles ausmündet, zugleich als Quelle göttlicher Selbstmitteilung erfahren wird, so daß das »in Christus« fortwährend in die Gegenperspektive des »Christus in uns« umschlägt.

Das bestätigt sodann die zweite Stelle, die auf die Befestigung in der mit der In-Christus-Formel bezeichneten Sphäre abhebt. Sie bildet den hymnischen Schluß des Geist-Kapitels des Römerbriefs, der als solcher einen, wenn nicht sogar den Höhepunkt der dichterischen Aussagen des Apostels markiert. Schon in dem von BACH aufgegriffenen Eingangswort hatte er betont, daß »nichts Verdammliches« in denen verblieb, die »in Christus Jesus sind« (Röm 8,1). Jetzt, im krönenden Schlußhymnus, beantwortet er die Frage:

Wenn Gott für uns ist, wer ist dann gegen uns?
Wenn er seinen eigenen Sohn nicht geschont,
sondern ihn für uns alle hingegeben hat –
wie sollte er uns nicht mit ihm alles schenken?
Wer wird uns trennen von der Liebe Christi?
Angst, Not und Verfolgung, Hunger oder Kälte, Gefahr oder Schwert?

mit der vom Vertrauen in die »alles überstehende« Macht der Liebe Gottes getragenen Überzeugung:

Doch all das überwinden wir durch den,
der uns geliebt hat. Denn ich bin gewiß:
Weder Tod noch Leben, weder Engel noch Mächte,
weder Gegenwärtiges noch Zukünftiges,
weder Gewalten der Höhe oder Tiefe
noch irgendein anderes Geschöpf
können uns trennen von der Liebe Gottes,
die in Christus Jesus ist, unserem Herrn (8,31f.35.37ff.)[7]

Indessen mischt sich in den von SCHWEITZER erhobenen Einwand ein zweites Bedenken ein, das sich aus der für die Gegenwartstheologie formbestimmenden »anthropologischen Wende« ergibt. Sofern diese besagt, daß der Mensch, mit RAHNER gesprochen, »das Ereignis der freien, vergebenden Selbstmitteilung Gottes« ist, weil er mit seiner Sinnspitze ins Gottesgeheimnis hineinragt und nur von dorther die Sinnerfüllung seines von und zu Gott aufgerufenen Daseins erfährt, ist es mit dem Vorstoß zu der sich selbst vermittelnden Mitte noch nicht getan. Auch genügt dann die Rahnersche Bestimmung des Christentums als »die Religion der Unmittelbarkeit zu Gott in dessen Selbstmitteilung« noch nicht, sosehr sie den Gipfel der bisherigen Sinnbestimmungen bildet[8]. Vielmehr gehört dann zum Begriff seiner Identität integrierend auch der Aspekt der Identifikation mit ihm, weil das Christentum keine Religion unter den übrigen, sondern als Religion zugleich die erfüllende Antwort auf die Sinnfrage des Menschen ist, die ohne dessen Resonanz ins Leere gesprochen wäre.

Ihrer ganzen Natur nach muß diese Resonanz von der Aristie des Menschen ausgehen, die nicht so sehr in dessen Zutun, als vielmehr im Werk Gottes in ihm besteht. Das aber ist die Begriffsbestimmung jenes Ternars von Tugenden, der von Paulus wiederholt, am deutlichsten in der Schlußkadenz seines Hymnus auf die Liebe, genannt wird, wenn er versichert:

> *Nun bleiben Glaube, Hoffnung, Liebe, diese drei. Am größten unter ihnen aber ist die Liebe (1Kor 13,13)*[9].

Wenn Paulus im Römerbrief versichert, daß »die Liebe Gottes ausgegossen ist in unseren Herzen« (5,5), heißt das nach HANS LIETZMANN, daß wir die Gewißheit haben, von ihm geliebt zu sein. Das ist ein eindeutiger Rückverweis auf den von Jesus entdeckten und in seinem Leben, vor allem aber auch in seinem Tod bezeugten Gott der bedingungslosen Liebe. Damit bricht der Künder dieses Gottes nicht nur mit allen, durchweg auf die Ambivalenz des Göttlichen gegründeten religiösen Konventionen; vielmehr stellt er auch alle menschlichen und religiösen Beziehungen dadurch auf eine neue Basis. Die mit dem paulinischen Ternar bezeichnete Aristie des Menschseins aber wirft abschließend die Frage auf, wie auf dieser Basis geglaubt, gehofft und geliebt werden kann. Es ist die Frage nach der Höchstform der menschlichen Identifikation mit der Gottesverkündigung und der Sache Jesu. Wenn sie gelingt, muß sich schließlich zeigen, daß er im Glauben der Seinen zu sich selbst erwacht, daß er in ihrer Hoffnung sich selbst bejaht und daß er in ihrer Liebe sich selber liebt. Überzeugender kann die Identifikation mit seinem Vermächtnis und seiner Stiftung nicht besiegelt werden.

I. KAPITEL:

DIE ERWECKUNG DES GLAUBENS

1. Der Anruf

Mit seiner Proklamation des Gottesreiches wollte Jesus die größte und endgültige Epochenwende herbeiführen. Im Schlepptau der Reimarusthese deutete die liberale Jesusforschung die Vergeblichkeit dieser Erwartung als Folge einer Selbsttäuschung des in extremer Naherwartung Befangenen. Tatsächlich aber war es die Folge seiner Ablehnung durch die Vertreter eines unbeweglichen Konservatismus und ihres Einflusses auf die von gegensätzlichen Stimmungen zerrissene Bevölkerung. Das stürzte Jesus, wie MARTIN BUBER eindrucksvoll zeigte, in die große Krisenstunde seines Lebens, aus der ihm zwar der Zuspruch des Freundes (Mt 16,16) heraushilft, die ihn dann aber zugleich vor die Erkenntnis der Unabdingbarkeit seines Todes stellte. Auf die kürzeste Formel gebracht, heißt das:

Der Tod wird für ihn zum Preis der von ihm entdeckten, proklamierten und gelebten Liebe.

Der anthropologische Hintergrund dieser These wird deutlich, wenn man bedenkt, daß auf die von Paulus als das Grundproblem des Menschen erkannte Todverfallenheit (Röm 7,24) dadurch ein versöhnliches Licht fällt, daß der Tod als die Bedingung der sexuellen Weitergabe des Lebens und diese als der biologische Grund von Eros und Liebe erscheint[1]. Über alle Distanzen hinweg knüpft Jesus daran an, wenn er nun seinen eigenen Tod als den unumgänglichen Weg zu dem Ziel begreift, die von ihm entdeckte und gelebte Liebe gegen den ihm entgegenschlagenden Haß der Welt durchzusetzen. Wie weit er die für ihn tödliche Situation durch Aktivitäten wie die des Einzugs in Jerusalem oder den Eingriff in den Tempeldienst selbst herbeiführt, bleibt, daran gemessen, eine zweitrangige Frage, da ihn seine Verkündigung früher oder später ohnehin in eine für ihn todbringende Konfliktsituation gebracht hätte[2]. Für sein Todesverständnis aber gibt, so gesehen, allein die Ankündigung Aufschluß, er werde von der Frucht des Weinstocks nicht mehr trinken, bis er neu davon trinke im Reiche Gottes (Mk 14,25)[3].

Indessen widerspräche es der Denkweise Jesu zutiefst, wenn man den in diesem Verheißungswort ausgesagten Zusammenhang seines Todes mit dem Anbruch des Gottesreichs in einer kausalen Verknüpfung denken würde. Zwar weiß er intuitiv, um nicht zu sagen prophetisch, um die unumgänglich gewordene Bedingung seines Sterbenmüssens. Doch versteht er sie nicht als eine ihm abverlangte Vorleistung, so wenig wie er den Eintritt des »Effekts«, den Anbruch des Gottesreiches, als deren Wirkung begreift. Die spätere Zweckdeutung seines Todes im Sinn der Sühne- und Rechtfertigungsdoktrin liegt ihm somit denkbar fern. Was auf seinen Tod folgt, erwartet er nicht von diesem, sondern von der darauf antwortenden Intervention seines Vaters. Doch gerade so wird sein Sterben, wie es dann sein Todesschrei dokumentiert, zur gewaltigsten Anrufung der göttlichen Erbarmung, die jemals zum Himmel drang. Und gleichzeitig zieht er mit diesem Sterben die äußerste Konsequenz aus einem Leben, das ganz der Hingabe an Gott, an seine Sendung und an die Menschen, zu deren Rettung er sich gesandt wußte, geweiht war. So begegnen sich in seinem Tod die Liebe, die er gelebt hat, mit der, die er sterbend anruft.

Einsichten, die ihm aus seiner Passionstheologie erwuchsen, wie sie etwa der Brief an Nikolaus Albergati dokumentiert, mögen Nikolaus von Kues dazu geführt haben, daß er – nach Art einer Extrapolation der gleichsinnigen Hebräerstelle (5,7) – den Todesschrei Jesu als den Gipfel der die ganze Weltgeschichte durchziehenden Gottesoffenbarung begriff[4]. In seiner Meditation über die große Stimme Jesu betont er:

> *Das ist die große Stimme, die in der Tiefe unseres Herzens ertönt und von den Propheten in uns hineingerufen wurde, damit wir den einzigen Schöpfer verehren, die Tugend üben und uns zu unserem Erlöser flüchten. Nachdem sich diese Stimme jahrhundertelang bis auf Johannes, den Rufer in der Wüste, gesteigert hatte, hat sie endlich Menschengestalt angenommen, und nach einer Reihe von Modulationen, die uns verdeutlichen, daß von der Liebe unter allen schrecklichen Dingen das Schrecklichste, der leibliche Tod, gewählt werden mußte, stieß sie einen großen Schrei aus und verschied* [5].

Im Hallraum der ungeheueren Leiderfahrung dieses Jahrhunderts vernahm Simone Weil diese Stimme nochmals, doch jetzt nicht mehr als die letzte der vom Offenbarungswort durchlaufenen Modulationen, sondern als den dissonanten Ausdruck der Entzweiung, in die Gott mit sich selbst geriet, als er seinem eingeborenen Sohn den Verbrechertod am Kreuz zumutete. Weil anders das Leid und die Todverfallenheit des Daseins nicht aufgearbeitet werden konnte, trat Gott mit dieser Zumutung zu sich selbst in eine sein Herz zerreißende Dissonanz:

Dieser unendliche Abstand zwischen Gott und Gott – äußerste Zerreißung, Schmerz, dem kein anderer gleichkommt, Wunder der Liebe – dieser Abstand ist die Kreuzigung. Nichts kann von Gott entfernter sein als das, was zu seinem Fluch gemacht worden ist. Diese Zerreißung, über welche die höchste Liebe das Band der höchsten Einung ausspannt, hallt unaufhörlich durch das ganze Weltall[6].

Es ist diesselbe Dissonanz, die lange zuvor schon Jean Paul in dem bekanntesten seiner visionären Texte, der »Rede des toten Christus vom Weltgebäude herab, daß kein Gott sei«, vernommen hatte, jenem den wankend gewordenen Gottesglauben beschwörenden Alptraum, der mit dem Ertönen von zwei Mißtönen einsetzt, die unablässig »miteinander kämpften und vergeblich zu einem Wohllaut zusammenfließen wollten«, bis sie sich schließlich im Schlußwort des toten Christus in eine förmliche Toterklärung Gottes überschlagen:

Schreiet fort, Mißtöne, zerschreiet die Schatten; denn er ist nicht![7]

Und es ist in alledem der das ganze Dasein durchdringende und alle Stimmen, die sich je zu – und gegen – Gott erhoben, in sich aufnehmende Notschrei des Gekreuzigten, von dem Eva Zeller dichtete:

Nur seinen Schrei
nehmen wir ihm noch ab
und verstärken ihn
in aller Munde[8].

Und es ist der Aufschrei, dessen extreme Resonanz sogar noch in NIETZSCHES Wort »Gott ist tot« hörbar wurde, sofern es mit dem auf das Ungesagte in ihm achtenden HEIDEGGER als hintergründiger Anruf zu verstehen ist:

> *Vielleicht hat da ein Denkender wirklich de profundis geschrieen? Und das Ohr unseres Denkens? Hört es den Schrei immer noch nicht?*[9]

Wenn man sich das vergegenwärtigt, wird deutlich, wovon der von Jesus bei seinen Zeitgenossen vergeblich gesuchte und von seinen Zeugen in die Nachwelt hineingerufene Glaube letztlich ausgeht. Um es zunächst kritisch zu sagen: nicht von Argumenten, wie sie von der fundamentaltheologischen Forschung mit großer Akribie erarbeitet wurden, sondern – bei allem Wert solch argumentativer Stützen – von dem Anruf, der von diesem die gesamte Offenbarungsgeschichte krönenden Aufschrei an einen jeden, der hören kann, ergeht. In diesem höchsten Sinn kommt der Glaube der paulinischen Grundbestimmung entsprechend »aus dem Hören« (Röm 10,17). Glaube ist dann der Versuch, sich auf die große, das ganze Weltall durchhallende Stimme einzustimmen, durch die Gott zu sich ruft, und die sich dadurch als glaubhaft erweist, daß sie die zerreißenden Gegensätze des Daseins, die sich bis ins Herz Gottes hinein fortsetzen, mit dem Band der sie einenden Liebe überspannt. Sofern in dem an den Menschen ergehenden Anruf aber noch der Todesschrei Jesu nachklingt, ist es, genauer noch gesagt, der nach KIERKEGAARD in allen Herrenworten zu vernehmende Leidenston, der, wie die Bitte eines Hilfesuchenden, an das Herz des Menschen rührt und ihn zum Glauben bewegt. Denn nach Kierkegaard besteht das Erstaunlichste in der Liebeszuwendung Jesu darin, daß sie in einer Weise an die Menschen ergeht, als sei der Helfer selbst der Hilfe bedürftig und als sei ihm selbst geholfen, wenn ihm die von ihm gebotene Hilfe abgenommen wird. Obwohl er das Kostbarste zu geben hat, tritt er dieser Deutung zufolge doch wie ein Bettler an die seiner Hilfe Bedürftigen heran. Und wie könnte er mächtiger an ihr Herz rühren?

Doch damit bewegt sich die Genese des Glaubens auf einer zutiefst menschlichen Spur. Denn so entspricht es insbesondere der allgemeinen Spracherfahrung. Wer redet, spricht nach Ausweis des Mißverhältnisses zwischen den von ihm verwendeten Sprachzeichen und der von ihm tatsächlich gemachten Mitteilung, nicht so sehr in informativer, als vielmehr in kommunikativer Absicht: er spricht, um seine Einsamkeit zu brechen und wenigstens für die Dauer des aufgenommenen Gesprächs einen sich ihm zuwendenden Menschen zu haben. Wenn der johanneische Jesus das Gebet »im Geist und in der Wahrheit« mit der Begründung einfordert: »solche Anbeter sucht der Vater« (Joh 4,23) und dabei unverhohlen von einer Sehnsucht Gottes spricht, darf das uneingeschränkt auch auf das göttliche Offenbarungswort bezogen werden. So gesehen ist der Glaube die Frucht einer gleichzeitig aus der Tiefe des Herzens wie aus dem Grund der Geschichte und aus der Höhe des – im johanneischen Doppelsinn – Erhöhten an den Menschen ergehenden Anmutung und insofern ein Synergismus von göttlicher Entgegenkunft und menschlicher Rezeption. Das aber heißt, in Form einer theologischen Konsequenz gesprochen: wir werden zum Glauben nicht erzogen, sondern bewogen!

Zur Verdeutlichung des Profils dieser These muß nach der Herkunft des mit ihr verabschiedeten »Instruktionsmodells« (FRIES) zurückgefragt werden[10]. Es war offensichtlich das Ergebnis einer »Konvergenz« von reformatorischen und kartesianischen Impulsen. Nach der alle Bereiche durchgreifenden Verdüsterung des Gottesbildes im Spätmittelalter geriet auch das kirchliche Denken in den Bann der Lutherfrage nach dem gnädigen Gott. Nicht umsonst bemühte sich das Trienter Konzil darum, der reformatorischen Rechtfertigungslehre ein eigenes Konzept entgegenzustellen[11]. In der Folge drangen dann aber, wie RAINER SPECHT nachwies, kartesianische Vorstellungen wie insbesondere die von der auf dem Zweifelsweg zu gewinnenden Gewißheit in den kirchlichen Denkraum ein. In dem Maß, wie diese bewußtseinsbildend wurden, geriet das religiöse Denken in einen »Beweisnotstand«, der nur mit der Aufarbeitung von drei Grundsatzfragen behoben werden konnte:

> *Gab es überhaupt einen gnädigen Gott, und war er, falls sich sein Dasein beweisen ließ, auch wirklich gnädig? Und wo war, falls beides gegeben war, seine verzeihende Gnade zu erlangen?*

Daraus entwickelten sich die drei klassischen Beweisgänge der auf argumentative Beweisführung ausgerichteten Fundamentaltheologie. Grundlegend ist dafür die *demonstratio religiosa*, die sich mit dem Aufweis der Existenz des einen, überweltlich-personalen Gottes befaßt, gefolgt von der *demonstratio christiana*, der es um den Aufweis der Möglichkeit, Wünschbarkeit und Tatsächlichkeit einer Gottesoffenbarung zu tun ist, und gekrönt von der demonstratio ecclesiastica mit dem Ziel, die von Christus gestiftete Kirche als die Bewahrerin und Verwalterin der Gottesoffenbarung und damit als den »Ort« der Heilsfindung glaubhaft zu machen. Letztes Argumentationsziel dieses dreifachen Beweisganges war die Erarbeitung des Glaubwürdigkeitsurteils (*judicium credibilitatis*), verstanden als die Schlußfolgerung, daß die von der Kirche vorgelegte und als glaubwürdig erwiesene Gottesoffenbarung in Akten gehorsamer Akzeptanz angenommen werden müsse[12].

Verschattet war dieses Konzept jedoch schon durch die Tatsache, daß die in ihm vorausgesetzte Einheit der Kirche durch die Spaltung zerbrochen und in eine Vielheit von Konfessionen und Denominationen mit konkurrierenden Ansprüchen aufgesplittert war, mehr aber noch durch den bei LUTHER im Gefolge der spätmittelalterlichen Verfinsterung vorausgesetzten Gott der unerbittlichen Strafgerechtigkeit, vor dessen Hintergrund sich sogar die Gestalt Jesu zum »Rex tremendae majestatis« verdüsterte und der bei DESCARTES als der Inbegriff der den Menschen niederzwingenden Übermacht (KRÜGER) erschien[13]. Das war der Gott, der im Sinn des von Descartes aufgenommenen anselmischen Arguments als der »unüberdenklich Größte« gedacht werden mußte, wenn das Denken zur Einsicht in seine Existenz gelangen sollte und dem der sündige Mensch, wie Luther in seinem »Turmerlebnis« aufgegangen war, nur im Akt des bedingungslos vertrauenden »Fiduzialglaubens« in den drohend erhobenen Arm fallen konnte.

Vollends entzogen dem klassischen Instruktionsmodell aber erst die großen Einbrüche dieses Jahrhunderts den Boden. Der anthropologische zunächst, durch den sich der Mensch nicht mehr so sehr, wie in der gesamten Vorzeit, als vergebungsbedürftig, umso mehr jedoch im Gefolge seiner Existenz- und Identitätsnot als heilungsbedürftig erfährt. Sodann der ethische in Gestalt des schwindenden Sündenbewußtseins, durch das die Lutherfrage, wie GÜNTER ROHRMOSER betonte, die Basis der Verständlichkeit verlor[14]. Und schließlich der sozialkritische, der durch die alle Bereiche erfassende Autoritätskrise dem auf die Autorität des Offenbarungsgottes gegründeten Gehorsamsglauben den Boden entzog. Freilich ging der Glaube gerade aus dem Feuer dieser Krise in neuer und überzeugender Selbstdarstellung hervor. Denn im Licht der philosophischen Hermeneutik (GADAMER) zeigte sich, daß Gott nicht etwa aus der Position seiner Allmacht den Glauben fordert, sondern aus der des Lehrers, der im Ereignis seiner Selbstoffenbarung dem Menschen das für seine Identitätsfindung Wichtigste zu sagen hat, sofern er ihm erst mit seiner Selbstzusage ganz zu sich selbst verhilft. So bestätigt sich auch im Kontext der Glaubenstheorie, daß es dem Gott Jesu Christi – wie dies schon vom Christentum zu sagen war – nicht so sehr um die Erziehung, als vielmehr um die Erhebung des Menschen zu tun ist, und daß dieser demgemäß zum Glauben nicht erzogen, sondern bewogen wird[15].

Was zum Glauben bewegt, ist aber nicht der glaubensgeschichtliche und den Menschen bis in seine Denkstruktur hinein ergreifende Umbruch, sondern das, was im Zentrum des neu zu entdeckenden Christentums steht: der von Jesus erschlossene und von Paulus reflektierte »Vater der Erbarmungen und Gott allen Trostes« (2Kor 1,3), mit dem »der Tag des Heils« und »die Zeit der Gnade« (2Kor 6,2) anbrachen: die »Zeit der Erquickung im Angesicht Gottes« (Apg 3,20). Das müßte wie eine Stoßwelle die stagnierenden Verhältnisse erfassen und aufbrechen, in erster Linie aber den vielfach irritierten, verunsicherten und geschwächten Glauben. In dieser primordial-akustischen Version müßte vor allem seine Geburt aus dem vermittelnden und erweckenden Wort intensiver als bisher bedacht werden[16]. Wegweisend könnte dafür die Römerbriefstelle (10,8) sein, deren Sinn Paulus nach ihrer kritischen Befragung durch BUBER dadurch gewann, daß er den Schluß des von ihm aufgenommenen Schriftworts – »denn sehr nahe ist dir das Wort, in deinem Mund und in deinem Herzen, es zu tun« (Dt 30,14) – wegließ und es dadurch auf das Wort der Verkündigung bezog, das die göttliche Selbstzusage dem Hörer förmlich in den Mund legt[17]. Daß Paulus seine Predigt tatsächlich als Anruf des sich mitteilenden Gottes verstanden wissen will, sagt er schon im ersten seiner Briefe, wenn er der Gemeinde von Thessalonike versichert, daß er Gott unablässig dafür danke, daß sie das Predigtwort von seiner Heilsbotschaft nicht als Menschenwerk aufnahm,

> *sondern als das, was es in Wahrheit ist: als Wort Gottes (1Thess 2,13).*

Im Zug einer zeitgerechten Glaubenstheorie müßte das zu einer Zusammenschau des Glaubens mit dem Motiv der mystischen Gottesgeburt führen[18]. Wie dort die Erhebung des Menschen aus der sich seiner annehmenden »Liebe von oben« hervorgeht (GOETHE), so hier die Genese des Glaubens aus der Selbstzusage Gottes in seinem Offenbarungswort. So würde sein vielfach bestrittenes Recht als eigenständige und der Vernunfterkenntnis gleichgeordnete Erkenntnisform gesichert: als eine Erkenntnis, die ihr Eigenprofil sowohl hinsichtlich ihrer Anbahnung als auch ihres Gegenstandsbezugs erweist. Denn der Glaubenserkenntnis ist der Gegenstand nicht gegeben, sondern zugesprochen, so daß für sie das Gegebensein in seinem Zugesprochensein besteht. Und sie nimmt ihren Anfang nicht mit einem Sinnentwurf, sondern mit dem vom Zweiten Konzil von Orange (529) erwähnten »credulitatis affectus«, also mit dem Eindruck einer vom Offenbarungswort ausgehenden Insinuation, die sich schließlich zu dem eines dialogischen Beansprucht- und Bewogenseins steigert[19]. Das aber ist die Initialzündung, aus welcher der Glaube als ein Akt eigener Dignität und eigenen Rechts hervorgeht, zeitlich formuliert, der Augenblick seiner Geburt aus dem Wort.

2. *Die Anverwandlung*

Im paulinischen Osterzeugnis entspricht dem die Zentralaussage des Apostels, daß ihm in der Damaskusstunde das Geheimnis des Gottessohnes ins Herz gesprochen worden sei. Doch setzt er in der Folge dieser akustischen Version eine nicht minder ausgeprägte optische entgegen, wenn er betont, daß er auf dem Antlitz des Auferstandenen den Glanz der Gottherrlichkeit (*doxa*) wahrgenommen habe (2Kor 4,6). Damit gibt er nicht nur jenes Element seines Ostererlebnisses zu Protokoll, das ihn dazu veranlaßte, sich gleichberechtigt der Gruppe der uranfänglichen Augenzeugen (Lk 1,2) zuzuordnen, die sich mit dem Satz »ich habe den Herrn gesehen« (Joh 20,18) in das Fundament des Christentums einschrieben; vielmehr wird er damit ebenso einer Hauptkomponente des sprachlichen Mitteilungsaktes gerecht. Denn jedem Wort inhäriert, wie noch an der Herkunft zahlreicher Begriffe zu ersehen ist, ein Bildelement, mit Hilfe dessen das an- und aufgezeigt wird, was verstanden werden soll. Und so entspricht es erst recht dem mit einer sprachlichen Äußerung im Regelfall verbundenen Blickkontakt, sofern der Sprecher damit den zunächst einmal sucht, mit dem er sprechen will, und sofern der Angesprochene schon im Gesicht des Sprechers »lesen« kann, was ihm dieser zu sagen hat. Es liegt somit ganz im Zug dieser elementar menschlichen Verhaltensweise, wenn Paulus die akustische Version seines Damaskuszeugnisses durch die optische unterbaut und davon spricht, daß ihm die an ihn ergangene »Offenbarung« im Antlitz des Auferstandenen »aufgegangen« sei. Doch Paulus überragt die, die ihm als Osterzeugen vorangegangen waren, nicht nur durch den Einblick, den er in sein Ostererlebnis gewährt, sondern auch dadurch, daß er auf die Möglichkeitsbedingungen des Geschehens eingeht. Darauf bezieht er sich, wenn er im Anschluß an seine gesetzeskritische Auslegung des Motivs von dem verhüllten Antlitz des Mose – und bereits im Angang zu seinem optischen Osterzeugnis – versichert:

> *Der Herr ist der Geist; und wo der Geist des Herrn waltet, da ist Freiheit. Wir alle aber schauen mit unverhülltem Antlitz die Herrlichkeit des Herrn wie in einem Spiegel und werden dadurch von Klarheit zu Klarheit demselben Bild gleichgestaltet, wie es der Herr des Geistes bewirkt (2Kor 3,17f)*[20].

Damit gewährt der Apostel zunächst einen Einblick in die Tiefenstruktur seiner österlichen Schau, die bei aller Objektivität des Geschauten zugleich in ihm nach Art einer antizipierenden Spiegelung vorgegeben war, weil ihm nur so der Blick für sein Widerfahrnis geöffnet werden konnte. Sodann aber betont er mit dieser Aussage, daß die von ihm im göttlichen Lichtglanz (*doxa*) geschaute Gestalt des Erhöhten die Qualität eines Symbols hatte, durch dessen Wahrnehmung er dem Erblickten anverwandelt wurde. Was er zu Gesicht bekam, verblieb nicht in einem gegenständlichen Gegenüber; vielmehr griff es verwandelnd und umgestaltend auf ihn über, so daß die Auferstehung Jesu für ihn zum Prinzip seiner eigenen Umgestaltung zu einer »Neuschöpfung« (2Kor 5,17) wurde. Das aber gilt aufgrund seiner Gleichsetzung der Erfahrung des Augenzeugen mit der des auf sein Wort hin Glaubenden auch von diesem, obwohl ihm die visionäre Wahrnehmung des Auferstandenen versagt blieb. Der scheinbare Widerspruch löst sich jedoch durch den Oberbegriff auf, mit dem Paulus die Stelle überschreibt: Freiheit. Sie brachte ihm, dem Augenzeugen, die Befreiung vom Gesetz und damit den Schlüssel zu seiner theologischen Gesamtkonzeption. Und sie brachte den in Abhängigkeiten, Verstrickungen und Ängsten befangenen Adressaten die Emanzipation von dieser vielfältigen Versklavung und damit die entscheidende Motivation für die Akzeptanz der Botschaft.

Hier wird gleichzeitig deutlich, daß die von Paulus ins Zentrum seiner Botschaft gerückte Freiheit, die für ihn annähernd denselben Stellenwert besitzt wie das Reich-Gottes-Motiv für die Botschaft Jesu, sofern sie nicht sogar geradezu als deren Äquivalent zu gelten hat, nicht so sehr eine emanzipatorische, als vielmehr eine divinatorische ist, also primär »Freiheit wozu«, nicht »Freiheit wovon«, sosehr sie sich auch auf die Befreiung von Zwängen und auf die Sprengung von Fesseln erstreckt. Das verdeutlicht die Stelle dadurch, daß sie die Anverwandlung an die Herrlichkeitsgestalt Christi als das Ziel der von seinem Geist bewirkten Freiheit benennt. Unausdrücklich angesprochen ist damit die mit dieser Anverwandlung gemeinte Gotteskindschaft. Insofern schlägt die Stelle die Brücke zu den Aussagen im Galater- und Römerbrief, in denen davon formell die Rede ist. In der Galaterstelle, wie erinnerlich, als die Wirkung der Menschwerdung des Gottessohnes (4,6), in der Römerstelle als die Wirkung des ausdrücklich als »Geist der Sohnschaft« bezeichneten Gottesgeistes, von dem in machtvoller Kontrastierung gesagt wird:

> *Ihr habt doch nicht den Geist der Knechtschaft empfangen, so daß ihr euch aufs neue fürchten müßtet, sondern den Geist der Sohnschaft, in dem wir rufen: »Abba – Vater!« (8,15)*[21]

Die Alternative zur früheren Knechtschaft ist somit nicht nur deren emanzipatorische Aufhebung, sondern die Angestaltung an den Gottessohn, die sich im Mitvollzug seiner zentralen Lebensleistung bestätigt. Während es in der Galaterstelle noch der in die Herzen der Glaubenden gesandte »Geist des Sohnes« war, der – wie im Blick auf die zentrale Gebetsaussage des Apostels (Röm 8,26) zu ergänzen ist – mit seinem übersprachlichen Seufzen Gott als »Abba« anrief (Gal 4,6), sind es hier die Glaubenden selbst, die sich die Abba-Anrufung Gottes, bewogen durch den in ihnen waltenden Geist, zu eigen machen[22].

Damit zeichnet sich ein überraschender Zirkelbezug ab: das Ziel des Glaubensvollzugs weist auf seinen Ursprung im Offenbarungswort zurück. In der Frei-Setzung des Glaubenden zum Mitvollzug der Gottesanrufung Jesu spiegelt sich der Urakt der Gottesoffenbarung. Wie Gott dort sein ewiges Schweigen brach, um durch seine Selbstbekundung als der bedingungslos Liebende die menschlichen Entwürfe von ihm, die ihn in die Ambivalenz von Liebe und Zorn verwiesen, zu durchbrechen, so sieht sich der Glaubende ermächtigt, die Formen religiöser Heteronomie und unter ihnen in erster Linie die von der Gottesangst diktierten abzuwerfen, um, zusammen mit dem Geist, in das Urwort der Sohnschaft einzustimmen und dadurch seiner Gotteskindschaft bewußt zu werden. Die Imitatio Christi wird so im höchsten Sinn des Ausdrucks zur Imitatio Dei, zur menschlichen Replik auf das, was Gott ins Werk setzte, um sich in der vor ihm zurückschreckenden Welt mit seinem wahren Antlitz zur Geltung zu bringen. So aber fällt die Sache des Glaubens letztlich an Gott zurück. Sie wird, analog zu der von Johann Sebastian Bach in seiner Motette ›Der Geist hilft unserer Schwachheit auf‹ (1729) besungenen Gebetslehre des Apostels, zu einer Selbstbegegnung Gottes im Herzen des Glaubenden[23].

Diese gipfelt (nach Röm 8,26) darin, daß der Gottesgeist dem in der Ratlosigkeit, was er beten solle, befangenen Beter die Sache seines Betens aus der Hand nimmt, um mit wortlos-übersprachlichem Seufzen für ihn einzutreten. Da aber der, der die Herzen erforscht, um sein Ansinnen weiß, kommt es hier schon zu einer göttlichen Selbstverständigung – im Herzen des Beters[24]. Das muß nun um so mehr in Erwägung gezogen werden, als es dazu verhilft, das Verhältnis von Gebet und Glaube neu zu bedenken und in einem tieferen Zusammenhang zu sehen. Denn das Gebet ist intelligibler und der Glaube frömmer als es nach verbreiteter Meinung den Anschein hat. Im Gebet geht es wie nur je in einem Gottesbeweis um Gott, im Glauben dagegen, wie die Römerstelle lehrt, um die Aufhebung der Differenz zwischen dem allgemeinen Gottesbild und dem Gott Jesu Christi. Nicht umsonst entwickelte Anselm von Canterbury seinen Gottesbeweis, wie Raymond Klibansky mit großem Nachdruck hervorhob, im Kontext einer Gebetsanrufung[25]. Und dafür spricht nicht weniger deutlich die auf eine Aufhebung der göttlichen Ambivalenz ausgehende Auffassung Martin Bubers, wenn er das Gebet als die »Bitte um Kundgabe der göttlichen Gegenwart, um das dialogische Spürbarwerden dieser Gegenwart« bestimmt[26]. Insofern führt der Glaube die Sache des Gebets zum

Ziel; er ist die Krönung des Gebets so wie dieses sein Fundament und Motivationsgrund ist.

Nochmals zeichnet sich dabei ein Zirkelverhältnis ab, sofern das Gebet als Anrufung Gottes bestimmt werden kann. Dann gilt, wie mit einem von der Theologie der Vorzeit oft verwendeten Psalmwort zu sagen ist: abyssus abyssum invocat; dann rufen sich Gott und Mensch gegenseitig. Wenn das Fragen, wie HEIDEGGER urteilt, »die Frömmigkeit des Denkens« ist, darf umgekehrt angenommen werden, daß die zur Sprache gekommene Frömmigkeit, das Gebet, die mit dem Herzen gestellte Gottesfrage ist: jene transzendentale Frage, die, im Anschluß an ein Wort HANS-DIETER BASTIANS gesprochen, die Tore der Welt zu Gott hin aufstößt[27]. Wenn aber gleichzeitig gilt, daß sich das Gebet im Glauben vollendet, ist ihm mit dem Spürbarwerden der göttlichen Gegenwart (*Buber*) noch nicht voll entsprochen, da jede Frage nach einer Antwort verlangt. Insofern verbindet sich mit der betenden Anrufung Gottes die Erwartung einer ihrem Fragecharakter gemäßen Entgegnung. Der Abgrund Mensch (AUGUSTIN) ruft dann, wenngleich nur nach Art eines uneinklagbaren Wunsches, nach dem Anruf Gottes. Und die »ins Schweigen« gesprochenen Worte des Gebets (RAHNER) leben dann insgeheim von der Erwartung, daß Gott sein Schweigen breche und dem Rufer mit seiner offenbarenden Selbstkundgabe antworten möge.

3. Vermittelte Gleichzeitigkeit

Während die optische Version aus innerer Konsequenz in die Dimension der paulinischen Esoterik führte, reißt die haptische das Vermittlungsproblem in seiner ganzen Schärfe auf. Als »haptisch« hat in erster Linie das Auferstehungszeugnis des Apostels im Philipperbrief zu gelten, wenn er sein Ostererlebnis als das eines Ergriffenseins durch den Auferstandenen beschreibt, so daß ihm sein Leben seither in dem Wunsch bestehe, den verstehend zu begreifen, von dem er sich ergriffen weiß (Phil 3,12). Darin ist er nun freilich dem Glaubenden, wie es scheint, uneinholbar voraus, da sich in seinem Fall das Ergriffensein bis zum Mitgekreuzigtsein, aber auch bis zu einem Leben aus der ihn in seiner Schwachheit bestärkenden Gotteskraft steigert. Im Vergleich dazu sieht sich der Glaubende mit LESSING vor dem »garstigen breiten«, sich überdies zusehends vertiefenden Graben des Zeiten- und Verständigungsabstandes gestellt. Vertieft wird er noch, wie kaum mehr betont zu werden braucht, durch die gerade in jüngster Zeit um sich greifende Tendenz zur Marginalisierung der Auferstehung, die ihre Bezeugung gerade zu einem Zeitpunkt erschwert, in dem ihre Denkbarkeit durch das große Zeitzeichen in Gestalt des freiheitlichen Aufbruchs (1989) gefestigt worden war[28].

Problemverstärkend wirkt aber auch der bereits angesprochene Versuch HANS KESSLERS, die Existenz des Lessing-Grabens mit dem Argument in Abrede zu stellen, daß die Auferstehung Jesu als tragende und glaubenstiftende Heilstatsache den »späteren Gläubigen« sehr wohl in unmittelbarer Erfahrungsevidenz gegeben sei: im Erlebnis der Glaubensgemeinschaft, des Herrenmahls, der Zuwendung zu den Geringsten, bei der Tätigung des Glaubens und bisweilen sogar in mystischen Erlebnissen[29]. Zwar ist das eindeutig mehr als die von Lessing angenommene bloß historische, auf vermittelnde Zeugnisse gegründete Gewißheit, aber entscheidend weniger als das, was die »von Gott erwählten Zeugen« (Apg 10,41) zu Gesicht bekamen und mit dem Protokollsatz »ich habe den Herrn gesehen« in das Fundament der Glaubensverkündigung einschrieben. Niemals hätten die Nachgeborenen, selbst unter dem Eindruck des zusammengefaßten Erlebnispotentials, wie es von Kessler ins Feld geführt wird, sich diesen Satz zu eigen machen und schon gar nicht hätten sie mit ihm dann werbend für den Glauben eintreten können. Doch worin liegt die Differenz? Nach dem paulinischen Urzeugnis zu schließen, in der Dialogik des Erfahrenen, durch die sich der gleichzeitige Schüler von dem der »zweiten Hand« unterscheidet (KIERKEGAARD). Wie die johanneische Magdalenenszene zeigt, geht mit der Schau der Augenzeugen ein dialogischer, sie gleichzeitig vergewissernder und ins Einvernehmen ziehender Anruf einher. Erst durch ihn beweist der Geschaute seine personale Präsenz[30]. An ihm bestätigt sich das HAMANN-Wort »rede, daß ich dich sehe«. Der Geschaute erlangt somit erst dann seine volle Dignität und bezwingende Gegenwart, wenn er redet und dadurch seine personale Anwesenheit unter Beweis stellt. An die Stelle der Identifikation mit dem Auferstandenen, die sich bei Paulus bis zur »Einselbstung« und zum »Selbstempfang« der Wundmale steigert (BUBER), tritt hier die Dialogik in Form des durch den Anruf besiegelten Blickkontakts. Selbst zusammengenommen ergeben die von Kessler aufgeführten Erlebnisformen nicht diesen Effekt. Was der Blickkontakt zwischen den Sehenden und den Gesehenen verspricht, hält sein Wort; denn das Wort lebt von der Gleichzeitigkeit, selbst im modernen Fall, daß es, elektronisch gespeichert, erst zeitversetzt vernommen wird. Auch in diesem – entscheidenden – Sinn kommt der Glaube »aus dem Hören«. Sein innerster Erkenntnisgrund ist nicht diskursiver, sondern auditiver Art. Alles spitzt sich somit in die Frage zu, wo dieser Anruf heute, konkret und unmittelbar, und nicht nur eingeschmolzen in Traditionselemente vernommen wird.

Die Frage muß zunächst grundsätzlich und dann problemgeschichtlich-konkret beantwortet werden. Dabei bezieht sich die grundsätzliche Antwort auf das Vernehmen des Offenbarungswortes im Grund des Verstehensaktes. Was sich dort abspielt, kann nur dialektisch bestimmt werden; denn der Sprechakt ist rezeptiver und das Verstehen kreativer, als es den Anschein hat[31]. Danach lebt das Verstehen von einer gegensinnigen Spiegelung seiner Elemente: von einer antizipierenden Rezeption und einer nachvollziehenden Artikulation. Um verstanden zu werden, muß der Sprecher sein Wort zunächst sich selbst »gesagt sein lassen« und deshalb die erhoffte Wirkung seines Redens in seinem Sprechakt hypothetisch vorwegnehmen. Und umgekehrt muß sich der Rezipient das zu Verstehende selber zusprechen und sein Hören zu einem hypothetischen Reden gestalten. Wenn das einsichtig werden soll, muß die Frage an den weitergegeben werden, der den offenbarenden Anruf in kritischer Verarbeitung des irritierenden Zeitenabstands vernehmen lernte.

Angesprochen ist damit aufs neue Kierkegaard, sofern er den Notschrei Lessings in vollem Problembewußtsein aufnahm und sowohl seiner ›Krankheit zum Tode‹ als sodann definitiv seiner ›Einübung im Christentum‹ zugrundelegte[32]. Nicht umsonst setzt das Werk mit dem Hinweis auf den Zeitenabstand ein, seitdem Jesus Christus »hier auf Erden gewandert ist«, verbunden mit der Versicherung, daß sein Erdenwandel »niemals zu etwas Vergangenem« werden könne, solange es noch einen Glaubenden gebe; denn glauben könne nur, wer mit ihm gleichzeitig sei:

> *Diese Gleichzeitigkeit ist die Bedingung des Glaubens und, näher bestimmt, ist sie der Glaube*[33].

Während Kierkegaard in den ›Philosophischen Brocken‹ noch von der »akustischen Täuschung« gesprochen hatte, welcher der mit dem »Gott in Knechtsgestalt« Konfrontierte erliegen könne, erhebt er jetzt das Dasein dessen, in dem sich Gott verhüllt, zum zentralen Problem. Es ist ein Leben im Zustand des »geheimen Leidens«: jenes Leidens, das über der Betrachtung der historischen Passion Jesu aus dem Auge verloren wurde:

> *das Leiden der Innerlichkeit, das Leiden der Seele oder, wie man es wohl nennen könnte, das Geheimnis der Leiden, das seinem Leben in der Unkenntlichkeit unzertrennlich anhaftete, von seinem ersten Auftreten an bis zum letzten*[34].

Denn was er in seiner Passion erleidet, angefangen von der Verhöhnung und Tortur durch seine Feinde bis hin zur fürchterlichen Verlassenheit von seinen Freunden, das könne auch einem anderen widerfahren:

> *Doch mehr dann auch nicht; wenn dies überstanden ist, ist für einen Menschen der Leidenskelch geleert. Hier aber wird er noch einmal, ein bitterstes Mal, gereicht; denn er leidet daran, daß sein Leiden für die wenigen, die an ihn glauben, zum Ärgernis werden könne... Das begreifen zu wollen, wäre Vermessenheit*[35].

Daraus zieht Kierkegaard ausgesprochen akustische Konsequenzen. Zunächst schon durch den im Interesse der Absicherung des Schlüsselwortes von der Großen Einladung an die Bedrückten und Bedrängten (Mt 11,28) gegebenen Hinweis auf die metasprachliche Bedeutung der existentiellen Selbstverdeutlichung Jesu. Denn selbst wenn er die Einladung nie verbal ausgesprochen hätte – und damit nimmt Kierkegaard instinktsicher das Ergebnis der historisch-kritischen Analyse vorweg[36] – würde er sie doch mit der »Gestikulation seiner Existenz« unüberhörbar zum Ausdruck gebracht haben:

> *Mit der stillen und wahrhaftigen Beredtheit seines Lebens drückt er dieses »kommt her zu mir alle, die ihr mühselig und beladen seid« aus, auch wenn er es niemals gesprochen hätte; denn er ist, was er sagt. Auch in diesem Sinne ist er das Wort*[37].

Vernehmbar ist demgegenüber der Leidenston, der in allen, selbst den freudigsten Herrenworten mitschwingt:

0, mit geöffneten Armen dazustehen und zu sagen »kommt her« – und daß dann alle fliehen, ja nicht nur fliehen, sondern ins Ärgernis stürzen! 0, Heiland der Welt zu sein! Und so klingt denn dieses Leiden selbst in dem Wort der Freude an Petrus durch: Selig bist du, Simon, Sohn des Jonas![38]

Wenn man sich vergegenwärtigt, daß dieser aus der Tiefe der Passion aufsteigende Leidenston zugleich als Ausdruck teilnehmenden Mitleidens und damit als die äußerste Form der Liebesbotschaft Jesu zu gelten hat, erschließt sich hier eine dritte Variante der akustischen Lesart, der Kierkegaard den biblischen Text unterzieht: die therapeutische. Nicht umsonst sollte der Titel des Werkes ursprünglich »Die Heilung von Grund auf« lauten, der es in seiner spiegelbildlichen Entsprechung zur ›Krankheit zum Tode‹ deutlich gemacht hätte[39]. Dabei geht es um die Heilung jener Verzweiflung, an welcher der einem konstitutiven Selbstzerwürfnis verfallene Mensch krankt, solange er im Bann der Sünde dieses Zerwürfnis in Akten der Selbstschätzung zu überwinden sucht, anstatt die Heilung von dem zu erwarten, der ihn ins Dasein rief. Darum mündet das zutiefst analytische Werk schließlich in die tiefsinnige Synthese aus, die den Glauben als den Akt einer Selbstschätzung in der Hingabe an den das Dasein schätzenden Gott begreift, mit Guardini gesprochen, als die im Anschluß an diesen Gott vollzogene »Annahme seiner selbst«[40]. Doch welcher Art ist dann der heilende Zuspruch?

Die Beantwortung dieser Frage gelang Kierkegaard mit dem Satz, der sich wie ein erratischer Block aus der Variationenfolge zu Beginn der ›Einübung im Christentum‹ erhebt:

Der Helfer ist die Hilfe[41].

Tatsächlich zieht er damit die Summe aus seiner Christologie, die ganz auf das Motiv der Selbstübereignung Jesu abgestimmt ist. Soviel ihn mit den übrigen Wohltätern der Menschheit verbindet, da es auch ihm wie den Philosophen um Wahrheit, wie den Moralisten um ein höheres Ethos und wie den Sozialkritikern um die Vermenschlichung der Gesellschaft und um Frieden in der Welt zu tun ist, unterscheidet er sich doch zugleich aufs tiefste dadurch von ihnen, daß er, zusammen mit seinen Gaben das gibt, was keiner außer ihm zu geben vermag: sich selbst. Wenn er das Joch, von dem er im Kontext der Großen Einladung spricht, als »sanft« und seine Bürde als »leicht« bezeichnet, dann deshalb, weil er auch seine Forderungen und Gebote mitträgt, weil er somit, in seinem eigenen Bild gesprochen, sich selbst mit unter die von ihm aufgebürdete Last stellt. Doch dadurch verwandeln sich seine Gebote ebenso wie seine Gaben in Gewährungen, Zuwendungen und Zusagen, also in Formen einer Tatsprache, in der er ebenso ruft, wie antwortet: ruft, indem er den von ihm berührten Menschen zu sich selber ruft, und antwortet, indem er sich als die erfüllende Antwort auf seine Sinnfrage erweist.

Doch damit klärt sich auch, auf welche Weise die Glaubensdefinition der ›Einübung im Christentum‹ die der ›Krankheit zum Tode‹ überbietet, vorausgesetzt allerdings, daß sie vor dem Hintergrund des Werkes und seiner sprachtheoretischen Konzeption gesehen wird. Denn das Glaubensverständnis der ›Krankheit zum Tode‹ blieb bei dem unkonturierten Begriff des Gott-Vertrauens stehen, während sich die Bestimmung des Glaubens als »Gleichzeitigkeit« auf seinen dialogischen Grund zurückbezieht, also auf jenes übersprachliche Wort, das aus der ganzen Existenz Jesu ergeht, das als der sein ganzes Reden und Wirken durchwaltende Leidenston hörbar wird und das als solches die »Heilung von Grund auf« bewirkt. Denn niemand ist dem an der Wunde seiner Todverfallenheit leidenden Menschen näher als der Arzt, der sich seiner Not aus liebender Mitbetroffenheit annimmt und ihm mit der Überzeugungskraft seiner Tat- und Existenzsprache zu verstehen gibt, daß er ganz für ihn da ist. Wenn sich das, wie Kierkegaard meint, sogar zu dem Eindruck steigert, als gebe es für den göttlichen Helfer nur diesen einen Notleidenden in aller Welt, schmelzen die Vermittlungsstrukturen auf, so daß inmitten der sich auflösenden »Kategorialität« (Rahner) wahre Gleichzeitigkeit entsteht.

Auch dafür gibt der Schlüsselsatz »Der Helfer ist die Hilfe« den entscheidenden Fingerzeig. Denn mit der Differenz von Geber und Gabe, Person und Wirkung, fallen auch die durch die Anschauungsformen von Raum und Zeit gegebenen Unterschiede weg, so daß das Gegenteil von dem geschieht, was Albert Schweitzer mit seinem kritischen Urteil der von ihm selbst mitgetragenen historisch-kritischen Forschung ins Stammbuch schrieb. Der von ihr aus den Fesseln der Kirchenlehre Befreite kehrte dann nicht etwa, nachdem »Leben und Bewegung in die Gestalt« gekommen waren, in seine Zeit zurück, sondern brachte – und bringt – den Zeitenabstand, zusammen mit den räumlichen Differenzen, hinter sich, um sich in seiner Geistes-Gegenwart zu erweisen. Der Grund der von Schweitzer registrierten Verabschiedung des fast schon Vergegenwärtigten ist dann aber eindeutig der Mangel an dem, was Gleichzeitigkeit bewirkt: an Glauben.

In anderer Sicht und Terminologie kann diese Lösung des Lessingproblems aber auch in den schon wiederholt gebrauchten christomatischen Satz gefaßt werden, daß die angestrebte Gleichzeitigkeit dort zustandekommt, wo die Stimme dessen hörbar wird, der aus dem Gehäuse seiner Vergegenständlichung hervortritt, um als der inwendige Lehrer, Beter und Therapeut erneut zu Wort zu kommen und wirksam zu werden. In einer dritten und nunmehr zeitanalytischen Ausdrucksweise könnte das schließlich zu der Behauptung gesteigert werden, daß die nach unzweideutigen Anzeichen in Gang gekommene glaubensgeschichtliche Wende auf die Gewinnung der Gleichzeitigkeit mit Jesus ausgeht und darin ihr letztes Sinnziel erreicht.

4. Die Selbstverständigung

Doch wo ist der »Ort« dieser Gleichzeitigkeit, verstanden als die mystische Rahmenbedingung ihres Zustandekommens? Die einzig zureichende Antwort darauf gibt Paulus mit seiner Lehre vom mystischen Leib Christi, die er, bezeichnend für deren Einschlägigkeit, im Kontext seiner Erörterung der Geistesgaben, also esoterischer Phänomene in seinen Gemeinden, entwickelt. Die Antwort erscheint freilich insofern von einem eigenartigen Dunkel belastet, als Paulus diese »Vorstellung des erweiterten Leibes einer Persönlichkeit« als derart selbstverständlich erachtet, daß er von ihr, wie Albert Schweitzer verwundert bemerkt, »Gebrauch macht, ohne sie jemals zu erläutern«[42]. Indessen dürfte sich diese scheinbare Unterlassung daraus erklären, daß der mystische Leib für Paulus weithin das anschauliche Äquivalent für seine Leitkategorie des »in Christus« bildet, sowie umgekehrt in dieser, mit Schweitzer gesprochen, allenthalben die Vorstellung von dem »gemeinsamen Teilhaben der Erwählten und Christi an derselben Leiblichkeit« durchbricht[43].

Um so klarer ist die Absicht, die Paulus mit diesem Modellgedanken verfolgt: einen dynamischen Rahmenbegriff zu entwikkeln, der die Vielheit der Geistesgaben aus ihrem Ursprung erklärt und sie zu konstruktivem Wirken zusammenstimmt. Da die exzessive Nutzung der Charismen die Gemeinde in chaotische Verhältnisse stürzen könnte, setzt Paulus dieser Gefahr das Bild des mystischen Leibes als eine Art »regulatives Prinzip« entgegen, das Recht und Sinn der unterschiedlichen Befähigungen aus ihrer organischen Kooperation herleitet. Doch das Bild steht für eine Realität: Es ist der »Geist«, der die Charismen samt ihren Trägern zu dem einen Leib aufbaut und der zugleich ihre unterschiedlichen Funktionen bewirkt. Da dieser Geist aber (nach 2Kor 3,17) »der Herr« und deshalb mit Christus identisch ist, ist es letztlich dieser selbst, der sich durch die Einbeziehung der Gläubigen in die Lebensgemeinschaft mit ihm zu dem allumfassenden Leib erweitert. Ohne ihnen ihre individuelle Freiheit zu entziehen, ist er zugleich das sie inspirierende und bewegende Lebensprinzip, das sie auf ihn als letztes Ziel ihres Wirkens hinlenkt. Ungeachtet ihres Eigenlebens und ihrer Eigenverantwortung ist er dann auch zugleich Grund und Ziel des Ganzen. Das verleiht seinem Walten den Charakter eines Lebensprozesses: er denkt in ihrem Denken, urteilt in ihrer Unterscheidung der Geister und heilt in ihrem therapeutischen Dienst. In ihrem Denken erwacht er, schärfer noch formuliert, zu sich selbst; und in der Vielfalt ihrer Zuwendungen liebt er, mit AUGUSTIN gesprochen, sich selbst.

Aus paulinischer Sicht ist aber selbst damit der letzte Schritt noch nicht getan. Denn die Gleichzeitigkeit schafft noch immer nicht jene letzte Evidenz, die nur der am Herzen Gottes Geborgene und in die zuständliche Lebensgemeinschaft mit ihm Aufgenommene besitzt. Erreicht wäre diese somit, wenn die Kategorie der Zeit, in welcher KIERKEGAARD die Lösung dachte, in die des Raumes überführt würde, wenn also der »Gleichzeitigkeit« eine »Einräumung« entspräche, wie sie in dem vom RICHARD WAGNER als »philosophischer Satz« gekennzeichneten Wort aus seinem ›Parsifal‹ anklingt:

zum Raum wird hier die Zeit[44].

Eben dies bewirkt das in seiner Grundsätzlichkeit begriffene »in Christus«, sofern es die »Innenwelt« des Christentums aufstößt und es aus seiner gewohnten Außensicht in diese überführt. Formal gesehen ist das gleichbedeutend mit der mystischen Inversion, die alle religiösen Akte und Erfahrungen als Folgen eines vorgängigen Erkannt- und Geliebtseins erweist.

Auf den Glauben bezogen, tritt dieser damit in eine ausgesprochen christomatische Perspektive. Wie es dieser entspricht, erschließt sich damit der Einblick in seine mystische Ermöglichung. Sofern er sich in Akten eines Gott-Verstehens vollzieht, und dieses zum Lebensvollzug des mystischen Leibes gehört, entstammt er letztlich der Selbstverständigung Christi. Denn der mystische Leib ist, im Blick auf den Anlaß des Bildgedankens gesprochen, ein umfassendes Sprachereignis. Gleichviel, ob Paulus das Motiv aufgrund des dem Brief zugrundeliegenden Fragekatalogs (LIETZMANN) oder eines mündlichen Hinweises (SCHMITHALS) entwickelte, in jedem Fall entwirft er mit ihm die Rahmenbedingung für einen konstruktiven Umgang mit den in der Gemeinde florierenden, bisweilen auch überbordenden Charismen. Unter ihnen aber dominieren die erkenntnis- und kommunikationstheoretischen – Weisheit, Wissenschaft, Glaube, Prophetie, Unterscheidung, Sprachbegabung, Auslegung – in einer Weise gegenüber den praxisbezogenen wie Wunder und Heilung, daß das Ganze primär in einem sprachtheoretischen Aspekt erscheint, zumal Paulus diesen Gesichtspunkt mit dem Schlüsselsatz »und nichts ist ohne Sprache« (1Kor 14,10) auch noch in aller Form hervorhebt. Im Hinblick darauf könnte man geradezu – wenngleich in positiver Verwendung – mit HERBERT MARCUSE vom »Universum der Rede« sprechen, zu dem das Leib-Christi-Motiv die divergierenden Erkenntnis- und Sprachformen integriert[45]. Deshalb lautet die wesentlichere Antwort auf die Frage SCHWEITZERS, warum Paulus das Motiv als derart selbstverständlich ansah, daß er jede Erläuterung unterließ: weil es für ihn das im höchsten Sinn des Ausspruchs »Selbstverständlichste«, verstanden als das Prinzip aller Verständigung, war. Als regulatives Prinzip umschreibt es zugleich den Horizont, zu dem sich die Geistbegabten der Gemeinde erheben sollten, den Horizont der Weisheitsrede und Verständigung in dem, den Gott »zur Weisheit" gemacht hatte (1Kor 1,30). Nicht umsonst bricht bei Paulus inmitten seiner Erörterung der Charismen die alte, schon zu Eingang des Briefs geäußerte Sorge durch, daß die Adressaten »Kinder im Verständnis« (1Kor 14,20) bleiben könnten.

Der Gedanke schlägt die Brücke zum deuteropaulinischen Epheserbrief, der das Motiv mit der Begründung, daß die Adressaten nicht auf dem Stand »unmündiger«, von windigen Lehrmeinungen hin- und hergetriebener Kinder bleiben sollten (4,14), im gleichen Sinne fortentwickelt. Wie im Fall der zur Chaotik neigenden Charismen wird auch hier der Unstetigkeit durch die Integration in den gewehrt, »der das Haupt ist« und in den es durch das Festhalten an der Wahrheit und Liebe hineinzuwachsen gilt (4,15). Dazu verhelfen die an der »Auferbauung des Leibes Christi« beteiligten Dienstleistungen (4,12), die darauf abzielen,

> *daß wir alle zur Einheit des Glaubens und zur Erkenntnis des Gottessohnes gelangen, zur vollen Altersreife und zur Fülle Christi (4,13)*[46].

Alles läuft hier auf den Gedanken der vollgültigen »Erkenntnis des Gottessohnes« hinaus, der, im weiteren Kontext gesehen, nicht nur das Ziel sondern auch den steuernden Grund dieses Erkenntnisprozesses bildet. Wenn man die Stelle im Blick auf die inversive Aussage »so habt ihr Christus nicht kennengelernt« (Eph 4,20) hin versteht, wird sie als Schwelle von der Christologie zur Christomathie lesbar, so daß von dem als letztes Erkenntnisziel Erstrebten zugleich gesagt werden kann, daß er sich in den Erkennenden, sofern sie sich nur wirklich zu ihm erheben, selbst wiedererkennt. Definitiv erscheint hier das Leib-Christi-Motiv als das alle Erkenntnis Begründende, das in dieser Selbstverständlichkeit keiner weiteren Erläuterung bedarf, weil das in ihm verleiblichte »in Christus« als das alles Sehnen und Denken letztlich Umgreifende zugleich lichtender Grund aller Erkenntnis ist.

Das heißt freilich nicht, daß Paulus, wie es an dieser Stelle für seine Schule evident wird, nicht auf vorgegebene Vorstellungen zurückgreift, wobei ihm allerdings nach Ausweis seiner Adam-Typologie (Röm 5,12-21) der altorientalische Urmensch-Mythos nähergelegen haben dürfte als die im Gegensatz zu ihm ganz funktional gedachte Parabel des Menenius Agrippa[47]. Doch nur in der Sicht der Paulusschule schlagen diese Vorgaben so auf die Konzeption durch, daß nun auch an den sozialen Aufbau des Leibes Christi, also an das Gefüge der die Glaubensgemeinschaft strukturierenden und tragenden Ämter gedacht ist. Demgegenüber dominiert bei Paulus das kognitiv-kommunikative Interesse, so daß die durch das

Konzept des mystischen Leibes Christi als dem Umgreifenden dieser Erkenntnis- und Gesprächsgemeinschaft geweckte Frage nach deren zentralem Vollzug unumgänglich wird. Wenn damit, wie bereits angenommen, nach der sich im Grund dieses Gesprächs ereignenden Selbstverständigung gefragt ist, muß zunächst dieser Begriff genauer gefaßt werden. Dazu verhilft wohl am besten der Eingang von AUGUSTINS Soliloquien, über deren Entstehung der Verfasser berichtet:

> *Seit vielen Tagen dachte ich ernsthaft über mich selber nach; ich forschte nach dem Gut, das ich erstreben und nach dem Übel, das ich meiden sollte. Da vernahm ich plötzlich eine Stimme. War ich es oder ein anderer, der entweder von außen oder aus meinem Innern zu mir sprach? Ich weiß es nicht; doch das ist es gerade, was ich mit aller Anstrengung ergründen möchte*[48].

Danach sieht sich Augustin vor eine zweifache Alternative gestellt: entweder handelt es sich um die Stimme des eigenen Selbst oder um die eines andern, so daß sie entweder endogenen oder exogenen Ursprungs ist. Auf den Erkenntnis- und Gesprächsprozeß im mystischen Leib übertragen, besagt das, daß er zweifellos mit dem Disput der um Glaubenserkenntnis Bemühten beginnt, sich dann aber im Maß der Angrenzung an dieses Ziel zur Erfahrung des in seiner Glaubensgemeinschaft zu sich selbst erwachenden, sich selbst verstehenden Gottessohnes steigert. Für den einzelnen Gläubigen aber heißt das, daß er im Maß seines Glaubenswachstums an der Selbstverständigung Christi partizipiert. Diese aber kann, in heiliger Tautologie, nur darin bestehen, daß sich der in seinen »Gliedern« denkende Sohn die Abba-Anrufung seiner krönenden Lebenstat auf immer neue und umfassendere Weise zu eigen macht. Mit ihr hatte er den verschlossenen Himmel des ambivalenten, zwischen Zorn und Liebe oszillierenden Gottes erschlossen und Zugang zum Innersten, zum Herzen Gottes geschaffen. In diese Großtat nimmt er nun die um Glaubenswachstum Bemühten auf. »Ergreifender« kommt das nirgendwo zum Ausdruck als im Gipfelwort des Abschiedsgebetes, in dem die Reden des johanneischen Jesus ausklingen, zumal wenn man davon ausgeht, daß dieser »letzte Wille« Jesu seinen ursprünglichen Ort vermutlich eher zur Mitte des vierten Evangeliums hin gehabt haben dürfte[49]. Mit diesem

Machtwort (Joh 17,24) fordert der Beter, wie erinnerlich, die ihm zustehende Ursprungsherrlichkeit für die Seinen ein. Das würdigt Ernst Käsemann in seiner Auslegung mit der Bemerkung:

> *Alles rückt .. hier in den Schatten eines majestätischen »Ich will«*[50].

In Gestalt dieses lichten Schattens greift das sich in diesem Wollen bekundende Ich auf die mit seiner Fürbitte Gemeinten in einer Weise über, daß sie in dieses Ich synergetisch, um nicht zu sagen symbiotisch einstimmen können. Jetzt dürfen sie es getrost offenlassen, ob sie in der – gleich Augustin – vernommenen Stimme zu sich selber sprechen oder ob ein anderer zu ihnen redet. Denn in diesem Fall wäre es der – gleichfalls von Augustin entdeckte – inwendige Lehrer, der ihnen mit seinem Zuspruch doch nur das im tiefsten Sinn des Wortes »in Erinnerung« riefe, was ihnen im Wort der Botschaft »vorgesagt« worden war.

Was das heißt, kann nicht einfach nachgedacht und womöglich auf einen spekulativen Begriff gebracht, sondern nur mitvollzogen werden. Mitvollzogen im Medium der Selbstverständigung Jesu. Indem er sich in ihnen erkennt und wiederfindet, werden sie in sein Gottesbewußtsein einbezogen mit Konsequenzen, die alle gewohnten Maße sprengen und alle bekannten Formen hinter sich lassen. Jetzt öffnet sich über ihnen der Himmel der bedingungslosen Liebe; jetzt wissen sie sich an das Herz Gottes gezogen und zu seinen Kindern wiedergeboren; jetzt gewinnen sie in diesem Gott Halt und Stand; jetzt erfüllt sie eine zuvor nie erlebte Sicherheit; jetzt werden sie, und das ist für sie das Wunderbarste, fähig, die sie überströmende Liebe zu erwidern und Gott kindlich-vermessen wiederzulieben. Jetzt wissen sie, daß ihnen um dieser aufkeimenden Liebe willen alle Dinge des Lebens, auch die bittersten und schrecklichsten, zum Guten ausschlagen; und gleichzeitig begreifen sie, daß sie die Befähigung dazu nur einem vorgängigen Geliebtsein durch Gott verdanken: einer Liebe, die für sie in der liebenden Selbstzuwendung Jesu konkret geworden ist, einer Liebe, die ebenso zärtlich wie unerschütterlich ist, so daß gegen sie weder Tod noch Leben, weder Gewalten der Höhe noch der Tiefe noch irgendeine andere Macht aufkommen (Röm 8,38f)[51].

Diese Liebe ist die diamantene Herz- und Identitätsmitte des Christentums. In ihr besteht seine Unüberwindlichkeit ebenso wie seine unerschöpfliche Kraft zur Selbsterneuerung. Deswegen könnte die Glaubens- und Kirchenkrise mit einem Schlag überwunden werden, wenn es gelänge, das Glaubensbewußtsein und mit ihm zusammen Verkündigung und Unterweisung auf diese Mitte hin zu justieren und mit dem in ihr lodernden Feuer zu durchglühen. Denn es geht, mit MACHOVEC zu reden, heute wie in der Stunde des ersten Aufbruchs um die Frage, wie es gelingen kann, die Welt in Brand zu setzen. Wenn dies Jesus seinem Interpreten zufolge dadurch bewirkte, daß er aus der Identität mit seiner Botschaft lebte, so wird es heute vor allem auf den Nachvollzug dieser Identifikation ankommen. Doch dahin führt kein kürzerer Weg als der eines Glaubens, der sich nicht nur auf sein Wort bezieht, sondern ihn zu Wort kommen läßt: ihn in seiner Verständigung mit Gott und den Seinen, oder kürzer: in seiner Selbstverständigung.

Jetzt erst wird vollends deutlich, was das für den Glauben besagt. Im Maß, wie das Aktzentrum des Glaubens von der Selbstverständigung des Geglaubten getragen wird, werden die geglaubten Geheimnisse daraufhin durchsichtig. Sie sind dann wie die Segmente eines Prismas, in dem sich das Licht dessen bricht, der (nach 1Kor 1,30) für uns »zur Weisheit« geworden ist. Die Stelle hat umso mehr Gewicht, als sie, zusammen mit der Friedensaussage des Philipperbriefs (4,7) und dem Liebeshymnus des Römerbriefs als Schlüssel zu dem als Oberbegriff erwiesenen »in Christus« zu gelten hat; denn im vollen Wortlaut besagt sie:

> *Aus ihm aber seid ihr in Christus Jesus, der für uns von Gott zur Weisheit, Gerechtigkeit, Heiligung und Erlösung geworden ist*[52].

Daß der Friede Gottes alles Sehnen und Denken »in Christus« ausmünden lassen konnte, wird hier durch seine Identität mit der Weisheit erklärt. In ihr kommen die Bewegungen des Herzens ebenso wie die Entwürfe des Denkens ans Ziel. Umgekehrt ist sie der Sinngrund, in dem sich das Dunkel des Glaubens endgültig lichtet. Was sie in ungeschiedener Fülle enthält, scheint dann im Sinn der einzelnen Ereignungen der göttlichen Heilsökonomie in unterschiedlichen Aspekten auf. So wird die Schöpfung, mit Wendungen der Weisheitsbücher ausgedrückt, transparent auf die vom Hiobbuch gestellte Frage nach dem Ursprung der Weisheit, die sie, nachdem Urflut und Meer ihre Unkenntnis eingestehen mußten

(Hi 28,12ff), im Buch Jesus Sirach selbst mit der Erklärung beantwortet:

Aus dem Mund des Höchsten ging ich hervor,
und wie ein Nebel umhüllte ich die Erde (Sir 24,3).
In Urzeiten bin ich entstanden,
am Anfang, beim Ursprung der Erde.
Als er die Fundamente des Erdkreises ausmaß,
war ich bei ihm als sein geliebtes Kind.
Ich war seine Freude allzeit und spielte
vor ihm auf dem Erdenrund (Spr 8,23.30f).

Sodann wird die Menschwerdung transparent auf die Suche der Weisheit nach einem Ruhe- und Wohnort unter den Menschenkindern, die der »Schöpfer des Alls« mit der Anweisung beendet, in Israel ihr Zelt aufzuschlagen (Sir 24,7f). Demgegenüber spiegelt sich in der Passion und Auferstehung ihre Abweisung durch die sich ihr verweigernden Menschen, die sie (nach 1Hen 42,1) veranlaßt, an ihren Ursprungsort zurückzukehren und ihren Sitz unter den Engeln einzunehmen. Die Artikel von der Gemeinschaft der Heiligen und dem ewigen Leben werden schließlich durchsichtig auf die Aussage des Weisheitsbuchs:

Von Geschlecht zu Geschlecht kehrt sie in heiligen Seelen ein
und bildet sie zu Gottesfreunden und Propheten.
Sie ist strahlender als das Licht;
denn diesem folgt die Nacht, der Weisheit aber keine Schlechtigkeit.
Machtvoll entfaltet sie ihre Kraft von einem Ende zum anderen
und durchwaltet voll Güte das All (Wsh 7,27.29; 8,1)[53].

Die volle Verdeutlichung wird freilich erst erreicht, wenn man diese metaphorischen Umschreibungen auf die mit ihnen gemeinte Dynamik des gerade im Exzeß seiner Unwandelbarkeit bewegten und sich bewegenden Gottes zurückgeführt wird, eines Gottes, der sich in die aus ihm herausgesetzte Schöpfung hineinbegibt, um die Not der von ihm mehr noch hingenommenen als intendierten Endlichkeit auf sich zu nehmen und als der göttlich Mitleidende zu überwinden.

Für den Glauben aber eröffnet sich damit die Chance, die Artikel des Credo als Artikulationen des sich ihm mitteilenden Offenbarungsgottes aufzufassen und sein Bemühen, verstehend auf diese Mitteilung einzugehen, als die Frucht der Selbstverständigung des Offenbarers in ihm zu begreifen. Doch dazu käme es nicht, wenn er nicht zuvor im Sinn des »in Christus« in diese Selbstverständigung einbezogen und aufgenommen worden wäre. Denn es widerspräche der Würde Gottes, wenn er sich in seinem Offenbarertum von der menschlichen Akzeptanz abhängig sein ließe. Wie er mit dem Vollbringen auch (nach Phil 2,13) den Willen dazu gewährt, bewirkt er, zusammen mit seiner Mitteilung, auch deren Annahme, wenn freilich nicht in einer den Menschen dazu nötigenden, sondern freisetzenden Weise. Deshalb ist der Identitätsgrund des Christentums zugleich der Grund der Identifikation mit ihm. Und deshalb erkennt sich die geglückte Identifikation mit ihm darin, daß sie sich als Frucht des um sich wissenden Identitätgrundes, konkret gesprochen, als die Folge der göttlichen Selbstverständigung begreift.

II. KAPITEL:
DIE DYNAMIK DER HOFFNUNG

1. Der Sonnenaufgang

Als MARTIN BUBER die gegenwärtige Situation mit den Worten umschrieb:

Verfinsterung des Himmelslichts, Gottesfinsternis, ist .. der Charakter der Weltstunde, in der wir leben,

charakterisierte er sie als die Zeit der Hoffnungslosigkeit[1]. »Denn das wahre Gepräge einer Epoche«, so sagte er begründend, »ist am zuverlässigsten an dem in ihr herrschenden Verhältnis zwischen Religion und Realität zu erkennen«[2]. Damit rührt er an den Grund der als religiösen Selbstbegründungsakt anzusehenden Hoffnung, bei der es, allgemein gesprochen, um den »Realitätsgewinn« des Glaubenden geht. Denn Glaube ist, so betont der von ihm in diesem Zusammenhang zitierte Hebräerbrief, die vertrauende Selbstbegründung (*hypostasis*) im Erhofften (11,1), wie es dann auch der von ihm herausgearbeiteten Bedeutung von *emuna* entspricht[3]. Insofern steht die Hoffnung, zumal in der Sicht Bubers, zwischen Gebet und Glaube. Denn das Gebet ist für ihn, wie bereits hervorgehoben, »die Bitte um Kundgabe der göttlichen Gegenwart, um das dialogische Spürbarwerden dieser Gegenwart« und als solches die »Vorleistung«, deren die Hoffnung bedarf, um sich in der fühlbar gewordenen Gegenwart verankern zu können. So schafft sie die Voraussetzung für das Werk des Glaubens, der in ihr seinerseits das tragende Fundament gewinnt.

Aber trägt dieses Fundament? Das ist zunächst nicht die Frage nach der Verläßlichkeit Gottes, sondern nach der Fähigkeit des Menschen, sich hoffend auf ihn zu begründen. Denn Buber gerät mit seiner Gleichsetzung von Glaube (im Sinn von *emuna*) und Hoffnung (im Sinn von *hypostasis*) ins Gedränge, wenn man sein Konzept auf seine These von der Gottesfinsternis zurückbezieht. Und selbst dort, wo dieses Dunkel, mit CHRISTOPHER FRY gesprochen, noch »Licht genug« ist, bleibt offensichtlich nur eine Kümmerform von Hoffnung, eine Hoffnung, die Ingeborg Bachmann »erblindet im Licht« kauernd sieht[4]. So ist die Hoffnung alles andere als selbstverständlich. Wie sehr sie von Anfang an im Zwielicht steht, zeigt das mythische Bild von der Büchse der Pandora, die als ihren Bodensatz und damit als das schlimmste aller Übel die Hoffnung enthält. Das erklärt sich nicht erst aus der spätantiken Verdüsterung des Götterglaubens, an dessen Stelle, wie Rudolf Bultmann zeigte, ein resignativer Fatalismus trat, sondern schon aus der Ambivalenz des traditionellen Gottesbildes, in dem sich Elemente des Trostes im Sinn des *Mysterium fascinosum* unkalkulierbar mit denen der Bedrohung im Sinn des *Mysterium tremendum* mischen[5]. Insofern gibt es Hoffnung, grundsätzlich gesehen, erst durch den, der die Ambivalenz des Göttlichen als Folge der Selbstprojektion des Menschen in seiner zwiespältigen Existenz- und Geschichtserfahrung durchschaute und diese auf dessen Grund durchstieß, den er als den der bedingungslosen Liebe entdeckte und glaubhaft machte.

Vergeblich suchte der Hoffende Halt im ambivalenten Gott der Tradition, weil ihm im Anlauf zum Vertrauen stets die angstvolle Besorgnis in die Quere kam, von Gott bedroht oder gar fallengelassen zu werden. Darin führte die Gottesentdeckung Jesu den erlösenden Wandel herbei, denn der Gott, der nach dem Wort der lukanischen Bergpredigt seine Güte sogar den Undankbaren und Bösen zuwendet (6,35), schließt keinen von seiner erbarmenden Liebe aus. Deshalb trifft das anmaßende Wort des letzten Nietzsche »erst von mir an gibt es wieder Hoffnungen« nur auf den Entdecker dieses Gottes, und auf ihn in jener höchsten Weise zu, die der Kolosserbrief meint, wenn er ihn »die Hoffnung auf die Herrlichkeit« nennt (1,27), also in jenem höchsten Sinn, daß er nicht nur hoffen heißt, sondern die Hoffnung ist[6].

Wenn je ein Wort, dann drängt dieses ins Bild. Doch dafür ist keines so angemessen wie das des Lichts. So empfand es schon der Matthäusevangelist, als er das Wirken Jesu in dem »Galiläa der Heiden« mit dem Prophetenwort kommentierte:

> *Das Volk, das im Dunkeln lebt, sah ein großes Licht; denen, die in Finsternis und Todesschatten saßen, erstrahlte ein Licht (Mt 4,16)*[7].

So entspricht es der Urerfahrung des Hoffenden, dem sich im selben Maß, wie er Halt und Stand gewinnt, der Horizont auflichtet, so daß er dort, wo sich ihm alles zu verbauen und zu verfinstern schien, plötzlich »das Offene« (HÖLDERLIN) gewahrt. Es blieb Paulus vorbehalten, diese Erfahrung im Zug der optischen Version seines Ostererlebnisses auf die denkbar höchste Stufe zu transponieren, als er seine Schau des Auferstandenen auf die Lichtwerdung am Schöpfungsmorgen zurückbezog und als den Anbruch der neuen im Glanz der Gottherrlichkeit stehenden Schöpfung deutete:

> *Gott, der gesagt hat: es werde Licht, er hat es auch in unseren Herzen tagen lassen zum strahlenden Aufgang der Gottherrlichkeit auf dem Antlitz Christi (2Kor 4,6)*[8].

Was Paulus auf dem Antlitz des Auferstandenen erblickte, war das Licht, das wie der Aufgang am Schöpfungsmorgen der »uralten Verwirrung« (HÖLDERLIN) ein Ende setzte und aus der alten unter das Todesjoch gebeugten Welt die »neue Schöpfung« hervorgehen ließ. Damit überbot die erbarmende Liebe Gottes selbst die höchsten auf die Wiederkehr des goldenen Zeitalters und die Errichtung eines messianischen Friedensreiches gerichteten Hoffnungen der Menschheit. Und damit brach sie in einer Welt der Zwänge, Ängste und Sorgen der Hoffnung Bahn.

Mittelbar bezieht die optische Sicht des Apostels aber auch das Kreuz mit ein, das er den Galatern als den Inbegriff seiner Verkündigung »vor Augen gestellt« hatte (Gal 3,1)[9]. Zwar schlägt das visuelle Moment in seiner exoterischen Darstellung kaum durch, um so mehr jedoch in seiner esoterischen Konzeption, in der er das als »Skandal« und »Torheit« geltende Kreuz als Schlüssel zur »Gottesweisheit im Geheimnis« (1Kor 2,7) und den Gekreuzigten als den von Gott »zur Weisheit« Erhobenen (1Kor 1,30) begreift. Denn als »Spiegel« und »Abglanz« der ewigen Güte (Wsh 7,25) ist die Weisheit geradezu der Inbegriff dessen, was von Gott her in Erscheinung tritt, wenn er sich mitteilt und den Schleier seiner Verborgenheit von sich abwirft. In diesen Lichtkreis tritt nun auch das Kreuz[10].

Wenn das nachvollzogen werden soll, muß freilich, mit einer paulinischen Metapher ausgedrückt, die »Hülle« weggenommen werden, die diesen Lichtglanz auch im Innenraum des Glaubens verdeckt. Es ist, wie bereits gezeigt, die zweckhaft-instrumentalisierende Deutung des Kreuzestodes Jesu, die diesen als die von Gottes Strafgerechtigkeit geforderte Sühneleistung begreift. Doch die Würde des im Kreuzestod Entwürdigten verlangt es, daß dieser Tod als das jeder Zwecksetzung überhobene Endereignis der Lebensgeschichte Jesu gedacht wird. Wenn das geschieht, leuchtet spontan das auf, was der Zweck verhüllt: der Sinn. Nie trat die bedingungslose Liebe, die Jesus in seinem Verhältnis zu Gott und zu den Menschen lebte, so klar in Erscheinung wie in seinem Tod. Das Kreuz ist, um einen bereits gebrauchten Ausdruck nochmals aufzugreifen, sein sichtbar gewordener Todesschrei, die gewaltigste, jetzt zu übersprachlicher Wucht gesteigerte Abba-Anrufung Gottes, mit der er definitiv den Himmel stürmt, um in diesem Akt der äußersten Hingabe die Liebe Gottes auf die Welt, die ihn mordete, herabzurufen. So ereignet sich in der Nacht von Golgota, wenn freilich auch nur den Augen des Herzens sichtbar, der Sonnenaufgang der göttlichen Liebe, die sich in die Menschenherzen – nach NIETZSCHE sogar in die der Mörder Jesu – ergoß, um sie endgültig für Gott und seine Sache zu gewinnen[11].

In diesem Licht kommt zugleich der innerste Grund der Hoffnung zum Vorschein. Das bestätigt Paulus mit dem im Sinn der Stilfigur eines Kettenschlusses (WOSCHITZ) entwickelten Schlüsselwort des Römerbriefs:

> *Die Hoffnung kann nicht trügen; denn die Liebe Gottes ist ausgegossen in unsere Herzen durch den heiligen Geist, der uns gegeben ist (Röm 5,5)*[12].

Entgegen der in der paulinischen Trias von Glaube, Hoffnung und Liebe angezeigten Konsekution erscheint hier die Hoffnung als die Frucht der Liebe und diese als ihre grundlegende Bedingung. Denn untrüglich hoffen kann dieser Schlüsselaussage zufolge nur der, der sich nach dem paulinischen Bild von der Liebe Gottes »überschüttet« weiß. Das macht die im Glauben gewonnene Hoffnungsbasis nicht entbehrlich. Doch hat die darauf aufbauende Hoffnung den Charakter eines Wagnisses, weil sie, soweit sie sich im vorchristlichen Raum konstituiert, nicht weiß, ob sie sich einem liebenden und in diesem Sinne vertrauenerweckenden Gott in die Arme werfen kann. Anders im Fall ihrer Selbstbegründung auf den Gott Jesu Christi, der nicht nur vertrauenswürdig ist, sondern durch seine Liebe jedem Hoffnungsversuch zuvorkommt, ihn ermöglicht und trägt. Ein Wissen um diesen Zusammenhang klingt sogar noch in BEETHOVENS ›Fidelio‹ nach, wenn sich die von der Begegnung mit dem Tyrannen aufgewühlte Leonore mit dem Anruf besänftigt:

Komm, Hoffnung, laß den letzten Stern
der Müden nicht erbleichen!
Erhell mein Ziel, sei's noch so fern,
die Liebe wird's erreichen.

Wie aber, wenn die Liebe unter den Menschen, wie GUARDINI befürchtete, erkaltet und dadurch den Einzug der Gottesliebe blokkiert?[13]. Dann gerät die Hoffnung in den Sog des Säkularisierungsprozesses, in dem sie schließlich sogar ihre Identität verliert und, wie KARL LÖWITH nachwies, nur noch als Fortschrittsimpuls auf die Zivilisation einwirkt[14]. Und sie gelangte zuvor noch auf jenen schwankenden Boden, auf dem sie ERNST BLOCH interpretierte, der, ungeachtet der Tatsache, daß er inzwischen politisch desavouiert und von seinem Wolkenthron gestürzt wurde (FEST), der große Theoretiker der Hoffnung in dieser hoffnungsarmen Epoche bleibt[15]. Über diesem vor einem weitgespannten Panorama ideengeschichtlicher, politischer und religiöser Entwürfe errichten Manifest in Gestalt seines ›Prinzip Hoffnung‹ (1959) geriet jedoch der christliche Gegenwurf nahezu in Vergessenheit, den KARL MATTHÄUS WOSCHITZ in seinem monumentalen Werk ›Elpis – Hoffnung‹ (1973) vorlegte[16]. Das als Grundlegung der inzwischen entstandenen und vor allem von JÜRGEN MOLTMANN vorangetragenen Theologie der Hoffnung (1964) und zudem als Antwort auf Bloch gedachte Werk inkliniert insgesamt aber doch so sehr zu Blochs rhapsodischem Manifest, daß es wenigstens teilweise spiegelbildlich zu diesem gelesen werden kann. Bezeichnend für beide ist der intensive Rückgriff auf die mythische, philosophische und literarische Antike, bei dem sich Bloch in zwei Richtungen noch weiter zurücktastet als Woschitz: einmal in Richtung auf den orphischen, altägyptischen, hellenistischen und dichterischen Mythos, so auf die Pandorasage, auf die Vorstellung des *connubium sacrum*, auf MÖRIKES Trauminsel Orplid, auf HOMERS Ithaka und auf das neue Jerusalem, vor allem aber in Richtung auf eine erkenntnistheoretische Unterbauung, wie er sie schon in seinem ›Geist der Utopie‹ (1918) vorweggenommen hatte[17]. Dabei geht es ihm, mit einem späteren Titel gesprochen, um die »Ontologie des Noch-nicht-Seins«, mit der er das rückwärts gerichtete Denken der idealistischen *cognitio vespertina*, das nach HEGEL stets das »Nachsehen« hat, konsequent in das prospektive der *cognitio matutina*, gestützt auf den nachwirkenden Impuls des jüdischen Messianismus, umzubiegen sucht[18].

Dabei läuft alles auf eine Art Umkehrung des anselmischen Gottesbeweises hinaus. Nicht am Grenzwert des unüberdenklich Größten, sondern an dem des mit letztem Einsatz Erhofften erwacht das Denken zur Gewißheit von dessen Realität. Während der Beweis bei Anselm jedoch »remoto Christo«, wie es dann ausdrücklich in ›Cur Deus homo‹ heißt, geführt wird, ist bei Bloch in seltsamer Frontenverkehrung umgekehrt Jesus der Garant des Gelingens. Er heilt schon jetzt den Schmerz des »trüben Adam« mit seiner Sehnsucht nach dem Wissen um das, was das Gute und Böse ist, erst recht aber die Not der luziferischen Sehnsucht, zu sein wie Gott, auch wenn dies in ihm »geheim blieb« bis zu dem Augenblick, da er es mit seinem Todesschrei für sich und die Menschheit einforderte[19].

In einer gemilderten Form wiederholt das Bloch im christologischen Kapitel seines ›Prinzip Hoffnung‹, dessen Hauptmotive um so deutlicher hervortreten, je bewußter es vor dem klärenden Hintergrund der Hoffnungsstudie von Woschitz gelesen wird[20]. Auslösend wirkten auf seine Darstellung offensichtlich noch die Versuche ein, das Christentum aus astralmythologischen Vorstellungen herzuleiten und schließlich den »geschichtlichen Jesus selber in Legende aufzulösen«. Tatsächlich aber lebt der christliche Glaube für Bloch »wie keiner von der geschichtlichen Identität seines Stifters«, für die schon so unerwartete Züge wie Schüchternheit, Anfechtung und Verzagtheit sprechen; denn diese »sagen Ecce homo, nicht Attis-Adonis«[21]. Charakteristisch ist für ihn aber vor allem der »Zug nach unten«, zu den Erniedrigten und Beleidigten, denen Jesus die gegen den platonischen Eros gerichtete Liebe zu »den Unscheinbaren«, also zu den im Dunkel Stehenden, den Armen und Verachteten zuwendet[22]. Im Blick auf den paulinischen Begriff des mystischen Leibes erinnert Bloch überdies daran, daß sich dieser »Zug nach unten« auch auf die im Hohelied gerühmte »Liebe Sulamiths zu Salomon«, also auf die erotisch-sexuelle Liebesform erstreckt und diese in den Gesamtvollzug christlicher Liebe zu integrieren sucht, wenngleich in der Folge »dem Wein dieses Wunders gewaltig Wasser und Unglück« zugesetzt wurden[23]. Indessen zeichnet sich in diesem gegen alle gesellschaftliche und kirchliche Konvention gerichteten Ideal bereits das ab, was Bloch im Widerspruch zur Zurückhaltung der gesamten Theologie mit Einschluß sogar Karl Rahners als das Auszeichnende an der Gestalt Jesu begreift: seine Rolle als Rebell gegen Gewohnheit und Herrschermacht, tiefer besehen aber auch gegen den »entsetzlich-liebreichen« Gott, der ihm den Tod zumutet, einen Tod, den er »als Rebell und Märtyrer« hinnahm, nicht jedoch im Sinn der christlichen Sühnopferlehre als »Zahlmeister« für eine von ihm stellvertretend abgetragene Schuld[24].

Auf diesen hochbrisanten Kern reduziert sich Blochs Jesusbild, wenn es mit der von Woschitz gebotenen Konzentrationshilfe aus seinen an den Rändern partiell ausufernden Ausführungen erhoben wird. Auf diesen Kern zurückgeführt bestätigt es dann die paulinische These von der Liebe als der Bedingung der Hoffnung und, radikaler noch, den sich in der Auferstehung des Gekreuzigten ereignenden Sonnenaufgang der ewigen Liebe. So gesehen stößt die Blochsche Deutung Jesu in die Bruchstelle hinein, die zwischen der Satisfaktionslehre und dem tatsächlichen Todesverständnis Jesu aufklafft. Während jene seinen Tod funktionalisierend als Sühneleistung deutet, unterläßt der historische Jesus, selbst im Spiegel der weithin nachgestalteten Leidensankündigungen, jeden Hinweis auf eine satisfaktorische Begründung seines Todesschicksals. Statt dessen verknüpft er dieses in der Ankündigung, er werde von nun an von der Frucht des Weinstocks nicht mehr trinken, bis er neu davon trinken werde in der Mahlgemeinschaft des Gottesreichs (Mk 14,25), in einer Weise mit dessen Heraufkunft, daß nun sein Kreuzestod als die Utopie eines Sterbens lesbar wird, das sich in der Gewißheit der Todüberwindung erfüllt. Jetzt ist die Rede von dem sich in seinem Tod ereignenden Sonnenaufgang der Liebe erst voll gerechtfertigt: einer Liebe, die nicht nur, wie es im Hohelied heißt, stark ist wie der Tod (8,6), sondern stärker als seine Verneinungs- und Vernichtungsmacht und die sich so als das Prinzip seiner Überwindung erweist.

2. Wetterwinkel oder Sandbank?

Die Hebräerstelle, die den Glauben von der Hoffnung her definiert, versichert:

> *Glaube ist die vertrauende Selbstbegründung im Erhofften, ein Beweis des Ungesehenen (Hebr 11,1)*[25].

Das Wort zieht die Summe aus dem Brief, der sich selbst als eine »Überredung zur Hoffnung« versteht (10,23), und seine Aussage deshalb mit einer Reihe von »Hoffnungszeichen« unterbaut.

Dazu gehört schon das Motiv von der dem Gottesvolk zugesicherten Sabbatruhe (4,1-10) und das vom Zweiten Vatikanum aufgenommene Bild vom wandernden Gottesvolk (12,18-29), vor allem aber die Stilisierung Jesu zum großen Hoffnungsträger, der die Himmel durchschritt (4,14), der ins Innere »hinter den Vorhang« eintrat, um die auf ihn Vertrauenden dort »vor Anker gehen« zu lassen (6,19f) und »ewige Erlösung« zu erwirken (9,12.24ff), der dadurch dem Glauben Bahn brach (12,2) und so den Aufstieg zum Gottesberg, mit dessen Schilderung der Brief seinen Höhepunkt erreicht, ermöglichte. Die Stelle beginnt antithetisch, um den neuen Aufstieg mit dem einstigen in Feuer, Wolken, Dunkel und Gewittersturm zu kontrastieren (12,18):

> *Nein, ihr seid hinzugetreten zum Berg Sion, zur Stadt des lebendigen Gottes, zum himmlischen Jerusalem, zu den Myriaden von Engeln, zur Festversammlung und zur Gemeinde der im Himmel aufgezeichneten Erstgeborenen, zu Gott, dem Richter aller und zu den Geistern der vollendeten Gerechten, zu Jesus, dem Mittler des neuen Bundes und zum Blut der Besprengung, das lauter redet als das des Abel ... Laßt uns dafür dankbar sein, daß wir ein unerschütterliches Reich empfangen haben, um Gott in ehrfürchtiger Scheu zu dienen; denn unser Gott ist ein verzehrendes Feuer (12,22ff.28f).*

Fataler kann das Schlußwort vom verzehrenden Gottesfeuer nicht verkannt werden, als dadurch, daß es auf den flammenden Zorn Gottes bezogen wird, womöglich noch unter Berufung auf den Satz »es ist schrecklich, in die Hände des lebendigen Gottes zu fallen« (10,31), mit dem das Neue Testament am weitesten hinter die Gottesentdeckung Jesu zurückgefallen ist[26]. Demgegenüber ist das »Ungesehene«, auf das sich die christliche Hoffnung (nach 11,1) begründet – »denn wir leben im Glauben, nicht im Schauen« (2Kor 5,7) – das als die beseligende Anschauung des göttlichen Angesichts vorgestellte Werdeziel, dem die Christenheit entgegenlebt, das sie in der Eschatologie reflektiert und das sie gegen den immer noch nachwirkenden Säkularismus verteidigen muß. Denn dieser ist nach wie vor vom Pathos der Verneinung eines jenseitigen Endziels getragen, obwohl er, inzwischen an sich irre geworden, ersatzweise kurzschlüssige und phantastische Surrogate wie die Futurologie oder die New-Age-Ideologie anbietet. Denn für den

Säkularismus starb, zusammen mit Gott, auch die auf sein Walten und Kommen gerichtete Hoffnung, nicht jedoch die durch sie geweckte Sehnsucht nach einer leidfreien, menschlicheren Welt, die, wenn nun nicht mehr von der göttlichen Geschichtsmacht, so doch von der menschlichen Leistungskraft, Planung, Organisation und Arbeit zu erwarten war. Immerhin behielt diese zum Fortschritt gewordene Hoffnung noch so viel von ihrer ursprünglichen Kompetenz, daß im Geschichtsentwurf HEGELS wieder religiöse Motive durchschlugen, sofern sich der Fortschritt nun auf das wachsende Freiheitsbewußtsein bezog[27].

Indessen leidet auch die christliche Position an einer ungelöschten Hypothek, sofern sich im Evangelium die Erinnerung an die Naherwartung erhielt, in der Jesus, zusammen mit seiner Jüngergemeinde, befangen war. Zwar hat die moderne Forschung das damit aufgeworfene Problem, an dem sich noch die theologische Position ALBERT SCHWEITZERS entschieden hatte, weitgehend durch den Nachweis entschärft, daß die Worte, in denen Jesus den von ihm ausgesandten Jüngern versichert, sie würden bei ihrem Missionszug mit den »Städten Israels« nicht zu Ende kommen (Mt 10,23), und »einigen« seiner Zuhörer in Aussicht stellt, sie würden den Anbruch des Gottesreiches noch bei Lebzeiten erleben (Mk 9,1), als nachgestaltete Worte aus dem Mund urchristlicher Propheten zu gelten haben; doch haftet der christlichen Hoffnung seither die Tendenz zu jener Kurzschlüssigkeit an, die wiederholt im Chiliasmus, insbesondere in geschichtlichen Wendezeiten durchschlug[28].

Gleichzeitig gewinnt die Frage der in neutestamentlicher Spätzeit auftretenden Spötter »wo bleibt seine verheißene Parusie?« (2Petr 3,3ff) und damit die Forderung nach Beweisen für das Ungesehene zusehends an Gewicht, die dann allerdings in der Folgezeit dasselbe Schicksal erlitten wie die Naherwartung der ersten Stunde. Denn es ist nicht zu übersehen, daß ihnen im Lebensgefühl des heutigen Menschen, anders als noch in den Tagen MARTIN LUTHERS mit seinem Ruf »komm, lieber jüngster Tag!« kaum noch eine Resonanz entspricht[29]. So gerät die Eschatologie zwischen Skylla und Charybdis: zwischen die Skylla chiliastischer und apokalyptischer Aufbrüche, durch die die Endzeithoffnung entweder durch utopische Traumbilder oder durch Exzesse der Weltangst überlagert wird, so daß ihnen allenfalls mit dämpfenden Strategien begegnet werden kann, und die Charybdis des mit dem Zeitenabstand verebbenden und schließlich hinschwindenden Hoffnungsimpulses[30]. Nachdem die Parusie längst aufgehört hat, Gegenstand betender Anrufung wie in den Tagen der Urgemeinde zu sein, versiegte sogar schon die Frage nach Gründen ihres Ausbleibens. Nicht umsonst verstrickten sich die eschatologischen Entwürfe in ein Bündel widersprüchlicher Positionen, angefangen von BARTHS – später wieder aufgegebener – Radikalposition bis zu RAHNERS Vorstellung von einer Selbsttranszendenz der Geschichte, von TEILHARD DE CHARDINS evolutionärer Progreßvorstellung bis hin zu BULTMANNS radikalpräsentischer Eschatologie und von einem eschatologischen Akosmismus bis hin zu einer Theologie der weltlichen Wirklichkeiten[31]. Indessen: der »Wetterwinkel«, den HANS URS VON BALTHASAR in ihr wahrnehmen wollte, ist sie längst nicht mehr, eher schon die Sandbank, an der die theologischen Entwürfe und mit ihnen zusammen tief eingewurzelte, aber zunehmend erodierende Vorstellungen stranden[32].

Doch könnte das nicht auch, soweit es den Dissens der Entwürfe betrifft, die Folge einer falschen Optik, verstanden als die einer unangemessenen Denkform sein? Im Hinblick darauf ist an BLOCHS Versuch zu erinnern, die Ontologie des Seins durch eine solche des Noch-nicht-Seins zu ersetzen und damit dem rückwärtsgewandten Anamnesis-Denken der platonischen Tradition eine prospektiv nach vorwärts gerichtete Denkweise entgegenzusetzen[33]. Doch dieser Ansatz bleibt, christlich beurteilt, auf halber Strecke stecken. Denn es kommt nicht nur darauf an, auf das Eschaton hin zu denken, sondern von dem mit ihm gesetzten Ziel her zu denken. Der Gott der Hoffnung ist wesenhaft »im Kommen« (METZ). Demgemäß spricht der »getreue Zeuge« der Apokalypse sein Schlußwort mit der Zusicherung: »Ja, ich komme bald!« (Apk 22,20). Darauf stimmte sich die Glaubensgemeinde der ersten Stunde mit dem Gewißheits- und Sehnsuchtsruf ihres »Maranatha« ein, der ebenso vom Erlebnis des Gegenwärtigen ausgeht, wie er die Hoffnung auf sein endzeitliches Kommen bekundet[34]. Erkenntnistheoretisch aber entspricht dem »Maranatha« die Christomathie, verstanden als jene Denkweise, der ROSENZWEIG mit dem von ihm und seinen Gesinnungsgefährten herbeigeführten »Umbruch des Denkens« (STEINBÜCHEL) Vorschub leistete und auf die die gegenwärtige Glaubenswende mit ihrer Sinnspitze abzielt[35]. Wenn diese darin besteht, daß der zum Glaubensobjekt und Inbegriff der Lehre Festgeschriebene aus dem Gehäuse seiner Vergegenständlichungen hervortritt, stimmt er die sich ihm entgegentastende Vernunft in einer Weise um, daß sie den »Beweis des Ungesehenen« nicht mehr so sehr von argumentativ unterbauten Schlußfolgerungen, als vielmehr von seinem Selbsterweis erwartet. Aber läßt sich dieser in einer Zeit, in der es nach LESSING »keine Wunder« mehr gibt, abgesehen von den dafür sprechenden inneren Erfahrungswerten, an verifizierbaren Fakten festmachen?

3. Der Beweis des Ungesehenen

Wer so fragt, sieht sich vor das Lessingproblem, jetzt aber in entgegengesetzter Blickrichtung gestellt. Ging es LESSING um den »garstigen breiten Graben« des wachsenden Zeitenabstands nach rückwärts, also in Richtung auf das zentrale Heilsereignis und seine Bezeugung, so handelt es sich jetzt um den sich ständig vertiefenden Graben nach vorn, in Richtung auf die erhoffte Parusie, die dem Warten auf sie (Mt 25,5) ein Ende setzt, sofern der Glaube an sie nicht sogar durch das sich hinziehende Warten aufgezehrt wird.

Während die Distanz nach rückwärts durch den Gleichzeitigkeit stiftenden Glauben (KIERKEGAARD), zumindest tendenziell, überbrückt wird, könnte die nach vorn gerichtete nur durch die Verifizierung des »prophetischen Wortes« überwunden werden, das (nach 2Petr 1,19) zwar als »Leuchte am finsteren Ort« das Weltendunkel erhellt, als solches aber beglaubigt werden muß[36]. Derartige Beweise könnten jedoch nur erbracht werden, wenn es sich zeigen ließe, daß die Geschichte, in der GOETHE im Sinn einer weit verbreiteten Ansicht nur »ein Gewebe von Unsinn« wahrzunehmen vermochte, ungeachtet des in ihr herrschenden Widersinns als das Feld einer in sie wiederholt einbrechenden »höheren Geschichte«, von der SCHELLING und NIETZSCHE, wenngleich in gegensätzlicher Absicht, sprachen, erwiesen werden könnte[37].

Vor dieses Problem sah sich zu Beginn der sechziger Jahre eine von WOLFHART PANNENBERG angeführte Theologengruppe gestellt, die zu ihrem Vorstoß durch den Alttestamentler GERHARD VON RAD angeregt worden war[38]. Ihrem Ergebnis zufolge kann die Geschichte zwar nicht als das Feld einer Gottesoffenbarung gelten; wohl aber ergeht diese vielfach im Kontext geschichtlicher Ereignungen an die Menschheit. Einen Schritt weiter ging in dieser reduktiven Richtung FRIEDRICH H. TENBRUCK mit der These, daß die Frage, ob Gott durch die Geschichte spreche, »nicht eigentlich Gegenstand der Aussage einer empirischen Wissenschaft« – in seinem Fall der Soziologie – sein könne; wohl aber sei diese berechtigt, die Frage zu stellen, »ob Menschen noch glauben können, daß Gott durch die Geschichte spricht«[39].

In dieser zurückgenommenen Form ist die Ausgangsfrage von brennender Aktualität, seitdem die Einsicht an Boden gewinnt, daß sich der große Umbruch (1989), der den Einsturz des Eisernen Vorhangs, das Ende des Ost-West-Konflikts und die Wiedervereinigung Deutschlands nach sich zog, ungeachtet der auf ihn hinwirkenden Aktivitäten – und Leiden – in seinem Kern einer historischen Kausalerklärung entzieht. Das gilt besonders von der Tatsache, daß sich diese weltgeschichtliche Zäsur von noch kaum begriffenem Tiefgang und unabsehbaren Folgen als das Paradigma einer »sanften Revolution« in die Annalen der Geschichte eingeschrieben hat und insofern der markantesten Kriterien derartiger Umschwünge entbehrt: der Gewalt und des Blutvergießens[40]. Doch eben dadurch rückt der Vorgang an das Urbild aller »sanften Revolutionen« in Gestalt der revolutionären Lebensleistung Jesu heran, mit der sie auch das Schicksal teilt, von den Betroffenen kaum begriffen und noch nicht von ferne in angemessene Aktivitäten umgesetzt worden zu sein.

Wenn darin ein Wandel herbeigeführt werden soll, kann er, rigoros gesprochen, nur von der Theologie ausgehen, sofern sie es sich angelegen sein läßt, die Wende als ein letztlich nur religiös zu deutendes Zeitzeichen glaubhaft zu machen. Dazu könnte das Modell »Offenbarung als Geschichte« eine wichtige Interpretationshilfe leisten, wenn es nicht, wie wohl schon aus seinem baldigen Versanden zu schließen ist, von einer inneren Hypothek belastet wäre. Denn Pannenberg suchte das Modell dadurch zu favorisieren, daß er den Offenbarungsbegriff entschärfte, und das bestritt, was, nicht zuletzt infolge der Ausstrahlung des Zweiten Vatikanums, zu übergreifendem Konsens gelangte: das Verständnis der Offenbarung als Selbstoffenbarung Gottes[41]. Nach Pannenberg eine Frucht von Schellings Freiheitsspekulation, taucht der Begriff schon bei Johann Sebastian von Drey auf; zu theologischer Relevanz gelangt er jedoch erst bei Guardini, bis er schließlich, vermutlich in dessen Gefolge, zum Kristallisationskern des heutigen Offenbarungsgedankens wurde, in welchem ebenso die Deutungen Rahners wie Jüngels übereinkommen und mit ihnen die des Zweiten Vatikanums, das den Gedanken mit dem Satz aufnimmt: »ab initio semetipsum manifestavit[42].

Indessen ist mit diesem Einwurf das letzte Wort in der Verifizierungsfrage noch nicht gesprochen. Denn die Distanzierung vom Vollbegriff der göttlichen Selbstoffenbarung lag deshalb nahe, weil davon, streng genommen, nur im Blick auf den bedingungslos liebenden Gott Jesu Christi gesprochen werden kann, nicht aber im Hinblick auf den Gott, der sich in der Geschichte ebenso als gütig wie als gerecht und richterlich zu erweisen scheint und der als solcher das theologische Denken weithin beherrscht. Deshalb traf GÜNTER KLEIN den kritischen Punkt, als er seine Würdigung des Pannenbergschen Ansatzes mit der These schloß, daß Gott allenfalls *in* der Geschichte, nicht aber *aus* ihr rede, deutlicher noch formuliert, daß die Geschichte zwar nicht von Gott, daß wohl aber Gott durch die Metasprache geschichtlicher Ereignisse rede[43]. Wenn das aber je einmal geschah, dann, christlich gesehen, im Kreuzestod Jesu, der als der definitive Aufgang der ewigen Liebe im Weltgeschehen und als dessen Eintritt in eine »höhere Geschichte« begriffen sein will und als solcher Licht auf alle analogen Geschehnisse wirft.

Sofern dazu auch die freiheitliche Wende gerechnet werden darf, entspricht ihr jene paradoxe Denkform, die Paulus als die einer »Hoffnung gegen alle Hoffnung« (Röm 4,18) beschrieb[44]. So kam sie, gegen die Einschätzung von Politikern und Historikern, zustande; und so ist sie auch zu verstehen: als ein Zeitzeichen, das in einer von scheiternden Friedensversuchen und zunehmenden Gewaltakten verdüsterten Situation Hoffnung verbürgt. Doch gerade darin stieß dieses Zeichen auf den Einspruch des Zeitkritikers JOACHIM FEST, der nicht etwa die Bedeutung des Ereignisses in Frage stellt, wohl aber befürchtet, daß daraus falsche Konsequenzen gezogen werden. Diese bestünden seiner Einschätzung zufolge darin, daß nach dem bösen Erwachen aus dem roten Traum neuen Traumbildern nachgejagt, wenn nicht sogar dem »zerstörten« nachgetrauert würde. Wenn die Chance des Erwachens nicht fatal verspielt werden solle, müsse jetzt die große Ernüchterung eintreten, in der der Wille zu »kongruenten« und deshalb realisierbaren Verbesserungen an die Stelle der die Wirklichkeit immer nur vergewaltigenden utopischen Phantasien zu treten habe. Denn nur auf diesem Weg komme eine Welt zustande,

> *in der Menschen ohne politische Erlösungsversprechen und doch wie Menschen leben können*[45].

So ernüchternd die Abrechnung mit dem »Geist der Utopie« und seinem Propheten Ernst Bloch in Fests Analyse wirkt, verfällt er doch selbst einer utopischen Diktion, wenn er im Untertitel seiner Streitschrift das »Ende des utopischen Zeitalters« ankündigt. Fraglich ist dabei insbesondere, ob mit diesem Ende der Anfang einer menschlicheren Welt gemacht ist. Denn wer den Menschen das Träumen verwehrt, entzieht der Sehnsucht den Atem. Wer sich aber, wie das der späte Reinhold Schneider von sich sagt, nicht mehr zu sehnen vermag, verliert die Fähigkeit zu hoffen und mit der Hoffnung dann zuletzt den Sinn für das, was die Hoffnung verbürgt: die Liebe. Das Ende wäre eine Kältehölle, von der die um sich greifende soziale Unterkühlung und die alle Verhältnisse überwuchernde Zweckrationalität, die nur zu sehr Fests Prognose entsprechen, einen warnenden Vorgeschmack vermitteln[46]. Dann kauert die Hoffnung allenfalls noch, wie Ingeborg Bachmann dichtete, »erblindet im Licht«, im Licht jener höchsten Gewähr, das sie jedoch nicht mehr wahrzunehmen vermag.

Wenn dieser angesichts der gesunkenen Grenzmauern und der gewichenen Bedrohung paradoxe Zustand nicht unerklärt bleiben soll, muß die Rückwirkung bedacht werden, die der Freiheitsentzug und Hoffnungsverlust, den ganz Osteuropa jahrzehntelang erlitt, weltweit, also auch im angeblich »freien Westen« nach sich zog. Denn Freiheit und Hoffnung gehören, zusammen mit dem Frieden, zu jenen höchsten Vergünstigungen des Menschseins, die nur im Allgemeinbesitz voll zum Tragen kommen, jedoch entscheidend an Leucht- und Gestaltungskraft verlieren, wenn sie einem Großteil der Menschheit vorenthalten werden. Insofern steht Fests Kritik im Verdacht, von eben der Resignation eingegeben zu sein, der sie, zumindest halblaut, das Wort redet. Seine Abrechnung mit dem utopischen Denken und dessen ebenso wortgewaltigen wie vermessenen Sprecher Bloch erinnert, gerade auch angesichts seiner eschatologischen Gedankenspiele daran, daß die Hoffnung in der Gefahr schwebt, sich nach zwei Richtungen hin zu überschlagen: sowohl in Richtung auf die von Camus geforderte Revolte als auch in die von Bloch verkörperte utopische Phantastik. Wie aber steht es mit dem Verhältnis von Hoffnung und Utopie? Für Fest erledigt sich diese Frage mit der Feststellung, daß es »keine christliche, auf die Welt bezogene Utopie gibt«, und daß die Entwürfe, die wie die »Utopia« des Thomas Morus oder der »Sonnenstaat« Campanellas entweder wie dieser als »tief widerchristliche« Modelle zu gelten haben, oder, wie im Fall des Schöpfers des Utopie-Begriffs Morus, von diesem in ihrer Gefährlichkeit durchschaut und schließlich verworfen wurden[47]. Doch schlagen diese Einwände durch?

Die Frage schließt die Vorfrage nach biblischen Äquivalenten des Utopiebegriffs ein. Sie verweist zunächst in die alttestamentliche Apokalyptik, die sich von den prophetischen Zukunftsvisionen dadurch unterscheidet, daß sie den »großen und schrecklichen Tag« des Endgerichts nicht von dem darauf hinführenden Geschichtswalten Gottes, sondern umgekehrt von dessen machtvoller Entgegenkunft erwartet. Als solche wurzelt sie nach der – freilich kontrovers diskutierten – These GERHARD VON RADS in der Weisheit und damit in jenem Medium, in welchem Israel nach dem Versiegen des Prophetismus (Ps 74,9) seine Geschichtserfahrung zwar reflektieren, aber, wie der Fortgang seiner Geschichte nur zu drastisch zeigt, nicht wirklich verarbeiten und auswerten lernte[48]. Da die spekulative Weisheit auf einem Höhepunkt dieser Reflexion als »des Gotteswirkens makelloser Spiegel« bezeichnet wird (Wsh 7,26), dürfte sich daraus der zunehmend bildhafte Zug des apokalyptischen Denkens mit seiner Vorliebe für ekstatische Durchblicke, Traumgesichte und Schreckensbilder erklären. Es ist, wie FERDINAND DEXINGER am Modell des Danielbuchs verdeutlichte, ein eigentümlich realitätsenthobenes, sich zu visionären Schauungen und Entwürfen steigerndes Denken, das sich im Maß, wie es in den Sog des Gedankens von Gottes endzeitlicher Entgegenkunft gerät, in divinatorisch-traumhaften Sequenzen ergeht[49]. Einen Kulminationspunkt erreichen diese darin, daß in ihrem Kontext die Gestalt des Menschensohnes auftaucht, dem es aufgegeben ist, die mit dem endzeitlichen Kommen Gottes intendierte Neuordnung in Gestalt des Gottesreiches anzubahnen[50].

Damit schließt sich nicht nur der Ring zur Botschaft Jesu, sofern er im Zug seiner Identifikation mit dem Menschensohn auch dessen Aufgabe, das Gottesreich heraufzuführen, übernimmt, sondern auch zur Utopie-Problematik, sofern sich jetzt die – von HANS WEDER bereits positiv beantwortete – Frage stellt, ob sich der Wahrheitswert der Parusieerwartung nicht dadurch neu zur Geltung bringen ließe, daß man, gerade auch im Blick auf konkurrierende Zukunftsentwürfe, von der Utopie Jesu redet[51]. Zwar scheint dem entgegenzustehen, daß Jesus vom Gottesreich in der ganz »erdgebundenen« Sprache seiner Gleichnisse spricht; doch handelt es sich dabei um den Extremfall eines weltlichen Redens von Unweltlichem.

Darin, daß er um das Kommen des Reiches beten läßt, zeigt sich außerdem, daß sein Anbruch bei aller Bedeutung menschlicher Kooperation letztlich in der Hand dessen liegt, der in und mit seinem Reich »kommt«, um selbst das Gestaltprinzip der angestrebten Neuordnung zu sein.

Doch ein Blick auf die von Fest beschworene Situation zeigt, daß es nicht nur legitim, sondern unerläßlich ist, im Gedanken an das von Jesus proklamierte Gottesreich von seiner Sozialutopie zu sprechen. Denn im selben Maß, wie sich der rote Traum auflöst, drängen konkurrierende Utopien in den leer gewordenen Sehnsuchtsraum ein, die diesen zwar kurzfristig überblenden, aber keinesfalls wirklich ausfüllen können. Wenn das entstandene Vakuum nicht alle Positivitäten aufzehren soll, muß daher das Christentum seine eschatologische Kompetenz in die Waagschale werfen und dies in Erinnerung daran, daß Jesus seine Zukunftshoffnung nie auf das Ende der Zeiten verlegt, sondern im Sinn der realized eschatology als Gestaltungskraft für die Vermenschlichung der bestehenden Verhältnisse eingesetzt hat. Wenn diese Möglichkeit kein Fremdwort bleiben, sondern verstanden und genutzt werden soll, muß sie in eine gegenwartsnahe und vor allem bewegende Sprache übersetzt werden. Dafür aber bietet sich kein besserer Begriff als der der Utopie an, da er das Moment des Noch-nicht mit dem der Kritik am bestehenden und dem Willen zu dessen Veränderung verbindet, also dem entspricht, was Charles Dodd mit der Rede von der realized eschatology im Auge hatte[52]. Alles spricht somit für den Versuch, gegen die gegenwärtige Krise des utopischen Denkens und ihre lähmenden Folgen die Utopie Jesu auszuspielen und deutlich zu machen, daß das damit Gesagte heute wie kaum einmal zuvor darauf wartet, als Stimulans einer christlichen Bewußtseinserweiterung und verantwortungsbewußten Handlungsanweisung angenommen und mit dem Einsatz aller spirituellen und kooperativen Energien getätigt zu werden[53].

4. Die Eröffnung der Zukunft

Die religiöse Situation der Gegenwart bringt es ebenso wie die Verfassung des konkret existierenden Menschen mit sich, daß der Aktivierungsversuch mit der Aufarbeitung der entgegenstehenden Hemmnisse einsetzen muß. Die aber liegen in erster Linie dort, wo der heutige Mensch in einer fatalen Synchronie mit der geschichtsvergessenen Gegenwart erscheint: in seiner Zukunftsvergessenheit; denn er lebt, wie Paul Valéry diagnostizierte, mit dem Rücken zur Zukunft, so daß er umgewendet werden müßte, wenn das schwerste Hindernis fallen soll[54]. Alles spitzt sich somit auf die Frage zu, wie diese »Kehre« herbeigeführt werden kann.

Zweifellos nur durch das neue Selbstverhältnis, das seinen inneren Defätismus und die sich daraus ergebende Zukunftsvergessenheit beseitigt. Nach Lage der Dinge ist das in zwei Schritten zu erreichen. In einem ersten, der seine Zukunftsfähigkeit dadurch wiederherstellt, daß ihm seine eigene utopische Grundverfassung zu Bewußtsein gebracht wird. Denn die Faszination der Utopie geht letztlich darauf zurück, daß der Mensch das ist, was Ortega y Gasset in ihm entdeckte, als er ihn das »utopische Wesen« nannte[55]. Mit Bloch gesprochen, lebt der Mensch im »Noch-nicht« seiner selbst, also in einem Zustand, der mit Heidegger als sein existentielles »Sich-vorweg-sein« zu bestimmen ist. So ist er, mit einer dritten Wendung ausgedrückt, das »noch uneingelöste Versprechen« und als solches »noch nicht das, was er sein kann«[56]. Die utopische Struktur ist ihm somit so sehr »auf den Leib geschrieben«, daß er darin, seinem Selbstverständnis und Selbstvollzug zufolge, geradezu aufgeht. Ihm das zu Bewußtsein zu bringen, ist aber gleichbedeutend mit dem Versuch, ihn, wie Augustin es mit einem drastischen Bild zum Ausdruck brachte, »hinter seinem Rücken vorzuziehen« und mit seinem Gesicht der Zukunft zuzuwenden[57].

Für Augustin war dies das Werk des in seine Lebensgeschichte eingreifenden Gottes; für den Glaubenden ist es die Folge der Gotteskindschaft, durch die er, mit dem großen Bild des Kolosserbriefs gesprochen, der Macht der Finsternis entrissen und in das »Reich des Sohnes seiner Liebe« versetzt wird (1,13), der sich ihm gleichzeitig als das lebendige Hoffnungsprinzip einstiftet (1,27). Daß das die Auswirkung der göttlichen Liebeszuwendung ist, sagt der enthusiastische Satz des Ersten Johannesbriefs, wonach wir Gotteskinder nicht nur heißen, sondern sind (3,1), und der damit deutlicher als jede formelle Behauptung signalisiert, wie sehr der zur Gotteskindschaft Gelangte der resignativen Zeitstimmung überhoben ist. Indessen geht es dabei nicht nur um die Überwindung der sich durch den Zeitgeist auftürmenden Hemmnisse, sondern weit mehr noch um die des inneren Widerstands in Form der menschlichen Daseinsangst. Denn sie macht den Menschen im destruktiven Sinn des Ausdrucks zur Utopie, indem sie ihn in einen Zustand der Ort- und Zeitlosigkeit versetzt, ihn, sofern es dem Geängsteten »die Sprache verschlägt«, des elementarsten Mittels der Äußerung beraubt und ihm überdies den tragenden Boden entzieht. So verliert er sich gleichzeitig in der Bodenlosigkeit eines Nirgendwo, während vor und hinter ihm die Türen zur Zukunft und Vergangenheit zuschlagen. Wenn aber das Christentum jemals seine therapeutische Effizienz unter Beweis stellen muß, dann in einem Zeitalter, in dem eine »vielleicht so noch nie gewesene Lebensangst« zum »unheimlichen Begleiter« des zeitgenössischen Menschen geworden ist (JASPERS), also durch den Nachweis seiner Fähigkeit zur Angstüberwindung[58]. Die aber gründet zuinnerst in der den Geängsteten an sein Herz ziehenden Liebe des Vaters, die (nach 1Joh 4,18) die Furcht austreibt, weil sie dem entstammt, in dem (nach 1Joh 1,5) nichts von jener Finsternis ist, die das bangende Menschenherz der schlimmsten aller Ängste, der Gottesangst, verfallen läßt.

Da das im Blick auf die angstvolle »Bedrängnis« der Endzeit gesagt ist (Joh 16,33), schiebt sich hier das Problem der Eschatologie erneut – und definitiv – in den Vordergrund. Wenn der Mensch das utopische Wesen und die Angst, vor allem in ihrer eschatologischen, durch die Gerichtsphantasien des Mittelalters beleuchteten Form die große Negativ-Utopie ist, stellt sich die Frage, ob die Beschwörung der Parusie mit ihrer dialektischen Verschränkung von Schrekken und Hoffnung nicht als die Freilegung des anthropologischen Tatbestandes zu gelten hat: als die Überwindung der Negativ-Utopie der Angst durch die positive der Hoffnung. Schärfer noch formuliert ist das die Frage, ob die in ihrem anthropologischen Rückbezug begriffene Parusie den Menschen nicht als den existentiellen Standort (*topos*) erweist, an dem sich der utopische Grundzug seines Wesens immerfort gegen die Ortlosigkeit seiner Lebensangst behaupten muß, einfacher ausgedrückt, als den Ort, an dem seine Sache stets neu gegen deren Widersacher Angst und Sorge zum Sieg geführt werden muß. Der Name dieses Sieges heißt »Hoffnung«, verstanden als die Tugend, durch die sich der von den zeitbedingten und eschatologischen Ängsten erschütterte Mensch selbst überwindet und der Liebe überantwortet, »die Gott zu uns hegt« (1Joh 4,18). In diese Richtung deutet sogar die Bildsprache der Apokalypse, wenn sie mit dem feierlichen Schwur des Engels

»daß keine Zeit mehr ist« (10,6) und in der Schau des göttlich Thronenden, vor dessen Antlitz »Himmel und Erde fliehen« (20,11), in die Aporie einer totalen Zeit- und Ortlosigkeit führt und diese Negativ-Utopie schließlich in die Vision der vom Himmel, geschmückt wie eine Braut, herabsteigenden Gottesstadt aufhebt (21,1ff). Die Frage nach dem aktuellen Sinn der Parusie beantwortet sich dann aber mit GERHARD LOHFINK dahin:

> *Parusie gibt es nur in dem Sinn, daß der, der durch den Tod hindurchgegangen ist, vor Gott erscheint, beziehungsweise, daß Gott vor ihm erscheint*[59].

Die bildhaft-gegenständliche Sicht der Ereignisse erscheint so als die exoterische Darstellung des menschlichen Sterbens, und dieses als die esoterische Version der Parusie, vorausgesetzt, daß der Tod als ein über Abbruch und Loslösung hinwegführendes Hineinsterben in die Gotteswirklichkeit verstanden und daß die Parusie ihrerseits als die durch das definitive Kommen Gottes überholte Schöpfung begriffen wird. So gesehen ist der Mensch in seiner Ortlosigkeit der »Ort« der existentiell ausgetragenen Konvergenz der beiden Perspektiven, die sich in der »Höllenfahrt« seiner Selbsterkenntnis (HAMANN) gegenseitig bekämpfen und in seinen Erfahrungen des Aufstiegs und der Erhebung miteinander versöhnen. Im Hinblick darauf könnte man Parusie und Anthropologie wechselseitig bestimmen: die Anthropologie als eine lebensgeschichtlich vorweggenommene Parusie und diese als eine auf den Tod und die Todüberwindung hin ausgelegte Anthropologie.

Doch die aus alledem hervorleuchtende Hoffnung neigt nicht nur dazu, sich in Richtung auf eschatologische Phantasien zu überschlagen, sondern auch in die aggressive Gegenrichtung der »Revolte«, die als die Radikalform chiliastischer Ungeduld und Kurzsichtigkeit zu gelten hat. Sie ist hier deshalb zu bedenken, weil die Leiderfahrung, aus der sie als exzessive Reaktion hervorbricht, nach ALBERT CAMUS dazu angetan ist, den von der Hoffnung erbrachten »Beweis des Ungesehenen« zunichte zu machen. »Ungerechtigkeit und Leid«, so urteilt Camus auf einem Höhepunkt seiner Studie ›L'homme révolté‹, werden, geschärft durch die Todverfallenheit des Menschen, nie aufhören, ihn in die Revolte zu treiben. Immerfort steigt aus diesem Abgrund der Schrei nach Gerechtigkeit auf; doch:

Das Christentum hat auf diesen Protest gegen das Übel nur damit geantwortet, daß es das Gottesreich ankündigte und dann das ewige Leben, das den Glauben verlangt. Aber das Leid verbraucht die Hoffnung und den Glauben; es bleibt dann mit sich allein und findet keine Erklärung[60].

Der Satz bringt eine der schwersten Herausforderungen zur Sprache, weil er Glaube und Hoffnung gegen das aufwiegt, was nur aus persönlicher Betroffenheit gewichtet werden kann. Das scheint den Einwand jedem möglichen Gegenargument zu entziehen. Daß eine Antwort dennoch möglich ist, machte fast gleichzeitig mit Camus die diesem in mehr als einer Hinsicht wesensverwandte Simone Weil deutlich, als sie in dem Briefband ›Das Unglück und die Gottesliebe‹ das im Titel angezeigte Verhältnis auf jene absolute Spitze trieb, auf welcher Freude und Leid in dem verschmelzen, was beide in sich aufzehrt: in der Gottesliebe[61]. Damit ist dem Einwand tatsächlich die Spitze abgebrochen. Von der Gottesliebe aufgefangen, verliert das Leid seine hoffnungverzehrende Kraft. Statt dessen wirkt nun die Liebe stabilisierend auf die Hoffnung zurück. Das aber ist gleichbedeutend mit dem Pauluswort, das die Untrüglichkeit der Hoffnung auf die tragende Kraft der Liebe zurückführt (Röm 5,5).

Was für die Hoffnung gilt, trifft aber nicht weniger auf den von Camus in einem Atemzug mit ihr genannten Glauben zu, den nur allzu viele unter dem Druck ihrer Leiderfahrung verlieren. Wenn dieser Druck nun aber weicht, erwacht der Glaube zu seiner vollen Blüte. Denn der Glaubende wirft sich, wie jetzt deutlich wird, Gott nicht nur vertrauensvoll in die Arme, um in ihm den unverbrüchlichen Halt seines vielfach angefochtenen Daseins zu gewinnen, und auch nicht nur, um in ihm die vollgültige Antwort auf seine Sinnfrage zu finden, sondern um von ihm im wahrsten Sinn des Ausdrucks »getröstet« zu werden. Dies aber gerade nicht im Sinn einer tröstenden Beschwichtigung, die zuletzt doch alles beim alten beließe, als vielmehr im Sinn jenes »Radikaltrostes«, der auf die Veränderung der leidbringenden Verhältnisse ausgeht. Wer an Gott glaubt, erwartet von ihm mehr noch als die Sicherung des Bestehenden dessen Anverwandlung an das Zielbild der Utopie Jesu, an das Gottesreich. Doch vollzieht sich der Glaube nur in Akten der antizipierenden Annäherung an dieses Ziel; ist er am Ende nicht selbst utopisch?

Die unverhohlene Doppelsinnigkeit der Frage verweist mit ihrer negativen Komponente auf das mit dem Glauben eingegangene Risiko. Weil ihm die evidente Schau versagt ist, muß er sich stets gegen den Zweifel behaupten, ob er nicht einem Trugbild oder, schlimmer noch, einem Selbstbetrug zum Opfer fällt. Sofern er aber im positiven Sinn utopisch ist, erfährt er, mit PETER WUST gesprochen, gerade diese Ungewißheit als seine ureigene Herausforderung, sich auf das Wagnis einer Vergewisserung einzulassen, die sich auf die »Gründe des Herzens« und auf das zwar mildere, aber stärkere Licht der Weisheit verläßt[62]. Im Zug dieses Wagnisses gewinnt aber auch die Grundfrage »Warum glauben wir?« einen zunächst verdeckten Hintersinn. Jetzt richtet sie sich nicht mehr auf die zum Glauben motivierenden Gründe, sondern auf die in ihn gesetzten Erwartungen. Davon gilt, in einige verdeutlichende Sätze gefaßt:

> *Wir glauben, weil wir uns zu Größerem als dem berufen wissen, was die Welt der Fakten, der Geschäfte und Pflichten, diese Welt des kleinen Glücks und der kurzatmigen Erfolge zu bieten vermag. Wir glauben, weil die Welt für uns noch längst nicht zuende erklärt ist, sondern noch unerschlossene Möglichkeiten und ungehobene Schätze der Erkenntnis, des Glücks und der Verwirklichung bereithält. Wir glauben, weil vom Menschen größer gedacht werden muß, als es seiner faktischen Einschätzung und Behandlung entspricht. Wir glauben also, weil es für uns inmitten der bestehenden Verhältnisse einen Raum des Aufatmens geben muß, keine Insel der Seligen zwar, aber doch einen Raum der aufgehobenen Entfremdung, der anerkannten Bemühungen und der eingelösten Versprechen. Und wir glauben vor allen Dingen, weil wir das nicht von unserer Leistungskraft, sondern von dem bereits inmitten von uns wirksam gewordenen Gottesreich und zusammen damit von dem Gott erwarten, der dafür mit seiner Selbstzusage einsteht und letzter Grund unseres hoffenden Glaubens ist*[63].

So ist der Glaube der Hebel, der das verschlossene Portal zur Zukunft aus den Angeln hebt, um der Hoffnung Eintritt in sie zu verschaffen. Die Hoffnung aber ist, wie sich jetzt definitiv klärt, das vorweggenommene Leben der zukünftigen Welt, der *vita venturi saeculi*, wie ihr BEETHOVEN in der Credofuge seiner Missa solemnis einen an DANTES Vision der Himmelsrose erinnernden Ausdruck verlieh[64].

Doch was bewegt dazu, den Hebel des Glaubens in Bewegung zu setzen, um hoffend das Portal der Vergegenständlichungen zu durchschreiten, und so der mystischen Innenwelt des Christentums ansichtig zu werden? Es ist, in KAFKAS Metaphorik ausgedrückt, der aus diesem Inneren erstrahlende Glanz, christlich und zumal paulinisch interpretiert, die Faszination des »in Christus«, die den noch am Portal Verharrenden seinem Zögern und seiner Schwere enthebt und dadurch über die letzten Hemmungen hinwegträgt. Denn mit diesem »in Christus« erschließt sich ihm die Dimension, in der sich das »Handwerk« des Glaubens zu dessen »Kunst« fortentwickelt, weil in diesem lebendigen Innenraum alles bereits vorgelebt, vorgedacht und vorentschieden ist, so daß sich seine Aufgabe darauf konzentriert, sich in diese Vorgegebenheiten einzuleben und sich von ihnen durchlichten, motivieren und erfüllen zu lassen. Damit gewinnt das extrem christentumskritische Nietzschewort »im Grunde gab es nur einem Christen, und der starb am Kreuz« einen eminent positiven Hintersinn, sofern es nur mit dem Zusatz vervollständigt wird: »um in den Seinen auf- und fortzuleben«[65]. Das aber ist gleichbedeutend mit der zur Achsendrehung der glaubensgeschichtlichen Wende vorstoßenden Einsicht:

Ihr Glaube an ihn ist sein Selbstbewußtsein in ihnen.

Damit wird die Sache Jesu definitiv auf ihn selbst zurückgenommen, so daß er als der in den Seinen Glaubende, Hoffende und Liebende erscheint. Die Zukunft aber, welche die Hoffnung eröffnet, liegt, so gesehen, in diesem leibhaftig-lebendigen Innenraum. Der ihr mit seinem Rücken zugewandte Mensch aber »bekehrt« sich zu ihr, sofern er in diesem höchsten Sinn bei sich selber Einkehr hält: Einkehr bei sich und dem, der ihm dadurch glauben und hoffen hilft, daß er selbst, wie IGNATIUS VON ANTIOCHIEN sagt, sein Glaube und, wie der Kolosserbrief versichert, seine Hoffnung ist[66]. Wenn es sich aber so verhält, ist gleiches dann nicht auch von der Liebe, nach Paulus der Gewähr der Hoffnung, zu erwarten?

III. KAPITEL:
DER ZIELGRUND LIEBE

1. Die Überwältigung

Das Selbstverständlichste, gleichzeitig aber Unerhoffbarste in der menschlichen Lebenswelt ist die Liebe. Das Selbstverständlichste, weil es die Weitergabe des Lebens ohne sie und ihre Vorstufen nicht gäbe. Die Liebe ist die große Vergünstigung in der Welt des Vergehens und so, wie der Tod der Preis der Liebe ist, der Trost der Todverfallenen[1]. Gleichzeitig ist sie aber das große Umsonst in der Welt der Zwecke. Sie stirbt, wenn sie gefordert oder gar anbefohlen wird; und sie blüht auf, wann und wo sie niemand erwartet. Sie kommt als ungeschuldetes Geschenk und geht, wenn sie zum Lohn oder gar zur Pflicht gemacht wird. Wie sonst nur noch das Verstehen ist sie das Wunder des Menschseins. Darum weiß auch das Neue Testament, wenn es auf seiner höchsten Reflexionsstufe versichert:

Nicht darin besteht die Liebe, daß wir Gott geliebt haben, sondern darin, daß er uns geliebt und seinen Sohn als Sühnopfer für unsere Sünden gesandt hat (1Joh 4,10).

Sosehr dieses Wort für sich selber spricht, gewinnt es seine volle Leuchtkraft doch erst dann, wenn man berücksichtigt, wie sehr darin die traditionelle Vorstellung von der Sühneleistung Jesu auf die liebende Entgegenkunft Gottes zurückgenommen und so als Gipfeltat der Liebe begreiflich gemacht wird. In dieser Form erinnert der Satz unmittelbar an den intimen Ausklang der mystischen Schlüsselstelle des Galaterbriefs, wenn Paulus im Anschluß an das Wort von seiner Identitätsfindung in Christus versichert:

Sofern ich noch im Fleische lebe, lebe ich im Glauben an den Gottessohn, der mich geliebt und sich für mich hingegeben hat (Gal 2,20)[2].

Hier ist noch nicht von der Hingabe des Sohnes durch Gott, sondern, zweifellos im Gedanken an die Damaskusvision, von der

Selbsthingabe des Sohnes die Rede, der dem Apostel nach dessen Urzeugnis (Gal 1,15) ins Herz gesprochen worden war. Doch dies, wie jetzt deutlich wird, nicht nur als das ihm von Gott zugesprochene, sondern als das selbst in der Sprache liebender Hingabe zu ihm redende Wort. Offen bleibt in dieser Aussage zunächst nur, wie die Offenbarung des Sohnes zur Selbstfindung des Offenbarungsempfängers im Sohn führen konnte. Dafür gibt die – nach der akustischen und optischen – dritte Version des paulinischen Osterzeugnisses, die haptische des Philipperbriefs Auskunft, die in dem Geständnis gipfelt:

> *Nicht als ob ich es schon ergriffen hätte oder gar schon vollendet wäre; doch möchte ich es ergreifen, wie ich von Christus Jesus ergriffen worden bin (Phil 3,12)*[3].

Mit diesem Wort rückt Paulus sein Damaskuserlebnis in die für seine Mystik charakteristische Perspektive, die auf die Inversion des von ihm verzeichneten Vorgangs abhebt. Sosehr er daran mit seinem rezeptiven Vermögen beteiligt war, lag die Initiative doch nicht so sehr bei ihm, als vielmehr bei dem, den er (nach 1Kor 9,1 und 15,8) sah und in dem sich Gott ihm offenbarte. So war sein Sehen der Reflex eines vorgängigen Gesehenseins und sein Begreifen der eines ihm zuvorkommenden Ergriffenwerdens. Dabei war der Ergreifende zunächst derjenige, den er in seinen Anhängern bekämpft hatte, und der sich ihm nun als sein im Grunde immer schon gesuchtes Sehnsuchtsziel erschloß, in diesem Ziel dann aber letztlich der sich in ihm verschenkende und mitteilende Gott.

Hier liegt, wenn irgendwo, der Schlüssel zu der von Paulus erfahrenen Metamorphose. Die in den Jahren der Entfremdung und Aggressivität aufgestauten Hemmnisse konnten nur durch ein Erlebnis radikaler Überwältigung ausgeräumt werden: der Überwältigung durch den ungeahnten Gott der reinen, bedingungslosen und bedingungslos sich verströmenden Liebe. Sie schmolz alles weg, was ihr im Wesen des Erwählten entgegenstand, und erfüllte ihn statt dessen mit dem, was fortan seinen definitiven Lebensinhalt ausmachte. Zweifellos erschließt sich hier aber auch die Dimension, die Paulus zunehmend als das Umgreifende, Bergende und Erhellende seines Denkens und Seins empfindet und die er meint, wenn er von dem Frieden Gottes, von der ihn bergenden Liebe und der ihm in Christus aufleuchtenden Weisheit spricht. Hatte es bei seinem Urzeugnis noch den Anschein, als baue sich seine Religiosität von dem ihm ins Herz gesprochenen und ihm seither einwohnenden Christus her auf, so erweist sich jetzt das Einbezogensein in die mit dem »in Christus« angesprochene Innerlichkeit eindeutig als der Urakt seiner christlichen Existenz. Was es damit auf sich hat, kann am deutlichsten im Widerspruch zu der wie eine Grundsatzentscheidung klingenden Äußerung BULTMANNS bestimmt werden:

> *wie es in Jesu Herzen ausgesehen hat, weiß ich nicht und will ich nicht wissen*[4].

Für Paulus kommt im Gegenteil alles darauf an, sich in diese Innerlichkeit verstehend, betend, fühlend und ergründend einzuleben. Und er dringt dabei so tief in sie ein, daß er seinen Philippern versichern kann, daß er sich »im Herzen Christi Jesu« nach ihnen sehne (Phil 1,8). An kaum einer anderen Stelle seines Lebenswerkes muß Paulus so wie hier aufgegriffen und weitergedacht werden, wie dies bereits NIKOLAUS VON KUES für sich in Anspruch nahm, als er im Epilog seiner ›Docta ignorantia‹ versicherte, daß dem, der »in Jesus eindringt«, alle Hemmnisse weichen müssen, so daß ihm weder die Welt noch die biblischen Schriften Schwierigkeiten bereiten können. Nichts ist der gegenwärtigen Verfassung des Glaubens freilich fremder als diese programmatische Direktive, nichts aber auch notwendiger als sie. Was das »in Christus« besagt, kann aber nicht verläßlicher erschlossen werden als auf diesem Weg, auch wenn das Evangelium dazu nur spärliche Hinweise bietet. Indessen kommt es hier zu einer bedeutsamen Konvergenz zwischen Paulus und den von den Evangelien gebotenen Aufschlüssen. Für Paulus ist Jesus nach einer bis heute noch nicht voll eingeholten Einsicht nicht so sehr dadurch der Offenbarer Gottes, daß er von Gott geredet und ihn durch sein Wirken bezeugt hat, als vielmehr dadurch, daß er die Seinen in sein gotterfülltes Herz hineinblicken ließ und sie in sein eigenes Gottesverhältnis einbezog. Diesen Aspekt ergänzen die Evangelien durch ihre Berichte über die Gemütsregungen Jesu, der beim Anblick eines Aussätzigen (Mk 1,41) ebenso wie bei dem des hirtenlosen Volkes (Mt 9,36) von Mitleid ergriffen wird, der erbittert auf die Herzenshärte seiner Gegner reagiert (Mk 3,5), der den Bewerber um die Jüngerschaft mit liebevollem Blick umfängt (Mk 10,21) und der im Vorgefühl der Passion tiefster Depression verfällt (Mk 14,33). Und hier, in der Ölbergsszene, richtet er an die Jünger dann auch die Bitte, mit ihm zu wachen (Mk 14,34), die von Pascal in seiner Meditation über das Mysterium Jesu als Aufforderung zur Einfühlung in seine Herzensnot und zum Eintritt in die Lebens- und Leidensgemeinschaft mit ihm verstanden wurde. Um sie geht es in der von Paulus mit der In-Christus-Formel bezeichneten Innerlichkeit, in die er lebensgeschichtlich durch die ihn überwältigende Geistesmacht des Auferstandenen hineingerissen wurde.

Dieses »ergreifende Ergriffensein« läßt überdies auf den hermeneutischen Hintersinn der Lebens- und Geistesgemeinschaft des Apostels mit Jesus schließen. Wie die Urgemeinde in der Vision des Stephanus (Apg 7,55) den Schlüssel zur Antwort Jesu auf die Identitätsfrage des Hohepriesters (Mk 14,62) gefunden haben dürfte, erlaubt nun seine Ostererfahrung Rückschlüsse auf die sonst unzugängliche Dimension der Gottesbeziehung Jesu, in die im Grunde nur seine Abba-Anrufung einen Einblick gewährt. Sie geht von seinem Wagnis aus, die Übermacht des Herrschergottes Israels durch diese ehrfürchtige Zärtlichkeitsanrede zu unterlaufen und im Grunde des traditionellen Gottesbildes das Antlitz des liebenden Vaters zu entschleiern. Jetzt aber, im Blick auf die von Paulus gebotene Verstehenshilfe, wird klar, wie recht die Synoptiker darin haben, daß sie dieses neue Gottesverhältnis in der Taufperikope mit einer göttlichen Initiative beginnen lassen, auch wenn sich die Szene nach Anton Vögtle als eine gemeindetheologische Rekonstruktion erweist[5].

Mit einer kraß anthropologischen Wendung könnte man sagen: weil Gott in Jesus den Menschen seines uneingeschränkten Wohlgefallens gefunden hatte, überschüttete er ihn mit der seinem Innersten entspringenden Fülle der Liebe, die alle Bedingungen seiner Kreatürlichkeit negierte und ihn auf das hin ansprach, was er in dieser Welt der Kontingenz schon vor ihrer Schöpfung suchte: den ebenbürtigen Partner, das sein Eigenstes, das Menschliche (Fuchs) spiegelnde Ebenbild, das vorbehaltlos offene Gefäß seiner Selbstmitteilung und in alledem den, für den nur der Name genügte, der alle Analogien überholte: Sohn! Das stieß in Jesus die Tür zu jener Urerinnerung auf, die in ihm nach johanneischer Darstellung sogar im Konflikt mit seinen Gegnern durchbricht (Joh 8,58), und damit zu jenem Selbstbewußtsein, das sich schließlich in seiner Abba-Anrede Ausdruck verschaffte[6]. Doch damit war dem Ausdrucksverlangen noch nicht vollständig Genüge getan. Vielmehr verlangte das grenzenlose Glück der Sohnschaft, darüberhinaus an die weitergegeben zu werden, die im Todesschatten der Kontingenz saßen und darauf warteten, einem Ziel entgegengeführt zu werden, das ihnen ebenso tief eingeschrieben wie unerreichbar war[7]. Ihnen galt sein zweiter Anruf, mit dem er ihnen ihr höchstes Werdeziel, die Gotteskindschaft – nach ALBERT SCHWEITZER das Zentralmotiv seiner Botschaft – vor Augen stellte[8].

Dabei wiederholt sich spiegelverkehrt, was Jesus selbst widerfahren war, als er seine Entdeckung Gottes als Frucht dessen erkannte, was ihm Gott zuvor ins Herz gelegt hatte. In seinen Anruf, es ihm, dem eingeborenen Gottessohn, auf dem Weg der Gotteskindschaft gleichzutun, mischt sich nun gleichfalls, bestätigend und motivierend, die Stimme des Vaters ein. Den menschlichen Widerhall dessen bildet der enthusiastische Aufruf des Ersten Johannesbriefs, der Liebe des Vaters eingedenk zu sein, die das Glück der Gotteskindschaft nicht nur verheißt, sondern gewährt (3,1). In diesem Satz drückt sich erneut die überwältigende Macht einer Liebe aus, die das auf zuvorkommende Weise bewirkt, was sie verspricht. Sie bewegt den Verfasser des Briefs, den Standard der Normalsprache auf ähnliche, nun jedoch rühmende Weise zu überschreiten, wie dies Paulus mit dem im Namen der todverfallenen Kreatur ausgestoßenen Notschrei (Röm 7,24) getan hatte. Mit dem Aufruf »Seht doch!« will er den Sinn der Leser für die unerhoffbare Vergünstigung wecken, die ihnen ihre Erhebung zur Gotteskindschaft einträgt. Mehr noch: er will sie, soweit sich dies sprachlich nur vermitteln läßt, in die Überwältigung durch die teilnehmende »Liebe von oben« (GOETHE) hineinnehmen, von der er sich – wie Paulus – selbst ergriffen wußte. Was wird das für seine Adressaten bedeuten? Eine ebenso skizzenhafte wie provisorische, weil erst von einer allgemeinen Rezeption einzulösende Antwort könnte lauten:

> *Daß sie sich in eine Fühlung hineingenommen wissen, die an Glück, Trost und Bestätigung alles in den Schatten stellt, was sie in dieser Art jemals empfunden hatten. Denn jetzt überwältigt sie ein Glücksgefühl, das sich nicht in einer diffusen Stimmung erschöpft, sondern dort seinen Ausgang nimmt, wohin sie zuvor nur in zitternder Scheu aufzublicken wagten. Jetzt wissen sie sich von dem, der sie ins Leben rief und ihnen dieses todverfallene Dasein zumutete, auf eine vorbehaltlose Weise angenommen und an sein Herz gezogen. Und dieses*

Liebesglück bleibt keine rasch wieder verebbende Anwandlung; nein, es durchdringt sie als bewegender Lebensstrom, der die schlummernden Tiefen ihres Wesens aufrührt, ihre disparaten Kräfte bündelt und ihnen zu einem ungeahnten Aufschwung verhilft. Doch weil dieses nicht einem autonomen Entschluß, sondern einer ungeschuldeten Zuwendung entstammt, entfaltet es sich zu Akten umfassender Mitverantwortung, da sich das gewonnene Glück erst dadurch erfüllt, daß es sich mitteilt.

2. Der drängende Impuls

Wie die Liebe (nach Röm 5,5) die Gewähr der Hoffnung ist, weist sie auch auf den Glauben zurück, sofern dieser (nach Gal 5,6) durch die Liebe getätigt werden will. So erweckt ihn erst die Liebe zu vollem Leben. Doch damit gerät die Liebe ihrerseits unter den Zugzwang der Frage nach ihrer eigenen Betätigung. Denn nichts scheint so selbstverständlich zu sein wie sie. Und doch ist sie das letztlich Unerhoffbare in dieser Welt der Distanz und Einsamkeit. Das gilt im vollen Umfang auch von ihrer Betätigung in den von Paulus angesprochenen Liebeswerken. Wird sie spontan aus sich herausgehen oder sich nicht eher in ihrem eigenen Glück verschließen? Ist sie denn nicht zunächst eine Entflammung des Seins, ausgelöst durch die Entdeckung der Liebenswürdigkeit des Partners, die als solche ihren Sinn ganz in sich selber trägt? Was kann sie dazu bewegen, aus ihrem Lichtkreis herauszutreten, um sich an andere zu verschenken?

Die Antwort liegt in dem sich unwillkürlich einstellenden Bild von der Entflammung, das die Vorstellung insinuiert, daß von dem Entflammten auch andere und anderes in Brand gesetzt wird. Nach Machovec gelang es Jesus, sogar die ganze Welt in Brand zu setzen, weil er mit seiner Botschaft identisch war, und das besagt, emotional ausgedrückt, weil er sich an seine Sendung mit ganzer Herzens- und Liebeskraft hingab. Sofern das einer Selbstentäußerung gleichkommt, weckt es die Erinnerung daran, daß Jesus auf dem entgegengesetzten Weg zu dem gewohnten der Abgrenzung zu sich selber findet: auf dem Weg der Selbstverschwendung und Selbstübereignung. Das heißt zunächst: er war und ist das Ereignis der vollkommenen Liebe in dieser Welt der Mißgunst, des Neides und des Hasses. Und er erweist sich gerade darin als die leibhaftige Selbstauslegung Gottes, die das in der Tiefe des Gottesgeheimnisses aufleuchten läßt, was Jesus war und lebte: das Licht der bedingungslosen, selbst die Undankbaren und Bösen umfangenden Liebe. Das besagt des weiteren, daß sich Jesus, wie sich immer klarer zeigt, gerade dadurch als die Selbstauslegung Gottes erweist, daß er die an ihn Glaubenden in sein Gottesverhältnis einbezieht. Doch das ist ebenso die Urtat seiner Liebe wie die des in ihm liebenden Gottes. Denn dessen erster und grundlegender Liebeserweis besteht in seiner offenbarenden Selbstmitteilung, »getätigt« in der Menschwerdung seines Sohnes. Seine zweite und krönende Tat besteht alsdann in der Auferweckung des Gekreuzigten, die nach Jesu Todesankündigung (Mk 14,25) dem Anbruch des Gottesreiches gleichkommt.

Begreiflich, daß der solcherart »Getätigte« selbst ein Tätiger ist, der nach der Maxime handelt, man müsse wirken, solange es Tag ist; denn es komme die Nacht, in der niemand mehr wirken kann (Joh 9,4). Unablässig ist er deshalb damit befaßt, das ihm entgegendrängende Elend der körperlich und psychisch Kranken zu überwinden und, wesentlicher noch, das Volk auf den von seiner Verkündigung gewiesenen Rettungsweg zu führen. Als er mit dieser Bemühung letztlich scheitert, zieht er als Leidender die Summe aus seinem Lebenswerk, doch so, daß er gerade die Passion als dessen krönende Tat begreift[9].

Doch davon geht der stärkste Impuls auf die Künder seines todüberwindenden Sterbens aus. Kronzeuge dafür ist, wie in allen entscheidenden Hinsichten, Paulus, der diese »Beanspruchung« mit den denkbar stärksten Wortbildern umschreibt. Er könne sich auf seinen apostolischen Dienst nichts zugute halten; denn es sei (so 1Kor 9,16) nicht sein Verdienst, wenn er sich um die Verbreitung des Evangeliums abmühe. Da er mit Christus ans Kreuz geschlagen worden sei, liege vielmehr ein Zwang auf ihm, der ihm keine andere Wahl lasse, als sich mit seiner ganzen Lebenskraft in den Dienst der Botschaft zu stellen; oder nun wörtlich:

Wenn ich das Evangelium verkünde, ist das für mich kein Ruhmesblatt. Denn ein Zwang liegt auf mir: weh mir, wenn ich das Evangelium nicht verkünden würde. Geschähe dies aus freier Entscheidung, so hätte ich freilich Anspruch auf Entlohnung. Wenn ich es jedoch unfreiwillig tue, komme ich nur einem Verwaltungsdienst nach, der mir übertragen wurde (1Kor 9,16f).

Liegt dieser »Zwang«, die Botschaft von dem bedingungslos liebenden Gott in einer sich selbst entfremdeten und in immer neue Unmenschlichkeiten abstürzenden Welt auszurichten, aber auch auf der heutigen Christenheit? Und gehorcht sie ihm angesichts der um sich greifenden Teilnahmslosigkeit und – bis in die Sprachwelt hinein zu verfolgenden – Gefühlskälte? Sicher stünde es um ihre Akzeptanz ungleich besser, wenn das der Fall wäre, und dies selbst angesichts der Tatsache, daß dem frustrierten Menschen der Gegenwart nichts schwerer zu vermitteln ist als das Himmelsgeschenk des ihn bedingungslos liebenden Gottes. Indessen könnte ein hoffnungsvoller Anfang gemacht werden, wenn die Moral nach dem Vorgang des Evangeliums aus dem Prokrustesbett der Imperative und der Pflicht herausgeholt und auf das Prinzip Liebe begründet würde, und dies gegen die Engführung einer Sprache, die selbst Jesus nötigte, vom »Gebot« der Liebe zu sprechen, wo doch im Gegenzug zu Gesetz und Vorschrift nur die Vergünstigung gemeint war, aus ihrem Antrieb und nach ihrem Maß handeln zu dürfen.

Indessen kam in die ganze Szene der überkommenen Moral durch einen Vorgang Bewegung, der von den Hütern der tradierten Ordnung nur mit größter Besorgnis registriert werden konnte: durch den Schwund des Sündenbewußtseins, dem Heinrich Heine mit seinem Programm der »Abschaffung der Sünde« Bahn gebrochen hatte[10]. Schuldgefühle und Reue, von der sich Max Scheler noch die geistige Wiedergeburt nach dem Desaster des Ersten Weltkriegs versprochen hatte, verloren unversehens an gewissensprägender Kraft[11]. Das bis dahin ausschließlich dominierende moralische Gewissen brach ein und wich der Stimme des »Menschen im Menschen« (Nietzsche) und damit jener fundamentalen Gewissensform, für die sich der Begriff des »Existenzgewissens« nahelegt[12].

Daß dieser Umbruch eine weit zurückreichende Vorgeschichte hat, verdeutlichte der Altphilologe Eric Robertson Dodds mit der – von amerikanischen Anthropologen eingeführten – Unterscheidung von Scham- und Schuldkultur und dem darauf bezogenen Nachweis, daß sich in nachhomerischer Zeit ein Übergang von der einen zur anderen vollzog[13]. Indessen könnte man eine Spur davon auch in der biblischen Erzählung vom Sündenfall entdecken. Was die schuldig gewordenen Menschen zunächst belastet und in ihr Versteck treibt, ist das Gefühl, nackt und damit im buchstäblichen Sinn des Wortes »bloßgestellt« zu sein. Sie schämen sich, wie Buber die Stelle (Gen 3,10) erläutert, »nicht bloß voreinander, sondern auch miteinander vor Gott«[14]. Daß sie sich durch ihre Tat versündigten, muß ihnen dagegen erst durch den göttlichen Vorwurf zu Bewußtsein gebracht werden (3,11)[15].

Wenn angenommen werden könnte, daß der Schwund des Sündenbewußtseins einer Rückkehr von der Schuld- zur Schamkultur den Boden ebnet, käme eine Lösung des angesprochenen Problems in Sicht. Denn gegen die Liebe verstößt man nicht so sehr dadurch, daß man die von ihr verfügten Normen verletzt, als vielmehr dadurch, daß man ihren Erwartungen nicht genügt. Schon die Zuwendung einer Liebe hat in ihrer Unerhoffbarkeit für den Empfänger etwas Beschämendes. Erst recht aber muß er in Scham versinken, wenn ihm bewußt wird, wie wenig er dem ihm entgegengebrachten Liebeserweis entspricht. In diesem Sinne eines »schuldig« bleibenden Ungenügens kann Paulus mahnen:

Bleibt niemand etwas schuldig, es sei denn die gegenseitige Liebe! (Röm 13,8)

Aus dem beschämenden Gefühl, mit jedem Versuch einer Erwiderung unendlich hinter das Maß der von Gott entgegengebrachten Liebe zurückzufallen, erwächst die Scham, die sich spontan in den Imperativ des »Liebesgebotes« umsetzt, Gott, wie schon das *Schema Israel* einschärft, aus ganzem Herzen, ganzer Seele und ganzer Geistes- und Wesenskraft zu lieben (Mk 12,29): ein Imperativ, der nun aber gerade nicht mehr als heteronome Auflage im Sinn eines Gebotes erscheint, weil er als die elementare Selbstentschließung des von der Liebe Gottes berührten Herzens erfahren wird. Von der antiken Schamkultur unterschiede sich diese neue allerdings fundamental dadurch, daß sie sich nicht auf die gesellschaftliche Achtung oder Bloßstellung, sondern auf die von Gott erwartete Gegenliebe bezieht, die die ihm tatsächlich entgegengebrachte unendlich übersteigt. Ihren Tiefpunkt aber erreicht sie im Bewußtsein des Menschen, daß er selbst dazu nicht fähig wäre, wenn sich Gott nicht seiner in der denkbar huldvollsten Weise annähme, daß er sich in ihm selber liebt. Doch in eben dieser Erkenntnis kommt es dazu, daß die Scham in Enthusiasmus umschlägt und der durch Gottes Entgegenkunft Beschämte sich ihm mit dem Aufgebot seiner ganzen Hingabefähigkeit ans Herz wirft. Das ist der Augenblick seines höchsten Erglühens, in welchem alle in ihm lauernde Trägheit und Selbstsucht wegschmilzt und alles in ihm sich in dem Wunsch sammelt, das namenlose Glück, das ihn durchströmt, an andere weiterzugeben. So fühlt er sich hineingenommen in jene Peripetie des Sohnesbewußtseins Jesu, in der er die Ausschließlichkeit seiner Gottessohnschaft als den Quellgrund seiner Sendung begreifen lernte, weil sie in paradoxer Selbstverwandlung alle, die ihm jemals erreichbar würden, mit umfing und in sich einschloß. In seiner menschlichen Widerspiegelung aber besagt das, daß der zur Gotteskindschaft Erhobene die Verpflichtung zur Nächstenliebe eingeht, doch auch dies nicht im Sinn eines Imperativs, sondern einer Vergünstigung, die ihm den Weg zur Mit- und Neugestaltung seiner Lebenswelt freigibt. Weil auf dieser Höhe jedes Geben von einem noch größeren Empfangen gekrönt wird, gilt jetzt für ihn:

> *Wir wissen. daß wir vom Tod zum Leben hinübergeschritten sind, weil wir die Brüder lieben (1Joh 3,14).*

Dahin lichtete sich der Zwang, dem Paulus bei seinem apostolischen Einsatz gehorchte. Was aber dessen staunenswerte Effizienz betrifft, so deutet er nur beiläufig an, daß seine Verkündigung auch von »Beweisen des Geistes und der Kraft« (1Kor 2,4), also von Machterweisen und Wunderzeichen (Röm 15,19) begleitet war, daß ihm somit wie seinem gottmenschlichen Vorbild, ebenfalls jene »Tatsprache« zu Gebote stand, die seiner Predigt den Charakter eines Handelns verlieh, obwohl es in erster Linie von der invasiven und performativen Kraft seines Wortes lebte. Als Redender veränderte er wie kein anderer Bote des Evangeliums die Welt. Daraus dürfte es sich letztlich erklären, daß er den auf ihm lastenden »Zwang« nicht als drückende Unterjochung, sondern als Insinuation der ihn überwältigenden Liebe empfand, wie er es dann in dem bekenntnishaften Wort ausdrückte:

> *Die Liebe Christi drängt uns, nachdem wir zur Überzeugung gelangten, daß alle gestorben sind, wenn einer für alle gestorben ist; denn er ist für alle gestorben, damit die Lebenden nicht mehr für sich leben, sondern für den, der für sie starb und auferweckt wurde (2Kor 5,14f).*

Was überwiegt in diesem Satz: die eingangs angesprochene Liebe Christi, die nie leuchtender als in seinem Tod in Erscheinung trat, oder die sich darin definitiv manifestierende Liebe Gottes? Das wird sich erst klären, wenn der Hintergrund des »für alle« aufgehellt werden konnte. Zuvor aber kommt hier, in der im ersten Augenblick empfundenen Unentschiedenheit, die Übermacht der Motivation zur Geltung, durch die sich Paulus zu seinem apostolischen Dienst »gedrängt« fühlt. Doch spricht er davon in einem derart prinzipiellen Stil, daß sie zugleich für diejenigen gilt, denen er sich mit seinem Wirken zuwendet. Als Adressaten und Zielgruppe seines Einsatzes sind sie zugleich zu ähnlichem Wirken aufgerufen. Zwar kann sich dies im Sinn der unterschiedlichen Geistesgaben zu ganz verschiedenartigen Aktivitäten verzweigen; doch es entstammt stets ein und demselben Beweggrund: der drängenden Liebe dessen, der für sie gestorben und auferstanden ist. Doch was besagt dieses »für«?

3. Im Geist der Stellvertretung

Es gehört zu den extravaganten Zügen im Erscheinungsbild der Gegenwartstheologie, daß sie sich ihre wichtigsten Themen nicht selten von außen her, sei es von Randgestalten, vom Zeitgeschehen oder gar von Gegnern zuweisen lassen muß, anstatt sie aus eigener Reflexion zu entwickeln. Von Gegnern wie Feuerbach und Nietzsche wurde sie zur anthropologischen Wende gedrängt, vom Zeitgeschehen an die Todes- und Freiheitsthematik verwiesen und von eher randständigen Gestalten wie Eugen Drewermann an ihre therapeutische Aufgabe erinnert. In diesen Zusammenhang gehört auch der erstaunliche Umstand, daß sie erst durch Dorothee Sölle, und durch sie überdies in spiegelverkehrter Form, an das hochaktuelle Thema der Stellvertretung verwiesen wurde[16].

Spiegelverkehrt war diese Erinnerung, weil Sölle das Thema anstatt von der Mitte des Glaubens aus einer christologischen Defizienz entwickelte, ganz so, als bedürfe der »tote Christus« (Jean Paul) der sein Fehlen kompensierenden stellvertretenden Aktivität. Allerdings geht auch der originäre Stellvertretungsgedanke von der Wahrnehmung einer Schwäche, wenn freilich auch nicht des Geglaubten, sondern des Glaubenden aus, der dann die stellvertretende Initiative zu Hilfe kommt. Und dies durch den, der nach Kierkegaard Helfer und Hilfe in einem ist. Insofern ist der Stellvertretungsgedanke die konkretisierende Verdeutlichung seiner

Selbstübereignung. In einer Welt, in der es geradezu als Grundsatz gilt, daß keiner für den andern eintritt, nimmt er die Stelle dessen ein, der sich aus eigener Kraft nicht zu helfen vermag. Möglich ist das nur aufgrund des Ausnahmeweges, auf dem er seine Identität gewinnt. Insofern tritt er nicht nur juridisch, wie die reformatorische Rechtfertigungslehre wollte, und nicht nur faktisch, wie es bisweilen unter Menschen geschieht, sondern substantiell für die Seinen ein, um für sie einzustehen und sie vor Gott und der Welt zu vertreten. In diesem Sinn hat die paulinische und johanneische Geistlehre den Stellvertretungsgedanken entfaltet. Jene, sofern der als Inbegriff der Selbstmitteilung Jesu zu verstehende Geist (nach Röm 8,26) der Ratlosigkeit der Beter aufhilft und sie vor dem Erforscher der Herzen vertritt[17]. Und diese, sofern der Gottesgeist der Welt zu Bewußtsein bringt, was Sünde, was Gerechtigkeit und was das Gericht ist (Joh 16,8-11)[18].

Indessen richtet sich die stellvertretende Initiative nicht nur nach oben und außen, sondern auch nach innen. Darin erweist sie sich als das bestimmende Organisationsprinzip des mystischen Leibes, der, nachdem er zunächst als Sprachereignis in Erscheinung trat, sich nunmehr als mystische Lebenswirklichkeit darstellt. Sie aber folgt dem Gesetz eines permanenten »Lastenausgleichs«, der die Bedürftigkeit des einen durch den Überschuß des andern kompensiert. Das hat eine gegenseitige Mitbetroffenheit zur Voraussetzung, auf die Paulus mit der Feststellung abhebt:

> *Wenn ein Glied leidet, leiden alle mit; wenn ein Glied geehrt wird, freuen sich alle Glieder mit (1Kor 12,26)*[19].

Wenn das aber vom gegenseitigen Verhältnis der Glieder gilt, dann erst recht von ihrem Verhältnis zum Haupt. Hier herrscht freilich insofern keine volle Gegenseitigkeit, als von diesem nicht im gleichen Sinn passive Aussagen gemacht werden können wie von den Gliedern. Zwar wird es sicher in Mitleidenschaft gezogen, wenn diese versagen oder angefochten werden. Und dieses Motiv steigert die Paulusschule sogar noch zu dem Gedanken, daß das »Leidensmaß Christi« noch Defizite aufweise, die »zugunsten seines Leibes« behoben werden müssen (Kol 1,24). Indessen ist das Haupt, im Blick auf den wiederholten Hinweis des Apostels auf seine Ermächtigung und Tröstung durch Christus gesprochen, in erster Linie die Quelle ihrer Freude, verstanden als die ihrer Inspiration, Ermutigung und Kraft: jener Kraft, von der Paulus erfuhr, daß sie gerade in Zuständen menschlicher Schwachheit zur vollen Intensität gelangt (2Kor 12,9f).

Jenseits der Leib-Christi-Vorstellung ging Paulus in seinem Stellvertretungskonzept jedoch noch einen ganzen Schritt weiter, als er das Motiv der Selbstentäußerung Jesu bis auf jenen Tiefpunkt auslotete, wo der, »der von der Sünde nichts wußte, für uns zur Sünde«, ja sogar »zum Fluch« (Gal 3,13) gemacht wurde, damit wir »in ihm die Gottesgerechtigkeit erlangten« (2Kor 5,21)[20]. Denn anders als die korinthischen Enthusiasten, die (nach 1Kor 12,2f) in ihren radikalsten Vertretern in diesen »Fluch auf Jesus« einstimmten, sieht sich Paulus hierdurch zu jenem Exzeß seines Stellvertretungswillens getrieben, der ihm im Römerbrief das an eine Selbstverfluchung grenzende Wort auf die Lippen drängt:

> *Ich wünschte verflucht und von Christus getrennt zu sein zum Besten meiner Brüder und Stammesgefährten dem Fleische nach (Röm 9,3)*[21].

Wenn sich Paulus im Anschluß daran dann aber zum Gedanken von den unrevozierbaren Berufungen und Gnadengaben Gottes erhebt (Röm 11,29) und diese ebenso lichtvolle wie selbstquälerische Reflexion schließlich mit dem Hymnus auf die »Tiefe der Weisheit und Erkenntnis Gottes« (11,33ff) krönt, bestätigt er auf seine Weise, daß mit dem Stellvertetungsmotiv die Hoffnung auf einen höchsten Kompetenzgewinn verbunden ist. Denn in energetischer Hinsicht ist mit ihm nicht nur eine Kompensation der Schwächen, sondern auch eine mögliche Bündelung und Steigerung der Kräfte ausgesagt. Und daran ist im gegenwärtig herrschenden Zustand der Resignation und Depression besonders gelegen. Mehr denn je kommt es in der aktuellen Situation darauf an, daß das zu seiner Identität erwachende Christentum sich auch des ihm verliehenen Kräftepotentials bewußt wird; johanneisch gesprochen: seiner sieghaften Glaubenskraft, der es gegeben ist, die Welt zu überwinden (1Joh 5,4). Das aber ist umso dringlicher angesagt, als dem die entmutigenden Einreden des »Geistes der Schwere« entgegenstehen, der am Erfolg des Ringens um den Eintritt ins kommende Jahrtausend schon vor Beginn des Kampfes verzweifelt. Er wurde im Vorfeld des Glaubens längst schon von NIETZSCHE diagnostiziert; doch traf er mit diesem Begriff ein Phänomen, das auf den

Glaubensraum noch weit mehr als auf analoge Erscheinungen in seinem Vorfeld zutrifft. Er suggeriert den von ihm Befallenen,

> *daß das Gott wohlgefällig sei, was dem Menschen schwerfällt und wehtut, daß eine Jenseitsreligion wie die christliche im Ringen um die Gestaltung der Lebenswelt im Vergleich zu den säkularistischen Tendenzkräften von vornherein das Nachsehen hat, daß dem Christentum ohnehin keine diesseitigen Siege verheißen seien, zumal diese Welt doch auch aus christlicher Sicht »im argen« liege und deshalb ihren immanenten Gestaltungskräften überlassen werden müsse.*

Dabei besteht die Fatalität dieser Einreden darin, daß sich in ihnen evident defätistische Elemente mit unterschwellig spirituellen amalgamieren. Deshalb handelt es sich dabei um den von Paulus angenommenen Fall, daß sich der Satan als Lichtengel ausgibt und mit religiösen Motiven argumentiert (2Kor 11,14). Um so mehr ist angesichts dieses Ungeistes ein Exorzismus angesagt, der auf seine Austreibung, auch aus den Nischen, in die er sich eingenistet hat, abzielt. Indessen hat er inzwischen nicht nur eine Verdüsterung der Glaubensvorstellung bewirkt und dadurch die Glaubensvermittlung behindert, sondern seinem Unwesen als Geist der Schwere zufolge das christliche Lebensgefühl auf einen derartigen Tiefstand gedrückt, daß wirkliche und wirksame Abhilfe nur noch von der Mitte des Christentums her zu erwarten ist. Dort aber lodert wie in der ersten Stunde noch immer jenes Feuer, mit dem Jesus die Welt in Brand setzte: der Feuerbrand der in ihm zum rettenden Heilsereignis gewordenen Liebe. Sie will und muß auf neue Weise ins Zentrum der Verkündigung gerückt und dadurch zur Geltung gebracht werden. Denn die Erfahrung, von Gott geliebt zu sein, zieht einen radikalen Lebens- und Bewußtseinswandel nach sich. Unter dem Anhauch dieser Liebe verweht die resignative Mißstimmung, während ein erfüllendes, ermutigendes und vorantreibendes Hochgefühl alle Bereiche durchgreift. Wo dieser Anstoß fühlbar wird, brechen die verschütteten Wesenskräfte auf und werden die größeren Möglichkeiten freigesetzt. Wenn die Liebe dessen, der uns (nach Röm 8,32) mit seinem Sohn alles geschenkt hat, an die Herzen rührt, muß die dort herrschende Angst weichen und der Gewißheit Raum geben, daß keine Macht der Welt die Zuwendung dieser Liebe aufhalten und uns von ihr trennen kann. Wo ihr »sanfter

Flügel weilt«, werden die Menschen nicht nur zu Brüdern, sondern zu Gliedern jener mystischen Lebenseinheit, mit der Paulus die höchste Stufe der christlichen Verwirklichung bezeichnet. Doch wie wird die Liebe in diesem Verbund zu dem Ereignis, das alle Barrieren durchbricht, alles Lähmende überwindet und das Christentum so seiner Höchstform entgegenführt?

4. Der mystische Kreislauf

Die Antwort auf diese Frage gibt AUGUSTIN mit seiner ebenso faszinierenden wie gewagten Formel von dem unus Christus amans seipsum[22]. Was bei Paulus austauschbar bleibt, wenngleich unterbaut durch den Gedanken der Stellvertretung, wird hier definitiv als Lebensvollzug begriffen. Gewagt mag das Konzept denen erscheinen, die wie BALTHASAR darin einen narzistischen Anklang vernehmen. Doch abgesehen davon, daß auf dieser höchsten Ebene alle menschlichen und allzumenschlichen Analogien entfallen, werden die aufkeimenden Bedenken angesichts der Tatsache gegenstandslos, daß für den mystischen Christus dieselbe Identitätsfindung anzunehmen ist wie für den geschichtlich existierenden. Doch hat er, anders als der historische, als Adressaten seiner Selbstübereignung nur die ihm zugehörigen Glieder, so daß seine Hingabe durch sie an ihn in einer Weise zurückfließt, die nicht genauer als mit der augustinischen Formel umschrieben werden kann. So steht nichts dem Versuch im Weg, sich der von ihr ausgehenden Faszination zu überlassen.

Dabei tut man gut daran, sich nochmals an die hermeneutische Funktion des Corpus mysticum-Konzepts zu erinnern. Dann tritt nämlich der kognitive Aspekt der Selbstliebe des mystischen Christus in den Vordergrund. Danach bedeutet diese Liebe zunächst die Selbstentdeckung der Glieder im Haupt und dessen Selbstwahrnehmung in ihnen. Da es sich dabei aber um einen Prozeß im mystischen Leib – und nicht aus der gewohnten Individualdistanz – handelt, überlagert dabei die mystische Inversion den allbekannten Vollzug. Die erkennenden Glieder sehen sich vom Haupt verstanden und dies in der Weise eines verstehenden Geliebtseins, das in dessen Selbstübereignung sein innerstes Formgesetz hat. Es ist dies jene cherubinische Erkenntnisweise, die DIONYSIUS

AREOPAGITA dem vorletzten Rang der Engelhierarchie zuschreibt, jetzt nur zurückbezogen auf den ordo caritatis im mystischen Leib[23]. Jetzt begreifen die Glieder, daß sie nichts haben, was sie nicht empfangen hätten (1Kor 4,7), und daß sie ihren innersten Wert dem verdanken, der sie geliebt und sich für sie hingegeben hat (Gal 2,20)[24]. Doch findet sich auch das Haupt in dem wieder, was es in ihnen durch seine Selbstübereignung bewirkt hatte. So gilt für beide das Augustinuswort:

> *Erfreue dich meiner in dir; erkenne dich in mir*[25].

Das steigert AUGUSTIN nochmals, wenn er im Zug seiner Auslegung des Abschiedsgebetes Jesu das Wort, daß er sich für die Seinen heiligen werde (Joh 17,19), zunächst auf sein Selbstverhältnis als Logos und Mensch, dann aber auch auf sein Verhältnis zu den Seinen bezieht:

> *Danach also heiligte er sich in sich selbst, nämlich sich, den Menschen in sich, dem Worte. Um seiner Glieder willen fügte er dem aber hinzu »und ich für sie«, damit dies auch ihnen zugute komme, da doch auch sie sein ›Ich‹ sind ... Insofern heißt »und ich heilige mich für sie« soviel wie »ich heilige mich als mich selbst in mir, da auch sie in mir ›ich‹ sind«*[26].

Was zuvor erbetet, erkämpft und, sofern es wieder verloren gegangen war, zurückgeholt werden mußte, ist hier in die Innerlichkeit einer mystischen Selbstbegegnung zurückgenommen. Alles Suchen hat hier ein Ende, alle Zweifel und Anfechtungen sind überwunden; dafür schlagen alle Energien und Impulse zusammen zu einer einzigen Liebesflamme. Es ist die Flamme jenes Feuers, das der Hebräerbrief auf dem Gipfel wahrnimmt, zu dem der Aufstieg des Gottesvolkes emporführt und das ihn zu dem Wort hinreißt: »unser Gott ist ein verzehrendes Feuer« (Hebr 12,29).

Das haben zwei herausragende Zeugnisse sprach- und tongewaltig in Szene gesetzt. DANTES Beschreibung der Himmelsrose und BEETHOVENS Ausdeutung des Credo-Schlusses. Im Bild einer aus Licht geformten Rose schaut Dante so auf der Höhe seiner Jenseitsreise die jeder Vorstellung entzogene Innerlichkeit des göttlichen Seins, einer Rose, in deren Mitte die Scharen der Seligen wie Bienenschwärme eintauchen, um daraus, gesättigt durch das ewige

Licht, wieder hervorzuschwärmen. Was er gewahrt, ist aber nur der faszinierende Reflex seines eigenen visionären Sehens, in dem sich die von ihm durchlaufene Läuterung erfüllt[27]. Dabei ergibt sich der theozentrische Charakter seiner Vision bereits aus der cherubinischen, also erkenntnistheoretischen Perspektive seiner großen Konzeption, wohl aber auch aus seiner theologischen Orientierung an BERNHARD VON CLAIRVAUX, dem die entscheidende Anrufung der Mater gloriosa überlassen bleibt. Bei diesem Großmeister der Mystik überrascht nicht weniger als das »Zurücktreten der Lehre vom mystischen Leib« (MERSCH) seine Kritik an der bewegenden Vorstellung des ORIGENES vom endzeitlichen Warten Christi auf die Vollzahl der Erlösten, die freilich diesen faszinierenden Gedanken nur umso deutlicher ins Licht rückt; denn:

> *die endgültige Herrlichkeit des Erlösers wird erst dann anheben, wenn er, wie Paulus verkündet, zum Zeichen der vollständigen Unterwerfung die Herrschaft in die Hände des Vaters zurücklegt; und dies kann erst stattfinden, wenn alle Auserwählten in Christus versammelt sind und das All durch ihn zu seiner Vollendung geführt ist. So erwartet er denn unser aller Bekehrung, um mit uns zusammen im Reiche Gottes den Kelch der Wonne zu trinken*[28].

Obwohl dieser Gedanke das Letzte noch offen läßt, wird doch gerade mit ihm der volle Ausgleich erreicht und damit das Ziel des Denk- und Erhoffbaren anvisiert, zumal er aus einer Synthese der Todesankündigung Jesu (Mk 14,25) mit dem »letzten Kapitel von der Geschichte der Welt« (KLEIST) nach dessen paulinischer Deutung (1Kor 15,28) hervorging. Was für Dante, wenngleich noch aus cherubinischer Sicht, als höchstes Erfüllungsziel zu gelten hat, ist hier erst das – gerade noch auszudenkende – Vorletzte, allenfalls ein letztes Atemholen des zur Herrschaft gelangten Christus, bevor er die alles erfüllende Unterwerfung unter den Vater vollzieht, die er schon am Kreuz vorweggenommen hatte, als er unter Preisgabe aller sagbaren Attribute Gottes sich sterbend in seine Arme warf und so in seine Lebensfülle hineinstarb. Damals nahm er schon, wie jetzt endgültig deutlich wird, das Endgeschehen vorweg, so wie dieses sich nun in seiner Synchronie mit dem erweist, was sich in Jesu exemplarischem und jedes Sterben in sich aufnehmendem Tod ereignete.

Aufs engste berührt sich das mit der End-Vision in der ›Mystischen Theologie‹ des Areopagiten, wenn Gott alle begrenzenden Attributionen abgesprochen werden, um ihn in seiner reinen Göttlichkeit zu berühren, ihn,

> *der weder Finsternis noch Licht, weder Irrtum noch Wahrheit, weder Verneinung noch Bejahung ist, weil die vollkommene Ursache von allem jenseits aller Bejahung liegt und weil sich seine Überschwenglichkeit auch über jede Verneinung erhebt: abgelöst von allem und über alles erhaben*[29].

Gestützt auf dieses Schlußwort der ›Mystischen Theologie‹, das zugleich als Schlußwort jeder negativen Theologie zu gelten hat, umschrieb Hugo Ball das sich aus alledem ergebende Zielbild in seiner durch den Dadaismus hindurchgegangenen Sprache mit den Worten:

> *Das Haupt Christi entschwindet aus der menschlichen Sphäre in die der Engel. Wortlos, verstummend, durchbricht er die letzten irdischen Hüllen. Die Seligkeit der körperhaften Räume verglimmt. Der Leib ist noch sichtbar, das Haupt aber ist von der Fülle des Lichtes schon in das Jenseits verschlungen*[30].

Es ist das Schlußwort der Aufstiegsmystik, in dem das Urwort des Anfangs spürbar wird: das paulinische Leitwort »in Christus«, verwoben mit der Vorstellung des Aufgenommenseins in den mystischen Leib und getragen vom Gedanken des Belebtseins durch ihn. Es ist das definitive Schlußwort, sofern sich die Sehnsucht des Strebens in ihm in das Glück der Gewährung und die Mühe des Denkens in die Evidenz des vorgängigen Gedachtseins umsetzt. Und es ist zugleich das offenbarungstheoretische Schlußwort, sofern es in seiner enthusiastischen Bildsprache ausdrückt, daß der menschgewordene Gottessohn nicht nur dadurch der unüberbietbare Offenbarer ist, daß er sich in seinem Reden und Schweigen, Handeln und Leiden und zumal in seiner Auferstehung als die leibhaftige Selbstauslegung Gottes erweist, sondern letztlich dadurch, daß er die Seinen in sein eigenes Gottesverhältnis aufnimmt. Dem Exzeß, zu dem sich Gott im Ereignis der Menschwerdung Christi herabließ, entspricht so der einer Liebe, die sich nicht nur verschenkt, sondern in sich aufnimmt und einbezieht. Das aber ist gleichbedeutend mit der Einsicht, daß der solcherart zum Inbegriff der Selbstmitteilung Gottes Gewordene sich in den Glaubenden erkennt, in den Hoffenden bejaht und in den Liebenden liebt.

Das verdichtet sich in der Credo-Fuge von BEETHOVENS ›Missa solemnis‹ zu einem musikalischen Symbol von hinreißender Eindringlichkeit, wenn sich die Stimmen aus der Verankerung lösen, um eigengesetzlich in sich zu kreisen und so – entsprechend der Absicht des Komponisten, »sowohl bei den Singenden als Zuhörenden« religiöse Gefühle zu erwecken und dauernd zu machen – ein Vorgefühl der *vita venturi saeculi* zu vermitteln. Gleichzeitig wird hier, an diesem Ziel, deutlich, daß sich alles auf eine höchste Identitätsfindung zubewegt. Denn in dem Kreisen der himmlischen Scharen zeichnet sich wie in DANTES Himmelsrose eine Figur ab, die sich als die des in seiner geheimen Dynamik aufscheinenden Identitätssatzes enthüllt. Sie wurde theologisch vorweggenommen in der Rekapitulationstheorie des IRENÄUS VON LYON, seinsgeschichtlich reflektiert in der These des MAXIMUS CONFESSOR von der Wiedereinholung des Ursprungs durch die Hinordnung aller Dinge auf das Ende, dichterisch postuliert in KLEISTS Konzept von der Reise um die Welt, lebensgeschichtlich vollzogen in KIERKEGAARDS Wiederholung und auf den Begriff gebracht durch NIETZSCHES Idee der ewigen Wiederkunft des Gleichen[31].

Dabei verspricht sich Nietzsche die – von ihm faktisch fatal verfehlte – Identität vom Rückgriff auf den zyklischen Weltbegriff der Antike, Kierkegaard von der Rückerstattung der Geopferten und, wesentlicher noch, von der im Glauben gewonnenen Gleichzeitigkeit, Kleist vom Umschlag der durchlebten Vielfalt in qualitativen Selbstbesitz, Maximus von dem den Anfang repristinierenden Vorgriff auf das Zeitenende, Irenäus von der alle Zersplitterung aufsammelnden Heilstat Christi. Stets geht es bei diesen Entwürfen um den Versuch, das identitätsstiftende Moment nicht von einer subjektiven Setzung, sondern von einem Geschehen zu erwarten, also darum, Sinn und Geschehen, auch in dessen scheinbar widersinnigen Form als Geschichte, zusammenzudenken.

Der Gewinn betrifft zunächst das zu Eingang diskutierte Verhältnis des Christentums zu den beiden konkurrierenden Abrahamsreligionen. Denn im Verhältnis zum Islam zeigt sich nun in Form eines Minimalkonsenses, daß der Begriff der Einzigkeit Gottes die Vorstellung von einer diese Einzigkeit konstituierenden Dynamik nicht ausschließt, obwohl damit noch keineswegs über Form und Vollzug dieser Dynamik entschieden ist. Im Verhältnis zum Judentum aber wird in deutlicher Überbietung dieses Minimalkonsenses klar, daß Gott im Sinn alttestamentlicher Weisheitsspekulation tatsächlich als der sich mit seinem weisheitlichen Spiegelbild und darin mit sich selbst Identifizierende gedacht werden kann, auch wenn ein weiter Weg von dieser eher »spielerischen« Konzeption – nach dem Spruchbuch »spielt« die Weisheit, wie erinnerlich, vor dem mit seinem Schöpfungswerk befaßten Gott »auf dem Erdenrund« (Spr 8,30) – bis zum »Ernst« der christlichen Trinitätsspekulation führt.

Indessen besteht der zentrale Gewinn darin, daß nun die augustinische Vorstellung von dem in Akten der Selbstliebe begriffenen Christus als dessen fortwährende Selbstaneignung im Lebenskontext seines mystischen Leibes und, radikaler noch, als dessen liebende Selbstidentifikation begriffen werden kann. Umgekehrt enthüllt sich darin nun vollends der Sinn seiner Liebe. In allen ihren Formen stand sie im Dienst seiner allumfassenden Selbstaneignung, und eben dies war mit dem Wort von dem »zum Dienen« gekommenen Menschensohn (Mk 10,45) gemeint. In diesem höchsten Sinn war sie unterwegs zu sich selbst, als sie sich der Verlorenen annahm und die Bedrückten und Bedrängten zu sich rief, als sie sich gegen den Widerspruch der Sünder (Hebr 12,3) und gegen die satanische Versuchung behauptete, als sie sich dem Todesschicksal unterwarf und sterbend den Gott verlor, der sie vom Tod erretten konnte, um sich, in die Wüste der nackten Gottheit verstoßen, dem in die Arme zu werfen, von dem sie sich verlassen fühlte und durch ihn in jener höchsten Weise beschenkt zu werden, für die sich der Endbegriff »Auferstehung« einstellte.

An dieser Stelle geht die cherubinische Sicht in die seraphische Endperspektive über, in der das Glück dieser Liebe nicht mehr in der durch sie erschlossenen Erkenntnis, sondern in ihrem Besitz und der immer neuen Überwältigung durch sie besteht[32]. Hier wird die Ordnung der Erkenntnis aber auch dadurch überschritten, daß an die Stelle der staunenden Ergriffenheit die Dankbarkeit gegenüber dem tritt, der ebenso der Entdecker wie der »Vollstrecker« dieser Liebe ist. Der Entdecker, sofern er im Durchbrechen der Schreckensmauer den Zugang zum liebenden Herzen Gottes erschloß. Aber auch der Vollstrecker, sofern er als Weg zugleich das Ziel ist, sofern er also die, die er durch seine Selbstübereignung für

Gott gewann, in sich hineinnimmt und, zusammen mit sich selbst, seinem Gott übergibt, damit dieser, wie Paulus das in seiner eschatologischen Spitzenaussage in Aussicht stellt, und wie es ORIGENES in seinem Theorem vom endzeitlichen Warten Christi nachvollzog, »alles in allem« sei.

Hier wird definitiv der Herzschlag des Christentums fühlbar; hier wird es durchsichtig auf sein Identitäts- und Individuationsprinzip, verstanden als das Prinzip seiner Unterschiedenheit von anderen Religionsformen und seiner innersten Übereinkunft mit sich selbst. Erlebnishaft gefühlt aber wird dieser Herzschlag, sofern nun das Wechselverhältnis der beiden Leitbegriffe »in Christus« und »Christus in uns« in den Vordergrund tritt und das »in Christus« umschlägt in Erfahrungen der Einwohnung und Selbstvergegenwärtigung, sofern dann aber auch im Gegentakt dazu der Einwohnende zum Umgreifenden wird und, mit HUGO BALL gesprochen, die Hüllen der ihm zur Wohnung Gewordenen durchbricht, um sein Haupt in die »Fülle des Lichts« zu erheben – dorthin, wo er, zum Zielgrund des Weltgeschehens geworden, darauf wartet, bis ihm alles unterworfen ist, um sich dann in einem letzten Unterwerfungsakt seinem Gott zu übergeben, damit sich dieser als der allumfassende Inbegriff aller Dinge erweise.

Die von der Identitätskrise der Gegenwart ausgehende Insinuation aber drängt das von seiner eigenen Identitätskrise stimulierte Christentum dazu, daß es sich auf dieses Ziel hin entwirft und zubewegt. An der Frage, wie es auf diese Insinuation eingeht, wird es sich entscheiden, ob ihm der Einzug ins kommende Jahrtausend gelingt und ob es sich auch in diesem als die zentrale Gestaltungsmacht der geistigen, kulturellen und gesellschaftlich-politischen Verhältnisse behaupten wird.

NACHWORT

In einem letzten Anlauf gilt es, die Leitfrage des Gedankengangs in Form einer Zusammenschau der gewonnenen Einsichten zu beantworten. Der gesuchte Identitätsgrund findet sich dann für das Christentum wie für jede andere theistische Religion in seiner spezifischen Schau des Gottesgeheimnisses, die in Abgrenzung von dem einen Gott Israels und dem einzigen des Islam in der von Jesus entdeckten Eindeutigkeit des bedingungslos liebenden Vaters besteht. Denn der zwiespältige Gott der Vergleichsreligionen stößt durch den unkalkulierbaren Antagonismus von Faszination und Drohung den Menschen in sein Selbstzerwürfnis zwischen Selbst-Sucht und Selbst-Flucht zurück und damit in das Blondelsche Dilemma, das von ihm letztlich ersehnte Gottsein entweder »mit und durch Gott« oder in der Auflehnung des »ohne und gegen Gott« anzustreben. Diesem zerstörerischen Zwiespalt setzt die Eindeutigkeit des von Jesus erschlossenen Gottes ein wahrhaft erlösendes Ende. Da sich Gott in dieser unausdenklichen, alle denkerischen Entwürfe von ihm überholenden und zugleich heilbringenden Weise nur von sich selbst her manifestieren kann, erweist sich das Christentum im Verhältnis zu den asketischen und moralischen Vergleichsreligionen als eine nicht nur therapeutische, sondern zugleich von seinem Grund her mystische Religion. Zur Einsicht in die Eindeutigkeit Gottes verhilft daher, sosehr ihr der kritische Vergleich vorarbeitet, erst dessen Selbsterweis im Zuspruch des inwendigen Lehrers. Das gilt auch für die Beantwortung der Identitätsfrage. Soviel dazu die einleitenden Unterscheidungen und die darauf aufbauende Erkundung der Lebensleistung Jesu und seines wirkungsgeschichtlichen Fortlebens beitrugen, kam die volle Antwort doch erst auf dem Weg der mystischen Inversion zustande, um die der gesamte Schlußteil kreiste. Erreicht wird dieses Ziel letztlich nur aufgrund einer von der gesuchten Mitte ausgehenden Initiative; denn keiner gelangt dorthin, »wenn ihn der Vater nicht zieht« (Joh 6,44.65).

Das aber bedeutet, offenbarungstheoretisch gesehen, daß Jesus nicht schon dadurch das abschließende Wort Gottes ist, daß er seine durch sein Handeln bestätigte und durch seinen Tod und durch seine Auferstehung besiegelte Gottesverkündigung auf eine von keinem anderen erreichte Höhe trieb, sondern in letzter Hinsicht erst dadurch, daß er die an ihn Glaubenden in seine Gottesentdeckung hineinnahm und seinen Werken das Gepräge einer sie umfangenden Selbstdarstellung verlieh. Glaubenstheoretisch entspricht dem die Erkenntnis, daß die glaubensgeschichtliche Wende darin ihr Ziel erreicht, daß der Geglaubte aus dem Schrein der Vergegenständlichung hervortritt, um auf neue Weise gehört, geschaut und gefühlt zu werden: vernommen insbesondere in dem aus der Mitte des Evangeliums ertönenden Machtwort, mit dem er seine Geborgenheit am Herzen des Vaters für die Seinen einfordert (Joh 17,24).

Es kann nicht ausbleiben, daß sich der gläubige Beobachter dieses wahrhaft »weltbewegenden« Vorgangs in diesem selbst wahrnimmt, so daß er in dem auf seine Identitätsmitte zustrebenden Christentum das Spiegelbild seiner eigenen Identitäts- und Sinnsuche entdeckt. Dabei kommt eine erstaunliche Konvergenz zum Vorschein. Einerseits »ruft« der Abgrund der menschlichen Identitätsnot (nach Ps 42,8) nach dem der das Christentum verstörenden Identitätskrise; andererseits findet der in seinem Selbstverhältnis verstörte Mensch der Gegenwart dort die erfüllende Antwort auf seine Sinnfrage, wo das Christentum zur angestrebten Übereinkunft mit sich selbst gelangt, so daß er, jenseits aller Irritationen, den Eindruck gewinnen muß, mit ihm in eine über Heil und Unheil entscheidende Schicksalsgemeinschaft verwiesen zu sein. Vermutlich gehört zu den zahlreichen Faktoren, die ihn von sich abhalten, auch die Tatsache, daß im gegenwärtigen Christentum die es schon seit langem belastende Identitätskrise vollends zum Ausbruch kam und daß es Nah- und Fernstehende gleicherweise in diese Krise hineinriß. Ebenso darf dann aber auch angenommen werden, daß sich das zu seiner Identität gelangende Christentum in dem Maß, wie es dieses Ziel erreicht, dem heutigen Menschen als der Königsweg zu seiner eigenen Identitätsfindung erweist.

Allen Unterstellungen, daß damit das Christentum auf den Standard eines religiösen Appeasements und einer zu nichts mehr verpflichtenden Beliebigkeit herabgesetzt werde, muß schließlich mit der Feststellung die Spitze abgebrochen werden, daß es sich dabei tatsächlich um eine Apologie des Todes handelt. Denn das Christentum beweist seine Überlegenheit gegenüber allen anderen Religionen nicht zuletzt dadurch, daß es im Unterschied zu deren Beschwichtigungsversuchen gegen die menschliche Todverfallenheit in ihrer ganzen Härte angeht. Von einer Apologie des Todes aber kann deswegen gesprochen werden, weil der von ihm gewiesene Weg der Identitätsfindung zugleich der der Todüberwindung ist. Einbezogen in die von Jesus mit seinem Todesschrei besiegelte Entdeckung Gottes stirbt der an ihn Glaubende mit ihm in die Gotteswirklichkeit hinein, so daß seine Sinnsuche im Tod an ihr letztes, beseligendes Ziel gelangt. Mit dem Tod zusammen überwindet Jesus aber auch sein tägliches Vorspiel, die Angst, und das ganze Konglomerat ihrer Folgen, indem er durch den von ihm entdeckten Gott der bedingungslosen Liebe ihre tiefste Pfahlwurzel, die Gottesangst, aus den Herzen der Menschen reißt. Wenn der Bann der Angst von ihnen abfällt, entfällt aber auch das Motiv, Gott als den unüberdenklich Größten und als die »undurchschaubare Übermacht« (KRÜGER) zu denken, im Gefolge dessen dann aber auch der fatale Hang, eine Pädagogik der Angstsuggestionen zu entwickeln, um die Menschen mit der Peitsche der Sünden-, Gerichts- und Höllenangst zur Akzeptanz des Heilsangebots zu bewegen. Im Anhauch der Liebe Gottes schmelzen nicht zuletzt auch die Antriebe weg, den im Mitmenschen gesuchten Partner zugleich als potentiellen Feind zu fürchten, und vor sich selbst wie vor einem Fremden zurückzuschrecken.

Doch all dies bliebe dem Spiel einzelner, einmal mehr, dann wieder weniger gelingender Akte überlassen, wenn sich die mystische Inversion nicht zu einer zuständlichen Größe verdichten würde. Das ist der Sinn der von Paulus geschaffenen Formel »in Christus«, die nahezu im selben Atemzug mit der Gottesentdeckung Jesu genannt werden muß. Denn seine letzte Integration erlangt das auf den im Herzen des Christentums aufscheinenden Identitätsgrund ausgerichtete Christsein nicht schon dadurch, daß es seines Sinnziels bewußt wird, sondern erst dadurch, daß es in diesen Sinngrund einbezogen und von ihm umfangen wird. Das geschieht, wenn sich der Glaubende mit Paulus in Christus rühmen und freuen lernt, wenn er sich in und von ihm befreit und beschenkt, belebt und zu tätigem Zeugnis bewogen fühlt und wenn er, umhegt von dieser lebendigen Sphäre in diesem »in Christus« die Lichtung seines Denkens, die Stillung seiner Sehnsucht und die Befestigung seiner Existenz findet. Denn Christsein heißt Mitsein: Aufgenommensein in die Fülle dessen, in dem »alle Schätze der Weisheit und Erkenntnis« verborgen sind (Kol 2,3) und der diesen Reichtum dadurch besitzt, daß er ihn an die Seinen verschenkt.

Damit versinkt die tradierte Glaubenswelt keineswegs in eine diffuse Gestaltlosigkeit. Wohl aber wird sie in jene Innensicht überführt, die den Glaubenden ihrer Inhalte auf neue, wie mit ihm selbst so auch untereinander verbunden, Weise ansichtig werden läßt. Stand die Außensicht im Licht der zergliedernden Wahrheit, so die nunmehr gewonnene Innensicht im Zeichen der Weisheit, in der nach SCHELLING »alle Dinge beisammen und doch gesondert, eins und doch jedes frei in seiner Art sind«, in der also, mit einer der lichtvollsten Aussagen des Ersten Vatikanums gesprochen, die Glaubensmysterien bei aller Eigenprägung in ihrem innersten Verweisungszusammenhang erscheinen, so daß in der Menschwerdung schon die Passion und in der Auferstehung bereits die Wiederkunft angesprochen sind[1]. So aber wollen sie demselben Konzil zufolge gesehen werden, weil in ihrem Zusammenspiel das letzte Sinnziel des Menschen aufscheint und die Gottesoffenbarung als die erfüllende Antwort auf die Frage vernehmbar wird, die der Mensch nach dem Schlußwort des Zweiten Vatikanums nicht so sehr stellt, als vielmehr ist[2].

Es bleibt noch die Aufgabe, einen Blick auf die Konsequenzen zu werfen, die ebenso defensiver wie konstruktiver Art sind. Die Defensive zielt auf die Überwindung der Drohgestalt, die sich vor dem an der Schwelle zum kommenden Jahrtausend stehenden Christentum erhebt. Sie erinnert ebenso an den Türhüter, der in KAFKAS Legende ›Vor dem Gesetz‹ den Mann vom Lande am Eintritt hindert, als auch an den Wächterengel, der in der Cusanus-Schrift ›Vom Sehen Gottes‹ bezwungen werden muß, wenn sich der Eingang zum göttlichen Wohnort öffnen soll. Auf beiden Figuren liegt der Schatten des Mysterium tremendum, der den Türhüter zu einer Schreckensgestalt verdüstert und den an der Mauer der zusammenfallenden Gegensätze Stehenden vor eine unlösbare Aufgabe zu stellen scheint. Im Fall des Türhüters bedarf es der Erinnerung an das ermutigende Schriftwort »Furcht ist nicht in der Liebe; vielmehr treibt die vollkommene Liebe die Furcht aus« (1Joh 4,17f); im Fall des Wächterengels hingegen der Erinnerung an das Pascal-Wort, daß wir das, was »Gott ist, was Leben und Tod und was wir selber sind«, nur durch Jesus Christus, nicht aber mit Hilfe denkerischer Konstrukte erkennen.

Ungleich ausgreifender sind die Konsequenzen, die den Aufbau der christlichen Lehrgestalt betreffen. Auch hier müßte – im Bruch mit dem traditionellen Konzept und in konsequenter Unterscheidung von philosophischen und religionsgeschichtlichen Modellen – der Anfang mit der revolutionären Lebensleistung Jesu und dem von ihm entdeckten neuen Gott gemacht werden, der alle Verhältnisse, einschließlich der Beziehung zu ihm, auf eine neue Basis stellt und gleichzeitig eine ganze Reihe von denkerischen, pädagogischen und sozialen Konstrukten im Feuer seiner Liebe aufgehen läßt.

Bei der Revision des Denkens geht es darum, die Retrospektive und den Systemzwang des idealistischen Ansatzes, dem sich die Theologie, wenngleich mit Schwankungen, schon in ihren alexandrinischen Anfängen verschrieb, aufzugeben und im Geleit der biblischen Weisheit jene Offenheit zu gewinnen, die es den Mysterien erlaubt, sich selbst zu organisieren und zu übergeordneten Sinneinheiten zusammenzuschließen. Desgleichen muß sich die christliche Pädagogik gesagt sein lassen, daß ihr Ziel nicht so sehr in der Erziehung – und schon gar nicht in repressiver Disziplinierung –, als vielmehr in der Erhebung des Menschen besteht. Was sie neu zum Leuchten zu bringen hätte, ist somit das Hochbild der Gotteskindschaft, verbunden mit Anleitungen zur Gewinnung des sich daraus ergebenden Identitäts- und Verantwortungsbewußtseins. Was schließlich das Sozialkonzept anlangt, so ist die Verabschiedung des unlängst noch propagierten Versuchs angesagt, den Glauben im Kontext moderner Gesellschaft darzustellen und diese damit als seine Rahmenbedingung zu deklarieren. Denn zur Neuentdeckung Jesu gehört integrierend die Einsicht, daß seine Sozialutopie des Gottesreichs, verstanden als seine soziale Selbstauslegung, auf die schöpferische Revision aller mundanen Sozialisierungsformen abzielt. Sie alle entstammen letztlich der Angst, daß sich der gesuchte Partner insgeheim in einen verhaßten Feind verwandeln könne; nur die Utopie Jesu lebt aus dem Vertrauen, in ihm den Nächsten zu finden, und aus der sich daran entzündenden Liebe zu ihm. Indessen müßte all dies durch Strategien einer Bewußtseinserweiterung unterbaut werden, die darauf abzielt, eine neue Sensibilität für die vielfachen Zeichen und Erweise der göttlichen Liebe zu entwickeln, zusammen mit einer Hermeneutik, die sich um die sachgerechte Deutung dieser Signale bemüht. Wenn das auf einen Umbruch der gesamten Theologie alten Stils hinausliefe, wäre das kein Anlaß zur Besorgnis, wohl aber dazu, im Blick auf das große Ziel mit doppelter Entschlußkraft ans Werk zu gehen.

Dazu könnte schon die Einsicht bewegen, daß die aufzugebende Außensicht mit Aporien besetzt ist, die den theologischen Gedanken durch die Verstrickung in unlösbare Probleme lähmen, anstatt ihn zu seinen größeren Zielen freizugeben. Verstrickend wirken insbesondere die Frage nach dem Warum, dem Wie, dem Wofür, dem Wohin und dem Wann auf ihn ein. Im Fall des Schöpfungsglaubens stürzt ihn die Warum-Frage schon seit dem Hiobbuch in die Not des Theodizeeproblems, im Fall des Inkarnationsglaubens die Wie-Frage in die Problematik der Jungfrauengeburt, im Fall des Passionsmotivs die Wofür-Frage in die Aporie der Satisfaktions- und Rechtfertigungslehre, im Fall des Auferstehungsglaubens die Wohin-Frage in den Zwiespalt zwischen himmlischer Inthronisation und mystischer Einwohnung, und im Fall der Eschatologie die Frage nach dem Wann in die irritierende Verdoppelung des Gerichtsmotivs. Aus der Verstrickung in diese Aporien führt aber nicht wie in WITTGENSTEINS Bild vom Fliegenglas der Weg über die Erklärung ihres Zustandekommens heraus, sondern der Eintritt in den Innenraum, der die Mysterien in dem sie hervorrufenden Licht und in ihrem gegenseitigen Verweisungszusammenhang erscheinen läßt.

Ungleich stärker müßte zu diesem Schritt jedoch die Einsicht in die sich aus alledem ergebende Aufgabe bewegen. Sie läßt sich in drei Postulate fassen. Dabei geht es im Sinn der ersten Forderung um die *Einkehr von der Peripherie in die Mitte*, also um die Revision der mit LESSING und KANT einsetzenden Verlagerung des Schwerpunkts der christlichen Botschaft auf die Ethik und Moral und um ihre Rückführung auf die von KIERKEGAARD wiederentdeckte msystische Mitte.

Im Sinn des zweiten Postulats geht es sodann um die *Aufhebung des Rückstands*, in dem sich der immer noch in der ambivalenten Sicht der religionsgeschichtlichen Tradition befangene Gottesbegriff der Christenheit gegenüber dem von ihrem Stifter entdeckten neuen Gott befindet, und um die Wiedergewinnung der Gleichzeitigkeit mit seiner Botschaft.

Im Sinn der dritten Forderung geht es schließlich um die *Vertauschung der gegenständlich-bildhaften Außensicht mit der Innensicht*, wie sie schon Paulus unter Berufung auf den Reifegrad des mündigen Christen befürwortet hatte.

Was der Apostel der in Zwistigkeiten verstrickten Gemeinde vorhielt, ist heute das Gebot der Stunde. Denn im Gang der glaubensgeschichtlichen Entwicklung wurde inzwischen die Stelle erreicht, an der die mystische Innensicht in der gegenständlichen Außensicht durchbricht. Deshalb mündet der durchschrittene Gedankengang in das Ansinnen aus, das Portal der an einen gotischen Dom erinnernden Architektur des Christentums mit seinen bildhaften Darstellungen der auf das endzeitliche Gottesgerichts zulaufenden Heilsgeschichte zu durchschreiten, um der in ihrem Inneren erstrahlenden Licht- und Farbenfülle ansichtig zu werden. In der Figurenfolge der Fenster und der Rosette wiederholen sich die Darstellungen der Fassade, jetzt aber in deren leuchtender Innenperspektive. Keines der Glaubensmysterien ist aufgegeben, auch nicht das Gerichtsmotiv, nur daß dieses seinen drohenden Aspekt verlor. Denn jetzt erscheint die Glaubenswelt in jener neuen Sicht, die, anders als die sich in Aporien verfangende äußere, zu ihrer existentiellen Aneignung verhilft. So wird die Schöpfung zum reflektierenden Medium, in welchem der Glaubende die alle Lebensnot überstrahlende Gunst des Geschaffenseins würdigen lernt; so wird die Menschwerdung für ihn zum Hebel seiner Erhebung zur Gotteskindschaft, die Passion zum Ruf in die Leidensgemeinschaft mit dem Gekreuzigten, die Auferstehung zum Einlaß in die Sphäre des die Seinen umfangenden und in ihnen fortlebenden Christus und die Wiederkunft zum Hochbild der alles Sein und Streben in sich aufnehmenden Liebe des »Gott alles in allem« (1Kor 15,28).

Anders als über DANTES Höllentor mit seiner alle Hoffnung raubenden Inschrift steht über diesem Portal: »Bemüht euch, durch die enge Pforte einzutreten« (Lk 13,24), die allein zu Friede, Freiheit und Hoffnung führt! Das will als die große Einladung verstanden werden, die dazu auffordert, im Bruch mit den von der Angst verdüsterten Vorstellungen und den auf sie gegründeten Strukturen sich jener Liebe anzuvertrauen, die (nach 1Joh 4,16) Gott zu uns hegt und gerade in ihrer Unerhoffbarkeit zu sich selbst ermutigt. Und dies schon dadurch, daß sie den verzagten Menschen als jener Friede überkommt, der ihn mitsamt seiner Lebenswelt umgreift und die Herzen und Gedanken der von ihm Umgriffenen »in Christus Jesus bewahrt« (Phil 4,7). Vor allem aber dadurch, daß sie, ungeachtet ihres Anspruchs auf vollkommene Gegenliebe, nicht so sehr die Leistung des dazu Bewogenen, als vielmehr das Ereignis des sich in ihm liebenden Gottes ist. Auf sie hin gilt es das Leben neu zu wagen.

Damit ist dem dazu Bereiten ein Sprung abverlangt, der ihn von allem losreißt, was ihn mit dem Gewicht althergebrachter Traditionen und eingefahrener Gewohnheiten zurückhält und mit dem er sich der von der Utopie Jesu eröffneten Zukunft überantwortet. Wenn er noch zögert, möge er das dreifache Wunder bedenken, das ihn im Fall des Sprungs erwartet: Das Wunder des verstehenden anstatt des nur gehorchenden Glaubens; das Wunder seines Angenommenseins durch den Vater, der ihn an sein Herz zieht, und nicht zuletzt das Wunder der Innensicht, das ihn das im Licht der Liebe auf neue Weise erleben läßt, was er zuvor nur in verschatteter Außenperspektive wahrgenommen hatte. Angesichts dessen möge er sich schließlich fragen, wofür sich wirklich zu leben lohnt: für ein Dasein in der Verfassung des unwissenden Knechtes, dem die Gesinnung seines Herrn fremd bleibt, oder für das im Geist der mitwissenden Freundschaft, zu der Jesus die Seinen (nach Joh 15,15) immer schon gerufen hat und heute eindringlicher als jemals ruft. Das aber ist gleichbedeutend mit dem Aufruf zur Identifikation mit dem zu seiner Identität gelangten Christentum, verstanden als der Lebens- und Atemraum der in Glaube, Hoffnung und Liebe Verbundenen, in denen der Geglaubte zu sich selbst erwacht, der zur Hoffnung Bewegende sich selbst bejaht und der Geliebte sich in einer alle einbegreifenden Weise selber liebt. Diesem Aufruf Gehör zu verschaffen, ist Sinn und Ziel der Einweisung ins Christentum.

ANMERKUNGEN

ERSTER TEIL: DIE ANNÄHERUNG

Überleitung

1 Dazu R. Guardini, Der Engel in Dantes Göttlicher Komödie. Dante Studien I, Mainz und Paderborn 1995, 45f; B. Nagel, Franz Kafka. Aspekte zur Interpretation und Wertung, Berlin 1974, 213-237; M. Buber, Zwei Glaubensweisen, in: Werke I: Schriften zur Philosophie, München und Heidelberg 1962, 775ff.

2 Vermutlich schaffte der Aufklärung nicht zuletzt die wachsende Einsicht Einlaß in den christlichen Innenraum, daß es sich bei ihr keineswegs, wie immer noch vielfach angenommen wird, um eine Ausgeburt der Hölle, sondern um eine Konsequenz des Glaubens handelt. Die Krise des Säkularismus besteht demgegenüber hauptsächlich im Verfall des Fortschrittsglaubens, der sich nach der Analyse Karl Löwiths gleichfalls aus einer christlichen Wurzel herleitet: als die auf innerweltlich Machbares zurückgenommene Hoffnung; dazu meine Untersuchung ›Glaubensprognose. Orientierung in postsäkularistischer Zeit‹, Graz 1991, 51-57.

3 G. Haym, Hegel und seine Zeit. Vorlesungen über Entstehung und Entwicklungen, Wesen und Wert der Hegelschen Philosophie, Berlin 1857, 238ff; H.-M. Schenke, Die Herkunft des sogenannten Evangelium Veritatis, Göttingen 1959, 33f.

4 R. Schneider, Winter in Wien. Aus meinen Notizbüchern 1957/58, Freiburg 1958, 131.

5 K. Jaspers, Die geistige Situation der Zeit (1931), Berlin 1971, 55.

6 Nietzsche, Also sprach Zarathustra III: Vom Geist der Schwere.

7 Die Frage nach dem christlichen Menschenbild stellte Michael Friedmann, der damit mittelbar in die hochaktuelle Diskussion um den anthropologischen Ansatz René Girards eingriff; dazu mein Beitrag ›Bindet ihn los! Vom Sinn des Todes Jesu‹, in: Glaubensbewährung, Augsburg 1995, 9-28. Zur Revision des Gottesbildes: J.B. Metz in: ›Wir sind Kirche‹. Das Kirchenvolks-Begehren in der Diskussion, Freiburg 1995, 200-203; M. Görg, Der un-heile Gott. Die Bibel im Bann der Gewalt, Düsseldorf 1995.

I. Kapitel: Die Frage nach dem ›Wesen‹

1 Dazu R.K. Merton, Auf den Schultern von Riesen. Ein Leitfaden durch das Labyrinth der Gelehrsamkeit, Frankfurt 1980.

2 H. Küng, Das Christentum. Wesen und Geschichte, München 1994, 39; 910; dazu auch H. Wagenhammer, Das Wesen des Christentums, Mainz 1973, 121ff; J. Werbick, Vom entscheidend und unterscheidend Christlichen, Düsseldorf 1992.

[3] Dazu meine Modalanthropologie ›Der Mensch - das uneingelöste Versprechen‹, Düsseldorf 1995, 31-36.

[4] G.W.F. HEGEL, Grundlinien der Philosophie des Rechts (Ausgabe Hoffmeister), Hamburg 1955, 17.

[5] F. ROSENZWEIG, Das Büchlein vom gesunden und kranken Menschenverstand, Düsseldorf 1964, das als eine Art Prolegomena zum ›Stern der Erlösung‹ (1921), dem Hauptwerk des Verfassers, gedacht war; dazu meine Studie ›Theologie als Therapie - zur Wiedergewinnung einer verlorenen Dimension‹, Heidelberg 1985, 41-47; ferner TH. STEINBÜCHEL, Der Umbruch des Denkens, Regensburg 1936, 48-51; M. HEIDEGGER, Was ist Metaphysik? Frankfurt 1949, 38.

[6] CL.TRESMONTANT, Biblisches Denken und hellenische Überlieferung (Originaltitel: Essai sur la pensée ébraique), Düsseldorf 1956, 76f; dazu meine Untersuchung ›Glaubensprognose‹, 249f.

[7] E. TROELTSCH, Was heißt »Wesen des Christentums«? Gesammelte Schriften (Tübingen 1913), Aalen 1962, 386-451.

[8] A.a.O., 406.

[9] A.a.O., 393.

[10] A.a.O., 422f.

[11] A.a.O., 412.

[12] A.a.O., 392.

[13] A.a.O., 426.

[14] A.a.O., 426.

[15] A.a.O., 430.

[16] A.a.O., 428.

[17] A.a.O., 436ff; Die Absolutheit des Christentums und die Religionsgeschichte, München und Hamburg 1969, 88.

[18] A.a.O., 412f.

[19] Dazu mein Entwurf einer Modalanthropologie unter dem Titel ›Der Mensch - das uneingelöste Versprechen‹, Düsseldorf 1995.

[20] W. WINDELBAND, Präludien II, Tübingen 1924, 145.

[21] Dazu K. LÖWITH, Die Hegelsche Linke, Stuttgart-Bad Cannstatt 1962, 7-38.

[22] So LÖWITH im Nachwort der Reclam-Ausgabe, Stuttgart 1994, 527-534.

[23] A.a.O., 9.

[24] H.-M. SASS, Ludwig Feuerbach, Reinbek 1978, 7; 75; 138.

[25] G. BECKER, Theologie in der Gegenwart. Tendenzen und Perspektiven, Regensburg 1978, 108-112; M. SECKLER, Der Begriff der Offenbarung, in: Handbuch der Funtamentaltheologie II, Freiburg 1985, 77-83.

[26] Dazu meine Studie ›Theologie und Atheismus. Anstöße zu einer theologischen Aporetik‹, München 1972, 72f.

[27] Dazu A. SCHWEITZER, Geschichte der Leben-Jesu-Forschung I, München und Hamburg 1966, 56-68.

[28] Dem gilt der ganze zweite Teil seiner Abhandlung (284-411).

[29] Dazu meine Ausführungen in ›Theologie und Atheismus‹, 36-42.

[30] J.A. MÖHLER, Die Einheit in der Kirche oder das Prinzip des Katholizismus, dargestellt im Geiste der Kirchenväter der drei ersten Jahrhunderte, Tübingen 1843.

[31] A. HARNACK, Das Wesen des Christentums. Sechzehn Vorlesungen vor Studierenden aller Fakultäten im Wintersemester 1899/1900 an der Universität Berlin, Leipzig 1903; K. ADAM, Das Wesen des Katholizismus, Düsseldorf 1924; M. SCHMAUS, Vom Wesen des Christentums, Westheim 1947.

[32] HARNACK, Das Wesen des Christentums, 1f; 94.

[33] H.S. REIMARUS, Apologie oder Schutzschrift für die vernünftigen Verehrer Gottes I, Frankfurt 1972, 78f.
[34] HARNACK, Das Wesen des Christentums, 4.
[35] A.a.O., 8.
[36] J.G. FICHTE, Die Anweisung zum seligen Leben (Ausgabe Medicus), Hamburg 1954, 97.
[37] A. SCHWEITZER, Die Geschichte der Leben-Jesu-Forschung II, München und Hamburg 1966, 620.
[38] HARNACK, A.a.O., 90.
[39] A.a.O., 91.
[40] A.a.O., 23.
[41] A.a.O., 24.
[42] A.a.O., 133.
[43] F.A. STAUDENMAIER, Das Wesen der katholischen Kirche. Mit Rücksicht auf ihre Gegner dargestellt, Freiburg 1845.
[44] J.A. MÖHLER, Die Einheit in der Kirche, Tübingen 1943, 100; H. VON HOFMANNSTHAL (Hrsg.), Schillers Selbstcharakteristik, Frankfurt 1959, 120.
[45] A.a.O., 246.
[46] A.a.O., 256.
[47] A.a.O., 249.
[48] M. SCHMAUS, Vom Wesen des Christentums, 187.
[49] A.a.O., 186.
[50] W. KERN, Disput um Jesus und um Kirche, Innsbruck 1980, 110.
[51] MÖHLER, die Einheit in der Kirche, 128.
[52] Die auf stoische Vorstellungen zurückgehende Lehre wurde vor allem von dem Märtyrer-Philosophen Justin entwickelt: Apologie I, c.32; 38; 46 II, c.6f; 10; 13; Dialog mit dem Juden Tryphon, c.61; dazu: C. SCHNEIDER, Geistesgeschichte des antiken Christentums I, München 1954, 200f; 374.
[53] Dazu nochmals E. TROELTSCH, Die Absolutheit des Christentums (1902), München und Hamburg 1969.
[54] A.a.O., 35; 57f.
[55] A.a.O., 69.
[56] A.a.O., 102.
[57] A.a.O., 50.
[58] W. LÖSER, »Universale concretum« als Grundsatz der Oeconomia revelationis, in: Handbuch der Fundamentaltheologie II, 108-121.
[59] K. RAHNER, Grundkurs des Glaubens. Einführung in den Begriff des Christentums, Freiburg 1976, 223; dazu W. KERN, Disput um Jesus und um Kirche, 62.
[60] A.a.O., 32.
[61] A.a.O., 47.
[62] A.a.O., 99. Daß RAHNER einer kritischen Bemerkung JOSEPH RATZINGERS zufolge ungeachtet des platonischen Einschlags seines Entwurfs vom »Platonismus« nur abschätzig spricht, hängt vermutlich mit seiner kritischen Einschätzung von dessen Denkansatz im philosophischen Staunen zusammen. Denn wer mit Rahner von der »ursprünglichen Selbstgegebenheit« des um sich Wissenden ausgeht, nimmt das Sein nicht in einem Akt staunender Betroffenheit, sondern dank-barer Ergriffenheit wahr, so wie er dann auch das göttliche Sein nicht als die über allem thronende Vollkommenheit, sondern als die sich an sich selbst und die Welt verschenkende Liebe begreift; dazu JOSEPH CARDINAL RATZINGER, Vom Verstehen des Glaubens. Anmerkungen zu Rahners Grundkurs des Glau-

bens, in: Theologische Revue 74 (1978) 177-186.

[63] A.a.O., 122ff; 225f.

[64] A.a.O., 151.

[65] A.a.O., 245.

[66] Dazu W. Kern, Disput um Jesus und um Kirche, 59-72; 106ff.

[67] H. Küng, Das Christentum. Wesen und Geschichte, München 1994, 32.

[68] A.a.O., 902.

[69] A.a.O., 51; 65.

[70] A.a.O., 810ff.

[71] A.a.O., 896f.

[72] A.a.O., 903.

[73] A.a.O., 900.

[74] Dazu meine Untersuchung ›Der Mensch - das uneingelöste Versprechen. Entwurf einer Modalanthropologie‹, 28-44.

[75] Dazu meine Schrift ›Die glaubensgeschichtliche Wende. Eine theologische Positionsbestimmung‹, Graz 1986.

[76] R. Guardini, Das Wesen des Christentums, Würzburg 1938, 68; dazu meine Schrift ›Interpretation und Veränderung. Werk und Wirkung Romano Guardinis‹, Paderborn 1979, 77ff.

[77] R. Guardini, Christliches Bewußtsein. Versuche über Pascal, Leipzig 1935, 53f.

[78] J. Ratzinger, Einführung in das Christentum. Vorlesungen über das Apostolische Glaubensbekenntnis, München 1968; Ders., Glaube, Geschichte und Philosophie. Zum Echo auf »Einführung in das Christentum«, in: Hochland 61 (1969) 533-543.

[79] A.a.O., 162.

[80] A.a.O., 163.

[81] A.a.O., 221.

[82] A.a.O., 300.

[83] Konsequenter als bisher müßten die in den siebziger Jahren entstandenen Jesusbücher als die wohl bedeutungsvollste Frucht des Konzils begriffen werden; dazu die Ausführungen meines Jesusbuchs ›Der Freund‹, 22-38.

[84] A.a.O., 193f.

[85] Näheres dazu im Schlußteil der Untersuchung.

II. Kapitel: Die Bestimmung des Begriffs

[1] W. Schulze, Ende der Moderne? Zur Korrektur unseres Begriffs der Moderne aus historischer Sicht, in: H. Meier (Hrsg.), Zur Diagnose der Moderne, München 1990, 69-97.

[2] Dazu M. Wolffsohn, Wem gehört das Heilige Land? München 1992.

[3] H. Jonas, Der Gottesbegriff nach Auschwitz. Eine jüdische Stimme, Frankfurt 1987, 37; dazu mein Beitrag ›Der Verlust der Attribute. Die Antwort Jesu auf die Gottesfrage der Gegenwart‹, in: A. Franz (Hrsg.), Glauben, Wissen, Handeln. Beiträge aus Theologie, Philosophie und Naturwissenschaft zu Grundfragen christlicher Existenz, Würzburg 1994, 3-16.

[4] Dazu meine Untersuchung ›Glaubensprognose. Orientierung in postsäkularistischer Zeit‹, Graz 1991, 203.

[5] G. Lüdemann, Die Auferstehung Jesu. Historie, Erfahrung, Theologie, Göttingen 1994, 218.

6 Näheres dazu in Teil 4, Kapitel 1 dieser Abhandlung.

7 R. GUARDINI, Christliches Bewußtsein. Versuche über Pascal, Leipzig 1935, 212f.

8 S. KIERKEGAARD, Philosophische Brocken (Ausgabe Richter), Hamburg 1964, 51.

9 S. KIERKEGAARD, Einübung im Christentum: Die Anrufung.

10 S. KIERKEGAARD, Philosophische Brocken, 58.

11 H. KESSLER, Sucht den Lebenden nicht bei den Toten. Die Auferstehung Jesu Christi in biblischer, fundamentaltheologischer und systematischer Sicht, Düsseldorf 1985, 237; 262; auf die bedeutsame Fortführung dieses Ansatzes in der Neuausgabe des Werkes (Würzburg 1995) wird im weiteren Verlauf des Gedankengangs einzugehen sein.

12 Näheres im weiteren Fortgang der Untersuchung.

13 I. BROER, Der Glaube an die Auferstehung Jesu und das geschichtliche Verständnis des Glaubens in der Neuzeit, in: H. VERWEYEN (Hrsg.), Osterglauben ohne Auferstehung? Diskussion mit Gerd Lüdemann, Freiburg 1995, 47-64.

14 A.a.O., 58; 62.

15 S. KIERKEGAARD, Einübung im Christentum (Ausgabe Hirsch und Gerdes), Gütersloh 1980, 75.

16 Dazu die »Geschichtliche Einleitung«, 6; ferner H. GERDES, Sören Kierkegaards ›Einübung im Christentum‹. Einführung und Erläuterungen, Darmstadt 1982, 92.

17 Dazu R. SCHWAGER, Brauchen wir einen Sündenbock? Gewalt und Erlösung in den biblischen Schriften, München 1978; Ders., Der wunderbare Tausch, zur Geschichte und Deutung der Erlösungslehre, München 1986.

18 Dazu H. BÜRKLE, Die religionsphänomenologische Sicht des Opfers und ihre theologische Relevanz, in: R. SCHENK (Hrsg.), Zur Theorie des Opfers. Ein interdisziplinäres Gespräch, Stuttgart-Bad Cannstatt 1975, 153-171.

19 J. RATZINGER, Einführung in das Christentum, 231.

20 A.a.O., 232.

21 Daß RENÉ GIRARD, ungeachtet seiner theologischen Rezeption, die faktisch zur Wiederaufnahme der Satisfaktionslehre führte, im Opfergedanken vielmehr den eigentlichen Grund erblickt, weshalb das Christentum in der Augen der neuzeitlichen Menschen unglaubwürdig geworden ist, betont BÜRKLE in Anm. 7 seines Beitrags (157).

22 B. PASCAL, Pensées, Frgm. 548; dazu E. WASMUTH, Der unbekannte Pascal. Versuch einer Deutung seines Lebens und seiner Lehre, Regensburg 1962, 296-300.

23 A.a.O., 297f.

24 S. WEIL, Das Unglück und die Gottesliebe, München 1961, 47f.

25 A.a.O., 51.

26 A.a.O., 75.

27 PSEUDO-DIONYSIUS, De divinis nominibus, c.2,9.

28 L. FEUERBACH, Das Wesen des Christentums, 53.

29 M. ELIADE, Geschichte der religiösen Ideen II, Freiburg 1994, 23; A.a.O. III/2, 410; R. OTTO, Das Heilige. Über das Irrationale in der Idee des Göttlichen und sein Verhältnis zum Rationalen, Breslau 1922, 13-51.

30 AUGUSTINUS, Confessiones XI, c.9.11.

31 M. BUBER, Der Jude und sein Judentum. Gesammelte Aufsätze und Vorträge, Köln 1963, 182f.

[32] Dazu W. Schmithals, Die theologische Anthropologie des Paulus, Stuttgart 1980, 82-92; ferner der Abschnitt »Bach als Wiederentdecker der paulinischen Heilsbotschaft« in meinem Sammelband ›Glaubensimpulse. Beiträge zur Glaubenstheorie und Religionsphilosophie‹, Würzburg 1988, 324-336.

[33] Zum Verhältnis dieses Hymnus zu dem ungleich bekannteren »Hohelied der Liebe« (1Kor 13,1-13) siehe die Ausführung meiner Studie ›Paulus: Zeuge, Mystiker, Vordenker‹, München 1992, 169-173.

[34] Dante, Divina Commedia: Purgatorio XXXII, 109-160.

[35] G. Krüger, Die Herkunft des philosophischen Selbstbewußtseins, in: Freiheit und Weltverwaltung. Aufsätze zur Philosophie der Geschichte, Freiburg und München 1958, 42.

[36] I. Kant, Kritik der reinen Vernunft (Ausgabe Schmidt), Hamburg 1952, 583; Näheres dazu in meiner Schrift ›Theologie und Atheismus‹, 33ff.

[37] Dazu J. Bishop, Die Gott-ist-tot-Theologie, Düsseldorf 1968; H. Döring, Abwesenheit Gottes. Fragen und Antworten heutiger Theologen, Paderborn 1977.

[38] O. Pfister, Das Christentum und die Angst, Frankfurt 1985.

[39] A.a.O., 231-297.

[40] A.a.O., 256ff; 268ff.

[41] A.a.O., 297; dazu Kierkegaard, Der Begriff Angst (Ausgabe Richter), Hamburg 1960, 147.

[42] A.a.O., 493.

[43] D. Sternberger, Heinrich Heine und die Abschaffung der Sünde, Frankfurt 1976; Näheres dazu in meiner Untersuchung ›Glaubensprognose‹, 151-160.

[44] Pfister, A.a.O., 200-231; dabei trifft der Ausdruck »Begriffswelt« gerade auch in dem Sinn zu, daß diese von der genuinen Konzeption des Apostels unterschieden werden muß, weil in sie auch Anschauungen seines religiösen Umfeldes einflossen.

[45] F. Nietzsche, Der Antichrist, § 40.

[46] Dazu L. Schenke, Die Urgemeinde. Geschichtliche und theologische Entwicklung, Stuttgart 1990, 45; 68.

[47] A.a.O., 70.

[48] Unerklärlich bleibt es dann freilich, daß diese Verstehenshilfe, die sich nach allgemeiner Ansicht auch in den Paulusbriefen (Röm 3,25; 4,25; 1Kor 15,3) nachweisen läßt, nicht in die Passionsberichte der Evangelien Eingang fand. Wußten diese noch darum, daß sie dem Todesbewußtsein Jesu fremd war?

[49] A. Vögtle, Die ›Gretchenfrage‹ des Menschensohnproblems. Bilanz und Perspektive, Freiburg 1994, 9-13; 121.

[50] Dazu R. Schwager, Der wunderbare Tausch, zur Geschichte und Deutung der Erlösungslehre, 161-198.

[51] H. Kessler, Die theologische Bedeutung des Todes Jesu, Düsseldorf 1970, 163; J. Ratzinger, Einführung in das Christentum, 231.

[52] Anselm von Canterbury, Cur Deus homo II, c.20.

[53] Schwager, A.a.O., 273.

[54] A.a.O., 312.

[55] Dazu die Hinweise in meiner ›Glaubensprognose‹, 217f.

[56] Balthasar, Schleifung der Bastionen. Von der Kirche in dieser Zeit, Einsiedeln 1952; Ders., Einsame Zwiesprache. Martin Buber und das Christentum, Köln und Olten 1958.

[57] R. Girard, Das Heilige und die Gewalt (Originaltitel: La Violence et le sacré), Zürich 1987.

[58] W. BURKERT, Homo Necans. Interpretationen altgriechischer Opferriten und Mythen, Berlin 1972; G. BAUDLER, Töten oder Lieben. Gewalt und Gewaltlosigkeit in der Religion und Christentum, München 1994; dazu meine Rezension dieses Werkes unter dem Titel ›Die Stimme der Antigone‹, in: Theologische Revue 90 (1994), 355-368.

[59] Dazu G. STREMINGER, Gottes Güte und die Übel der Welt, Tübingen 1992; G. NEUHAUS, Theodizee – Abbruch oder Anstoß des Glaubens, Freiburg 1994; ferner J. NIEWIADOMSKI und W. PALAVAER (Hrsg.), Dramatische Erlösungslehre, Insbruck 1992.

[60] K. JASPERS, Die geistige Situation der Zeit (1931), Berlin 1971, 55.

[61] Dazu die Ausführungen meiner Schrift ›Glaubensbewährung‹, 42-68.

[62] Konkret äußert sich diese Ratlosigkeit in der verbreiteten und sich ständig verstärkenden Tendenz, das Christentum als ein spätjüdisches Derivat auszugeben. Daran ist unbestreitbar soviel richtig, daß es bis in seine Inhalte und Denkformen, aber auch in die Formen der Lebensgestaltung hinein im Judentum verwurzelt ist und aus der Kraft dieses »Wurzelstocks« (Röm 11,17) entscheidende Impulse empfing. Wenn damit alles gesagt wäre, stünde es aufgrund dieser Selbsteinschätzung vor der Frage, ob das Derivat nicht auf den Wurzelstock zurückgeführt und ein christliches Eigenleben früher oder später wieder aufgegeben werden sollte. Tatsächlich ist die angesprochene Ansicht aber nur ein eklatantes Symptom der weithin herrschenden Identitätsvergessenheit.

III. KAPITEL: DIE SUCHE NACH DEM SINN

[1] Dazu nochmals die Stelle aus dem 2. Kapitel seines ›Wesen des Christentums‹: A.a.O., 53.

[2] Dazu TH. GÖLLNER, Et incarnatus est in Beethovens ›Missa solemnis‹: Annuario musical 43, Barcelona 1988, 189-199.

[3] TH. GEORGIADES, Musik und Sprache. Das Werden der abendländischen Musik, dargestellt an den Vertonungen der Messe, Berlin und Heidelberg 1954, 101.

[4] Dazu G. BECKER, Theologie in der Gegenwart, 108-112; M. SECKLER, Der theologische Begriff der Religion, in: Handbuch der Fundamentaltheologie I, Freiburg 1985, 186-194; Ders., Der Begriff der Offenbarung, in: Handbuch der Fundamentaltheologie II, 77-83.

[5] Dazu meine Schrift ›Theologie und Atheismus‹, 36-42; 70-74.

[6] A.a.O., 67-85.

[7] F. NIETZSCHE, Nachgelassene Fragmente vom Herbst 1881, in: Sämtliche Werke. Kritische Studienausgabe IX, München 1980, 582; E. BLOCH, Das Prinzip Hoffnung, Frankfurt 1959, 1528.

[8] Dazu E. SEITERICH, Wege der Glaubensbegründung nach der sogenannten Immanenzapologetik, Freiburg 1938, 44-150; H. BOUILLARD, Blondel und das Christentum, Mainz 1963; J. REIKERSTORFER, Fundamentaltheologische Modelle der Neuzeit, in: Handbuch der Fundamentaltheologie IV, Freiburg 1988, 359-363.

[9] Dazu R. MARLÉ, Bultmann und die Interpretation des Neuen Testamentes (Originaltitel: Bultmann et l'interpretation du Nouveau Testament), Paderborn 1959; ferner mein Beitrag »Hermeneutische Integration. Zur Frage der Herkunft von Rudolf Bultmanns existentialer Interpretation«, in meinem Sammelband ›Glaubenimpulse‹, 350-369.

[10] K. Rahner, Grundkurs des Glaubens, 132-139.

[11] M. Machovec, Vom Sinn des menschlichen Lebens, Freiburg 1964, 31; dazu H.G. Pöhlmann (Hrsg.), Worin besteht der Sinn des Lebens? Gütersloh 1985.

[12] Dazu die an Pirandellos Stück »Còsi è« exemplifizierte Untersuchung Karl Löwiths ›Das Individuum in der Rolle des Mitmenschen‹, München 1928, 84-103; ferner M. Theunissen, Der Andere. Studien zur Sozialontologie der Gegenwart, Berlin 1977, 413-444.

[13] Dazu mein Beitrag »Der Wegbereiter. Zur Gestalt des Engels im Werk Hans Erich Nossacks«, in: Ch. Schmid (Hrsg.), Über Hans Erich Nossack, Frankfurt 1970, 29-43; ferner mein Nachwort zur Neuausgabe des Romans unter dem Titel »Das übersehene Hauptwerk«, Frankfurt 1981, 369-412.

[14] G. Sauter, Was heißt nach Sinn fragen? Eine theologische und philosophische Orientierung, München 1982, 163.

[15] Dogmatische Konstitution ›Dei Filius‹, cap.2.

[16] Dazu J. Schmitz, der in seinem Beitrag über das »Christentum als Offenbarungsreligion im kirchlichen Bekenntnis« (Handbuch der Funtamental-theologie I, Freiburg 1985, 23-28) vom Durchbruch zu einem vertieften Offenbarungsverständnis im Zweiten Vatikanum spricht.

[17] Dogmatische Konstitution ›Dei Verbum‹, cap.1,6; dazu D. Arenhoevel, Was sagt das Konzil über die Offenbarung? Mainz 1967, 15-35; W. Kern, Das Kreuz Jesu als Offenbarung Gottes, in: Handbuch der Fundamentaltheologie II, 197-222.

[18] Ignatius von Antiochien, Magnesierbrief 8,1.

[19] Dazu M. Seckler, Der Begriff der Offenbarung, in: A.a.O., II, 60-83.

[20] Näheres dazu in meiner Abhandlung ›Der Mensch – Das uneingelöste Versprechen‹, 23-28.

[21] Näheres dazu in meinem Paulusbuch (1992), 58-70.

[22] Dazu L. Schenke, Die Urgemeinde, 321.

[23] Dazu J. Werbick, Kirche. Ein ekklesiologischer Entwurf für Studium und Praxis, Freiburg 1994, 45-50.

[24] Dazu Schenke, A.a.O., 75ff.

[25] Der Ausnahmefall des Philemonbriefs relativiert sich durch die Tatsache, daß er nur aufgrund seiner kirchlichen Überlieferung, die seine Verwendung im Gottesdienst zur Voraussetzung hat, erhalten geblieben ist.

[26] Näheres dazu in meiner Schrift ›Paulus: Zeuge, Mystiker, Vordenker‹, 62-67.

[27] Dazu A. Wikenhauser, Die Kirche als der mystische Leib Christi nach dem Apostel Paulus, Münster 1937; ferner mein Paulusbuch (1992), 262-271.

[28] Dazu meine Schrift ›Dasein auf Abruf. Der Tod als Schicksal, Versuchung und Aufgabe‹, Düsseldorf 1981, 76ff.

[29] Dazu R. Schnackenburg, Der Brief an die Epheser, Zürich 1982, 185-189.

[30] H. von Hofmannsthal (Hrsg.), Schillers Selbstcharakteristik, Frankfurt 1955, 120f.

[31] Dazu A. Schweitzer, Die Mystik des Apostels Paulus, Tübingen 1930, 298.

[32] Dazu F. Mussner, Der Galaterbrief, Freiburg 1981, 291ff.

[33] Irenäus von Lyon, Adversus haereses IV c.4; dazu E. Seiterich, Die Glaubwürdigkeitserkenntnis. Eine theologische Untersuchung zur Grundlegung der Apologetik, Heidelberg 1948, 62ff.

[34] K. Rahner, Kleines Fragment »über die kollektive Findung der Wahrheit«, in: Schriften zur Theologie VI, Einsiedeln 1965, 104-110; ferner C. Bussmann, Befreiung durch Jesus? Die Christologie der lateinamerikanischen Befreiungs-

theologie, München 1980, 27.

35 Dazu TH. PLANKENSTEINER, Gottes entlaufene Kinder. Zum theologischen Hintergrund des »Kirchen-Volksbegehrens«, Thaur 1996.

36 Dazu M. WIDL, Christentum und Esoterik. Darstellung, Auseinandersetzung, Abgrenzung, Graz 1995.

37 Näheres dazu in meinen bereits erwähnten Schriften ›Die glaubensgeschichtliche Wende‹ (1986) und ›Glaubensprognose‹ (1991).

38 W. KERN, Alter Glaube in neuer Freiheit, Innsbruck 1976, 97-102.

39 Dazu der titelgleiche Abschnitt meines Jesusbuchs ›Der Freund. Annäherungen an Jesus‹, München 1989, 22-38.

40 Dazu R. GUARDINI, Der Herr. Betrachtungen über die Person und das Leben Jesu Christi, Würzburg 1937; SCH. BEN-CHORIN, Bruder Jesus. Der Nazarener in jüdischer Sicht, München 1970; E. BISER, Der Helfer. Eine Vergegenwärtigung Jesu, München 1973; R. SCHNACKENBURG, Freundschaft mit Jesus, Freiburg 1995.

41 Dazu der Abschnitt »Der Helfer und die Hilfe. Plädoyer für eine Christologie von innen«, in meinem Sammelband ›Glaubensimpulse‹, 217-237.

42 Bei dem im späteren Verlauf zu unternehmenden Versuch, die Ermöglichung der Ostererscheinungen zu erkunden, handelt es sich im Unterschied dazu nicht um eine Begründung, sondern eine Erklärung.

43 Kaum einmal wurde das klarer zum Ausdruck gebracht als in dem bedeutungsvollen Gegenstück zu SCHWEITZERS Erschließung der paulinischen Mystik, das ALFRED WIKENHAUSER in seinem Werk ›Die Christusmystik des Apostels Paulus‹, Freiburg 1956, vorlegte.

ZWEITER TEIL: DIE ABGRENZUNG

ÜBERLEITUNG

1 M. BUBER, Ich und Du, in Werke I: Schriften zur Philosophie, München und Heidelberg 1962, 29ff.

2 R. GUARDINI, Der Herr, 360f; 423ff; Ders., Das Wesen des Christentums, 8-12.

3 Die Differenz, die im Falle des Islam besonders deutlich zutage tritt, besteht, wie noch zu zeigen sein wird, in erster Linie darin, daß die islamische Mystik als das Paradigma einer auf die Auslöschung des personalen Subjekts abzielende Entwerdungsmystik zu gelten hat, während die christliche die Urform einer Erhebungsmystik darstellt, die den Mystiker auf dem Höhepunkt der Einswerdung zu seiner vollen Identität gelangen läßt; dazu M. BUBER, Ekstatische Konfessionen, Heidelberg 1984, 10-33.

I. KAPITEL: DIE ASKETISCHE SICHT

1 F. WULF, Aszese, in: Handbuch theologischer Grundbegriffe I, München 1962, 111-120.

2 Dazu H.-M. SCHENKE, Die Herkunft des sogenannten Evangeliums Veritatis, Göttingen 1959, 33ff; Ders., Was ist Gnosis? Neue Aspekte der alten Frage nach

Ursprung und Wesen der Gnosis, in: J.-B. BAUER und H.D. GALTER (Hrsg.), Gnosis, Graz 1994, 179-207; G. QUISPEL, Gnosis als Weltreligion, Zürich 1951; R. BULTMANN, Das Christentum im Rahmen der antiken Religionen, Zürich 1949, 181-192.

3 Excerpta Theodoto 78,2; nach K.M. WOSCHITZ, Erneuerung aus dem Ewigen. Denkweisen und Glaubensweisen in Antike und Christentum, Wien 1987, 73.

4 WOSCHITZ, A.a.O., 54-60; BULTMANN, A.a.O., 173-180.

5 Dazu U.H.J. KÖRTNER, Weltangst und Weltende. Eine theologische Interpretation der Apokalyptik, Göttingen 1988, 146ff.

6 M. ELIADE, Geschichte der religiösen Ideen, Freiburg 1981, 394ff.

7 H. WALDENFELS, Begegnung der Religionen, Bonn 1990, 147-155.

8 Dazu L. SCHENKE, Die Urgemeinde, 171f; 275.

9 Dazu J. BECKER, Paulus. Apostel der Völker, Tübingen 1989, 262f.

10 BECKER, A.a.O., 463.

11 R. SCHNACKENBURG, Die Johannesbriefe, Freiburg 1953, 112-116.

12 Didache, c.10,6.

13 Dazu G. THEISSEN, Wanderradikalismus, in: Studie zur Soziologie des Urchristentums, Tübingen 1983, 79-105; L. SCHENKE, Die Urgemeinde, 217-238; TH. SCHNELLER, Brechungen. Urchristliche Wandercharismatiker im Prisma soziologischer orientierter Exegese, Stuttgart 1989.

14 SCHENKE, A.a.O., 221f.

15 C.F. VON WEIZSÄCKER, Der Garten des Menschlichen. Beiträge zur geschichtlichen Antropologie, München 1977, 493f; L. SCHENKE, Die Urgemeinde, 226; P. HOFFMANN, Studien zur Theologie der Logienquelle, Münster 1972, 324.

16 J. GNILKA, Jesus von Nazaret. Botschaft und Geschichte, Freiburg 1990, 80.

17 A.a.O., 87f.

18 GNILKA, A.a.O., 79-85; G. THEISSEN, Lokalkolorit und Zeitgeschichte in den Evangelien. Ein Beitrag zur Geschichte der synoptischen Tradition, Göttingen 1992, 41-44; J. ERNST, War Jesus ein Schüler Johannes des Täufers? In: H. FRANKEMÖLLE und K. KERTELGE, Vom Urchristentum zu Jesus, Freiburg 1989, 13-33.

19 N. PERRIN, Was lehrte Jesus wirklich? Rekonstruktion und Deutung, Göttingen 1967, 81-87.

20 L. SCHENKE, A.a.O., 152.

21 Dazu H. VON LIPS, Weisheitliche Traditionen im Neuen Testament, Neukirchen-Vluyn 1990, 318-355.

22 Dazu U. WILCKENS, Kreuz und Weisheit, in: Kerygma und Dogma (1957), 77-108.

23 H. VON LIPS, A.a.O., 280-290; ferner mein Jesusbuch ›Der Freund‹, 185-192.

24 Dazu SCHENKE, Die Urgemeinde, 219-238.

25 Dazu meine Schrift ›Paulus: Zeuge, Mystiker, Vordenker‹, 250f.

26 SCHENKE, A.a.O., 171f; 232ff; 250ff.

27 Dazu SCHENKE, Die Urgemeinde, 111; A. VÖGTLE, Grundfragen der Diskussion um das heilsmittlerische Todesverständnis Jesu, in: Offenbarungsgeschehen und Wirkungsgeschichte, Freiburg 1985, 141-167. Es liegt auf der Linie der bereits angesprochenen Tendenz zur Marginalisierung der Auferstehung Jesu, daß die Bedeutung dieses nach fast allgemeiner Ansicht zentralen Herrenwortes bisweilen herabgespielt wird, so bei H. VERWEYEN, Gottes letztes Wort. Grundriß der Fundamentaltheologie, Düsseldorf 1991, 108f.

28 Dazu C. ANDRESEN und A.M. RITTER, Geschichte des Christentums I, Altertum,

19; 54; ferner J.H. Frickel, Die Gnosis und das frühe Christentum, in: Gnosis, 89-119. Zu den angeführten Namen siehe G. Theissen, Lokalkolorit und Zeitgeschichte in den Evangelien, 188ff.

[29] M. Buber, Begegnungen. Autobiographische Fragmente, Stuttgart 1960, 37; dazu meine Schrift ›Buber für Christen‹, Freiburg 1988, 14; 42-46.

[30] F. Nietzsche, Nachgelassene Fragmente vom Nobember 1987 und März 1988, in: Sämtliche Werke. Kritische Studienausgabe XIII, München 1980, 161.

[31] Nietzsche, Jenseits von Gut und Böse VII, § 230.

[32] Dazu K. Berger, Theologiegeschichte des Urchristentums, 424; 438.

[33] Dazu H. Bürkle, Die religionsphänomenologische Sicht des Opfers und ihre theologische Relevanz, in: R. Schenk (Hrsg.), Zur Theorie des Opfers, Stuttgart-Bad Cannstatt 1994, 153-171.

[34] Dazu M. Viller und K. Rahner, Aszese und Mystik in der Väterzeit, Freiburg 1939, 19-22; ferner die Ausführungen meines Paulusbuchs (1991), 58-70; 126-143; 162-178.

[35] Dazu E.R. Dodds, Heiden und Christen in einem Zeitalter der Angst. Aspekte religiöser Erfahrung von Marc Aurel bis Konstantin (Originaltitel: Pagan and Christian in an Age of anxiety), Frankfurt 1992, 42.

[36] H. Lietzmann, Geschichte der alten Kirche IV, Berlin 1953, 126; Viller und Rahner, A.a.O., 84ff.

[37] Viller und Rahner, A.a.O., 100f.

[38] A.a.O., 60-80.

[39] S. Kierkegaard: So schon in einer Tagebuchnotiz von 1846; ferner in seiner ›Krankheit zum Tode‹ (1849), Hamburg 1962, 41f.

[40] J. Bernhart, Erinnerungen, Köln 1972, 13ff.

[41] Dazu E. Osborn, Anfänge christlichen Denkens, Düsseldorf 1987, 355; K. Beyschlag, Grundriß der Dogmengeschichte I, Darmstadt 1987, 275; ferner J. Macquarrie, Gott-Rede. Eine Untersuchung der Sprache und Logik der Theologie (Originaltitel: God-Talk), Würzburg 1974, 112-132.

[42] Beyschlag, A.a.O., 279f.

[43] G. Krüger, Die Herkunft des philosophischen Selbstbewußtseins, in: Freiheit und Weltverwaltung, Freiburg und München 1958, 42f.

[44] W. Ries, Transzendenz als Terror. Eine religionsphilosophische Studie über Franz Kafka, Heidelberg 1977.

[45] Beyschlag, A.a.O., 276.

[46] Dazu C. Schneider, Geistesgeschichte des antiken Christentums I, München 1954, 384; 722f.

[47] Beyschlag, A.a.O., 281.

[48] Dazu meine Schrift ›Theologie als Therapie. Zur Wiedergewinnung einer verlorenen Dimension‹, Heidelberg 1985; ferner die Ausführungen meiner Abhandlung ›Die glaubensgeschichtliche Wende‹, 242-254.

[49] M. Blondel, Die Aktion (1893). Versuch einer Kritik des Lebens und einer Wissenschaft der Praktik (Originaltitel: L'Action), Freiburg und München 1965, 381.

II. Kapitel: Die moralische Sicht

[1] K. Berger, Theologiegeschichte des Urchristentums, 154f.

[2] A. Hamman, Die ersten Christen, 144.

[3] A.a.O., 143.
[4] H. COHEN, Religion der Vernunft aus den Quellen des Judentums, Darmstadt 1966, 116.
[5] A.a.O., 151.
[6] A.a.O., 485.
[7] A.a.O., 487.
[8] H. MERKLEIN, Die Einzigkeit Gottes als die sachliche Grundlage der Botschaft Jesu, in: Jahrbuch für biblische Theologie II: Der eine Gott und die beiden Testamente, Neukirchen-Vluyn 1987, 13-32; Ders., Jesus, Künder des Reiches Gottes, in: Studien zu Jesus und Paulus, Tübingen 1987, 127-156.
[9] V. LENZEN, Jüdisches Leben und Sterben im Namen Gottes, 27.
[10] A.a.O., 38.
[11] A.a.O., 34ff; AUGUSTINUS, Confessiones XI, c.9.
[12] A.a.O., 41.
[13] A.a.O., 43.
[14] A.a.O., 45.
[15] A.a.O., 48; M. BUBER, Nachahmung Gottes, in: Werke II: Schriften zur Bibel, München und Heidelberg 1964, 1053-1065; Ders., Zwei Glaubensweisen, in: Werke I, 692ff.
[16] A.a.O., 58.
[17] A.a.O., 58f.
[18] Dazu S. KIERKEGAARD, Furcht und Zittern (Ausgabe Richter), Hamburg 1961, 134ff.
[19] Nach P. ANTES, Der Islam. Religion – Ethik – Politik, Stuttgart 1991, 58f.
[20] Dazu J. SCHREINER, Theologie des Alten Testaments, Würzburg 1995, 165.
[21] Nach B. NAGEL, Theologie und Ideologie im modernen Islam, in P. ANTES, Der Islam, 50.
[22] M. GÖRG, Der un-heile Gott, 156-160.
[23] Dazu H. KÜNG und J. VAN ESS, Christentum und Weltreligionen – Islam, München 1994, 94ff.
[24] H. WALDENFELS, Begegnung der Religionen, 228f.
[25] Dazu meine Monographie ›Überredung zur Liebe. Die dichterische Daseinsdeutung Gertrud von le Forts‹, Regensburg 1980, 84-88.
[26] M. BUBER, Begegnung. Autobiographische Fragmente, Stuttgart 1960, 37; dazu meine Schrift ›Buber für Christen‹, Freiburg 1988, 46ff.
[27] H. WALDENFELS, Begegnung der Religionen, 228ff; Ders., Phänomen Christentum. Eine Weltreligion in der Welt der Religionen, Freiburg 1994, 113ff.
[28] A.a.O., 233.
[29] M. BUBER, Ekstatische Konfessionen, 20-28.
[30] A.a.O., 28; dazu auch T. ANDRAE, Islamische Mystiker, Stuttgart 1960, 141ff.
[31] Dazu das von P. MENDES-FLOHR verfasste Nachwort zu BUBERS ›Ekstatischen Konfessionen‹, 243ff.
[32] So BUBER in seiner Einleitung: A.a.O., XXVIIff.
[33] A.a.O., 247f.
[34] Exponent dieser Fehldeutung ist die (meist auf Röm 13,1-7 begründete) Auffassung von der staatstragenden Funktion des Christentums, für die Paulus trotz der Belegstelle schon deswegen nicht in Anspruch genommen werden kann, weil er sich als Kronzeuge einer *religio illicita* damit um Kopf und Kragen geschrieben hätte. Ihrer ganzen Denkensart zufolge ist die Stelle aber eine Interpolation, die nach den dafür geltenden Regeln interpretiert werden muß.

[35] P. Brown, Die Keuschheit der Engel. Sexuelle Entsagung, Askese und Körperlichkeit am Anfang des Christentums (Originaltitel: The Body and Society), München 1991, 245; H. de Lubac, Katholizismus als Gemeinschaft, Einsiedeln und Köln 1943, 72f.

[36] Dazu meine Schrift ›Buber für Christen‹, 78-85.

[37] Buber bildet dabei insofern einen Grenzfall, als er seine politische Aktivität als Alternative, nicht jedoch als Konsequenz zu einer mystischen Spiritualität empfand.

[38] A. Schweitzer, Die Mystik des Apostels Paulus, Tübingen 1930, 378f; 388.

[39] P.A. Schilpp und M. Friedmann (Hrsg.), Martin Buber, Stuttgart 1963, 593.

[40] So meine Schrift ›Paulus: Zeuge, Mystiker, Vordenker‹, 22ff.

[41] A.a.O., 326ff; ferner G. Springstubbe, Nun aber lebe nicht mehr ich, sondern Christus lebt in mir. Wege christlicher Mystik, Mattersburg-Katzelsdorf 1990, 24ff.

[42] Schweitzer, Die Mystik des Apostels Paulus, 4f.

[43] F. Nietzsche, Ecce homo. Warum ich so gute Bücher schreibe: Jenseits von Gut und Böse, § 1.

[44] K. Löwith, Nietzsches antichristliche Bergpredigt, in: Heidelberger Jahrbücher 6 (1962) 39-50.

[45] Dazu K. Löwith, Nietzsches Philosophie der ewigen Wiederkehr des Gleichen, Stuttgart 1956, 40-59; G.-G. Grau, Christlicher Glaube und intellektuelle Redlichkeit. Eine religionsphilosophische Studie über Nietzsche, Frankfurt 1958, 133-150.

[46] Nietzsche, Ecce homo. Warum ich so weise bin, § 7.

[47] Nietzsche, Zur Genealogie der Moral III, § 27. Die von G.-G. Grau in seinem Nietzschebuch wiederholt behandelte Stelle (303) wird für ihn dann vollends zur Leitkategorie in seiner unter dem Titel ›Die Selbstauflösung des christlichen Glaubens‹ erschienenen religionsphilosophischen Studie über Kierkegaard, Frankfurt 1963, 298.

[48] I. Kant, Kritik der praktischen Vernunft (Ausgabe Vorländer), Hamburg 1959, 147ff.

[49] A. Habichler, Reich Gottes als Thema des Denkens bei Kant. Entwicklungsgeschichtliche und systematische Studie zur kantischen Reich-Gottes-Idee, Mainz 1991.

[50] A.a.O., 96; 112.

[51] A.a.O., 222ff.

[52] Dazu E. Fink, Nietzsches Philosophie, Stuttgart 1960, 119f.

[53] Nietzsche, Götzen-Dämmerung. Moral als Widernatur, § 4.

[54] Nietzsche, Der Antichrist, § 34.

[55] A.a.O., 40.

[56] Dazu R. Gögler, Zur Theologie des biblischen Wortes bei Origenes, Düsseldorf 1963, 264.

[57] E. Fink, Nietzsches Philosophie, 169.

[58] Nietzsche, Ecce homo. Warum ich so weise bin, § 7; G. Colli, Nachwort zu den Schriften von 1888, in: Kritische Studienausgabe VI, München 1980, 456f.

[59] Nietzsche, Ecce homo. Warum ich ein Schicksal bin, § 1.

[60] A.a.O., § 9.

[61] Nietzsche, Die fröhliche Wissenschaft V, § 344.

[62] Nietzsche, Zur Genealogie der Moral III, § 24; Ders., Also sprach Zarathustra IV: Der häßlichste Mensch.

[63] F. Rosenzweig, Der Stern der Erlösung, Frankfurt 1988, 428f.

[64] M. Heidegger, Platons Lehre von der Wahrheit, Bern 1957, 5-52; Augustinus, Soliloquien II, c.20, 35; dazu die Ausführungen in meiner ›Glaubensprognose‹, 300f; 315.

[65] Dazu K. Löwith, Nietzsches Philosophie der ewigen Wiederkehr des Gleichen, 28-59.

[66] Dazu die Ausführungen meiner Studie ›Der Mensch – das uneingelöste Versprechen‹, 214-228.

[67] E.R. Dodds, Die Griechen und das Irrationale (Originaltitel: The Greeks and the Irrational), Darmstadt 1991, 1-37.

[68] Dazu M. Theunissen, Das Selbst auf dem Grund der Verzweiflung. Kierkegaards negativistische Methode, Frankfurt 1991.

[69] F. Nietzsche, Also sprach Zarathustra: Zarathustras Vorrede, § 3; I: Vom bleichen Verbrecher; I: Vom Krieg und Kriegsvolke; IV: Der häßlichste Mensch; K. Jaspers, Nietzsche und das Christentum, München 1952, 73.

[70] K. Löwith, Nietzsches Philosophie der ewigen Wiederkehr des Gleichen 40ff.

[71] Dazu die Analyse dieses Phänomens in meiner Untersuchung ›Glaubensprognose‹, 151-160.

[72] D. Riesman, Die einsame Masse (Originaltitel: The Lonely Crowd), Hamburg 1958, 40f; H. von Hentig, Das allmähliche Verschwinden der Wirklichkeit, München 1984, sowie meine Schrift ›Zur Situation des Menschen im Medienzeitalter‹, München 1988.

III. Kapitel: Die mediale Sicht

[1] Dazu der Hinweis in meiner Studie ›Der Mensch – das uneingelöste Versprechen‹, 100-104; 254-257.

[2] J.G. Herder, Abhandlung über den Ursprung der Sprache, München und Wien o.J., 9.

[3] Dazu J. Goudy (Hrsg.), Literalität in traditionalen Gesellschaften (Originaltitel: Literacy in Traditional Societies), Frankfurt 1981, 36.

[4] Dazu H.-G. Gadamer, Unterwegs zur Schrift, in: A. und J. Assam und Chr. Hardmeier (Hrsg.), Schrift und Gedächtnis. Archäologie der literarischen Kommunikation I, München 1983, 13.

[5] Wie Anm. 3.

[6] Dazu Th.A. Szlezák, Platon und die Schriftlichkeit der Philosophie, Berlin 1985, 39ff.

[7] J. Grimm, Über den Ursprung der Sprache, Frankfurt 1985, 29.

[8] Th. Mann, Das Gesetz, in: Die Erzählungen II, Frankfurt 1975, 664f.

[9] Dazu mein Beitrag ›Der unvorstellbare Gott. Das Geheimnis ins Bild gebracht‹, in: H. Boventer (Hrsg.), Moses und Aron. Zur Oper Arnold Schönbergs, Bensberg 1979, 25-49.

[10] Dazu W. Rudolph, Jeremia, Tübingen 1958, 2-5; J. Schreiner, Jeremia 1-25,14, Würzburg 1981, 14f.

[11] Rudolph, A.a.O., 110ff; Schreiner, A.a.O., 121f; G. von Rad, Die Botschaft der Propheten, München 1967, 168f.

[12] Dazu die Ausführungen meiner Schrift ›Menschsein und Sprache‹, Salzburg 1984, 20-31.

[13] Dazu die Ausführungen meiner ›Theologischen Sprachtheorie und Hermeneu-

tik‹, München 1970, 143-147.

[14] G. LANCZKOWSKI, Heilige Schriften. Inhalt, Gestalt und Überlieferung, Stuttgart 1956, 66ff.

[15] Dazu RUDOLPH, Jeremia, 210-217; K. KOCH, Die Profeten II: Babylonisch-persische Zeit, Stuttgart 1980, 44ff.

[16] F. WERFEL, Zwischen oben und unten. Aufsätze und Aphorismen, Tagebücher, Literarische Nachträge, München und Wien 1979, 845-883.

[17] Dazu H. HAAG, Die Buchwerdung des Wortes Gottes, in: Mysterium Salutis I: Die Grundlagen heilsgeschichtlicher Dogmatik, Einsiedeln 1965, 373-396.

[18] Dazu das von W.E. KÜMMEL mit durchschlagenden Gründen abgelehnte Buch von R. RIESNER, Jesus als Lehrer, Tübingen 1988: KÜMMEL, Jesusforschung seit 1981, in: Theologische Rundschau 53 (1988) 240-244; ferner das als »sensationelle Entdeckung« herausgebrachte Buch von C.P. THIEDE und M. D'ANCONA, Der Jesus-Papyrus; dazu auch Seite 456, Anm. 15.

[19] A. VÖGTLE, Die Dynamik des Anfangs. Leben und Fragen der jungen Kirche, Freiburg 1988, 27; 51.

[20] Brief an Diognet, 5,5; dazu E.R. DODDS, Heiden und Christen in einem Zeitalter der Angst. Aspekte religiöser Erfahrung von Marc Aurel bis Konstantin, Frankfurt 1992, 32f.

[21] Als »ominös« bezeichnet sie KLAUS BERGER in seiner Rezension von Vögtles Erörterung des Menschensohn-Problems, da ihnen die in der Ich-Form gehaltenen Jesusworte zu unrecht aufgebürdet würden. Näheres dazu im Fortgang des Werkes.

[22] So P. HOFFMANN, Jesus versus Menschensohn, in: P. FIEDLER und L. OBERLINNER (Hrsg.), Salz der Erde – Licht der Welt, Stuttgart 1991, 165-202; dazu A. VÖGTLE, Die »Gretchenfrage« des Menschensohn-Problems. Bilanz und Perspektive, Freiburg 1994, 135.

[23] Dazu E. SCHWEIZER, Ego eimi. Die religionsgeschichtliche Herkunft und theologische Bedeutung der johanneischen Bildreden, Göttingen 1965; B. HINRICHS, »Ich bin«. Die Konsistenz des Johannesevangeliums in der Konzentration auf das Wort Jesu, Stuttgart 1988.

[24] Dazu W. BOUSSET, Die Offenbarung Johannis, Göttingen 1966, 192f; A. VÖGTLE, Das Buch mit den sieben Siegeln, Freiburg 1981, 23ff.

[25] LANCZKOWSKI, Heilige Schriften, 148-153.

[26] Ausgeklammert bleibt dabei die von der exegetischen Einleitungswissenschaft erörterte Frage nach der Entstehung und gegenseitigen Beziehung der neutestamentlichen Schriften; dazu auch LANCZKOWSKI, A.a.O., 28-34.

[27] Dazu G.W. KÜMMEL, Jesusforschung nach 1981, 242; ferner die Ausführungen meiner ›Glaubensprognose‹, 217f.

[28] Dazu L. SCHENKE, Die Urgemeinde, 217-238; TH. SCHMELLER, Brechungen. Urchristliche Wandercharismatiker im Prisma soziologisch orientierter Exegese, Stuttgart 1989.

[29] Dazu PH. VIELHAUER, Geschichte der urchristlichen Literatur, Berlin 1975, 622.

[30] E. KÄSEMANN, Exegetische Versuche und Besinnungen, Göttingen 1986, 77-109; SCHENKE, Die Urgemeinde, 218f.

[31] VIELHAUER, Geschichte der urchristlichen Literatur, 629-633; J. GNILKA, Jesus von Nazaret, 22-34.

[32] HILARIUS VON POITIERS, De Trinitate IX, c.4.

[33] GREGOR VON NYSSA, Große Katechese, c.32,3.

[34] Dazu meine Akademieabhandlung ›Die Bibel als Medium‹, Heidelberg 1990.

35 F.W.J. SCHELLING, Die Weltalter, München 1946, 35; Ders., Das Wesen der menschlichen Freiheit, Düsseldorf 1950, 62.

36 VIELHAUER, Geschichte der urchristlichen Literatur, 82; dazu die Ausführungen meines Paulusbuchs (1992), 277-308; 393-401.

37 VIELHAUER, A.a.O., 58.

38 Dazu G. EBELING, Luther. Einführung in sein Denken, Tübingen 1981, 145; ferner das Kapitel »Luther – der Schuldner des Wortes« in meinem Sammelband ›Glaubensimpulse‹, Würzburg 1988, 309-323.

39 Dazu H. LIETZMANN, Paulus, in: Das Paulusbild in der neueren deutschen Forschung, Darmstadt 1967, 390f.

40 H. VON HENTIG, Das allmähliche Verschwinden der Wirklichkeit, München 1984.

41 W. RUDOLPH, Jeremia, 214f.

42 Dazu H. LIETZMANN, An die Korinther I/II, Tübingen 1949, 68ff; ferner W. SCHMITHALS, Die Gnosis in Korinth. Eine Untersuchung zu den Korintherbriefen, Göttingen 1956, 140ff.

43 H. HAAG, Die Buchwerdung des Wortes Gottes, in: Mysterium salutis I, 289-459.

44 F.D.E. SCHLEIERMACHER, Über die Religion. Reden an die Gebildeten unter ihren Verächtern, Leipzig 1911, 77.

45 Dazu das Schlußwort meiner Theologischen Sprachtheorie und Hermeneutik, 566ff.

46 Dazu mein Beitrag ›Dankbarkeit als Initiationserlebnis‹, in: J. SEIFERT (Hrsg.), Danken und Dankbarkeit. Eine universale Dimension des Menschseins, Heidelberg 1992, 159-172.

47 Dazu N. LUHMANN und P. FUCHS, Reden und Schweigen, Frankfurt 1989.

48 Dazu R. BULTMANN, Das Problem der Hermeneutik, in: Glauben und Verstehen II, Tübingen 1968, 211-235; R. MARLÉ, Historische Methoden und theologische Probleme, in: Bilanz der Theologie im 20. Jahrhundert II, Freiburg 1969, 264-270; G. HASENHÜTTL, Die Radikalisierung der hermeneutischen Fragestellung durch Rudolf Bultmann, in: Mysterium salutis I, 428-440.

49 Zur Rückübersetzung als theologischer Methode J. JEREMIAS, Die Gleichnisse Jesu, Göttingen 1962, 21f.

50 Dazu mein Beitrag ›Mit anderer Stimme. Predigt als Rückübersetzung‹, in: Communio 11 (1982) 97-112.

51 Dazu M. SECKLER, Theologie als Glaubenswissenschaft, in: Handbuch der Fundamentaltheologie IV,182f.

52 Dazu G. BORNKAMM, Jesus von Nazareth, Stuttgart 1956, 143ff.

53 Dazu U. BUSSE, Das Nazareth-Manifest Jesu. Eine Einführung in das lukanische Jesusbild nach Lk 4,16-30, Stuttgart 1977.

54 Dazu E. SCHWEIZER, Jesus Christus im vielfältigen Zeugnis des Neuen Testaments, München und Hamburg 1968, 138f; J. GNILKA, Jesus von Nazaret, 130f.

55 Dazu Näheres im folgenden Kapitel.

56 E. FUCHS, Zum Hermeneutikproblem in der Theologie. Die existentielle Interpretation, Tübingen 1959, 281-305.

57 Dazu meine Überlegungen ›Was vermag Sprache? Das Wort im Medienzeitalter‹, in: 40 Jahre Patmos-Verlag, Düsseldorf 1986, 5-35.

58 SCHWEIZER, A.a.O., 139.

59 Dazu die Ausführungen meines Paulusbuchs (1992), 221-230.

60 A.a.O., 171-174; 286f.

61 Dazu O. CULLMANN, Der johanneische Kreis. Sein Platz im Spätjudentum, in der

Jüngerschaft Jesu und im Urchristentum, Tübingen 1975; R. SCHNACKENBURG, Das Johannesevangelium IV, Freiburg 1984, 33-38.

[62] Dazu dessen letztes Fragment gebliebenes Werk ›Jesus der Mensch‹, München 1986.

[63] H. SCHLIER, Kerygma und Sophia, in: Die Zeit der Kirche. Zur neutestamentlichen Grundlegung des Dogmas, Freiburg 1955, 206-232; U. WILCKENS, Kreuz und Weisheit, in: Kerygma und Dogma 3 (1957) 77-108.

[64] SCHLIER, A.a.O., 228f.

[65] Näheres dazu in meinem in Anm. 46 erwähnten Beitrag ›Dankbarkeit als denkerisches Initiationserlebnis‹.

[66] AUGUSTINUS, Soliloquien II, c.35.

[67] Dazu die in Anm. 19 angegebene Belegstelle.

[68] Dazu G. VON RAD, Weisheit in Israel, Neukirchen-Vluyn 1970; B.L. MACK, Logos und Sophia. Untersuchungen zur Weisheitstheologie im hellenistischen Judentum, Göttingen 1973.

[69] Dazu H. VON LIPS, Weisheitliche Traditionen im Neuen Testament, Neukirchen-Vluyn 1990, 193-438; L. SCHENKE, Die Urgemeinde, 148-156.

[70] G.W.F. HEGEL, Die Vernunft in der Geschichte (Ausgabe Hoffmeister), Hamburg 1955, 63; dazu K. LÖWITH, Weltgeschichte und Heilsgeschehen, 55-61; M.B. FOSTER, Die Geschichte als Schicksal des Geistes in der Hegelschen Philosophie, Tübingen 1929.

[71] G.W.F. HEGEL, Encyclopädie der philosophischen Wissenschaften (§ 548), Leipzig 1949, 448; Ders., Grundlinien der Philosophie des Rechts (§ 340), Hamburg 1955, 288.

[72] E. KÄSEMANN, Geist und Buchstabe, in: Paulinische Perspektiven, Tübingen 1972, 237-285.

[73] A.a.O., 240-251.

[74] A.a.O., 251ff.

[75] Zum Begriffspaar »Geist und Buchstabe« auch der Artikel von G. EBELING, in: Religion in Geschichte und Gegenwart II, Tübingen 1959, Sp. 1290-1296, die thematischen Beiträge von E. KAMLAH und E. SCHWEIZER, in: Evangelische Theologie 14 (1954) 276-282 und 15 (1955) 563-571; H. LIETZMANN, An die Korinther I/II, 110-115.

[76] K. BERGER, Theologiegeschichte des Urchristentums, 501f, ferner mein Paulusbuch (1991), 34f; 288ff.

[77] KIERKEGAARD, Philosophische Brocken, Kap. V: Der Schüler zweiter Hand (Ausgabe Richter), Hamburg 1964, 81-100.

DRITTER TEIL: DIE IDENTITÄT

ÜBERLEITUNG

[1] Dazu W. STEGMÜLLER, Hauptströmungen der Gegenwartsphilosophie I, Stuttgart 1975, 569; 604; 678.

[2] Dazu auch die Ausführungen meiner Studie ›Theologie als Therapie‹, 21-25.

[3] NIETZSCHE, Morgenröte II, § 95.

[4] M. BUBER, Zwei Glaubensweisen, in: Werke I, 672ff, 676ff; dazu die Ausführungen meiner Studie ›Die glaubensgeschichtliche Wende‹, 185-193.

[5] Th. Reik, Dogma und Zwangsidee, Stuttgart 1973.
[6] W. Ries, Transzendenz als Terror. Eine religionsphilosophische Studie über Franz Kafka, Heidelberg 1977; dabei zitiert der Autor bei der Erörterung von Kierkegaards »Absolutem Paradox« eine Stelle aus den ›Philosophischen Brocken‹, die unmittelbar an Wittgensteins Wort von den »Beulen« erinnert, die sich der Verstand beim Anrennen an die Sprachgrenzen holt und damit auf den Tatbestand einer intellektuellen Verwundung hinweist.
[7] So das auf Händels ›Messias‹ anspielende Wort des sterbenskranken Beethoven nach dem Bericht des behandelnden Arztes Andreas Wawruch: J. und B. Massin, Beethoven. Materialbiographie, Daten zum Werk und Essay, München 1970, 399.
[8] F. Nietzsche, Nachgelassene Fragmente von 1882, in: Sämtliche Werke. Kritische Studienausgabe X, München 1980, 89; S. Kierkegaard, Einübung im Christentum (Ausgabe Hirsch und Gerdes), Gütersloh 1980, 102.

I. Kapitel: Vom Christentum zu Christus

[1] Dazu V. Conzemius, Die Kritik der Kirche, in: Handbuch der Fundamentaltheologie III, Freiburg 1986, 43-48.
[2] Siricius, Epistola 1,1; nach W. Gessel, Zentrale Themen der alten Kirchengeschichte. Zum Umgang mit der Tradition der Kirche, Donauwörth 1992, 50.
[3] Dazu Gessel, A.a.O., 46-53; A.M. Ritter, Alte Kirche, Neukirchen-Vluyn 1991, 53f; 93f.
[4] Tertullian, De praescriptione haereticorum 7, c.11; dazu H. von Campenhausen, Lateinische Kirchenväter, Stuttgart 1960, 25.
[5] Tertullian, De carne Christi, 5,4.
[6] Dazu E. Scharl, Recapitulatio mundi. Der Rekapitulationsbegriff des heiligen Irenäus und seine Anwendung auf die Körperwelt, Freiburg 1941; N. Brox, Offenbarung, Gnosis und gnostischer Mythos bei Irenäus von Lyon, Salzburg und München 1966,186-189.
[7] R. Seeberg, Lehrbuch der Dogmengeschichte I, Darmstadt 1953, 312ff.
[8] Tertullian, Adversus Marcionem I, 20,1; dazu K. Beyschlag, Grundriß der Dogmengeschichte I, Darmstadt 1988, 155-161.
[9] Seeberg, Lehrbuch der Dogmengeschichte III, Darmstadt 1959, 324f; R. Mokrosch und H. Watz, Mittelalter, Neukirchen-Vluyn 1989, 113ff.
[10] Seeberg, A.a.O., 583-596; 743-748; Cusanus, De pace fidei.
[11] G. Ebeling, Luther. Einführung in sein Denken, Tübingen 1981, 5.
[12] Th. Mann, Kommentare: ›Doktor Faustus‹ und ›Die Entstehung des Doktor Faustus‹, Frankfurt 1992, 142ff.
[13] Th. Mann, Doktor Faustus – Die Entstehung des Doktor Faustus, Frankfurt 1976, 634; dazu G. Lukács, Faust und Faustus. Vom Drama der Menschengattung zur Tragödie der modernen Kunst, Hamburg 1967, 261ff.
[14] Th. Mann, A.a.O., 831.
[15] K. Jaspers, Nietzsche und das Christentum, München 1952, 73; am Wert dieser Studie ist festzuhalten, obwohl Jacob Taubes sie nicht einmal als Magisterarbeit angenommen hätte: Die politische Theologie des Paulus, München 1993, 115f.
[16] Nietzsche, Brief an Heinrich von Köselitz (Peter Gast) vom 21. April 1983.
[17] Nietzsche, Ecce homo: Warum ich ein Schicksal bin, § 3.
[18] Nietzsche, Sämtliche Werke: Kritische Studienausgabe XIV, München 1980,

474; dazu auch die sinngleiche Nachlaßnotiz vom Herbst 1888: A.a.O., XIII, 622.

[19] Die von mir seit meiner Studie ›Gott ist tot. Nietzsches Destruktion des christlichen Bewußtseins‹ (München 1962) vertretene These wird entscheidend durch den Nachweis gestützt, daß sich Nietzsche bei der Ausarbeitung der Parabel an HEINES Essay ›Zur Geschichte der Religion und Philosophie in Deutschland‹ (1834) orientierte; dazu meine Schrift ›Gottsucher oder Antichrist? Nietzsches provokative Kritik des Christentums‹, Salzburg 1982, 52-71.

[20] Dazu die Ausführungen meines Jesusbuchs ›Der Freund‹, München 1989, 122-150; ferner K. BERGER, Wer war Jesus wirklich? (77ff).

[21] TH. MANN, A.a.O., 651.

[22] A.a.O., 676.

[23] MAXIMUS CONFESSOR, Quaestiones ad Thalassium 59(PG90, 631D).

[24] Ebd.

[25] Nach E. SCHARL, Recapitulatio mundi, 21.

[26] H.U. VON BALTHASAR, Herrlichkeit. Eine theologische Ästhetik II, Einsiedeln 1962, 80ff.

[27] Dazu: SÖREN KIERKEGAARD und sein Verhältnis zu »ihr«. Aus nachgelassenen Papieren, hrsg. im Auftrage der Frau REGINE SCHLEGEL, Stuttgart 1905; ferner G.-G. GRAU, Die Selbstauflösung des christlichen Glaubens, 73ff; 138ff.

[28] KIERKEGAARD, Einübung im Christentum, 13; dazu H. GERDES, Sören Kierkegaards ›Einübung im Christentum‹. Einführung und Erläuterung, Darmstadt 1982, 74-79.

[29] KIERKEGAARD, Die Wiederholung (Ausgabe Richter), Hamburg 1961, 76f.

[30] H.U. VON BALTHASAR, Kosmische Liturgie. Das Weltbild Maximus' des Bekenners, Einsiedeln 1964, 184f.

[31] AUGUSTINUS, De genesi ad litteram IV, c.23,40.

[32] G.W.F. HEGEL, Grundlinien der Philosophie des Rechts (Ausgabe Hoffmeister), Hamburg 1955, 17.

[33] F. ROSENZWEIG, Das Büchlein vom gesunden und kranken Menschenverstand, Düsseldorf 1964, 28-37.

[34] Dazu M. HEIDEGGER, Was heißt Denken? Tübingen 1954, 91-95.

[35] Dazu die Ausführungen meiner Studie ›Theologie als Therapie‹, 40-47.

[36] F.W.J. SCHELLING, Philosophie der Offenbarung II, Darmstadt 1955, 309.

[37] TH. STEINBÜCHEL, Der Umbruch des Denkens. Die Frage nach der christlichen Existenz erläutert an Ferdinand Ebners Menschdeutung, Regensburg 1936, 44-59.

[38] CUSANUS, De visione Dei, c.9; dazu W. BEIERWALTES, Visio facialis – Sehen ins Angesicht. Zur Koinzidenz des endlichen und unendlichen Blicks bei Cusanus, in: R. HAUBST (Hrsg.), Das Sehen Gottes nach Nikolaus von Kues, Trier 1989, 91-118.

[39] CUSANUS, Docta ignorantia III, Widmung an Kardinal Julianus Cesarini.

[40] So H. SCHLIER in seinem bereits erwähnten Aufsatz ›Kerygma und Sophia‹; dazu K. RAHNER und K. LEHMANN, Kerygma und Dogma, in: Mysterium salutis I, Einsiedeln 1965, 626.

[41] A.a.O., 641ff.

[42] A.a.O., 645.

[43] TH. REIK, Dogma und Zwangsidee. Eine psychoanalytische Studie zur Entwicklung der Religion, Stuttgart 1973, 44-113.

[44] So deren Beitrag in dem von TH. SCHNEIDER hrsg. Handbuch der Dogmatik I,

Düsseldorf 1992, 70.

[45] H. Schröer, Struktur und Ordnung als theologischer Leitbegriff, in: W. Joest und W. Annenberg (Hrsg.), Dogma und Denkstrukturen, Göttingen 1963, 39ff.

[46] H. Schlier, Biblische und dogmatische Theologie, in: Besinnung auf das Neue Testament, Freiburg 1967, 32; G.L. Müller, Katholische Dogmatik, Freiburg 1955, 88.

[47] I. Kant, Religion innerhalb der Grenzen der bloßen Vernunft IV, § 1.

[48] A.a.O., IV, § 2.

[49] A.a.O., IV, § 3.

[50] So Flusser in seinem Nachwort zur Neuausgabe des Werkes, Heidelberg 1994, 185-247; dazu meine Untersuchung ›Die glaubensgeschichtliche Wende‹, 185-193.

[51] Buber, Zwei Glaubensweisen, 130f.

[52] A.a.O., 131.

[53] A.a.O., 33; 46.

[54] So die bekannte Definition des IV. Laterankonzils (c.2).

[55] Dazu die Ausführungen meines Paulusbuchs (1992), 201-207.

[56] So 1Kor 1,18ff und Gal 3,13.

[57] L. Schenke, Die Urgemeinde, 33.

[58] Dazu R. Reitzenstein, Paulus als Pneumatiker, in: K.H. Rengstorf (Hrsg.), Das Paulusbild in der neueren deutschen Forschung, Darmstadt 1964, 287f; K.H. Schelkle, Paulus, Darmstadt 1981, 163f; ferner die ausgewogene Interpretation von H. Lietzmann, An die Korinther I/2, 125f; dagegen wird die abschwächende Deutung von J. Becker, Paulus. Der Apostel der Völker (Tübingen 1989, 120f) dem Gewicht der Stelle nicht gerecht.

[59] Dazu nochmal Schweitzers resümierendes Urteil, in: Die Geschichte der Leben-Jesu-Forschung II, 622.

[60] K. Jaspers, Psychologie der Weltanschauungen, Berlin 1954, 304-319.

[61] So Kierkegaard in seiner Tagebuchnotiz von 1843 und dann nochmals in seiner Abhandlung ›Die Krankheit zum Tode‹ (Ausgabe Richter), Hamburg 1962, 41f.

II. Kapitel: Von Christus zu Jesus

[1] Dazu K. Lehmann u. K. Rahner, in; Mysterium salutis I, 670; K. Rahner, Grundkurs des Glaubens, 413; Vaticanum II: Ökumenismus-Dekret Nr. 13.

[2] W. Kern, Der freiere Glaube. Fakten und Tendenzen der Gegenwartstheologie, in: Alter Glaube in neuer Freiheit, Innsbruck 1976, 85-112.

[3] A.a.O., 101.

[4] Dazu meine titelgleiche Untersuchung ›Die glaubensgeschichtliche Wende. Eine theologische Positionsbestimmung‹, 209-266.

[5] Dabei ist nach allgemeiner Überzeugung der Begriff »Vergelter« in jenem allgemeinen Sinn zu nehmen, der ihn mit »Offenbarer« synonym werden läßt.

[6] H.-G. Gadamer, Wahrheit und Methode. Grundzüge einer philosophischen Hermeneutik, Tübingen 1972, 261-269; dazu meine Abhandlung ›Glaubensverständnis. Grundriß einer hermeneutischen Fundamentaltheologie‹, Freiburg 1975, 59-67; ferner mein Jesusbuch ›Der Freund‹, 221-239.

[7] H.-R. Müller-Schwefe, Der Standort der Theologie in unserer Zeit, Göttingen 1958, 30ff.

[8] Dazu C. Bussmann, Befreiung durch Jesus? Die Christologie der lateinamerika-

nischen Befreiungstheologie, München 1980, 27.

[9] E. Reisch, Martin Deutingers dialektische Geschichtstheologie, Bonn 1939; B. Braun, Martin Deutinger (1815-1864) in: Christliche Philosophie im katholischen Denken des 19. Und 20. Jahrhunderts I, Graz 1987, 285-305; W. Henckmann, Das Wesen der Kunst in der Ästhetik Martin Deutingers, München und Salzburg 1966; V. Spangenberg, Herrlichkeit des Neuen Bundes. Die Bestimmung des biblischen Begriffs der »Herrlichkeit« bei Hans Urs von Balthasar, Tübingen 1993.

[10] Dazu W. Beinert (Hrsg.), Hilft Glaube heilen? Düsseldorf 1985; F. Arnold, Der Glaube, der dich heilt. Zur therapeutischen Dimension des christlichen Glaubens, Regensburg 1983; sowie meine Abhandlung ›Theologie als Therapie‹, Heidelberg 1985.

[11] Dazu nochmals der Eingangsbeitrag von D. Sattler und Th. Schneider zum Handbuch der Dogmatik I; ferner J. Beumer, Theologie als Glaubensverständnis, Würzburg 1953, 142-151; 170-203.

[12] K. Rahner, Grundkurs des Glaubens. Kleiner Epilog: Kurzformeln des Glaubens, 430-440.

[13] Auf die entscheidende Bedeutung des Erfahrungsmoments für den aktuellen Glaubensvollzug verweist die gedankentiefe Schrift H.J. Spitals ›Gott läßt sich erfahren‹, Trier 1995.

[14] Dazu Guardinis Vorwort zu seiner Schrift ›Das Christusbild der paulinischen und johanneischen Schriften‹, Mainz und Paderborn 1987, 13ff; ferner H.U. von Balthasar, Herrlichkeit. Eine theologische Ästhetik I: Schau der Gestalt, Einsiedeln 1961, 415-652.

[15] R. Bultmann, Neues Testament und Mythologie, in: Kerygma und Mythos I (1948) 17; dazu R. Marlé, Bultmann. Die Interpretation des Neuen Testaments, Paderborn 1959, 51f; E. Troeltsch, Über historische und dogmatische Methoden in der Theologie, in: Gesammelte Schriften II, Aalen 1962, 735.

[16] Dazu mein Beitrag ›Hermeneutische Integration. Zur Frage der Herkunft von Rudolf Bultmanns existentialer Integration‹, in: Glaubensimpulse. Beiträge zur Glaubenstheorie und Religionsphilosophie, 350-369.

[17] Bultmann, Glauben und Verstehen I, 101.

[18] Auf deren Tagung am 20. Oktober 1953 in Jungenheim zum Thema »Das Problem des historischen Jesus«, erstmals veröffentlicht in der Zeitschrift für Theologie und Kirche 51 (1954) 125-153; dazu J.M. Robinson, Kerygma und historischer Jesus, Zürich und Stuttgart 1960, 9ff.

[19] A. Schweitzer, Die Geschichte der Leben-Jesu-Forschung, 620; dazu mein Beitrag ›Bindet ihn los! Vom Sinn des Todes Jesu‹, in: Glaubensbewährung. Bedrängnis und Aufbruch, Augsburg 1995, 9-28.

[20] Bekanntlich haben diese Worte eine starke Parallele im Rückschauverbot des Orpheus-Mythos, das noch in Werfels ›Stern der Ungeborenen‹ und in Brochs ›Tod des Vergil‹, vor allem aber im Gesamtwerk Hans Erich Nossacks nachklingt.

[21] Darauf bezieht sich der Titel meines Versuchs ›Postkarte genügt nicht! Auf der Suche nach Alternativen zur historisch-kritischen Methode‹, in: J. Sauer (Hrsg.), Mehrdimensionale Schriftauslegung, Karlsruhe 1977, 9-34.

[22] H. Verweyen, Gottes letztes Wort. Grundriß der Fundamentaltheologie, Düseldorf 1991, 402-416.

[23] R. Riesner, Jesus als Lehrer, Tübingen 1988; dazu auch die Ausführungen meiner ›Glaubensprognose‹, 217f.

[24] G. LÜDEMANN, Die Auferstehung Jesu. Historie, Erfahrung. Theologie, Göttingen 1994, 218.

[25] H.-G. GADAMER, Wahrheit und Methode, 180ff. Ein eklatantes Beispiel für die Gültigkeit dieses Satzes bietet die moderne Gleichnisforschung, die in der Tat für sich in Anspruch nehmen kann, die Gleichnisse Jesu besser verstanden zu haben als die Evangelisten und die von ihnen gebotenen allegorisierenden Interpretationen; dazu J. JEREMIAS, Die Gleichnisse Jesu, Göttingen 1962, 64-88.

[26] Von der »Absperrung des Universums der Rede« spricht HERBERT MARCUSE in seiner Schrift ›Der eindimensionale Mensch. Studien zur Ideologie der fortgeschrittenen Industriegesellschaft‹, Neuwied und Berlin 1967, 103ff.

[27] Dazu R. SCHNACKENBURG, Die Johannesbriefe, Freiburg 1953, 42-57; ferner meine Schrift ›Der inwendige Lehrer. Der Weg zu Selbstfindung und Heilung‹, München 1994, 95-110.

[28] NIETZSCHE, Sämtliche Werke: Kritische Studienausgabe X, 89.

[29] H.-G. GADAMER, Wahrheit und Methode, 366ff.

[30] Dazu nochmals die Auswertung von GADAMERS differenzierter Deutung der Autorität in meiner Studie ›Glaubensverständnis. Grundriß einer hermeneutischen Fundamentaltheologie‹, 65ff.

[31] R. GUARDINI, Der unvollständige Mensch und die Macht, in: Sorge um den Menschen I, Mainz und Paderborn 1988, 39-66.

[32] M. BUBER, Urdistanz und Beziehung, Heidelberg 1951, 44; ähnlich F. EBNER, Wort und Liebe, Regensburg 1935, 136.

[33] Dazu K. LEHMANN, Auferweckt am dritten Tage nach der Schrift, Freiburg 1969.

[34] Dazu H.U. VON BALTHASAR, Mysterium paschale, in: Mysterium Salutis II/2, Einsiedeln 1969, 133-326; ferner TH. SCHNEIDER, Was wir glauben. Eine Auslegung des Apostolischen Glaubensbekenntnisses, Düsseldorf 1985, 268-277; G.L. MÜLLER, Katholische Dogmatik, 305f; sowie meine Schrift ›Glaubensbekenntnis und Vaterunser‹, Düsseldorf 1994, 83-89.

[35] Dazu BALTHASAR, A.a.O., 234ff; PH. VIELHAUER, Geschichte der urchristlichen Literatur, Berlin 1975, 42f; K. BERGER, Theologiegeschichte des Urchristentums, 126; 388.

[36] NIETZSCHE, Menschliches, Allzumenschliches II: Vermischte Meinungen und Sprüche, § 408; dazu die Ausführungen meiner Schrift ›Der inwendige Lehrer‹, 44ff.

[37] Dazu E. HENNECKE, Neutestamentliche Apokryphen (Ausgabe Schneemelcher), Tübingen 1959, 122f.

[38] Dazu R. SCHNACKENBURG, Der Sinn der Versuchung Jesu bei den Synoptikern, in: Schriften zum Neuen Testament, München 1971, 101-128.

[39] Dazu L. SCHENKE, Die Urgemeinde, 142f.

[40] Dazu meine Neuauslegung ›Glaubensbekenntnis und Vaterunser‹, 84; zur Herkunft des Artikels siehe C. CLEMEN, »Niedergefahren zu den Toten«. Ein Beitrag zur Würdigung des Apostolikums, Gießen 1900; dazu ferner die Untersuchung von M. HERZOG, »Descensus ad inferos«, Frankfurt 1997.

[41] Nach TH. SCHNEIDER, Was wir glauben, 274.

[42] Dazu SCHNACKENBURG, A.a.O., 127; SCHENKE, A.a.O., 296f; J. DUPONT, Die Versuchung Jesu in der Wüste, Stuttgart 1969, 94-104; J. MOLTMANN, Der Weg Jesu Christi. Christologie in messianischen Dimensionen, München 1989, 112f.

[43] MOLTMANN, A.a.O., 195.

[44] Nach BALTHASAR, Mysterium paschale, 235.

[45] Dazu A. VÖGTLE, Offenbarungsgeschehen und Wirkungsgeschichte, 88-100.

[46] Dazu SCHENKE, Die Urgemeinde 13ff.

[47] Dazu H. KESSLER, Sucht den Lebenden nicht bei den Toten. Die Auferstehung Jesu in biblischer, fundamentaltheologischer und systematischer Sicht, Würzburg 1995, 106ff; R. SCHNACKENBURG, Das Johannesevangelium III, Freiburg 1975, 420.

[48] A. VÖGTLE, Die Dynamik des Anfangs. Leben und Fragen der jungen Kirche, Freiburg 1988, 27; 51.

[49] Dazu J. ERNST, Anfänge der Christologie, 41f.

[50] A.a.O., 14-56.

[51] L. SCHENKE, Die Urgemeinde, 26ff.

[52] Dazu H. WALDENFELS, Wort und Schweigen, in: R. SESTERHENN (Hrsg.), Das Schweigen und die Religionen, Freiburg 1983, 11-31.

III. KAPITEL: DIE LEBENSLEISTUNG

[1] G. LÜDEMANN, Die Auferstehung Jesu. Historie, Erfahrung, Theologie, Göttingen 1994, 218.

[2] K. BERGER, Wer war Jesus wirklich? Stuttgart 1995, 14ff; 20.

[3] H. KESSLER, Sucht den Lebenden nicht bei den Toten, 262; 501-504.

[4] A.a.O., 242ff.

[5] A.a.O., 307ff.

[6] H. VERWEYEN, Gottes letztes Wort, 448; ders., »Auferstehung«: Ein Wort verstellt die Sache, in dem von ihm hrsg. Sammelband ›Osterglaube ohne Auferstehung? Diskussion mit Gerd Lüdemann‹, Freiburg 1955, 105-144.

[7] Dazu J. ERNST, Anfänge der Christologie, 13-56

[8] Diesem vieldiskutierten Tatbestand sei lediglich die Vermutung hinzugefügt, daß die Rede des Apostels vom Säen und Ernten, vom Sauerteig und die in seinem Liebeshymnus gebrauchte Wendung vom Berge versetzenden Glauben auf eine Kenntnis der Bildworte und Gleichnisse Jesu verweisen könnte; dazu J. BECKER, Paulus. Der Apostel der Völker, 119-131.

[9] M. BUBER, Zwei Glaubensweisen, 28-34; dazu die Ausführungen meines Jesusbuchs ›Der Freund‹, 190ff.

[10] Dazu U. BUSSE, Das Nazareth-Manifest Jesu, Stuttgart 1977, 30-46.

[11] BERGER, Wer war Jesus wirklich? (42-67).

[12] W. GRUNDMANN, Das Evangelium nach Matthäus, Berlin 1971, 521.

[13] NIETZSCHE, Nachlaßnotiz vom Herbst 1881: Sämtliche Werke. Kritische Studienausgabe IX, München 1980, 611.

[14] M. BUBER, Begegnung. Autobiographische Fragmente, Stuttgart 1960, 45.

[15] TH. MÜNZER, Vom getichteten Glauben, gegen Luthers Adventspostille (1522) zu Mt 21,1-9; dazu R. SEEBERG, Lehrbuch der Dogmengeschichte IV/1, Darmstadt 1959, 29.

[16] G. BACHL, Der schwierige Jesus, Innsbruck 1996.

[17] R. SPAEMANN, Weltethos als »Projekt« in: Merkur 50, 1996, 893-904.

[18] Dazu J. MÖLLER, Die Gottesfrage in der europäischen Geistesgeschichte, in: Handbuch der Fundamentaltheologie I, Freiburg 1985, 80f.

[19] NIETZSCHE, Die fröhliche Wissenschaft III, § 101; ferner der Kommentarband zu der von G. COLLI und M. MONTINARI herausgegebenen Kritischen Studienausgabe: Band 14, München 1980, 253.

[20] NIETZSCHE, Götzen-Dämmerung: Die Vernunft in der Philosophie § 5.

[21] Dazu H. MERKLEIN, Jesus, Künder des Reiches Gottes, in: Handbuch der Fundamentaltheologie II, 145-174; J. GNILKA, Jesus von Nazaret, 87-165.

[22] So schon meine Studie ›Die Gleichnisse Jesu. Versuch einer Deutung‹, München 1965, 155-185; sodann die Ausführungen meiner Theologischen Sprachtheorie und Hermeneutik, München 1970, 191-200; 459-469; 525-565; ferner mein Jesusbuch ›Der Freund‹, 150-163.

[23] Dazu GREGOR VON NYSSA, Große Katechese, c.32,2.

[24] Dazu meine Akademieabhandlung ›Die Bibel als Medium. Zur medienkritischen Schlüsselposition der Theologie‹, Heidelberg 1990.

[25] Gegen BACHL, der der am Kanon der antiken Sprachkultur gemessenen Sprache Jesu nur eine »bescheidene« Gestaltungskraft zugesteht: Der schwierige Jesus, 35.

[26] Selbst wenn der Einladende dieses Wort historisch nie gesprochen hätte, spräche es nach KIERKEGAARDS Überzeugng doch unüberhörbar aus der stillen Beredsamkeit seiner Lebenstat: Einübung im Christentum, 18.

[27] A.a.O., 15.

[28] A.a.O., 19.

[29] BUBER, Zwei Glaubensweisen, 138f.

[30] Wer den konfessorischen Grundzug dieses Wortes vernimmt, wird das »hingegeben« nicht wie üblich auf den Opfertod Christi, sondern auf seinen zuvorkommenden Liebeserweis beziehen. Dazu J. BECKER, Paulus. Der Apostel der Völker, Tübingen 1989, 446.

[31] A.a.O., 127.

[32] R. SCHNACKENBURG, Das Johannesevangelium II, Freiburg 1985, 174f.

[33] GUARDINI, Das Christusbild der paulinischen und johanneischen Schriften, 13ff; BALTHASAR, Herrlichkeit I: Schau der Gestalt, 413-535.

[34] BALTHASAR, A.a.O., 466; 498; 502ff.

[35] Dazu G.L. MÜLLER, Katholische Dogmatik, 238.

[36] E. FUCHS, Zur Frage nach dem historischen Jesus, in: Gesammelte Aufsätze II, Tübingen 1960, 155f; ders., Jesus. Wort und Tat, Tübingen 1971, 47-57.

[37] J. GNILKA, Jesus von Nazaret, 167-175.

[38] Dazu die informative Zusammenfassung bei H. KESSLER, Christologie, in: Handbuch der Dogmatik I, 276ff; ferner H. MERKLEIN, Jesus, Künder des Reiches Gottes, 169f; F. HAHN, die Verwurzelung des Christentums im Judentum. Exegetische Beiträge zum christlich-jüdischen Gespräch, Neukirchen-Vluyn 1996, 66; sowie die Ausführungen meines Jesusbuchs ›Der Freund‹, 150-163;

[39] Dazu J. BERNHART, De profundis, Weißenhorn 1985, 190f; ferner die Ausführungen meines Jesusbuchs ›Der Freund‹, 199ff.

[40] Dazu L. SCHENKE, Die Urgemeinde, 153f.

[41] Dazu G. VON RAD, Theologie des Alten Testaments II, München 1960, 213; ferner K. KOCH, Die Profeten II, Stuttgart 1980, 47.

[42] BUBER, Zwei Glaubensweisen, 33ff; 114.

[43] Tatsächlich plädiert eine beträchtliche Anzahl von Interpreten dafür, daß die Szene als das entscheidende Berufungs- und Sendungserlebnis Jesu zu gelten habe; dazu A. VÖGTLE, Herkunft und ursprünglicher Sinn der Taufperikope Mk 1,1-11, in: Offenbarungsgeschehen und Wirkungsgeschichte, 80.

[44] VÖGTLE, A.a.O., 93-98.

[45] F. HEILER, Das Gebet. Eine religionsgeschichtliche und religionspsychologische Untersuchung, München 1921, 239f.

[46] Dazu A. VÖGTLE, Der »eschatologische« Bezug der Wir-Bitten des Vaterunser,

in: Offenbarungsgeschehen und Wirkungsgeschichte, 34-49; ferner die Ausführungen meiner Schrift ›Glaubensbekenntnis und Vaterunser‹, Düsseldorf 1996, 136-165.

[47] Nach F. Heiler, A.a.O., 239.

[48] Dazu H. Kessler, Christologie: a.a.O., 267f.

[49] R. Gögler, Zur Theologie des biblischen Wortes bei Origenes, Düsseldorf 1965, 275f.

[50] G. Baudler, Jesus im Spiegel seiner Gleichnisse, das erzählerische Lebenswerk Jesu – ein Zugang zum Glauben, Stuttgart und München 1988.

[51] Eindrucksvoll hat dies Joachim Jeremias mit der Bemerkung herausgearbeitet: »Arme werden reich (Lk 6,20), Letzte zu Ersten (Mk 10,31), Kleine groß (Mt 18,4), Hungernde werden satt (Lk 6,21), Mühselige erquickt (Mt 11,28), Weinende lachen (Lk 6,21), Trauernde werden getröstet (Mt 5,4), Kranke werden gesund, Blinde sehen, Lahme gehen, Aussätzige genesen, Taube hören (Mt 11,5), Gefangene werden freigelassen, Mißhandelte losgelassen (Lk 4,18), Niedrige erhöht (Mt 23,12; Lk 4,11; 18,14)«: Die Gleichnisse Jesu, 219.

[52] A.a.O., 40.

[53] A.a.O., 226.

[54] M. Heidegger, Sein und Zeit (§§ 39ff), Halle 1935, 80-196; O. Pöggeler, Der Denkweg Martin Heideggers, Pfullingen 1963, 58ff; R. Bultmann, Theologie des Neuen Testaments, Tübingern 1984, 225f.

[55] L. Schenke, Die Urgemeinde, 227.

[56] K. Berger, Theologiegeschichte des Urchristentums, 705.

[57] C. Schneider, Geistesgeschichte des antiken Christentums I, 215; P. Brown, Die Keuschheit der Engel, 87-90; R. Bultmann, Das Urchristentum im Rahmen der antiken Religionen, Zürich 1949, 158ff; ebenso Seite 446, Anm. 32.

[58] Dazu B. Lang (Hrsg.), Der einzige Gott. Die Geburt des biblischen Monotheismus, München 1981; H. Küng und J. van Ess, Christentum und Weltreligionen – Islam, München 1994, 109ff; 163ff.

[59] Dazu J. Gnilka, Jesus von Nazaret, 268-280.

[60] A. Guillaumont (Hrsg.), Evangelium nach Thomas, Leyden 1959, 51ff. In der an die Parabel vom brennenden Palast angeschlossenen »Bitte« bezieht Lessing den Bildgedanken, den der Herausgeber auf eine von dem Satiriker Lucian überlieferte Fabel Äsops zurückführt, auf sich selbst mit der Bemerkung, er »möchte nicht gern der Hund sein, der das Heu bewacht«: Gotthold Ephraim Lessing, Werke in drei Bänden, hrsg. von Herbert G. Göpfert III, München 1982, 436; 781.

[61] Dazu L. Schenke, Die Urgemeinde, 54f; 295ff.

[62] Dazu G. Theissen, Lokalkolorit und Zeitgeschichte in den Evangelien, 186f; 193ff.

[63] K. Berger, Wer war Jesus wirklich? (191-195).

[64] So läßt sich die Parabel deuten, wenn sie als gleichnishafte Selbstanzeige Jesu verstanden wird; dazu J. Jeremias, Die Gleichnisse Jesu, Göttingen 1962, 170f.

[65] H. Jonas, Der Gottesbegriff nach Auschwitz, eine jüdische Stimme, Frankfurt 1987.

[66] Dazu K. Berger, Theologiegeschichte des Urchristentums, 377.

[67] Buber, Zwei Glaubensweisen, in: Werke I, 724f.

[68] A.a.O., 725.

[69] Nikolaus von Kues, Vom Nichtanderen (und hier unter Berufung auf die Geheimlehre Platons c.21), Hamburg 1952, 77; Ders., Die Jagd nach Weisheit

(c.14), Hamburg 1964, 57-62.

70 BUBER, A.a.O., 748f.

71 G.L. MÜLLER, Katholische Dogmatik, 236; in diesem differenzierten Sinn war die Bezeichnung Jesu als »Medium« der Gottesoffenbarung stets gemeint.

72 H. DÖRING, Abwesenheit Gottes, Paderborn 1978; J. BISHOP, Die Gott-ist-tot-Theologie, Düsseldorf 1968; D. SÖLLE, Stellvertretung. Ein Kapitel Theologie nach dem »Tode Gottes«, Stuttgart 1965.

73 J. MEISNER, »Frohbotschaft statt Drohbotschaft?« in: Kirche heute 12 (1995) 5f; J.B. METZ, Der unpassende Gott, in: »Wir sind Kirche«, Freiburg 1995, 200ff.

74 M. REISER, Die Gerichtspredigt Jesu. Eine Untersuchung zur eschatologischen Verkündigung Jesu und ihrem frühjüdischen Hintergrund, Münster 1990.

75 A.a.O., 293.

76 So besteht, um nur diese beiden Beispiele herauszugreifen, im ersten Fall Grund zur Annahme, daß dieses wohl kühnste Gleichnis Jesu nur unvollständig überliefert ist und das abschließende Lob des »Herrn« unbedingt zu seinem Bestand hinzugehört; im zweiten sprechen sowohl überlieferungsgeschichtliche wie inhaltliche Gründe dafür, die Parabel im Gegensatz zum Autor Jesus abzusprechen, zumal sie ausgesprochen spätjüdische Vergeltungs- und Jenseitsvorstellungen vertritt.

77 Einen ersten Hinweis auf diese Differenz gibt meine Schrift ›Paulus: Zeuge, Mystiker, Vordenker‹, 249ff.

78 G. BAUDLER, El – Jahwe – Abba. Wie die Bibel Gott versteht, Düsseldorf 1996, 107.

79 Warnende Beispiele bietet neben der zur Begründung der angeblichen Drohbotschaft wiederholt herangezogene Redewendung vom »Heulen und Zähneknirschen« vor allem die Untersuchung über die »Gerichtspredigt Jesu« von M. REISER, 227ff; 262ff; 280ff. Offensichtlich gelang es der vor allem von J. JEREMIAS und E. FUCHS vorangetriebenen Gleichnisforschung noch immer nicht, die Ausleger von der Vermengung der Bildhälfte mit der Sachhälfte abzuhalten.

80 J. BERNHART, De profundis. Mit einem Vorwort von EUGEN BISER, Weißenhorn 1985, 192; dazu mein Beitrag ›Der verwundete Denker. Ein Durchblick durch die Motivwelt Joseph Bernharts‹, in: Münchener Theologische Zeitschrift 45 (1994) 63-68.

81 Das ist, wie bereits vermerkt, der von KIERKEGAARD im Blick auf die große Einladung Jesu an die Bedrückten und Bedrängten angenommene Fall: Einübung im Christentum, 18.

82 H. BLUMENBERG, Matthäuspassion, Frankfurt 1988, 70; dazu meine Würdigung unter dem Titel ›Theologische Trauerarbeit‹, in: Theologische Revue 85 (1989) 441-452.

83 BERNHART, De profundis, 190f.

84 J.G. HAMAN, Abälardus virbius, in: Hauptschriften, Leipzig o.J., 415.

85 H. GERDES, Sören Kierkegaards ›Einübung im Christentum‹, 15f; 67.

86 Dazu L. SCHENKE, Die Urgemeinde, 75f.

87 Dazu das gleichlautende Kapitel meiner Schrift ›Überwindung der Lebensangst. Wege zu einem befreienden Gottesbild‹, München 1996, 81-93.

88 O. HOFIUS, »Gott hat unter uns aufgerichtet das Wort von der Versöhnung« und ›Sühne und Versöhnung‹, in: Paulusstudien, Tübingen 1989, 15-49.

89 So das Motto des vierten Teils von GOETHES ›Dichtung und Wahrheit‹, das dann nochmals in seinen Ausführungen über das Dämonische im 20. Buch des Schlußteils aufgenommen wird; dazu die Hinweise und Ausführungen meiner

Schrift ›Theologie und Atheismus. Anstöße zu einer theologischen Aporetik‹, München 1972, 23ff.

[90] Näheres dazu in meinem Beitrag ›Der Verlust der Attribute. Die Antwort Jesu auf die Gottesfrage der Gegenwart‹, in: A. Franz (Hrsg.), Glauben, Wissen, Handeln. Beiträge aus Theologie, Philosophie und Naturwissenschaft zu Grundfragen christlicher Existenz (Festschrift für Philipp Kaiser), Würzburg 1994, 3-16.

[91] R. Guardini, Gläubiges Dasein – Die Annahme seiner selbst, Mainz und Paderborn 1993, 7-28; dazu mein Beitrag ›Sich selbst annehmen: Die Tugend der Zustimmung‹, in: N. Kutschki (Hrsg.), Kardinaltugenden. Alte Lebensmaximen neu gesehen, Würzburg 1993, 85-95.

[92] Nach K. Löwith, Weltgeschichte und Heilsgeschehen, 134.

[93] P. Wust, Ungewißheit und Wagnis, München und Kempten 1950, 172; G. von Rad, Die Botschaft der Propheten, München 1967, 173.

Vierter Teil: Die Bestätigung

Überleitung

[1] K. Barth, How my mind has changed, in: Evangelische Theologie 20 (1960) 104.

[2] G. Lüdemann, Die Auferstehung Jesu, 218.

[3] H. Kessler, Christologie, in: Handbuch der Dogmatik I, Düsseldorf 1992, 291; ders., Auferstehung Christi III, in: Lexikon für Theologie und Kirche I, Freiburg 1993, 28f; Ders., Sucht den Lebenden nicht bei den Toten, 237f; 262.

[4] M. Buber, Zwei Glaubensweisen, 111.

[5] Dazu der Abschnitt »Der kreative Glaube« meiner Schrift ›Überwindung der Lebensangst‹, 94-105.

I. Kapitel: Die göttliche Interpretation

[1] Näheres dazu in meiner Studie ›Der Mensch – das uneingelöste Versprechen‹, 114-129.

[2] Dazu W. Schmithals, Die theologische Anthropologie des Paulus, Stuttgart 1980, 73-81.

[3] B. Nagel, Franz Kafka, Aspekte zur Interpretation und Wertung, Berlin 1974, 238-274.

[4] Auf den allgemein menschlichen Fall zurückgenommen, ist es das »Hineingebundensein« des denkenden Ich in die Leiblichkeit, aus der ihm der dunkle Bescheid seines »Sterbenmüssens« zukommt.

[5] Dazu J. Gnilka, Paulus von Tharsus. Apostel und Zeuge, Freiburg 1996, 258f; G. Theissen, Psychologische Aspekte paulinischer Theologie, 254.

[6] Dazu G. Lüdemann, Die Auferstehung Jesu, 108-112.

[7] So G. Bornkamm, Paulus, Stuttgart 1977, 166.

[8] Dafür bietet Peter Browns Erkundung der spätantiken Zivilisation beredte Beispiele: Die letzten Heiden. Eine kleine Geschichte der Spätantike (Originaltitel: The Making of Late Antiquity), Berlin 1986, 43-53; 68-76.

[9] Dazu G. THEISSEN, Psychologische Aspekte paulinischer Theologie, Göttingen 1983, 109-120.
[10] Dazu J. MOLTMANN, Der Weg Jesu Christi. Christologie in messianischen Dimensionen, München 1989, 161.
[11] Dazu GNILKA, Paulus von Tharsus, 285f; CHR. DIETZFELBINGER, Die Berufung des Paulus als Ursprung seiner Theologie, Neukirchen-Vluyn 1989, 45ff; 60ff.
[12] H. KESSLER, Sucht den Lebenden nicht bei den Toten. Die Auferstehung Jesu in biblischer, fundamentaltheologischer und systematischer Sicht (Neuausgabe), Würzburg 1995, 466ff; 499f.
[13] M. BUBER, Zwei Glaubensweisen, in: Werke I, 731f.
[14] A.a.O., 732.
[15] Für diesen Zusammenhang plädiert K. BERGER, Theologiegeschichte des Urchristentums, 167f; dazu R. PESCH, Die Vision des Stephanus, Stuttgart 1966.
[16] NIETZSCHE, Also sprach Zarathustra II: Die stillste Stunde.
[17] Wie Teil I, Kap. 1, Anm. 1.
[18] F. ROSENZWEIG, Das Büchlein vom gesunden und kranken Menschenverstand; dazu meine Ausführungen in ›Theologie als Therapie‹, 41-47.
[19] Dazu H. KESSLER, Sucht den Lebenden nicht bei den Toten, 113ff; G. THEISSEN, Psychologische Aspekte paulinischer Theologie, 322; J. MOLTMANN, Der Weg Jesu Christi, 337.
[20] Dazu L. SCHENKE, Die Urgemeinde, 98f.
[21] Dazu CHR. DIETZFELBINGER, Die Berufung des Paulus als Ursprung seiner Theologie, Neukirchen-Vluyn 1989, 60ff.
[22] A.a.O., 62ff.
[23] Dazu E. LOHMEYER, Kyrios Jesus. Eine Untersuchung zu Phil 2,5-11, Darmstadt 1961; H. LANGHAMMER, Jesus in der Sprache der neutestamentlichen Christus-Lieder, in: Vom Urschristentum zu Jesus, 480ff.
[24] M. BUBER, Zwei Glaubensweisen, 100ff.
[25] Dazu R. SCHNACKENBURG, Der Brief an die Epheser, 74-78.
[26] Dazu nochmals der Beitrag von W. LÖSER »Universale concretum« als Grundsatz der Oeconomia revelationis, in: Handbuch der Fundamentaltheologie II, 108-121.
[27] SCHNACKENBURG, A.a.O., 179-190.
[28] Dazu K. BERGER, Theologiegeschichte des Urchristentums, 248f.
[29] A.a.O., 702f.
[30] So J. GNILKA, Jesus von Nazaret, 87f.
[31] H. WEDER, Die Arbeit der Utopie, in: Einblicke ins Evangelium. Exegetische Beiträge zur neutestamentlichen Hermeneutik, Göttingen 1992, 239-246.
[32] J.A. FISCHER (Hrsg.), Die Apostolischen Väter, München 1966, 213.
[33] J.W. VON GOETHE, Der West-östliche Divan: Buch des Sängers, Talismane.
[34] A. SCHWEITZER, Die Mystik des Apostels Paulus, Tübingen 1930, 126.

II. KAPITEL: DAS FORTLEBEN

[1] KIERKEGAARD, Einübung im Christentum, 37f.
[2] A.a.O., 19.
[3] Dazu der Abschnitt über das Schicksal der religiösen Ideen im Säkularisierungsprozeß, in: Hat der Glaube eine Zukunft? Düsseldorf 1994, 40-58; ferner H. LÜBBE, Säkularisierung. Geschichte eines ideenpolitischen Begriffs, Freiburg

und München 1975.

4 Dazu A. Vögtle, Die Dynamik des Anfangs, 22f; J. Broer und J. Werbick (Hrsg.), »Der Herr ist wahrhaft auferstanden« (Lk 24,34). Biblische und systematische Beiträge zur Entstehung des Osterglaubens, Stuttgart 1988, 25ff; H. Verweyen, Gottes letztes Wort, 408.

5 S. Freud, Das Unbehagen in der Kultur, in: Kulturtheoretische Schriften, Frankfurt 1974, 220ff; näheres dazu in meiner Modalanthropologie ›Der Mensch – das uneingelöste Versprechen‹, 257-262.

6 Dazu mein Beitrag ›Was ist mit diesem? Eine theologische Improvisation über das Thema des von Jesus geliebten Jüngers‹, in: C. Breytenbach und H. Paulsen (Hrsg.), Anfänge der Christologie (Festschrift für Ferdinand Hahn), Göttingen 1991, 323-336.

7 Dazu K. Beyschlag, Die verborgene Überlieferung von Christus, München und Hamburg 1969, 117-145.

8 Dazu F. Mussner, Der Galaterbrief, Freiburg 1981, 182f; J. Becker, Paulus. Der Apostel der Völker, 446; J. Moltmann, DerWeg Jesu Christi, 70.

9 K. Rahner, Probleme der Christologie von heute, in: Schriften zur Theologie I, Einsiedeln 1954, 184.

10 Wer dieses Wort, wie es zumeist geschieht, sofort auf die sühnende Todeshingabe Jesu bezieht, überhört den menschlichen Unterton, der in der formelhaften Wendung unüberhörbar durchklingt; so auch Mussner, A.a.O., 183.

11 Dazu H. Lietzmann, An die Korinther I/2, Tübingen 1949, 114ff; W. Schmithals, Die Gnosis in Korinth, 74-78; J. Becker, Paulus, 186-189.

12 Dazu G. Bornkamm, Paulus, 180; J. Becker, Paulus, 188.

13 Augustinus, Confessiones X, c.16,25; dazu Cl. von Bormann, Der praktische Ursprung der Kritik, Stuttgart 1974, 20ff.

14 B. Snell, die Entdeckung des Geistes. Studien zur Entstehung des europäischen Denkens bei den Griechen, Hamburg 1946, 57-86; J. Assmann, Die Erfindung des inneren Menschen. Studien zur religiösen Anthropologie, Gütersloh 1993, 81-114; F. Körner, Das Sein und der Mensch. Die existientielle Seinsentdeckung des jungen Augustin, Freiburg und München 1959, 110-245; C. Mayer, Homo spiritalis, Würzburg 1987, 3-60.

15 K. Berger, Wer war Jesus wirklich? (159ff).

16 A. Guillaomont (Hrsg.), Evangelium nach Thomas, 49ff.

17 Dazu das Kapitel »Der unsichtbare Sonnenaufgang« meiner Schrift ›Die Überwindung der Lebensangst‹, 81-93.

18 Dazu A. Vögtle, Grundfragen der Diskussion um das heilsmittlerische Todesverständnis Jesu, in: Offenbarungsgeschehen und Wirkungsgeschichte, 141-167.

19 A. Wikenhauser, Die Christusmystik des Apostels Paulus, 44.

20 Dazu R. Schnackenburg, Das Johannesevangelium II, 480f; J. Moltmann, Der Weg Jesu Christi, 271; J. Gnilka, Johannesevangelium, Würzburg 1988, 100.

21 H. de Lubac, Katholizismus als Gemeinschaft, Einsiedeln 1943, 183; J. Hemleben, Ernst Haeckel, Hamburg 1964, 76f.

22 Der welt- und heilsgeschichtliche Aspekt ist Gegenstand des folgenden Abschnitts.

23 G. Söhngen, Die Einheit der Theologie, München 1952, 324-341.

24 Dazu die kühnen Überlegungen J. Moltmanns in: Der Weg Jesu Christi, 315-329.

25 R. Schnackenburg, Der Brief an die Epheser, Zürich 1982, 186-196.

[26] GREGOR VON NYSSA, Hoheliedkommentar 4(PG44, 828D); nach H. RAHNER, Die Gottesgeburt. Die Lehre der Kirchenväter von der Geburt Christi im Herzen der Gläubigen, in: Zeitschrift für katholische Theologie 59 (1935) 333-418 (376).

[27] GREGOR VON NAZIANZ, Oratio 19,13 (An den Steuereinnehmer Julian): A.a.O., 366.

[28] MAXIMUS CONFESSOR, Quaestiones ad Thalassium, 40(PG 90, 400C); 47(PG90, 424C) und 56(PG 90, 584C), nach H. RAHNER, Die Gottesgeburt, 379ff.

[29] A.a.O., 338; 383.

[30] Näheres dazu in meinem Beitrag ›Die Geburt des Glaubens aus dem Wort‹, in: Glaubensimpulse, 28-46.

[31] AUGUSTINUS, Sermo 196,3.

[32] H. RAHNER, A.a.O., 394-403.

[33] A.a.O., 392.

[34] Dazu H. JONAS, Macht oder Ohnmacht der Subjektivität? Das Leib-Seele-Problem im Vorfeld des Prinzips Verantwortung, Frankfurt 1987.

[35] Dazu das Schlußkapitel von EWALD WASMUTHS Werk ›Der unbekannte Pascal. Versuch einer Deutung seines Lebens und seiner Lehre‹, Regensburg 1962, 296-318.

[36] A.a.O., 298.

[37] A.a.O., 310.

[38] B. PASCAL, Gebet um den Nutzen der Krankheit, in: Die Kunst zu überzeugen, Heidelberg 1963, 159f.

[39] Dazu R. GUARDINI, Christliches Bewußtsein. Versuche über Pascal, Mainz und Paderborn 1991, 208ff.

[40] Näheres dazu in meiner Schrift ›Der inwendige Lehrer. Der Weg zu Selbstfindung und Heilung‹, 87.

[41] R. SCHNEIDER, Winter in Wien. Aus meinen Notizbüchern 1957/58, Freiburg 1958, 131;171; dazu das Kapitel »Versöhnter Abschied. Zum geistigen Vorgang in Schneiders Winter in Wien« in: Glaubensimpulse, 381-400; E. STEIN, Kreuzeswissenschaft. Studie über Joannes a Cruce, Louvain 1950.

[42] G. SÖHNGEN, Kardinal Newman. Sein Gottesgedanke und seine Denkergestalt, Bonn 1946, 71.

[43] Dazu A. VÖGTLE, Das Buch mit den sieben Siegeln, Freiburg 1981, 59-94.

[44] Dazu R. GÖGLER, Zur Theologie des biblischen Wortes bei Origenes, Düsseldorf 1963, 244-298.

[45] H. RAHNER, Die Gottesgeburt, 373ff.

[46] JOACHIM VON FIORE, Das Reich des Heiligen Geistes, München-Planegg 1955, 17; dazu G. WENDELBORN, Gott und Geschichte. Joachim von Fiore und die Hoffnung der Christenheit, Wien-Köln 1974, 15-43.

[47] Dazu K. LÖWITH, Sämtliche Schriften 2: Weltgeschichte und Heilsgeschehen. Zur Kritik der Geschichtsphilosophie, Stuttgart 1983, 158-172.

[48] J. TRAEGER, Philipp Otto Runge oder die Geburt einer neuen Kunst, München 1977, 23-41; H. HOHL, Das Universum der »Zeiten«; Die Epiphanie des »Morgen«, in: W. HOFMANN (Hrsg.), Runge in seiner Zeit, München 1977, 188-192; 204-206.

[49] Dazu J. CHR. JENSEN, Philipp Otto Runge. Leben und Werk, Köln 1977, 114-146; 184ff.

[50] Dazu die Äußerung Runges: »Es wird eine abstrakte malerisch phantastisch-musikalische Dichtung mit Chören, eine Komposition für alle drei Künste zusammen, wofür die Baukunst ein ganz eigenes Gebäude aufführen sollte«; nach

TRAEGER, A.a.O., 28.

[51] Brief an Emilie Petersen vom 1. September 1810, in P. BETTHAUSEN (Hrsg.), Philipp Otto Runge. Briefe und Schriften, München 1982, 233f.

[52] Dazu R. GUARDINI, Christliches Bewußtsein. Versuche über Pascal, Mainz und Paderborn 1991, 192-213.

[53] M. BUBER, Gottesfinsternis. Betrachtungen zur Beziehung zwischen Religion und Philosophie (1953), in: Werke I: Schriften zur Philosophie, München und Heidelberg 1962, 520.

[54] Dazu meine Studie ›Überredung zur Liebe‹. Die dichterische Daseinsdeutung Gertrud von le Forts, Regensburg 1980, 147-159.

[55] KARL JASPERS, Die geistige Situation der Zeit (1931), Berlin 1971, 55; M. HORKHEIMER, Zur Kritik der instrumentellen Vernunft, Frankfurt 1974, 152; dazu mein Beitrag »Furcht und Angst. Werner Bergengruen und Gertrud von le Fort – Zwei Paradigmen dichterischer Angstbewältigung«, in: Gläubige Angstüberwindung, Augsburg 1993, 31-62.

[56] H. JONAS, Der Gottesbegriff nach Auschwitz. Eine jüdische Stimme, Frankfurt 1987, 37.

[57] G.W.F. HEGEL, Encyklopädie der philosophischen Wissenschaften, § 548.

[58] Näheres dazu im Fortgang meiner Studie, in der das »Wir in Christus« zum leitenden Gesichtspunkt wird.

III. KAPITEL: DIE SELBSTMITTEILUNG

[1] Dazu mein Beitrag »Fehlten Tote?« in meiner Schrift ›Hat der Glaube eine Zukunft?‹ (Düsseldorf 1994), 85-96.

[2] Dazu A. VÖGTLE, Der verkündigende und verkündigte Jesus »Christus«, in: J SAUER (Hrsg.), Wer ist Jesus Christus? (Freiburg 1977), 27-91; Ders., Die »Gretchenfrage« des Menschensohnproblems. Bilanz und Perspektiven, Freiburg 1994; K. BERGER, Vom Verkündiger zum Verkündigten. Anfragen an ein Programm, in: H. SCHMIDINGER (Hrsg.), Jesus von Nazaret, Graz 1995, 185-209.

[3] J. KLAUSNER, Jesus von Nazareth. Seine Zeit, sein Leben und seine Lehre (1922), Jerusalem 1952, 498.

[4] VÖGTLE, Der verkündigende und verkündigte Jesus »Christus«, 36f; für die Originalität von Mt. 3,2 spricht sich K. BERGER aus: Theologiegeschichte des Urchristentums, Tübingen 1995, 39.

[5] Dazu L. SCHENKE, Die Urgemeinde, 217-238.

[6] Ode 42; nach W. SCHNEEMELCHER (Hrsg.), Neutestamentliche Apokryphen II, Tübingen 1964, 623f.

[7] R. SCHNACKENBURG, Das Johannesevangelium I, 13. Zu diesen Redestücken bemerkt O. CULLMANN, daß in ihnen wie im Fall des Nikodemusgesprächs (Joh 3,13) der Auferstandene durch den Evangelisten redet. Durch ihn setzt er die Lehre fort, die er während seines Erdenlebens erteilte: Der johanneische Kreis. Zum Ursprung des Johannesevangeliums, Tübingen 1975, 19.

[8] Dazu TH. SCHMELLER, Brechungen, Urchristliche Wandercharismatiker im Prisma soziologisch orientierter Exegese, Stuttgart 1989, 75; 85; R.A. KNOX, Christliches Schwärmertum. Ein Beitrag zur Religionsgeschichte, Köln-Olten 1957, 20ff; H. LIETZMANN, An die Korinther I/II, 68ff.

[9] J.S. VON DREY, Die Apologetik als wissenschaftliche Nachweisung der Göttlichkeit des Christentums in seiner Erscheinung I, Mainz 1838, 118.

[10] K. Rahner, Grundkurs des Glaubens. Einführung in den Begriff des Christentums, Freiburg 1976, 275.

[11] Dazu W. Pannenberg, Offenbarung und »Offenbarungen« im Zeugnis der Geschichte, in: Handbuch der Fundamentaltheologie II, Freiburg 1985, 102-106.

[12] Dazu H. Kessler, Sucht den Lebenden nicht bei den Toten, 278ff.

[13] Dazu nochmals der einleitende Hinweis auf den sprachtheoretischen Ansatz Franz Rosenzweigs.

[14] Dazu R. Schnackenburg, Die Johannesbriefe, 42-57; H.J. Klauck, Die Johannesbriefe, Darmstadt 1991, 96f; 102f; 106.

[15] C.P. Thiede, Die älteste Evangelien-Handschrift? Das Markus-Fragment von Qumran und die Anfänge der schriftlichen Überlieferung des Neuen Testaments, Wuppertal 1986; C.P Thiede und M. d'Ancona, Der Jesus-Papyrus. Die Entdeckung einer Evangelienhandschrift aus der Zeit der Augenzeugen, Reinbek 1997; ferner K. Berger, Wer war Jesus wirklich? (14-18).

[16] Geradezu horrend mutet die Einstufung des Matthäusevangelisten zum Augenzeugen an, da dieser, von allen übrigen Gründen abgesehen, sich dann nur ein einziges Mal (Mt 9,9) in seinen »Erlebnisbericht« eingebracht hätte.

[17] Dazu W. Schmithals, Die Gnosis in Korinth. Eine Untersuchung zu den Korintherbriefen, Göttingen 1956, 81f.

[18] F. Ricken, Das Homousios von Nikaia als Krisis des altchristlichen Platonismus, in: B. Welte (Hrsg.), Zur Frühgeschichte der Christologie, Freiburg 1970, 82; dazu K. Beyschlag, Grundriß der Dogmengeschichte I, Darmstadt 1988, 254-308.

[19] A.a.O., 98.

[20] A.a.O., 96.

[21] B. Welte, Die Lehrformel von Nikaia und die abendländische Metaphysik, in dem von ihm hrsg. Sammelband, 100-117.

[22] A.a.O., 111f. Es ist das bleibende Verdienst Karl Löwiths, den Nebel des Heideggerschen Amalgams durch seine Destruktion der in die Welt- und Seinsgeschichte eingeebneten Heilsgeschichte zerstreut zu haben; dazu W. Ries, Karl Löwith, Stuttgart 1992, 34-48.

[23] F. Nietzsche, Jenseits von Gut und Böse II, § 30.

[24] Dazu der Hinweis auf die esoterische Dimension in meiner Schrift ›Paulus: Zeuge, Mystiker, Vordenker‹, 249ff.

[25] Chr. Dietzfelbinger, Die Berufung des Paulus als Ursprung seiner Theologie, Neukirchen-Vluyn 1989, 90-137.

[26] Dazu L. Schenke, Die Urgemeinde, 317-347.

[27] Dazu G. Theissen, Psychologische Aspekte paulinischer Theologie, 346.

[28] Dazu K. Gaiser, Platons ungeschriebene Lehre. Studien zur systematischen und geschichtlichen Begründung der Wissenschaften in Platons Schule, Stuttgart 1963; Th. A. Szlezak, Platons Schriftlichkeit der Philosophie. Interpretation zu den frühen und mittleren Dialogen, Berlin1985; dazu M. Buber, Gottesfinsternis, in: Werke I, 534.

[29] Dazu mein Paulusbuch (1992), 359ff.

[30] In diesem Sinne beantwortet Kierkegaard die von ihm aufgeworfene Frage nach dem Schüler zweiter Hand: Philosophische Brocken (Ausgabe Richter, 95); dazu H. Fischer, Die Christologie des Paradoxes. Zur Herkunft und Bedeutung des Christusverständnisses Sören Kierkegaards, Göttingen 1970, 35f.

[31] Wie Anm. 29: A.a.O., 253f.

32 A.a.O., 362ff.
33 M. BUBER, Zwei Glaubensweisen, in Werke I, 749.
34 Wie Anm. 29: A.a.O., 271-274.
35 A.a.O., 274ff; ferner J. MOLTMANN, Der Weg Jesu Christi, 204.
36 R. ARON, Die verborgenen Jahre Jesu (1961), München 1973, 53f.
37 E. HIRSCH, Frühgeschichte des Evangeliums, Tübingen 1951, 260f.
38 M. BUBER, Zwei Glaubensweisen, in Werke I, 738ff.
39 PH. VIELHAUER, Geschichte der urchristlichen Literatur, Berlin 1975, 341-345.
40 Dazu nochmals das auf Seite 290 Gesagte.
41 Dazu K. BERGER, Theologiegeschichte des Urchristentums, 116; 376f; ferner mein Jesusbuch ›Der Freund‹, 201f.
42 Dazu mein auf Seite 428, Anm. 3 und 451, Anm. 90 angegebener Beitrag ›Der Verlust der Attribute. Für die Ergiebigkeit der esoterischen Perspektive spricht nicht zuletzt die Tatsache, daß sie, einem Fingerzeig BUBERS zufolge, die von HANS KESSLER in der Zweitauflage seines Auferstehungsbuchs (1995) aufgeworfene Frage nach den Möglichkeitsbedingungen der Ostererscheinungen beantworten hilft. Nach Buber antwortet Jesus auf die Befragung durch den Hohenpriester mit einem Fernblick auf seine künftige Verherrlichung, mit dem er zugleich die Blickbahn aufstößt, in die die Zeugen seiner österlichen Erscheinungen eintreten: M. BUBER, Zwei Glaubensweisen, in: Werke I, 732; H. KESSLER, Sucht den Lebenden nicht bei den Toten (1995), 492-501.
43 Wie Anm. 31.
44 Dazu E. KÄSEMANN, Der gottesdienstliche Schrei nach Freiheit, in: Paulinische Perspektiven, Tübingen 1972, 210-236.
45 M. BUBER, Zwei Glaubensweisen, in: Werke I, 775f.
46 R. SCHNACKENBURG, Der Brief an die Epheser, Einsiedeln 1982, 202f.
47 A.a.O. 99f.
48 J.A. FISCHER (Hrsg.), Die Apostolischen Väter, München 1956, 200f.
49 AUGUSTINUS, De magistro liber unus, c.14, 46.
50 Näheres dazu in meiner Schrift ›Der inwendige Lehrer. Der Weg zu Selbstfindung und Heilung‹, München 1994, 95-110.
51 Näheres dazu in meinem auf Seite 433, Anm. 41angeführten Beitrag ›Der Helfer und die Hilfe‹.
52 Näheres dazu in meiner Anfrage »Kennen wir den Gott Jesu Christi?« In Stimmen der Zeit 215 (1996).
53 Dazu der gleichlautende Abschnitt meiner Schrift ›Überwindung der Lebensangst. Wege zu einem befreienden Gottesbild‹, München 1996, 81-93.
54 Näheres dazu im Abschnitt »Der kreative Glaube«, in: A.a.O., 94-105.
55 K. LÖWITH, Vicos Grundsatz: Verum et factum convertuntur. Seine theologische Prämisse und deren säkulare Konsequenz: Sitzungsbericht der Heidelberger Akademie der Wissenschaften, Heidelberg 1968; Ders., Weltgeschichte und Heilsgeschehen, in: Sämtliche Schriften II, 130.
56 G. VICO, Liber metaphysicus; Risposte, München 1979, 34ff.
57 Dazu mein Beitrag ›Glaubensbegründung als Wahrheitsgeschehen. Eine wahrheitstheoretische Reflexion‹, in: Natur und Geschichte, Stuttgart 1967, 11-33.
58 Dazu W. LÖSER, »Universale concretum« als Grundgesetz der oeconomia revelationis, in: Handbuch der Fundamentaltheologie II, 118ff.
59 M. HEIDEGGER, Platons Lehre von der Wahrheit, Bern 1954, 35-52; E. HOFFMANN, Platon, Zürich 1950, 65-75.
60 Dazu K. LÖWITH, Von Hegel zu Nietzsche. Der revolutionäre Bruch im Denken des neunzehnten Jahrhunderts, Stuttgart 1969, 354-359.

FÜNFTER TEIL: DIE IDENTIFIKATION

Überleitung

[1] A. Schweitzer, Die Mystik des Apostels Paulus, Tübingen 1930, 122f.
[2] R. Bultmann, Theologie des Neuen Testaments, Tübingen 1984, 226f; 320; M. Heidegger, Sein und Zeit, Halle 1935, 180-230; dazu K. Löwith, Sämtliche Schriften 8: Heidegger – Denker in dürftiger Zeit. Zur Stellung der Philosophie im 20. Jahrhundert, Stuttgart 1984, 125-163.
[3] P. Wust, Ungewißheit und Wagnis, München und Kempten 1950, 139-159; ferner W. Röd, Descartes. Die Genese des cartesianischen Rationalismus, München 1982, 53-63; 76-79.
[4] Dazu W. Röd, Der Gott der reinen Vernunft. Die Auseinandersetzung um den ontologischen Gottesbeweis von Anselm bis Hegel, München 1992, 20-54.
[5] A. Schweitzer, Die Mystik des Apostels Paulus, 125.
[6] P. Schoonenberg, Der Geist, das Wort und der Sohn. Eine Geist-Christologie, Regensburg 1992, 150-159.
[7] Dazu meine Schrift ›Paulus: Zeuge, Mystiker, Vordenker‹, 171-174.
[8] K. Rahner, Grundkurs des Glaubens, 122ff; 131f.
[9] Dazu H. Lietzmann, An die Korinther I/II, 66ff; ferner O. Kuss, Paulus. Die Rolle des Apostels in der theologischen Entwicklung der Urkirche, Regensburg 1971, 88f; 424; E. Hoffmann, Pauli Hymnus auf die Liebe, in: Platonismus und christliche Philosophie, Zürich und Stuttgart 1960, 202f.

I. Kapitel: Die Erweckung des Glaubens

[1] Dazu der Hinweis in meiner Untersuchung »Der Mensch – das uneingelöste Versprechen«, 114f.
[2] Dazu J. Gnilka, Jesus von Nazaret. Botschaft und Geschichte, Freiburg 1990, 268-280.
[3] Dazu A. Vögtle, Offenbarungsgeschehen und Wirkungsgeschichte, 163ff.
[4] G. von Bredow (Hrsg.), Das Vermächtnis des Nikolaus von Kues. Der Brief an Nikolaus Albergati nebst der Predigt in Montoliveto (1463), Heidelberg 1955, 25-57.
[5] Cusanus, Excitationes I,3; nach H. de Lubac, Katholizismus als Gemeinschaft, Einsiedeln 1943, 405.
[6] S. Weil, Zeugnis für das Gute, München 1990, 18; nach H. Kessler, Sucht den Lebenden nicht bei den Toten, 444.
[7] Dazu R. Rehm, Experimentum medietatis. Studien zur Geistes- und Literaturgeschichte des 19. Jahrhunderts, München 1947, 7-55.
[8] E. Zeller, Golgatha, in: Evangelische Kommentare 8 (1975) 173.
[9] M. Heidegger, Holzwege, Frankfurt 1950, 246f; dazu K. Löwith, Die Auslegung des Ungesagten in Nietzsches Wort »Gott ist tot«, in Heidegger – Denker in dürftiger Zeit, 193-227.
[10] H. Fries, Fundamentaltheologie, Graz 1985, 310; H. Waldenfels, Kontextuelle Fundamentaltheologie, Paderborn 1985, 172f.
[11] Dazu M. Venard, Das Fünfte Laterankonzil und das Konzil von Trient, in: G. Alberigo (Hrsg.), Geschichte der Konzilien, Düsseldorf 1993, 361f.

[12] So der zusammenfassende Abgesang auf dieses Konzept in dem von HEINRICH FRIES vorgelegten Werk.

[13] G. KRÜGER, Die Herkunft des philosophischen Selbstbewußtseins, in: Freiheit und Weltverwaltung. Aufsätze zur Philosophie der Geschichte, Freiburg und München 1958, 42; W. SCHULZ, Der Gott der neuzeitlichen Metaphysik, Pfullingen 1957, 41; ferner die Ausführungen meiner Schrift ›Theologie und Atheismus‹, 29-42.

[14] Erwähnt sei hier die an den Problemgrund rührende Frage ROHRMOSERS, ob sich die Frage Luthers nicht dem Verständnis des heutigen Menschen völlig entziehe, und was von dem Kernstück des ganzen Protestantismus, der Rechtfertigungslehre, bleibe, wenn diese Frage nicht mehr das sie bewegende Zentrum bilde; dazu die Ausführungen über den Schwund des Sündenbewußtseins in meiner Studie ›Glaubensprognose‹, 151-160.

[15] Ausführlich dazu meine Studie ›Glaubensverständnis. Grundriß einer hermeneutischen Fundamentaltheologie‹, Freiburg 1975; ferner die Ausführungen meiner Untersuchung ›Die glaubensgeschichtliche Wende‹, 193-199.

[16] Ausführlicher dazu mein Beitrag über die Geburt des Glaubens aus dem Wort, in: Glaubensimpulse, 28-46.

[17] M. BUBER, Zwei Glaubensweisen, in: Werke I, 687f.

[18] Dazu nochmals der thematische Beitrag HUGO RAHNERS über die Lehre der Kirchenväter von der Geburt Christi im Herzen der Gläubigen, in: Zeitschrift für katholische Theologie 59 (1935) 333-418.

[19] ARAUSICANUM II, can.5; dazu R. SEEBERG, Lehrbuch der Dogmengeschichte II: Die Dogmenbildung in der Alten Kirche, Darmstadt 1953, 585-591.

[20] Dazu LIETZMANN, An die Korinther I/2, 112ff.

[21] Dazu W. SCHMITHALS, Die theologische Anthropologie des Paulus, Stuttgart 1980, 117-137; E. KÄSEMANN, Der gottesdienstliche Schrei nach Freiheit, in: Paulinische Perspektiven, Tübingen 1972, 211-236.

[22] Dazu G. BAUDLER, El – Jahwe – Abba. Wie die Bibel Gott versteht, Düsseldorf 1996, 200-216.

[23] Dazu mein Beitrag »Bach als Wiederentdecker der paulinischen Heilsbotschaft«, in: Glaubensimpulse, 224-237.

[24] Näheres dazu in meiner Schrift ›Der inwendige Lehrer‹, 118ff.

[25] Dazu H. KOHLENBERGER (Hrsg.), Reason, Action and Experience (Festschrift für Raymond Klibansky), Hamburg 1979, 181ff.

[26] M. BUBER, Gottesfinsternis, in: Werke I, 596.

[27] M. HEIDEGGER, Die Frage nach der Technik, in: Vorträge und Aufsätze, Pfullingen 1954, 44; H.-D. BASTIAN, Theologie der Frage, München 1969, 146.

[28] Näheres dazu in meiner Antwort auf die Frage »Fehlten Tote?« in meiner Schrift ›Hat der Glaube eine Zukunft?‹ (1994), 85-96.

[29] H. KESSLER, Sucht den Lebenden nicht bei den Toten, 502.

[30] Aufschlußreich ist dafür vor allem das »Ich bin es«, mit dem sich Jesus in der ihrer Struktur und Herkunft nach österlichen Szene von seinem Gang über den See (Mk 6,50) den verängstigten Jüngern zu erkennen gibt. Daß die von VÖGTLE in Abrede gestellten »verbalen« Äußerungen des Auferstandenen auf einer anderen – empirischen – Ebene liegen, versteht sich aus dem Kontext von selbst.

[31] Dazu mein Beitrag »Konkretes Verstehen«, in: J. HOLZ-MÄNTÄRRI und CHR. NORD (Hrsg.), Traducere navem (Festschrift für Katharina Reiss), Tampere 1993, 219-227.

[32] Im Fall der ›Philosophischen Brocken‹ spiegelt sich das schon in ihrem mit der

Frage »Kann es einen historischen Ausgangspunkt für ein ewiges Bewußtsein geben?« beginnenden Motto, im Fall der ›Einübung im Christentum‹ ist es die das ganze leitende Problemstellung.

[33] KIERKEGAARD, Einübung im Christentum (Ausgabe Hirsch und Gerdes), Gütersloh 1980, 13.

[34] A.a.O., 139.

[35] A.a.O., 141.

[36] Dazu H. VON LIPS, Weisheitliche Traditionen im Neuen Testament, Neukirchen-Vluyn 1990, 280-285.

[37] KIERKEGAARD, A.a.O., 18.

[38] A.a.O., 102; Näheres dazu in meinem Jesusbuch ›Der Freund‹, 54f.

[39] H. GERDES, Sören Kierkegaards ›Einübung im Christentum‹, 1.

[40] Dazu die titelgleiche Schrift GUARDINIS, Würzburg 1962.

[41] KIERKEGAARD, A.a.O., 19.

[42] A. SCHWEITZER, Die Mystik des Apostels Paulus, 117; ferner A. WIKENHAUSER, Die Kirche als der mystische Leib Christi nach dem Apostel Paulus, Münster 1937, 84.

[43] SCHWEITZER, A.a.O., 126.

[44] Dazu E. BLOCH, Zur Philosophie der Musik, Frankfurt 1974.

[45] H. MARCUSE, Der eindimensionale Mensch. Studien zur Ideologie der fortgeschrittenen Industriegesellschaft, Neuwied und Berlin 1970, 103; 210ff.

[46] Dazu R. SCHNACKENBURG, Der Brief an die Epheser, 182-189.

[47] In dieser von LIVIUS überlieferten, aber im Hellenismus weitverbreiteten sozialkritischen Parabel, die den bedrohten Zusammenhalt von Plebejern und Patriziern mit dem Hinweis auf die gegenseitige Verwiesenheit von arbeitenden Händen und ernährendem Magen zu festigen sucht, sehen ältere Autoren die Quelle des paulinischen Gedankens; dazu A. WIKENHAUSER, Die Kirche als der mystische Leib Christi nach dem Apostel Paulus, 130-152; H. LIETZMANN, An die Korinther I/II, 62ff.

[48] AUGUSTINUS, Soliloquiorum libri duo, I c.1.

[49] Näheres dazu in meinem Jesusbuch ›Der Freund‹, 58ff.

[50] E. KÄSEMANN, Jesu letzter Wille. Nach Johannes 17, Tübingen 1980, 18.

[51] Zu diesem zweiten und krönenden der beiden Hymnen, die Paulus auf die Liebe anstimmte, die Ausführungen meines Paulusbuchs (1991), 169-173.

[52] Dazu LIETZMANN, An die Korinther I/II, 11; ferner die Ausführungen meines Paulusbuchs (1991), 228ff.

[53] Dazu B.L. MACK, Logos und Sophia. Untersuchungen zur Weisheitstheologie im hellenistischen Judentum, Göttingen 1975, 21-78; A. SCHMITT, Das Buch der Weisheit, Würzburg 1986, 82-86.

II. KAPITEL: DIE DYNAMIK DER HOFFNUNG

[1] M. BUBER, Gottesfinsternis, in: Werke I, 520.

[2] A.a.O., 511.

[3] A.a.O., 666ff.

[4] I. BACHMANN, Früher Mittag, in: Die gestundete Zeit, Gedichte, München 1983, 26.

[5] R. BULTMANN, Das Urchristentum im Rahmen der antiken Religionen, Zürich 1949, 164ff.

[6] Nietzsche, Ecce homo: Warum ich ein Schicksal bin, § 1.
[7] Dazu R. SCHNACKENBURG, Matthäusevangelium I, Würzburg 1985, 40.
[8] Dazu CHR. DIETZFELBINGER, Die Berufung des Paulus als Ursprung seiner Theologie, 62ff.
[9] Dazu F. MUSSNER, Der Galaterbrief, Freiburg 1981, 206f.
[10] Auf dieses Moment hebt insbesondere GEORG BAUDLER in seiner Untersuchung ›Töten oder Lieben‹ ab; dazu meine Rezension ›Die Stimme der Antigone. Zu Georg Baudlers Untersuchung über Gewalt und Gewaltlosigkeit in Religion und Christentum‹, in: Theologische Revue 90 (1944) 355-368.
[11] NIETZSCHE, Der Antichrist, § 35.
[12] Dazu K. KERTELGE, Grundthemen paulinischer Theologie, Freiburg 1991, 141; 213.
[13] GUARDINI, Das Ende der Neuzeit – Die Macht, Mainz und Paderborn 1986, 94.
[14] K. LÖWITH, Sämtliche Schriften II: Weltgeschichte und Heilsgeschehen, 69-114 (Fortschritt kontra Vorsehung); 392-410 (Das Verhängnis des Fortschritts); dazu das Kapitel über das Schicksal der religiösen Ideen im Säkularisierungsprozeß, in: Hat der Glaube eine Zukunft? (Düsseldorf 1995), 40-59.
[15] J. FEST, Der zerstörte Traum. Vom Ende des utopischen Zeitalters, Berlin 1991; dazu die Ausführungen meiner Schrift ›Hat der Glaube eine Zukunft‹ (89f).
[16] E. BLOCH, Das Prinzip Hoffnung, Frankfurt 1959; K.M. WOSCHITZ, Elpis – Hoffnung. Geschichte, Philosophie, Exegese, Theologie eines Schlüsselbegriffs, Wien 1979.
[17] BLOCH, Das Prinzip Hoffnung, 281ff; 377ff; Ders. Geist der Utopie, Frankfurt 1973.
[18] BLOCH, Philosophische Grundfragen I: Zur Ontologie des Noch-nicht-Seins, Frankfurt 1961.
[19] BLOCH, Geist der Utopie, 272f.
[20] BLOCH, Das Prinzip Hoffnung, 1482-1504; dazu M. RIEDEL, Tradition und Utopie. Ernst Blochs Philosophie im Lichte der geschichtlichen Erfahrung, Frankfurt 1995; ferner W. RÖD, Der Weg der Philosophie von den Anfängen bis ins 20. Jahrhundert II, München 1996, 419.
[21] BLOCH, A.a.O., 1486.
[22] A.a.O., 1487f.
[23] A.a.O., 384.
[24] A.a.O., 1490.
[25] Dazu K.M. WOSCHITZ, Elpis – Hoffnung, 630ff.
[26] So B.S. CHILDS, Die Theologie der einen Bibel (Originaltitel: Biblical Theology of the Old and New Testament) II, Freiburg 1996, 28.
[27] Dazu M.B. FOSTER, Die Geschichte als Schicksal des Geistes in der Hegelschen Philosophie, Tübingen 1929; K. LÖWITH, Weltgeschichte und Heilsgeschehen, 61-69; W. RÖD, Der Weg der Philosophie, 269f.
[28] Dazu L. SCHENKE, Die Urgemeinde, 263; C. ANDRESEN und A.M. RITTER, Die Geschichte des Christentums I/1, Stuttgart 1993, 24f.
[29] Dazu A. VÖGTLE, Der Judasbrief und der zweite Petrusbrief, Solothurn und Düsseldorf 1994, 209f; 223; 260-272.
[30] Dazu U.H.J. KÖRTNER, Weltangst und Weltende. Eine theologische Interpretation der Apokalyptik, Göttingen 1988, 138-154.
[31] Dazu F.J. NOCKE, Eschatologie, Düsseldorf 1985; M. KEHL, Eschatologie, Würzburg 1986.
[32] H.U. VON BALTHASAR, Eschatologie, in: Fragen der Theologie heute, Einsiedeln

1958, 403-422; Ders., Theodramatik IV: Das Endspiel, Einsiedeln 1983.

33 Dazu U. Körtner, Weltangst und Weltende, 69ff; 130-137.

34 Dazu Schenke, A.a.O., 98f; Andresen und Ritter, Geschichte des Christentums I/1, 2; 163.

35 Dazu G. Fuchs und H.H. Hendrix (Hrsg.), Messianisches Denken bei Franz Rosenzweig, Frankfurt 1987; Th. Steinbüchel, Der Umbruch des Denkens, Regensburg 1936, 49ff; 53ff.

36 Dazu Vögtle, Der Judasbrief und der zweite Petrusbrief, 169ff.

37 F.W.J. Schelling, Philosophie der Offenbarung, Darmstadt 1955, 219; F. Nietzsche, Die fröhliche Wissenschaft III, § 125.

38 W. Pannenberg (Hrsg.), Offenbarung als Geschichte, Göttingen 1961; Ders., Heilsgeschehen und Geschichte, in: Grundfragen systematischer Theologie, Göttingen 1967, 22-78. Den Grundgedanken des Konzepts hatte Martin Deutinger mit der These vom Walten Gottes in der Geschichte, zu der er sich nicht als Creator, sondern als Genitor verhalte, vorweggenommen; dazu E. Reisch, Martin Deutingers dialektische Geschichtstheologie, Bonn 1939, 97ff; ferner L. Bopp, Erlösung nach Martin Deutingers Betrachtungen über das Reich Gottes nach Johannes, Bonn 1947.

39 F.H. Tenbruck, Geschichtserfahrung und Religion in der heutigen Gesellschaft, in: Spricht Gott in der Geschichte? (Freiburg 1972), 9-94; dazu P. Eicher, Offenbarung. Prinzip neuzeitlicher Theologie, München 1977, 425-453; ferner meine Schrift ›Gott verstehen. Erwägungen zum Verhältnis Mensch und Offenbarung‹, München 1971, 34-38.

40 Dazu die im Widerspruch zu Karl Heinz Bohrers These »Es fehlten Tote« erörterte Frage »Fehlten Tote?« meiner Schrift ›Hat der Glaube eine Zukunft?‹ (85-96); auf welch schwankendem Boden die deutsche Wiedervereinigung zustande kam, verdeutlicht die Untersuchung von Ph. Zelikow und C. Rize ›German Unified and Europe Transformated‹, London 1995.

41 Dazu D. Arenhoevel, Was sagt das Konzil über die Offenbarung?

42 Dogmatische Konstitution Dei Verbum, c.I,3; W. Pannenberg, Offenbarung und »Offenbarungen« im Zeugnis der Geschichte, in: Handbuch der Fundamentaltheologie II, Freiburg 1985, 84-107; ferner Arenhoevel, A.a.O., 17-20.

43 G. Klein, Die Fragwürdigkeit der Idee der Heilsgeschichte, in: Spricht Gott in der Geschichte? (München 1964), 149.

44 Dazu Woschitz, Elpis – Hoffnung, 501-606.

45 J. Fest, Der zerstörte Traum, 103.

46 Dazu mein Beitrag »Leitsterne für Morgen«, in: W. Krieger und H.M.Rauter (Hrsg.), Christliche Visionen für ein offenes Europa, Wien 1994, 49-58.

47 Fest, A.a.O., 21; 92.

48 G. von Rad, Theologie des Alten Testaments II, 314-321; A. Schmitt, Das Buch der Weisheit, 87-140.

49 F. Dexinger, Das Buch Daniel und seine Probleme, Stuttgart 1969.

50 A.a.O., 55-67.

51 H. Weder, Die Arbeit der Utopie, in: Einblicke ins Evangelium. Exegetische Beiträge zur neutestamentlichen Hermeneutik, Göttingen 1992, 239-246.

52 Ch. Dodd, The Parables of the Kingdom (1935); dazu W.E. Kümmel, Die exegetische Erforschung des Neuen Testaments in diesem Jahrhundert, in: Bilanz der Theologie im 20. Jahrhundert I, Freiburg 1969, 347f.

53 Dazu mein Beitrag »Jesus Christus – Anspruch und Ausweis«, in: Handbuch der Fundamentaltheologie II, Freiburg 1958, 232-236.

[54] Nach P. Bertaux, Mutation der Menschheit, Diagnose und Prognose, Frankfurt 1963, 144.

[55] J. Ortega y Gasset, Vom Menschen als dem utopischen Wesen, Stuttgart 1951.

[56] Dazu meine Untersuchung ›Der Mensch – das uneingelöste Versprechen. Entwurf einer Modalanthropologie‹, Düsseldorf 1995.

[57] Augustinus, Confessiones IV, c.16.

[58] K. Jaspers, Die geistige Situation der Zeit (1931), Berlin 1971, 55.

[59] G. Lohfink, Zur Möglichkeit christlicher Naherwartung, in: Naherwartung – Auferstehung – Unsterblichkeit, Freiburg 1975, 38-81; dazu G. Kümmel, A.a.O., 319.

[60] A. Camus, Der Mensch in der Revolte, Hamburg 1953, 308.

[61] S. Weil, Das Unglück und die Gottesliebe, München 1961, 75.

[62] P. Wust, Ungewißheit und Wagnis, München und Kempten 1950, 236-253; dazu mein Beitrag »Das Wagnis der Weisheit. Der wahrheitstheoretische Ansatz Peter Wusts«, in: Religiöse Erfahrung und theologische Reflexion, Paderborn 1993, 133-142.

[63] So schon der Abschnitt über die Utopie des Glaubens in meiner Schrift ›Überwindung der Lebensangst‹, 109f.

[64] Dazu Th.W. Adornos Bemerkungen zur Credofuge in seinem Beitrag »Verfremdetes Hauptwerk«, in: Moment musicaux, Frankfurt 1964, 177.

[65] Nietzsche, Der Antichrist, § 39.

[66] Ignatius, Brief an die Gemeinde von Smyrna, 19,2; Kol 1,27.

III. Kapitel: Der Zielgrund Liebe

[1] Näheres dazu in meiner Studie ›Der Mensch – das uneingelöste Versprechen‹, 115.

[2] Es handelt sich um eine stereotype Überinterpretation, wenn das »hingegeben« auf den Opfertod Jesu bezogen wird; denn dadurch wird der urmenschliche Sinn des Ausdrucks bis zur Unkenntlichkeit von dem sakrifikalen Deutemuster überlagert; denn »Hingabe« ist der Selbstvollzug der Liebe, keine von ihr erbrachte Leistung.

[3] Dazu K.H. Schelkle, Paulus. Leben – Gedanken – Theologie, Darmstadt 1981, 60; ferner meine Schrift ›Der inwendige Lehrer‹, 106ff.

[4] R. Bultmann, Zur Frage der Christologie (1927), in: Glauben und Verstehen I, Tübingen 1966, 101.

[5] A. Vögtle, Herkunft und ursprünglicher Sinn der Taufperikope Mk. 1,9-11, in: Offenbarungsgeschehen und Wirkungsgeschichte, 70-108.

[6] Ein dichterisches Gegenstück dazu bietet Mörikes ›Göttliche Reminiszenz‹; dazu R. Guardini, Gegenwart und Geheimnis. Eine Auslegung von fünf Gedichten Eduard Mörikes, Würzburg 1957, 50-64.

[7] »Absolut unmöglich für den Menschen und doch absolut notwendig für ihn«, ist für Maurice Blondel der eigentliche Begriff des Übernatürlichen; nach E. Seiterich, Wege der Glaubensbegründung nach der sogenannten Immanenzapologetik, Freiburg 1938, 54.

[8] A. Schweitzer, Die Mystik des Apostels Paulus, 4f; 368f.

[9] Dazu H. Schürmann, Jesu ureigener Tod. Exegetische Besinnungen und Ausblicke, Freiburg 1975, 78-96.

[10] Dazu D. Sternberger, Heinrich Heine und die Abschaffung der Sünde, Frank-

furt 1976; dazu die Ausführungen meiner Untersuchung ›Glaubensprognose‹, 151-160.

[11] M. SCHELER, Vom Ewigen im Menschen I: Religiöse Erneuerung, Leipzig 1921, 5-58.

[12] Dazu der Abschnitt »Der Gewissensruf« meiner Modalanthropologie ›Der Mensch – das uneingelöste Versprechen‹, 191-196.

[13] E.R. DODDS, Die Griechen und das Irrationale (Originaltitel: The Greeks and the Irrational), Darmstadt 1991, 17-37.

[14] M. BUBER, Bilder von Gut und Böse, in: Werke I: Schriften zur Philosophie, 615.

[15] Dazu G. VON RAD, Das erste Buch Mose. Genesis Kapitel 1-12,9, Göttingen 1956, 73f.

[16] D. SÖLLE, Stellvertretung. Ein Kapitel Theologie nach dem »Tode Gottes«, Stuttgart 1965.

[17] Dazu W. SCHMITHALS, Die theologische Anthropologie des Paulus, 152-162; ferner G. THEISSEN, Psychologische Aspekte paulinischer Theologie, 117-120; E. KÄSEMANN, Der gottesdienstliche Schrei nach der Freiheit, in: Paulinische Perspektiven, 211-236.

[18] Dazu R. SCHNACKENBURG, Das Johannesevangelium III, 145-151.

[19] Dazu A. WIKENHAUSER, Die Kirche als der mystische Leib Christi nach dem Apostel Paulus, 146f; 196f.

[20] Dazu G. THEISSEN, Psychologische Aspekte paulinischer Theologie, 310f; K. KERTELGE, Grundthemen der paulinischen Theologie, Freiburg 1991, 98f; 144; 200ff.

[21] Selbst der durch den Traktat über die Juden (1988) hervorgetretene FRANZ MUSSNER geht in seinem Galaterkommentar nur am Rand auf den Zusammenhang dieses Wortes mit dem (nach Gal 3,13) »zum Fluch« Gewordenen ein: Der Galaterbrief, Freiburg 1981, 233f.

[22] AUGUSTINUS, In Ps 26,2, n.23; nach H. DE LUBAC, Katholizismus als Gemeinschaft, 106.

[23] Nach der ›Himmlischen Hierarchie‹ des PSEUDO-DIONYSIUS (c.7, n.1) sind die Cherubim mit der besonderen Fähigkeit der Erkenntnis und Gottschau begabt, aber auch dazu, mit Wesen zweiter Ordnung in Beziehung zu treten und die ihnen eingegossene Weisheit an diese weiterzugeben.

[24] Die Aussage steht bei Paulus in einem zu engen Konnex mit der über seine mystische Identitätsfindung, als daß sie, wie es nach einem bereits gegebenen Hinweis fast durchweg geschieht, mit der Vorstellung von der Sühne durch die Todeshingabe Jesu befrachtet werden dürfte. Sie gibt vielmehr Aufschluß darüber, daß der Apostel durch die liebende Hingabe des ihm einwohnenden Gottessohnes zur Selbstfindung gelangte; dazu auch A. SCHWEITZER, Die Mystik des Apostels Paulus, 216f.

[25] Nach H.U. VON BALTHASAR, Augustinus. Das Antlitz der Kirche, Einsiedeln 1942, 42.

[26] AUGUSTINUS, Johanneskommentar, tr.108, c.5.

[27] DANTE, Die Göttliche Komödie III, 108-123; dazu R. GUARDINI, Der Engel in Dantes Göttlicher Komödie, München 1951, 103-112.

[28] ORIGENES, In Leviticum, hom.7, n.2; nach H. DE LUBAC, A.a.O., 111; auf die Bedeutung der Stelle verweist H. VERWEYEN, in: Gottes letztes Wort, 409f.

[29] So das Schlußkapitel der ›Mystischen Theologie‹.

[30] H. BALL, Byzantinisches Christentum (1921/22), Einsiedeln 1958, 187.

[31] Dazu E. SCHARL, Recapitulatio mundi. Der Rekapitulationsbegriff des heiligen

Irenäus und seine Anwendung auf die Körperwelt, Freiburg 1941; N. BROX, Offenbarung, Gnosis und gnostischer Mythos bei Irenäus von Lyon, Salzburg und München 1966; MAXIMUS CONFESSOR, Questiones ad Thalassium 59; H.U. VON BALTHASAR, Kosmische Liturgie. Das Weltbild Maximus' des Bekenners, Einsiedeln 1961, 184; H. MAYER, Heinrich von Kleist. Der geschichtliche Augenblick, in: Zur deutschen Klassik und Romantik, Pfullingen 1963, 183-242; L. REIMER, Die Wiederholung als Problem der Erlösung bei Kierkegaard, in: M. THEUNISSEN und W. GREVE (Hrsg.), Materialien zur Philosophie Sören Kierkegaards, Frankfurt 1979, 302-346; G.-G. GRAU, Die Selbstauflösung des christlichen Glaubens. Eine religionsphilosophische Studie über Kierkegaard, Frankfurt 1963, 138-175; K. LÖWITH, Nietzsches Philosophie der ewigen Wiederkehr des Gleichen, Stuttgart 1956, 161-178.

[32] So PSEUDO-DIONYSIUS in seiner Schrift ›Himmlische Hierarchie‹ c.7, n.1; dazu H. BALL, Byzantinisches Christentum, 196-211; ferner E. VON IVÁNCA, Plato Christianus: Übernahme und Umgestaltung des Platonismus durch die Väter, Einsiedeln 1964, 274ff.

NACHWORT

[1] F.W.J. SCHELLING, Sämtliche Werke (Stuttgart 1856-69) VII, 415.

[2] VATICANUM I, Dogmatische Konstitution ›Dei filius‹, c.4 (3016); VATICANUM II, Pastoralkonstitution ›Gaudium et spes‹ c.1,21.

STELLENREGISTER

KANONISCHE SCHRIFTEN

Altes Testament

Neues Testament

APOKRYPHE LITERATUR

SACHREGISTER

NAMENREGISTER